W0273495

Cartes physiques et politiques

La terre et l'eau

+2038 Point coté
Col, passe
2560 Bathymétrie
Glacier
Marais
183 Lac (avec l'altitude du plan d'eau)
Lac salé
Rivière
Oued
Rivière avec chute et rapides
Barrage, lac de barrage
Canal
Canal en projet
Récif corallien

Communications

Autoroute
Route
Route en projet
Tunnel routier
Chemin de fer
Tunnel ferroviaire
Aéroport, champ d'aviation
Aérodrome
Passage d'eau

Limites

Limites internationales
Limites internationales controversées
Limites provinciales

Symboles des localités

Symboles des localités sur les cartes physiques dont l'échelle est égale ou supérieure à 1 : 3 000 000

MADRID ville de 1 million d'habitants ou plus
Helsinki ville de 250 000 à 1 million d'habitants
Mainz ville de 100 000 à 250 000 habitants
Sienne ville de 50 000 à 100 000 habitants
Biarritz ville ou village de moins de 50 000 habitants

Symboles des localités sur les cartes d'ensemble dont l'échelle est inférieure à 1 : 3 000 000

SOFIA ville de 1 million d'habitants ou plus
Pretoria ville de 250 000 à 1 million d'habitants
Hobart ville de 100 000 à 250 000 habitants
Darwin ville de 50 000 à 100 000 habitants
Narvik ville ou village de moins de 50 000 habitants

Autres symboles

Parc national
Bâtiment remarquable
Ruine

Lorsqu'il existe, pour une partie du monde, une carte politique et une carte physique, les localités de cette dernière ne sont pas classées par importance. Dans certains cas, les capitales nationales sont soulignées deux fois et celles des provinces ou régions une fois. Dans les autres cas, seules les capitales nationales sont soulignées.

Cartes thématiques

Énergie

Uranium
Charbon
Bassin charbonnier
Lignite
Bassin de lignite
Pétrole
Champ pétrolier
Gaz naturel
Exploitation de gaz
Centrale thermique
Centrale hydro-électrique
Centrale nucléaire
Centrale géothermique
Oléoduc
Gazoduc
Port pétrolier
Importation de pétrole
Importation de gaz naturel

Utilisation du sol

Inculte
Forêts
Élevage intensif
Élevage extensif
Cultures et élevage
Culture des céréales
Riz
Autre culture
Agriculture
Légumes, fruits
Région industrielle
Betterave sucrière
Canne à sucre
Tabac
Café
Cacao
Thé
Houblon
Vignes
Pommes (cidre)
Bananes
Agrumes
Olives
Dattes (oasis)
Épices
Palmier à huile, arachide
Tournesols
Cultures de roses
Coton
Mûrier (élevage du ver à soie)
Sisal
Chêne-liège
Principaux ports de pêche

Densité de la population

Agglomération ou ville de 5 M d'habitants ou plus
Agglomération de 1 M à 5 M d'habitants
Ville de 500 000 à 1 M d'habitants
Ville de 100 000 à 500 000 habitants

Cartes thématiques

Mines

Extraction de minerais

Minerai de fer
P Pyrite
A Antimoine
C Chrome
Co Cobalt
Ma Manganèse
Mo Molybdène
N Nickel
V Vanadium
W Wolfram (tungstène)
(Antimoine à Wolfram : Métaux pour alliages)

C Cuivre
Plomb et zinc
É Étain
(Cuivre à Étain : Métaux non-ferreux)

P Platine
O Or
A Argent
M Mercure
(Platine à Mercure : Métaux précieux)

B Bauxite
M Magnésite
(Bauxite, Magnésite : Métaux légers)

Autres mines

Ph Phosphate
Po Potasse
Sa Salpêtre
S Sel gemme
Sm Sel marin
So Soufre
A Asbeste (Amiante)
D Diamant
Ca Calcaire
Ka Kaolin
M Marbre

Industrie

Région industrielle
Ports principaux
Sidérurgie
Construction métallique
Construction navale
Construction automobile
Construction aéronautique
A Production d'aluminium
Autre métallurgie
Raffinage pétrolier
Industrie chimique
Industrie alimentaire
Industrie textile
Industrie du papier
Industrie du bois
Industrie du verre
Industrie électrotechnique
Haute technologie

Atlas Nathan

Atlas du 21e siècle

NOUVELLE ÉDITION 2006

Sous la direction de
Jacques CHARLIER
Professeur à l'Université catholique de Louvain

Nous remercions du concours apporté à la réalisation de cet Atlas

Jean-Pierre ADJADJI
Agrégé de Géographie

AFDEC

Christian CHAVENON
DEA de Géographie physique

Jean-Pierre CORLAY
Agrégé de Géographie
Professeur de géographie,
IGARUN, Université de Nantes,
LTG, UMR 6554-CNRS

Lucien DORIZE
Diplômé de Géographie

Département média de la DICOD
(Délégation à l'Information et à la Communication de la Défense)

Jacques FACHE
Agrégé de Géographie
Maître de Conférences,
IGARUN, Université de Nantes

Jean GUILAINE
Directeur de recherche au CNRS

Octavian GROZA
Docteur,
Maître de Conférences
Université de Iasi-Roumanie

Gérard HUGONIE
Agrégé de géographie

IGN-France

Claude MALASSIGNÉ
Agrégé de Géographie

Jacques MARSEILLE
Agrégé d'Histoire

Bruno MELLINA
Agrégé de Géographie

Jean-Pierre PEULVAST
Agrégé de Géographie

Jean-Robert PITTE
Agrégé de Géographie

Violette REY
Agrégé de Géographie
Professeur d'Université,
ENS-LSH

Michèle RODIÈRE
Chargée d'études

SFERC

Pierre SIGWALT
Agrégé de Géographie

Stéphane SINCLAIR
École des Chartes

Irène TIRASPOLSKY
Agrégé de Sciences physiques

Nathan

Couverture : Thierry Méléard

Préface

« Nous voici au XXIe siècle et nous allons assister et même participer au développement de ce que l'on appelle la mondialisation. Ce terme désigne la multiplication et l'intensification des relations de toutes sortes, commerciales, culturelles, financières... dans l'ensemble du monde ou tout au moins entre la plupart des pays. Les barrières douanières qui existaient autrefois entre les États ont été abaissées pour faciliter les échanges et favoriser la concurrence entre pays pauvres et pays riches et surtout entre pays industriels. Ceci va avoir de plus en plus d'importance dans nos conditions d'existence et celles-ci risquent de subir de soudains bouleversements.

Ainsi le pétrole, indispensable au fonctionnement de l'économie mondiale, est surtout exporté par des pays comme ceux d'Arabie, du Golfe persique et la Russie où des conflits géopolitiques compliqués risquent d'avoir de graves répercussions sur le marché mondial. Bien sûr, la presse, la radio, la télévision parlent de tout cela, mais pour mieux comprendre ce qui peut se passer dans telle ou telle partie du monde, il faut consulter les cartes des atlas. En effet, la mondialisation, ne fait pas disparaître ces données stratégiques majeures que sont le tracé des frontières, la position des mers et des montagnes ou la localisation des gisements. Du fait de la mondialisation, non seulement les relations entre les pays augmentent et se diversifient, mais elles se sont accélérées de façon considérable. Ainsi, par avion, il faut désormais seulement quelques heures pour franchir des distances considérables. De surcroît, le prix des transports aériens a diminué de façon telle que chaque année des dizaines de millions de personnes partent visiter pendant quelques jours des pays plus ou moins lointains, pour admirer des monuments et des paysages dont ils ont vu les images sur des affiches ou dans des magazines. Par le volume des sommes qu'au total dépensent ces voyageurs en vacances, le tourisme est devenu depuis peu, la première activité économique mondiale et pour la plupart des gens, c'est la forme la plus évidente de la mondialisation.

Pour préparer intelligemment un voyage touristique, en France comme à l'étranger, il ne suffit pas de consulter les dépliants publicitaires des agences de voyage. Un Atlas peut aussi être utilisé par chacun d'entre nous de façon tout à fait personnelle pour décider des itinéraires de nos voyages, s'il représente de façon précise et suggestive les formes du relief qui correspondent à de beaux paysages. C'est justement une des qualités majeures de cet **ATLAS DU 21[E] SIÈCLE**.

Cet atlas est par ailleurs d'une grande richesse, car il comprend différentes catégories de cartes qui donnent sur deux cents millions d'années une représentation rétrospective globale et dynamique de cette Terre sur laquelle nous vivons aujourd'hui. Dans les premières pages, une succession de cartes présente l'extension progressive des hommes depuis le foyer originel d'Afrique orientale, il y a 20 000 ans, puis la localisation des différentes grandes civilisations antiques puis les grandes découvertes et les conquêtes coloniales. Cette série de cartes de géohistoire se termine par celle qui représente les étapes sur plus d'un millénaire de la formation de l'unité géopolitique de la France.

La partie de l'atlas consacrée à la France (30 pages) est particulièrement détaillée, le territoire français étant présenté en six grands ensembles régionaux ; chacun d'eux est l'objet de deux pages de cartes représentant sur l'une les formes du relief et les grands axes de circulation et sur l'autre les forêts, la localisation des différents petits "pays" traditionnels, les principales activités économiques et l'extension des aires d'influence des principales agglomérations urbaines ; chacune de celles-ci fait de surcroît l'objet d'un plan détaillé. Des cartes nouvelles représentent l'évolution des localisations des secteurs industriel et tertiaire, le nouveau réseau de transport à grande vitesse, les principales zones touristiques. Les collectivités territoriales et territoires d'Outre-Mer font l'objet de présentations plus détaillées que dans les éditions précédentes.

L'importance accordée dans cet atlas aux États européens (46 pages) est à la mesure du développement de leurs relations mutuelles dans le cadre de l'Union européenne. Les États qui y seront prochainement admis ont fait l'objet, dans ce nouvel atlas, de cartes nouvelles. Pour la plupart des pays européens, à la carte des formes du relief et des grands axes de circulation, s'ajoutent les cartes plus détaillées du climat, de la population, de l'agriculture, des mines et des industries, et le plan de l'agglomération principale. Compte tenu de ses dimensions, la Russie fait l'objet d'un grand nombre de cartes représentant notamment ses structures géopolitiques.

L'Asie, l'Afrique, l'Amérique, l'Australie sont traitées en une quarantaine de pages avec une représentation globale de chacun de ces continents. Les principaux pays, l'Inde, la Chine, le Japon et surtout les Etats-Unis font chacun l'objet de plusieurs cartes traitant notamment de leurs diversités ethniques, de leurs structures géopolitiques et de leurs activités économiques. L'importance des relations de la France avec l'Afrique fait que ce continent est envisagé de façon particulièrement attentive et que le Nigeria et l'Afrique du Sud ont bénéficié dans ce nouvel atlas d'un intérêt particulier.

La dernière partie de l'atlas présente l'extension au plan mondial de toute une gamme de phénomènes géologiques, climatiques, démographiques et surtout économiques et politiques. C'est somme toute une vision globale de la mondialisation qui va se développer plus encore dans les décennies à venir. Un index final de plus de 19 000 localisations cartographiques permet de repérer rapidement sur les cartes les lieux où se produisent les événements de l'actualité.

L'ATLAS DU 21e SIÈCLE est, pour les jeunes comme pour les moins jeunes, un ensemble attrayant de connaissances géographiques et géopolitiques qui par ses qualités esthétiques, sa lisibilité et la richesse de sa documentation, aide à comprendre l'évolution de la France et de l'Union européenne dans ce monde en pleine évolution où nous vivons. »

Yves LACOSTE

SOMMAIRE

Atlas du 21e siècle

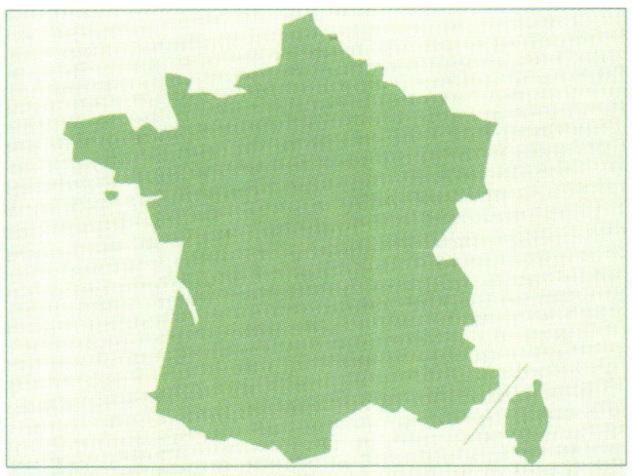

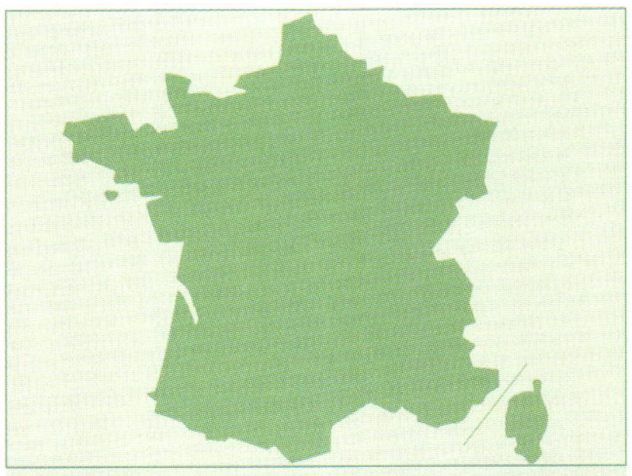

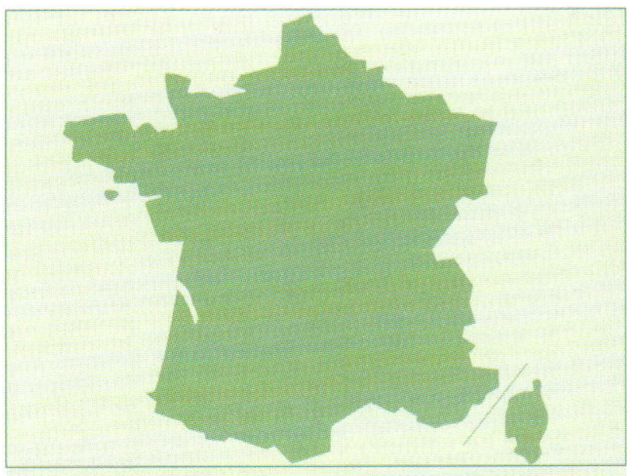

En général

En début d'atlas:

Légende générale

3 Préface

4-5 Sommaire

6 L'Homme au Paléolithique

7 La «Révolution néolithique»

8 Les grandes civilisations de l'Antiquité - Les migrations du haut Moyen Age

9 Les colonisations du monde

En fin d'atlas:

170-171 Projections cartographiques

172 Abréviations / Prononciation

173-192 Index

France

10 France - Relief *
A. Relief
B. Grands bassins fluviaux
C. Grands ensembles structuraux

11 France - Géologie
A. Géologie
B. Ressources minérales
C. Risques naturels

12 France - Climat
A. Précipitations annuelles
B. Amplitude annuelle des températures
C. Jours de gelée / Vents
D. Températures en janvier
E. Heures d'ensoleillement
F. Températures en juillet

13 France - Climat
A. France en hiver
B. France en été

14 France - Population
A. Répartition de la population française par densité
B. Répartition de la population en région parisienne
C. Répartition de la population de l'agglomération lyonnaise

15 France - Population
A. Évolution de la population
B. Mobilité de la population
C. Taux de natalité
D. Population âgée
E. Population active
F. Population étrangère

16 France - Administration
A. Administration
B. Région parisienne
C. Zones d'influence des villes

17 France - Culture / Enseignement / Défense
A. Langues et dialectes
B. Universités françaises
C. Diffusion des principaux quotidiens régionaux
D. Organisation militaire

18 France - Agriculture / Pêche et aquaculture
A. Paysages et activités agricoles
B. Zones de pêche
C. Ports de pêche
D. Cultures marines
E. Surface exploitée

19 France - Secteurs secondaire et tertiaire
A. Les mutations de l'espace industriel et tertiaire
B. Sites industriels à risque
C. Technopôles

France

20 France - Communications
A. Réseau routier et autoroutier
B. Réseau et trafic ferroviaires
C. Réseau ferré grande vitesse et aéroports

21 France - Tourisme
A. Patrimoine culturel
B. Régions et foyers touristiques
C. Les espaces protégés

22 France - Régions : Agglomération parisienne
Image satellite

23 France - Régions : Paris *
A. Agglomération parisienne
B. Basse-Seine
C. Ville de Paris

24 France - Nord et Centre *

25 France - Régions : Pays de Bray
Image satellite

26 France - Ouest *
A. Région de Brest

27 France - Régions : Anse de l'Aiguillon - Île de Ré
Image satellite

28 France - Sud-Ouest *

29 France - Régions : Lannemezan
Image satellite

30 France - Sud-Est *

31 France - Régions : Tricastin-Pierrelatte
Image satellite

32 France - Centre-Est *

33 France - Régions : Lac du Bourget-Combe de Savoie-La Grande Chartreuse
Image satellite

34 France - Est *

35 France - Régions : Montagne de Reims
Image satellite

France

36 France - Départements d'outre-mer
A. Petites Antilles *
B1. Martinique *
B2. Martinique
C1. Guadeloupe et dépendances *
C2. Guadeloupe et dépendances
D1. Guyane *
D2. Guyane
E1. Réunion *
E2. Réunion

37 France - Départements et Territoires d'outre-mer
A. Nouvelle-Calédonie *
B. Nouvelle-Calédonie
C. Tahiti *
D. Tahiti
E. Kerguelen *
F. Iles Crozet *
G. Saint-Pierre-et-Miquelon *
H. Nouvelle-Amsterdam *
I. Saint-Paul
J. Mayotte *
K. Wallis *
L. Futuna *
M. Archipel de la Société *
N. Polynésie française *

38 France - Formation de la France
A. Formation du territoire français
B. Partage de l'empire Carolingien
C. Partage de la France

39 France - France et Français dans le monde
A. Commerce extérieur: France - Autres pays
B. Commerce extérieur: France - Pays européens
C. Francophonie en Europe
D. Francophonie

* Cartes générales

Europe

40-41 Europe - Physique *
42-43 Europe - Politique *
44 Europe - Milieu physique
45 Europe - Agriculture
46 Europe - Population
47 Europe - Population / Migration
48 Europe - Contrastes spatiaux
49 Europe - Transport
50 Europe - Mines / Énergie
51 Europe - Économie
52 Europe - Tourisme
53 Europe - Environnement
54-55 Europe du Nord *
56-57 Royaume-Uni et Irlande *
58 Londres
59 Mer du Nord - Énergie
60 Benelux *
61 Benelux
62 Allemagne *
63 Allemagne
64-65 Les Alpes *
66-67 Suisse *
68-69 Bassin méditerranéen *
70-71 Bassin méditerranéen
72-73 Espagne et Portugal *
74-75 Italie *
76-77 Europe du Sud-Est / Grèce *
78 Europe centrale et orientale *
79 Europe centrale et orientale
80-81 Russie et pays voisins *
82-85 Russie et pays voisins

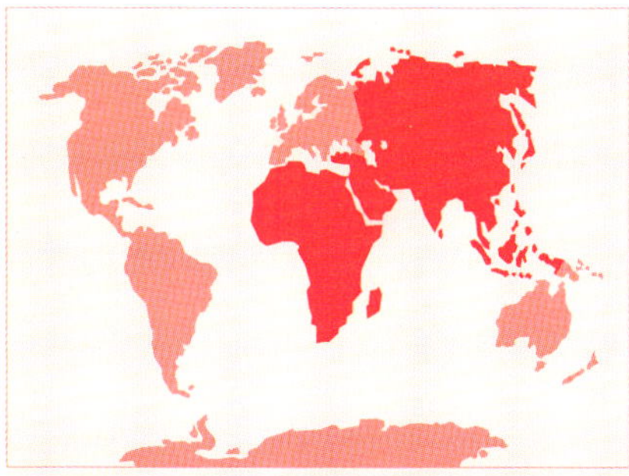

Asie / Afrique

Asie

86-87 Asie - Physique *
88-89 Asie - Politique *
90 Turquie *
91 Turquie
92 Israël / Palestine *
93 Moyen Orient - Accès à l'eau
94 Moyen Orient *
95 Moyen Orient - Utilisation du sol / Énergie
96 Monde Indien *
97 Monde Indien
98-99 Asie du Sud-Est *
100 Indonésie
101 Hongkong / Chine / Singapour
102-103 Asie de l'Est *
104 Chine
105 Chine
106 Corée du Sud / Taiwan *
107 Japon
108 Japon *
109 Japon

Afrique

110-111 Afrique - Physique *
112-113 Afrique - Politique *
114 Afrique
115 Afrique
116-117 Afrique du Nord et de l'Ouest
118 Nigéria
119 Afrique du Sud

Amérique / Australie

Amérique du Nord et centrale

120-121 Amérique du Nord *
122-123 Canada *
124 Canada
125 Québec *
126-127 États-Unis et Mexique *
128-129 États-Unis
130 Mégalopoles
131 Californie
132 Région des Antilles *
133 Région des Antilles

Amérique du Sud

134 Amérique du Sud - Physique *
135 Amérique du Sud - Politique *
136-137 Amérique latine
138 Brésil
139 Andes / Cône Sud

Océanie

140-141 Océans Indien et Pacifique *
142-143 Australie et Nouvelle-Zélande *

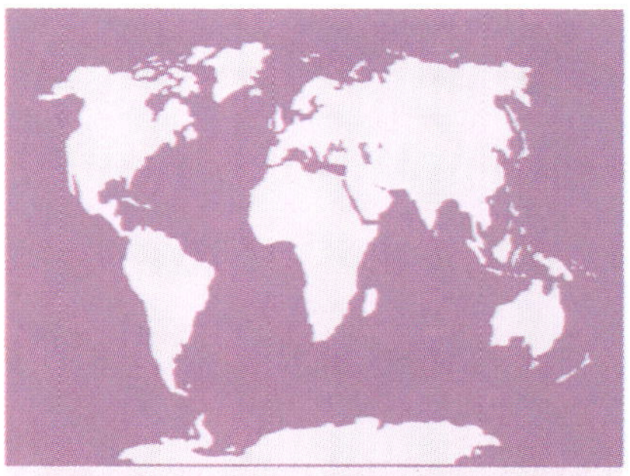

Le monde

144-145 Le monde - Physique*
146-147 Le monde - Politique*
148-149 Le monde - Population
150-151 La terre - Géologie
152-154 La terre - Climat
155 La terre - Modifications climatiques
156 La terre - Types de climats / Courants marins
157 La terre - Végétation naturelle
158 La terre - Les zones de culture sur le globe
159 La terre - Agriculture
160 La terre - Énergie
161 La terre - Énergie / Mines
162-163 La terre - Population
164 La terre - Population / Urbanisation
165-167 La terre - Développement
168 La terre - Politique
169 Dossier sur le développement durable (2006)
185 Zones polaires / Fuseaux horaires

L'Homme au Paléolithique - Les milieux géographiques il y a 20 000 ans

LES FOYERS TÉMOINS DE L'OCCUPATION HUMAINE ET LES PREMIÈRES MIGRATIONS SUPPOSÉES

On estime aujourd'hui l'apparition des premiers hominidés à 5,5 millions d'années (Australopithèques de type Lucy).

On peut aussi préciser les conditions du peuplement de la planète au Paléolithique : concurrence entre groupes à divers stades de l'évolution en Afrique et en Eurasie, développement tardif et en vase clos en Amérique. Vers 2,5 millions d'années, le climat s'assèche, la savane remplace la forêt. L'Homo Habilis se distingue progressivement de l'Australopithèque et établit à Olduvai en Afrique australe les premiers campements connus. Il s'efface devant l'Homo Erectus qui utilise le feu, les silex et s'adapte donc mieux à son environnement comme l'attestent ses migrations. L'Homo Sapiens ou homme de Néandertal, contemporain d'un brusque refroidissement, naît en Europe d'où il émigre vers l'Asie ; il est à l'origine des premières sépultures. Il disparaît brusquement vers – 35000, devant l'Homo Sapiens Sapiens, originaire du Moyen-Orient et qui s'installe en Europe (homme de Cro-Magnon).

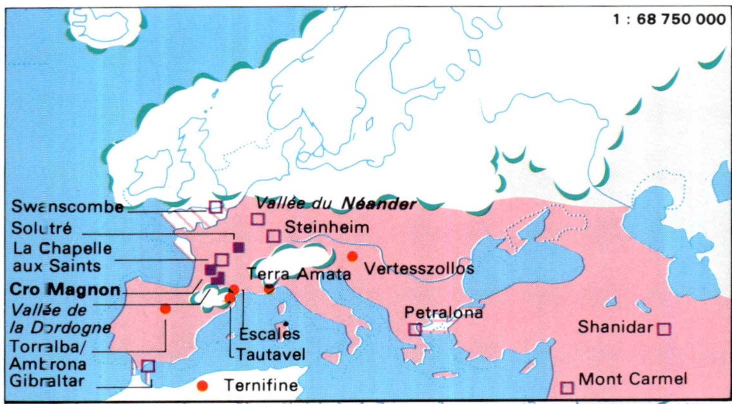

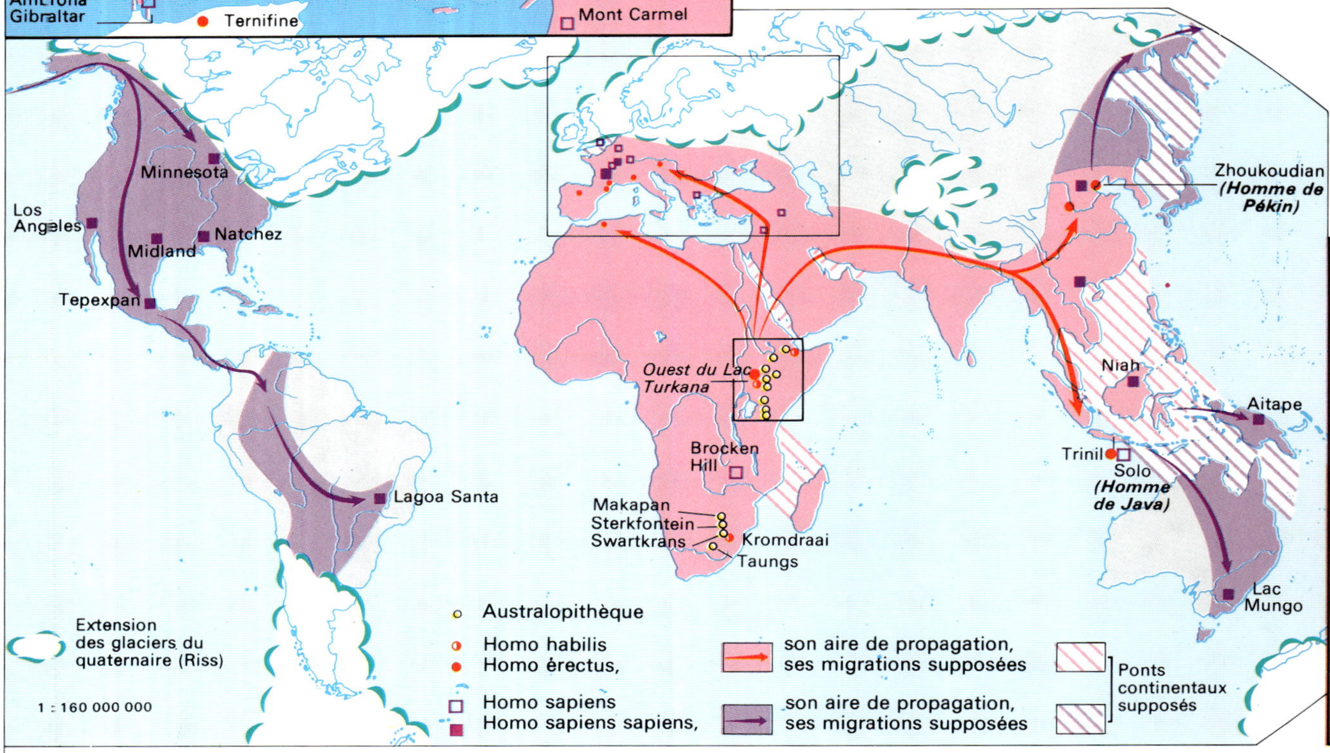

L'est africain, berceau de l'humanité

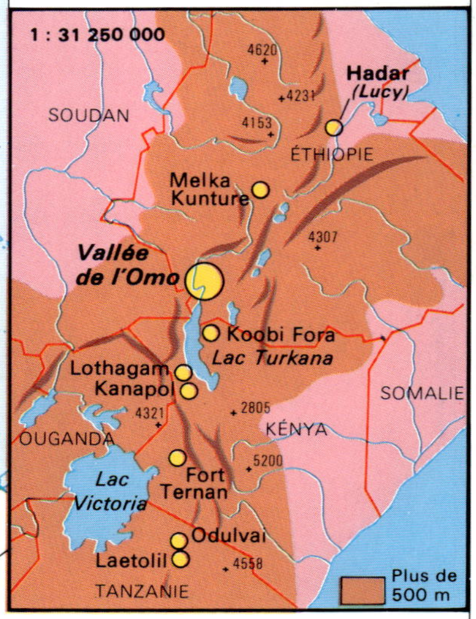

LES MILIEUX GÉOGRAPHIQUES D'IL Y A 20 000 ANS

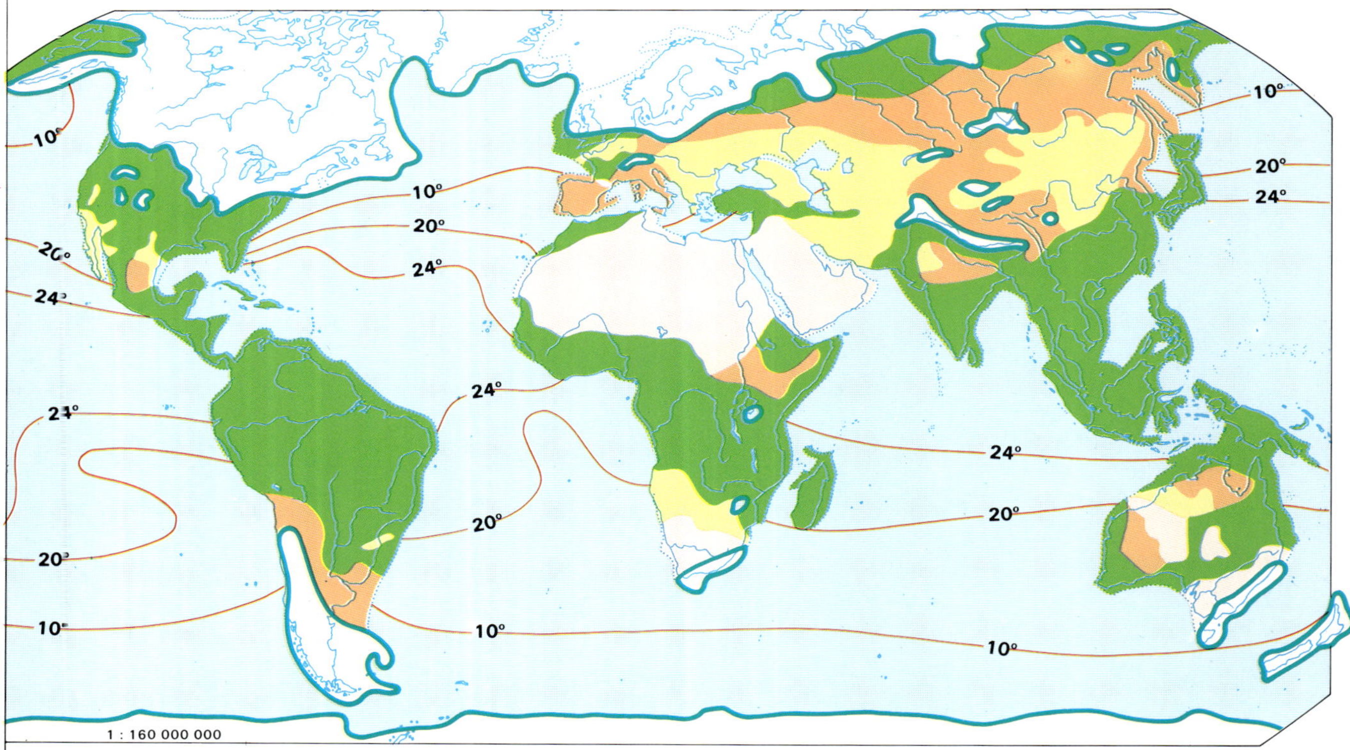

La carte reconstitue les milieux régnant sur terre il y a 20 000 ans à partir des recherches internationales CLIMAP. Elle dégage les terres alors émergées qui montrent les continents plus étendus qu'aujourd'hui et permet de mieux comprendre le peuplement de la Planète. Les océans avaient alors 2,3 °C de moins en moyenne qu'aujourd'hui, ce qui explique l'extension des glaces dans l'hémisphère Nord, les températures continentales très contrastées et la réduction brutale des précipitations. Les déserts de glace ou de sable, les steppes et prairies arides s'étendent au détriment de la forêt. La masse d'eau figée dans les calottes glaciaires provoque une baisse de 100 à 120 m du niveau des océans. Les passages ainsi ménagés entre terres émergées expliquent les vastes migrations du Paléolithique.

- Forêts et zones à couverture végétale épaisse
- Steppes et loess
- Savanes et prairies sèches
- Déserts de sable
- Glaciers et régions enneigées

D'après CLIMAP, 1976

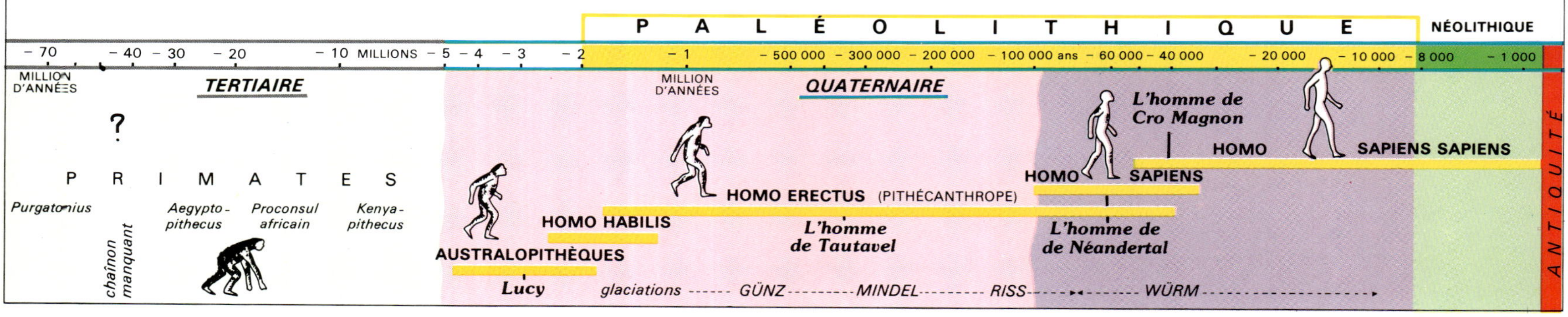

La « Révolution néolithique » - Les premières civilisations de l'Écrit

L'EXTENSION DU NÉOLITHIQUE DANS LE MONDE

Entre – 10000 et – 8000, on passe progressivement du Paléolithique au Néolithique, c'est-à-dire de sociétés humaines fondées sur la cueillette et la chasse à de nouvelles basées sur l'agriculture et l'élevage. Le Néolithique naît en Mésopotamie et se développe en Europe, en Afrique du Nord et saharienne (le Sahara est alors humide), puis en Amérique où il se fige dans certaines régions jusqu'au XVIe siècle. La sédentarisation des agriculteurs explique la formation de villages puis des premières villes. L'explosion démographique qui l'accompagne provoque d'importants transferts de population.

Les premières civilisations agricoles en Europe ▶

Diffusion de l'agriculture

8000 7000 5000 3500 ans avant notre ère

Persistance des chasseurs v. – 3500

Courant danubien

Courant méditerranéen et occidental

L'extension de la "révolution" néolithique

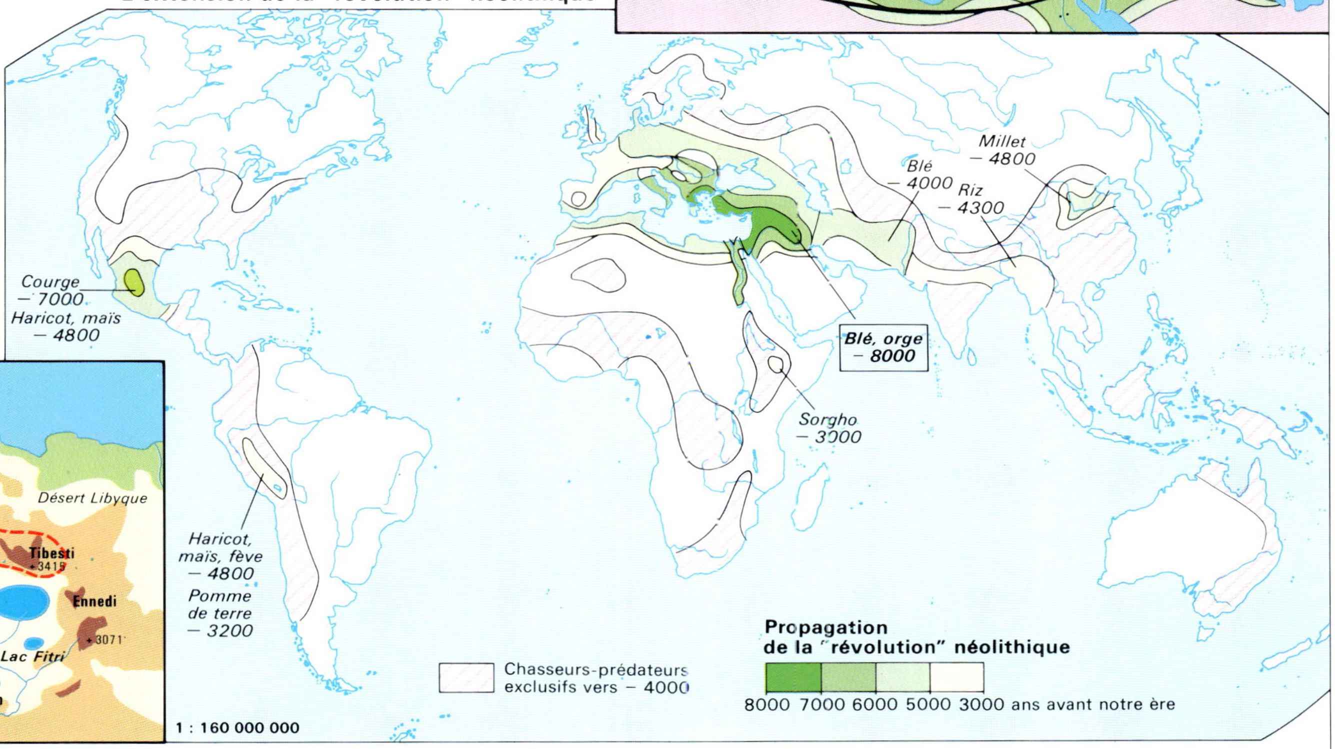

Chasseurs-prédateurs exclusifs vers – 4000

Propagation de la "révolution" néolithique

8000 7000 6000 5000 3000 ans avant notre ère

Le Sahara il y a 6000 ans

Zone côtière

Zone peu élevée (erg, hamada)

Zone d'altitude moyenne

Zone de reliefs importants

Système lacustre supposé

Principales zones où l'on a découvert des vestiges préhistoriques

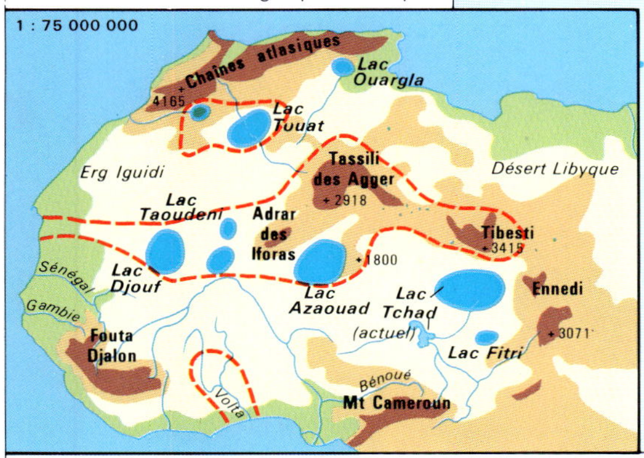

LES PREMIÈRES CIVILISATIONS ET LES MIGRATIONS INDO-EUROPÉENNES

L'écriture naît au milieu du IVe millénaire av. J.-C. dans des sociétés où le Néolithique avait engendré des sociétés développées. La Chine des Shang, l'Égypte de la dynastie memphite, les sociétés marchandes de Mésopotamie et de l'Indus entrent dans l'Histoire.

Les documents écrits manquent pour le reste de l'Eurasie, mais des similitudes existent entre les langues et les conceptions religieuses et sociales des peuples des steppes (les indo-européens). La « civilisation des steppes » essaime entre 4500 et 2000 ans av. J.-C. et engendre les peuples qui s'installent en Europe et en Inde.

Populations vivant à l'âge de la pierre taillée (paléolithique)

Nomades du désert

Population vivant à l'âge de la pierre polie (néolithique)

Principales migrations indo-européennes

Propagation de l'écriture

3000 ans

2000 ans

1500 ans

1000 ans avant notre ère

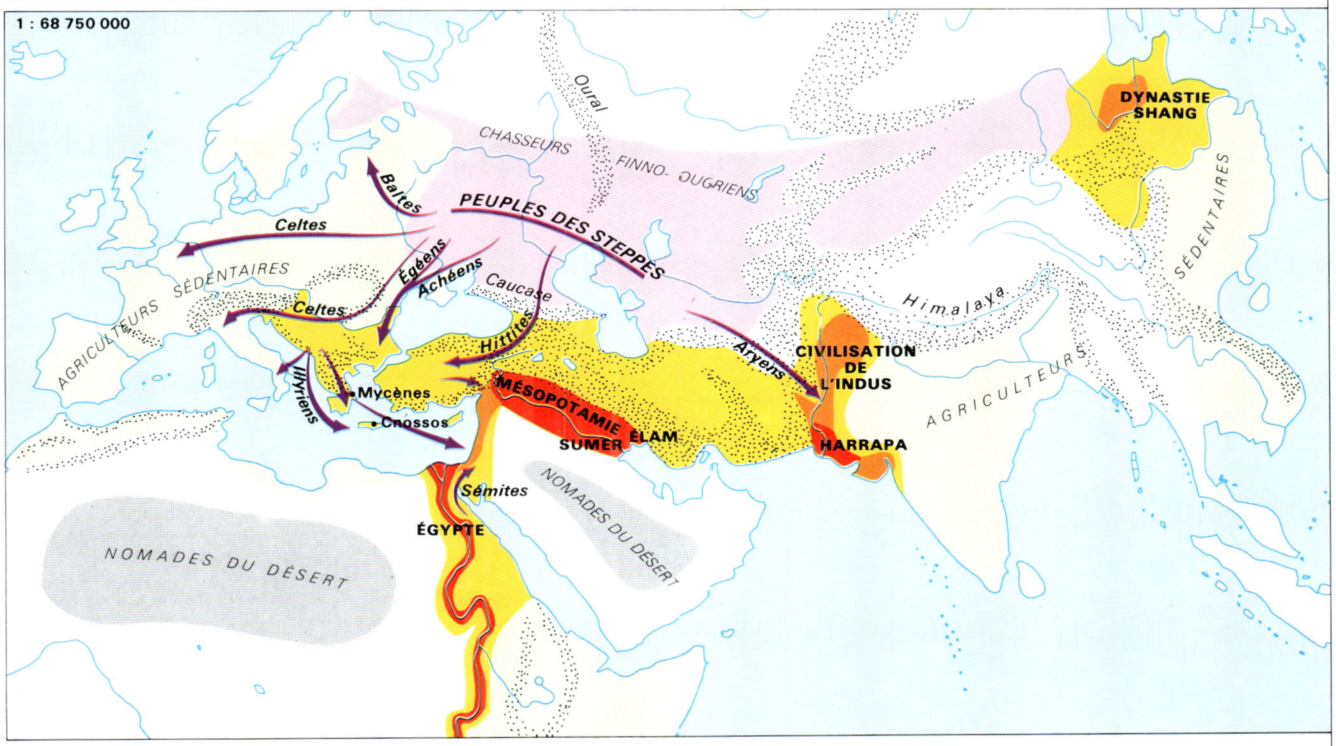

	– 8000	– 7000	– 6000	– 5000	– 4000	– 3000	– 2000	– 1000
MÉSOPOTAMIE	NÉOLITHIQUE					naissance de l'écriture	civilisation mésopotamienne	migrations indo européennes
EUROPE	PALÉOLITHIQUE	NÉOLITHIQUE					civilisation crétoise	
AFRIQUE	PALÉOLITHIQUE	NÉOLITHIQUE			début de la désertification du Sahara	civilisation égyptienne		
CHINE	PALÉOLITHIQUE		NÉOLITHIQUE				HIA	SHANG migrations indo européennes
INDE	PALÉOLITHIQUE			NÉOLITHIQUE		civilisation de l'Indus		
AMÉRIQUES		NÉOLITHIQUE						
OCÉANIE	PALÉOLITHIQUE							

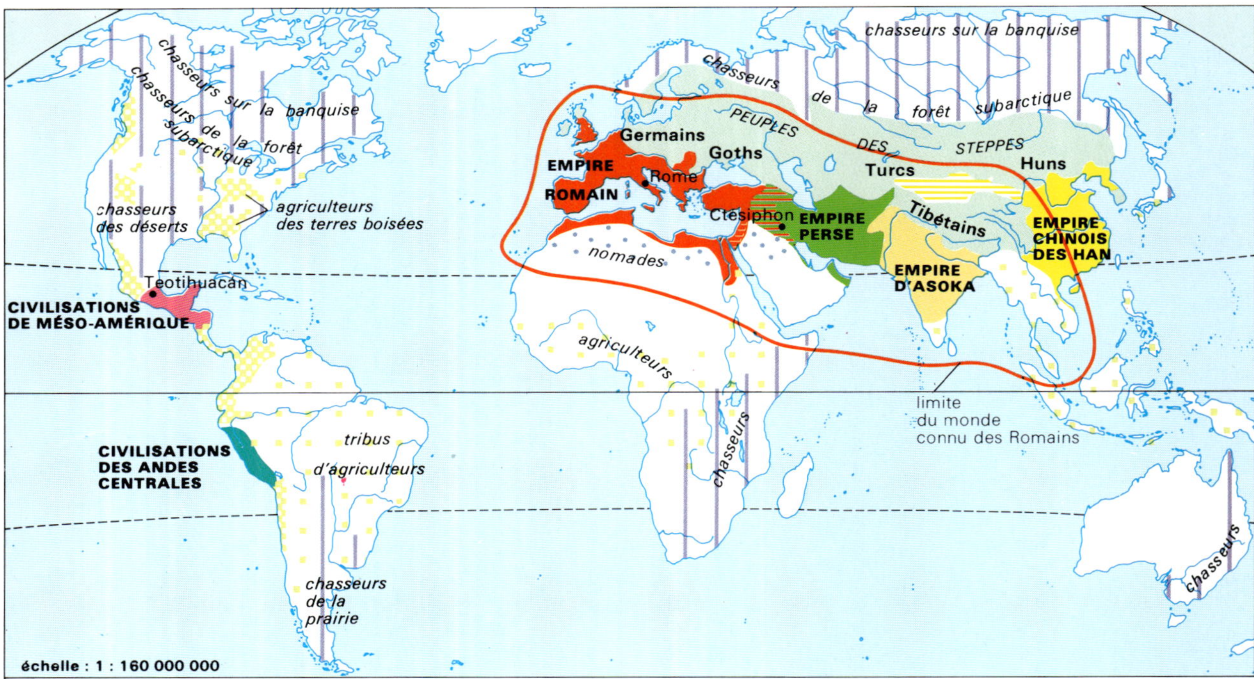

LES GRANDES AIRES CULTURELLES DE L'ANTIQUITÉ

Une civilisation se définit par un espace géographique unifié doté d'une organisation politique, économique et sociale soutenue par des valeurs culturelles et religieuses communes. On ne peut donc parler de véritable civilisation avant le IIIe millénaire av. J.-C.

La fédération de peuples commerçants ou guerriers de Mésopotamie (Sumer) puis celle des populations vivant sur les rives de la Méditerranée (Égypte et Crète) donnent naissance à des premiers empires qui paraissent se désorganiser vers le XIIe siècle av. J.-C. A partir du IXe siècle av. J.-C., la montée des Empires perse, grec puis romain assure la prééminence de leurs civilisations jusqu'au IVe siècle de notre ère. Indiens et Chinois qui avaient connu tôt la « Révolution néolithique » organisent simultanément leurs empires ; celui de Chine connaîtra une longévité exceptionnelle jusqu'au XIXe siècle. En Amérique, naissent les embryons des civilisations pré-colombiennes dont nous savons encore peu de choses.

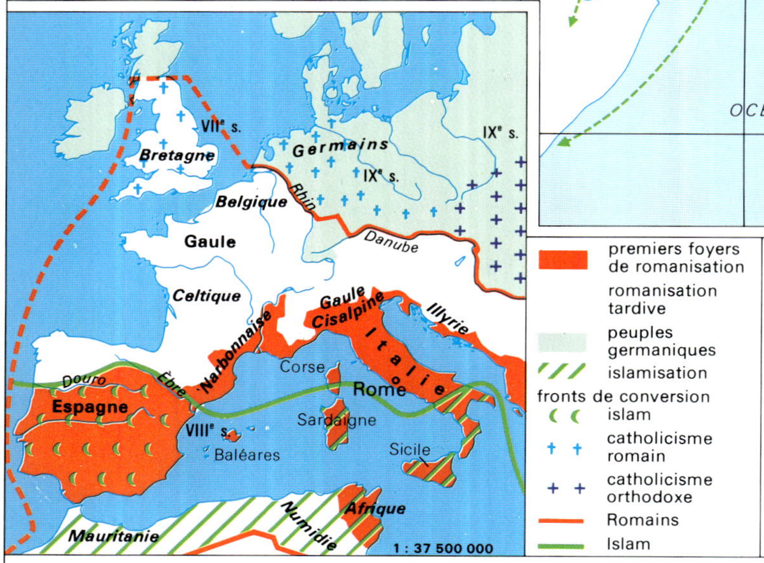

LES GRANDES MIGRATIONS ET L'EXTENSION DE NOUVELLES AIRES D'INFLUENCE

Du IIIe au Xe siècle ap. J.-C., l'Europe subit, par vagues successives et avec quelques répits, l'invasion de peuplades barbares d'Europe centrale, elles-mêmes bousculées par les vastes errances de nomades asiatiques. Le premier ébranlement du IIIe siècle passé, la « romania » tente de se reconstituer. Mais son unité mise à mal par le partage de 395 qui annonce l'Empire byzantin est définitivement brisée par la création de royaumes barbares devenus chrétiens, d'où naîtront les États occidentaux du Moyen Age. L'Islam dont l'expansion date du début du VIIe siècle recueille le fruit de ses conquêtes. En Occident, il ruine la complémentarité économique des deux rives de la Méditerranée, dernier fondement d'une civilisation romaine très affaiblie par les invasions germaniques. En Orient, le califat abbasside devient l'intermédiaire obligé avec l'Asie où brille la dynastie Tang, menacée par les Turcs.

	1000 — 900 — 800 — 700 — 600 — 500 — 400 — 300 — 200 — 100 — J.C. — 100 — 200 — 300 — 400 — 500 — 600 — 700 — 800 — 900 — 1000
MÉSOPOTAMIE	civilisation assyrienne / civilisation perse / ALEXANDRE / royaume des Séleucides / royaume des Sassanides / califat Abbāsside
GRÈCE	naissance des cités / expansion en Méditerranée / ALEXANDRE / empire byzantin
ROME	arrivée des Étrusques / République romaine / Empire romain / GRANDES INVASIONS / royaume des Lombards / INVASIONS VIKINGS ET HONGROISES
GAULE	arrivée des Celtes / Gaule celtique / Gaule romaine / GRANDES INVASIONS / royaumes francs / INVASIONS VIKINGS ET HONGROISES
INDE	époque védique / empire Maurya / → invasions / morcellement
CHINE	dynastie des Zhou / civilisation Han / civilisation Tang
AMÉRIQUE	N é o l i t h i q u e / civilisations précolombiennes
OCÉANIE	P r e m i e r s p e u p l e m e n t s

Les colonisations dans le monde

LES GRANDES AIRES DE COLONISATION ET LA CRÉATION D'ÉTATS INDÉPENDANTS

La concurrence que se livrent les États européens à la fin du Moyen Age et le désir de se passer des intermédiaires musulmans dans le commerce avec l'Orient, conduit à rechercher de nouvelles routes de navigation.

La découverte fortuite de l'Amérique par C. Colomb en 1492 ouvre de nouveaux horizons aux ambitions guerrières et commerciales des européens.

Les conquêtes européennes sont entreprises après 1520. En Amérique du Sud et centrale, les conquistadors anéantissent les royaumes Astèque, Inca et Maya et s'emparent des gisements d'or et d'argent. Cherchant le « passage du nord-ouest », Français et Anglais s'installent en Amérique du Nord. Les Russes poursuivent leur avancée en Asie centrale, contournant les Turcs dont la menace reste pressante jusqu'au XVIIIe siècle. Portugais et Espagnols sont bientôt surclassés par des compagnies commerciales hollandaises en Insulinde, puis anglaises et françaises aux Antilles et dans l'océan Indien. Au XVIIIe siècle, les Anglais, maîtres des mers supplantent les Français en Inde et confisquent leurs colonies d'Amérique du Nord. L'Indépendance américaine (1776) détourne les Européens vers l'Afrique et l'Asie. La colonisation de l'Afrique, autrefois simple pourvoyeuse d'esclaves, est préparée par des voyages d'exploration ; elle est surtout le fait des Anglais et des Français. En Asie, les Anglais créent l'empire des Indes et la Chine reste l'enjeu principal de la colonisation européenne puis japonaise au XIXe siècle.

Mais dès le début du XIXe siècle, le déclin économique de l'Espagne et du Portugal et la montée des idéologies nationalistes révolutionnaires permettent la création de nouveaux États indépendants, en Amérique latine principalement.

Au XXe siècle, les guerres mondiales affaiblissent l'Europe qui doit accepter, après 1945 une décolonisation qui conduit à la création d'États parfois peu homogènes.

EXPLORATIONS ET COLONISATIONS DU PACIFIQUE

Du XVIe au XVIIIe siècle, seuls sur l'océan Pacifique s'aventuraient les galions espagnols et les flibustiers anglais. A la fin du XVIIIe siècle, la conviction de l'existence d'un vaste continent austral explique principalement l'envoi de missions scientifiques d'exploration. Les efforts de colonisation européenne ne se concrétisent qu'après 1840 par une politique de points d'appui avec l'aide de missionnaires puis vers 1880 par des interventions directes. Pendant la Seconde Guerre mondiale, les Japonais y constituent un empire maritime, annonciateur du rôle géostratégique actuel du Pacifique.

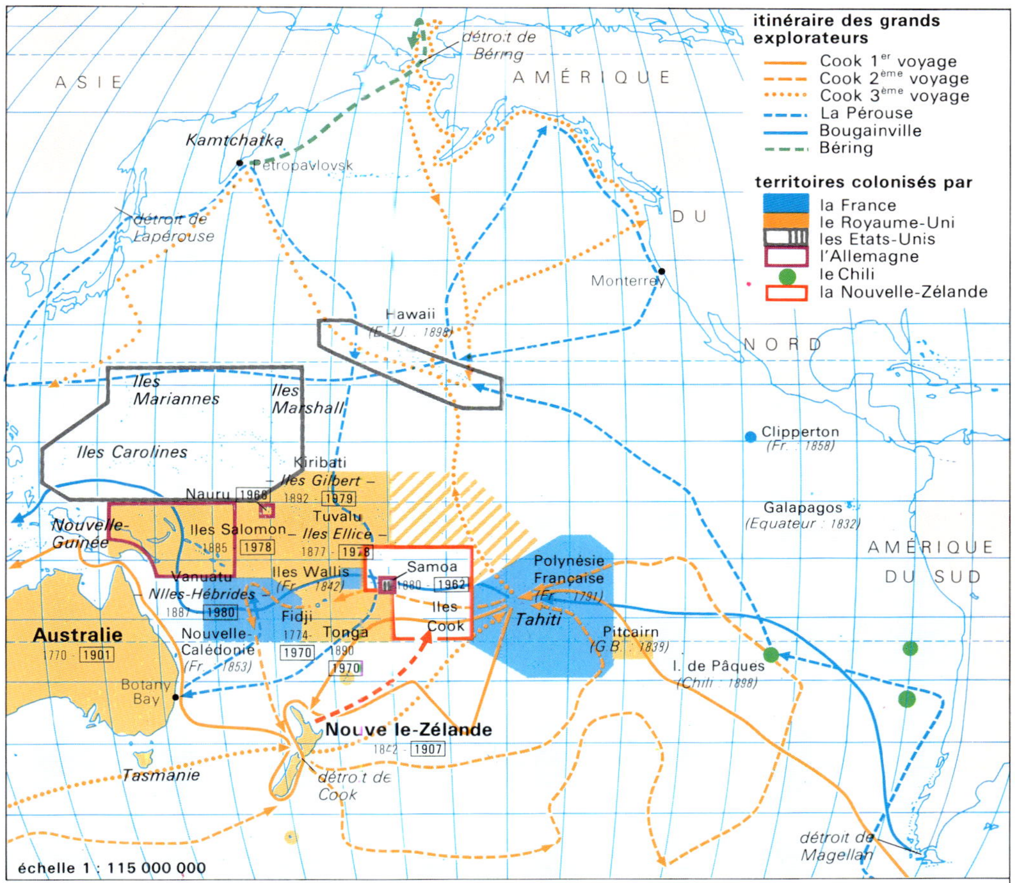

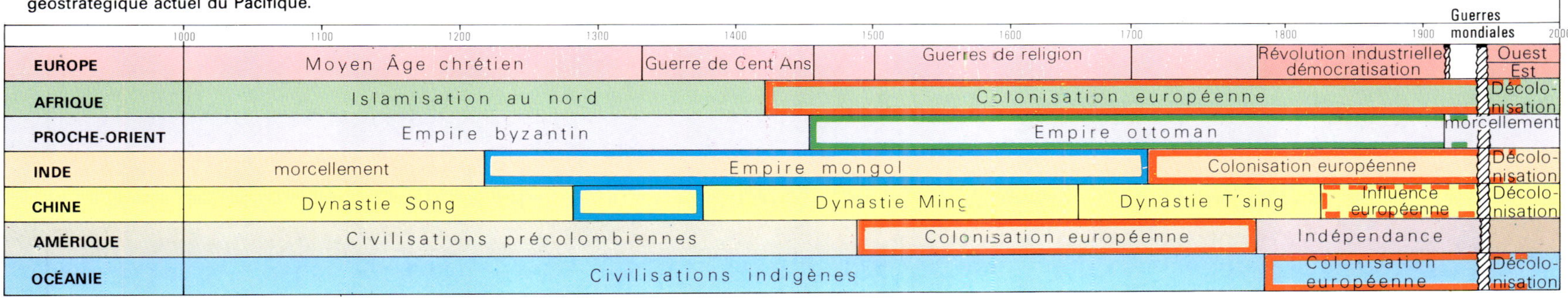

FRANCE RELIEF

Glacier

-2000 -200 0 100 200 500 1000 1500 m

A. RELIEF
1 : 4 500 000

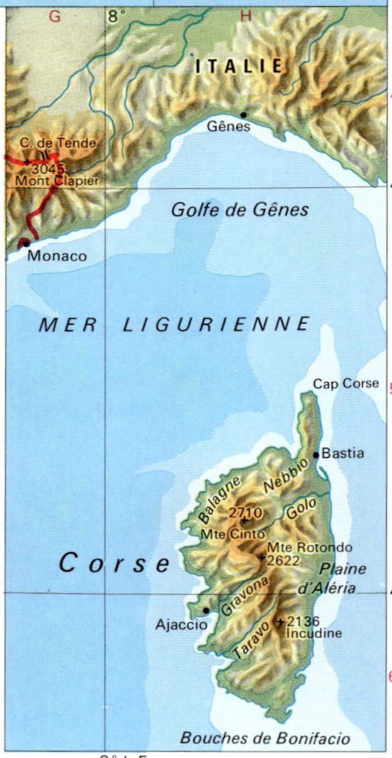

B. GRANDS BASSINS FLUVIAUX
1 : 12 500 000

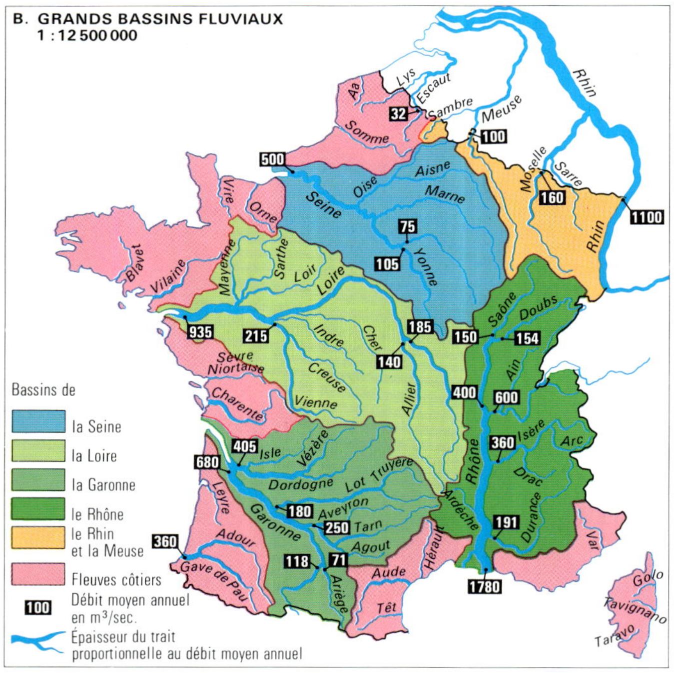

C. GRANDS ENSEMBLES STRUCTURAUX
1 : 12 000 000

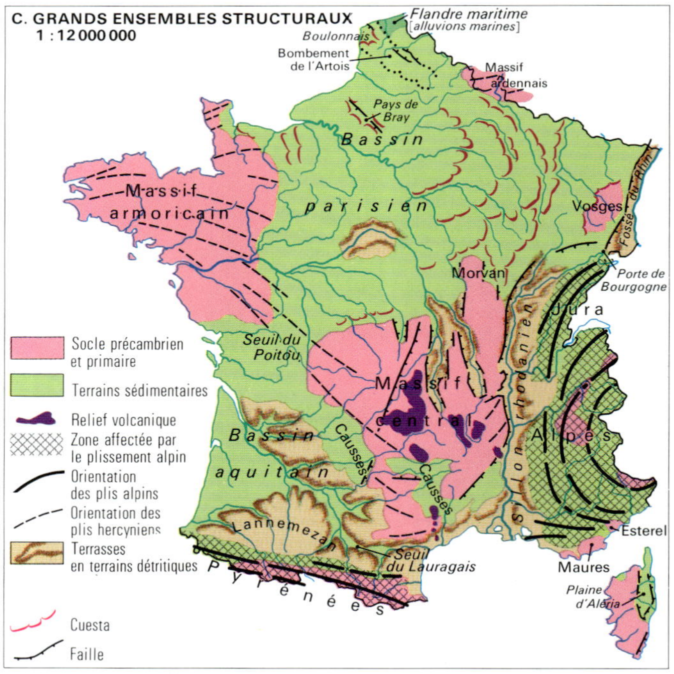

FRANCE GÉOLOGIE

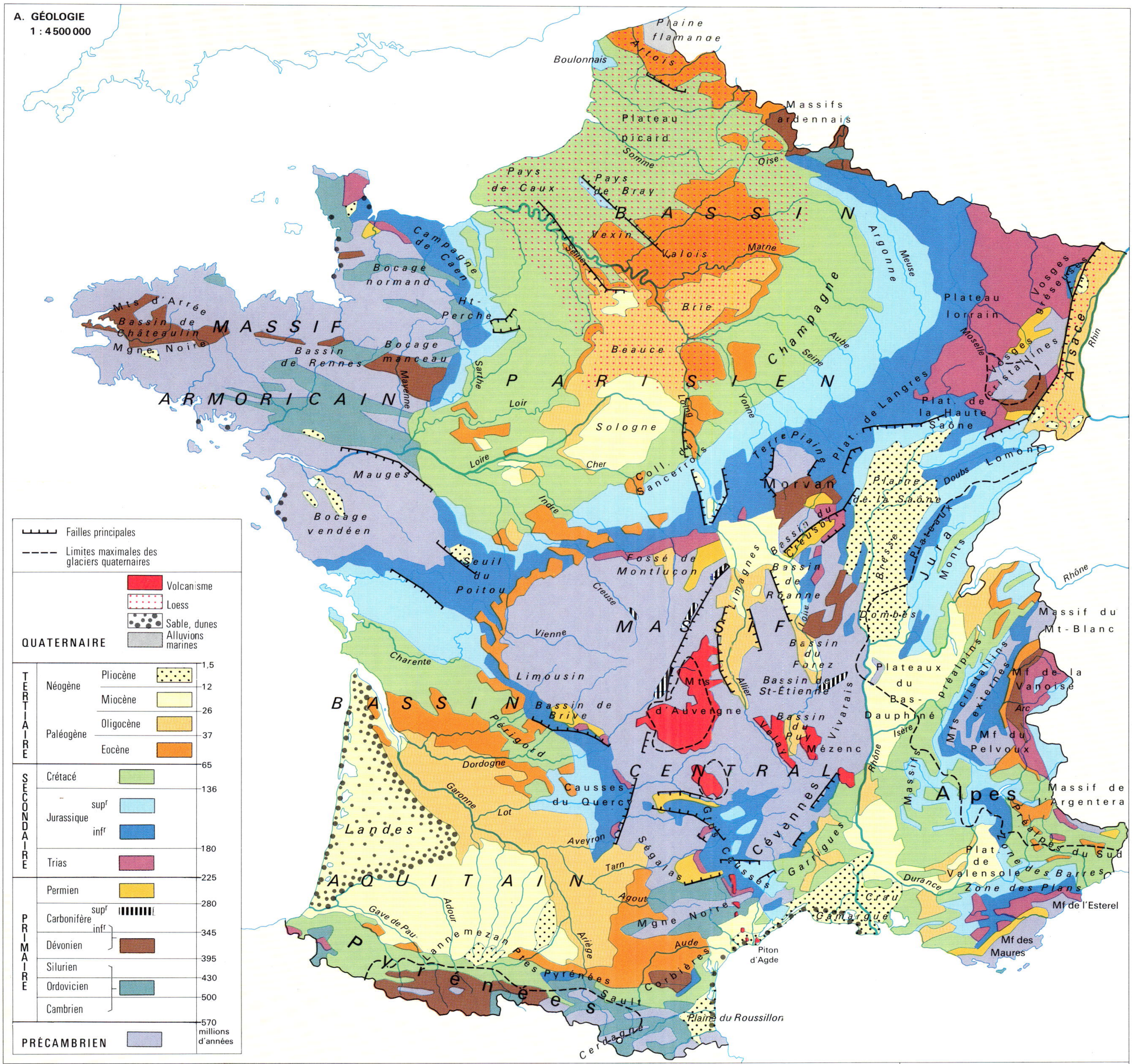

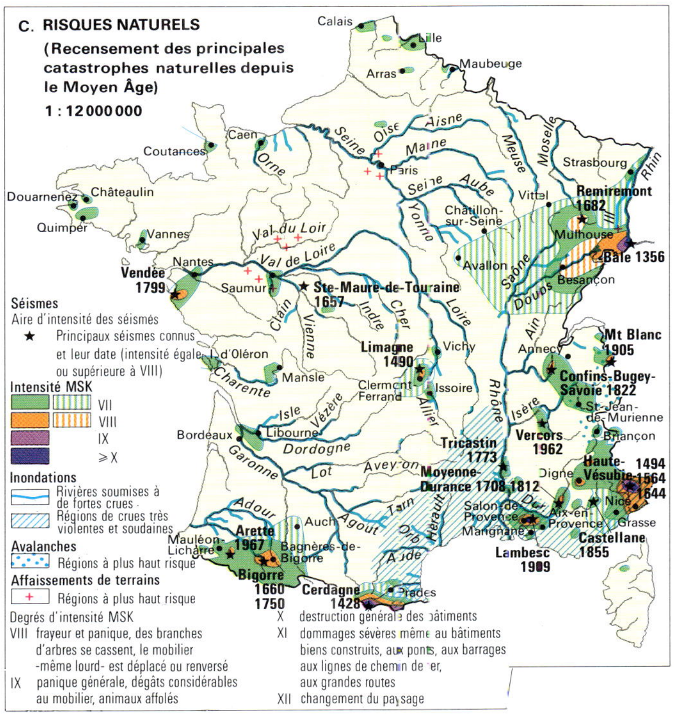

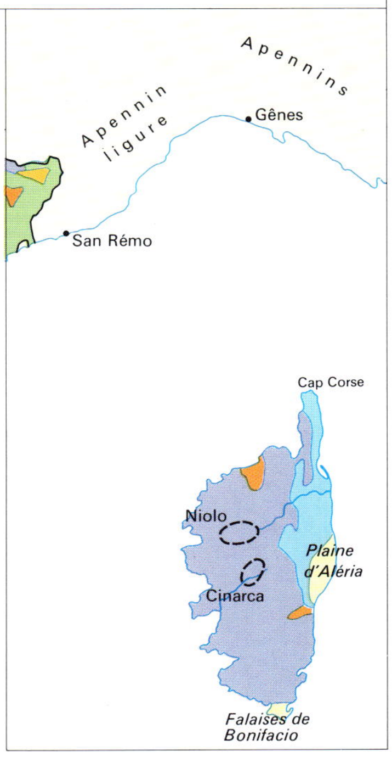

FRANCE CLIMAT

Échelle 1 : 10000000

A. PRÉCIPITATIONS ANNUELLES

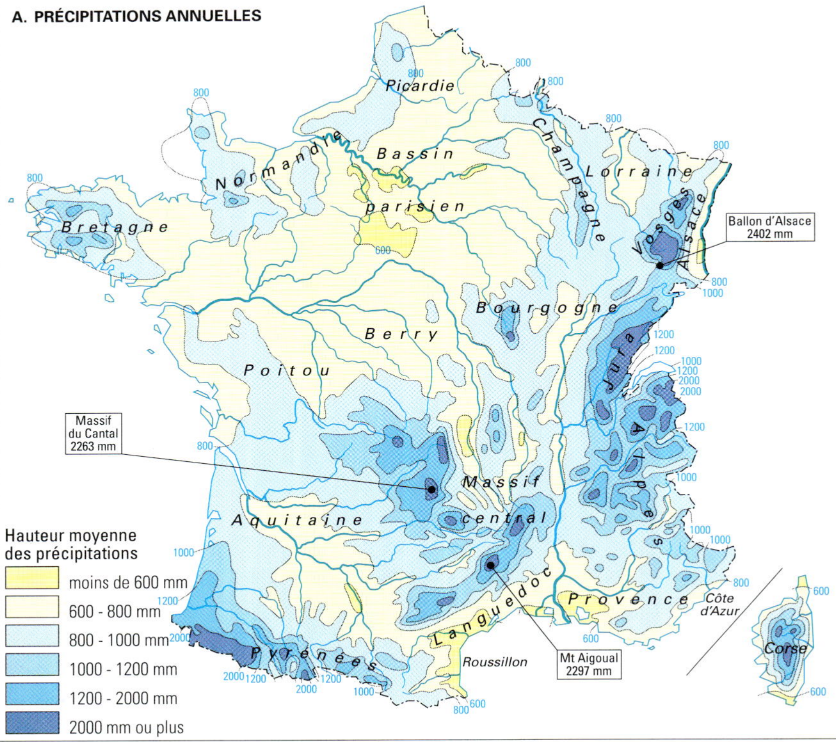

B. AMPLITUDE ANNUELLE DES TEMPÉRATURES

(Écart entre les températures moyennes des mois extrêmes janvier/juillet)

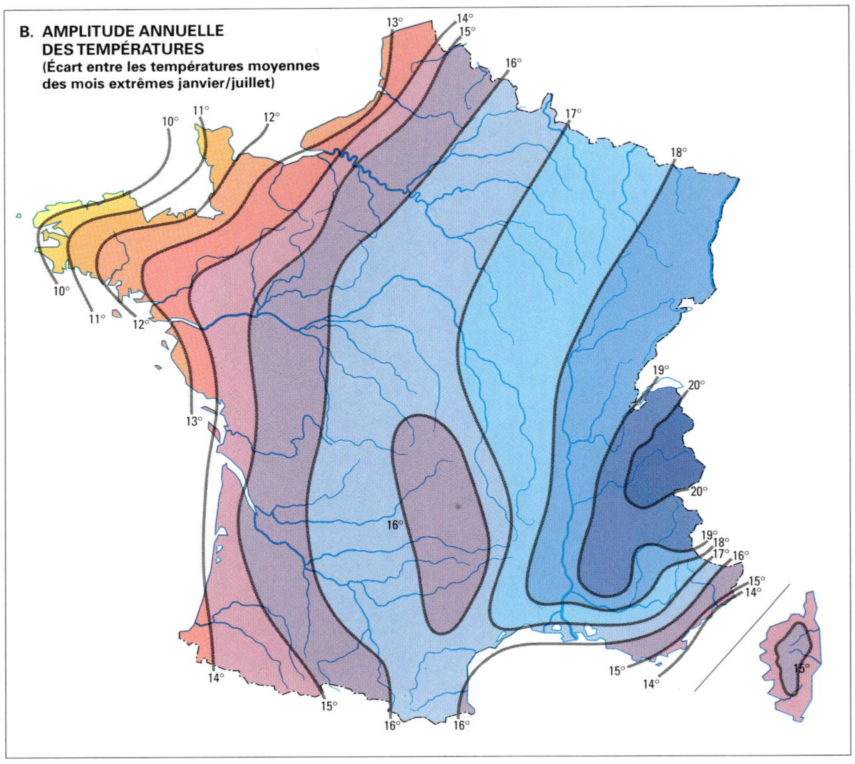

C. JOURS DE GELÉE / VENTS

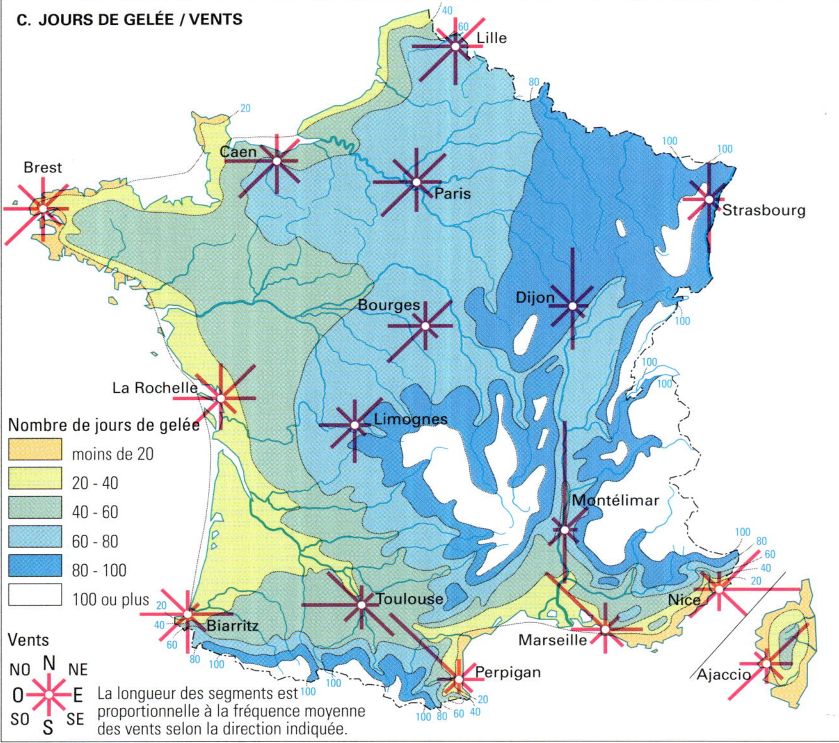

D. TEMPÉRATURES EN JANVIER

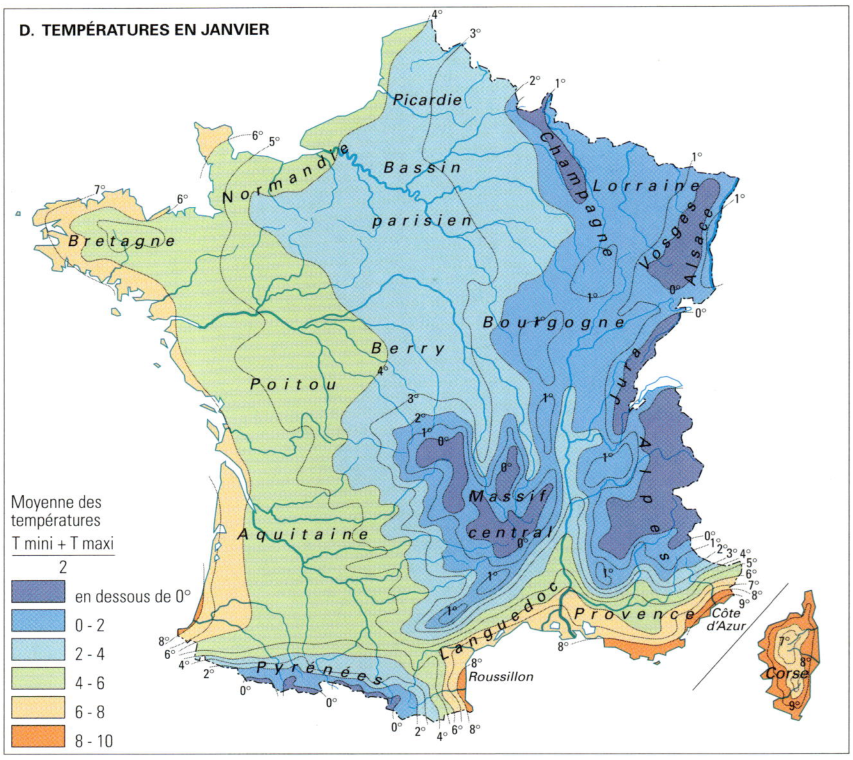

E. HEURES D'ENSOLEILLEMENT

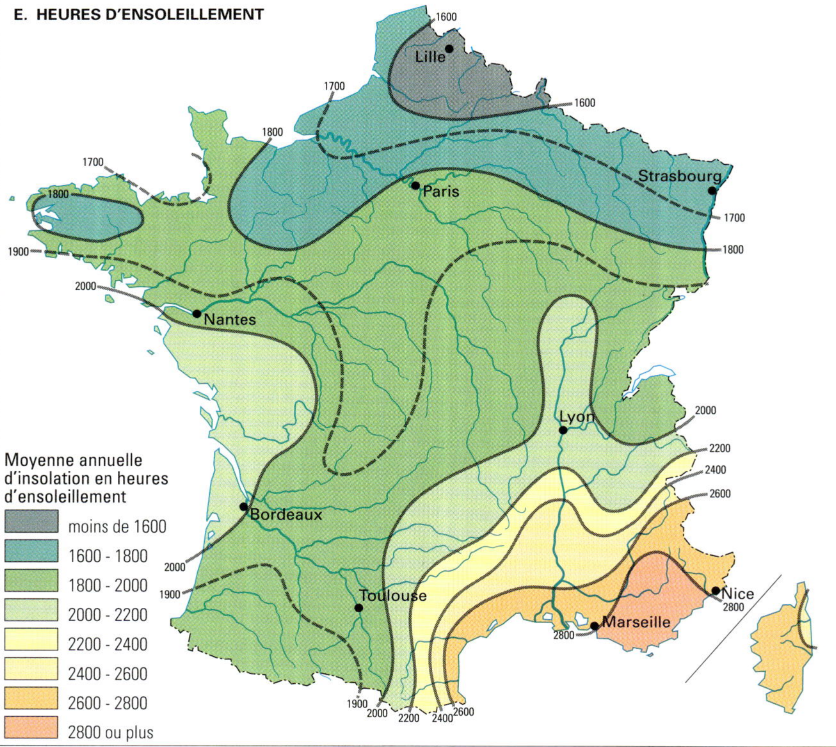

F. TEMPÉRATURES EN JUILLET

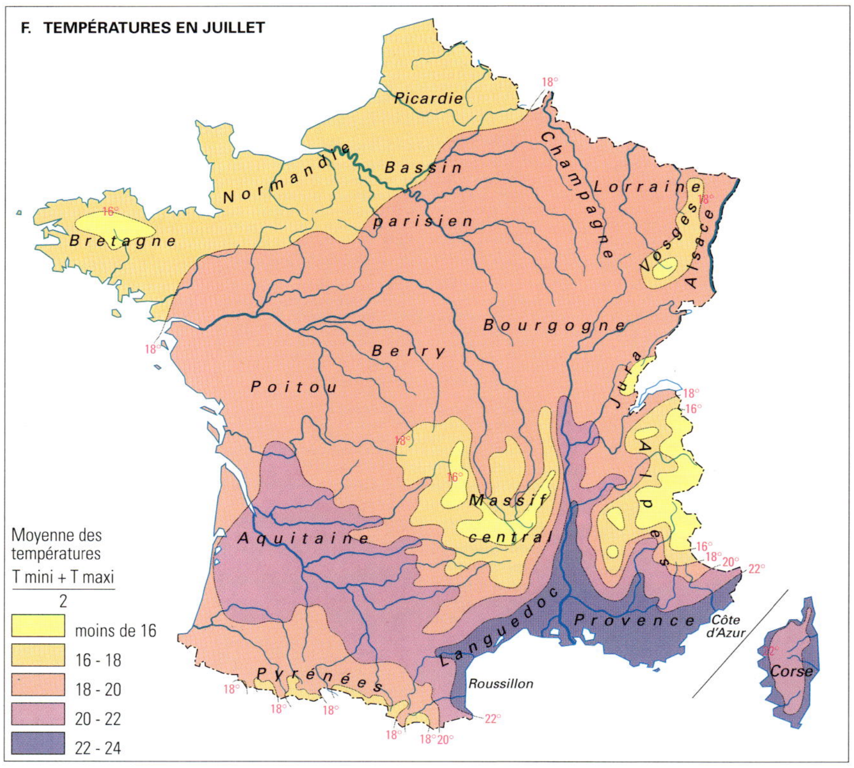

FRANCE CLIMAT

Échelle 1 : 6000000

A. FRANCE EN HIVER

- Vents secs et doux (tempérés)
- Vents secs et froids (continentaux)
- Vents humides et doux
- Vents humides et froids

NO N NE / O E / SO S SE — La longueur des segments est proportionnelle à la fréquence moyenne des vents selon la direction indiquée.

Bise — Nom des vents

- Régions à hivers doux et humides, neige rare, moins d'un mois de gel par an
- Régions à hivers tempérés et humides, quelques jours de neige, de 1 à 2 mois de gel par an
- Alternance de périodes tempérées et humides et de périodes sèches et froides, neige plus abondante, de 2 à 3 mois de gel par an
- Alternance de périodes neigeuses tempérées et de grands froids secs, neige abondante, plus de 3 mois de gel par an
- Régions couvertes par une couche de neige importante, températures très basses (-5 à 10° à 1000 m d'altitude)
- Régions où le froid est rare

5°9 — Moyenne des températures de janvier

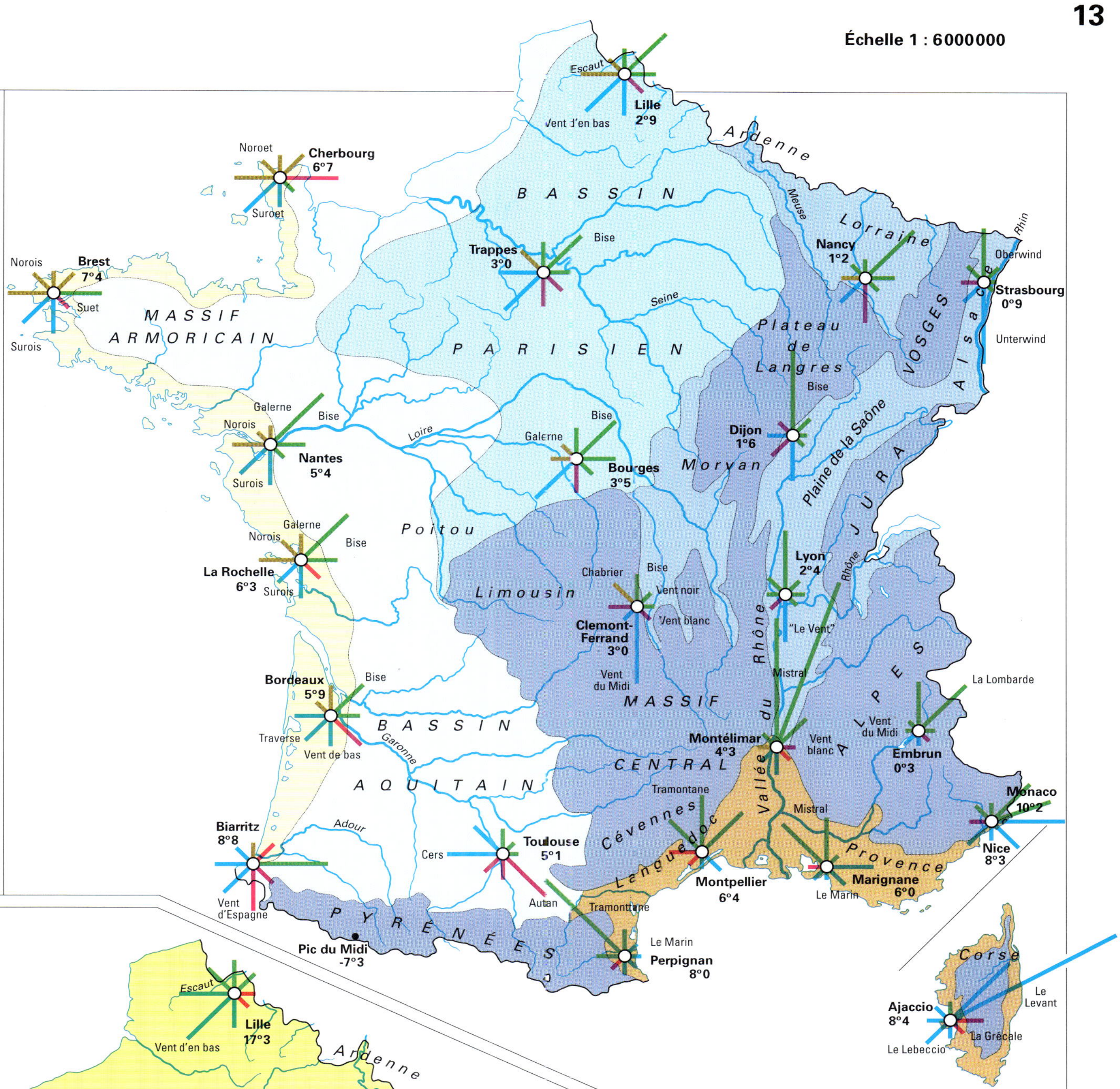

B. FRANCE EN ÉTÉ

- Vents secs et chauds
- Vents secs et frais
- Vents humides et doux
- Vents humides et frais

NO N NE / O E / SO S SE — La longueur des segments est proportionnelle à la fréquence moyenne des vents selon la direction indiquée.

Bise — Nom des vents

- Alternance de temps pluvieux et frais et de temps chauds et secs. Température moyenne entre 16 et 19°
- Étés chauds - pluies plus ou moins abondantes - nombreux orages. Température moyenne supérieure à 20°
- Pluies abondantes. Températures fraîches, moyenne autour de 10° à 1000 m d'altitude
- Étés secs et chauds. Température atténuée par l'altitude - orages
- Étés secs et chauds, Température moyenne supérieure à 22°

21°2 — Moyenne des températures de juillet

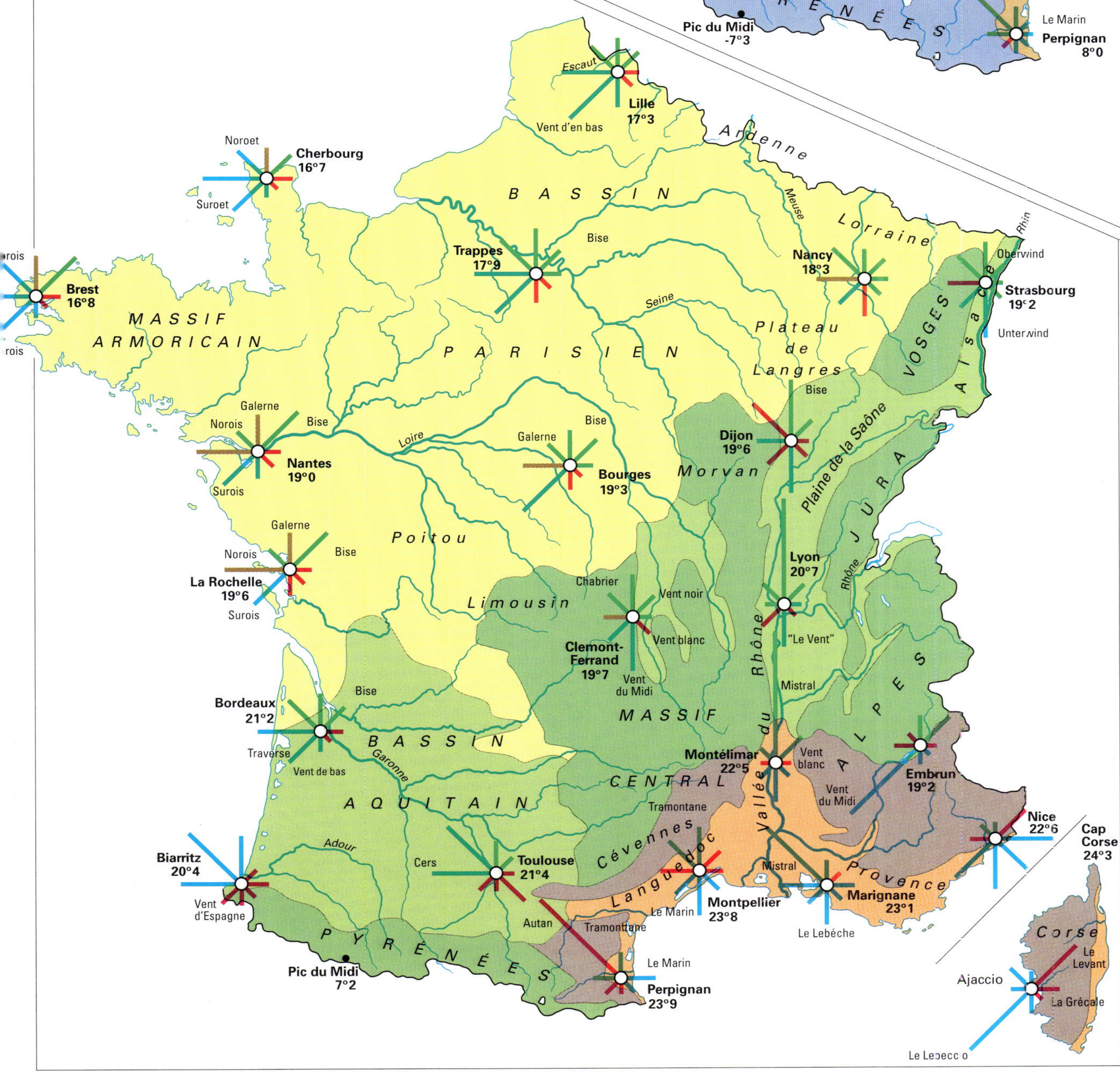

FRANCE POPULATION

A. RÉPARTITION DE LA POPULATION FRANÇAISE PAR DENSITÉ
1 : 4 500 000

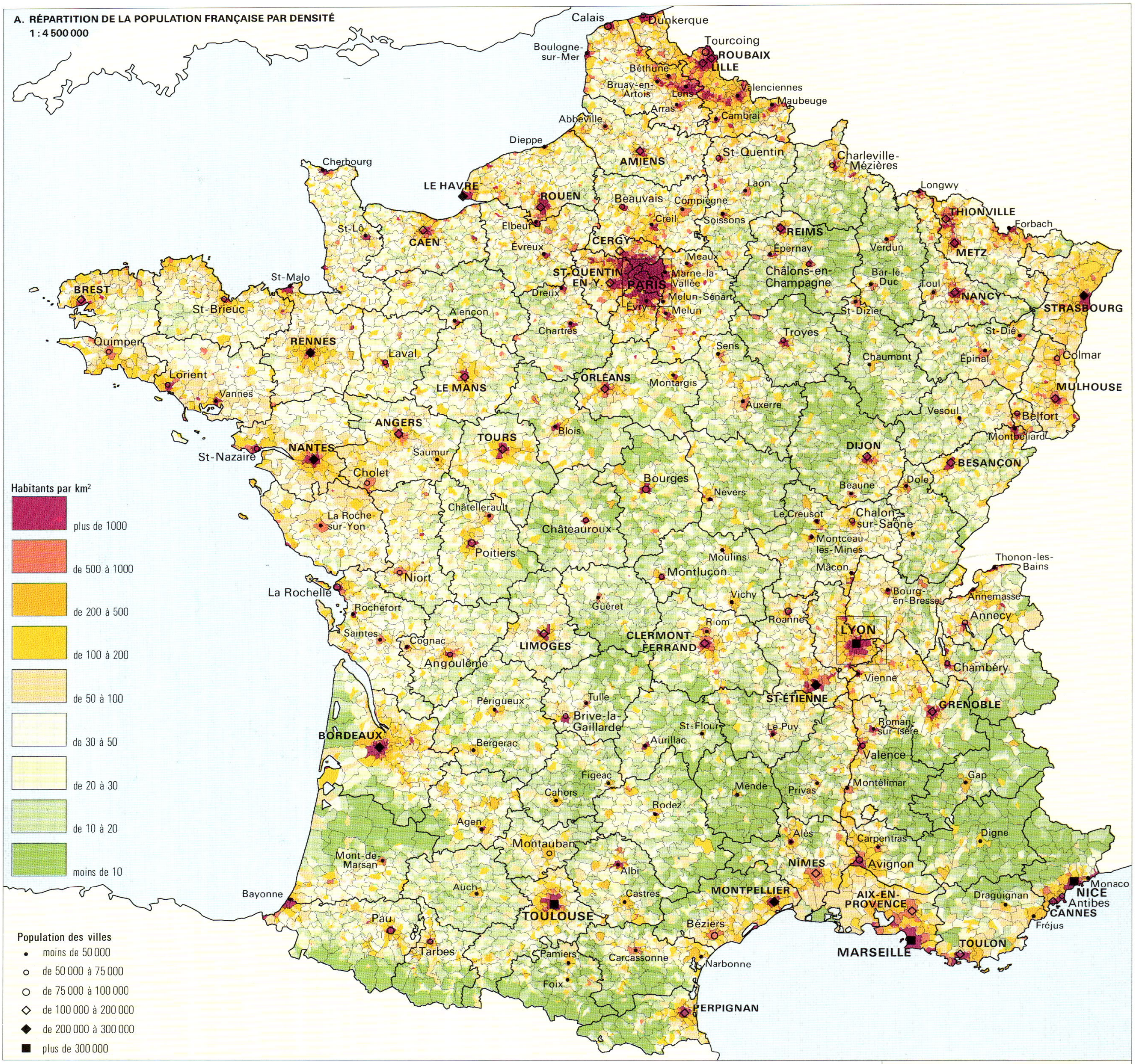

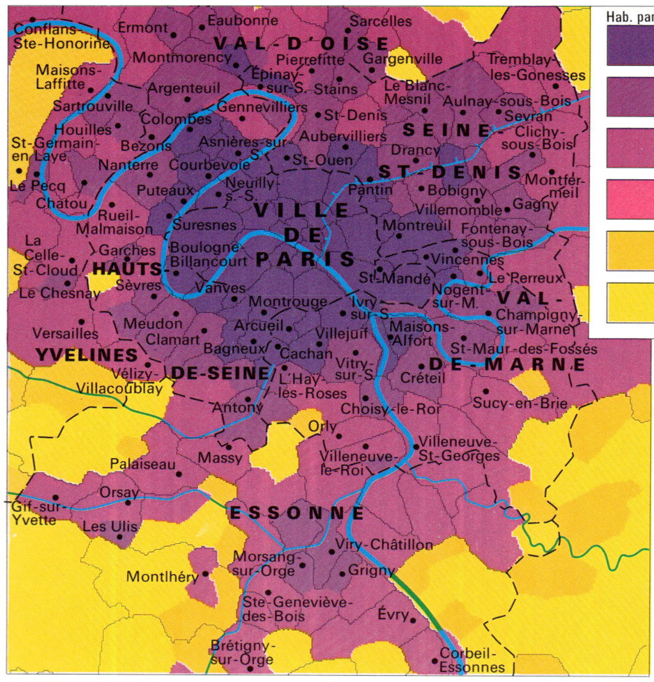

B. RÉPARTITION DE LA POPULATION EN RÉGION PARISIENNE
1 : 500 000

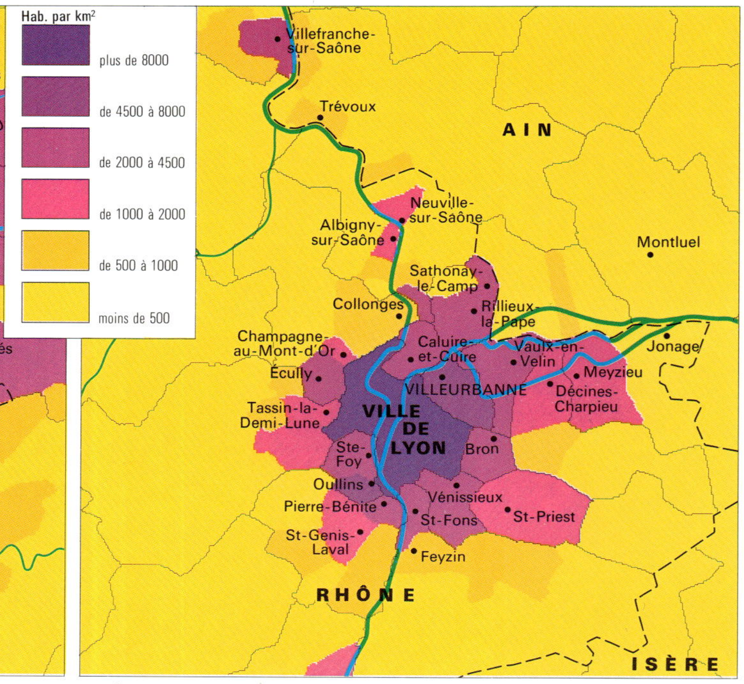

C. RÉPARTITION DE LA POPULATION DE L'AGGLOMÉRATION LYONNAISE
1 : 500 000

A. ÉVOLUTION DE LA POPULATION

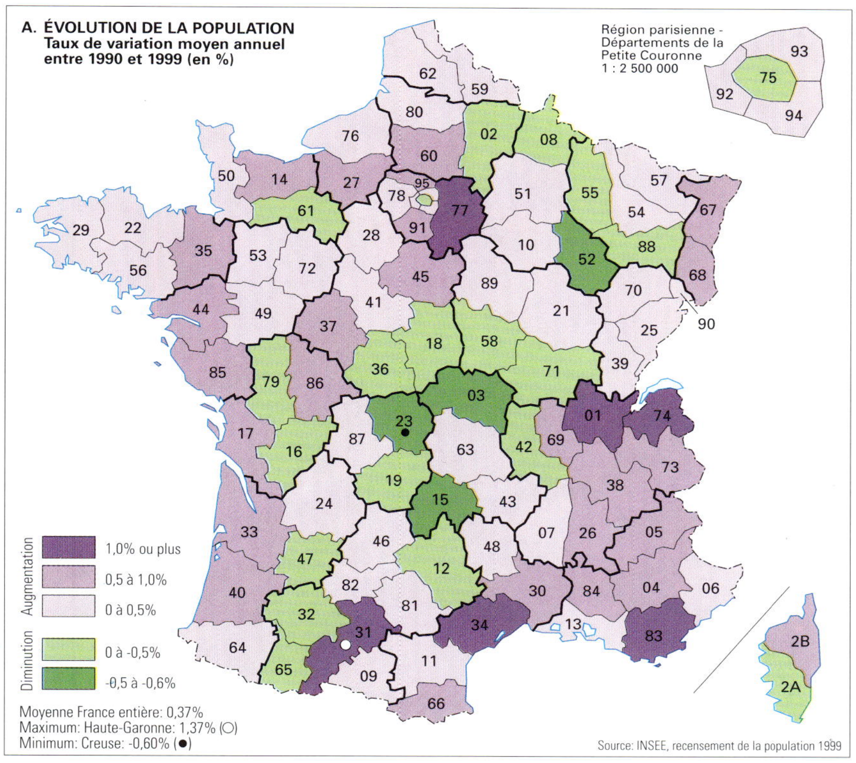

B. MOBILITÉ DE LA POPULATION

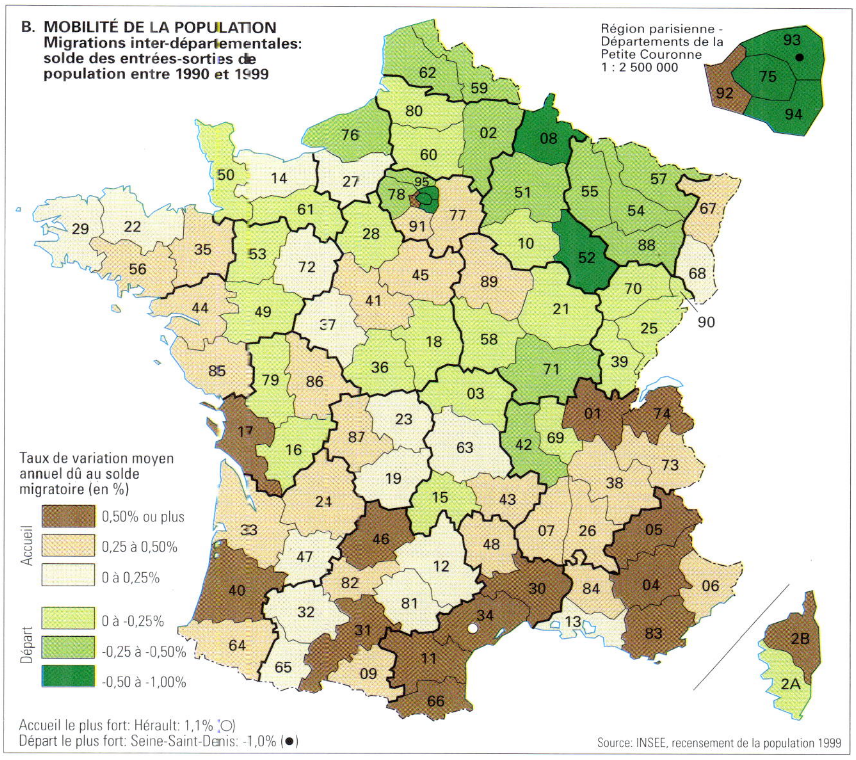

C. TAUX DE NATALITÉ

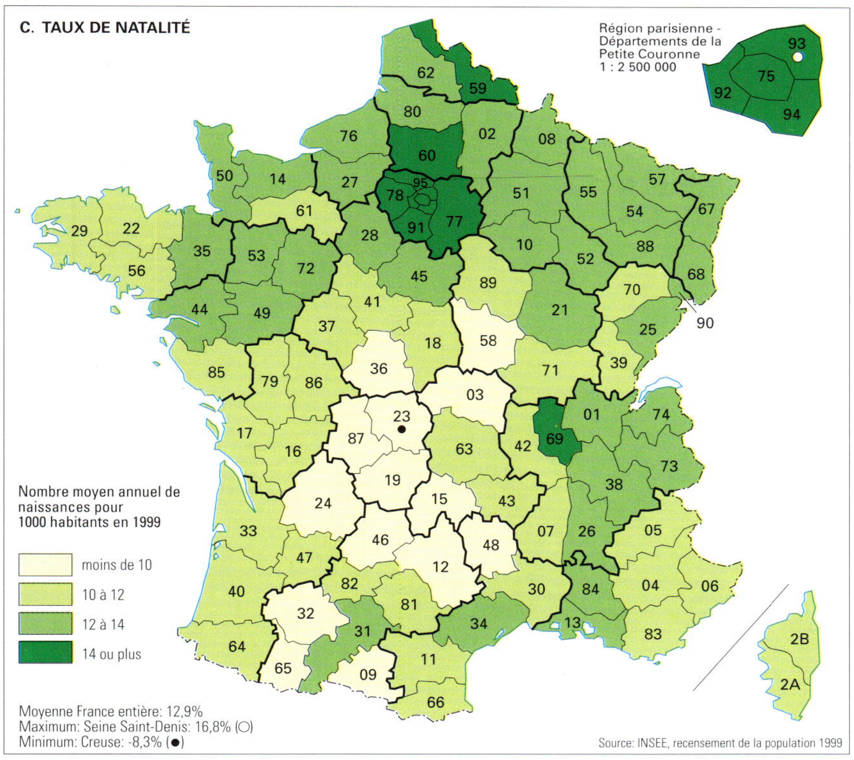

D. POPULATION ÂGÉE

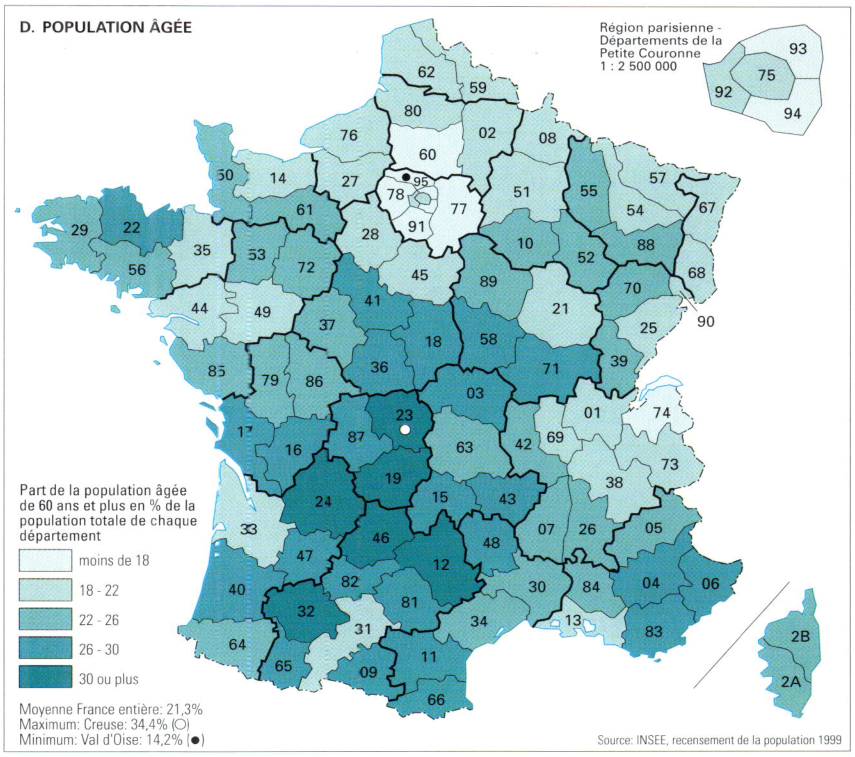

E. LES REVENUS DES MÉNAGES EN 1999

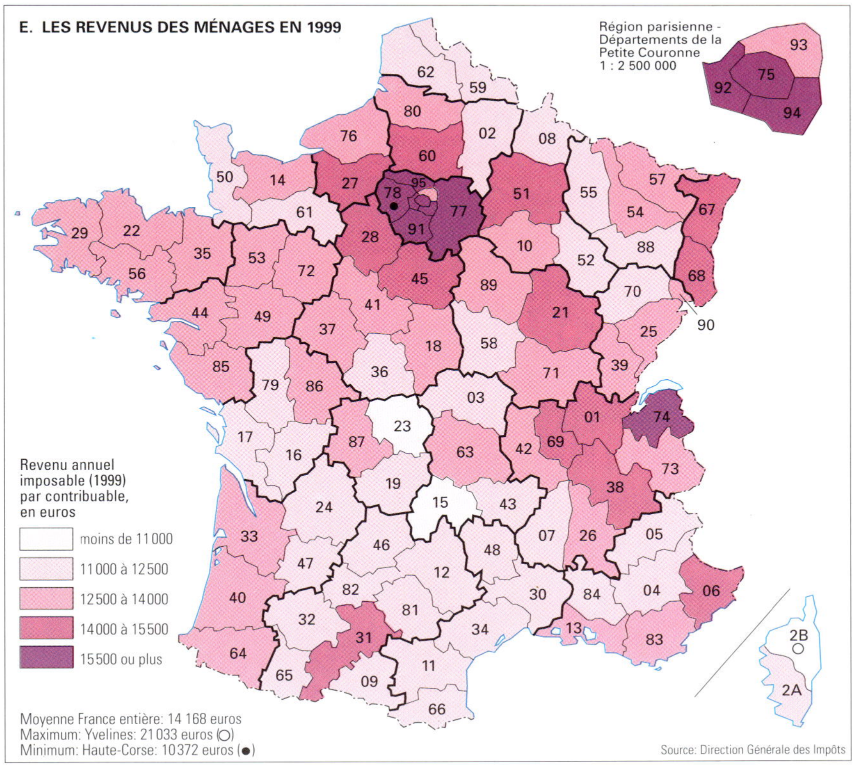

F. POPULATION ÉTRANGÈRE

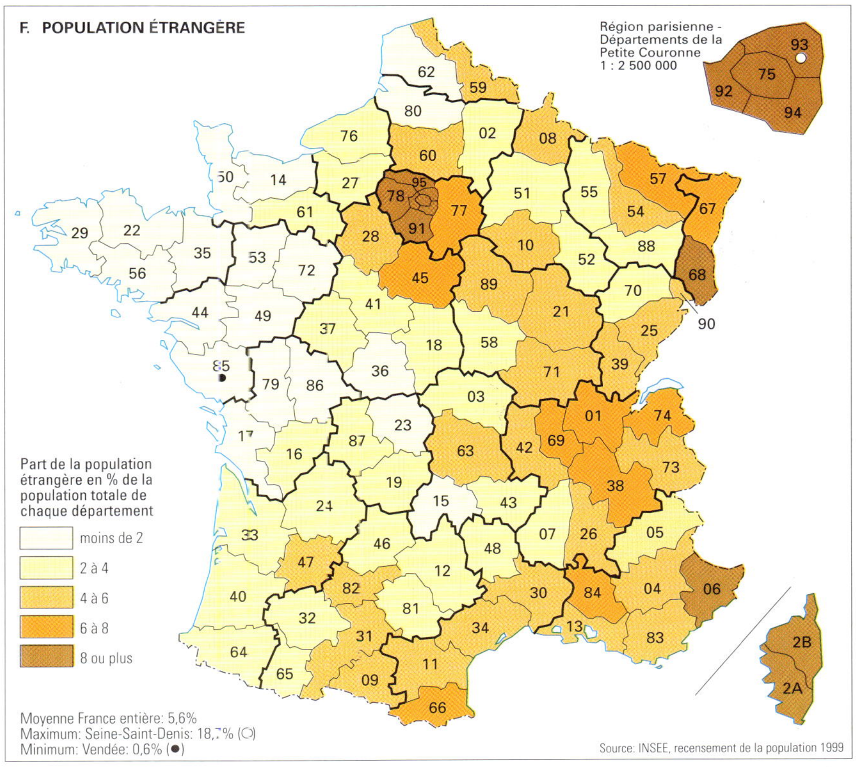

FRANCE ADMINISTRATION

A. ADMINISTRATION 1 : 4 500 000

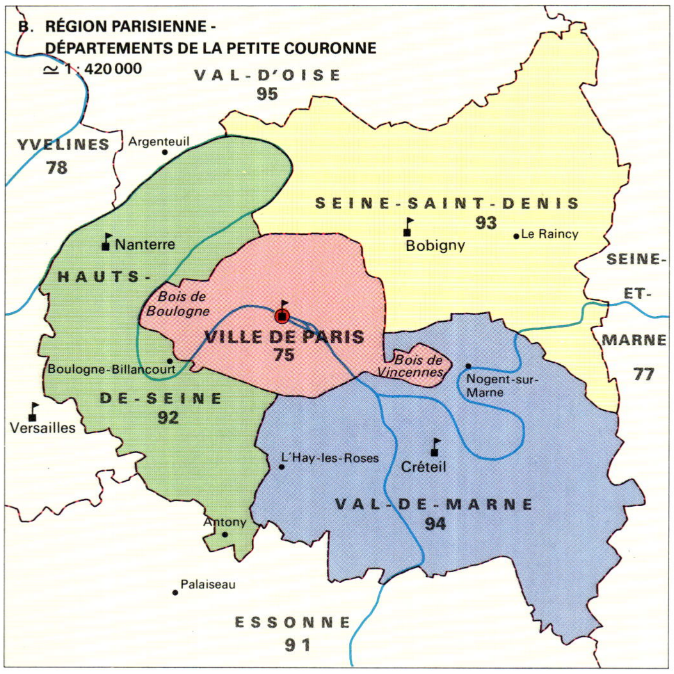

B. RÉGION PARISIENNE - DÉPARTEMENTS DE LA PETITE COURONNE ≃ 1 : 420 000

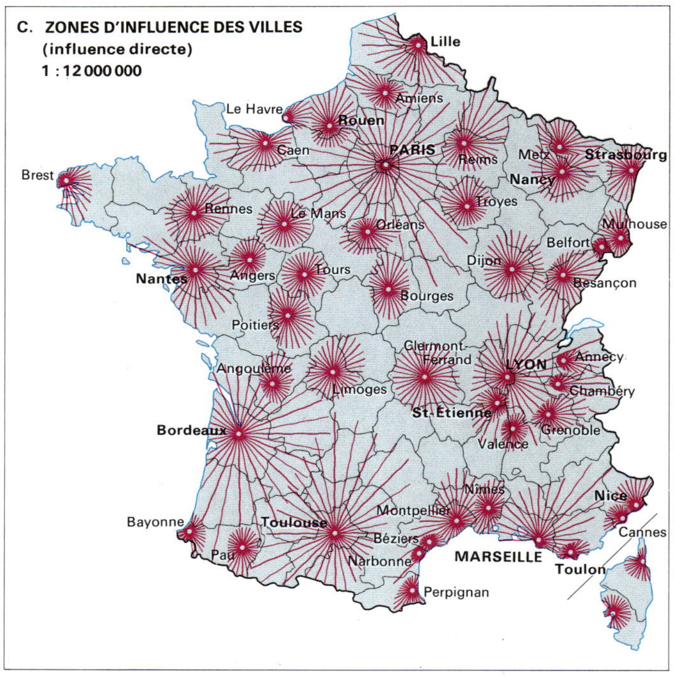

C. ZONES D'INFLUENCE DES VILLES (influence directe) 1 : 12 000 000

FRANCE CULTURE - ENSEIGNEMENT - DÉFENSE

Échelle 1 : 8000000

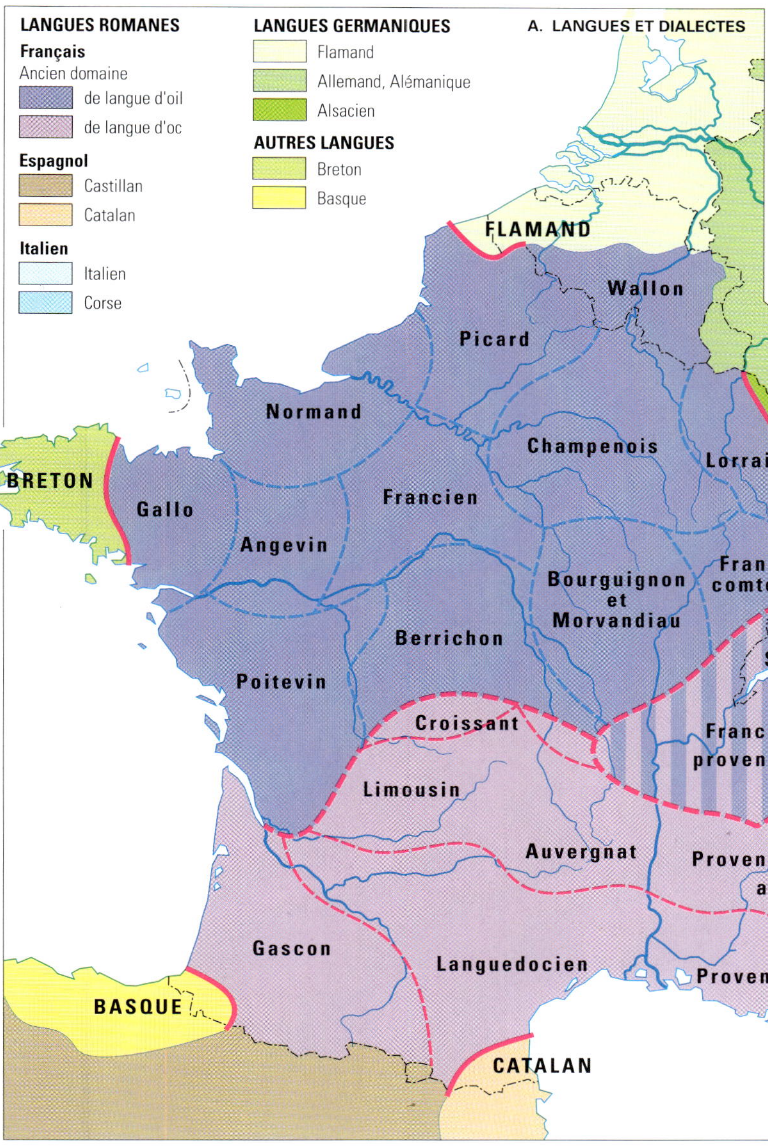

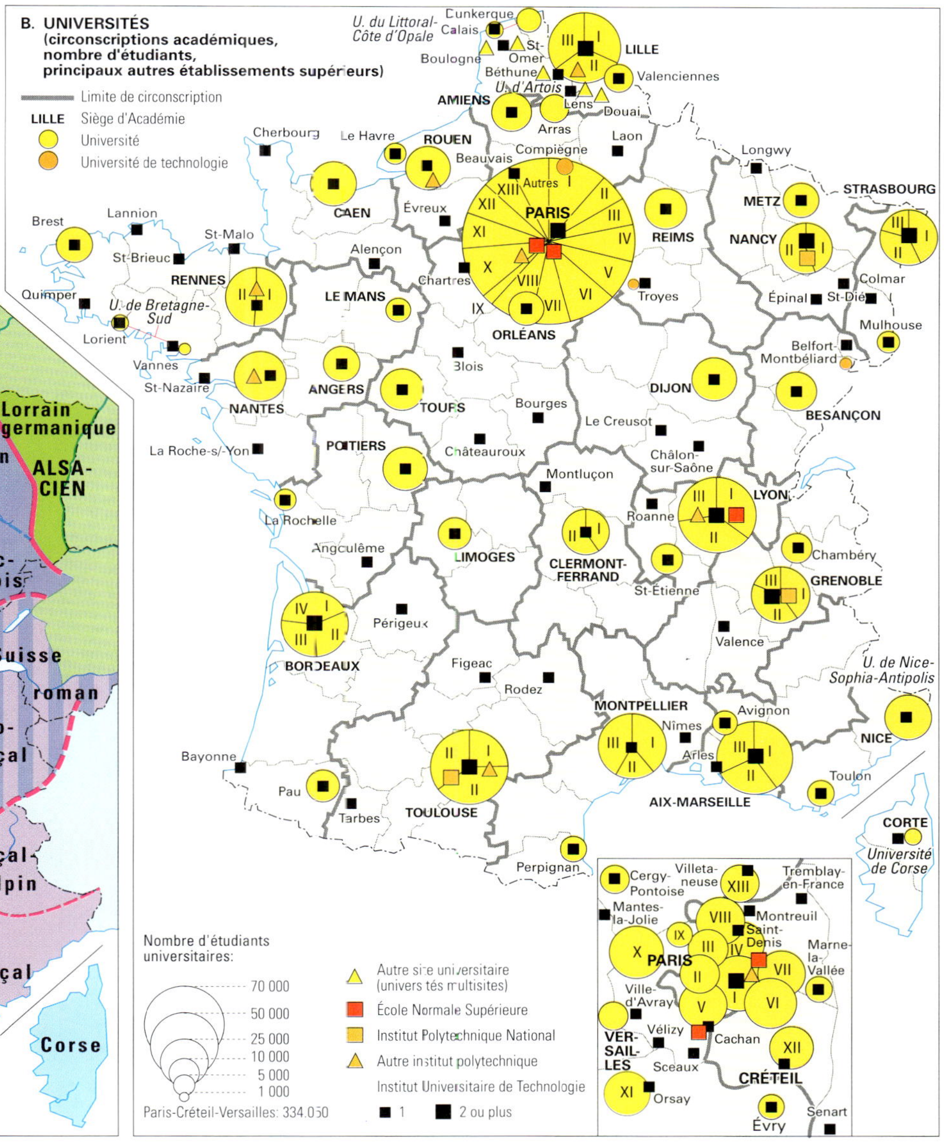

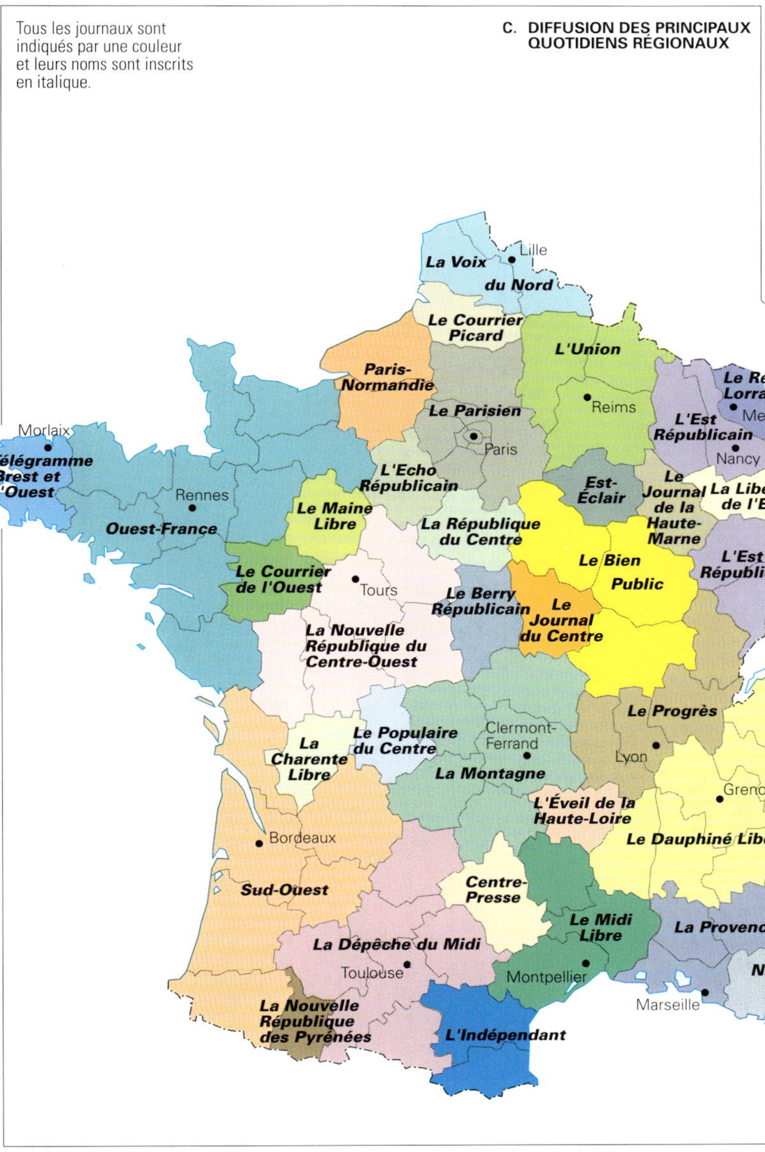

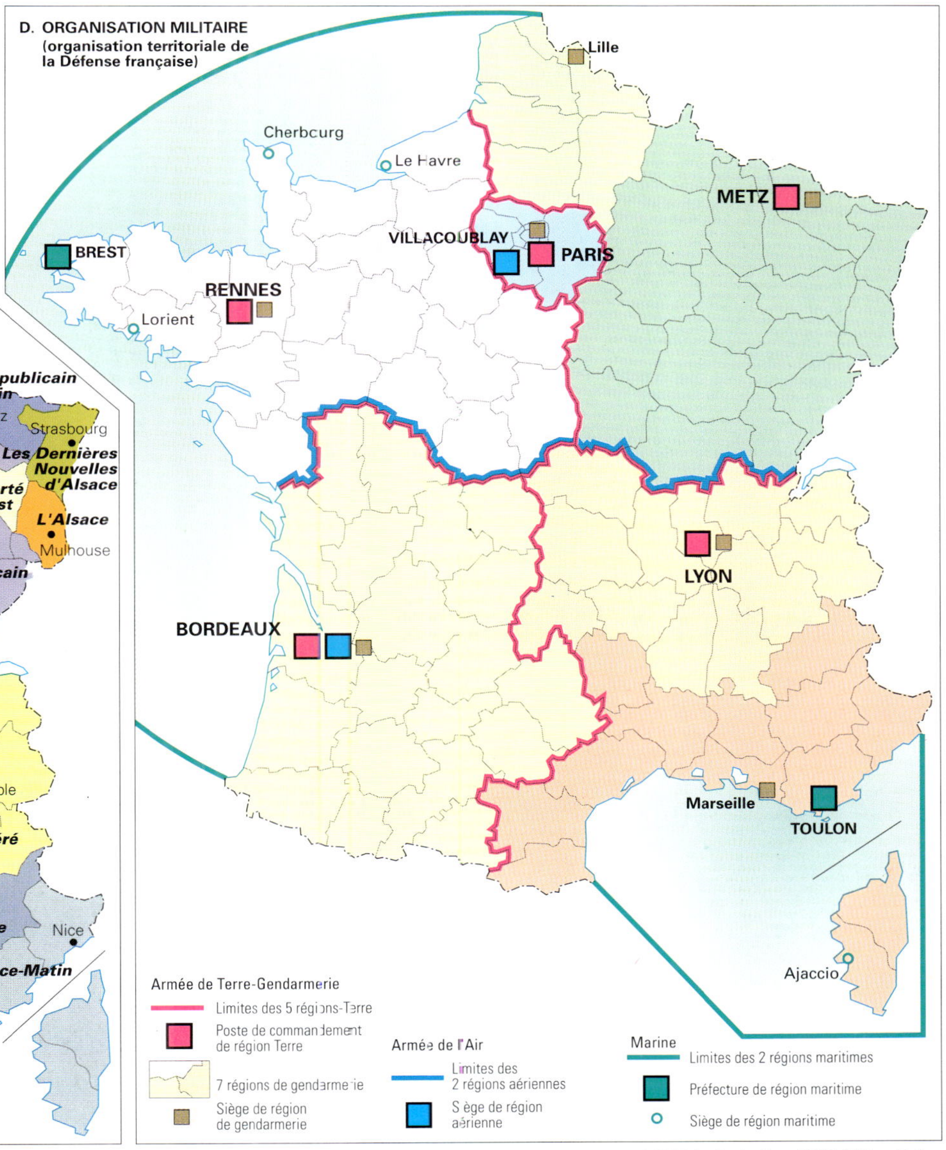

FRANCE AGRICULTURE / PÊCHE ET AQUACULTURE

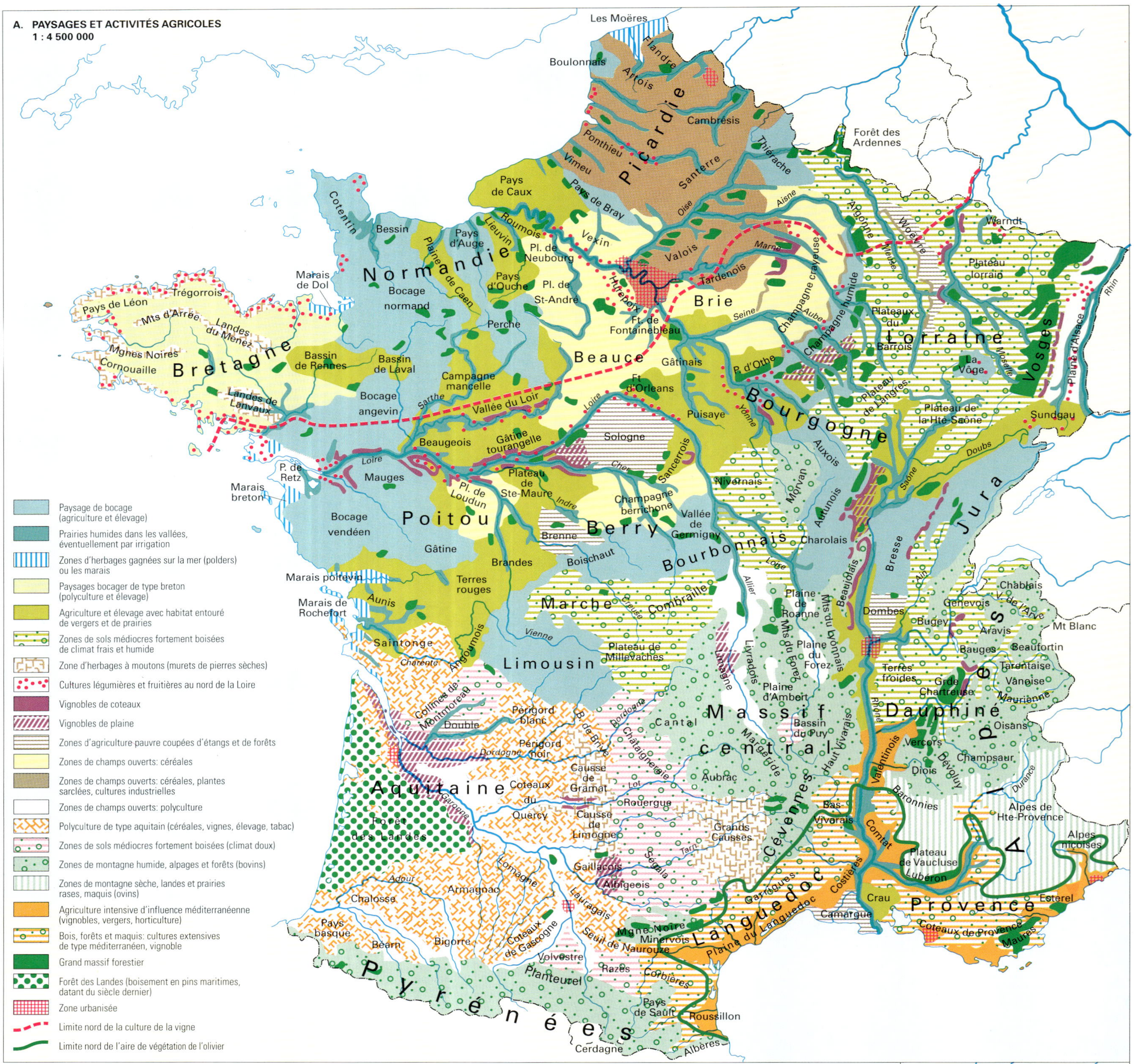

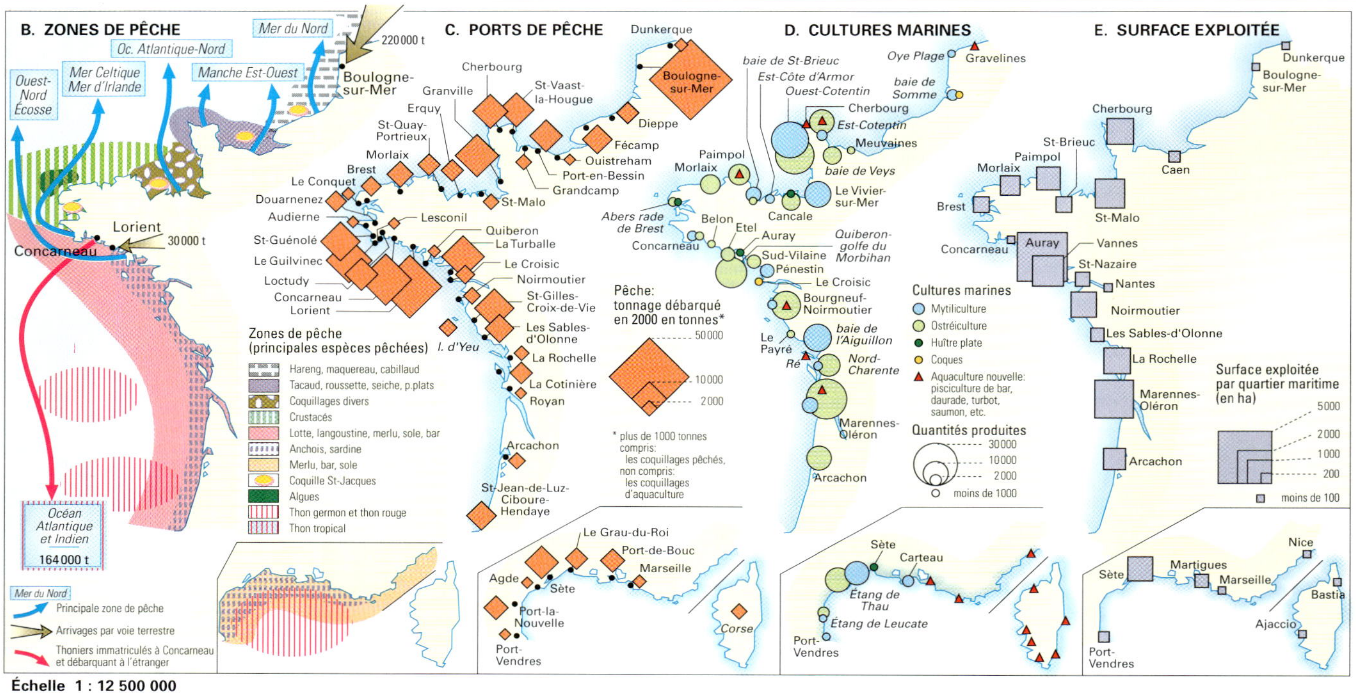

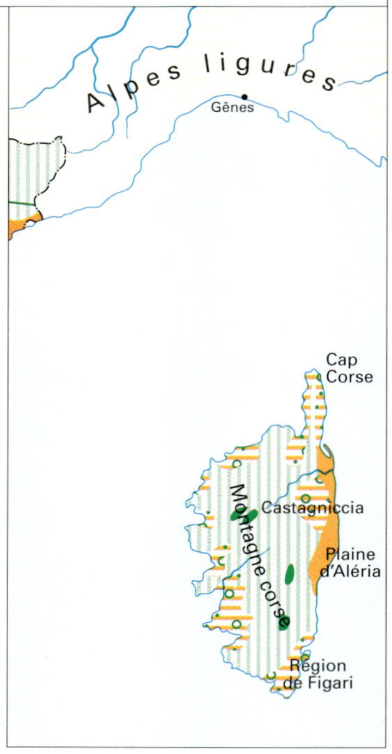

Échelle 1 : 12 500 000

FRANCE

SECTEURS SECONDAIRE ET TERTIAIRE

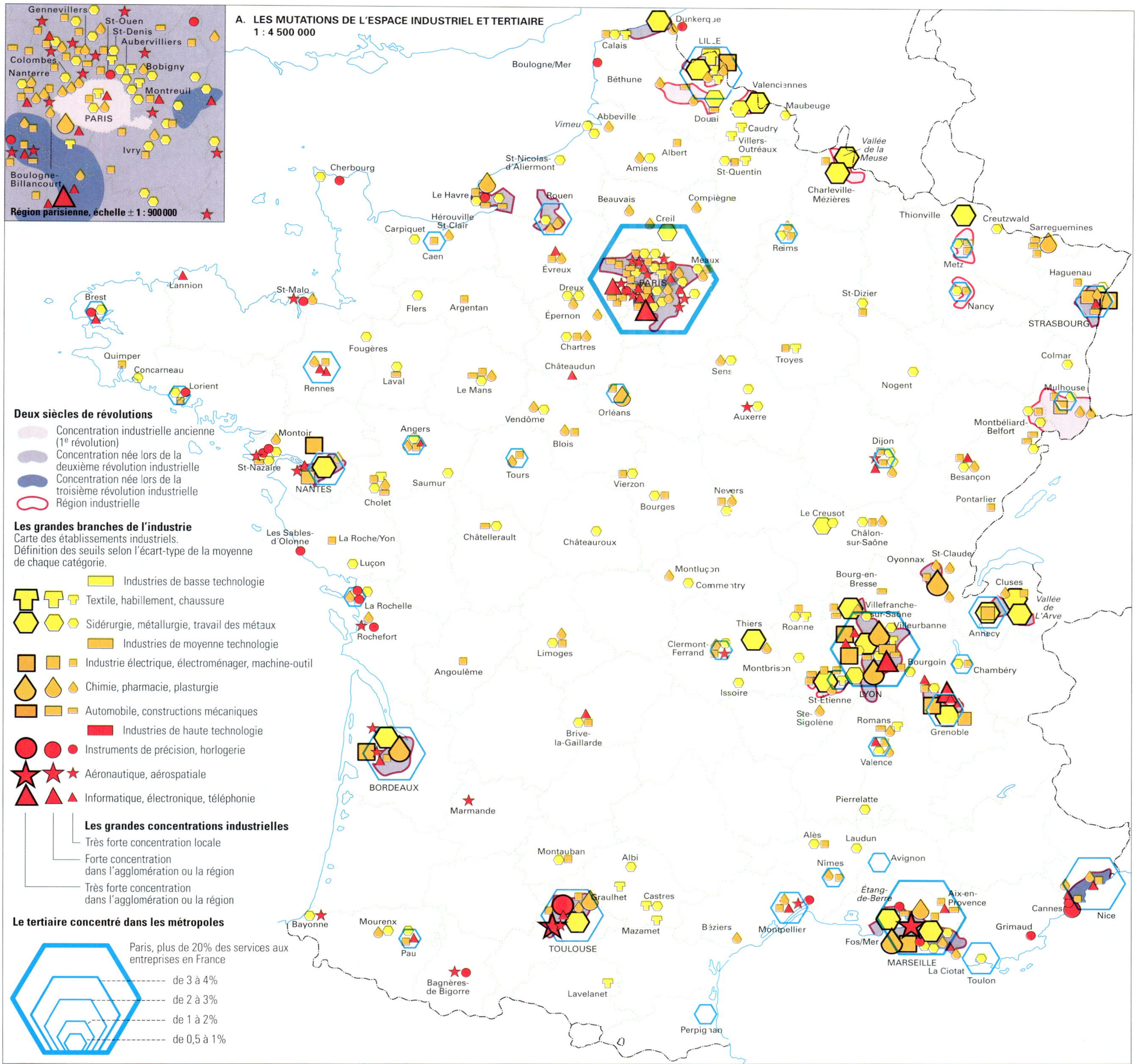

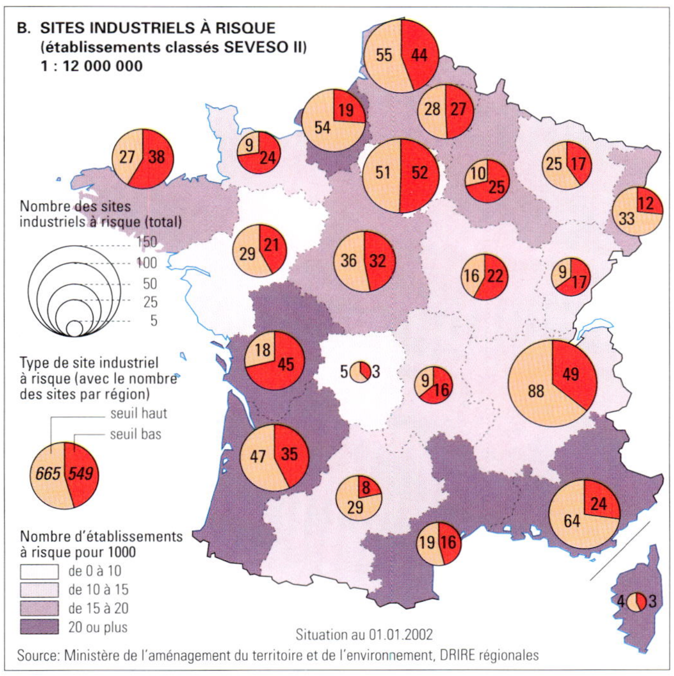

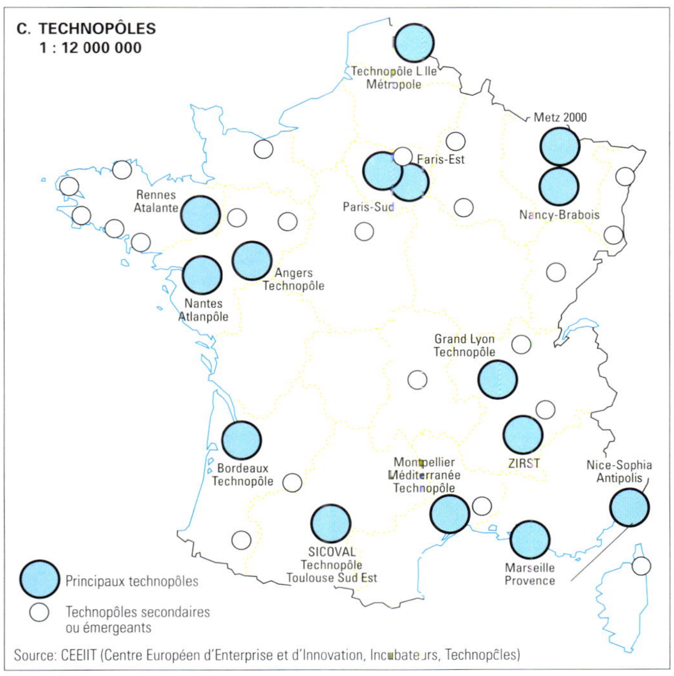

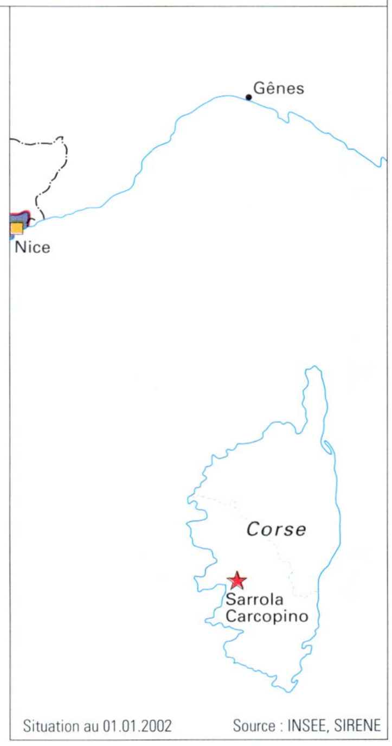

FRANCE COMMUNICATIONS

Échelle 1 : 8 000 000

A. RÉSEAU ROUTIER ET AUTOROUTIER

B. RÉSEAU ET TRAFIC FERROVIAIRES

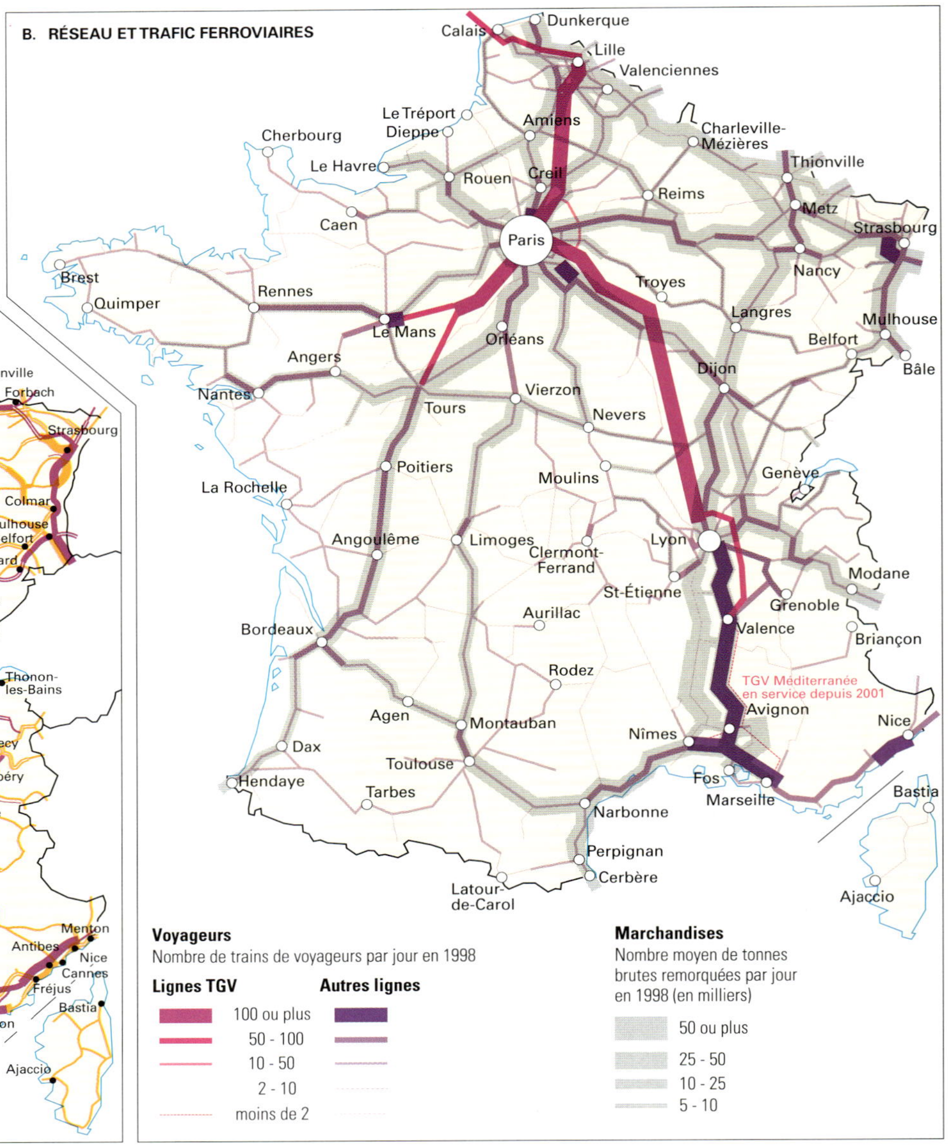

C. PORTS ET VOIES NAVIGABLES

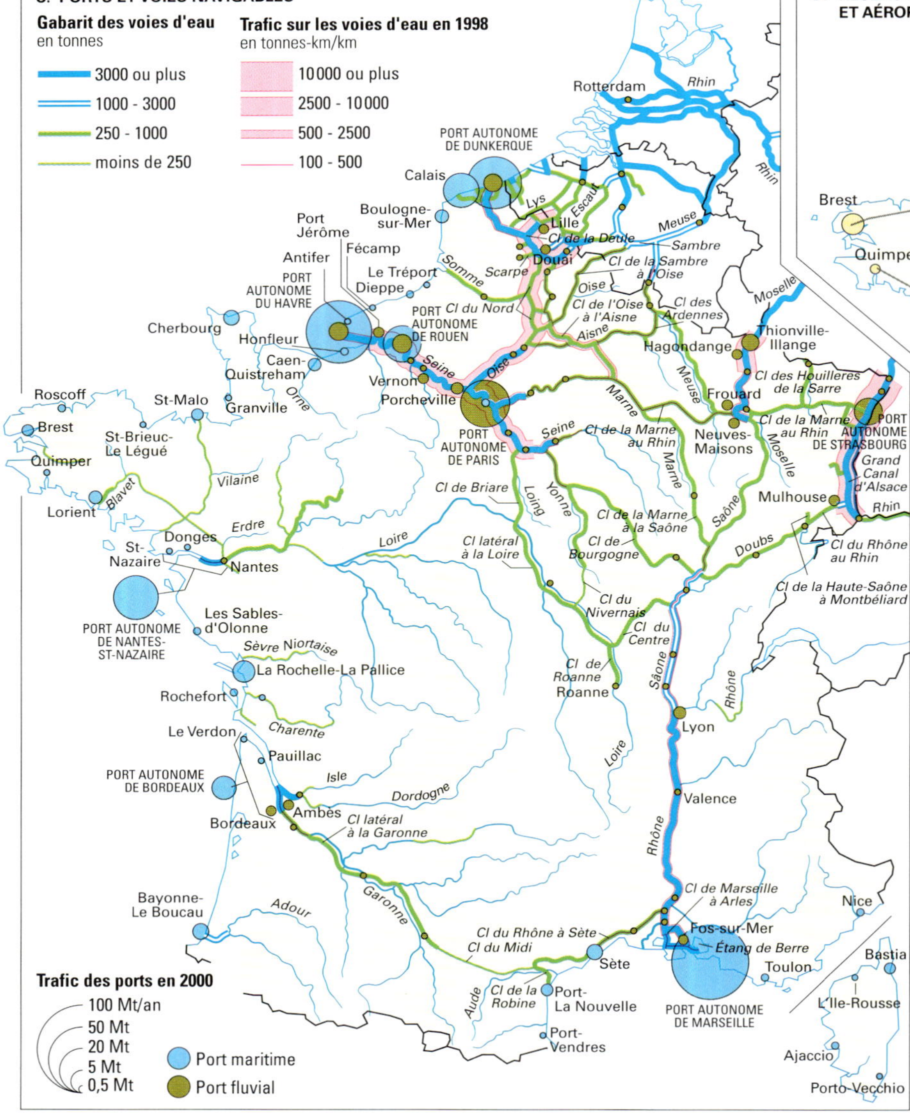

D. RÉSEAU FERRÉ À GRANDE VITESSE ET AÉROPORTS

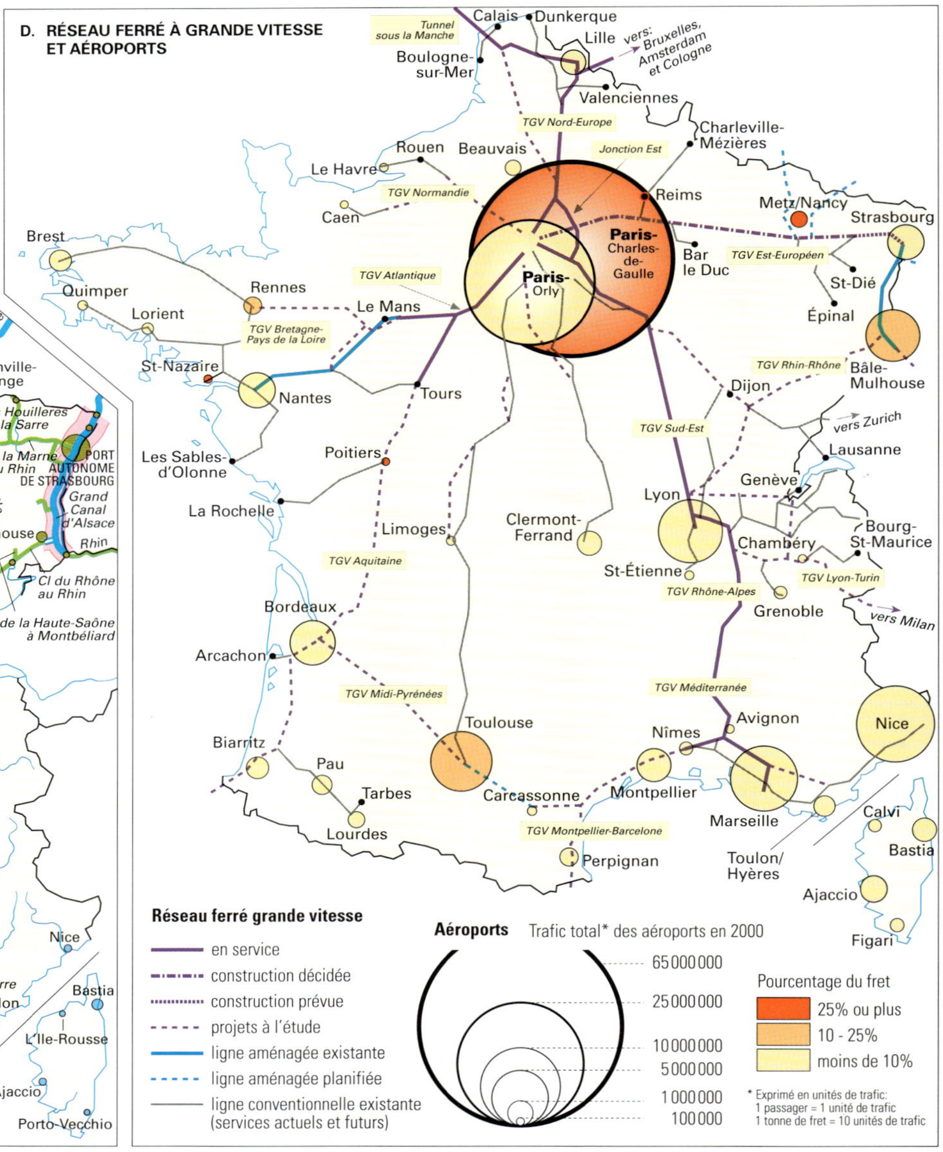

FRANCE TOURISME

A. PATRIMOINE CULTUREL
1 : 4 500 000

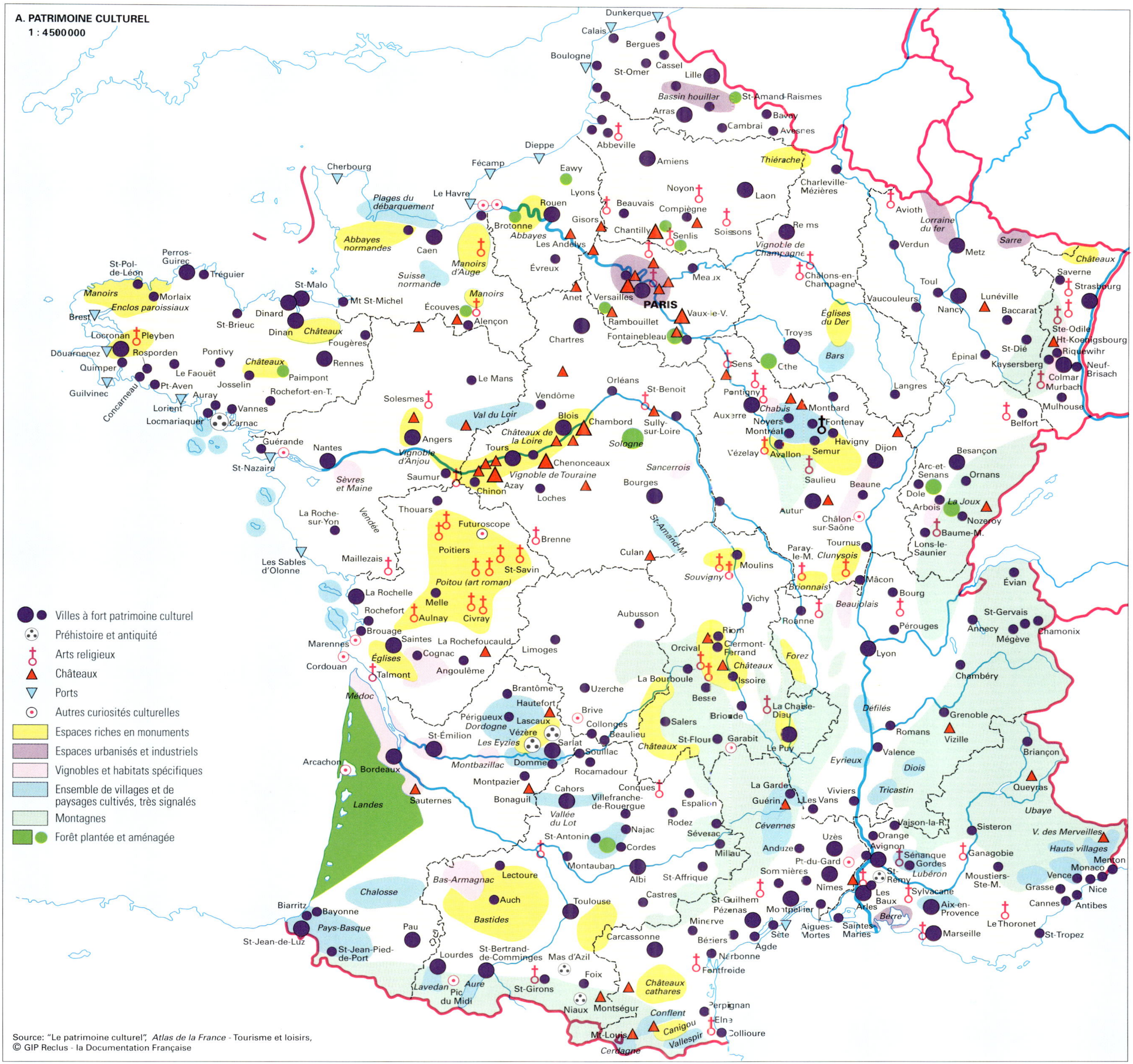

Source: "Le patrimoine culturel", *Atlas de la France* - Tourisme et loisirs, © GIP Reclus - la Documentation Française

B. RÉGIONS ET FOYERS TOURISTIQUES
1 : 12 000 000

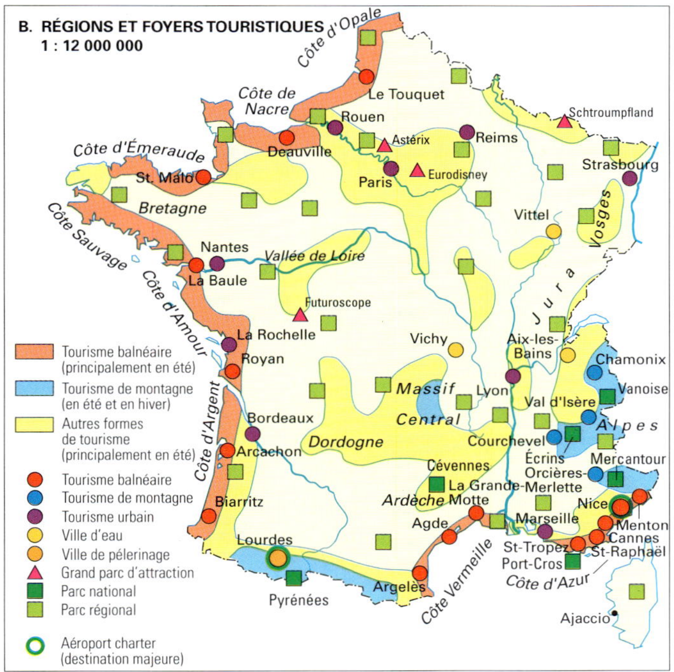

C. LES ESPACES PROTÉGÉS
1 : 12 000 000

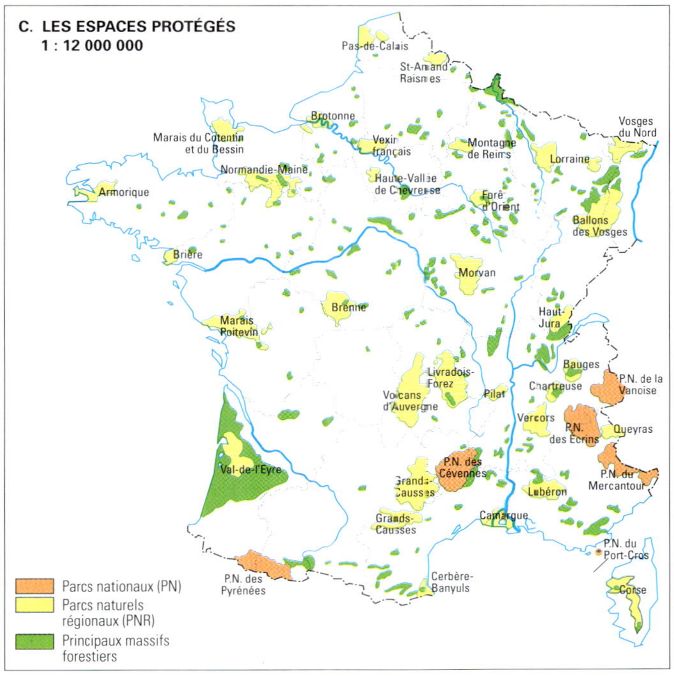

FRANCE AGGLOMÉRATION PARISIENNE

FRANCE RÉGIONS : Paris • Agglomération parisienne • Basse-Seine

A. AGGLOMÉRATION PARISIENNE
1 : 300 000

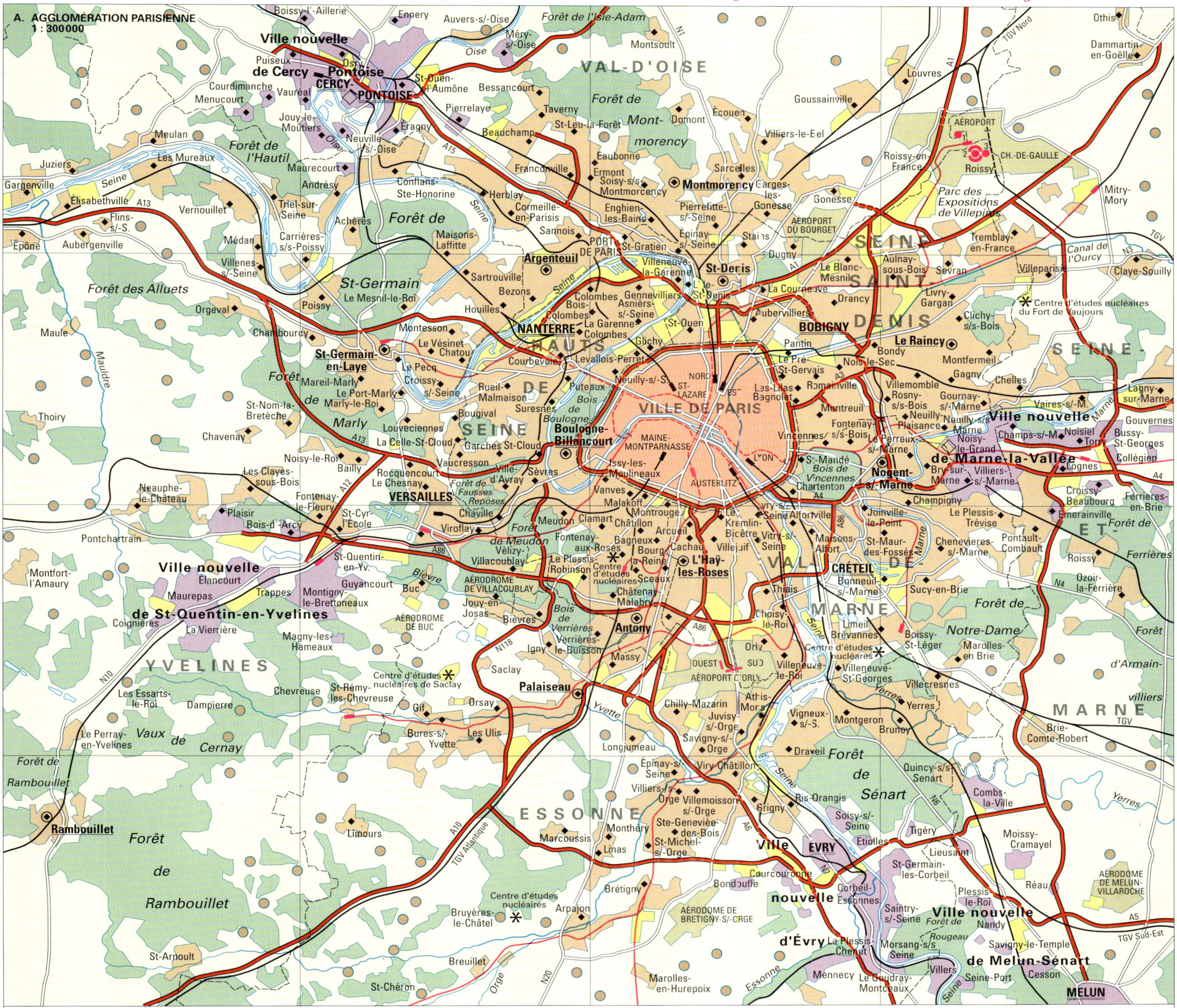

Zone urbanisée de la région parisienne	Zone industrielle
Localité rattachée à une ville nouvelle	Zone aéroportuaire
Localité en zone rurale	Zone rurale
Parc, bois, forêt	Voie ferrée et gare
Autoroute et axe autoroutier	Réseau-express-régional (RER)
Route	Limite de département
MELUN Chef-lieu de département	○ Antony Chef-lieu d'arrondissement
◆ Siège administratif en zone urbaine	

B. BASSE-SEINE
1 : 1 000 000

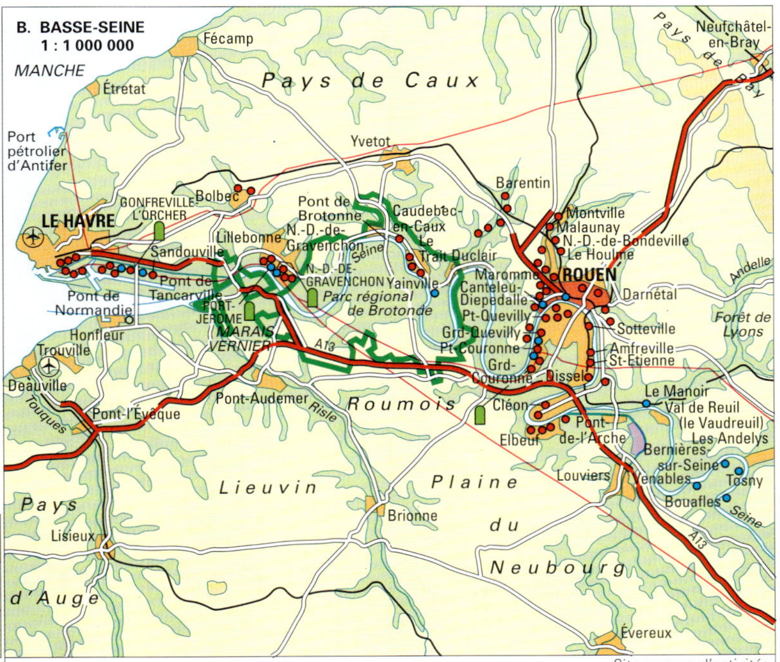

Centre historique	Parc régional	Voie ferrée	Site ou zone d'activités industrielles
Zone d'habitat urbain	Autoroute	Oléoduc	Port fluvial
Ville nouvelle	Route	Raffinerie de pétrole	Aéroport

C. VILLE DE PARIS
1 : 100 000

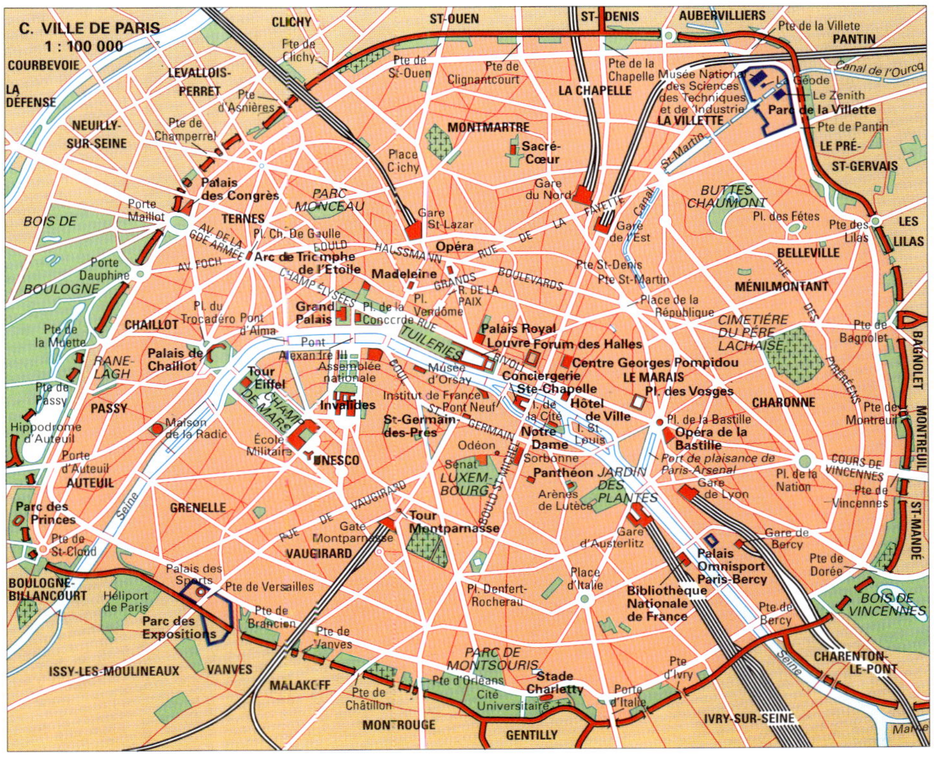

FRANCE NORD ET CENTRE

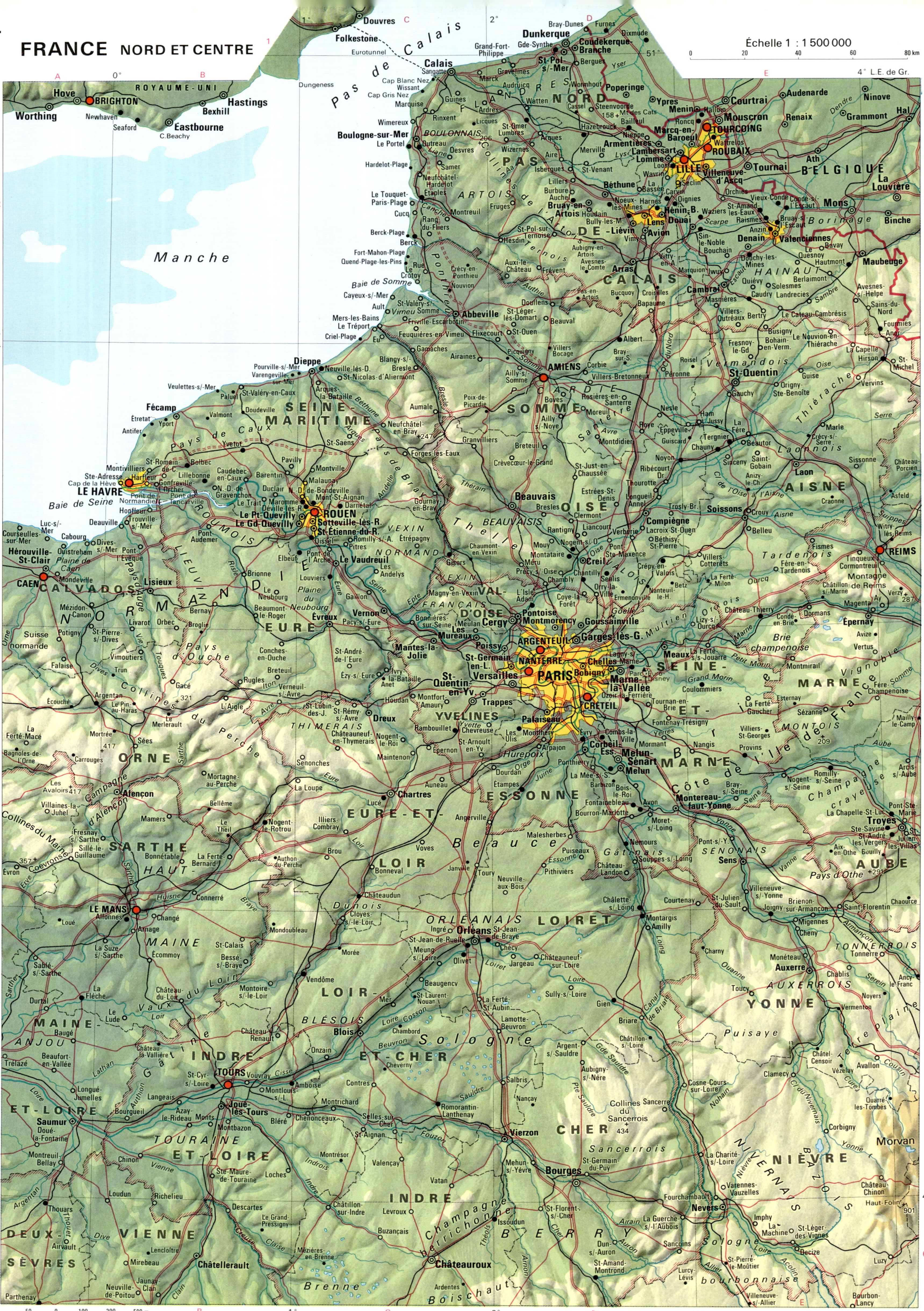

FRANCE RÉGIONS : PAYS DE BRAY (carte page 24 C3)

FRANCE OUEST

−200 −50 0 100 200 m

Échelle 1 : 1 500 000

0 20 40 60 80 km

A. RÉGION DE BREST
1 : 555 000

Route à chaussée séparée — Route — Voie ferrée — Zone d'habitat urbain — Site ou zone d'activités industrielles — Parc régional

FRANCE RÉGIONS : ANSE DE L'AIGUILLON - ÎLE DE RÉ (carte page 26 E4)

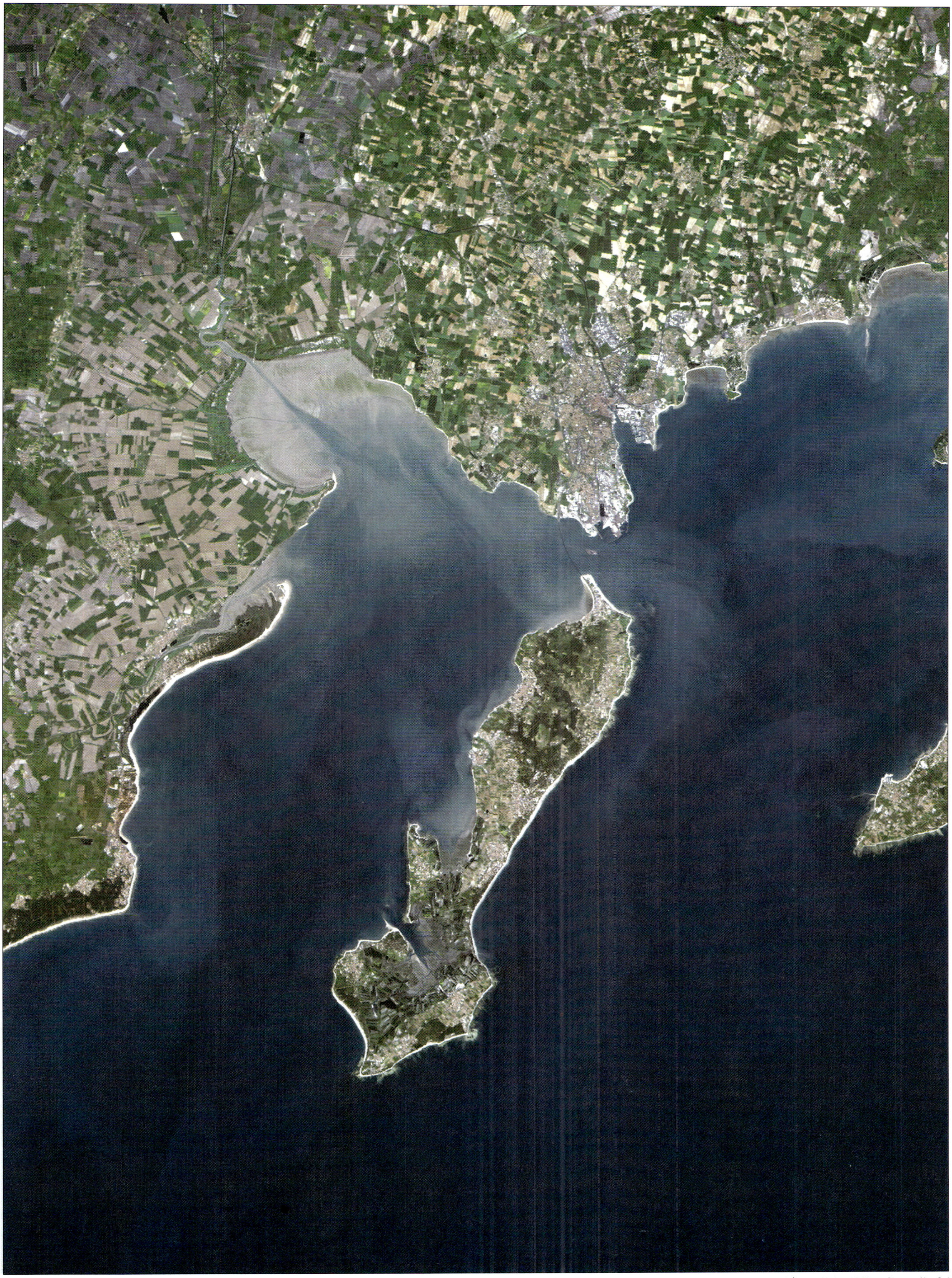

FRANCE SUD-OUEST

−200 −50 0 100 200 500 1000 1500 3000 m

Échelle 1 : 1 500 000

0 20 40 60 80 km

FRANCE SUD-EST

Échelle 1 : 1 500 000

FRANCE CENTRE-EST

0 | 100 | 200 | 500 | 1000 | 1500 | 3000 m

Échelle 1 : 1 500 000

0 | 20 | 40 | 60 | 80 km

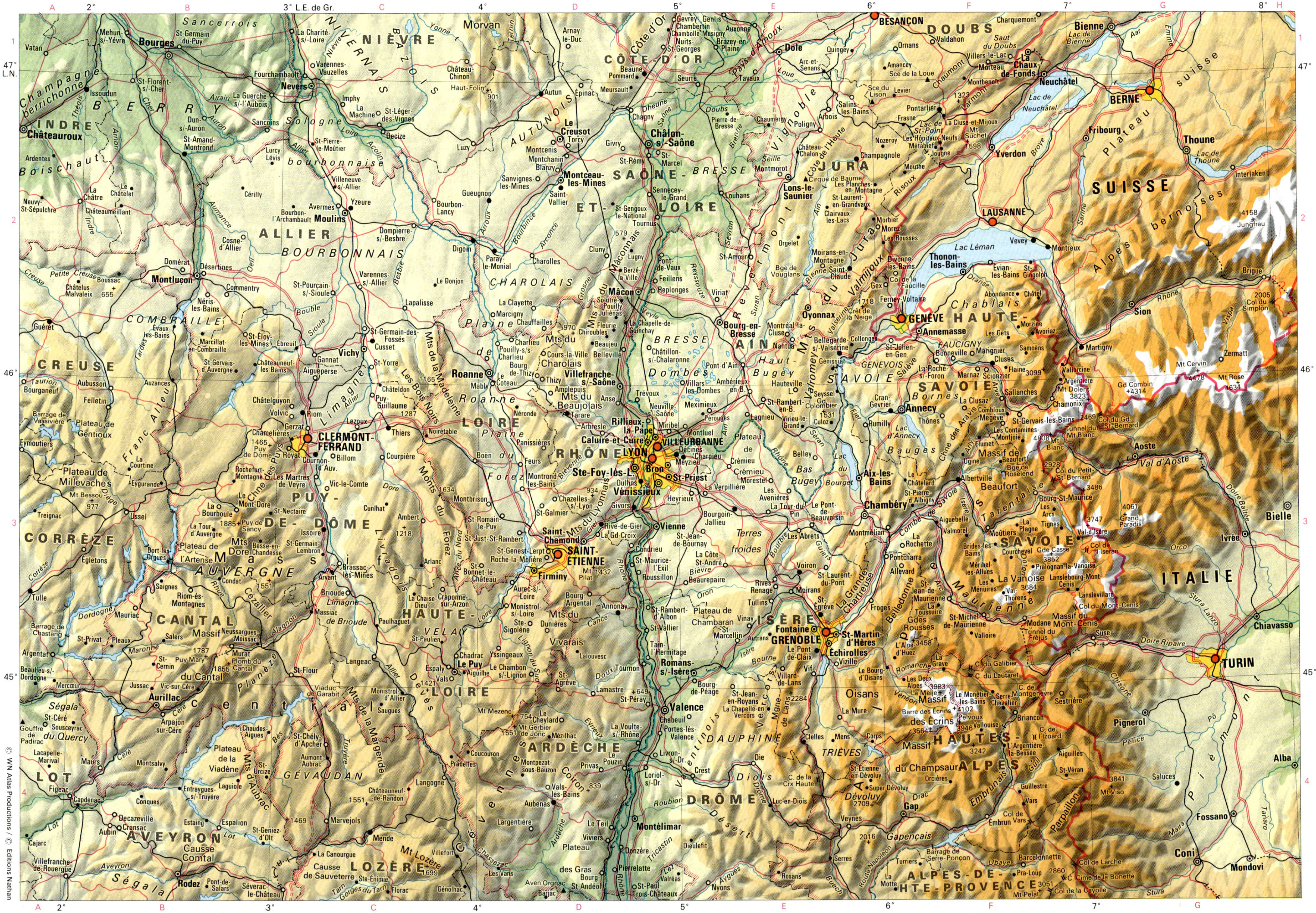

FRANCE EST

0 100 200 500 1000 m

Échelle 1 : 1 500 000

0 20 40 60 80 km

FRANCE DÉPARTEMENTS D'OUTRE-MER

–4000 –2000 –200 0 100 200 500 1000 1500 3000 m

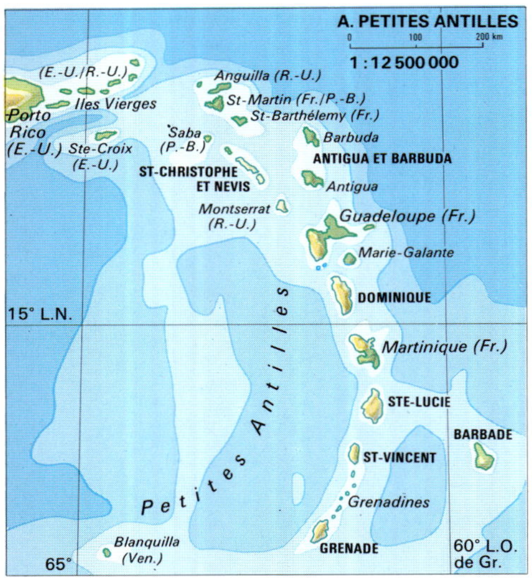

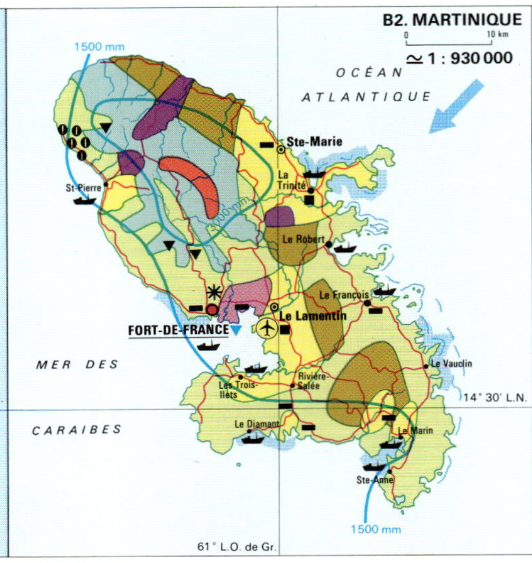

Frontière internationale
Limite d'arrondissement
Route
Récif corallien
Ville de plus de 100 000 habitants
Ville de 50 000–100 000 habitants
Ville de 20 000–50 000 habitants
Ville de 10 000–20 000 habitants
Ville de moins de 10 000 habitants
Aéroport

Légende des cartes économiques)

Alizés
Isohyète
Forêt tropicale, équatoriale
Savane, broussailles
Mangrove, palétuviers
Exploitation forestière
Port de pêche
Mine d'or
Or (anciennement exploité)
Bauxite
Source thermale ou minérale
Canne à sucre
Cultures vivrières, maraîchères
Bananiers
Ananas
Fleurs (Géranium à La Réunion) (Anthurium à La Martinique)
Vanilliers
Céréales
Tabac
Café
Élevage
Laiterie
Centrale hydro-électrique
Centrale thermique
Raffinerie de pétrole
Sucrerie
Rhumerie ou distillerie
Industries diverses
Centre aérospatial
Aéroport; aérodrome
Port
Tourisme

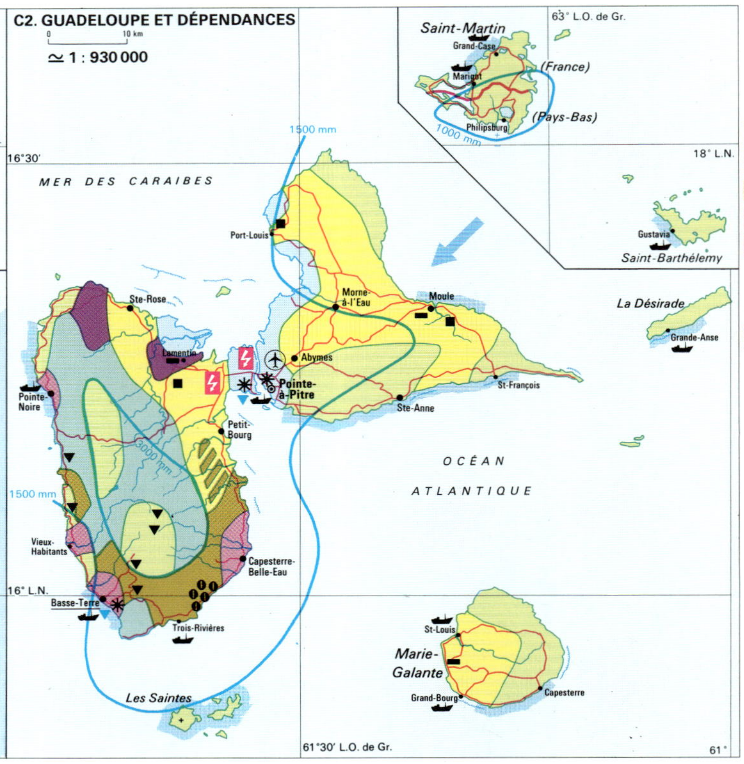

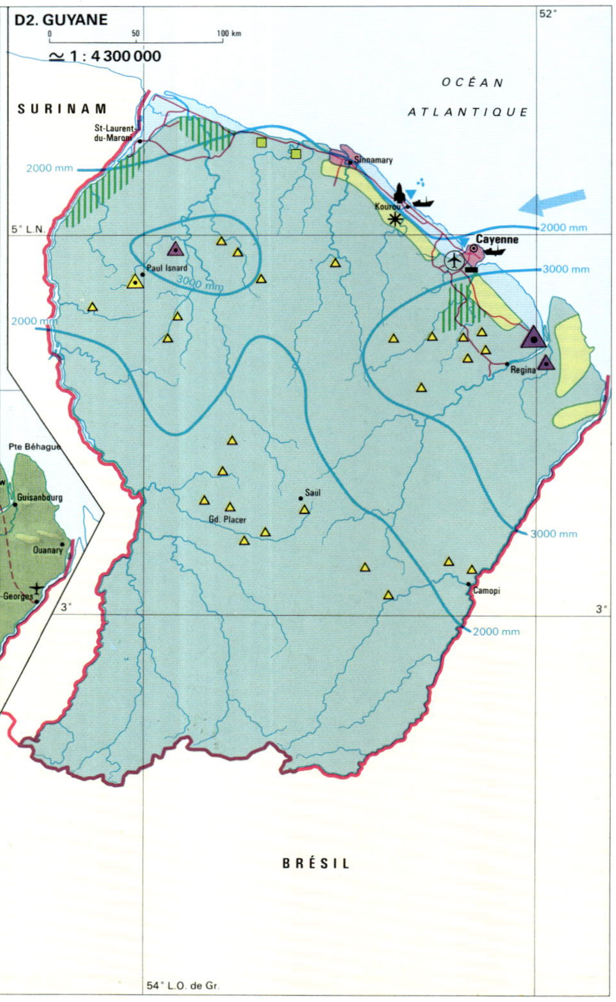

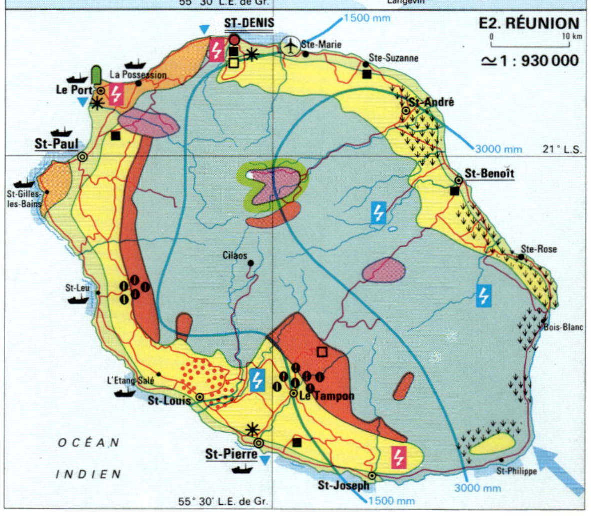

FRANCE DÉPARTEMENTS ET TERRITOIRES D'OUTRE-MER

-6000 -4000 -2000 -200 0 200 500 1000 1500 2000 m

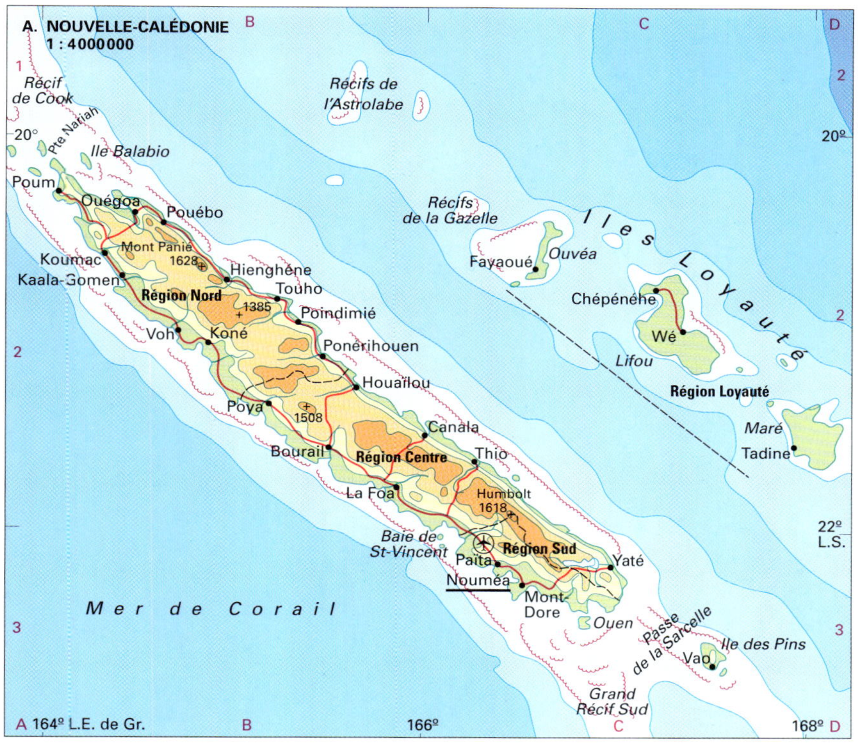

A. NOUVELLE-CALÉDONIE 1 : 4000000

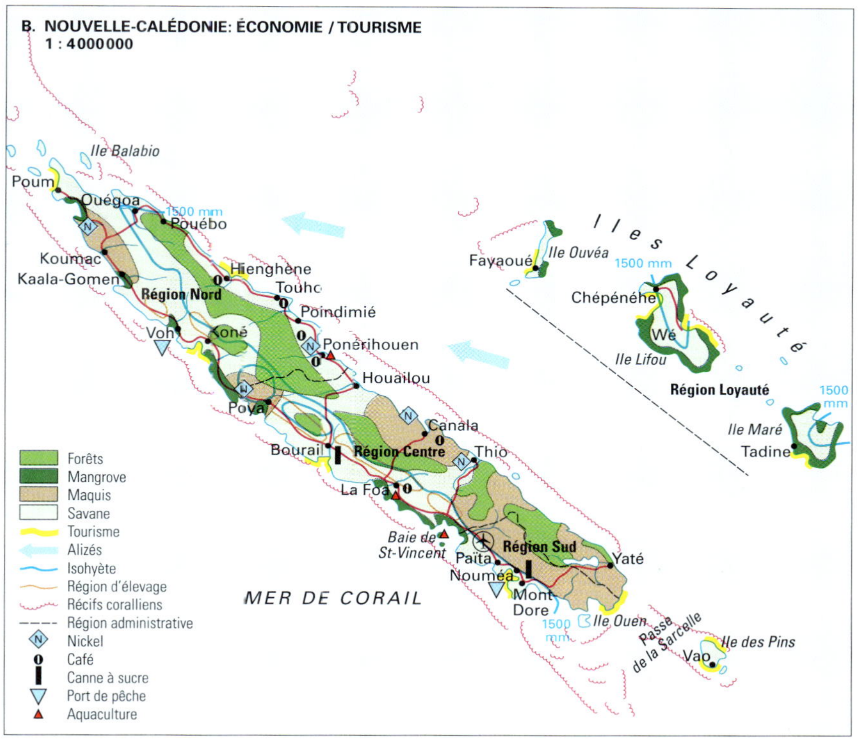

B. NOUVELLE-CALÉDONIE: ÉCONOMIE / TOURISME 1 : 4000000

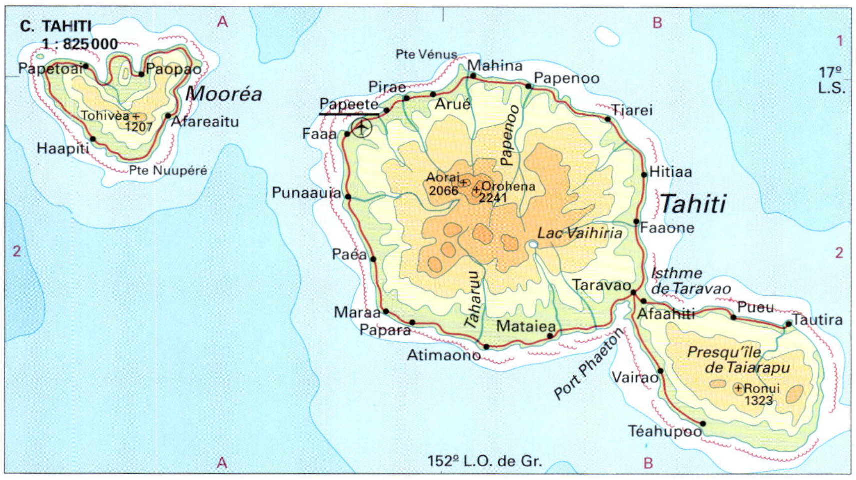

C. TAHITI 1 : 825000

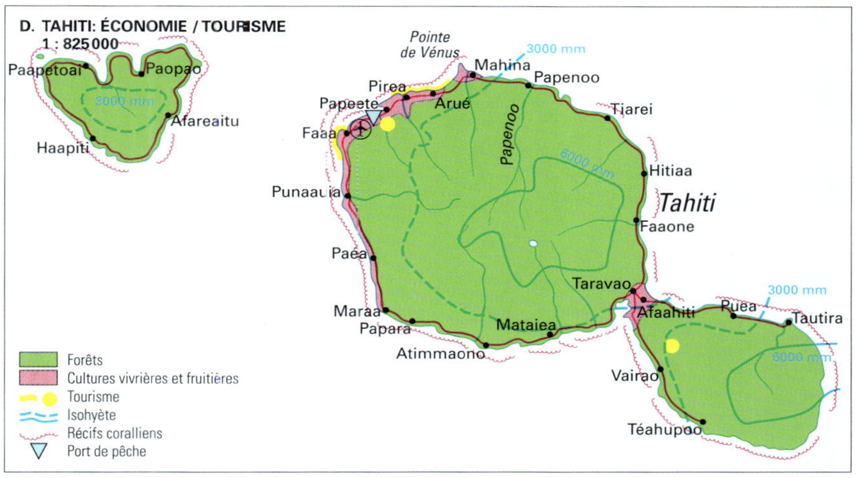

D. TAHITI: ÉCONOMIE / TOURISME 1 : 825000

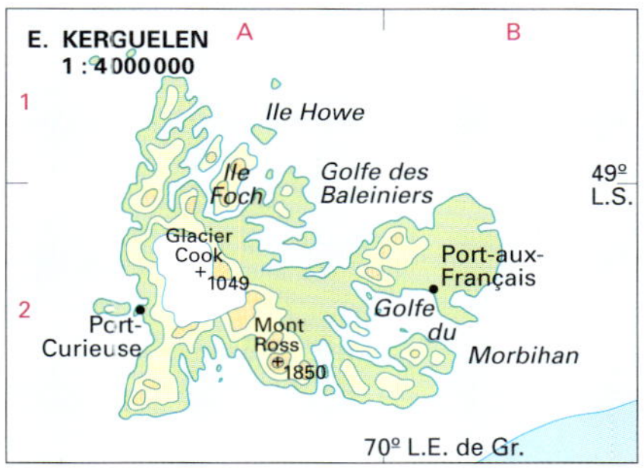

E. KERGUELEN 1 : 4000000

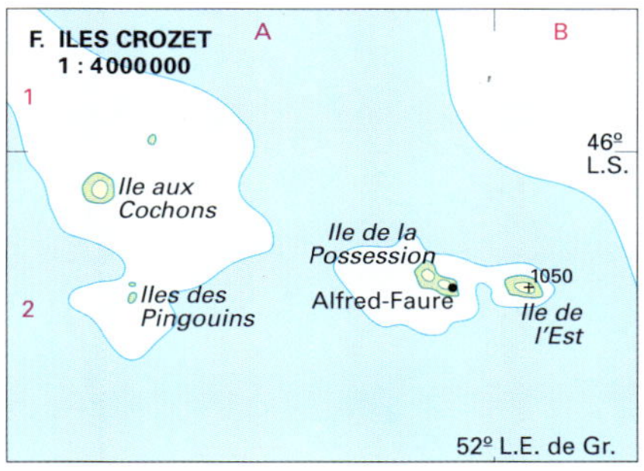

F. ILES CROZET 1 : 4000000

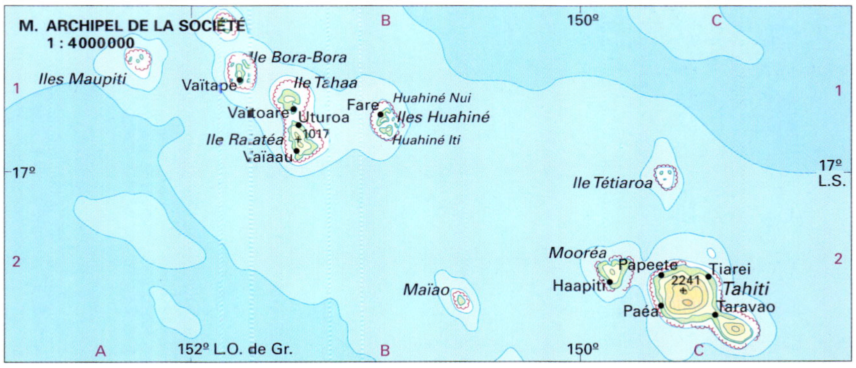

M. ARCHIPEL DE LA SOCIÉTÉ 1 : 4000000

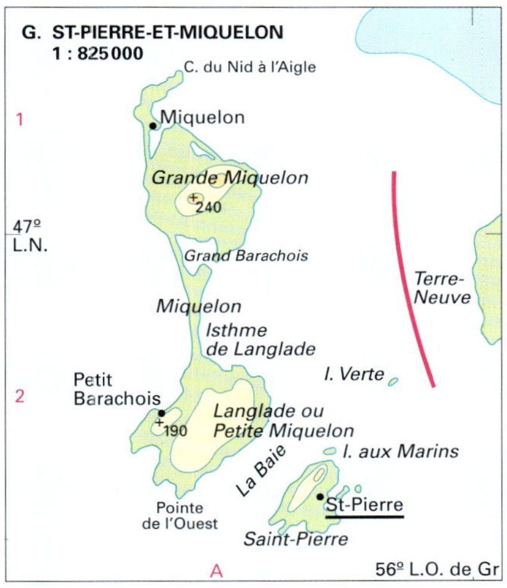

G. ST-PIERRE-ET-MIQUELON 1 : 825000

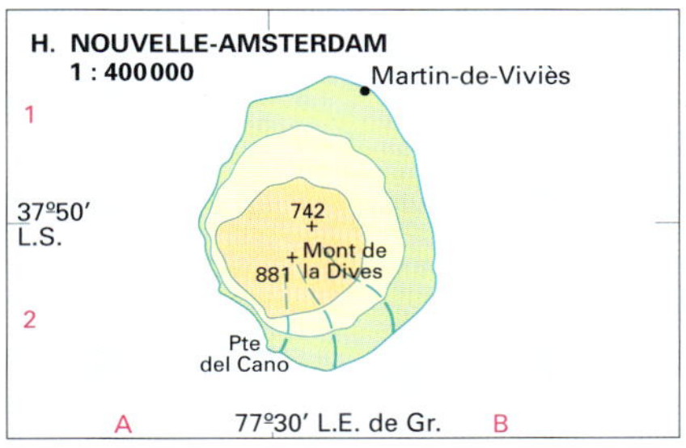

H. NOUVELLE-AMSTERDAM 1 : 400000

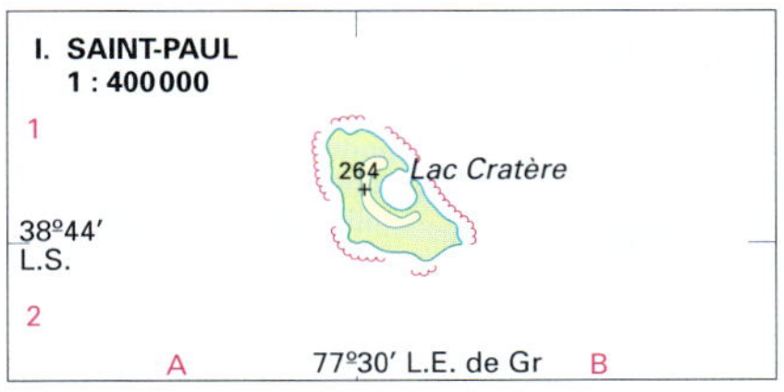

I. SAINT-PAUL 1 : 400000

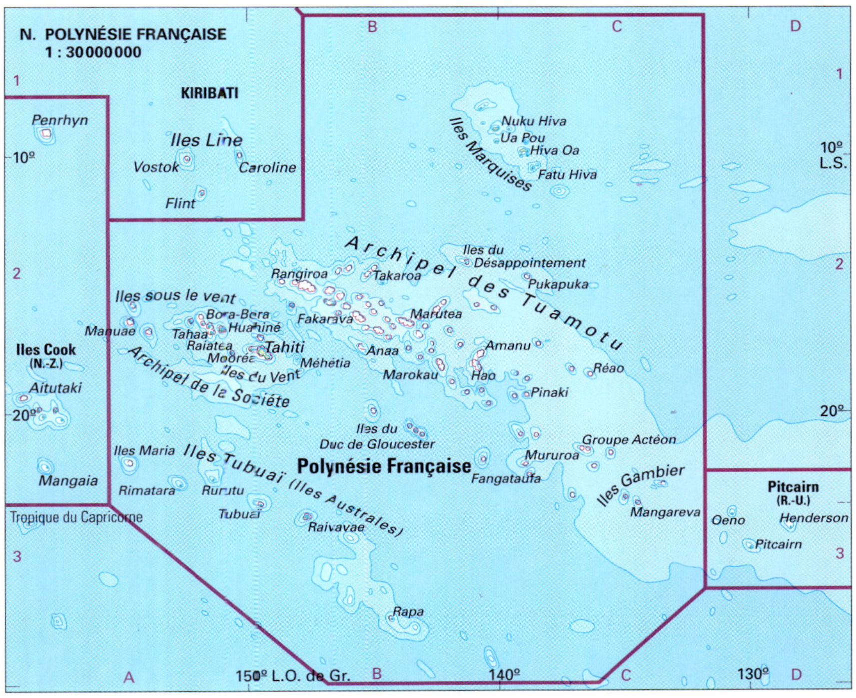

N. POLYNÉSIE FRANÇAISE 1 : 30000000

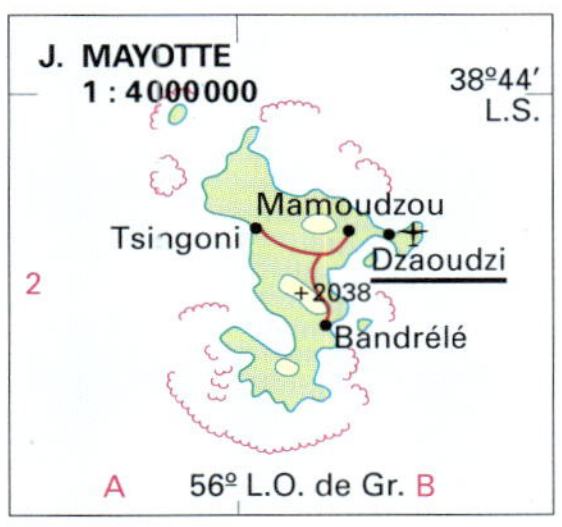

J. MAYOTTE 1 : 4000000

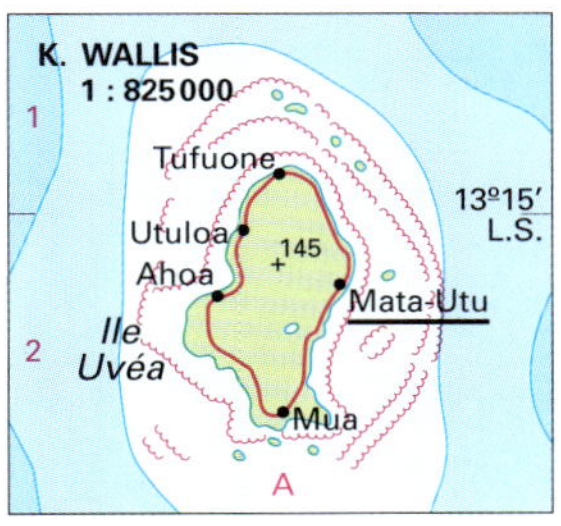

K. WALLIS 1 : 825000

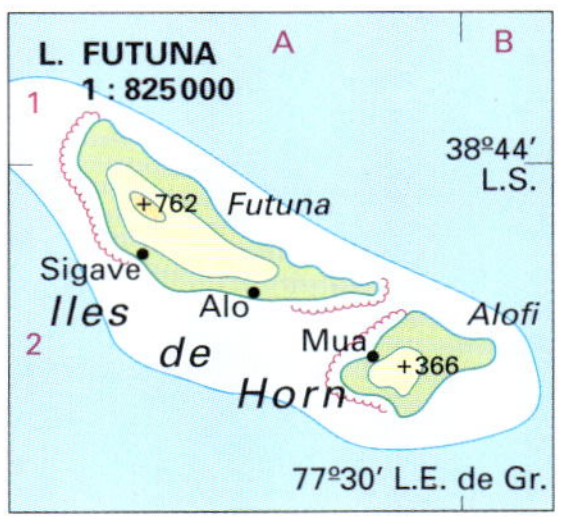

L. FUTUNA 1 : 825000

FORMATION DE LA FRANCE

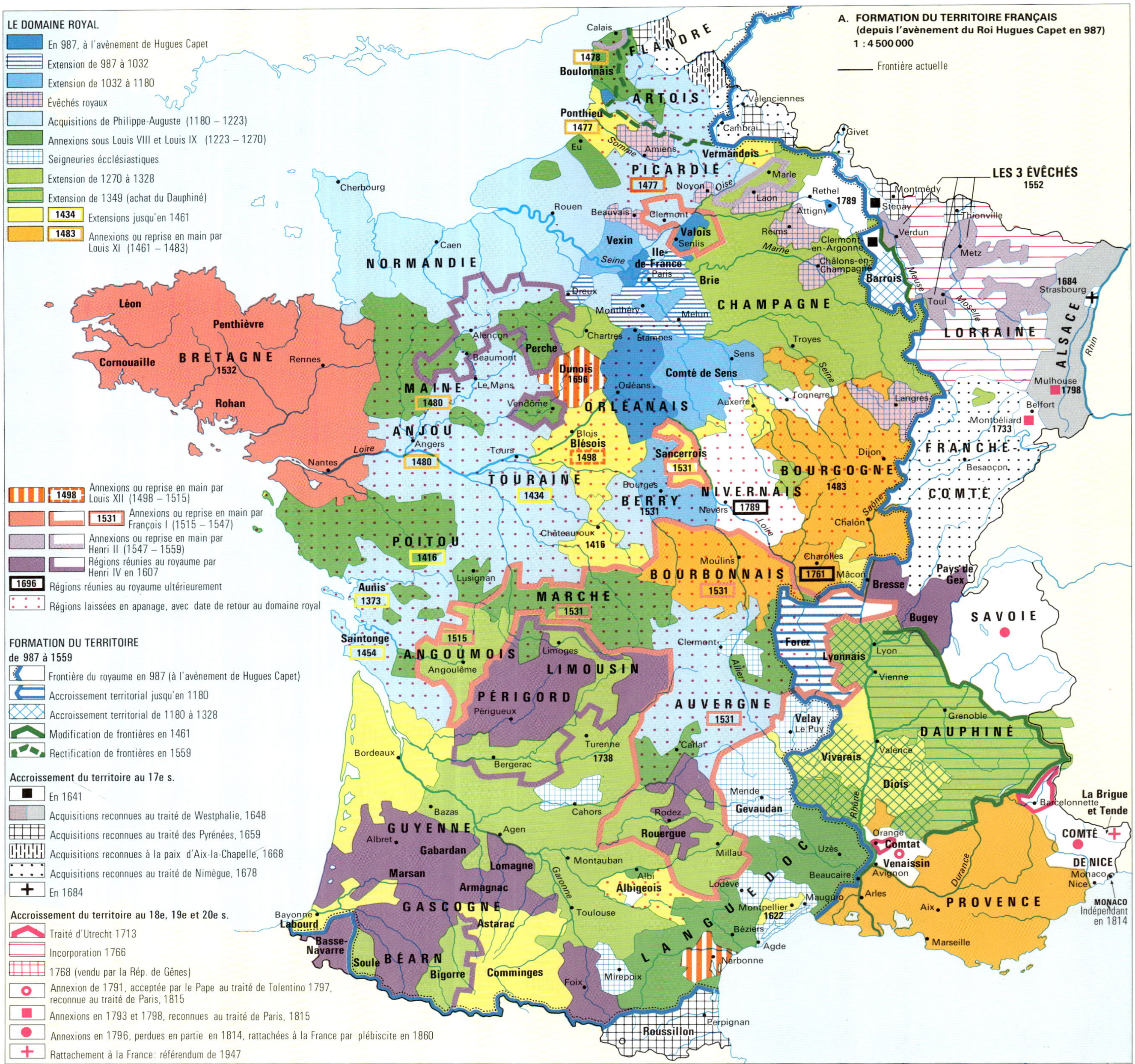

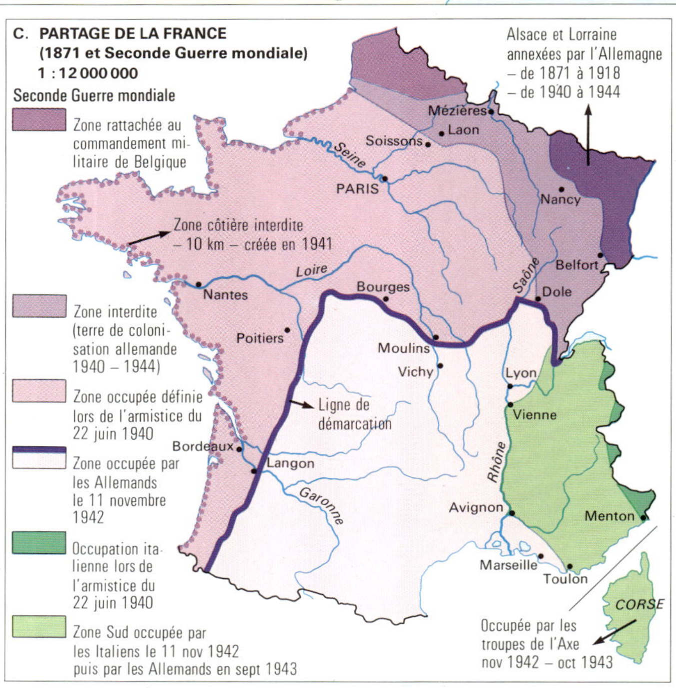

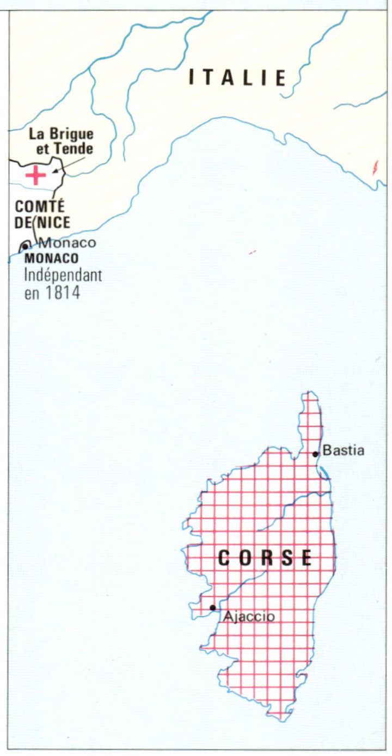

FRANCE

FRANCE ET FRANÇAIS DANS LE MONDE

A. COMMERCE EXTÉRIEUR : FRANCE - AUTRES PAYS
1 : 150 000 000

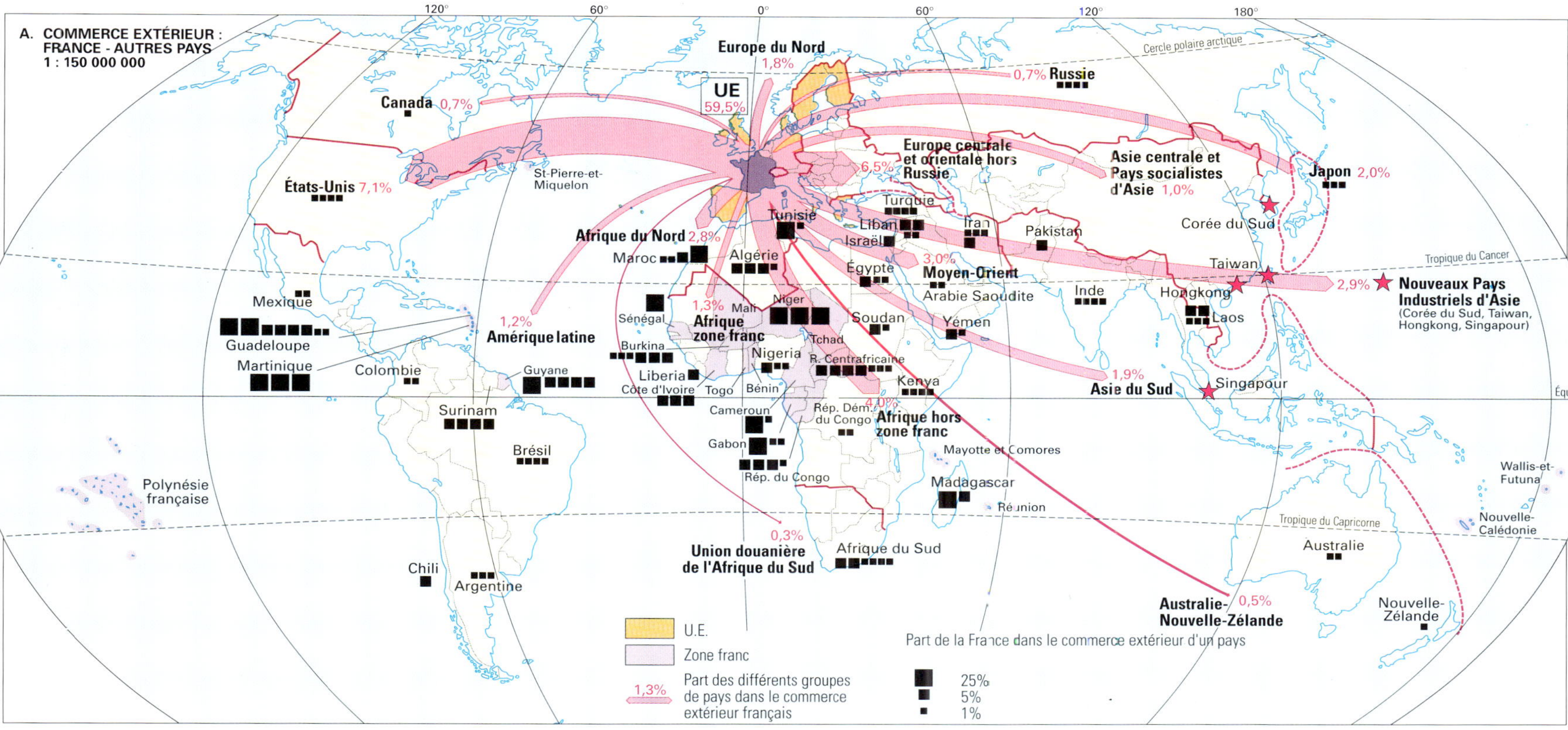

B. COMMERCE EXTÉRIEUR : FRANCE - PAYS EUROPÉENS
1 : 40 000 000

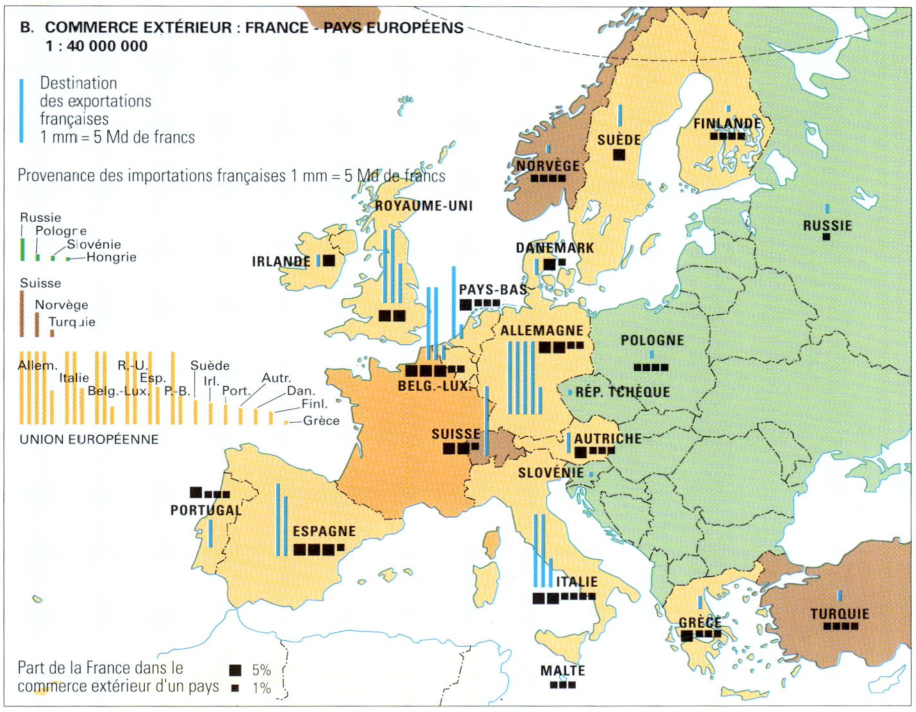

C. FRANCOPHONIE EN EUROPE
1 : 40 000 000

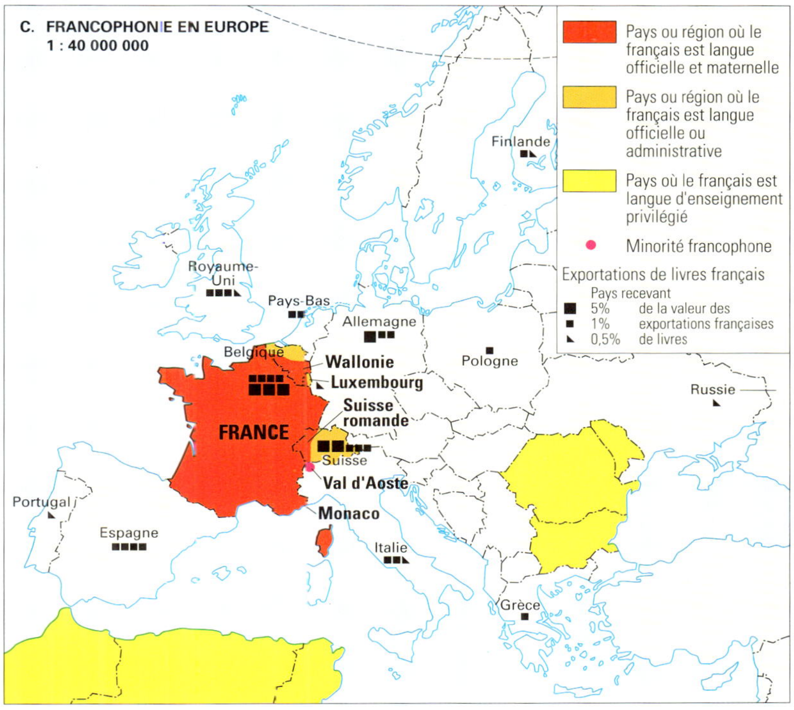

D. FRANCOPHONIE
1 : 150 000 000

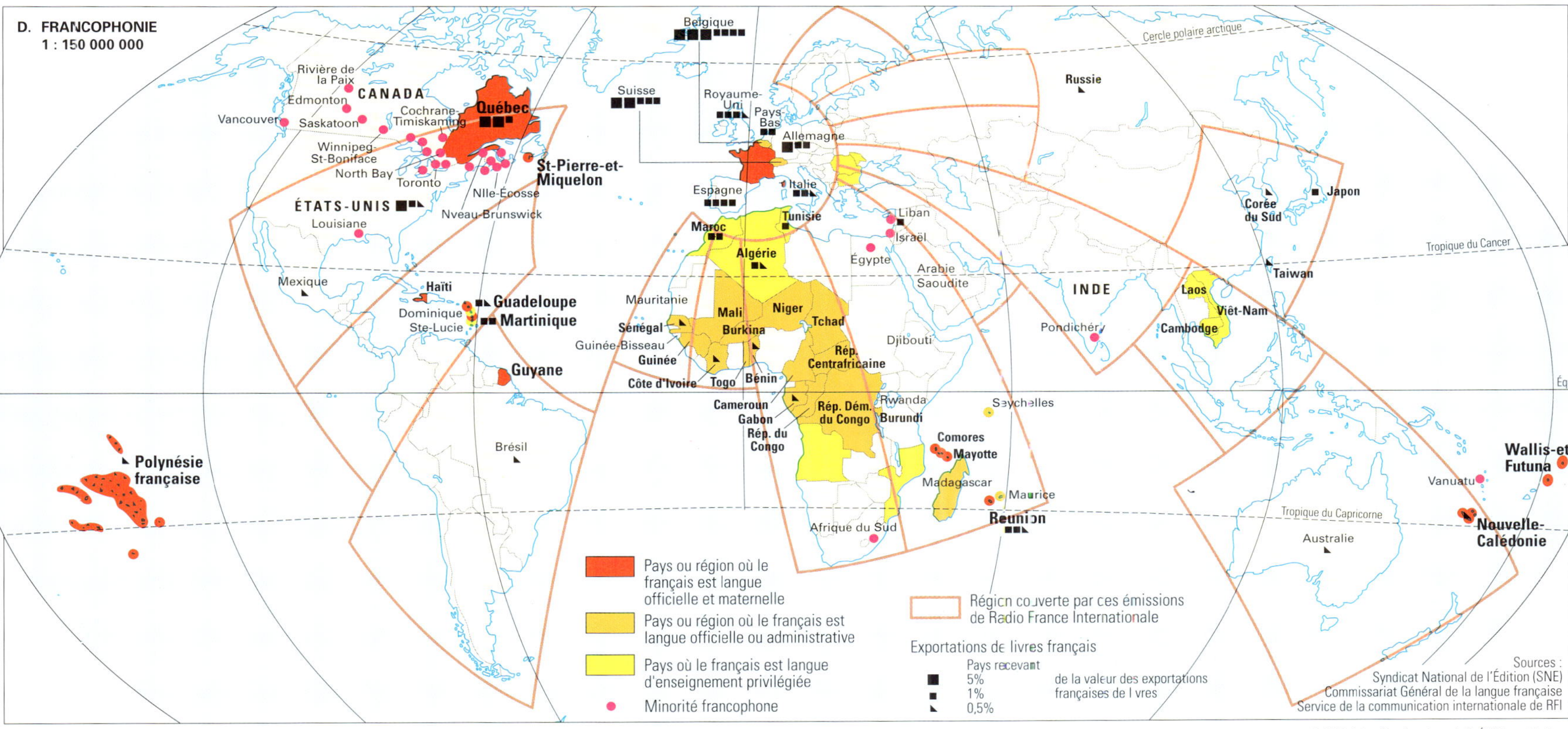

EUROPE

-4000 -2000 -200 0 100 200 500 1500 2000 5000 m

au-dessous du niveau de la mer

Échelle 1 : 15 000 000

Échelle 1 : 40000000

A. L'EUROPE DURANT LE PLÉISTOCÈNE

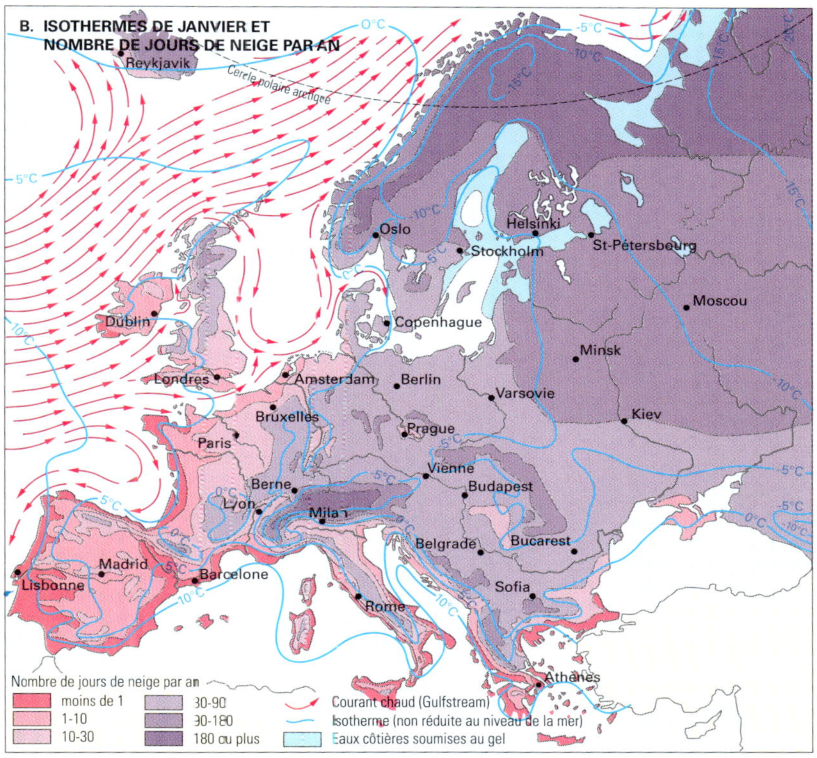
B. ISOTHERMES DE JANVIER ET NOMBRE DE JOURS DE NEIGE PAR AN

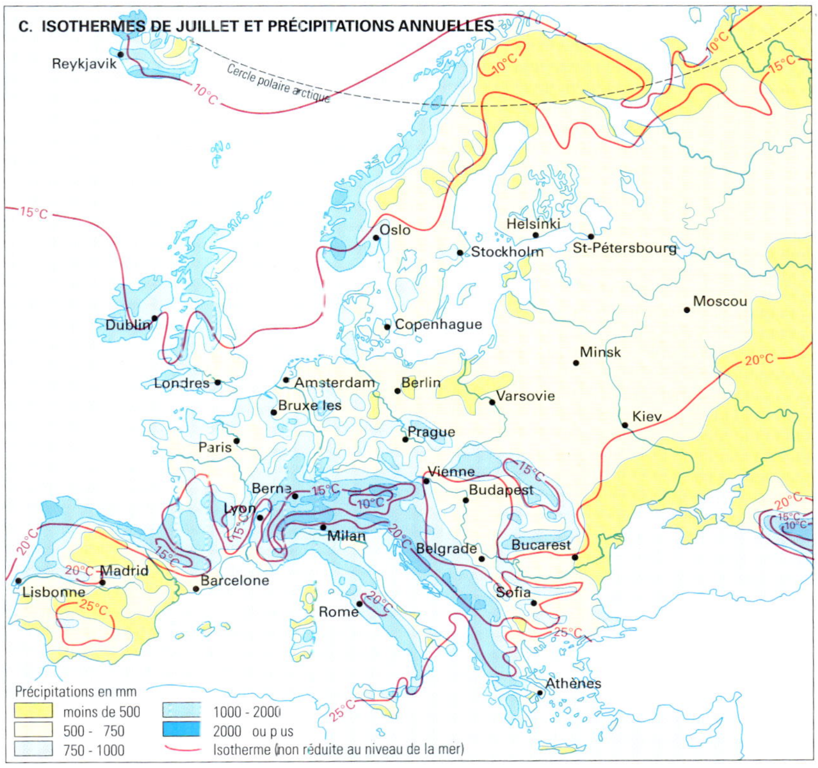
C. ISOTHERMES DE JUILLET ET PRÉCIPITATIONS ANNUELLES

EUROPE POLITIQUE

Projection de Bonne

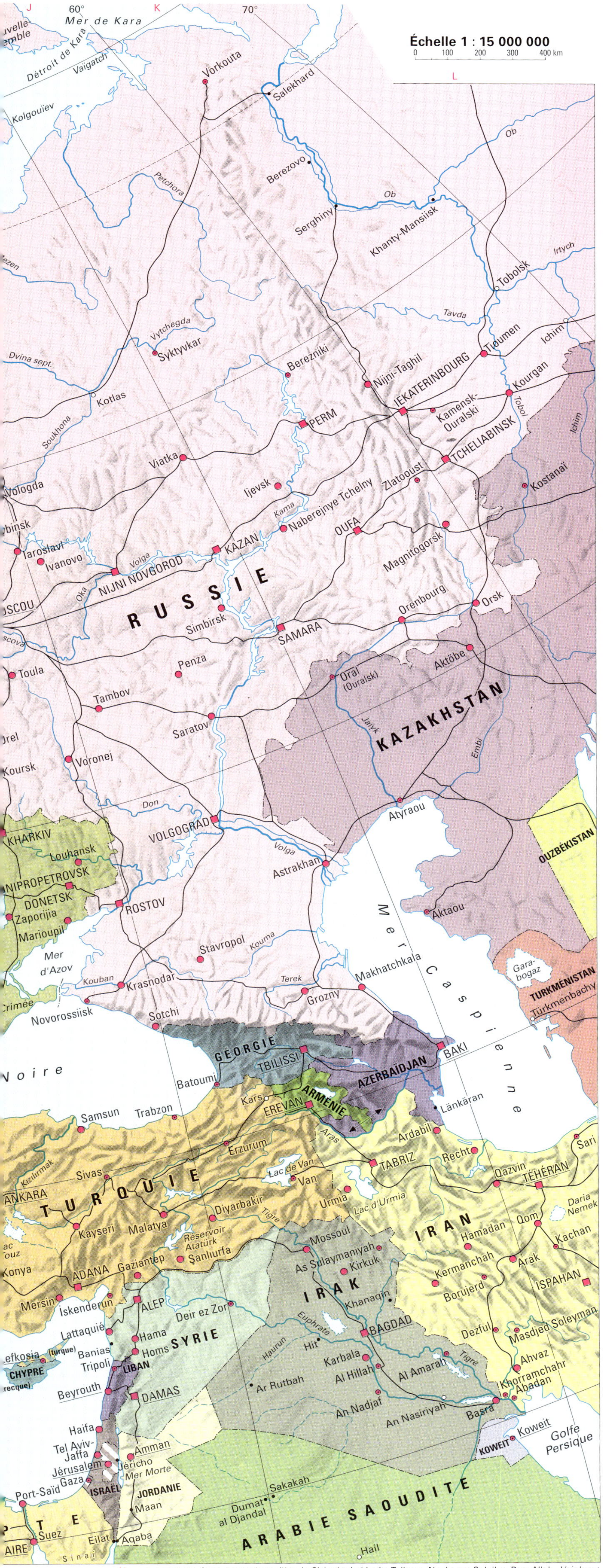

La bande de Gaza et certaines villes de Cisjordanie (Janin, Tulkarm, Naplouse, Qalqilya, Ram Allah, Jéricho et Bethléem) sont des territoires occupés, sous contrôle palestinien (situation au 1er janvier 1996).

A. EUROPE EN 1914
1 : 40000000

B. EUROPE EN 1937
1 : 40000000

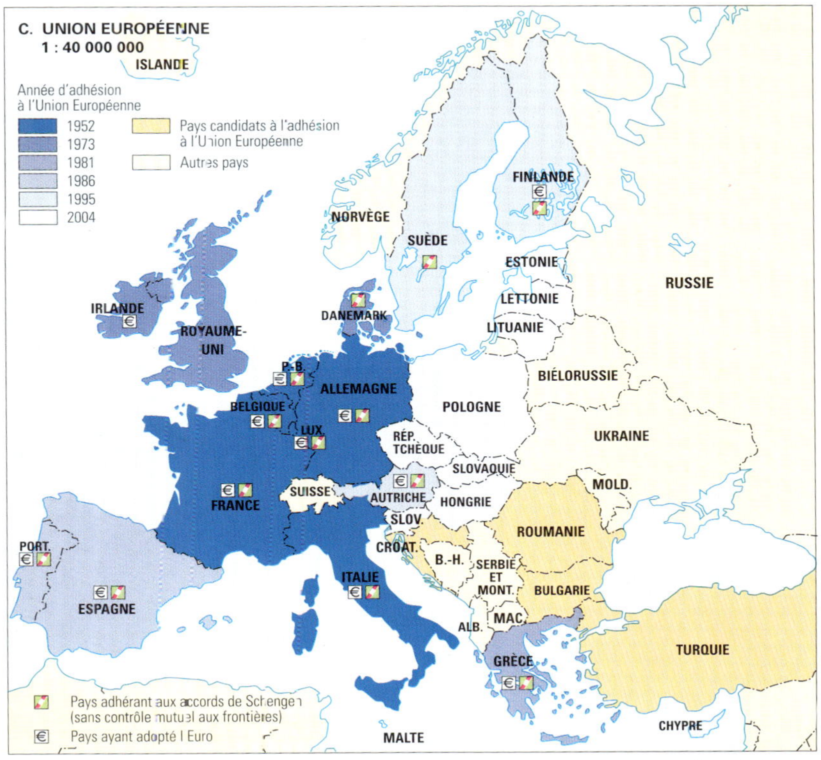

C. UNION EUROPÉENNE
1 : 40 000 000

EUROPE MILIEU PHYSIQUE

Échelle 1 : 40 000 000

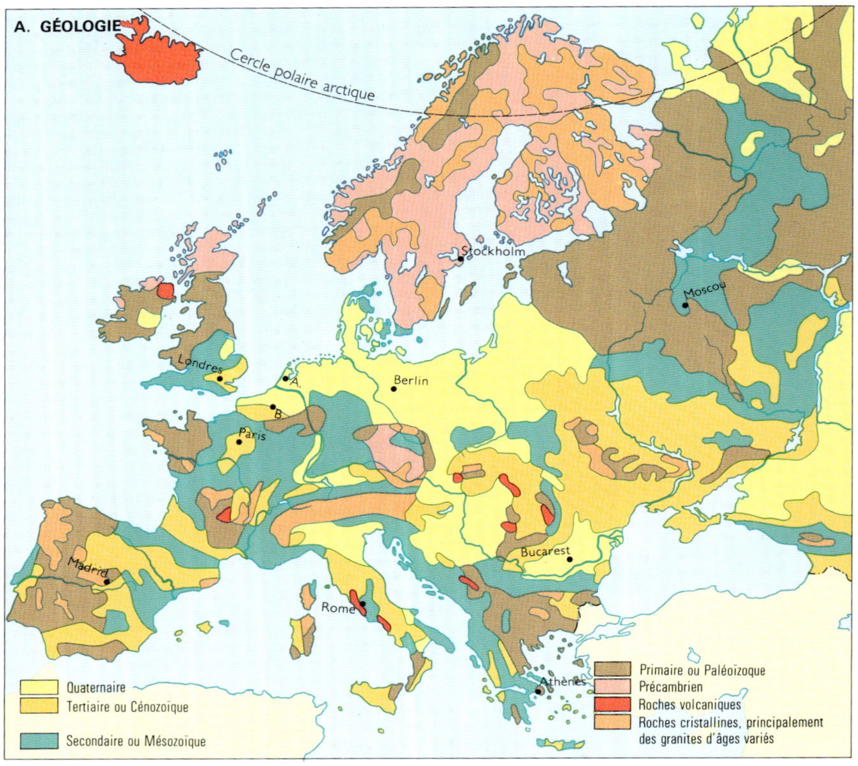

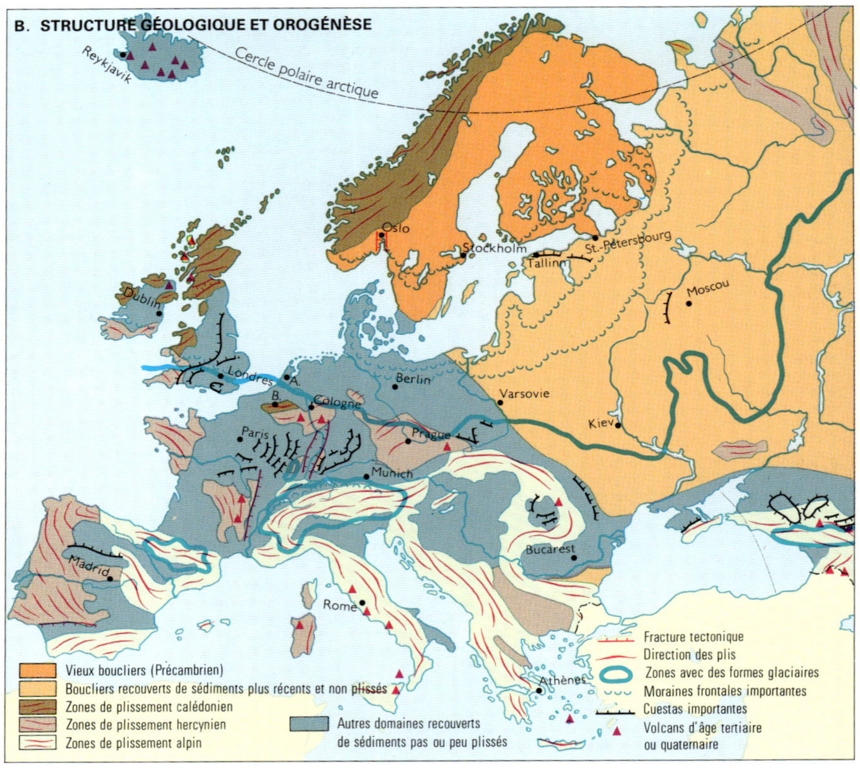

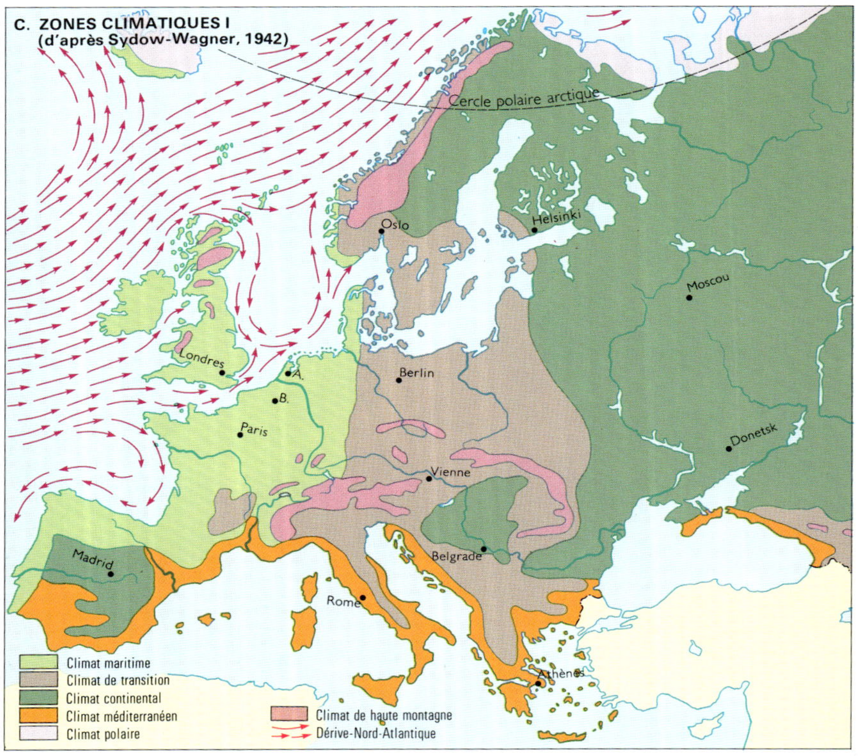

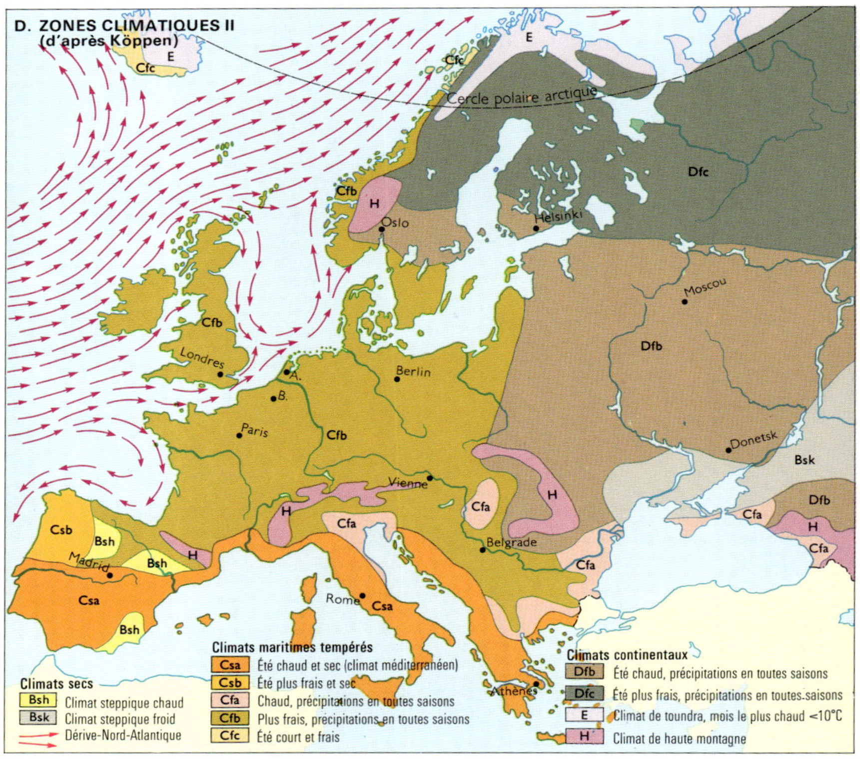

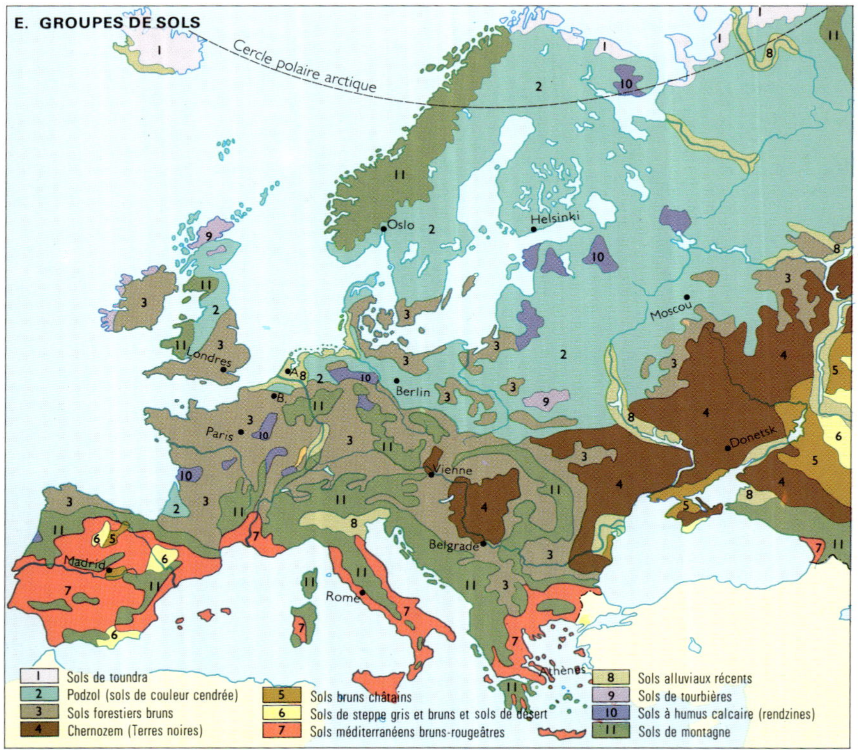

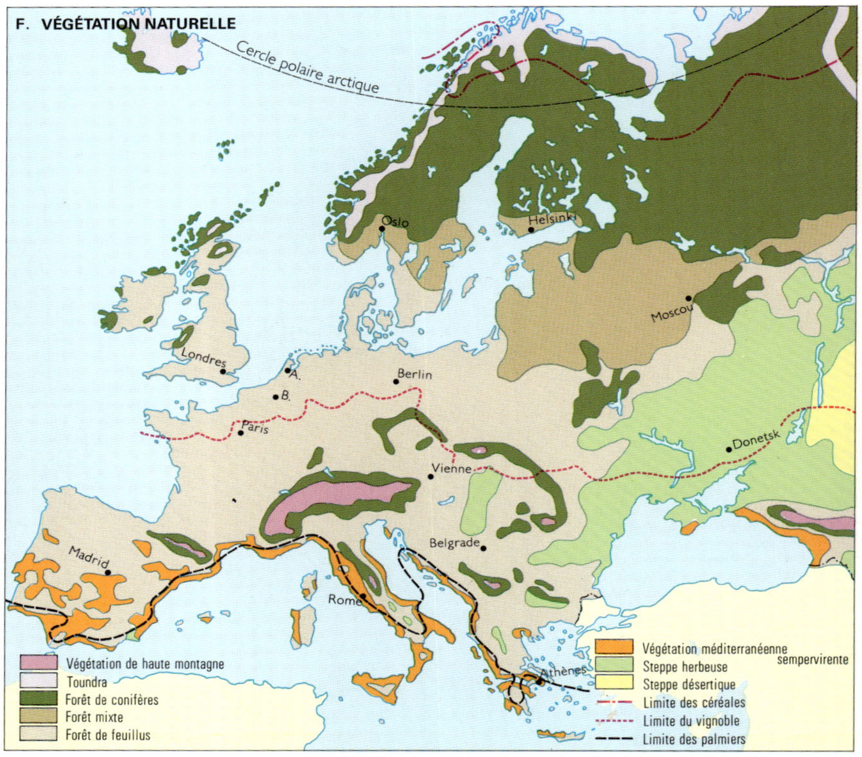

EUROPE AGRICULTURE

A. UTILISATION DU SOL
1 : 20000000

B. IMPORTANCE ÉCONOMIQUE DE L'AGRICULTURE
1 : 40000000

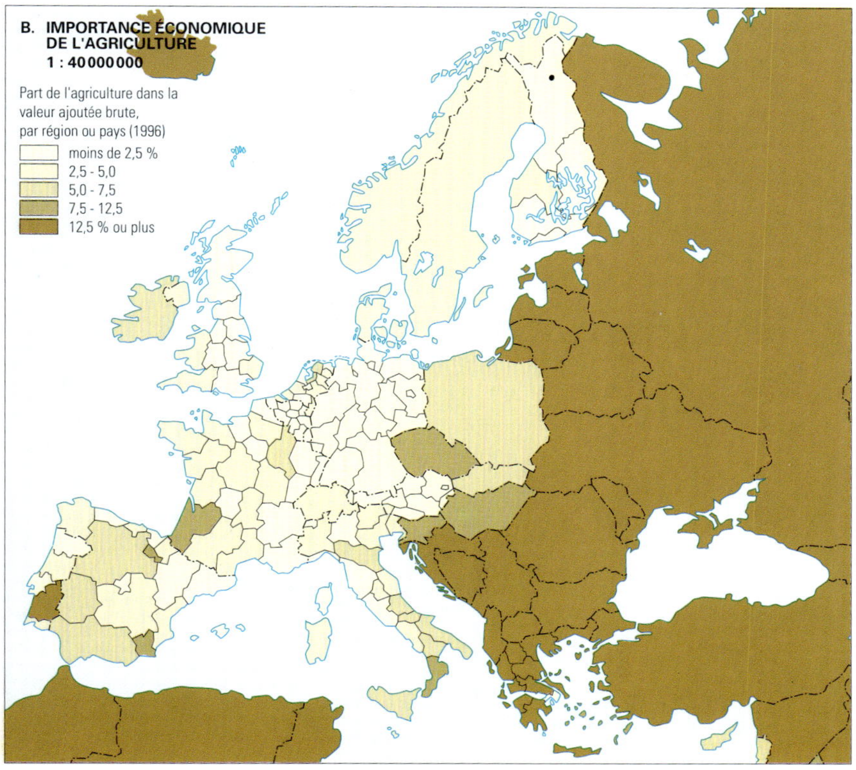

C. PART DE LA SURFACE AGRICOLE
1 : 40000000

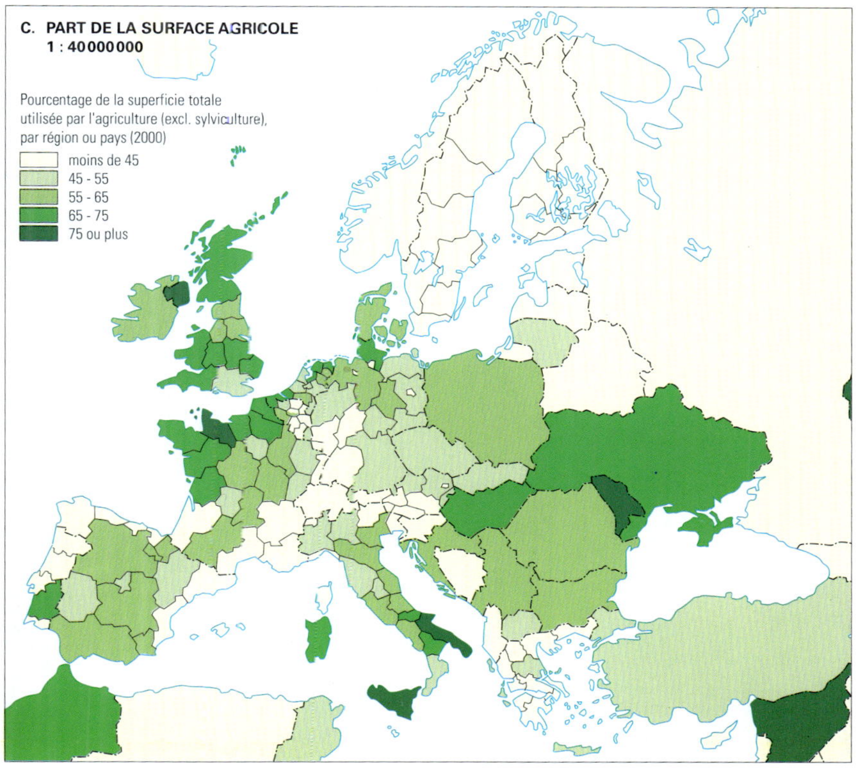

EUROPE POPULATION

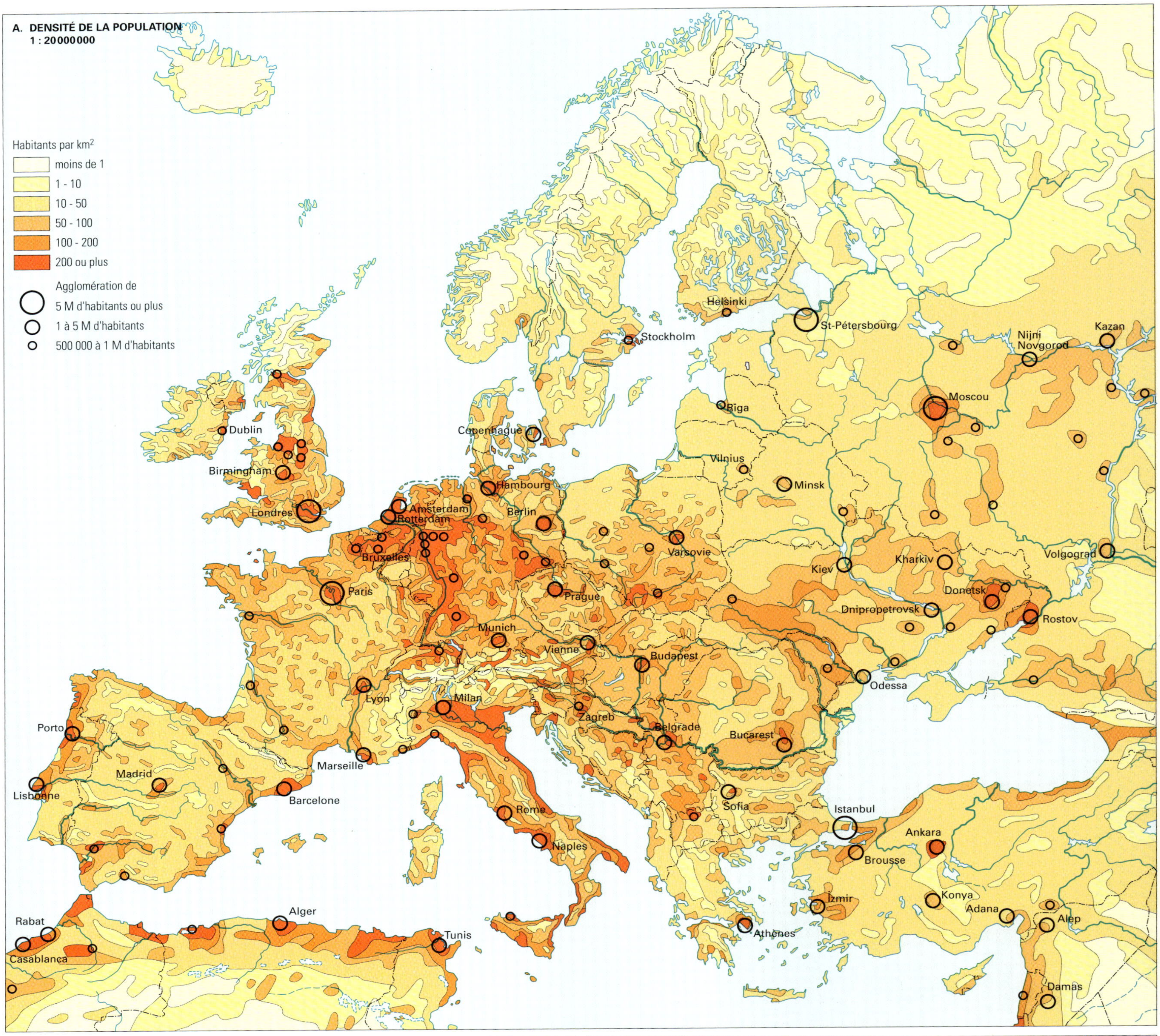

A. DENSITÉ DE LA POPULATION
1 : 20000000

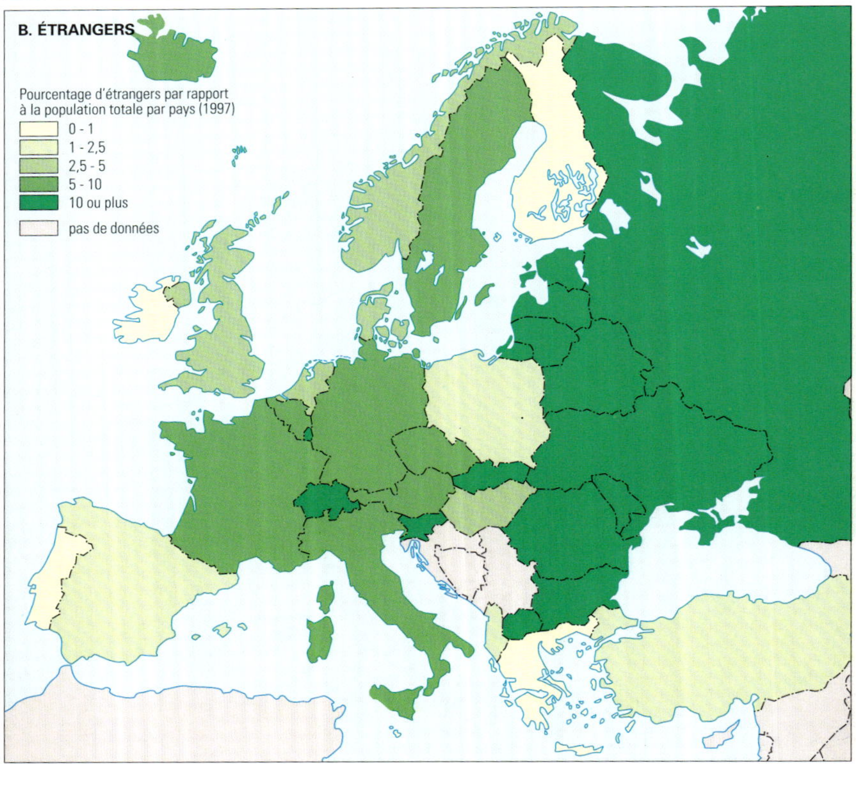

B. ÉTRANGERS

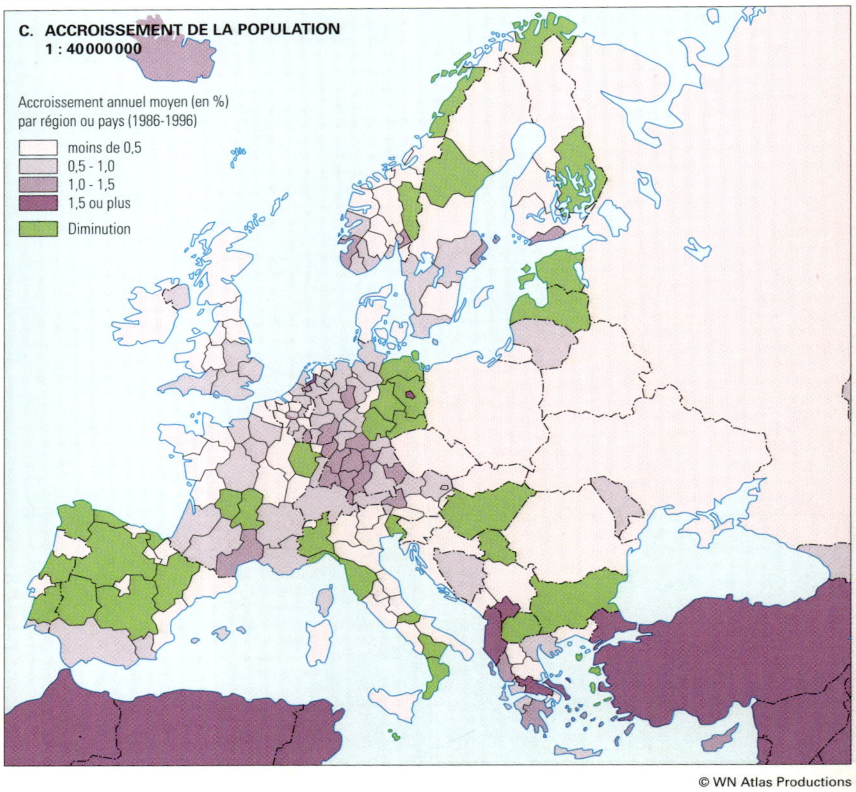

C. ACCROISSEMENT DE LA POPULATION
1 : 40000000

A. LANGUES
I Langues indo-européennes:
Langues germaniques
Langues romanes
Langues slaves
Langues celtiques
Grec
Langues baltes
Albanais
II Basque (= eskuara)
III Langues chamito-sémitiques
IV Langues finno-ougriennes
V Langues altaïques
A. = Aroumain
Fr. = Frison
C. = Caucasien
R. = Rhéto-roman
Islandais
Féroïen
Lapon
Carélien
Finnois
Norvégien
Suédois
Gaëlique
Anglais
Gaëlique
Kymrique
Estonien
Lettonien
Lituanien
Danois
Russe
Fr.
Néerlandais
Biélo-Russe
Allemand
Plolonais
Breton
Tchèque
Ukrainien
Slovaque
Français
C.
Hongrois
Galicien
R.
R.
Slovène
Croate
Basque
Roumain
Serbo-croate
Portugais
Catalan
Corse
Espagnol
Italien
Albanais
Sarde
A.
Grec
Turc
Berbère
Berbère
Arabe
Maltais

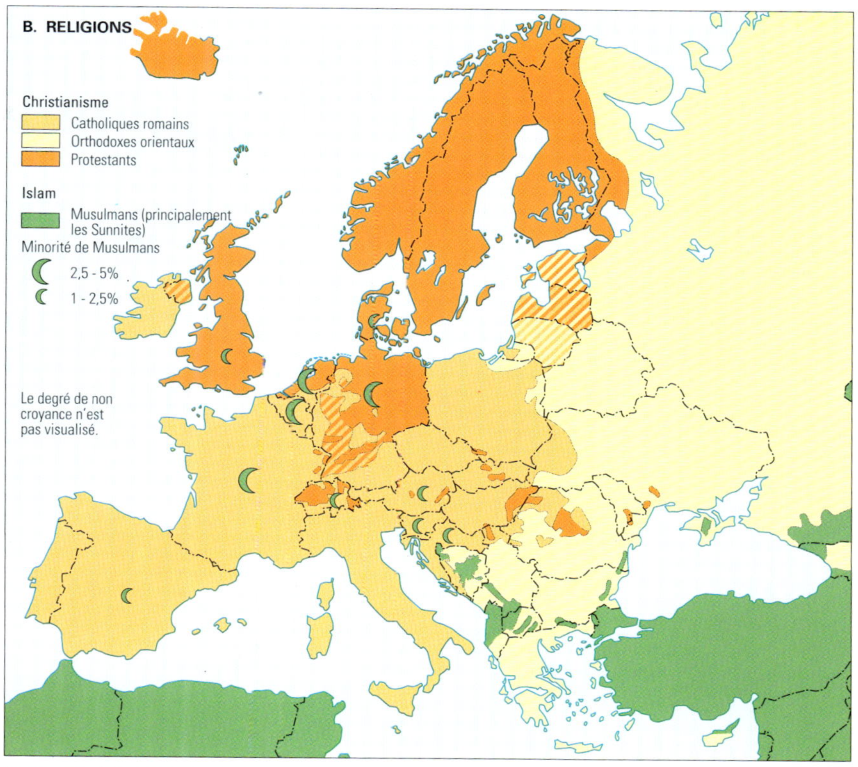
B. RELIGIONS
Christianisme
Catholiques romains
Orthodoxes orientaux
Protestants
Islam
Musulmans (principalement les Sunnites)
Minorité de Musulmans
2,5 - 5%
1 - 2,5%
Le degré de non croyance n'est pas visualisé.

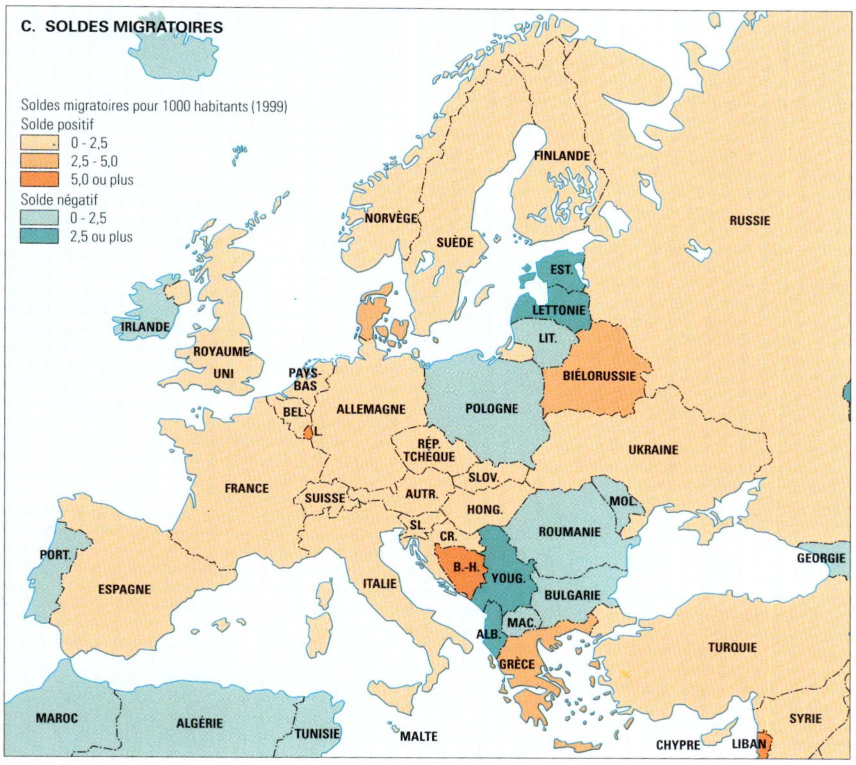
C. SOLDES MIGRATOIRES
Soldes migratoires pour 1000 habitants (1999)
Solde positif
0 - 2,5
2,5 - 5,0
5,0 ou plus
Solde négatif
0 - 2,5
2,5 ou plus
FINLANDE
NORVÈGE
SUÈDE
RUSSIE
EST.
LETTONIE
IRLANDE
LIT.
ROYAUME-UNI
PAYS-BAS
BIÉLORUSSIE
BEL.
ALLEMAGNE
POLOGNE
L.
RÉP. TCHÈQUE
UKRAINE
FRANCE
SLOV.
SUISSE
AUTR.
MOL.
HONG.
SL.
CR.
ROUMANIE
PORT.
B.-H.
GEORGIE
ESPAGNE
ITALIE
YOUG.
BULGARIE
MAC.
ALB.
TURQUIE
GRÈCE
MAROC
ALGÉRIE
TUNISIE
MALTE
CHYPRE
LIBAN
SYRIE

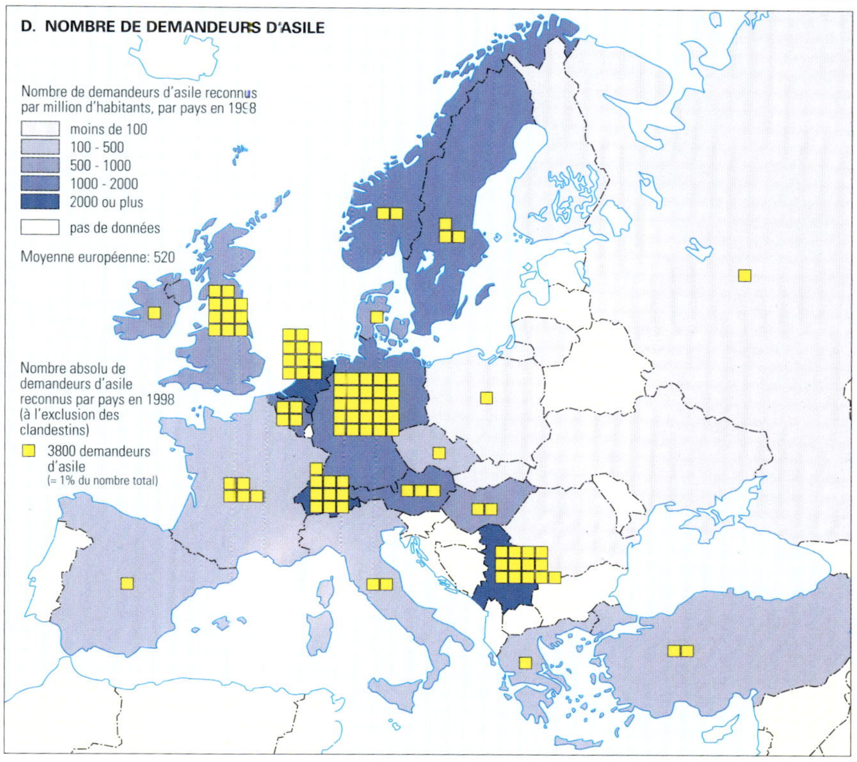
D. NOMBRE DE DEMANDEURS D'ASILE
Nombre de demandeurs d'asile reconnus par million d'habitants, par pays en 1998
moins de 100
100 - 500
500 - 1000
1000 - 2000
2000 ou plus
pas de données
Moyenne européenne: 520
Nombre absolu de demandeurs d'asile reconnus par pays en 1998 (à l'exclusion des clandestins)
3800 demandeurs d'asile
(= 1% du nombre total)

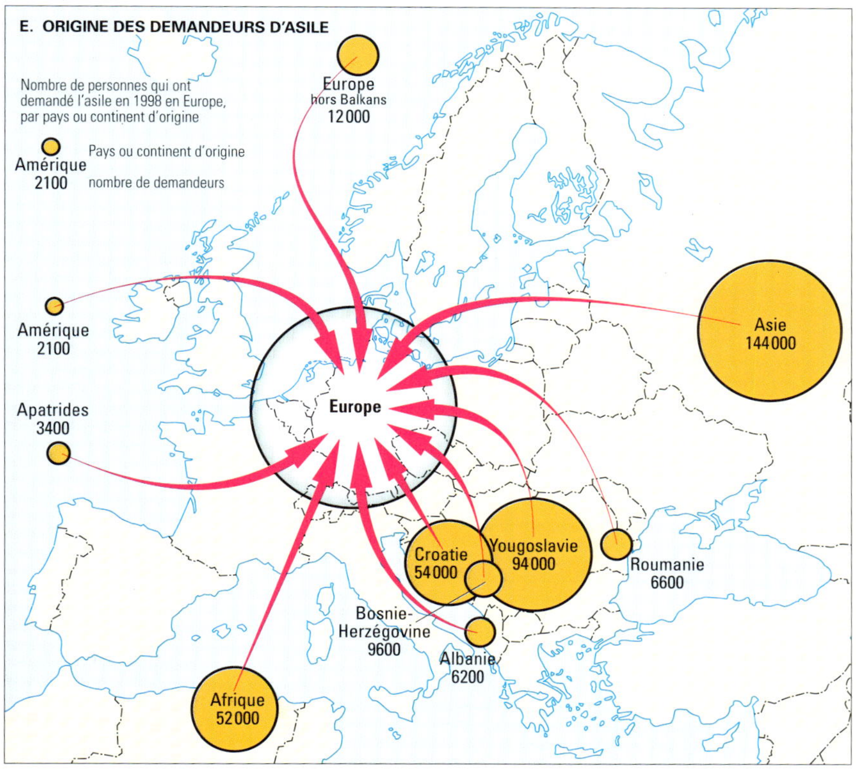
E. ORIGINE DES DEMANDEURS D'ASILE
Nombre de personnes qui ont demandé l'asile en 1998 en Europe, par pays ou continent d'origine
Pays ou continent d'origine
Amérique
2100
nombre de demandeurs
Europe hors Balkans
12000
Amérique
2100
Asie
144000
Europe
Apatrides
3400
Croatie
54000
Yougoslavie
94000
Roumanie
6600
Bosnie-Herzégovine
9600
Albanie
6200
Afrique
52000

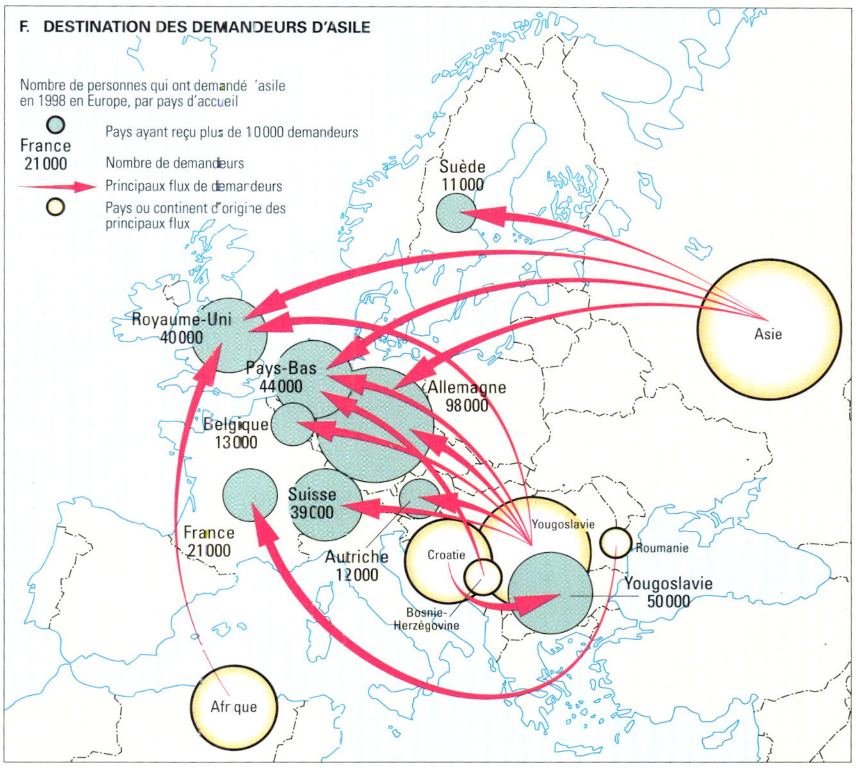
F. DESTINATION DES DEMANDEURS D'ASILE
Nombre de personnes qui ont demandé l'asile en 1998 en Europe, par pays d'accueil
Pays ayant reçu plus de 10000 demandeurs
France
21000
Nombre de demandeurs
Principaux flux de demandeurs
Pays ou continent d'origine des principaux flux
Suède
11000
Asie
Royaume-Uni
40000
Pays-Bas
44000
Allemagne
98000
Belgique
13000
Suisse
39000
Yougoslavie
Roumanie
France
21000
Croatie
Autriche
12000
Yougoslavie
50000
Bosnie-Herzégovine
Afrique

EUROPE CONTRASTES SPATIAUX

Échelle 1 : 60000000

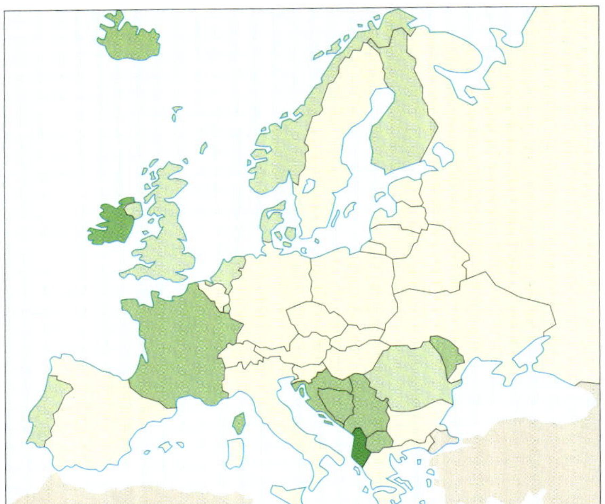

A. NATALITÉ

Pourcentage des naissances vivantes pour 1000 habitants (2003)
- moins de 11
- 11 - 13
- 13 - 15
- 15 - 18
- 18 ou plus

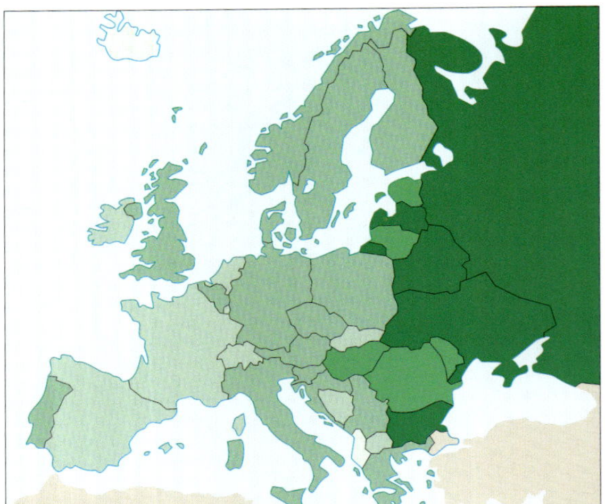

B. MORTALITÉ

Pourcentage des décès pour 1000 habitants (2003)
- 5 - 8
- 8 - 10
- 10 - 12
- 12 - 14
- 14 - 17

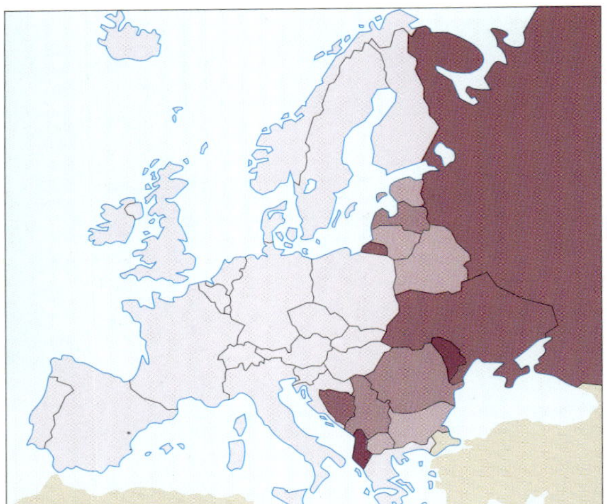

C. MORTALITÉ INFANTILE

Pourcentage des enfants de moins de un an décédés pour 1000 naissances vivantes (2003)
- moins de 10
- 10 - 15
- 15 - 20
- 20 - 25
- 25 ou plus

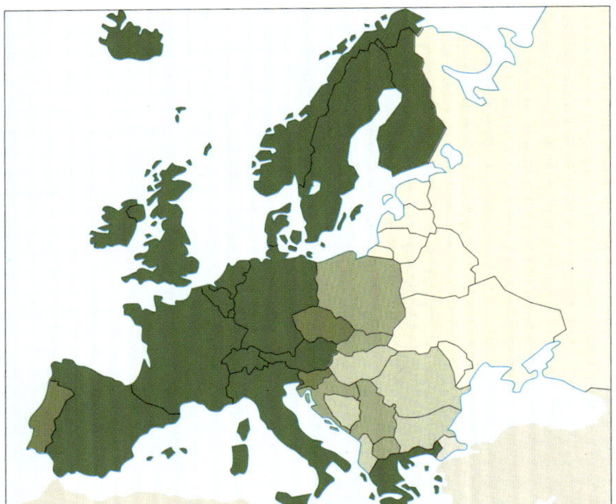

D. ESPÉRANCE DE VIE

Espérance de vie moyenne à la naissance en années (2003)
- moins de 71
- 71 - 73
- 73 - 75
- 75 - 77
- 77 - 84

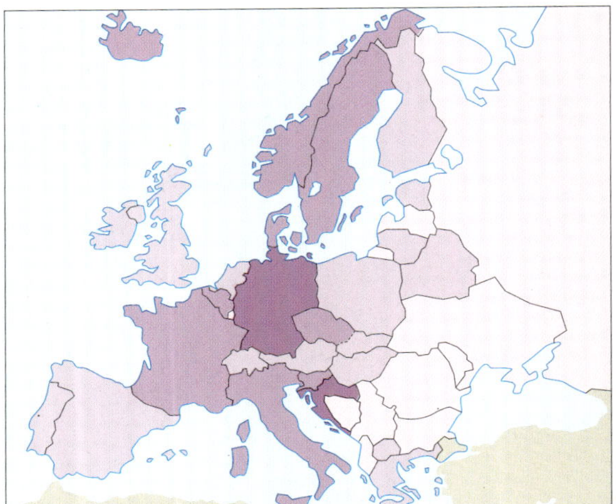

E. DÉPENSES DE SANTÉ

Pourcentage des dépenses de santé dans le Produit Intérieur Brut (2000)
- moins de 4
- 4 - 6
- 6 - 8
- 8 - 10
- 10 ou plus

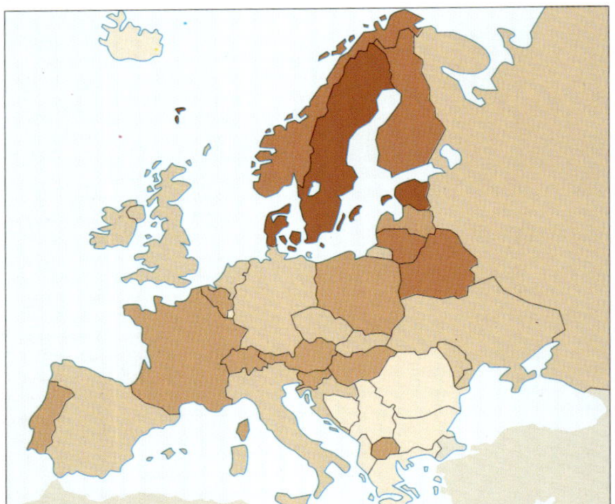

F. ENSEIGNEMENT

Pourcentage des dépenses relatives à l'enseignement dans le Produit National Brut (2000)
- moins de 4
- 4 - 5
- 5 - 6
- 6 - 7
- 7 ou plus

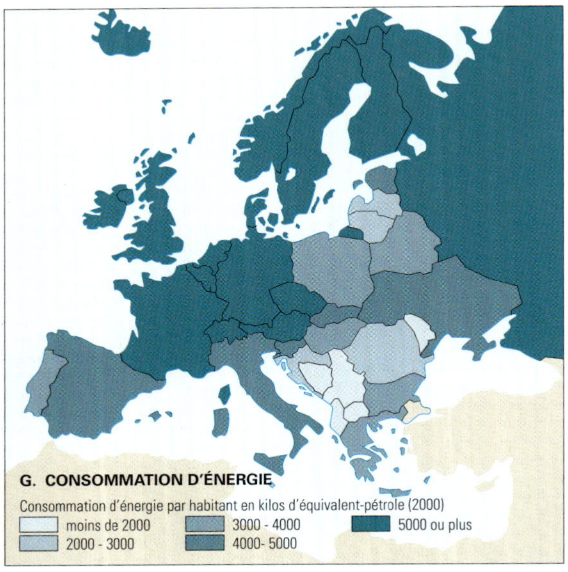

G. CONSOMMATION D'ÉNERGIE

Consommation d'énergie par habitant en kilos d'équivalent-pétrole (2000)
- moins de 2000
- 2000 - 3000
- 3000 - 4000
- 4000- 5000
- 5000 ou plus

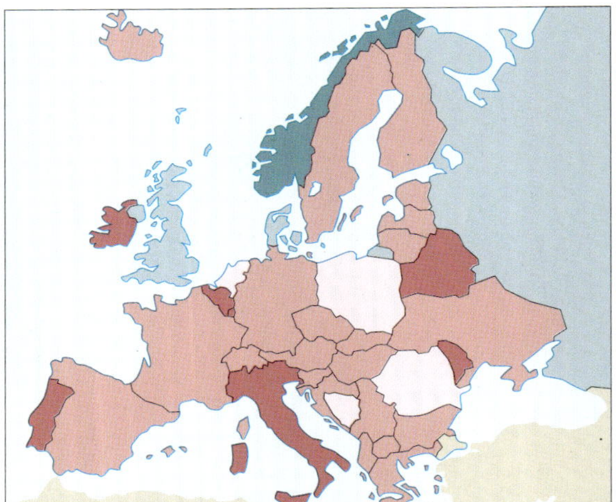

H. BILAN ÉNERGÉTIQUE

Rapport entre la consommation d'énergie et les ressources énergétiques nationales (2000)
- excédent de plus de 100%
- excédent inférieur à 100%
- déficit inférieur à 25%
- déficit de 25 à 75%
- déficit de plus de 75%

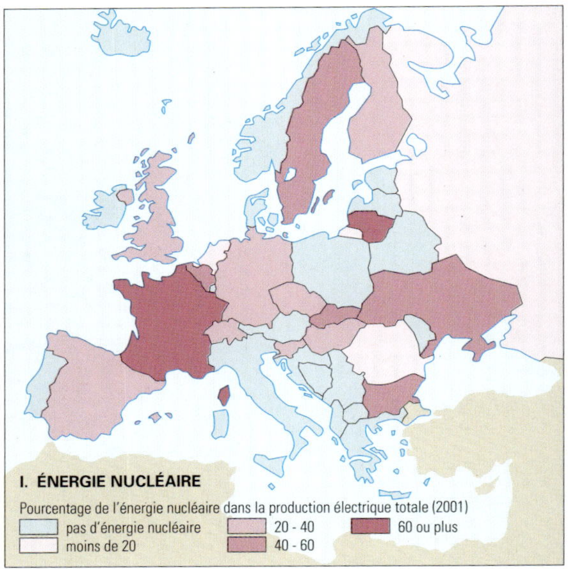

I. ÉNERGIE NUCLÉAIRE

Pourcentage de l'énergie nucléaire dans la production électrique totale (2001)
- pas d'énergie nucléaire
- moins de 20
- 20 - 40
- 40 - 60
- 60 ou plus

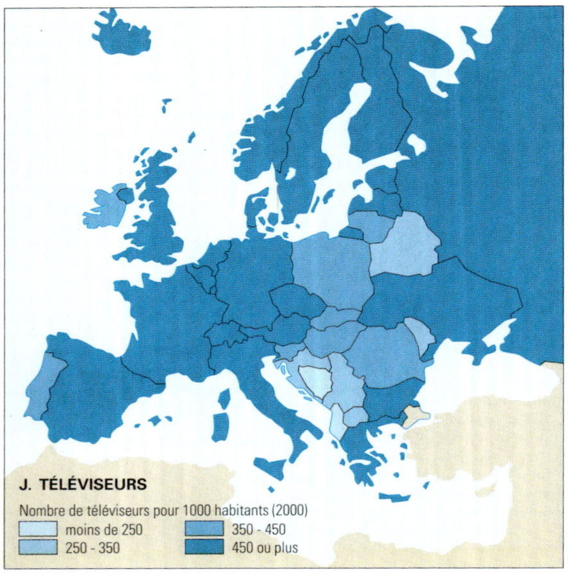

J. TÉLÉVISEURS

Nombre de téléviseurs pour 1000 habitants (2000)
- moins de 250
- 250 - 350
- 350 - 450
- 450 ou plus

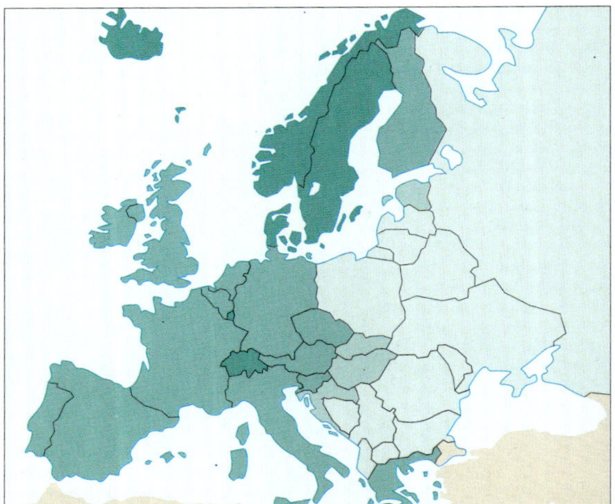

K. TÉLÉPHONES

Nombre de raccordements téléphoniques pour 1000 habitants (2001)
- moins de 600
- 600 - 1000
- 1000 - 1400
- 1400 ou plus

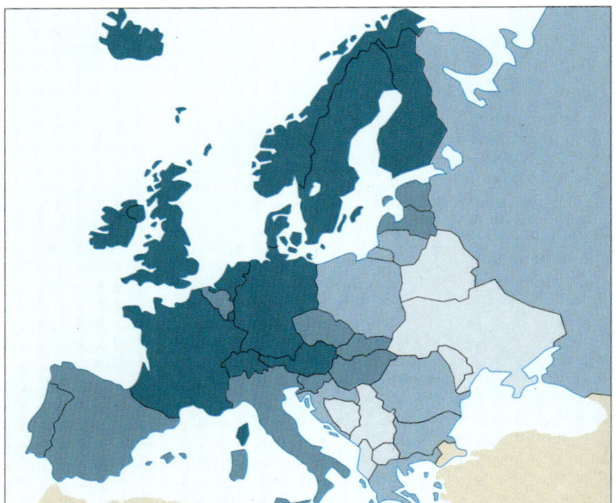

L. ORDINATEURS

Nombre d'ordinateurs pour 1000 habitants (2001)
- moins de 25
- 25 - 100
- 100 - 300
- 300 ou plus

EUROPE TRANSPORT

A. PORTS ET VOIES NAVIGABLES
1 : 15 000 000

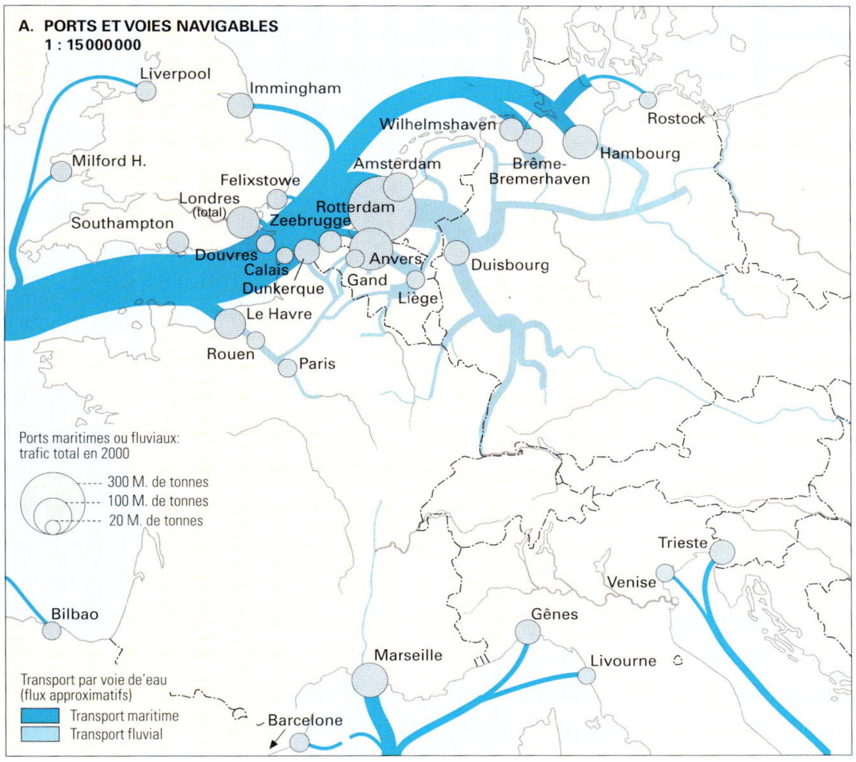

B. CORRIDOR RHIN - RHÔNE
1 : 40 000 000

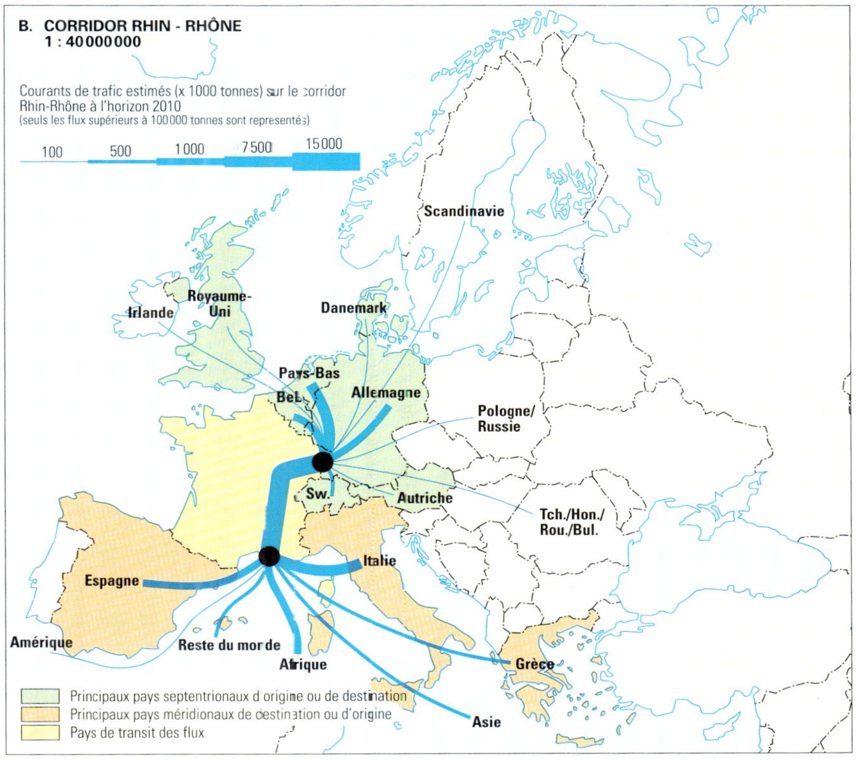

C. TRAFIC FERROVIAIRE
1 : 15 000 000

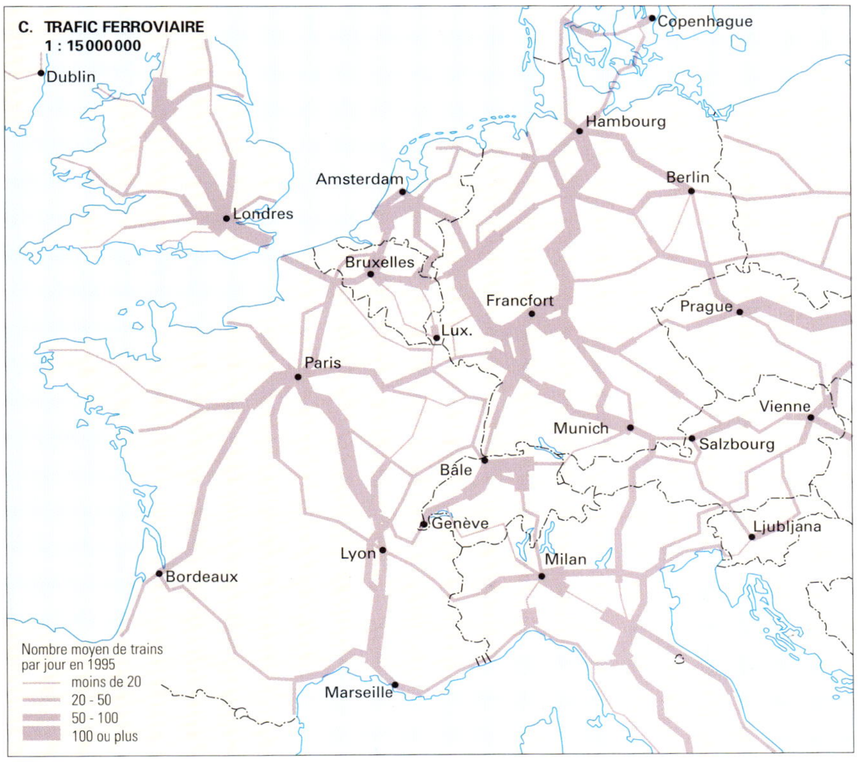

D. TRANSPORT FERROVIAIRE INTERURBAIN RAPIDE À L'HORIZON 2010/2012
1 : 40 000 000

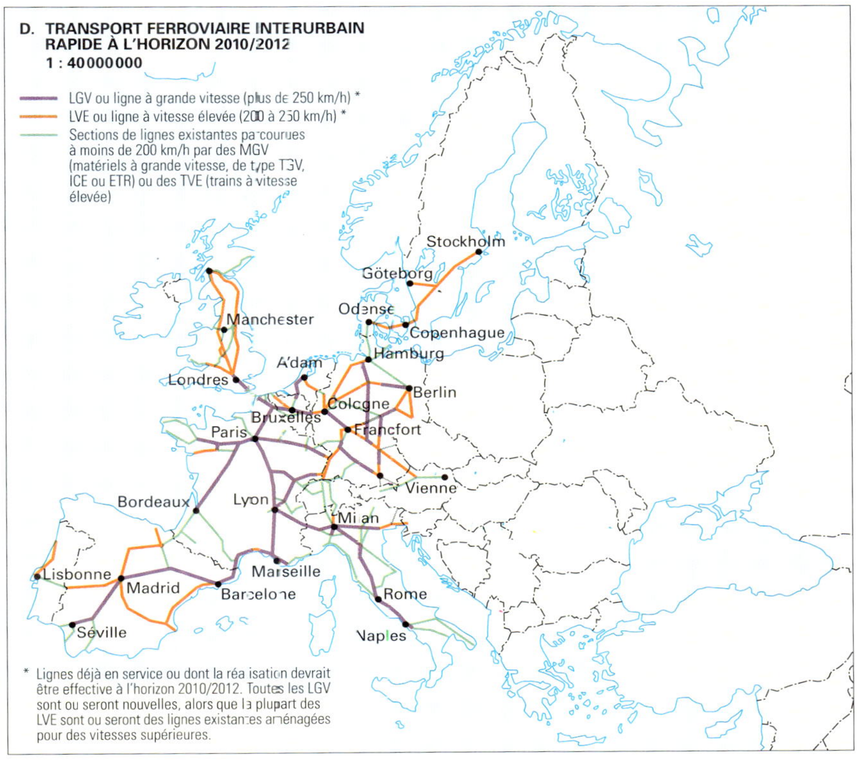

E. TRAFIC ROUTIER
1 : 15 000 000

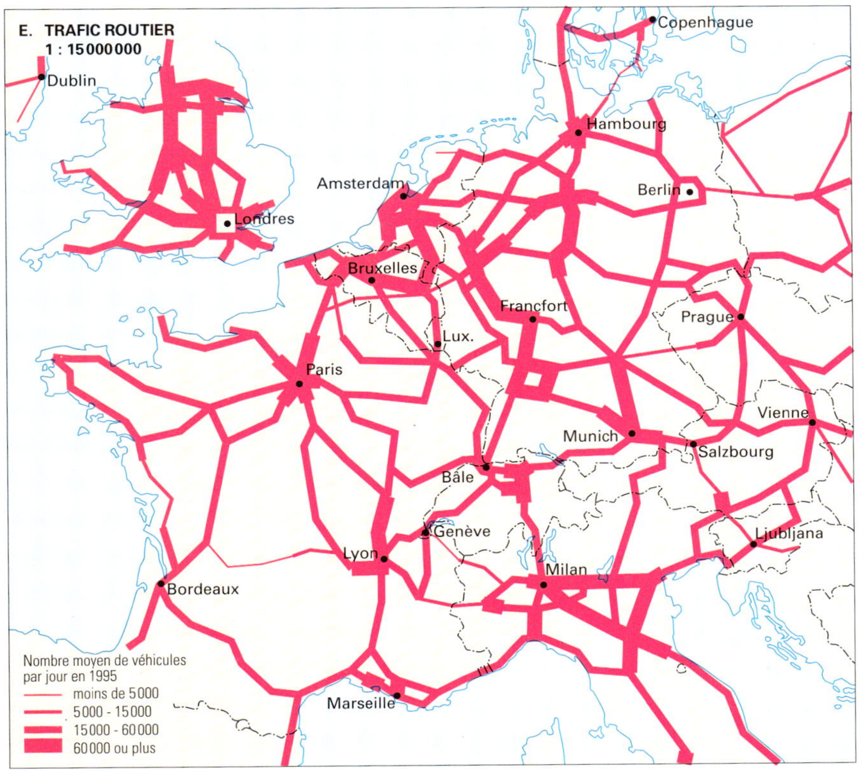

F. AÉROPORTS
1 : 40 000 000

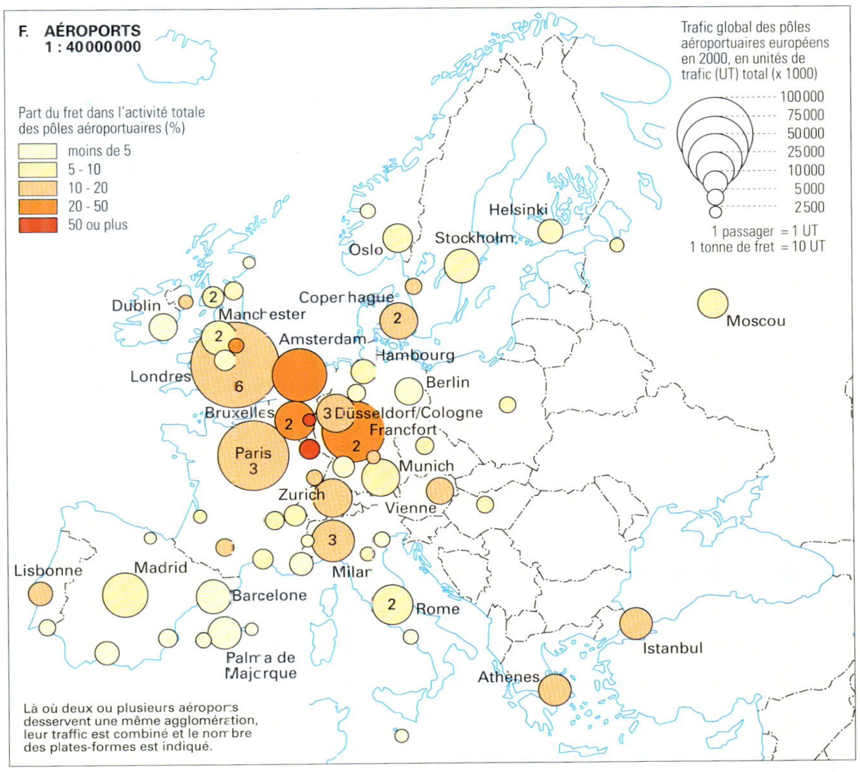

EUROPE MINES/ÉNERGIE

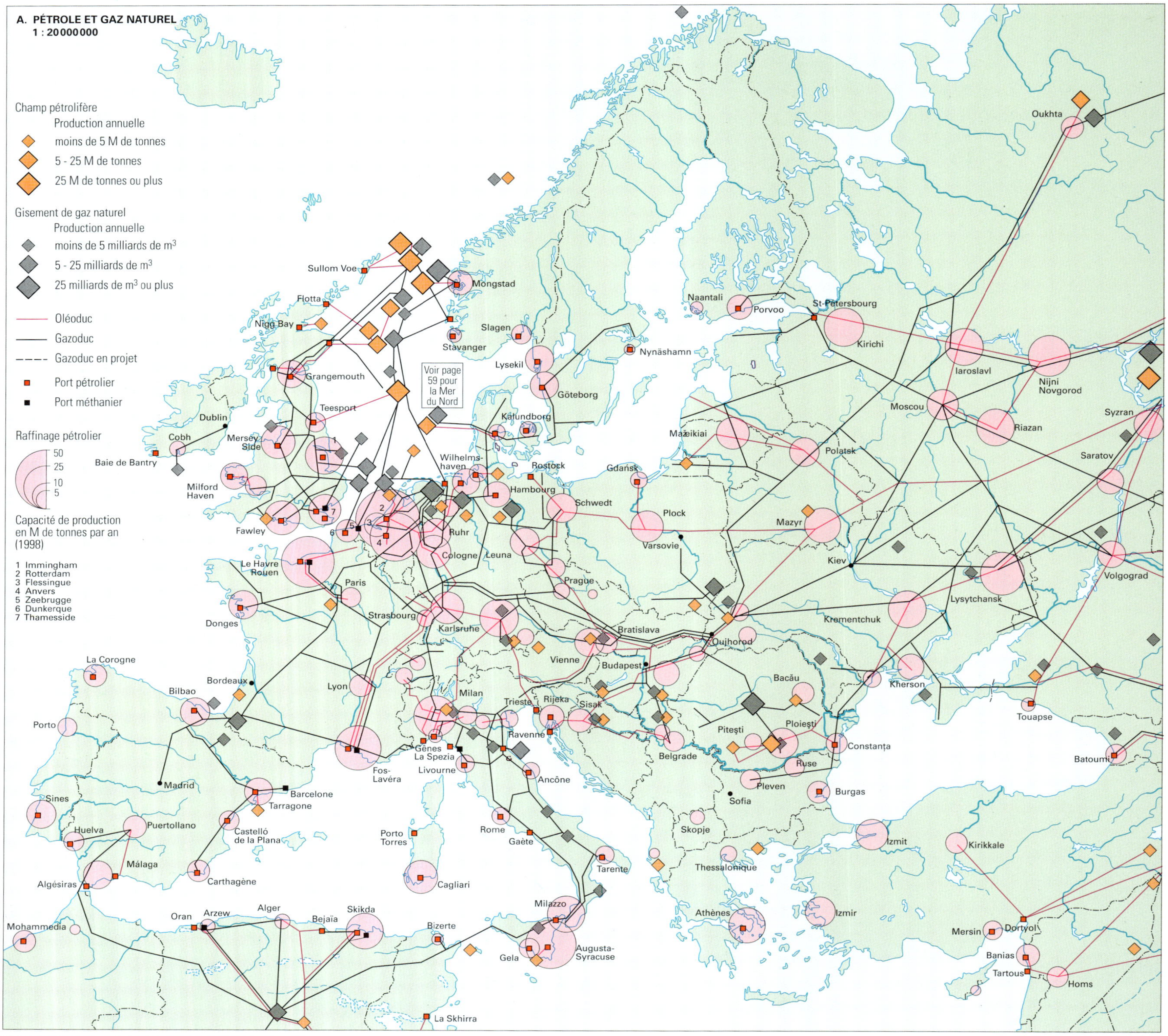

A. PÉTROLE ET GAZ NATUREL
1 : 20000000

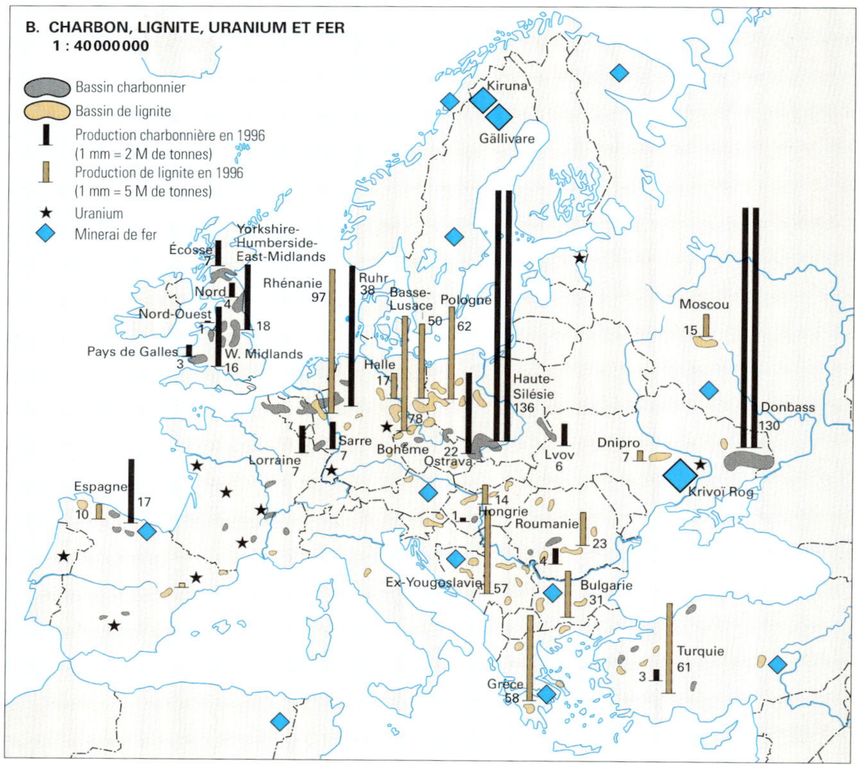

B. CHARBON, LIGNITE, URANIUM ET FER
1 : 40000000

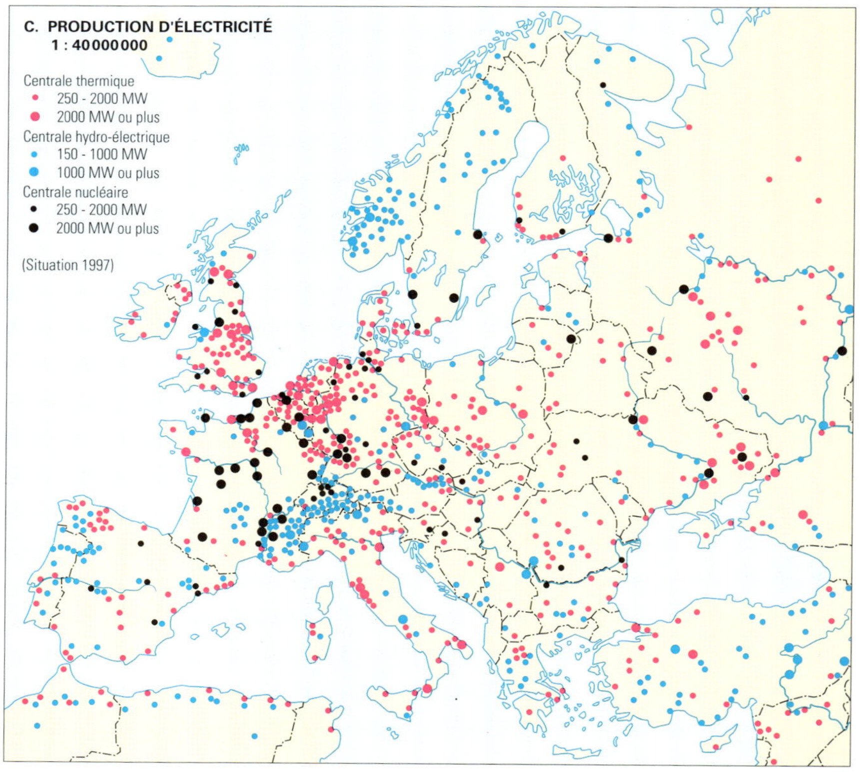

C. PRODUCTION D'ÉLECTRICITÉ
1 : 40000000

EUROPE ÉCONOMIE

A. INDUSTRIE
1 : 20000000

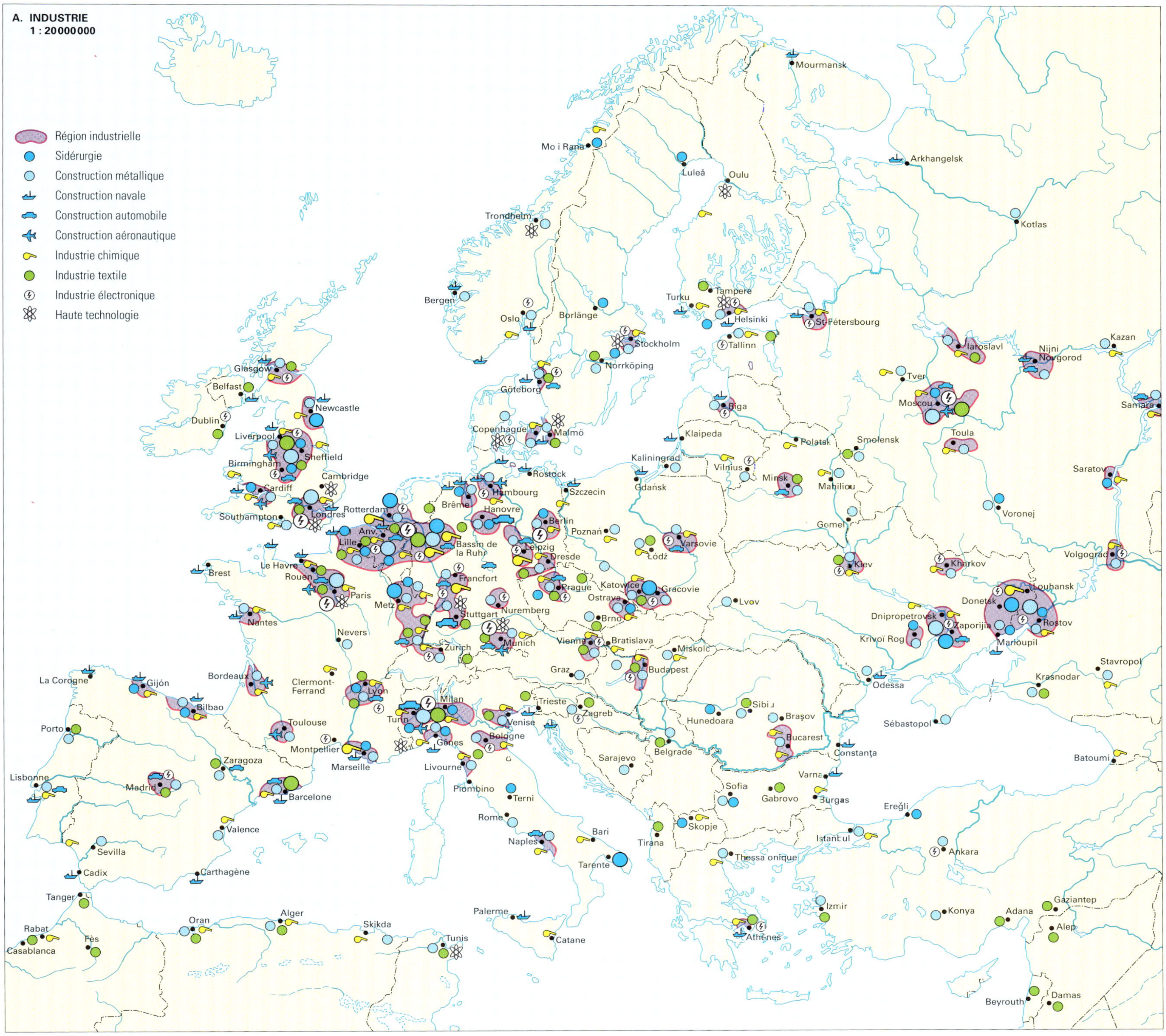

B. CHÔMAGE
1 : 40000000

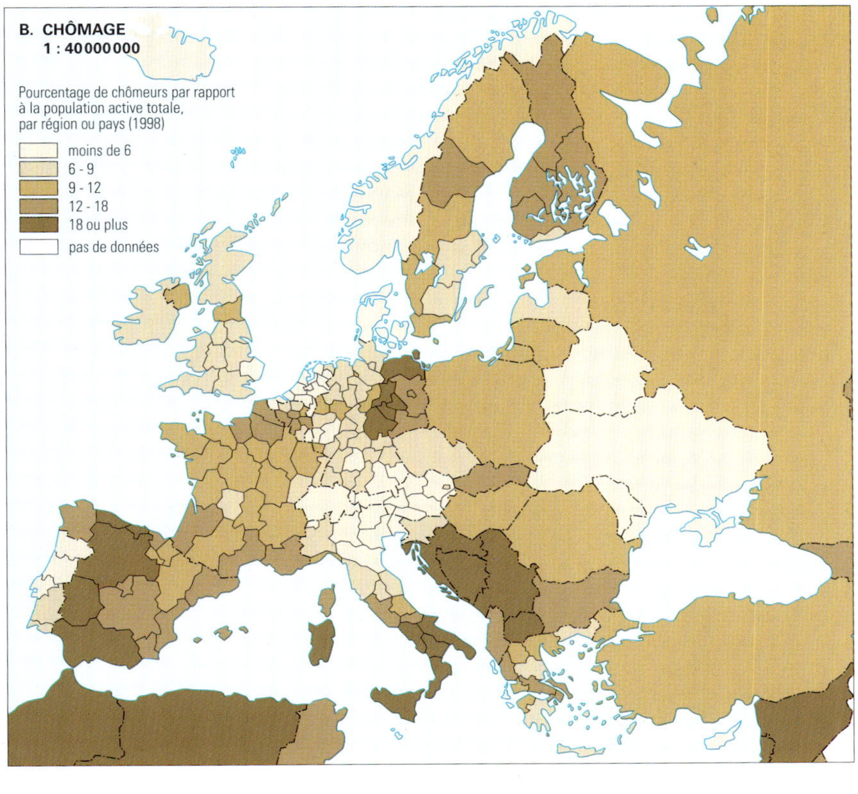

C. PRODUIT INTÉRIEUR BRUT
1: 40000000

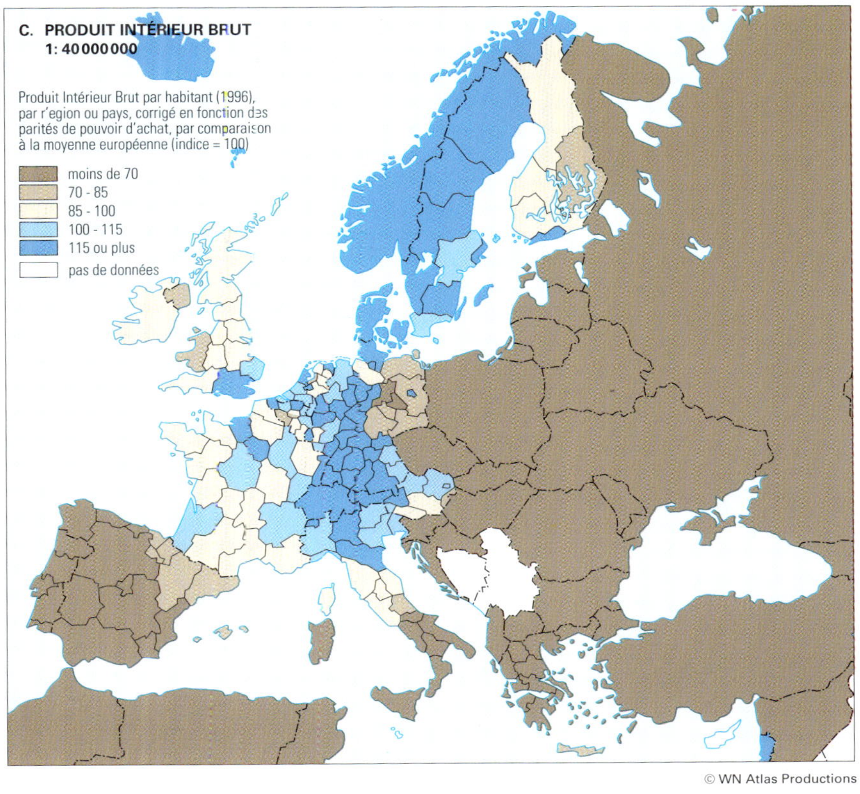

EUROPE TOURISME

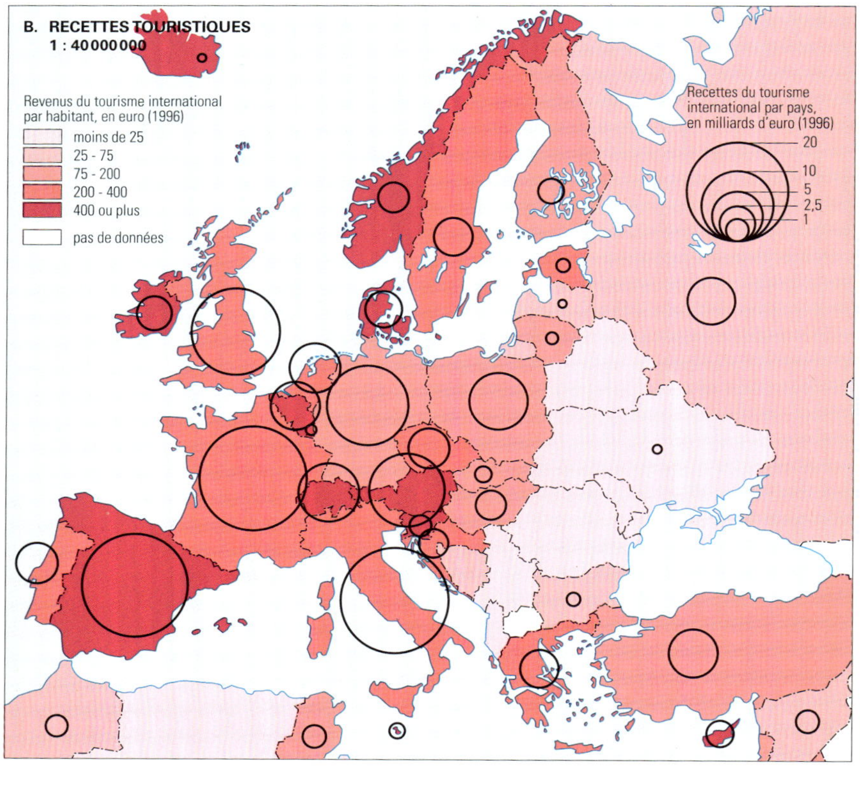

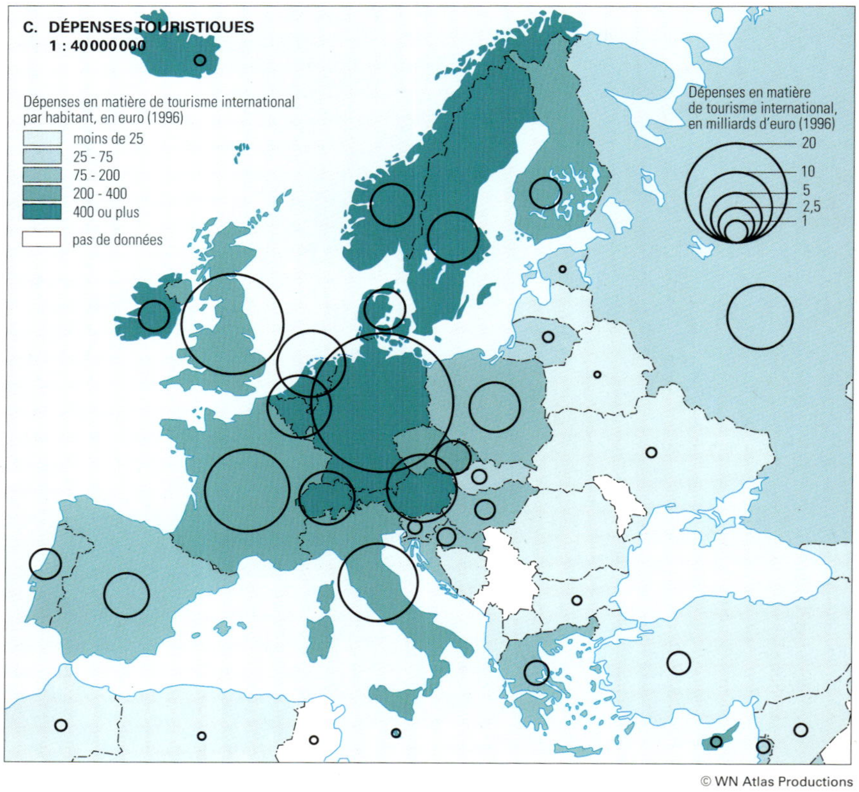

Échelle 1 : 40 000 000

A. POLLUTION ATMOSPHÉRIQUE

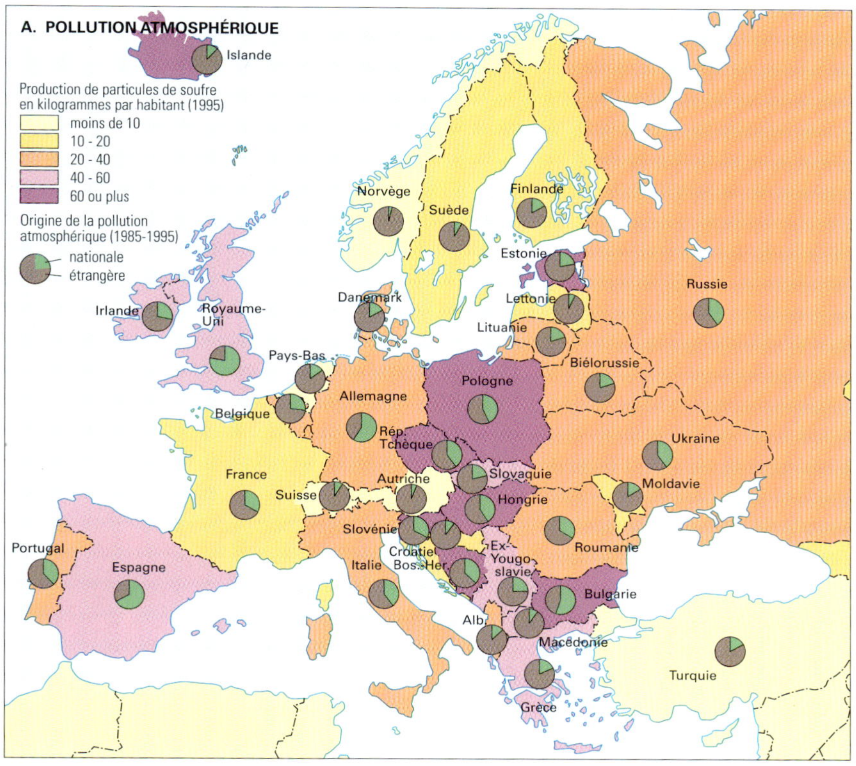

B. CONCENTRATION DU SOUFRE

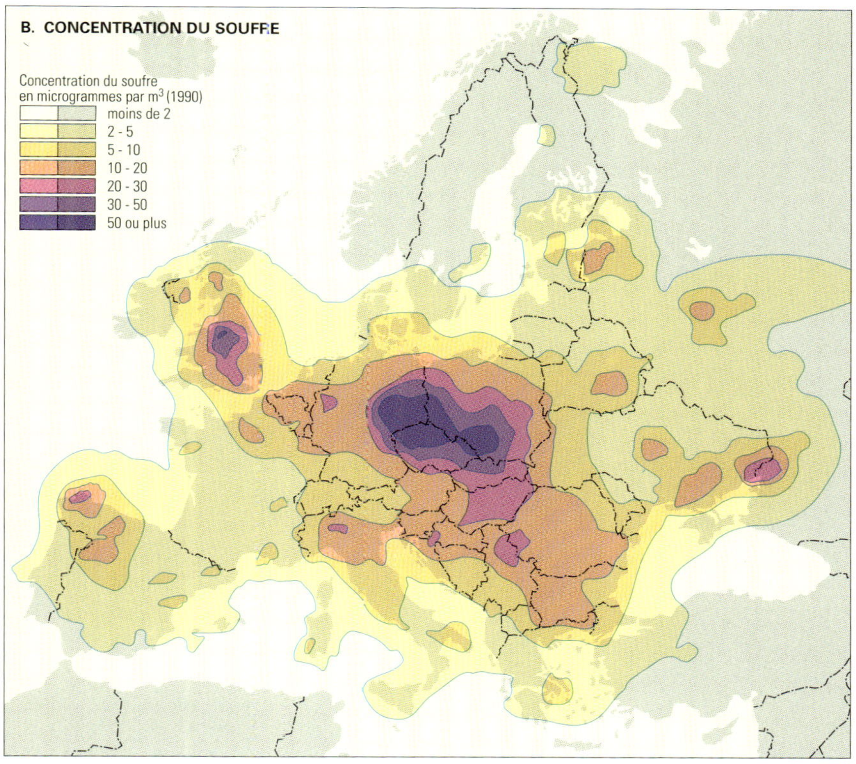

C. PLUIES ACIDES

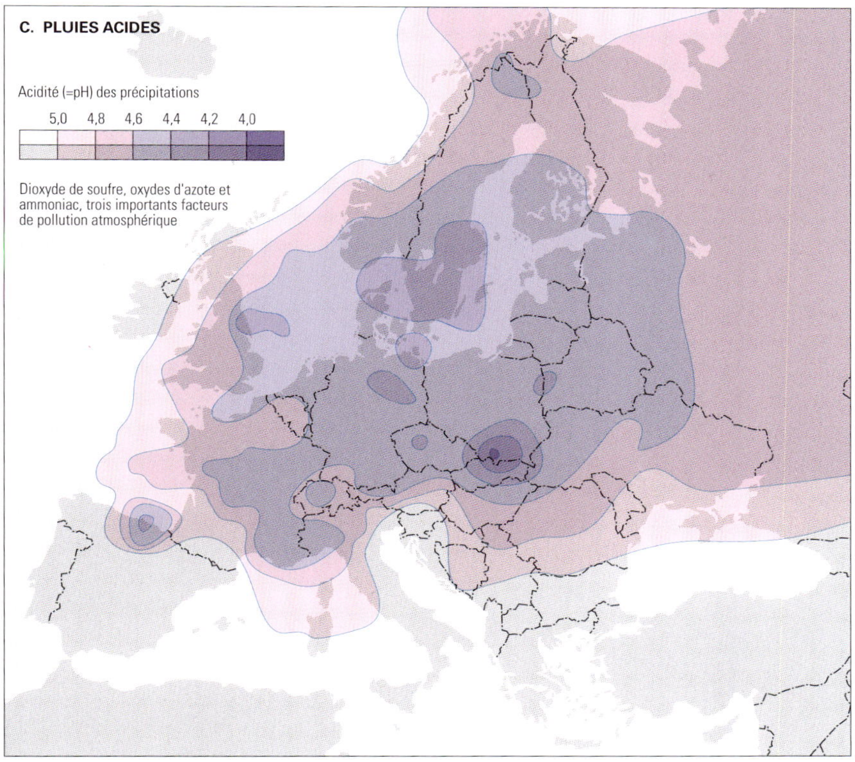

D. PRODUCTION D'ACIDE CARBONIQUE GAZEUX

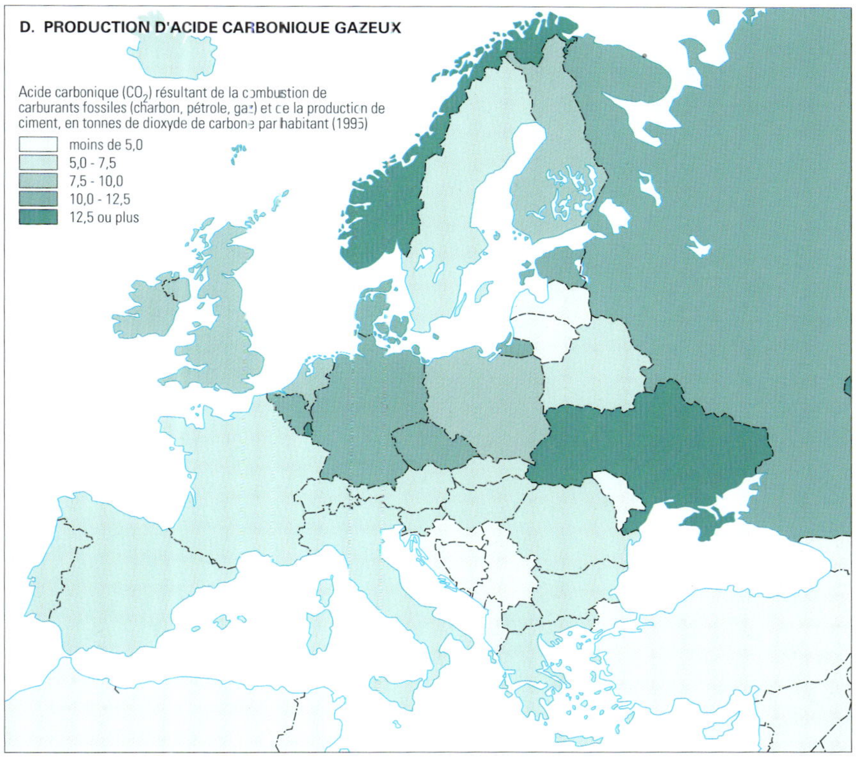

E. PRODUCTION DE DÉCHETS PAR KM²

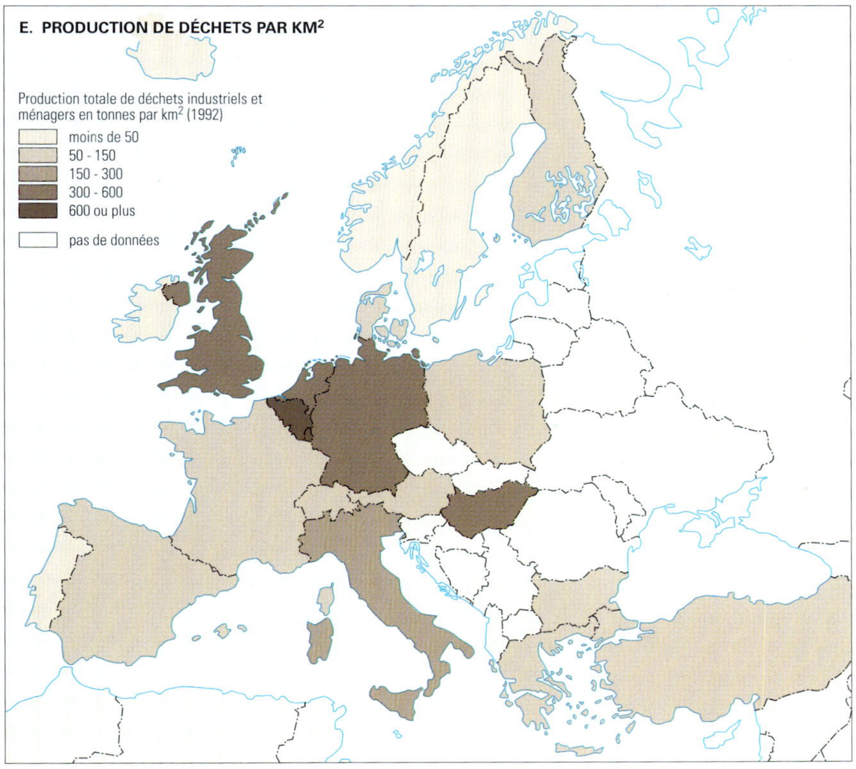

F. PRODUCTION DE DÉCHETS PAR HABITANT

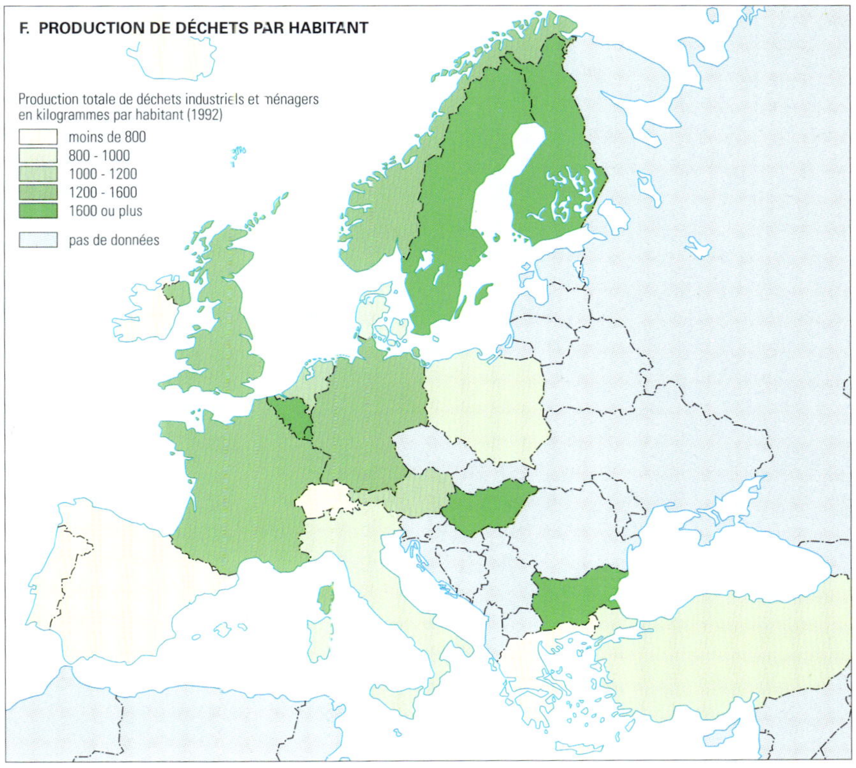

EUROPE DU NORD

B. DONNÉES CLIMATIQUES

Précipitations annuelles en mm
- moins de 500
- 500 - 750
- 750 - 1000
- 1000 - 1500
- 1500 - 2000
- 2000 ou plus

- Isotherme de janvier
- Isotherme de juillet

Les températures sont réduites au niveau de la mer

C. ÉCONOMIE

- Prairies d'altitude, toundra
- Forêts
- Élevage bovin
- Cultures
- Région industrielle
- Minerai de fer
- Cuivre
- Plomb et zinc
- Production de fer et d'acier
- Autre métallurgie*
- Construction métallique
- Construction navale
- Construction automobile
- Haute technologie
- Industrie chimique
- Industrie textile
- Industrie de transf. du bois
- Industrie électrotechnique
- Industrie des produits de la pêche

* Production d'aluminium: voir carte D

D. DENSITÉ DE LA POPULATION

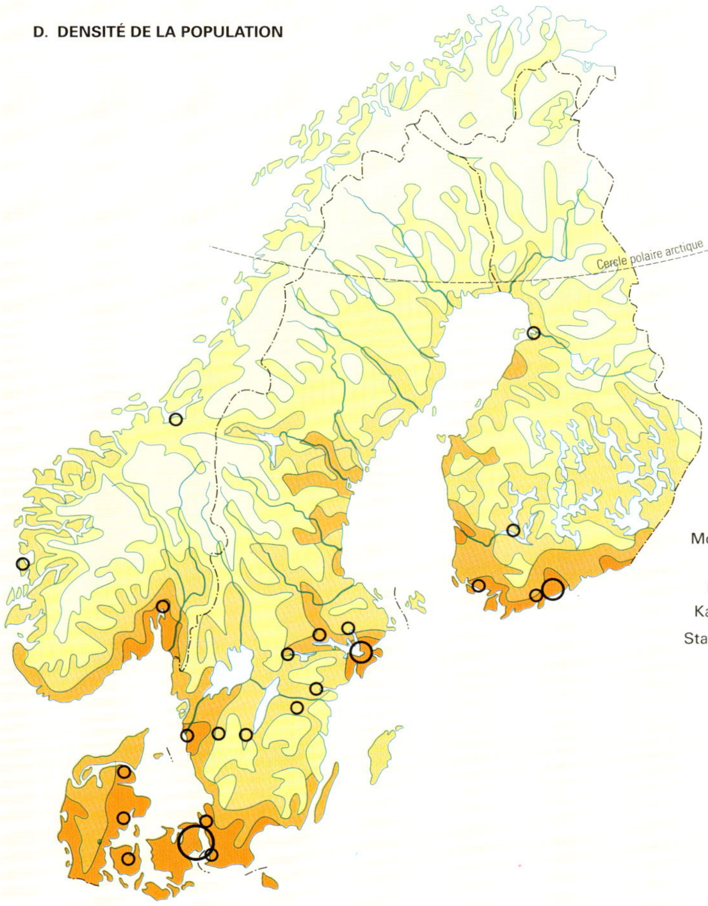

Habitants par km²
- moins de 1
- 1 - 10
- 10 - 25
- 25 - 50
- 50 ou plus

Agglomération de
- 1 à 5 M d'habitants
- 500 000 à 1 M d'habitants
- 100 000 à 500 000 habitants

E. ÉNERGIE

- Centrale thermique
- Centrale hydro-électrique
- Centrale nucléaire
- Raffinage pétrolier
- Production d'aluminium

Capacité:
- plus de 200 mégawatts (MW)
- 50 - 200 mégawatts
- 1 - 10 M tonnes par an
- plus de 10 M tonnes par an

Pétrole et gaz naturel: voir page 59 Mer du Nord

ROYAUME-UNI ET IRLANDE

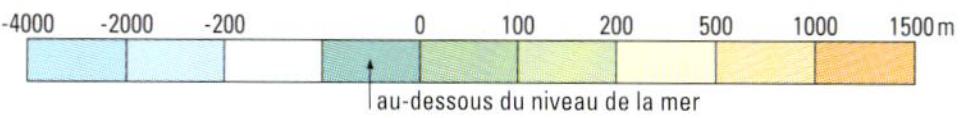

Échelle 1:3000000

0 25 50 75 100 125 150 km

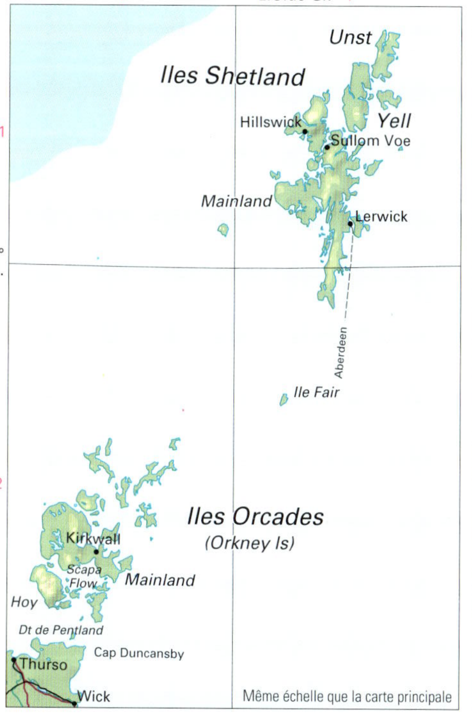

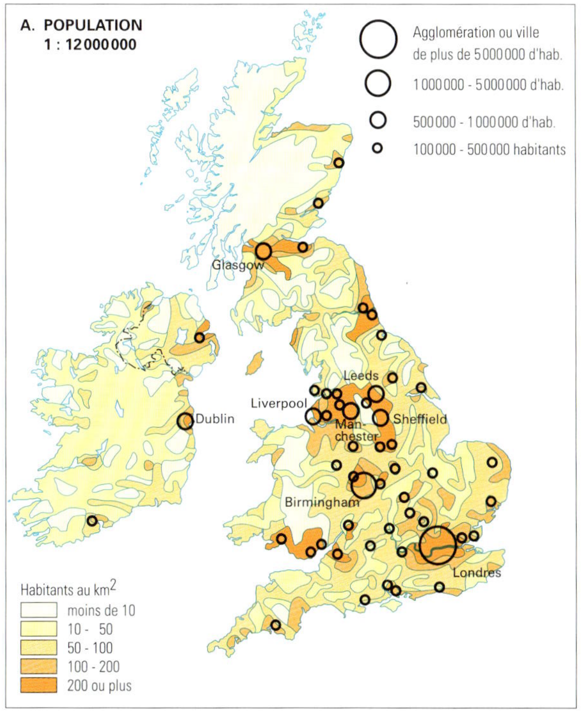

Océan Atlantique
Manche
Canal St-Georges
Canal de Bristol
Angleterre
Pays de Galles (Wales)
Munster
FRANCE
Londres (London)
Birmingham
Bristol
Cardiff
Southampton
Portsmouth
Plymouth
Cork
Paris
Rouen
Le Havre
Cherbourg
Caen
Cotentin
Iles Anglo-Normandes (R.-U.)
Iles Scilly
Baie de la Seine
Pays de Caux
Picardie
Artois
Détroit du Pas de Calais
The Weald
Cornouailles
Projection conique

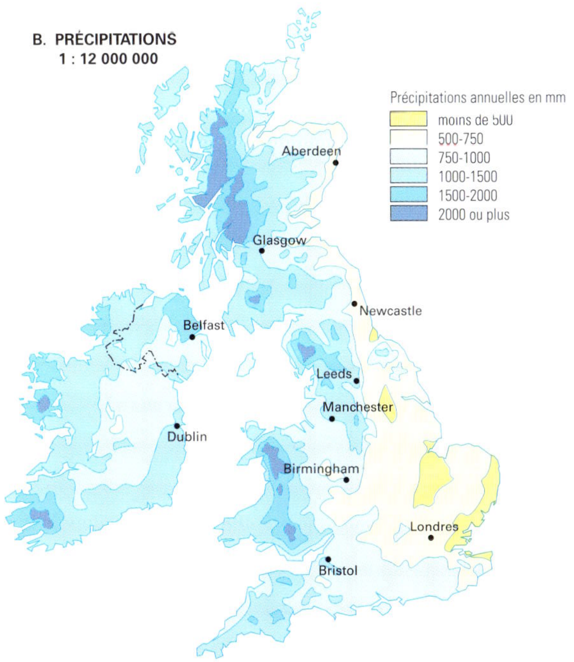

B. PRÉCIPITATIONS
1 : 12 000 000
Précipitations annuelles en mm
moins de 500
500-750
750-1000
1000-1500
1500-2000
2000 ou plus

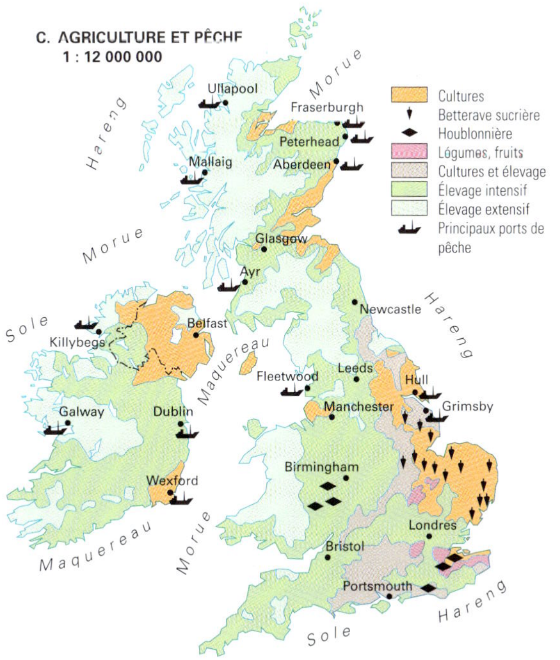

C. AGRICULTURE ET PÊCHE
1 : 12 000 000
Cultures
Betterave sucrière
Houblonnière
Légumes, fruits
Cultures et élevage
Élevage intensif
Élevage extensif
Principaux ports de pêche

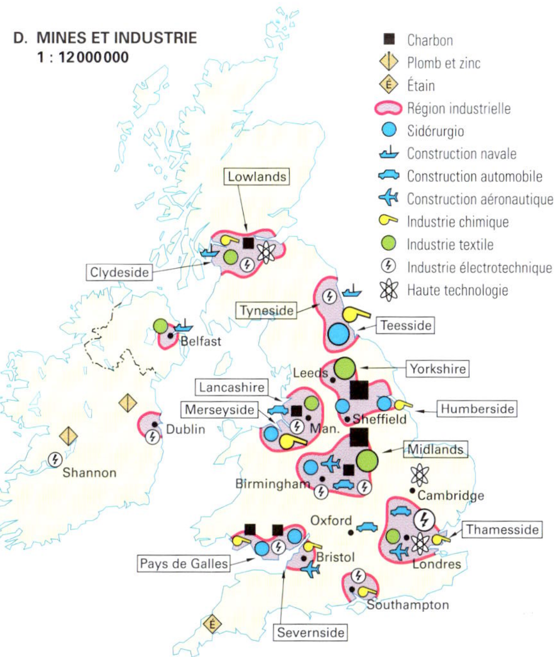

D. MINES ET INDUSTRIE
1 : 12000000
Charbon
Plomb et zinc
Étain
Région industrielle
Sidérurgie
Construction navale
Construction automobile
Construction aéronautique
Industrie chimique
Industrie textile
Industrie électrotechnique
Haute technologie

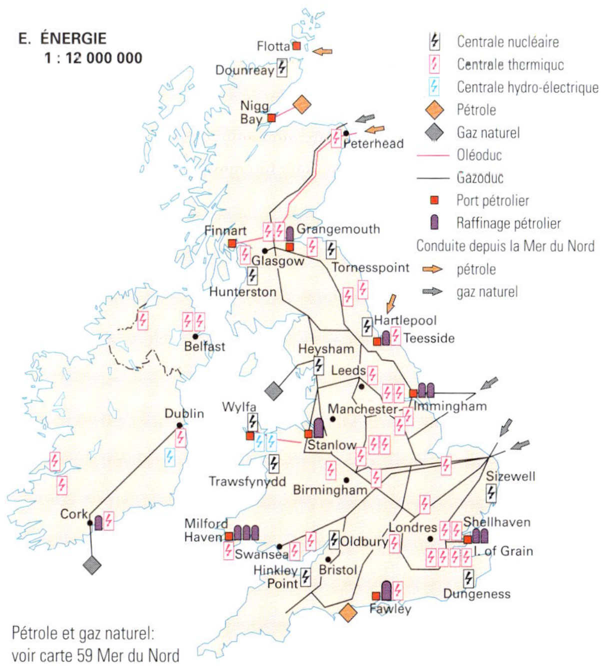

E. ÉNERGIE
1 : 12 000 000
Centrale nucléaire
Centrale thermique
Centrale hydro-électrique
Pétrole
Gaz naturel
Oléoduc
Gazoduc
Port pétrolier
Raffinage pétrolier
Conduite depuis la Mer du Nord
pétrole
gaz naturel
Pétrole et gaz naturel: voir carte 59 Mer du Nord

LONDRES

A. ANGLETERRE LE SUD-EST
1 : 2 500 000

- L'espace bâti de Londres
- Ceinture verte
- "New Town" (ville nouvelle)
- Ville d'expansion
- Centre régional
- Limite de la "South East Economic Planning Region"
- Limite de comté
- Aéroport

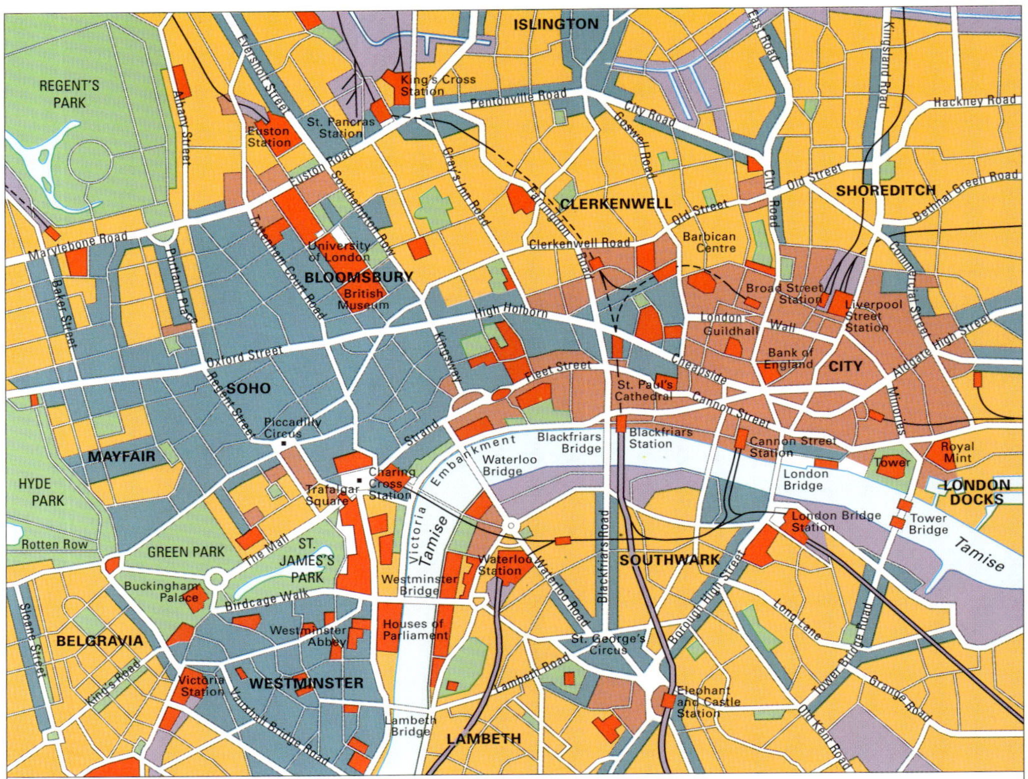

B. CENTRE-VILLE
1 : 50 000

- Centre des affaires
- Autres zones de bureaux et de commerce
- Édifice public ou monument important
- Autre espace bâti
- Espace industriel et réservé au traffic
- Parc
- Chemin de fer

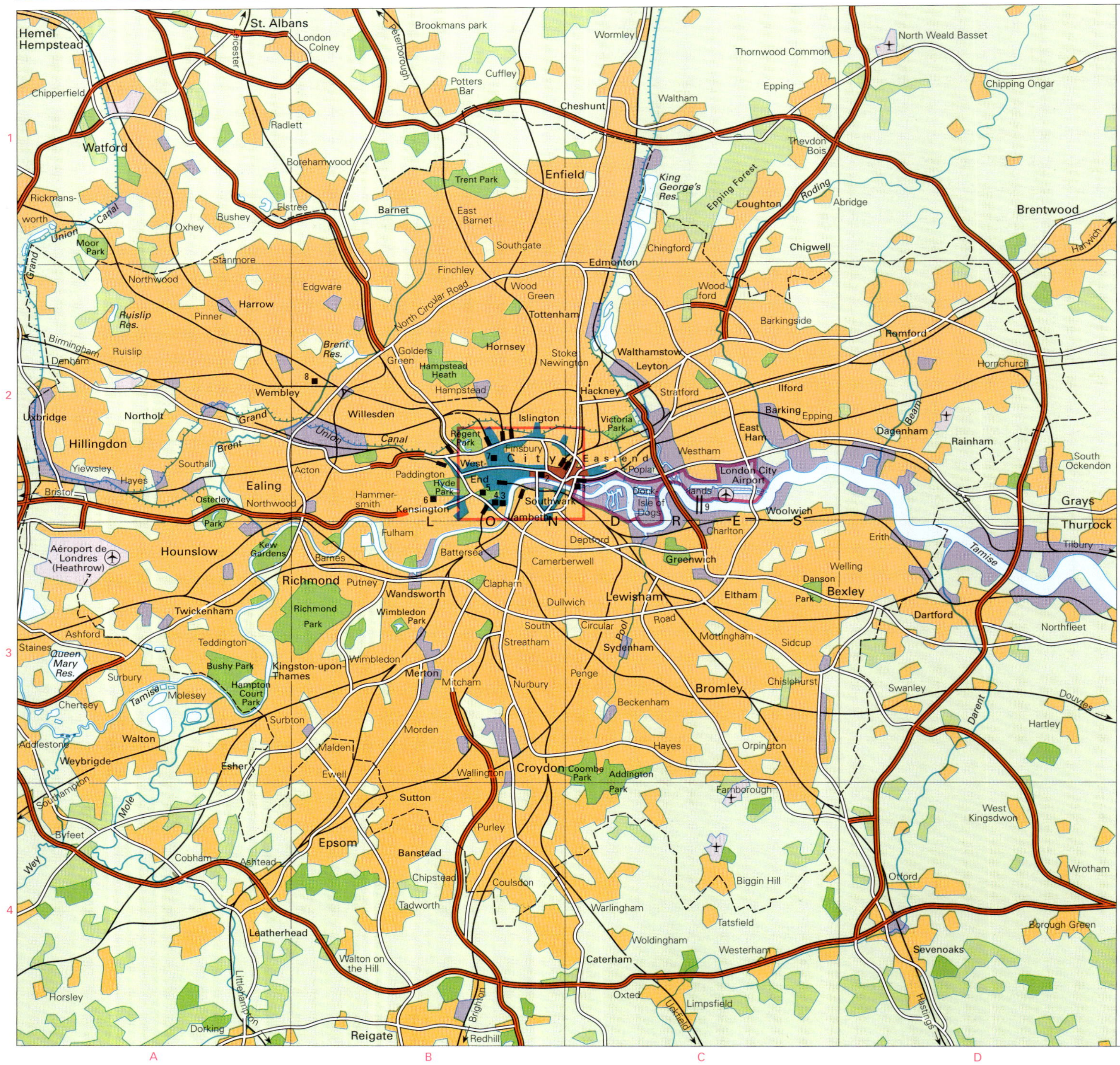

C. LONDRES
1 : 300 000

- Centre des affaires
- Autres zones de bureaux et de commerce
- Zone résidentielle
- Espace industriel
- Zone aéroportuaire
- Aérodrome
- Parc
- Forêt
- Zone non-urbanisée
- Chemin de fer et gare
- Autoroute
- Autre route
- Greater London
- London Docklands Development Corporation

1. Tower
2. St. Paul's Cathedral
3. Houses of Parliament
4. Westminster Abbey
5. Buckingham Palace
6. Albert Hall
7. British Museum
8. Wembley
9. Barrière de la Tamise

MER DU NORD ÉNERGIE

Échelle 1 : 4000000

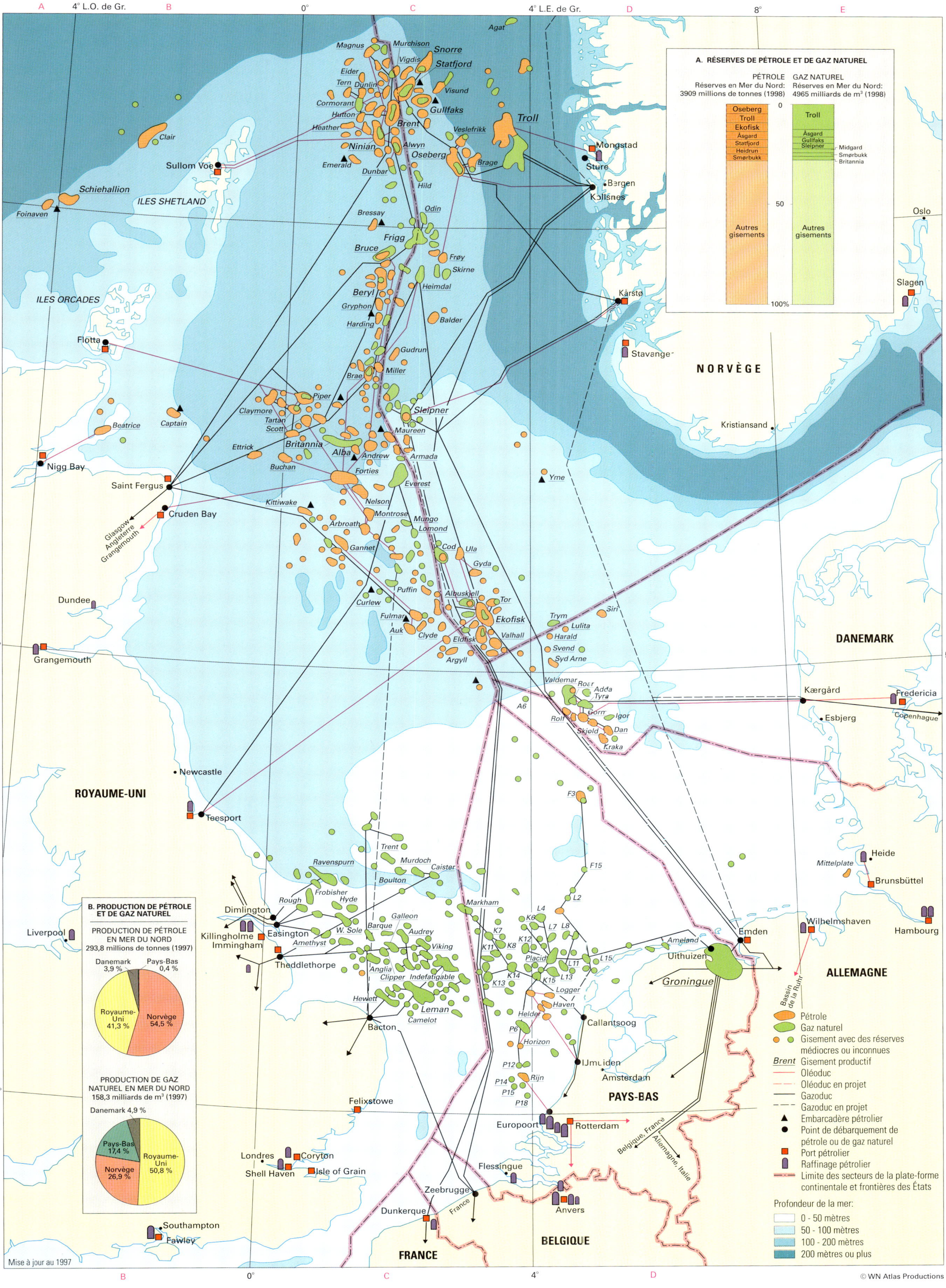

BENELUX

-200 0 50 100 200 500 1000 m
au-dessous du niveau de la mer

Échelle 1:1500000
0 10 20 30 40 50 km

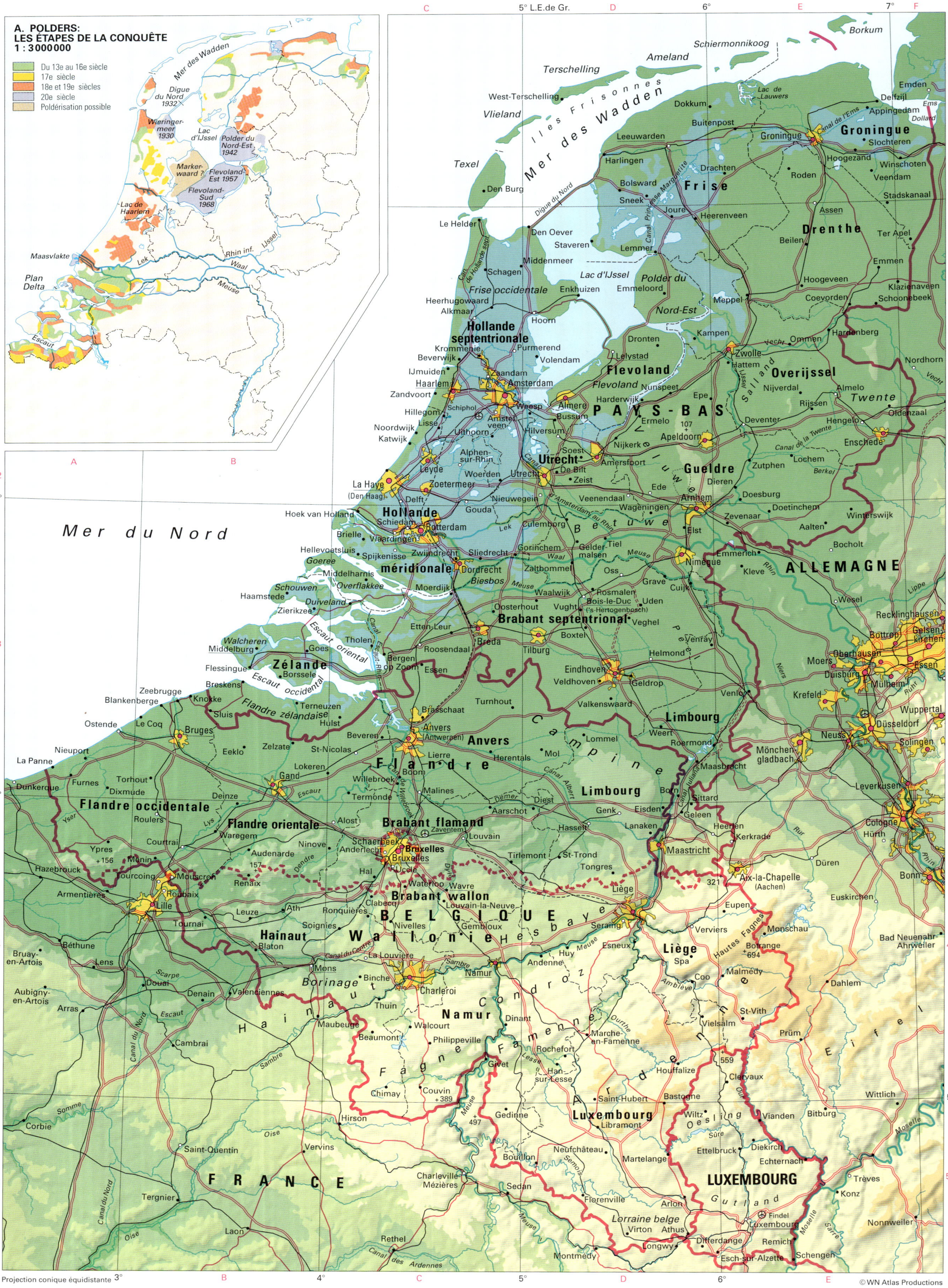

BENELUX

Échelle 1 : 3000000

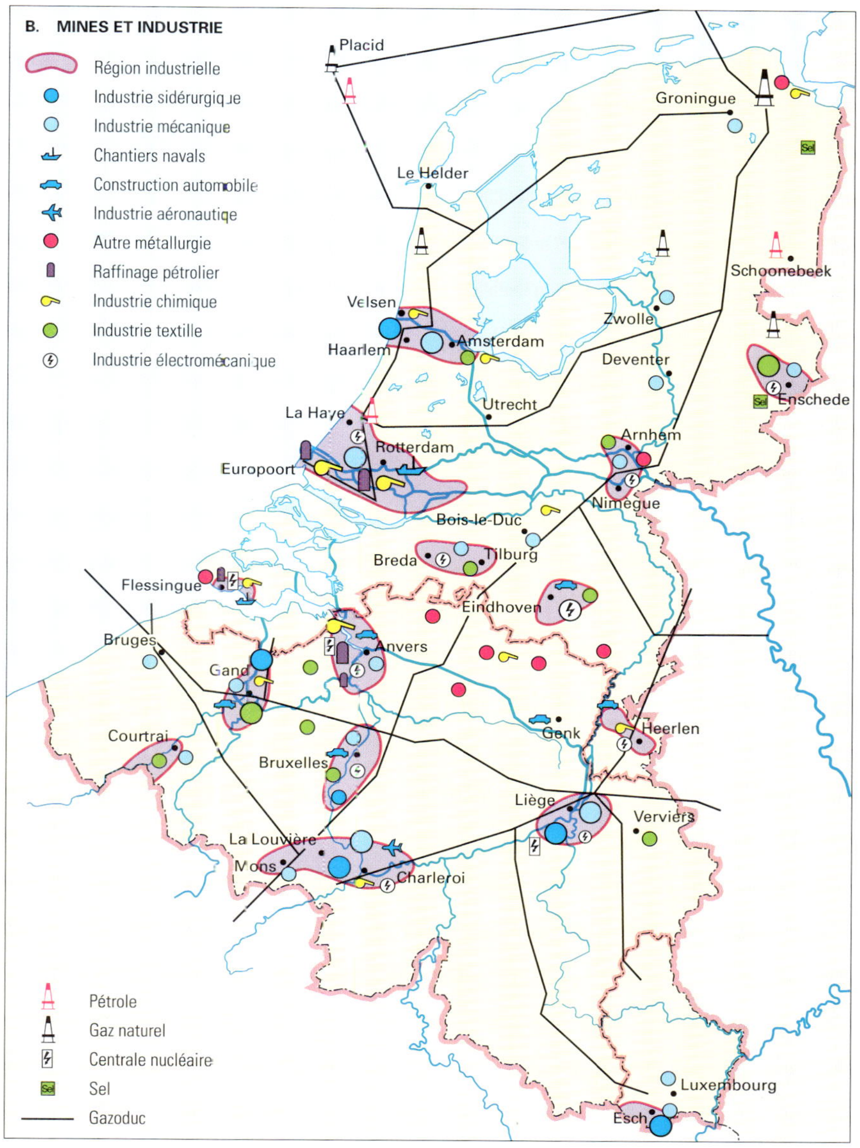

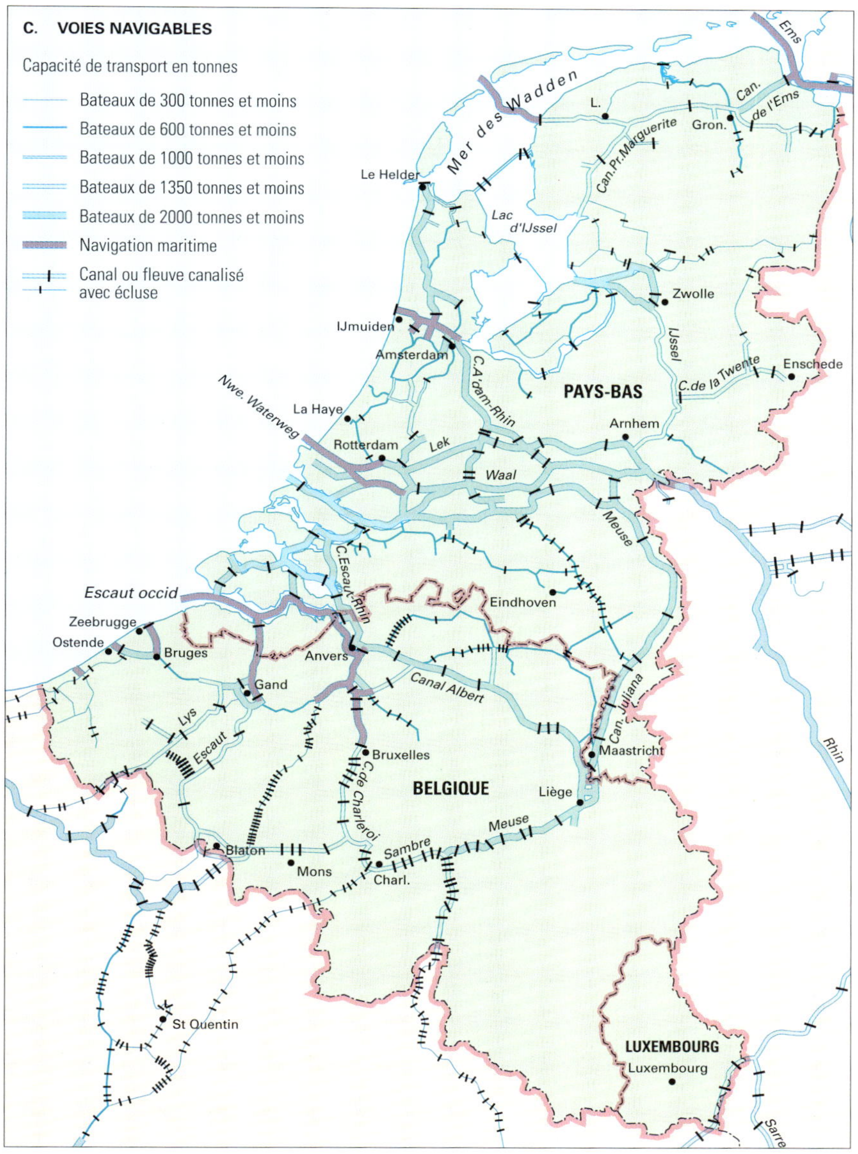

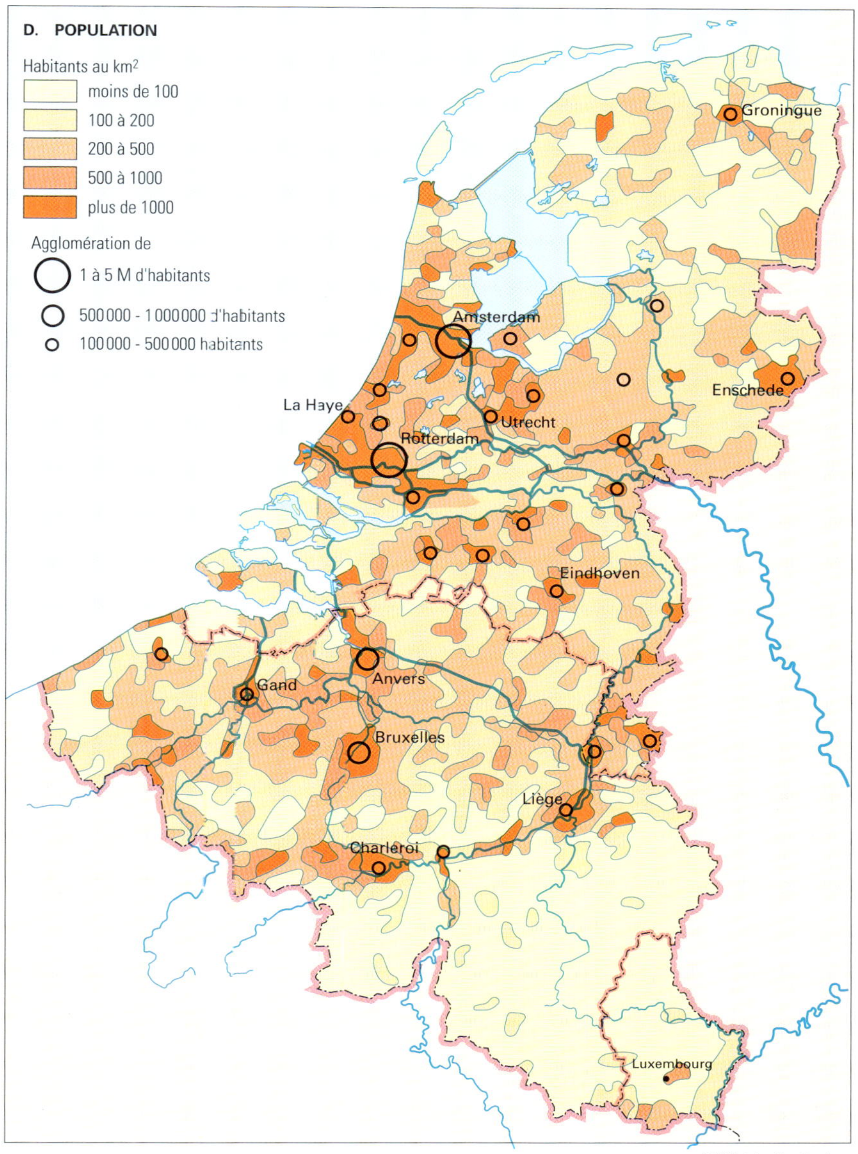

ALLEMAGNE

Échelle 1:3000000
0 25 50 75 100 125 150 km
-200 0 100 200 500 1000 1500 2000 3000 5000 m
au-dessous du niveau de la mer
A Stavanger 6° L.E.de Gr. B 8° C 10° D 12° E 14° F
54° L.N.
52°
50°
48°
Edmonton
Vancouver
Irkoutsk
Volgograd
Tunis
Projection conique
Mer du Nord
Mer Baltique
Iles des Wadden orientales
Iles des Wadden de la Frise septentr.
Héligoland
DANEMARK
PAYS-BAS
BELGIQUE
LUXEMBOURG
FRANCE
SUISSE
LIECHTENSTEIN
AUTRICHE
ITALIE
RÉP. TCHÈQUE
ALLEMAGNE
Schleswig-Holstein
Mecklembourg-Poméranie
Basse-Saxe
Saxe-Anhalt
Brandebourg
Rhénanie du Nord-Westphalie
Hesse
Thuringe
Saxe
Rhénanie-Palatinat
Sarre
Bade-Wurtemberg
Bavière
Alsace
Lorraine
Franche-Comté
Lande de Lunebourg
Harz
Forêt de Thuringe
Forêt Noire
Jura souabe
Forêt de Bavière
Monts Métallifères
Forêt de Bohême
Eifel
Hunsrück
Taunus
Westerwald
Vosges
Jura
Alpes
Lac de Constance
BERLIN
Berlin
HAMBOURG
Hambourg
Brême
Hanovre
Magdebourg
Potsdam
Schwerin
Kiel
Düsseldorf
Cologne (Köln)
Bonn
Wiesbaden
Mayence
Francfort
Erfurt
Dresde
Leipzig
Stuttgart
MUNICH (MÜNCHEN)
Nuremberg (Nürnberg)
Sarrebruck
PRAGUE (PRAHA)
Szczecin (Stettin)
Zürich
Berne
Salzbourg
Innsbruck
Strasbourg
Luxembourg
Rostock
Lübeck
Dortmund
Essen
Hanovre
Würzburg
Ratisbonne (Regensburg)
Augsbourg
Karlsruhe
Mannheim
Fribourg-en-Brisgau
1142 Brocken
1456 Grosser Arber
2962 Zugspitze
3797 Grossglockner
© WN Atlas Productions

ALLEMAGNE

A. STRUCTURE ADMINISTRATIVE
1 : 10000000

B. DENSITÉ DE LA POPULATION
1 : 10000000

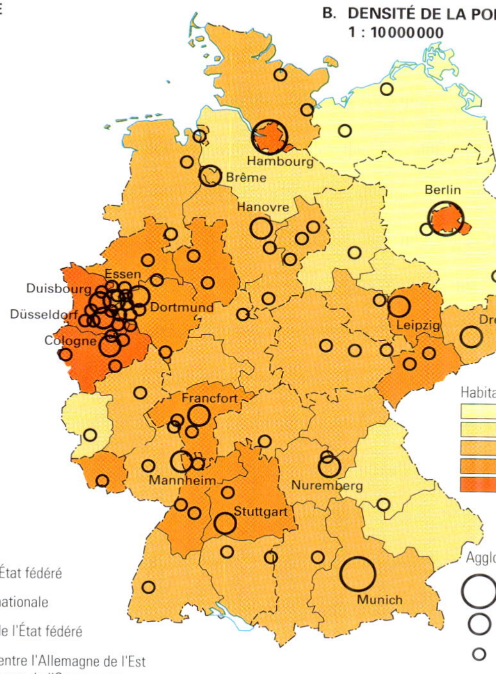

C. VARIATION DE LA POPULATION
1 : 10 000 000

D. AGRICULTURE
1 : 10000000

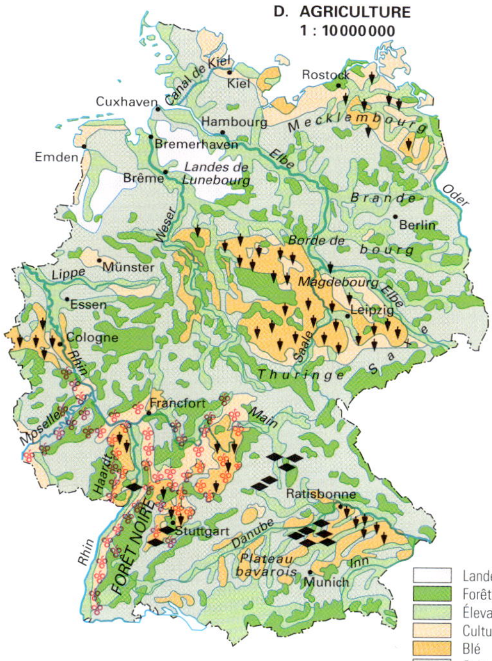

E. MINES ET INDUSTRIE
1 : 10000000

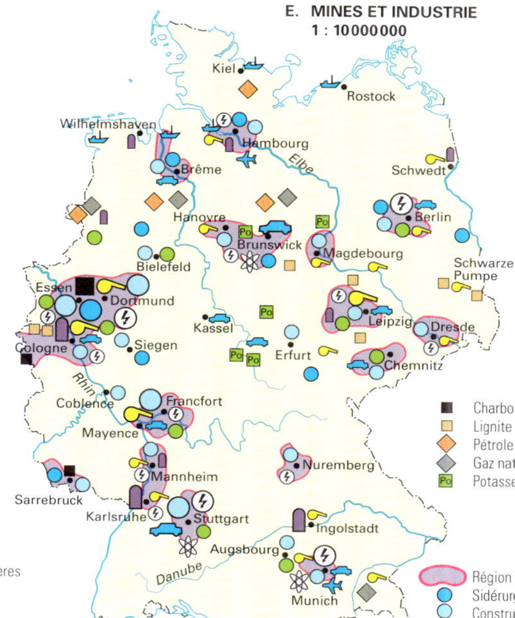

F. CHÔMAGE
1 : 10000000

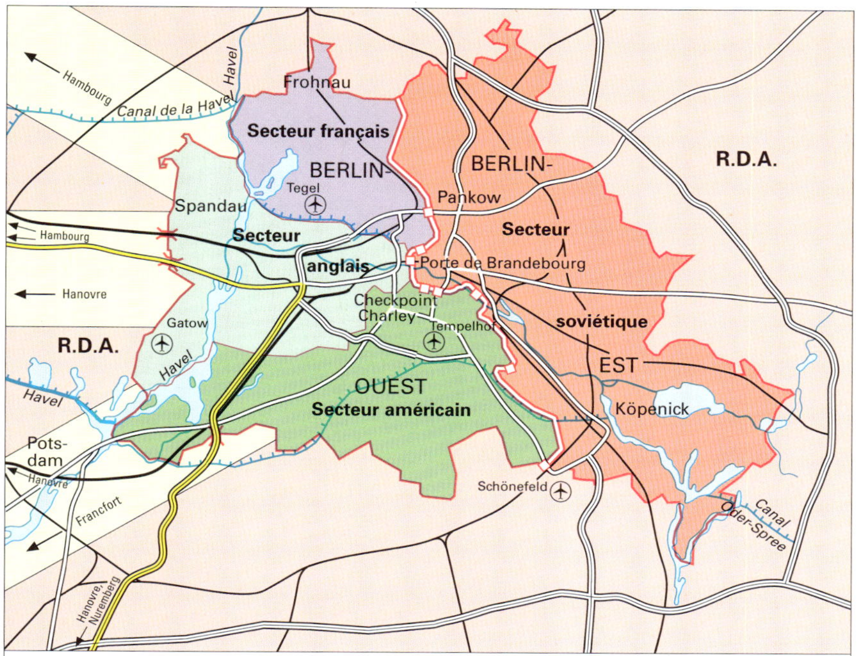

G. BERLIN 1945 - 1989
1 : 500000

Limite de la ville
Limite de secteur
Passage frontalier
Mur de Berlin avec postes de contrôle (13.08.1961 - 09.11.1989)
Aéroport
Voies de communication avec la R.F.A.
Couloir aérien
Autoroute
Route principale
Autres routes
Chemin de fer
Autres chemins de fer
Voie navigable
Autres voies navigables

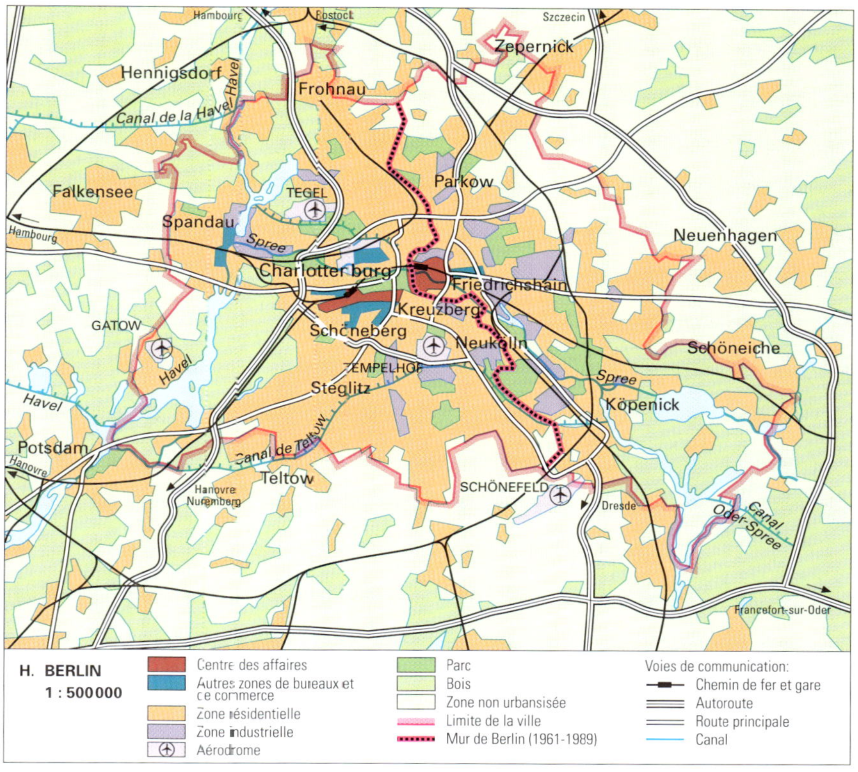

H. BERLIN
1 : 500000

Centre des affaires
Autres zones de bureaux et de commerce
Zone résidentielle
Zone industrielle
Aérodrome
Parc
Bois
Zone non urbanisée
Limite de la ville
Mur de Berlin (1961-1989)
Voies de communication:
Chemin de fer et gare
Autoroute
Route principale
Canal

LES ALPES

-4000 -2000 -200 0 100 200 500 1000 1500 2000 3000 5000m

Échelle 1:2000000

Tripoli · Naples · Berlin · Oslo · Vladivostok

SUISSE / ALPES

100 200 500 1000 1500 2000 3000 5000 m

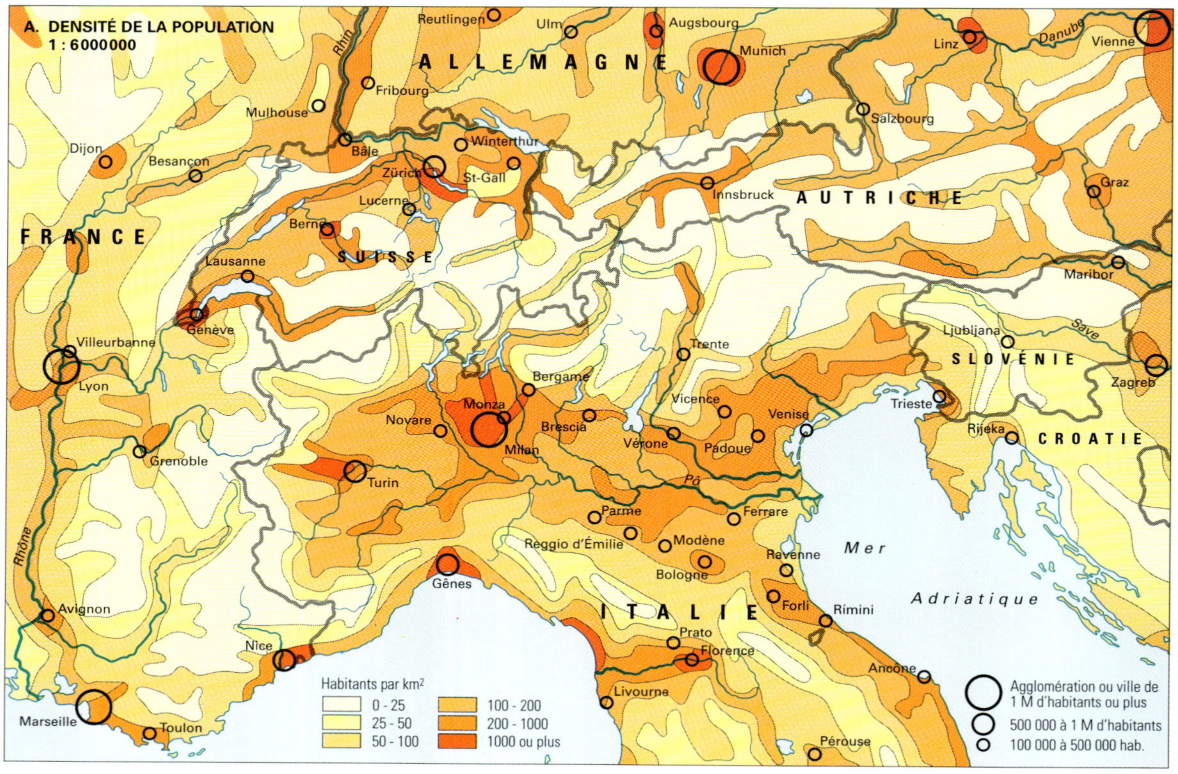

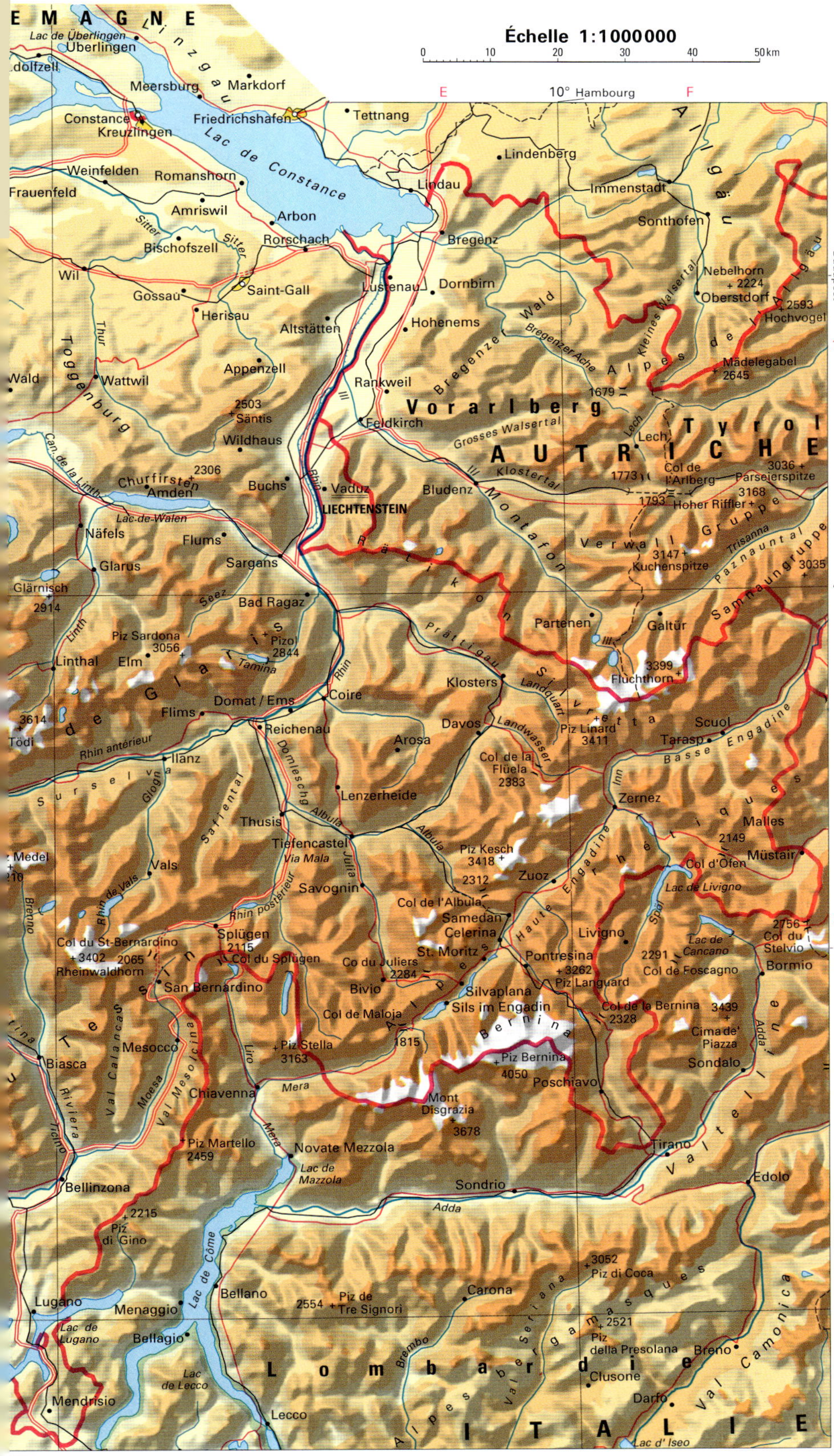

D. LANGUES

1 : 3250000

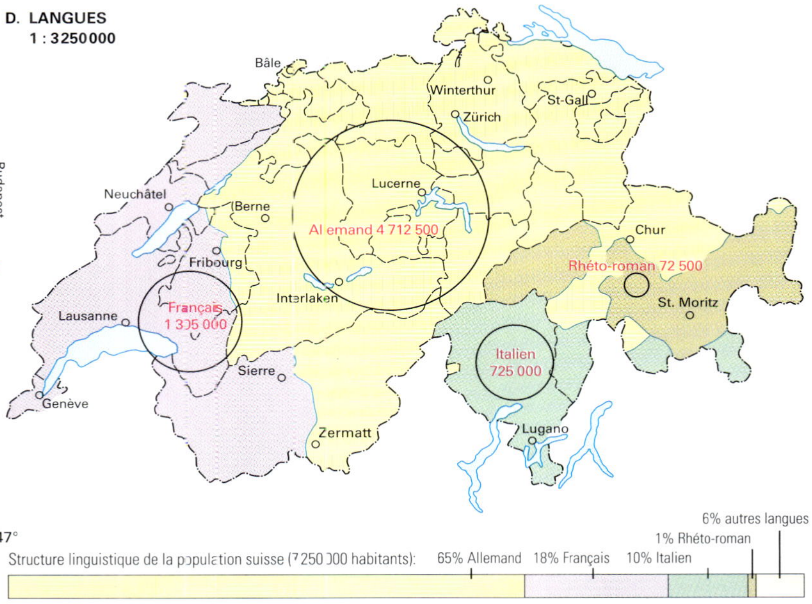

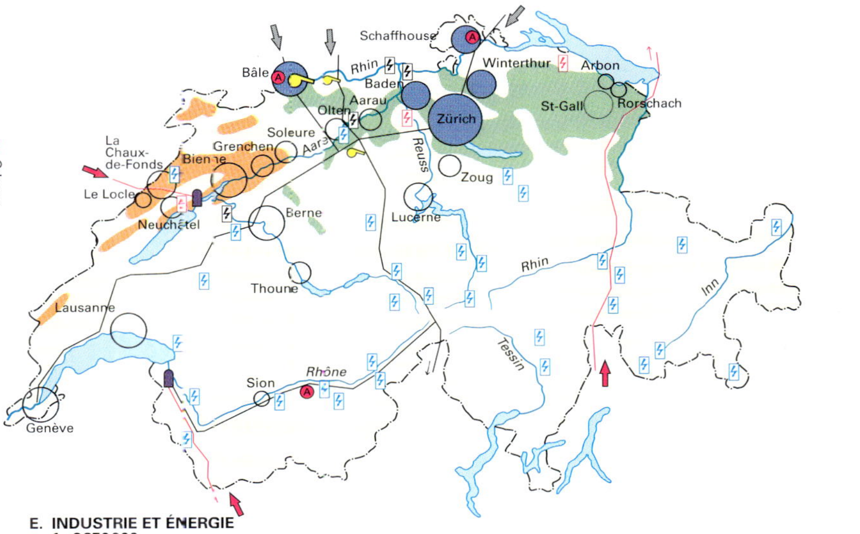

E. INDUSTRIE ET ÉNERGIE

1 : 3250000

- Industrie horlogère
- Industrie textile
- Construction métallique
- Ville industrielle
- Industrie chimique
- Production d'aluminium
- Raffinage pétrolier
- Oléoduc
- Gazoduc
- Importation de pétrole
- Importation de gaz naturel
- Centrale thermique
- Centrale hydro-électrique
- Centrale nucléaire

C. TOURISME

1 : 6000000

BASSIN MÉDITERRANÉEN

-4000 -2000 -200 0 100 200 500 1000 2000 3000 5000 m
au-dessous du niveau de la mer

Projection azimutale équivalente

Échelle 1:10 000 000

0 100 200 300 400 500 km

© WN Atlas Productions

LE BASSIN MÉDITERRANÉEN

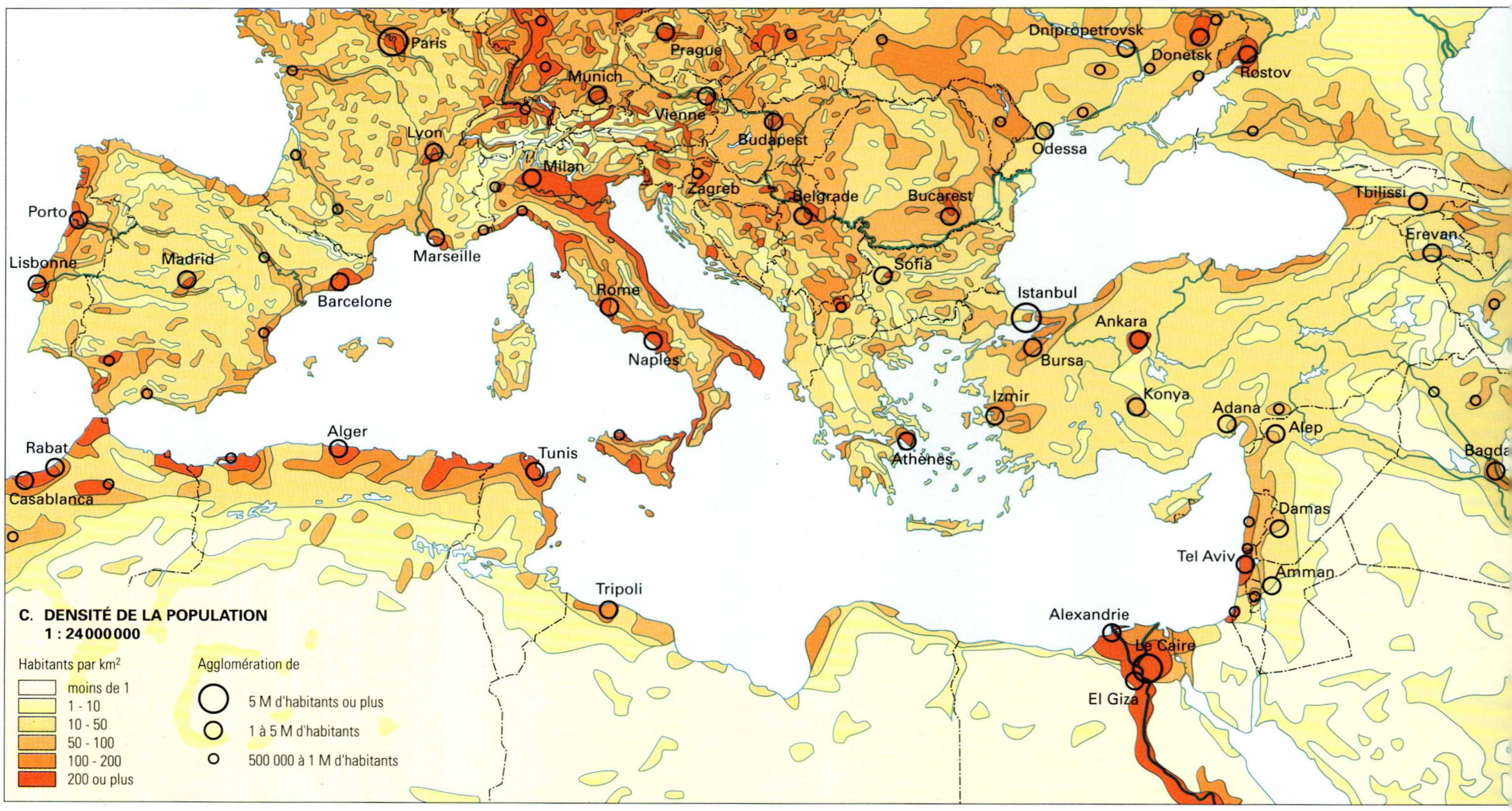

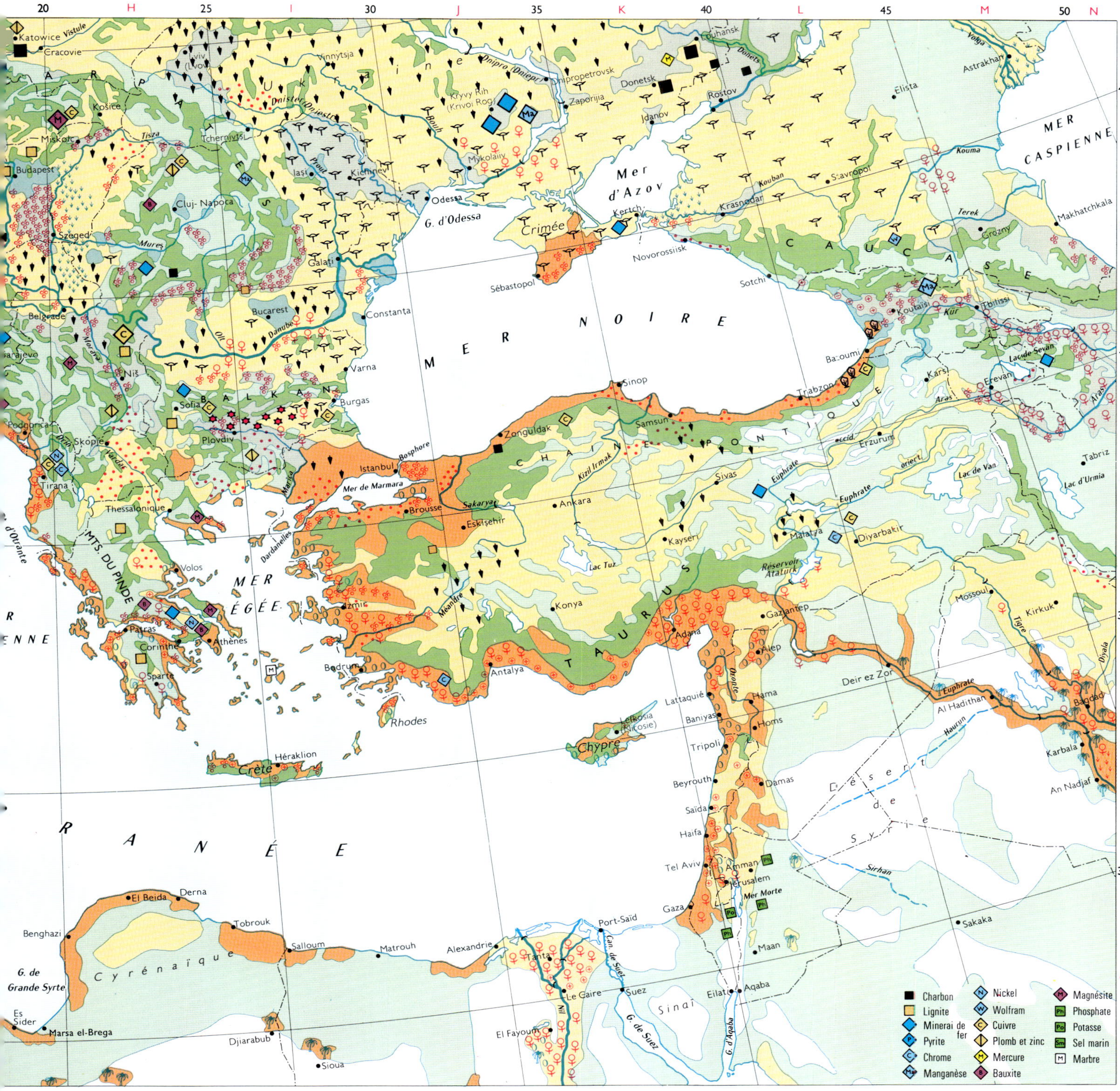

MER NOIRE
Mer d'Azov
MER CASPIENNE
MER ÉGÉE
Mer de Marmara
G. d'Odessa
Crimée
CAUCASE
CHAÎNE PONTIQUE
TAURUS
BALKAN
MTS DU PINDE
Cyrénaïque
Sinaï
Désert de Syrie
Chypre
Crète
Rhodes
Katowice
Cracovie
Kosice
Miskolc
Budapest
Cluj-Napoca
Szeged
Belgrade
Sarajevo
Niš
Sofia
Plovdiv
Skopje
Podgorica
Tirana
Thessalonique
Volos
Patras
Corinthe
Athènes
Sparte
Bucarest
Constanța
Varna
Burgas
Galați
Iași
Kichinev
Tchernivtsi
Lviv
Vinnytsja
Odessa
Mykolaïv
Kryvyï Rih (Krivoï Rog)
Zaporijia
Dnipropetrovsk
Donetsk
Louhansk
Ždanov
Rostov
Kertch
Sébastopol
Novorossiisk
Sotchi
Krasnodar
Stavropol
Elista
Astrakhan
Makhatchkala
Grozny
Koutaïsi
Tbilissi
Batoumi
Erevan
Kars
Trabzon
Sinop
Samsun
Zonguldak
Istanbul
Brousse
Eskişehir
Ankara
Sivas
Erzurum
Kayseri
Konya
Izmir
Bodrum
Antalya
Adana
Malatya
Diyarbakir
Gaziantep
Alep
Hama
Homs
Lattaquié
Baniyas
Tripoli
Beyrouth
Saïda
Haïfa
Tel Aviv
Amman
Jérusalem
Gaza
Damas
Deir ez Zor
Al Hadithah
Mossoul
Kirkuk
Bagdad
Karbala
An Nadjaf
Tabriz
Héraklion
Lefkosia (Nicosie)
El Beida
Derna
Benghazi
Tobrouk
Salloum
Matrouh
Alexandrie
Port-Saïd
Le Caire
Suez
El Fayoum
Eilat
Aqaba
Maan
Sakaka
Djiarabub
Sioua
Es Sider
Marsa el-Brega
G. de Grande Syrte
G. de Suez
G. d'Aqaba
Canal de Suez
Nil
Vistule
Dniepr
Dniestr
Bug
Prout
Tisza
Mureș
Danube
Olt
Morava
Vardar
Maritsa
Bosphore
Dardanelles
Sakarya
Kizil Irmak
Euphrate
Tigre
Diyala
Kouban
Kouma
Terek
Koura
Volga
Donets
Oronte
Mer Morte
Lac de Van
Lac d'Urmia
Lac Sevan
Lac Tuz
Réservoir Atatürk
Sirhan
Hauran
Charbon
Lignite
Minerai de fer
Pyrite
Chrome
Manganèse
Nickel
Wolfram
Cuivre
Plomb et zinc
Mercure
Bauxite
Magnésite
Phosphate
Potasse
Sel marin
Marbre

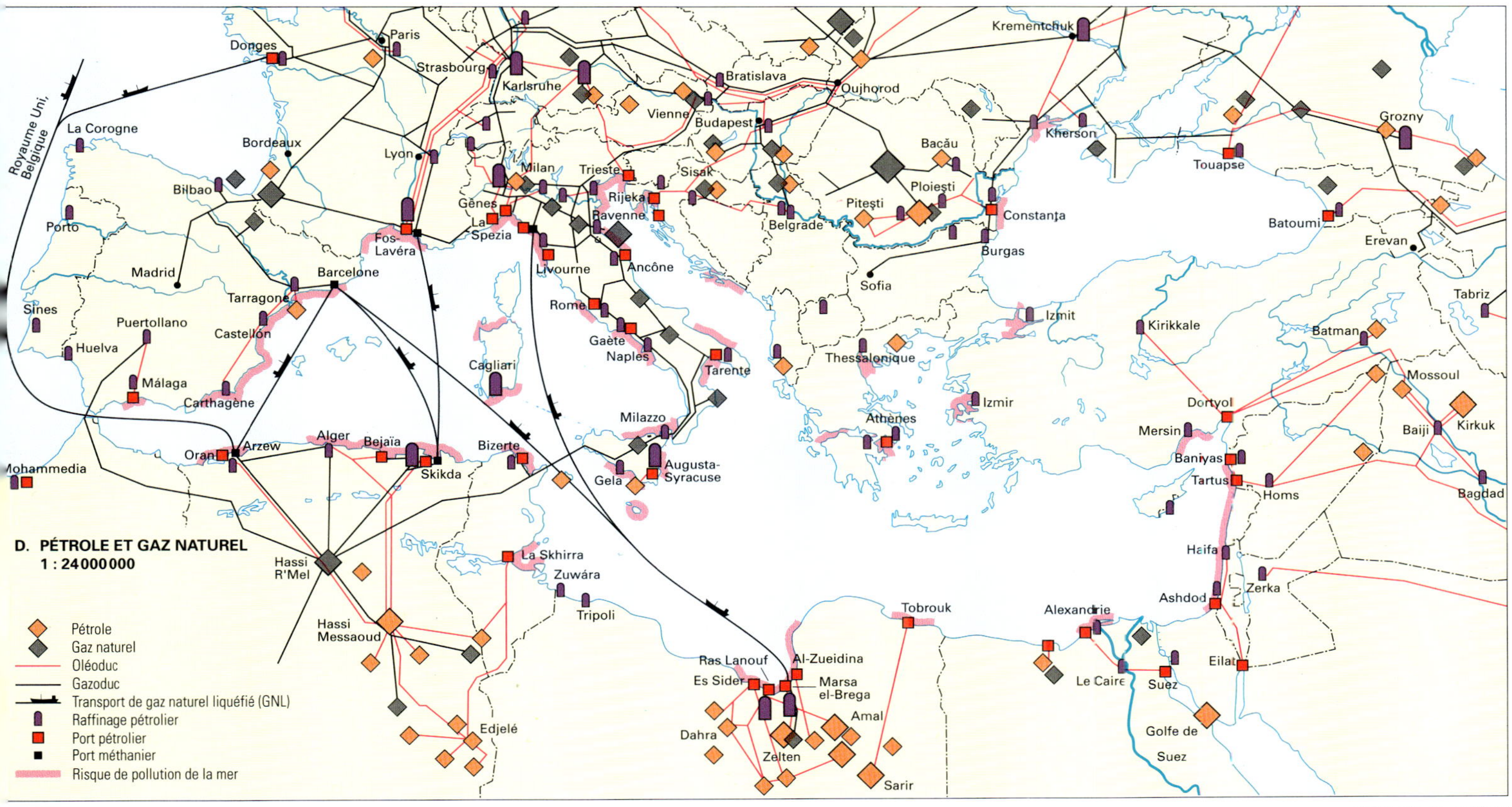

D. PÉTROLE ET GAZ NATUREL
1 : 24 000 000
Pétrole
Gaz naturel
Oléoduc
Gazoduc
Transport de gaz naturel liquéfié (GNL)
Raffinage pétrolier
Port pétrolier
Port méthanier
Risque de pollution de la mer
Royaume Uni, Belgique
Paris
Donges
Strasbourg
Karlsruhe
Bratislava
Kremenchuk
Oujhorod
Vienne
Budapest
La Corogne
Bordeaux
Lyon
Bilbao
Milan
Trieste
Sisak
Bacău
Kherson
Grozny
Touapse
Porto
Gênes
La Spezia
Fos Lavéra
Rijeka
Ravenne
Belgrade
Pitești
Ploiești
Constanța
Burgas
Batoumi
Erevan
Madrid
Barcelone
Tarragone
Livourne
Ancône
Sofia
Sines
Puertollano
Castellón
Rome
Izmit
Kirikkale
Tabriz
Huelva
Gaète
Naples
Thessalonique
Batman
Málaga
Carthagène
Cagliari
Tarente
Mossoul
Izmir
Dortyol
Milazzo
Athènes
Kirkuk
Baiji
Mersin
Oran
Arzew
Alger
Bejaïa
Skikda
Bizerte
Augusta-Syracuse
Gela
Baniyas
Mohammedia
Tartus
Homs
Bagdad
Hassi R'Mel
La Skhirra
Zuwara
Tripoli
Haïfa
Zerka
Ashdod
Tobrouk
Alexandrie
Hassi Messaoud
Ras Lanouf
Al-Zueidina
Es Sider
Marsa el-Brega
Le Caire
Suez
Eilat
Amal
Edjelé
Dahra
Zelten
Golfe de Suez
Sarir

ESPAGNE ET PORTUGAL

Échelle 1:3 000 000

Échelle 1 : 12 000 000

A. PRÉCIPITATIONS

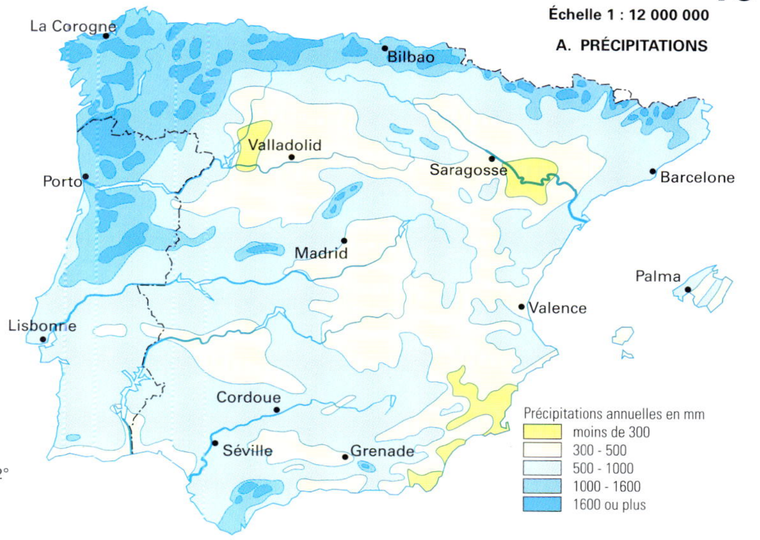

B. DENSITÉ DE LA POPULATION

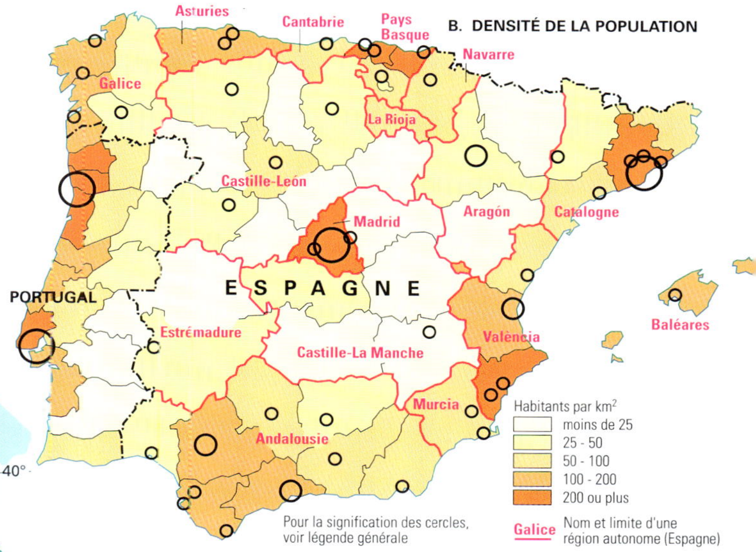

C. MINES ET INDUSTRIE

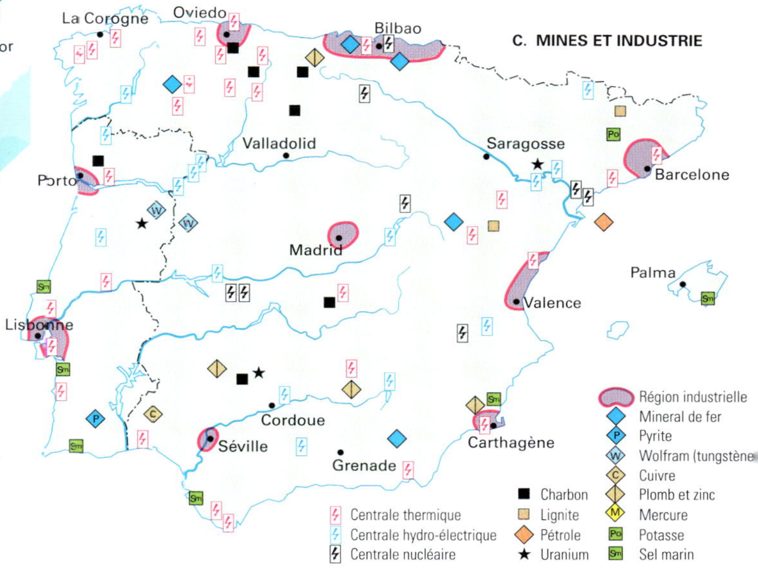

D. TOURISME

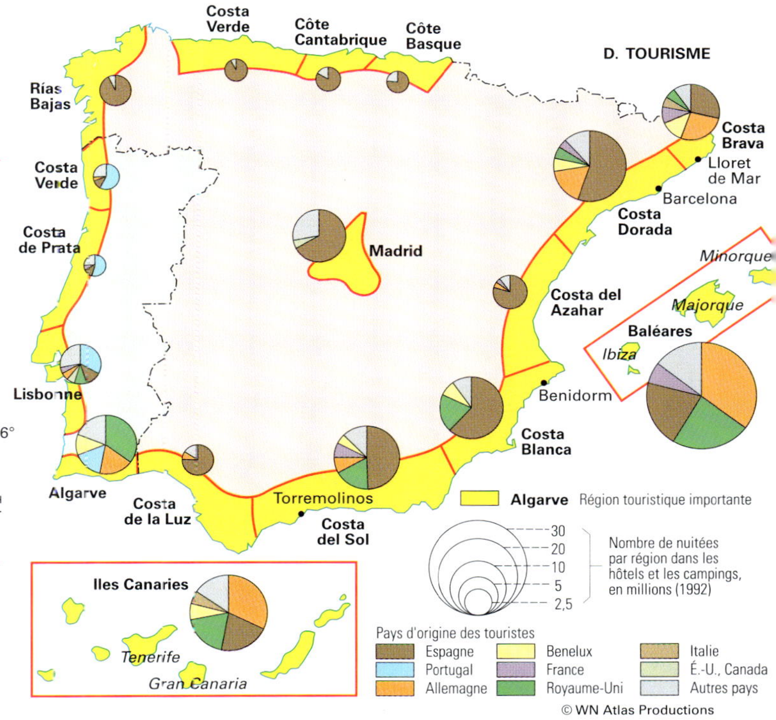

ITALIE

Échelle 1:3000000
0 25 50 75 100 125 150 km
-4000 -2000 -200 0 100 200 500 1000 1500 2000 3000 5000 m
A. ROME 1:50000
1 Forum romain
2 Forum imperiaux
3 Panthéon
4 Théâtre de Marcellus
5 Colisée
6 Circus Maximus
7 Thermes de Caracalla
8 Thermes de Dioclétien et Musée National
9 Saint-Pierre
10 Chapelle Sixtine
11 Mausolée d'Auguste
12 Monument à Victor-Emmanuel II (Vittoriano)
13 Piazza Venezia
14 Piazza della Repubblica
15 Piazza del Popolo
Centre des affaires
Autres zones de bureaux et de commerce
Bâtiment public ou monument important
Bâtiment du culte
Autres constructions urbaines
Parc, cimetière
Espace industriel
Non construit
Fouilles importantes
Mur d'enceinte
Chemin de fer
Salario Quartiers
Villa Borghese
Salario
Appio
Latino
Cité du Vatican
Château Saint-Ange
Parlement
MONTE QUIRINALE
MONTE VIMINALE
MONTE ESQUILINO
MONTE PALATINO
MONTE CAPITOLINO
MONTE CELIO
MONTE AVENTINO
MONTE GIANICOLO
Santa Maria in Trastevere
San Giovanni in Laterano
Tibre
SUISSE
AUTRICHE
SLOVÉNIE
CROATIE
BOSNIE-HERZÉGOVINE
FRANCE
MONACO
ST-MARIN
Val d'Aoste
Piémont
Lombardie
Trentin-Haut-Adige
Vénétie
Frioul-Vénétie-Julienne
Ligurie
Émilie-Romagne
Toscane
Ombrie
Marches
Latium
Abruzzes
Molise
Campanie
Pouilles
Corse (France)
Mer Ligurienne
Golfe de Gênes
Mer Adriatique
Golfe de Venise
Riviera du Ponent
Riviera du Levant
Côte d'Azur
Alpes maritimes
Alpes cottiennes
Dolomites
Apennin
Turin (Torino)
MILAN (MILANO)
Gênes (Genova)
Venise (Venezia)
Bologne
Florence (Firenze)
ROME (ROMA)
NAPLES (NAPOLI)
Bari
Pescara
Ancône
Trieste
Vérone
Padoue (Padova)
Parme
Modène
Pise
Livourne
Pérouse
Sienne
Foggia
Brindisi
Ajaccio
Bastia
I. d'Elbe
Lac de Garde
Pô
Adige
46°
44°
42°
8° L.E.de Gr.
14°
Montréal
Sapporo
Tochkent

B. PRÉCIPITATIONS
1 : 15 000 000

C. DENSITÉ DE LA POPULATION
1 : 15 000 000

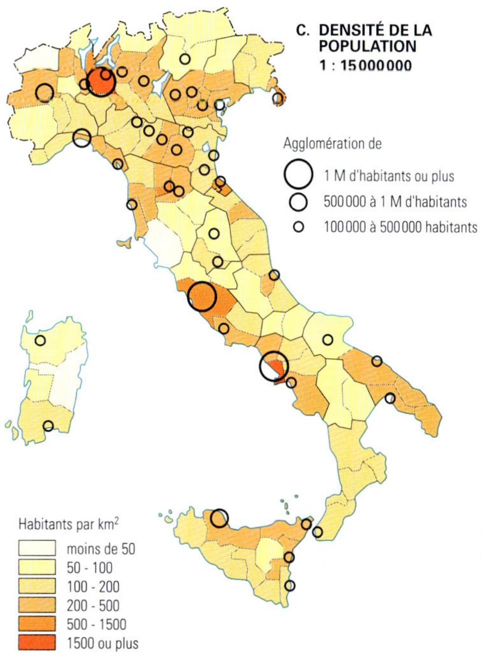

D. ÉNERGIE
1 : 15 000 000

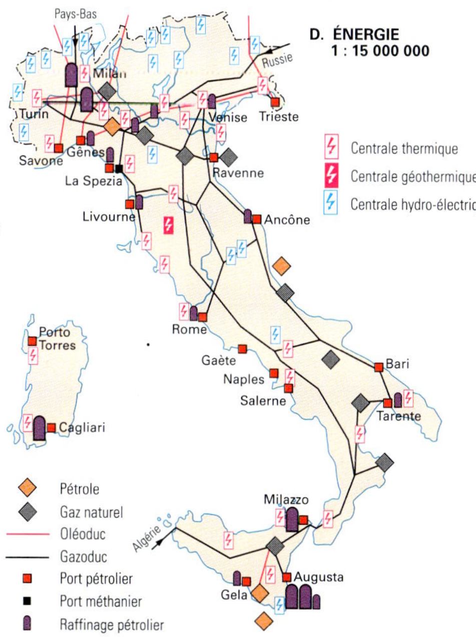

E. MINES ET INDUSTRIE
1 : 15 000 000

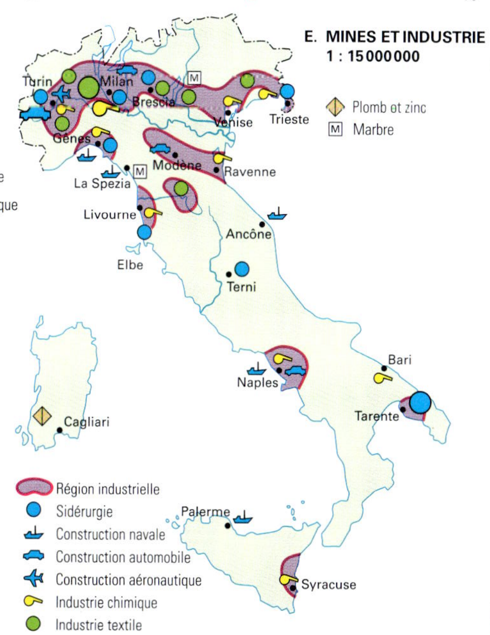

F. RÉGIONS
1 : 15 000 000

EUROPE DU SUD-EST

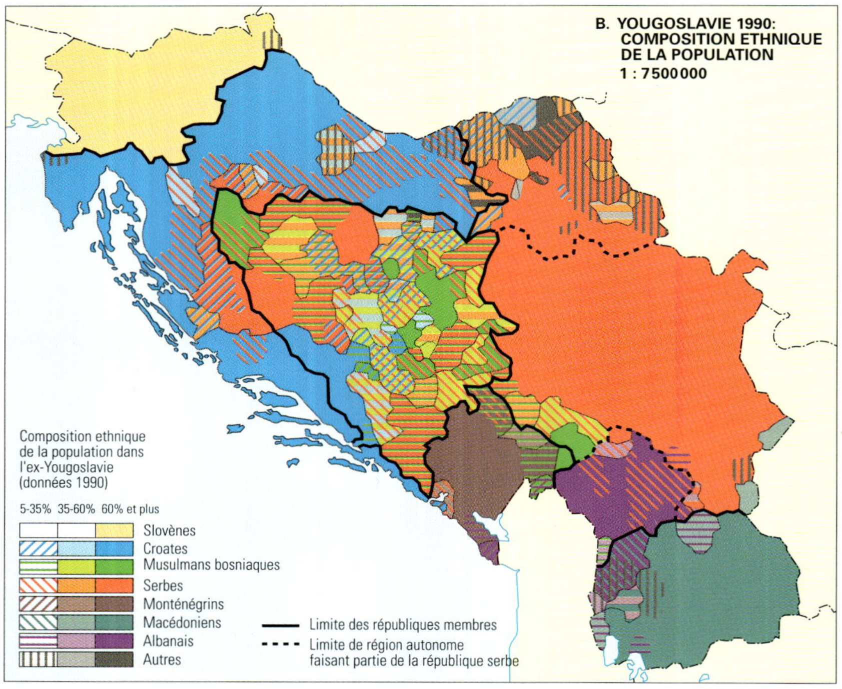

Échelle 1:4500000

0 50 100 150 200 km

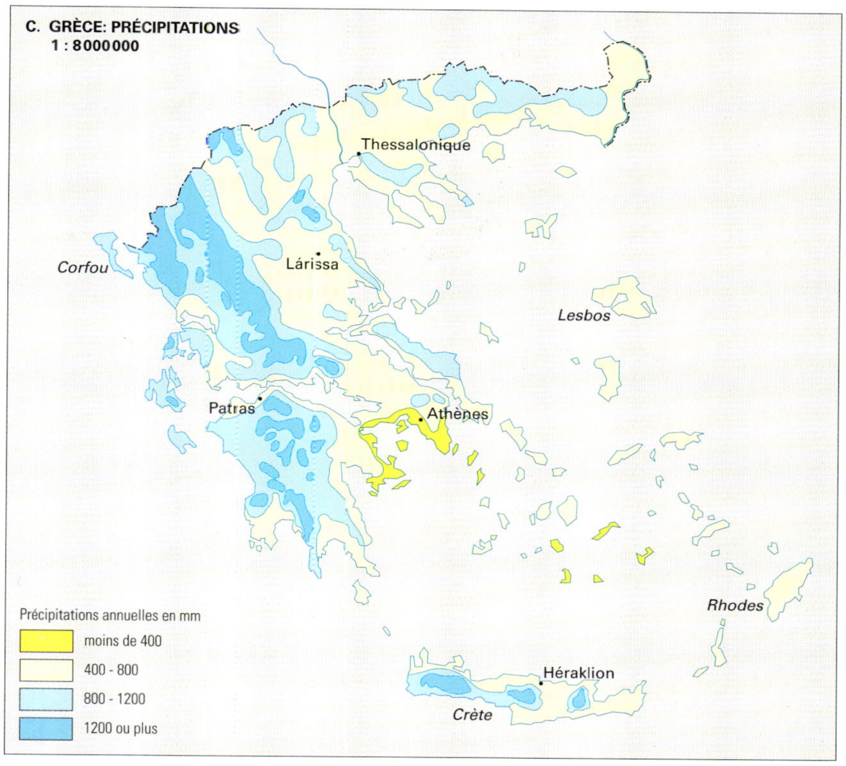

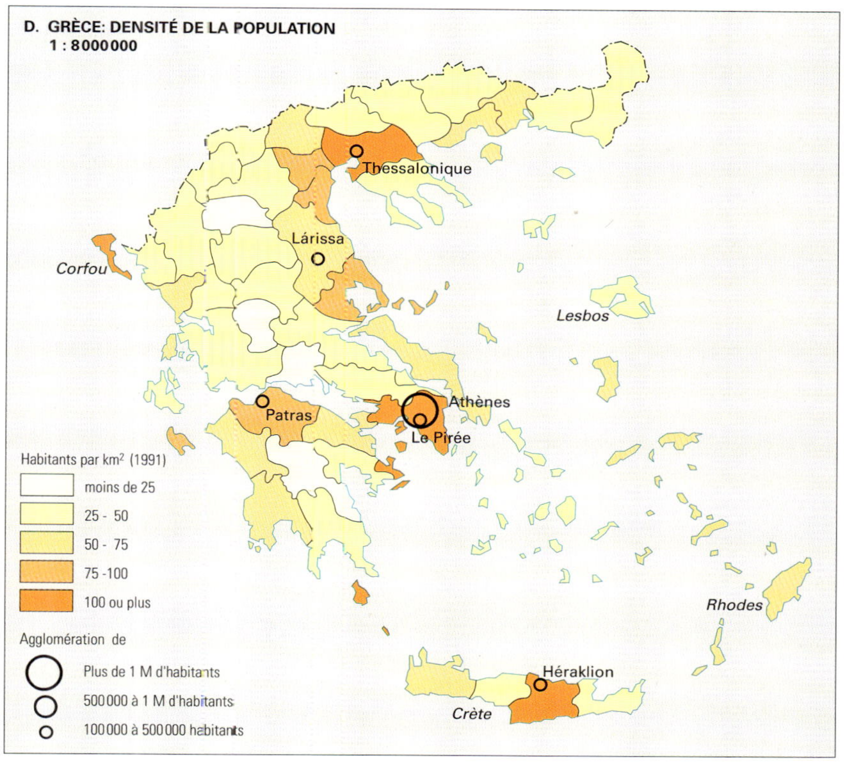

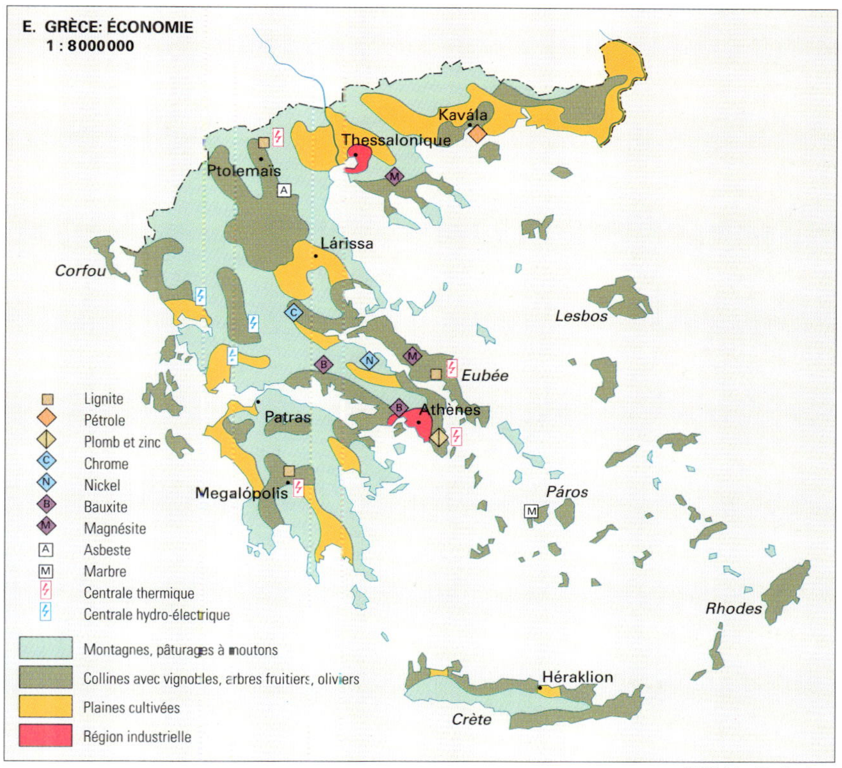

EUROPE ORIENTALE

-4000 -2000 -200 0 100 200 500 1000 1500 2000 3000 5000 m

Échelle 1:9000000

0 100 200 300 400 km

Projection conique

EUROPE CENTRALE ET ORIENTALE

Échelle 1 : 10 000 000

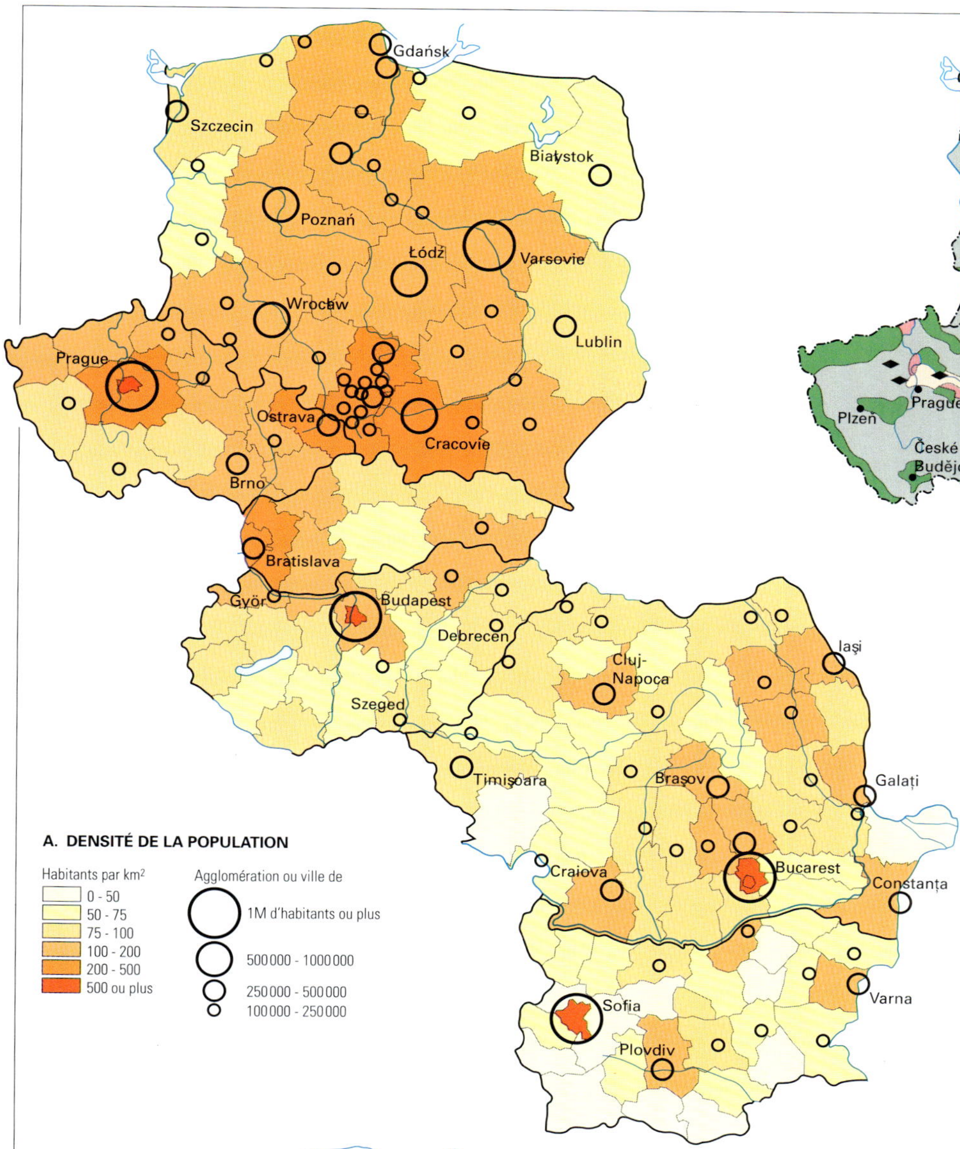

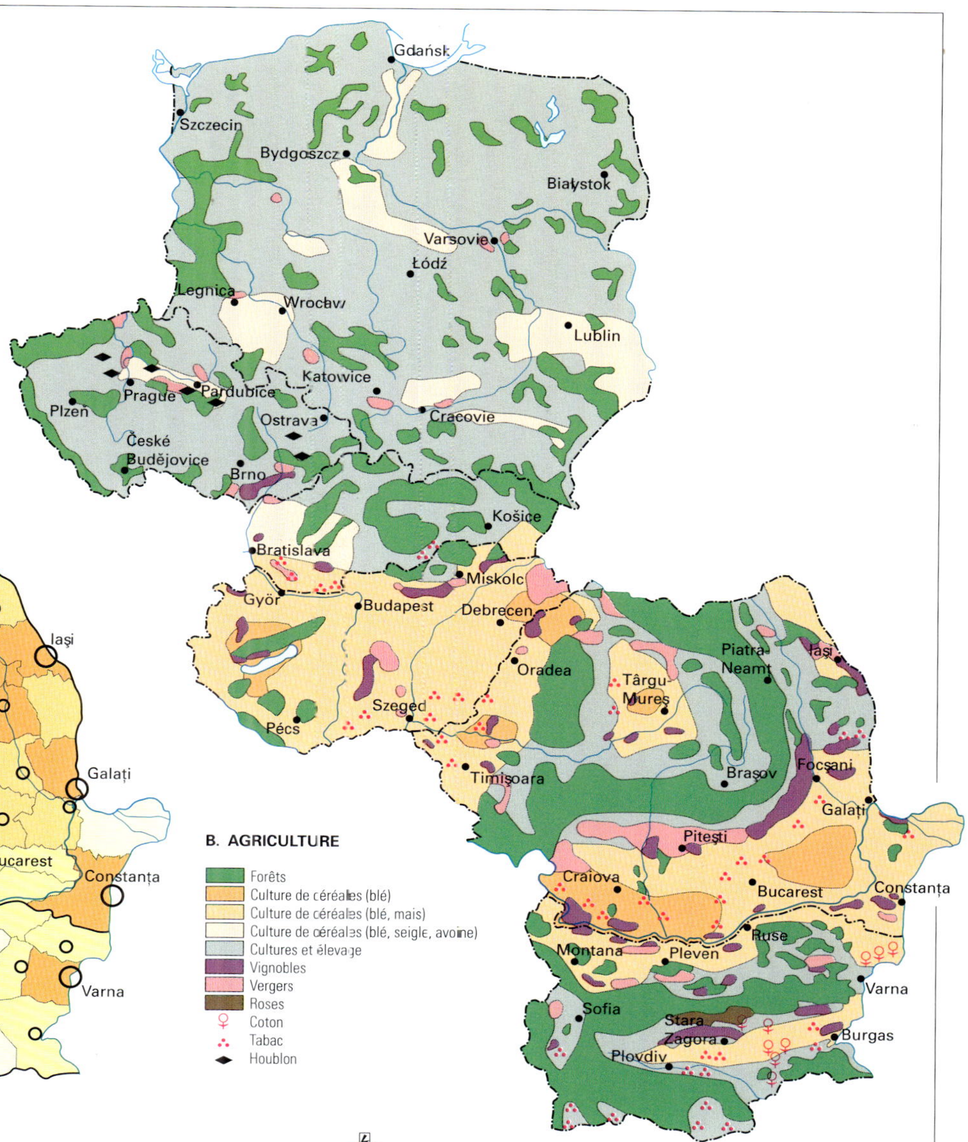

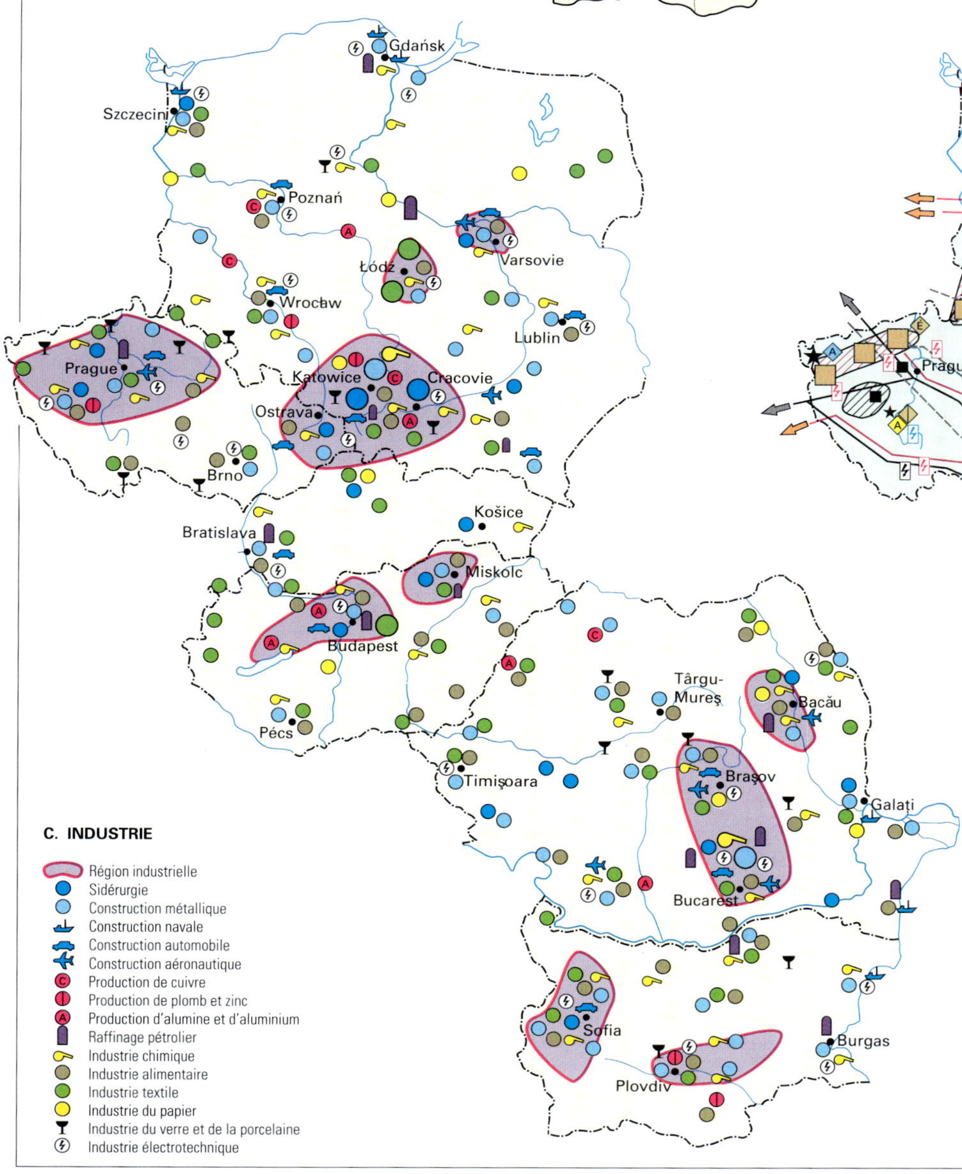

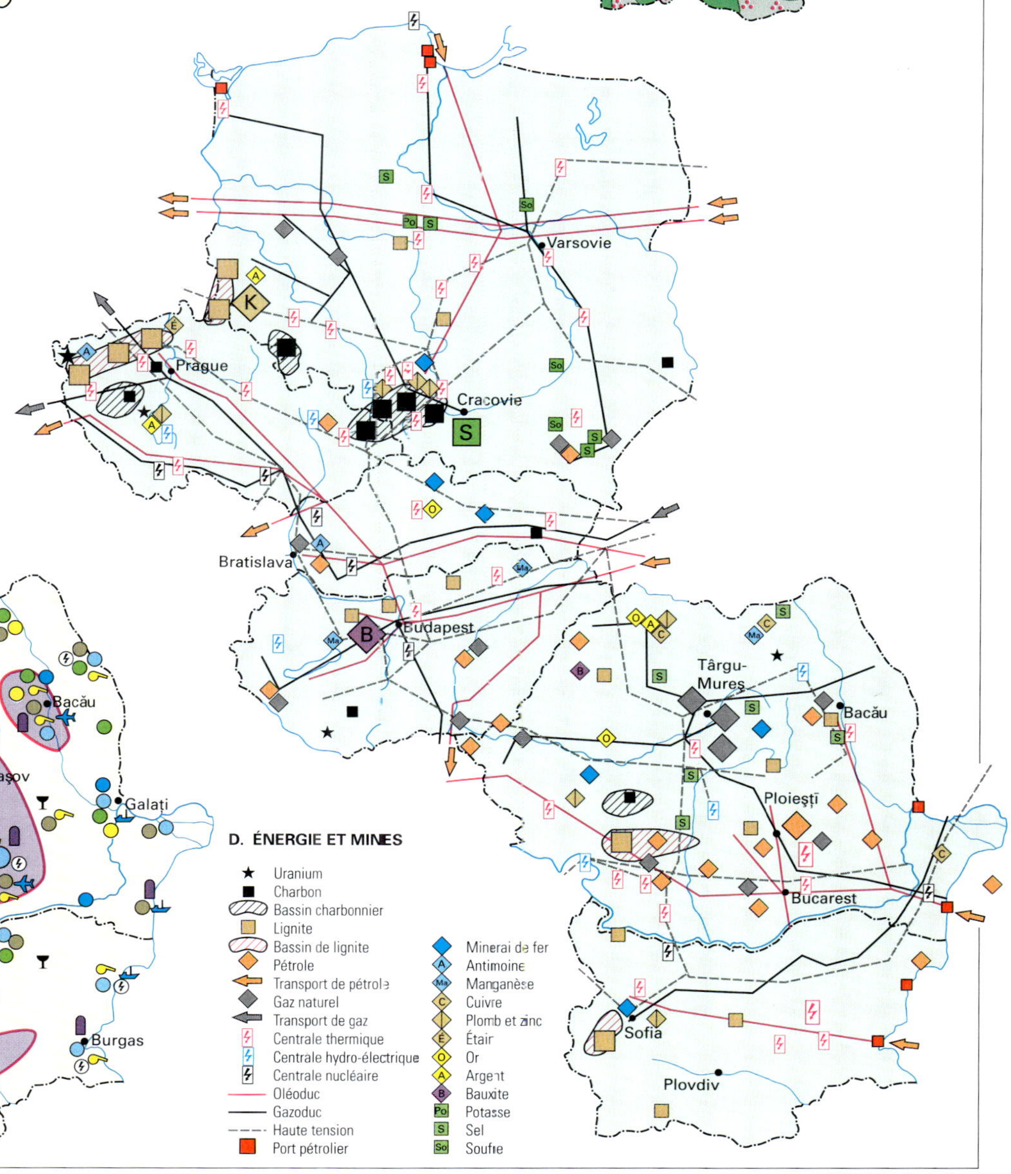

RUSSIE ET PAYS VOISINS

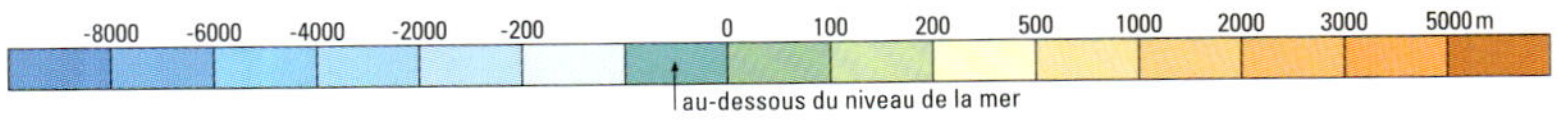

Échelle 1:20000000

0 200 400 600 800 1000 km

RUSSIE ET PAYS VOISINS

A. GEL ET TRAFIC PAR VOIE D'EAU
1 : 60000000

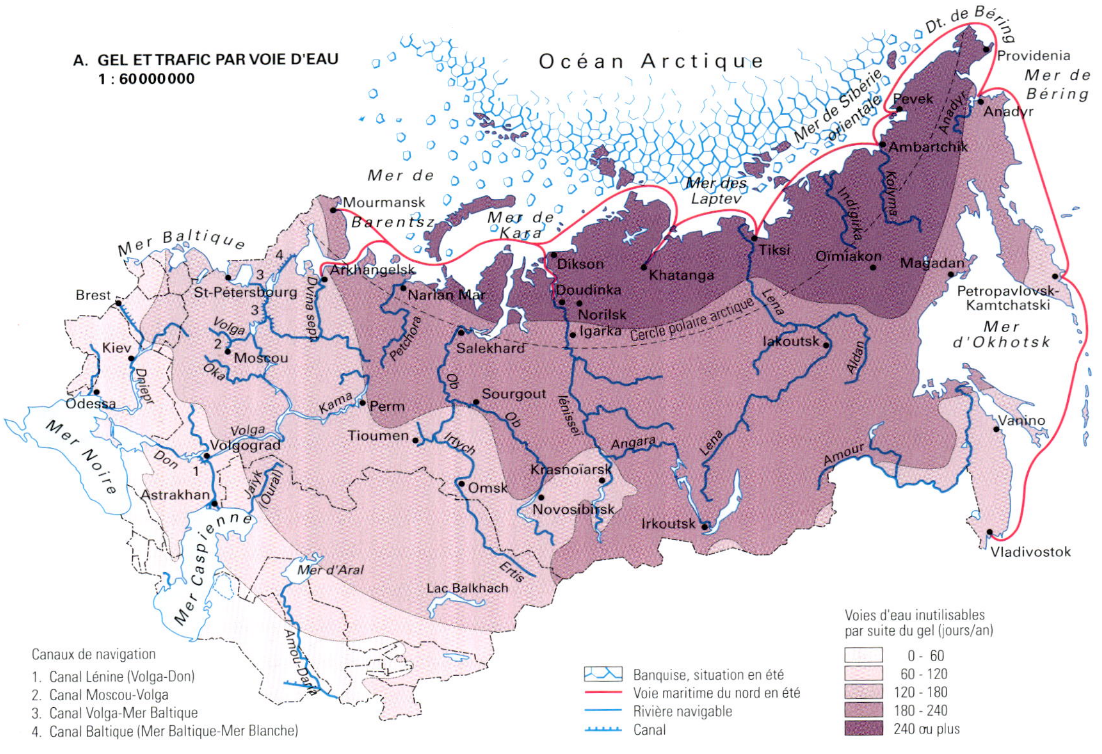

B. GROUPES DE SOLS
1 : 60000000

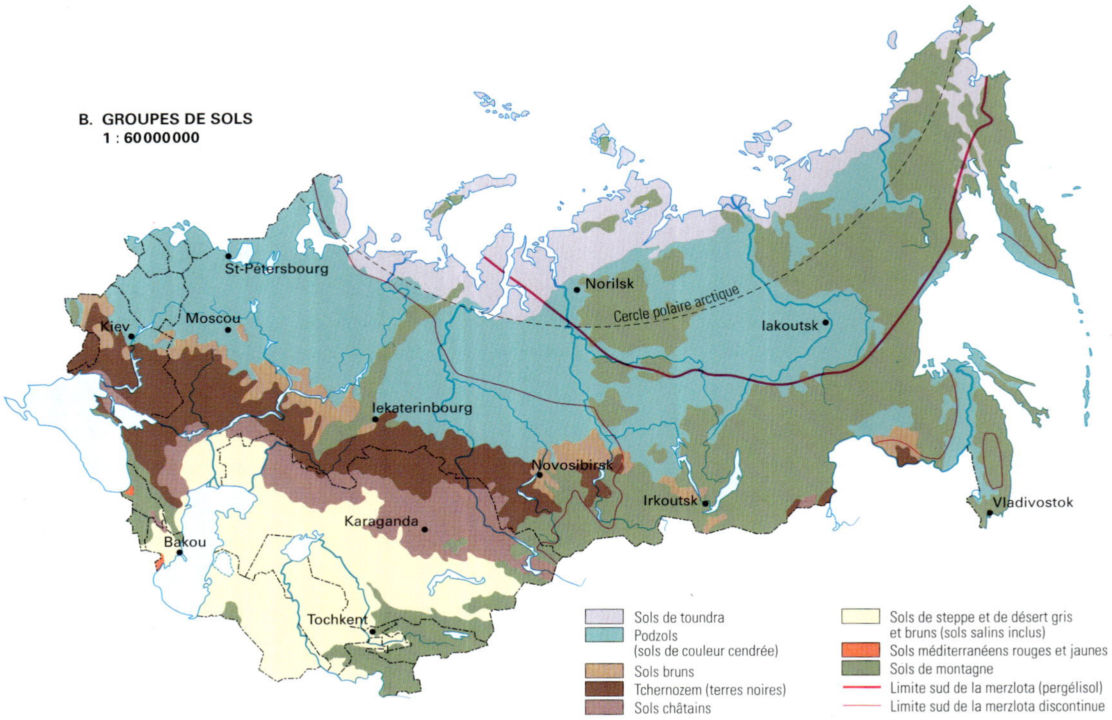

C. UTILISATION DU SOL
1 : 60000000

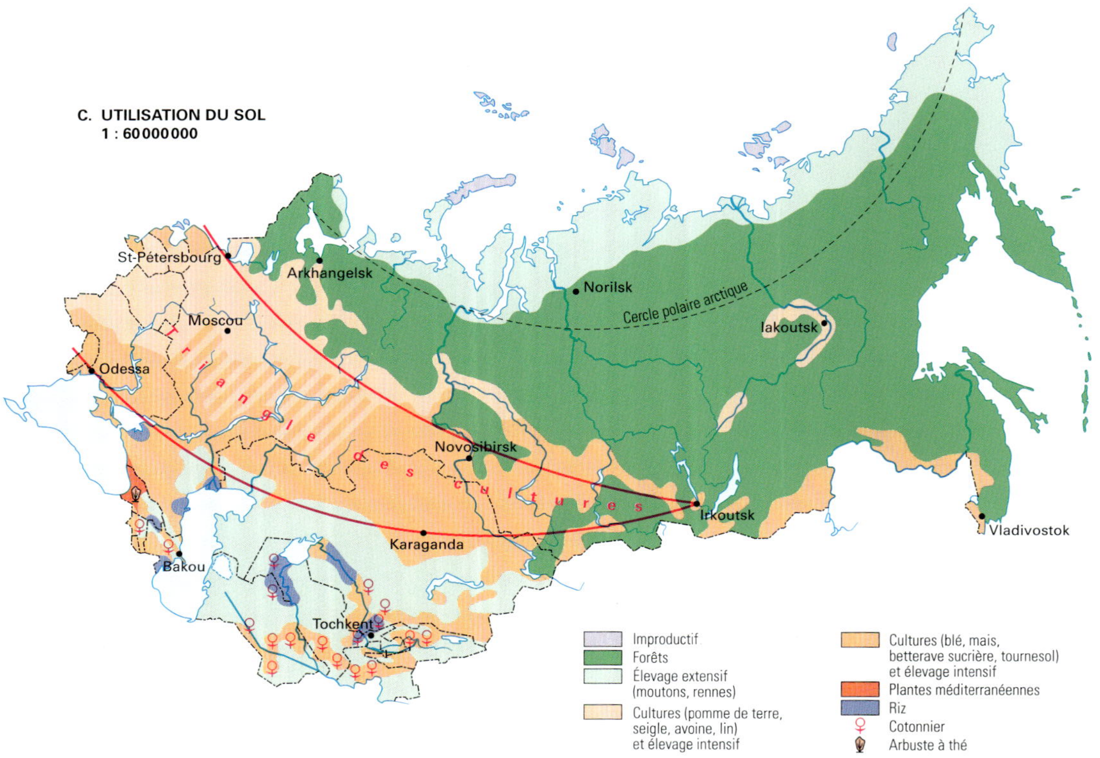

D. PÉTROLE
1 : 120000000

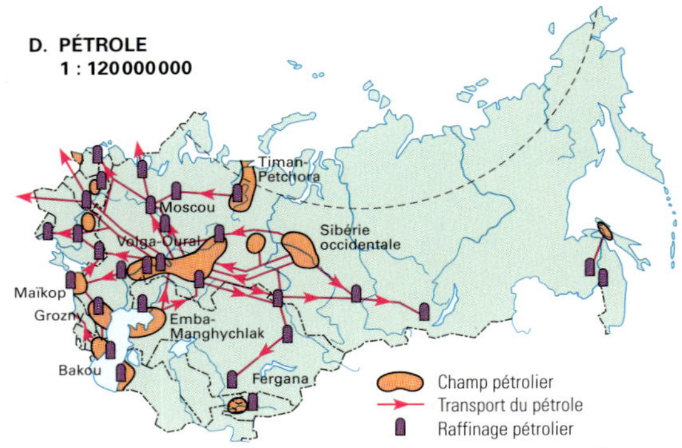

E. GAZ NATUREL
1 : 120000000

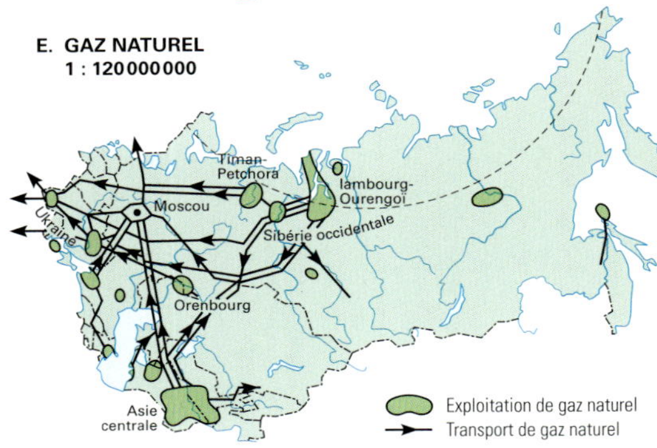

F. COMBUSTIBLES SOLIDES
1 : 120000000

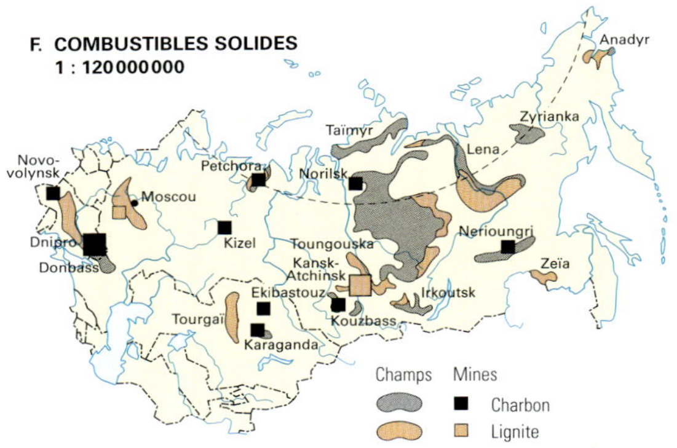

G. MINERAIS
1 : 120000000

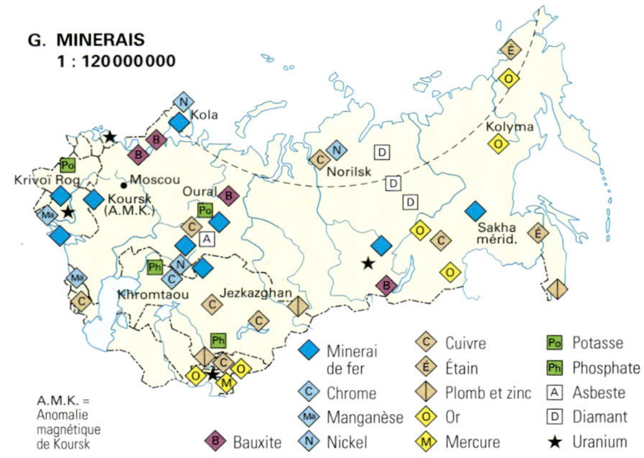

H. ÉNERGIE ÉLECTRIQUE
1 : 120000000

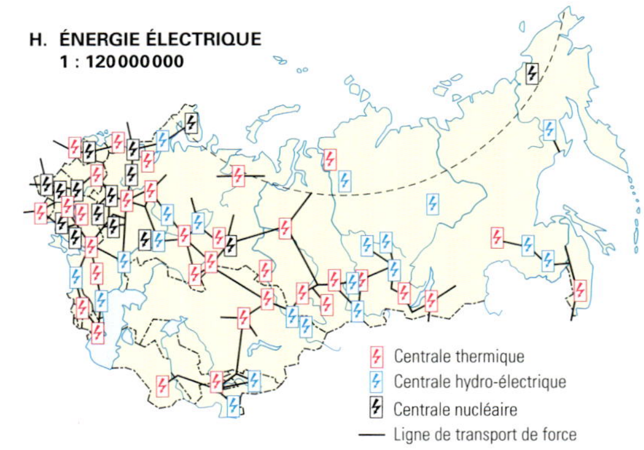

I. PRIVATISATION DE L'AGRICULTURE
1 : 120000000

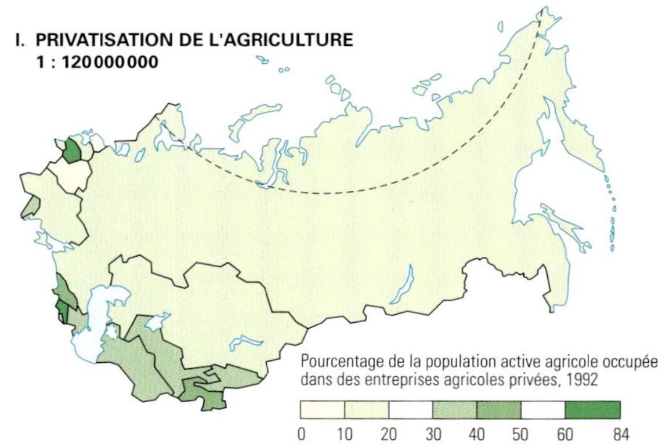

RUSSIE ET PAYS VOISINS

A. DENSITÉ DE LA POPULATION
1 : 60 000 000

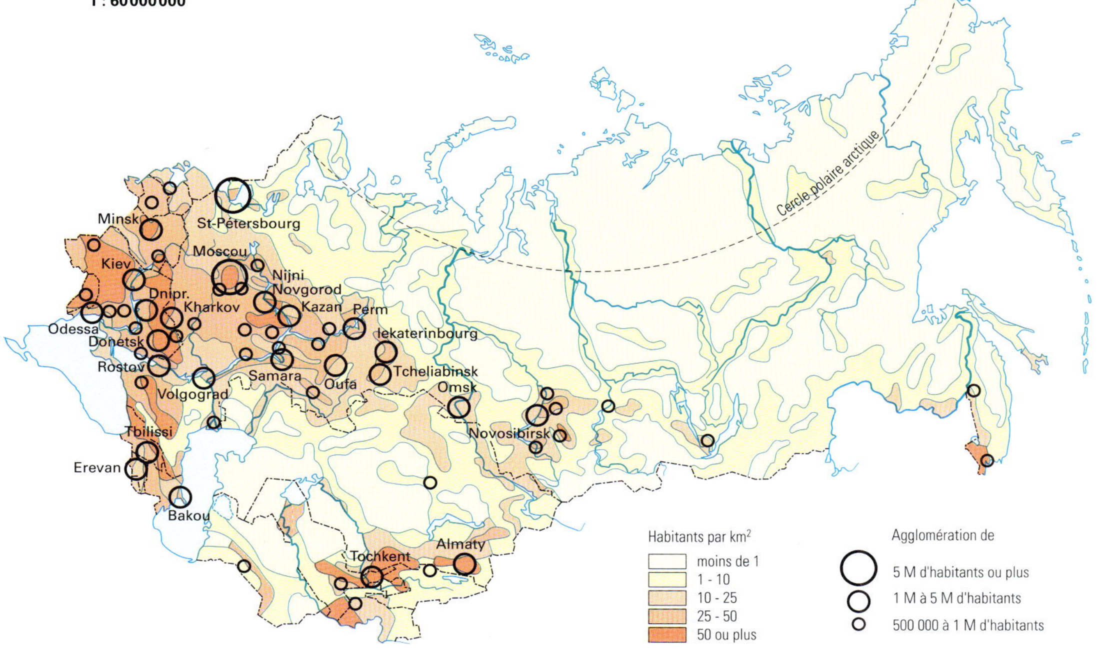

D. CROISSANCE DE LA POPULATION
1 : 120 000 000

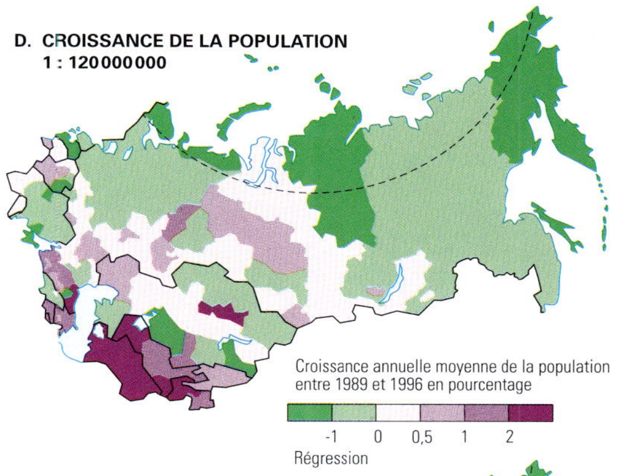

E. ACCROISSEMENT NATUREL
1 : 120 000 000

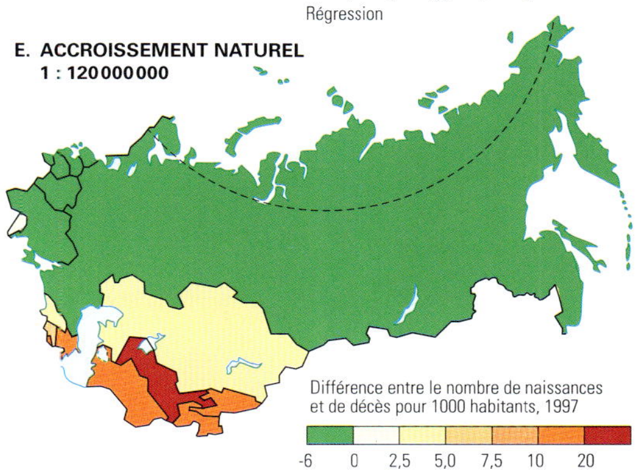

F. POPULATION URBAINE
1 : 120 000 000

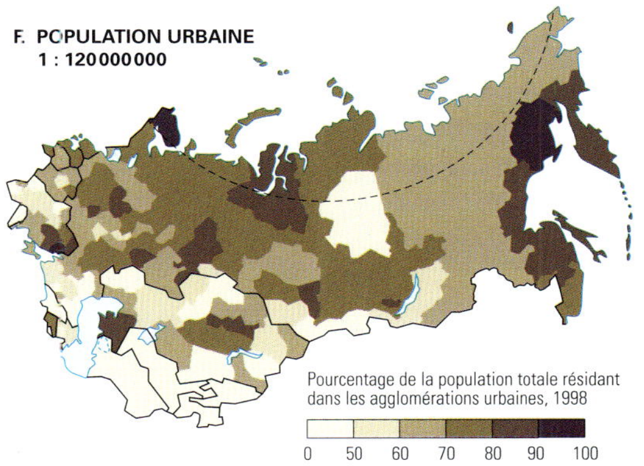

G. DIMINUTION DU PRODUIT NATIONAL BRUT
1 : 120 000 000

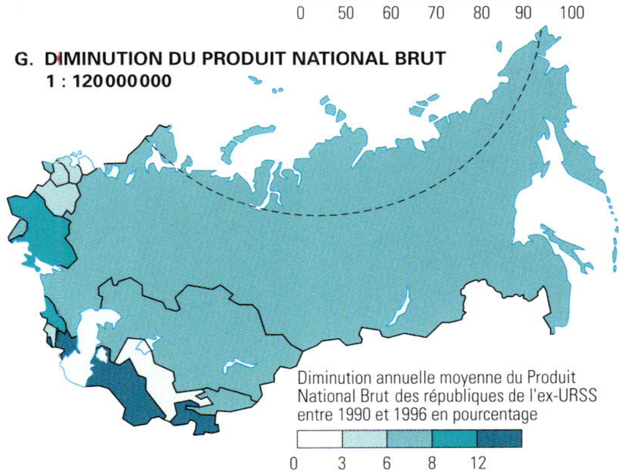

B. INDUSTRIE
1 : 60 000 000

C. STRUCTURE ETHNIQUE DE LA POPULATION
1 : 60 000 000

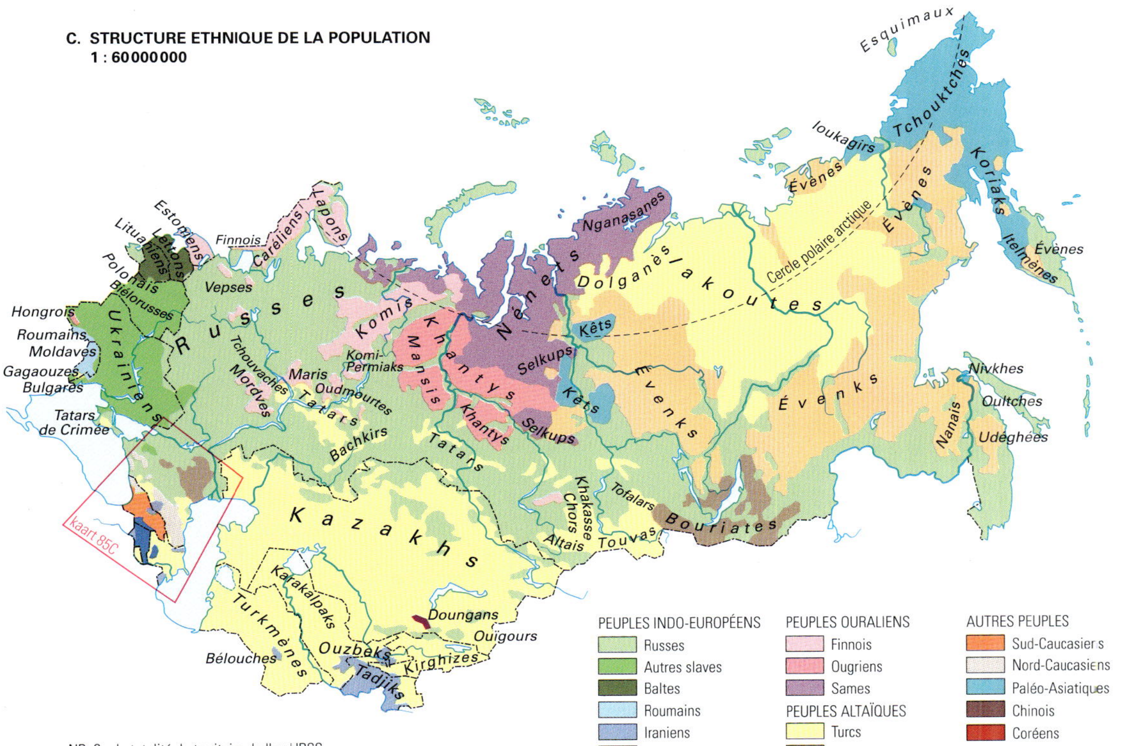

NB Sur la totalité du territoire de l'ex-URSS, les Russes se sont installés au fil des siècles et cotoient en grand nombre les peuples autochtones.

H. IMPORTANCE NUMÉRIQUE DES GROUPES ETHNIQUES EN 1989

Les couleurs indiquent des parentés linguistiques (voir la carte 119C).
Seul les groupes avec plus de 100 000 membres sont visualisés.

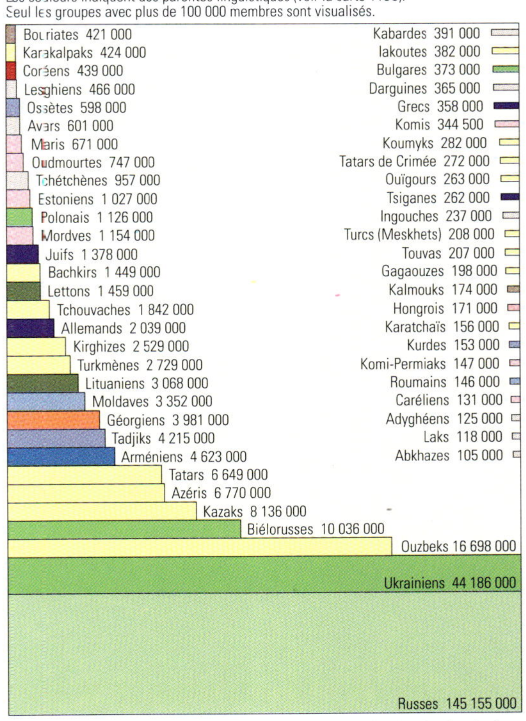

RUSSIE ET PAYS VOISINS

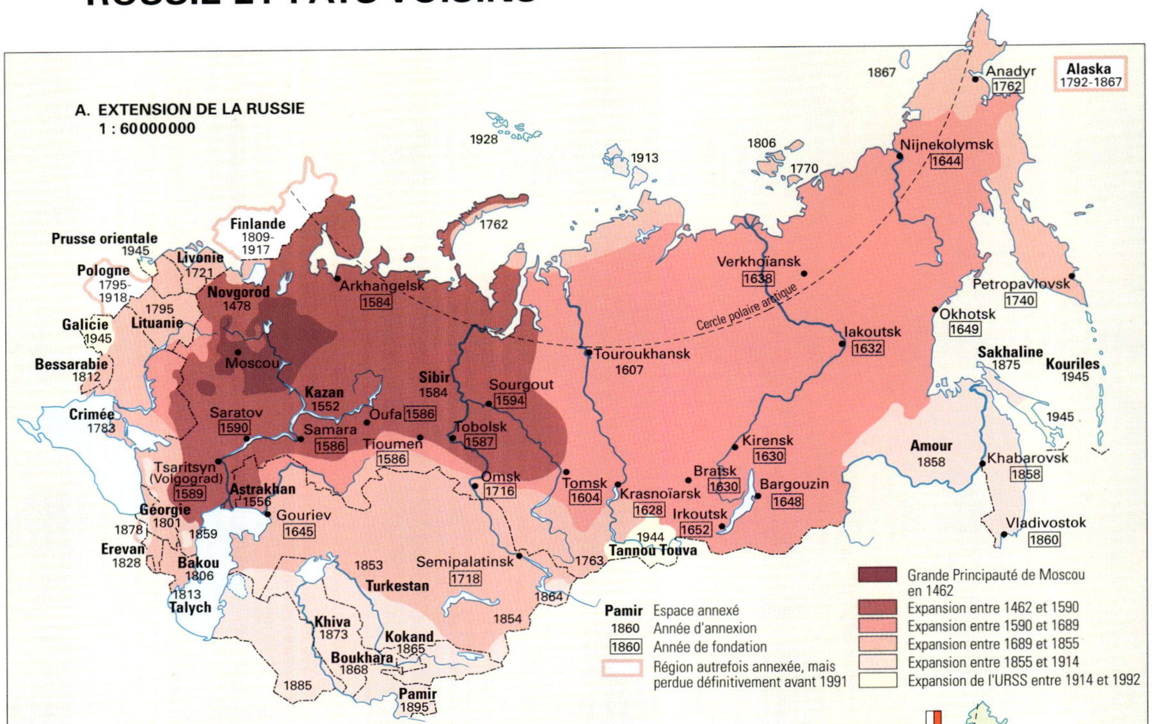

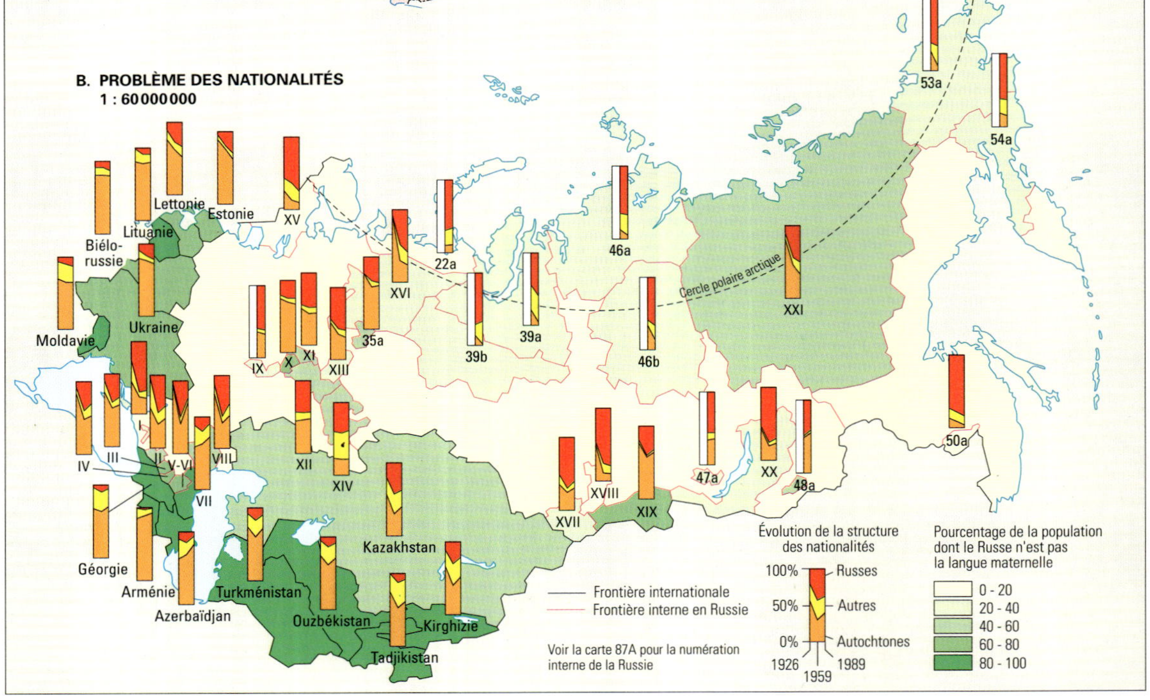

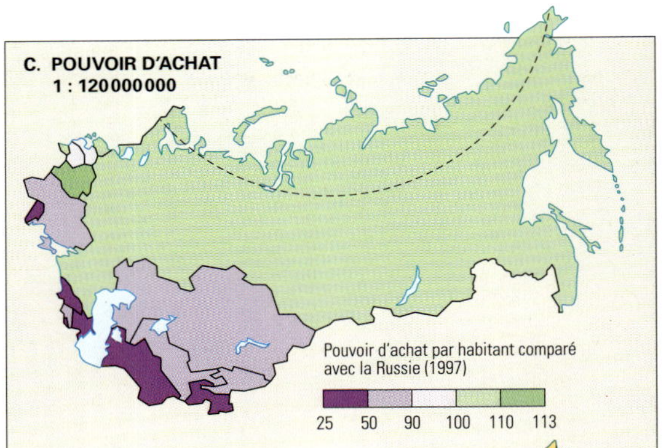

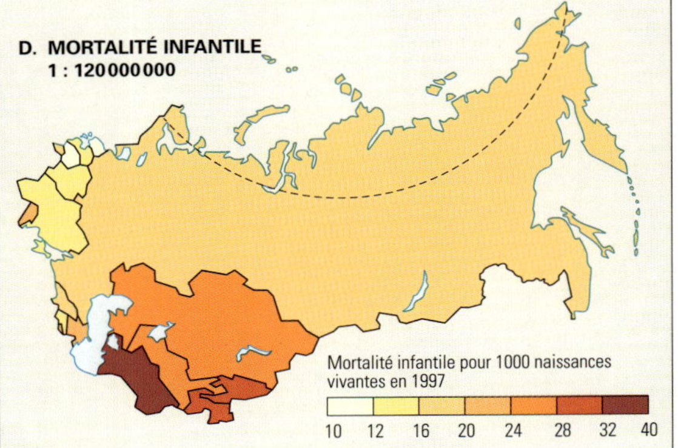

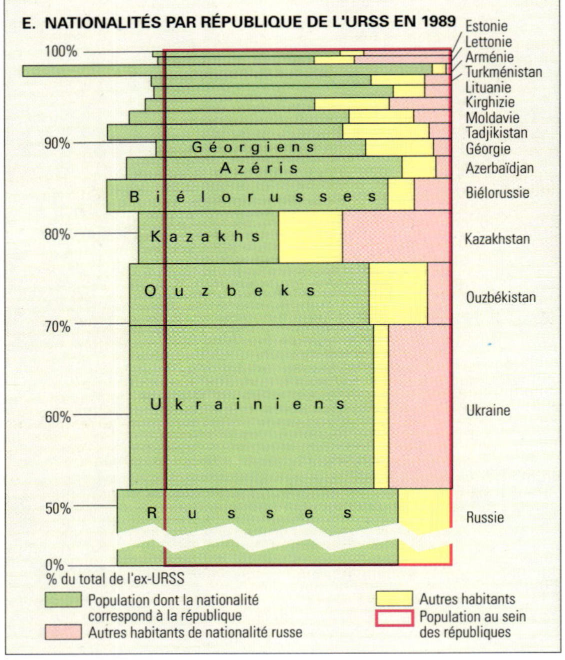

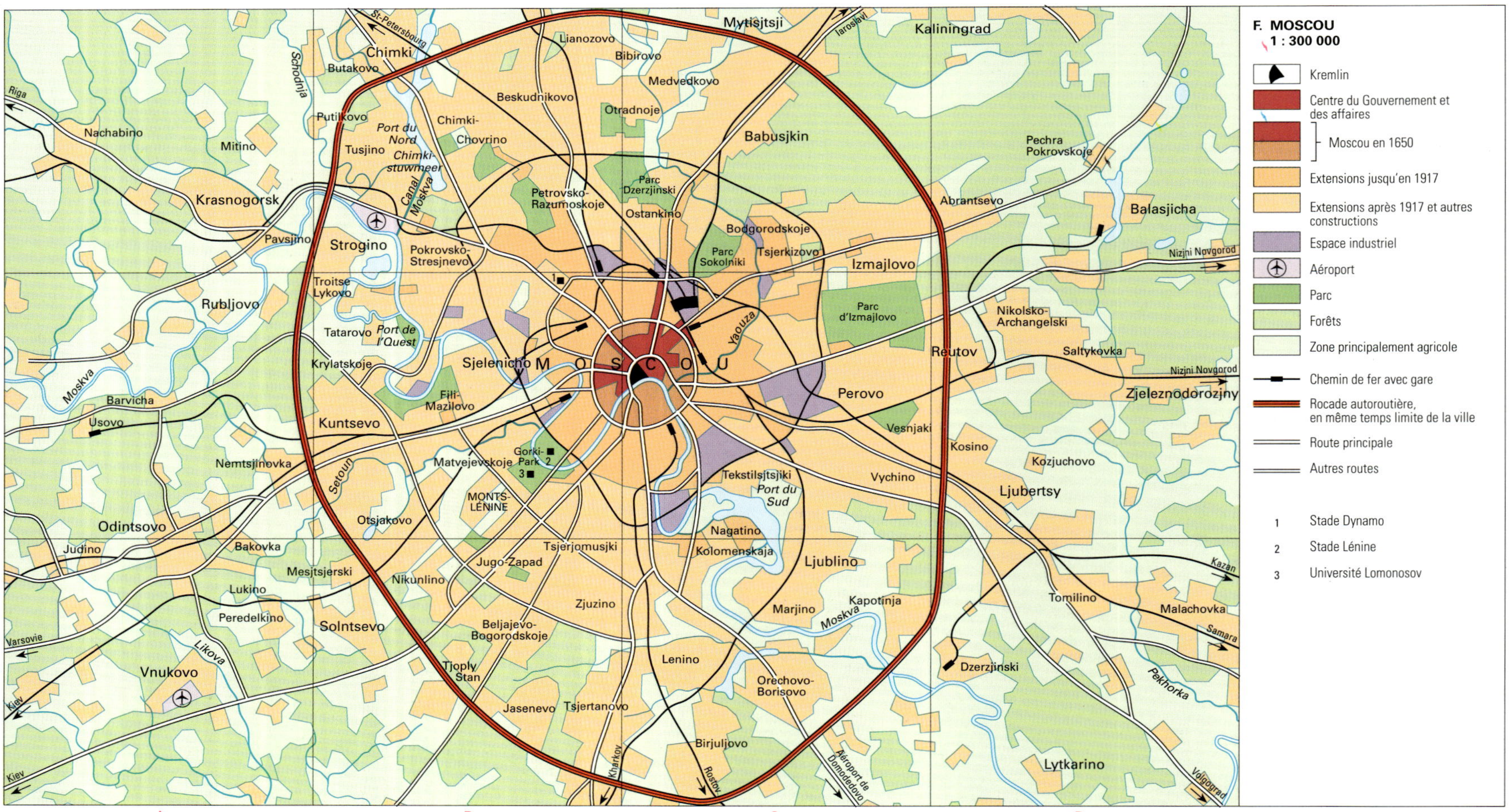

RUSSIE ET PAYS VOISINS

A. COMMUNAUTÉ DES ÉTATS INDÉPENDANTS
1 : 34 000 000

La Communauté des États Indépendants (CÉI) est une association de coopération entre douze des quinze États qui sont nés de la dissolution de l'ex-URSS.
Entre 1992 et 1994, toutes les ex-républiques soviétiques y ont adhéré, sauf l'Estonie, la Lettonie et la Lituanie.

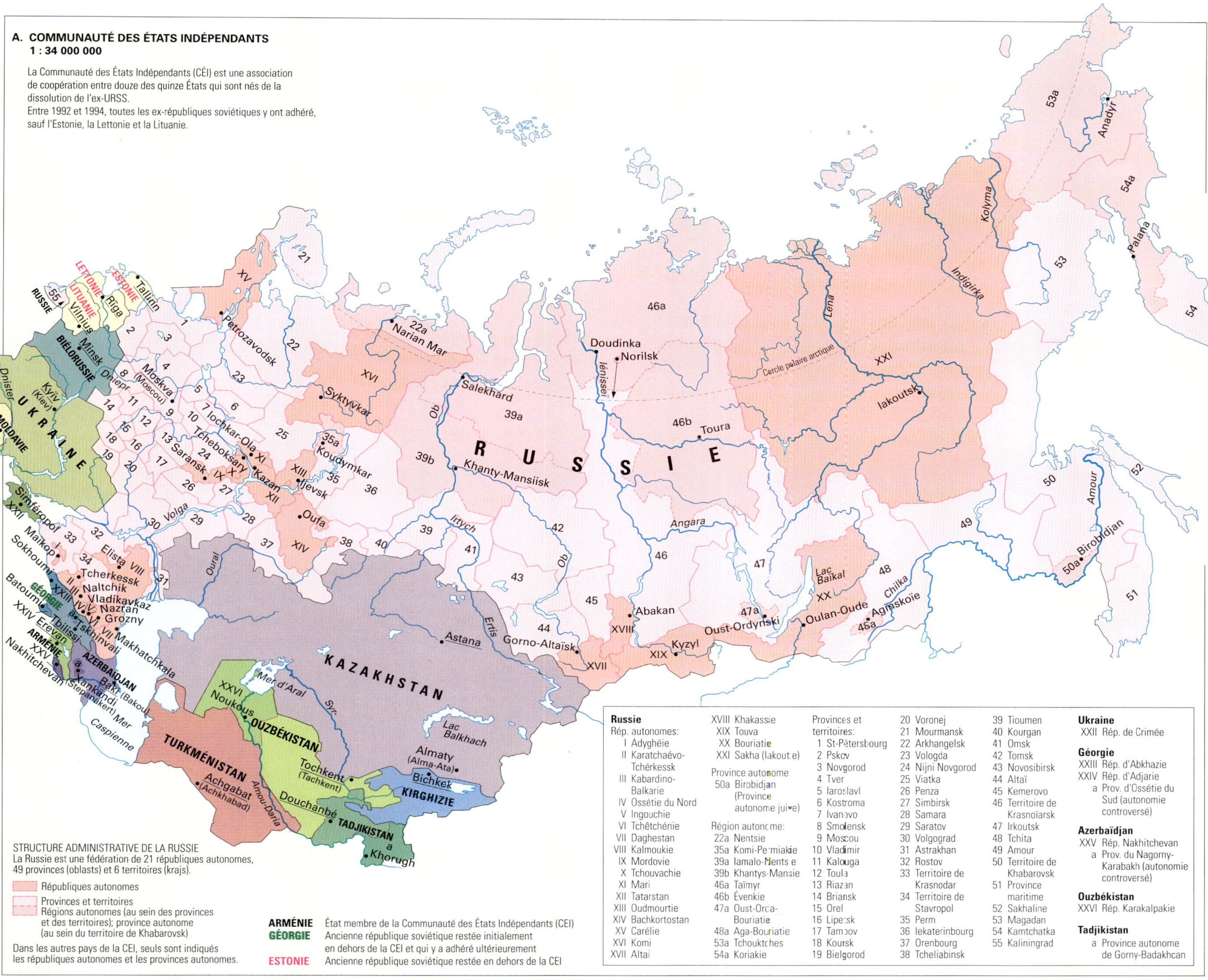

STRUCTURE ADMINISTRATIVE DE LA RUSSIE
La Russie est une fédération de 21 républiques autonomes, 49 provinces (oblasts) et 6 territoires (krajs).

- Républiques autonomes
- Provinces et territoires
- Régions autonomes (au sein des provinces et des territoires); province autonome (au sein du territoire de Khabarovsk)

Dans les autres pays de la CEI, seuls sont indiqués les républiques autonomes et les provinces autonomes.

ARMÉNIE État membre de la Communauté des États Indépendants (CEI)
GÉORGIE Ancienne république soviétique restée initialement en dehors de la CEI et qui y a adhéré ultérieurement
ESTONIE Ancienne république soviétique restée en dehors de la CEI

Russie
Rép. autonomes:
I Adyghéie
II Karatchaévo-Tchérkessk
III Kabardino-Balkarie
IV Ossétie du Nord
V Ingouchie
VI Tchêtchénie
VII Daghestan
VIII Kalmoukie
IX Mordovie
X Tchouvachie
XI Mari
XII Tatarstan
XIII Oudmourtie
XIV Bachkortostan
XV Carélie
XVI Komi
XVII Altai
XVIII Khakassie
XIX Touva
XX Bouriatie
XXI Sakha (Iakoutie)

Province autonome
50a Birobidjan (Province autonome juive)

Région autonome:
22a Nentsie
35a Komi-Permiakie
39a Iamalo-Nentsie
39b Khantys-Mansie
46a Taïmyr
46b Évenkie
47a Oust-Orda-Bouriatie
48a Aga-Bouriatie
53a Tchouktches
54a Koriakie

Provinces et territoires:
1 St-Pétersbourg
2 Pskov
3 Novgorod
4 Tver
5 Iaroslavl
6 Kostroma
7 Ivanovo
8 Smolensk
9 Moscou
10 Vladimir
11 Kalouga
12 Toula
13 Riazan
14 Briansk
15 Orel
16 Lipetsk
17 Tambov
18 Koursk
19 Bielgorod
20 Voronej
21 Mourmansk
22 Arkhangelsk
23 Vologda
24 Nijni Novgorod
25 Viatka
26 Penza
27 Simbirsk
28 Samara
29 Saratov
30 Volgograd
31 Astrakhan
32 Rostov
33 Territoire de Krasnodar
34 Territoire de Stavropol
35 Perm
36 Iekaterinbourg
37 Orenbourg
38 Tcheliabinsk
39 Tioumen
40 Kourgan
41 Omsk
42 Tomsk
43 Novosibirsk
44 Altaï
45 Kemerovo
46 Territoire de Krasnoïarsk
47 Irkoutsk
48 Tchita
49 Amour
50 Territoire de Khabarovsk
51 Province maritime
52 Sakhaline
53 Magadan
54 Kamtchatka
55 Kaliningrad

Ukraine
XXII Rép. de Crimée

Géorgie
XXIII Rép. d'Abkhazie
XXIV Rép. d'Adjarie
a Prov. d'Ossétie du Sud (autonomie controversé)

Azerbaïdjan
XXV Rép. Nakhitchevan
a Prov. du Nagorny-Karabakh (autonomie controversé)

Ouzbékistan
XXVI Rép. Karakalpakie

Tadjikistan
a Province autonome de Gorny-Badakhcan

B. CAUCASE: ÉTATS ET CONFLITS ARMÉS
1 : 9000000

C. CAUCASE: GROUPES ETHNIQUES ET RELIGIONS
1 : 9000000

ASIE

-8000 -6000 -4000 -2000 -200 0 100 200 500 1000 2000 3000 5000m
au-dessous du niveau de la mer
Océan Glacial Arctique
Terre François-Joseph
Océan Atlantique
Mer de Barents
Nouvelle-Zemble (Novaïa Zemlia)
Mer de Kara
Péninsule de Taïmyr
Mts Poutorana
Plateau de Sibérie centrale
Plaine de Sibérie occidentale
Sibérie
Monts Oural
Grande-Bretagne
Mer du Nord
Golfe de Botnie
Golfe de Finlande
Mer Baltique
Péninsule de Kola
Mer Blanche
Mourmansk
Arkhangelsk
Vorkouta
Norilsk
Khatanga
Dublin
Belfast
Liverpool
Londres
Amsterdam
Hambourg
Copenhague
Oslo
Stockholm
Helsinki
Tallinn
St-Pétersbourg
Riga
Vilnius
Minsk
Kaliningrad
Berlin
Bruxelles
Paris
Lux.
Prague
Varsovie
Vienne
Bratislava
Budapest
Ljubljana
Zagreb
Sarajevo
Belgrade
Bucarest
Chisinau
Kyiv (Kiev)
Kharkiv
Odessa
Sofia
Skopje
Tirana
Athènes
Istanbul
Alpes
Carpates
Balkans
Plaine Russe
Moscou
Nijni Novgorod
Perm
Kama
Samara
Volgograd
Rostov
Iekaterinbourg
Tcheliabinsk
Tobolsk
Omsk
Novossibirsk
Krasnoïarsk
Iénisseïsk
Irkoutsk
Lac Baïkal
Mer Noire
Mer d'Azov
Crimée
Bosphore
Dépression ponto-caspienne
Dépression caspienne
Astrakhan
Mer Caspienne
Plateau d'Oust-Ourt
Mer d'Aral
Dépression du Touran
Kyzyl-Koum
Kara-Koum
Plateau des Torghaï
Hauteurs du Kazakhstan
Astana
Karaghandy
Semeï
Steppe de la Faim
Lac Balkhach
Altaï
Altaï Mongol
Mts Khangaï
Saïan occidental
Saïan oriental
Tannou Ola
Oulan-Bator
Dzoungarie
Ürümqi
Gobi
Almaty
Bichkek
Tian Shan
Tochkent
Douchanbe
Pamir
Kashi
Bassin du Tarim
Tarim He
Lop Nur
Altun Shan
Nan Shan
Qaidam
Mts Kunlun
Plateau du Tibet
Trans-Himalaya
Himalaya
Lhassa
Thimphu
Kathmandou
Mt Everest
Karakoram
Cachemire
Hindu Kuch
Kaboul
Islamabad
Lahore
Pendjab
Delhi
Désert de Thar
Hindoustan
Plateau de Malva
Bénares
Kolkata (Calcutta)
Dhaka
Bengale
Assam
Mandalay
Yangon (Rangoun)
Mumbai (Bombay)
Plateau du Deccan
Ghates occidentales
Ghates orientales
Chennai (Madras)
Bangalore
Malabar
Coromandel
C. Comorin
Sri Lanka
Colombo
Golfe de Mannar
Golfe du Bengale
Iles Andaman
Port Blair
Mer d'Andaman
Iles Nicobar
Dt de Malacca
Medan
Kuala Lumpur
Padang
Iles Mentawai
Nias
Karachi
Sind
G. de Kutch
Kathiavar
G. de Cambay
Baloutchistan
Lac Hilmend
Désert de Lout
Mts Kuhrud
Désert salé
Grand Désert
Plateau d'Iran
Téhéran
Elbourz
Mechhed
Ispahan
Mts Zagros
Tabriz
Mossoul
Bagdad
Basra
Koweït
Golfe Persique
Doha
Abou Dhabi
Golfe d'Oman
Mascate
Ras al Hadd
Roub-al-Khali
Arabie
Riyad
Dahana
Désert du Nefoud
La Mecque
Désert de Syrie
Mésopotamie
Damas
Amman
Beyrouth
Jérusalem
Chypre
Mer Méditerranée
Le Caire
Sinaï
Désert arabique
Mer Rouge
Port-Soudan
Asmara
Sana
Aden
Mirbat
Bab el Mandeb
Djibouti
Golfe d'Aden
Socotra
Ras Asir (C. Guardafui)
Presqu'île somali
Addis Abeba
Ogaden
Benadir
Mogadiscio
Mombasa
Zanzibar
Mer d'Oman
Iles Laquedives
Iles Maldives
Océan Indien
Seychelles
Amirantes
Arch. des Chagos
Asie mineure
Ankara
Izmir
Chaîne pontique
Monts Taurus
Caucase
Tbilissi
Erevan
Baki
Projection azimutale
I. Maurice
Churchill
New York
Los Angeles
Dakar
Kinshasa
20° L.E.de Gr.
50° L.N.

Échelle 1 : 30 000 000

0 250 500 750 1000 1250 1500 km

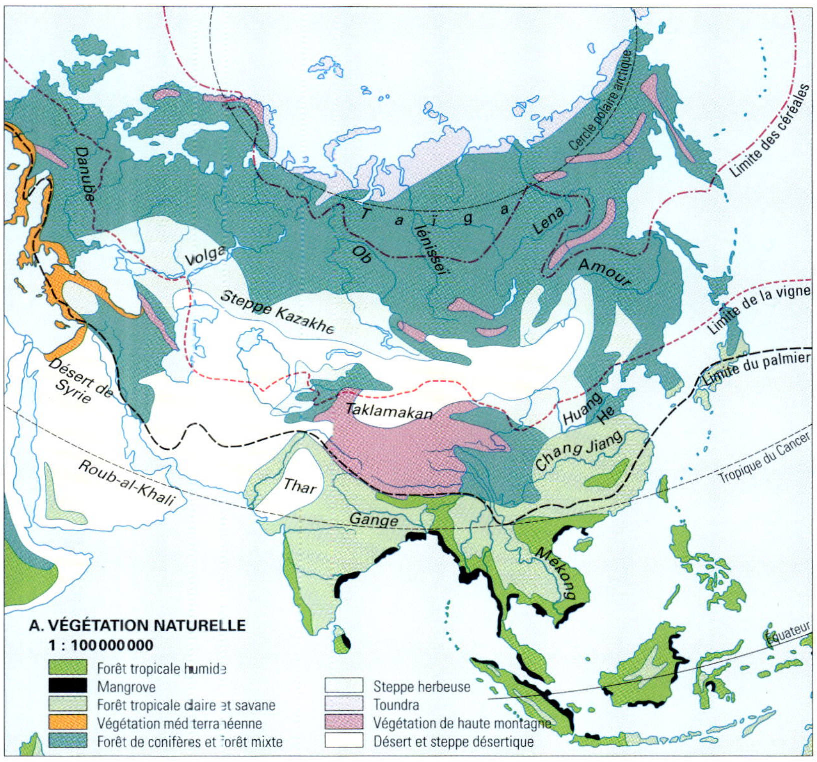

A. VÉGÉTATION NATURELLE
1 : 100 000 000

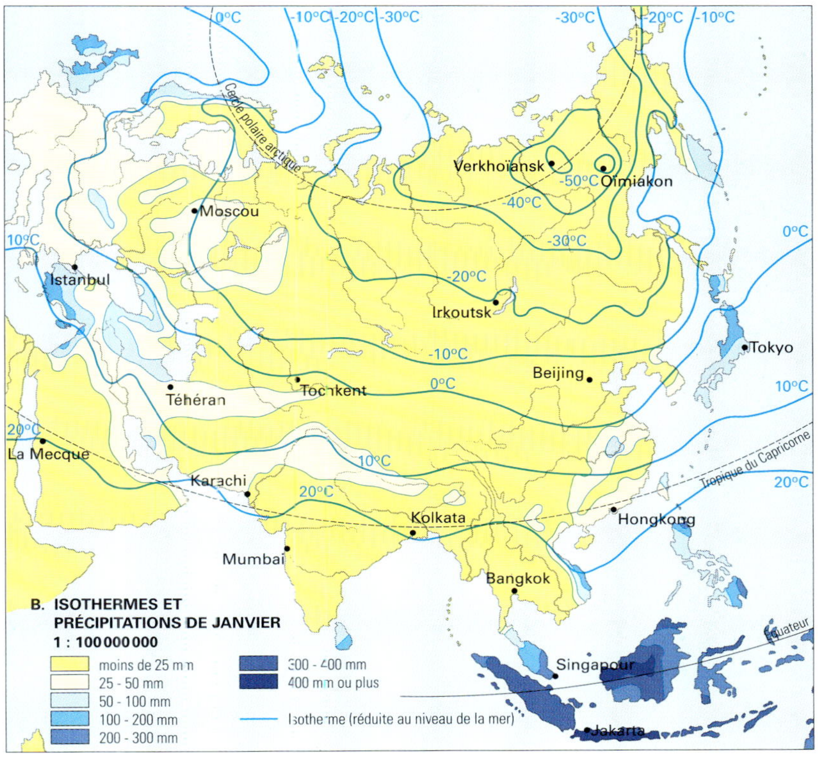

B. ISOTHERMES ET PRÉCIPITATIONS DE JANVIER
1 : 100 000 000

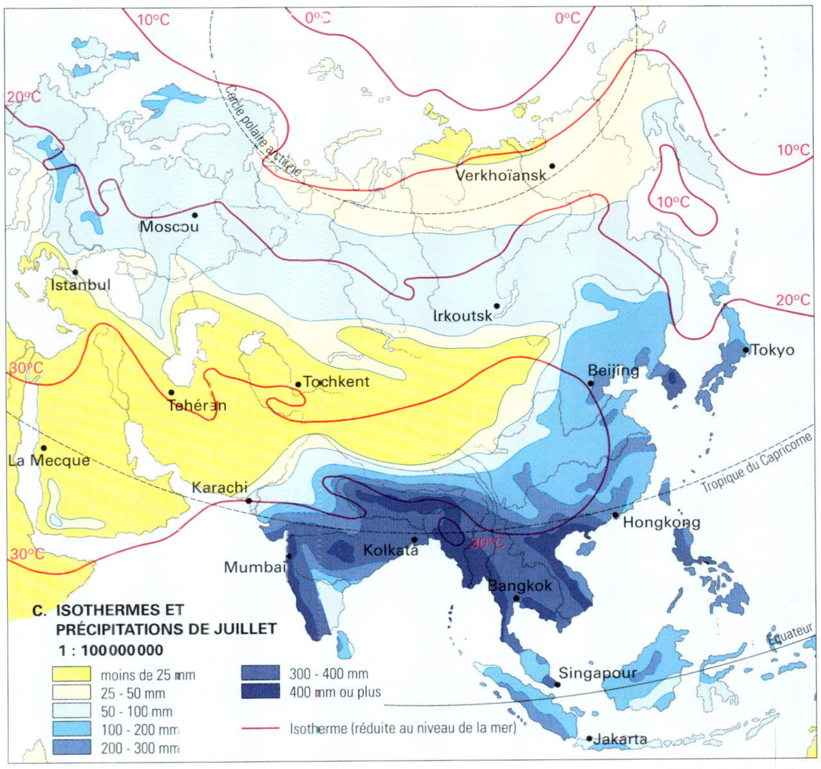

C. ISOTHERMES ET PRÉCIPITATIONS DE JUILLET
1 : 100 000 000

ASIE POLITIQUE

Échelle 1:30 000 000

0 250 500 750 1000 1250 1500 km

Projection azimutale

A. ASIE EN 1937
1 : 100 000 000

B. ASIE EN 1989
1 : 100 000 000

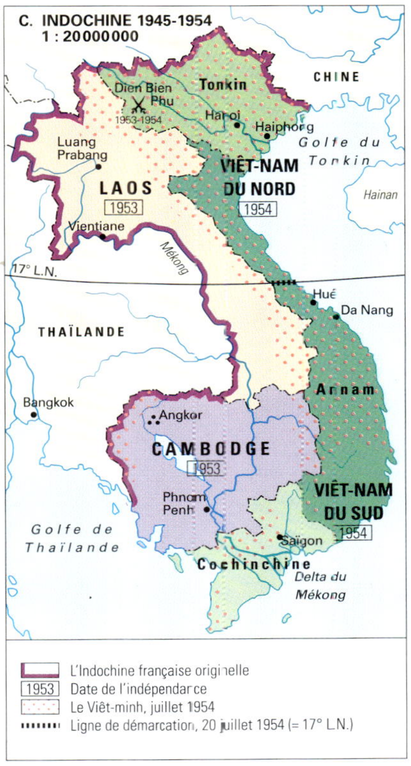

C. INDOCHINE 1945-1954
1 : 20 000 000

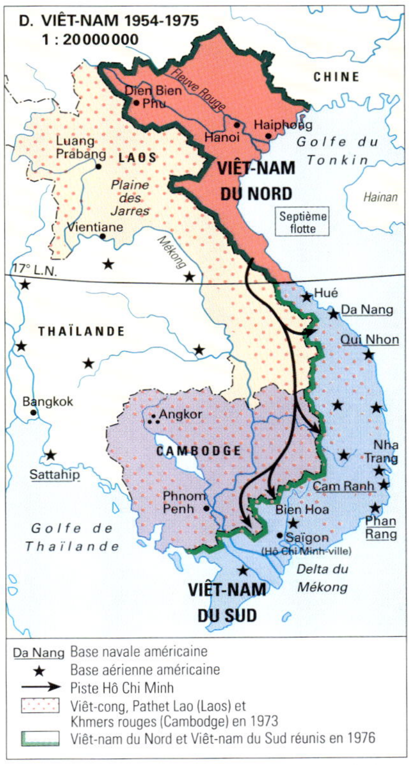

D. VIÊT-NAM 1954-1975
1 : 20 000 000

TURQUIE

Échelle 1:6000000

TURQUIE

Échelle 1 : 16000000

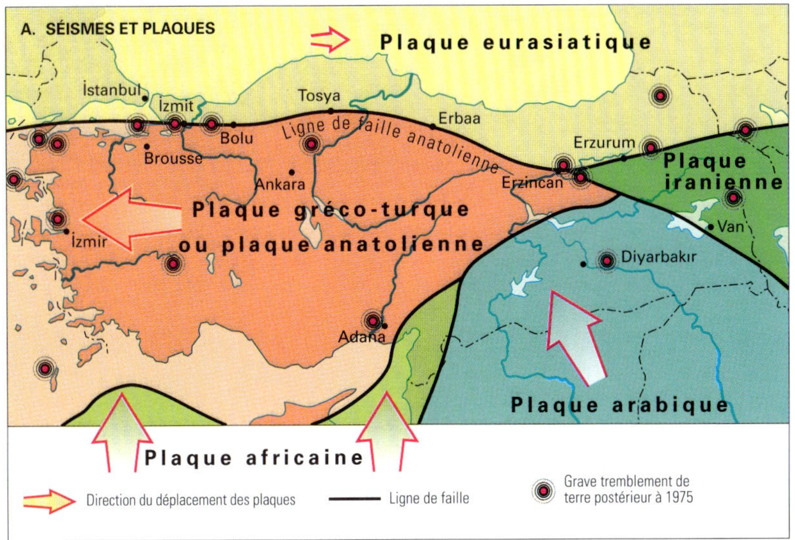

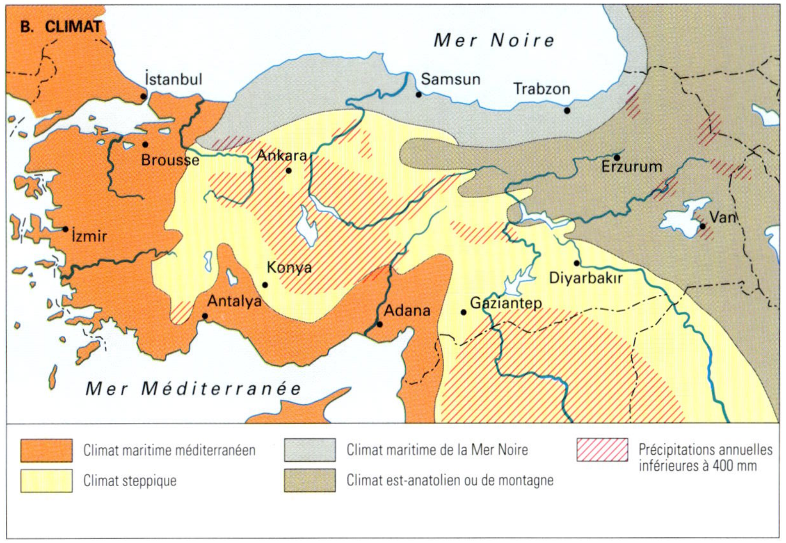

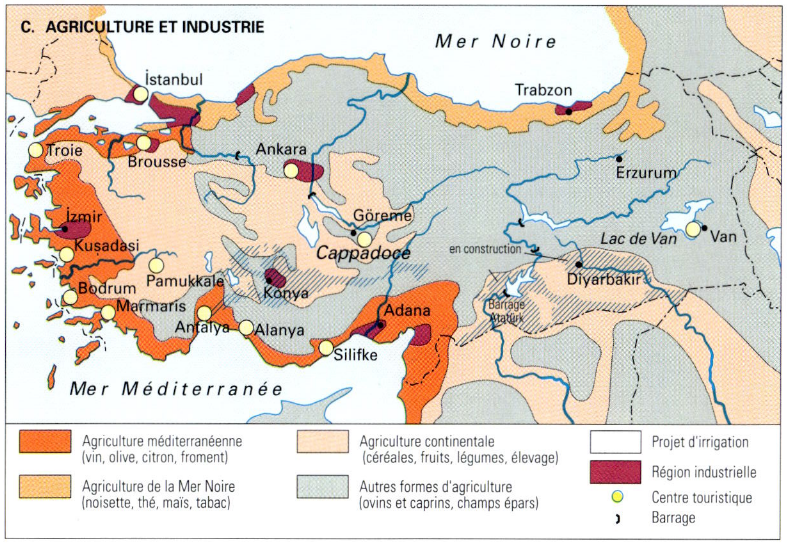

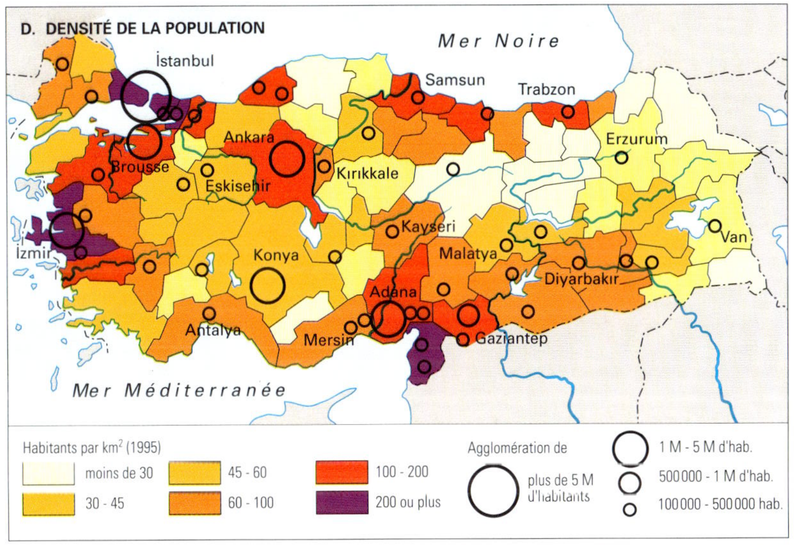

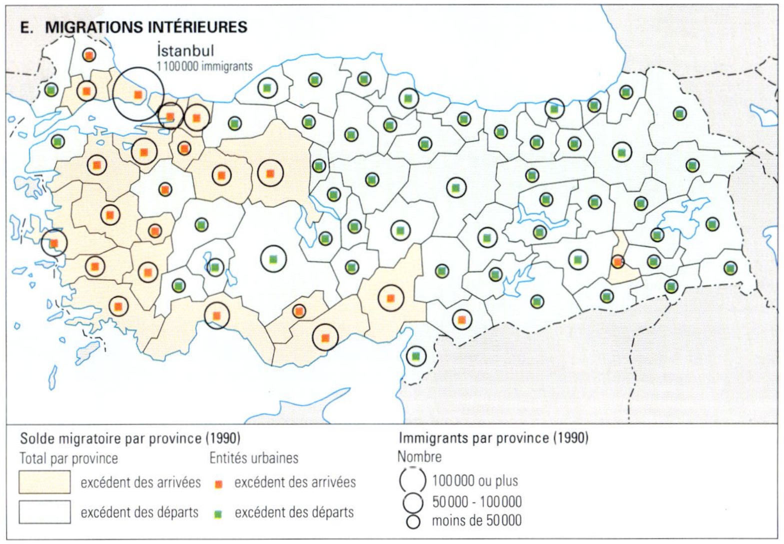

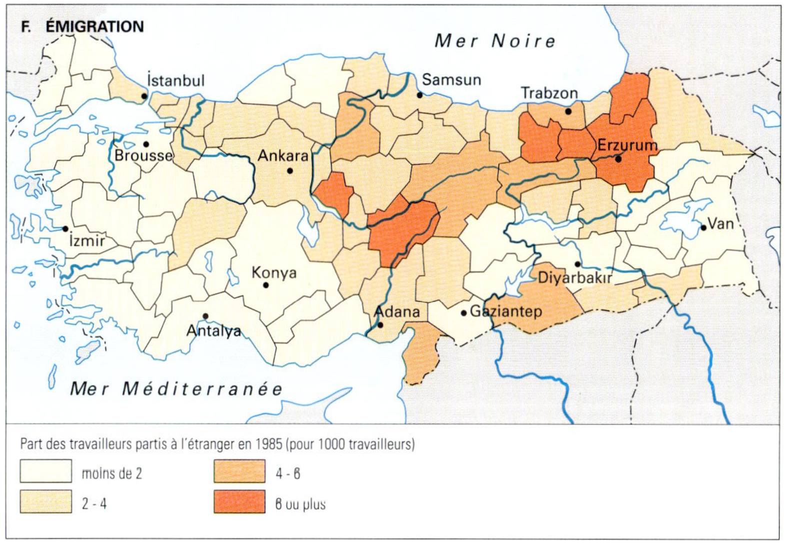

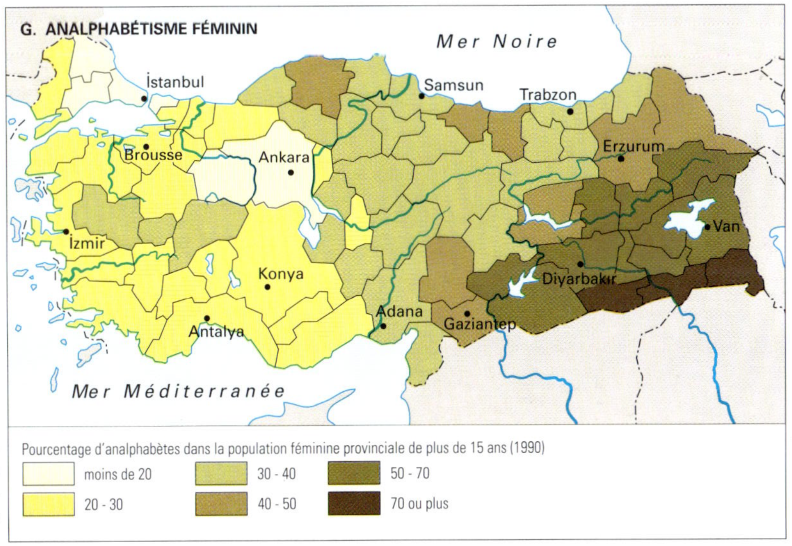

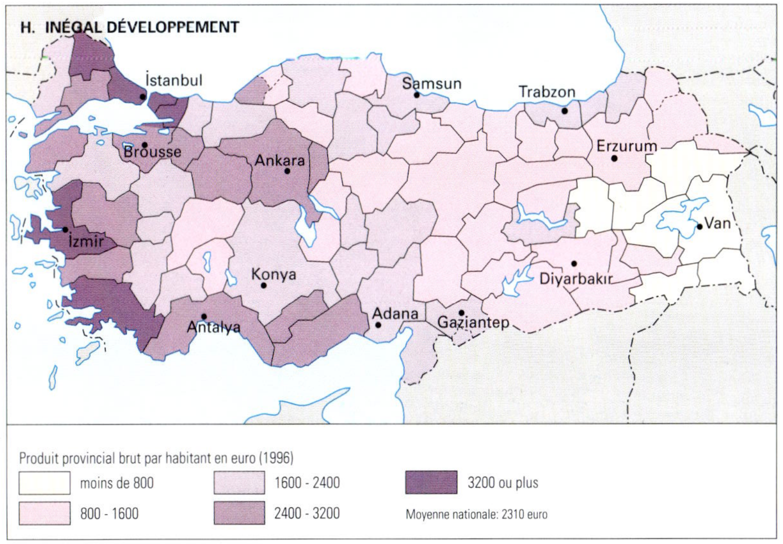

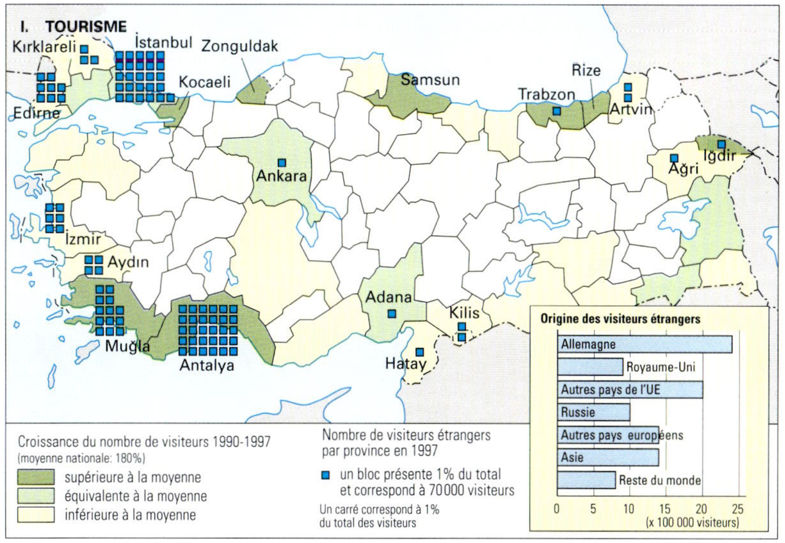

ISRAËL / PALESTINE

-4000 -2000 -200 0 100 200 500 1000 1500 2000 3000 m
au-dessous du niveau de la mer

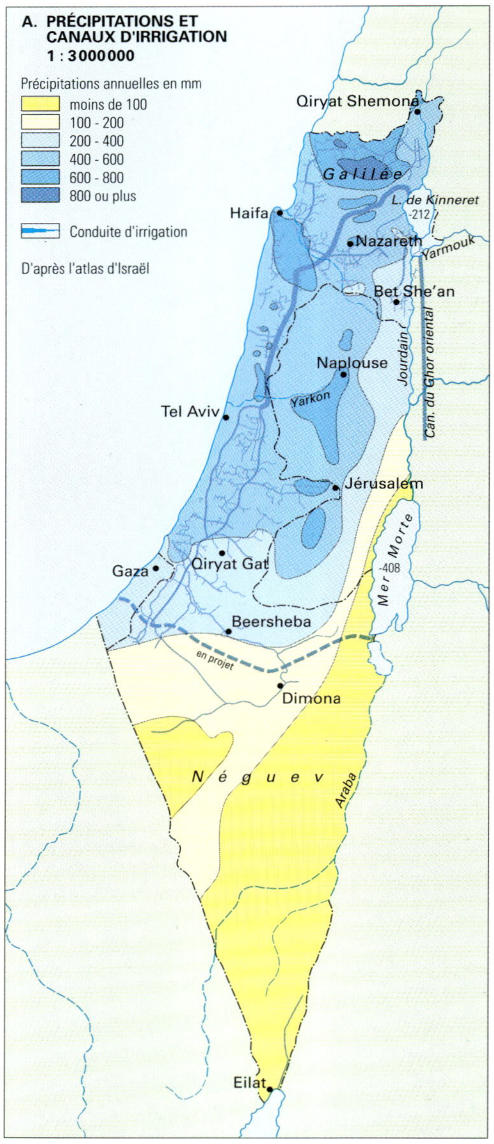

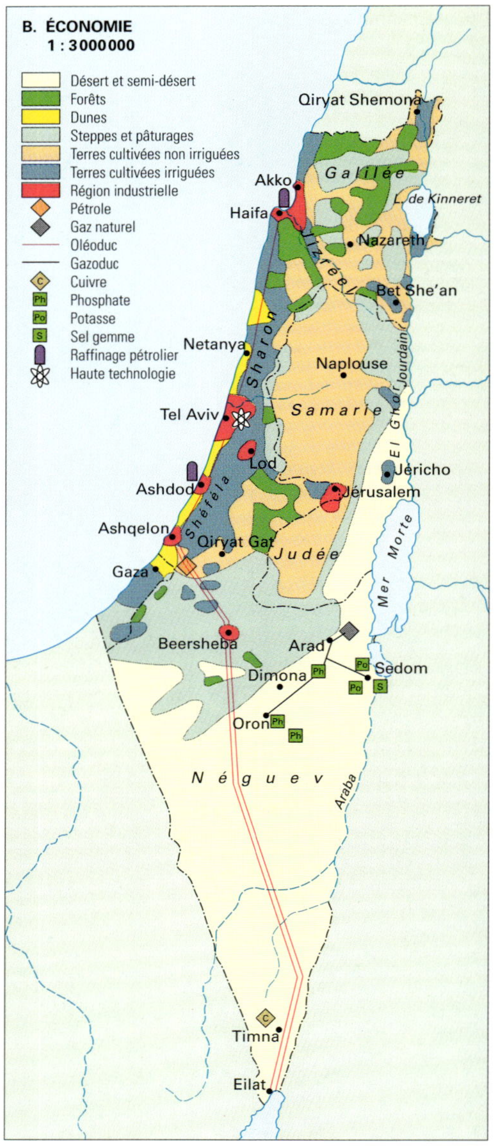

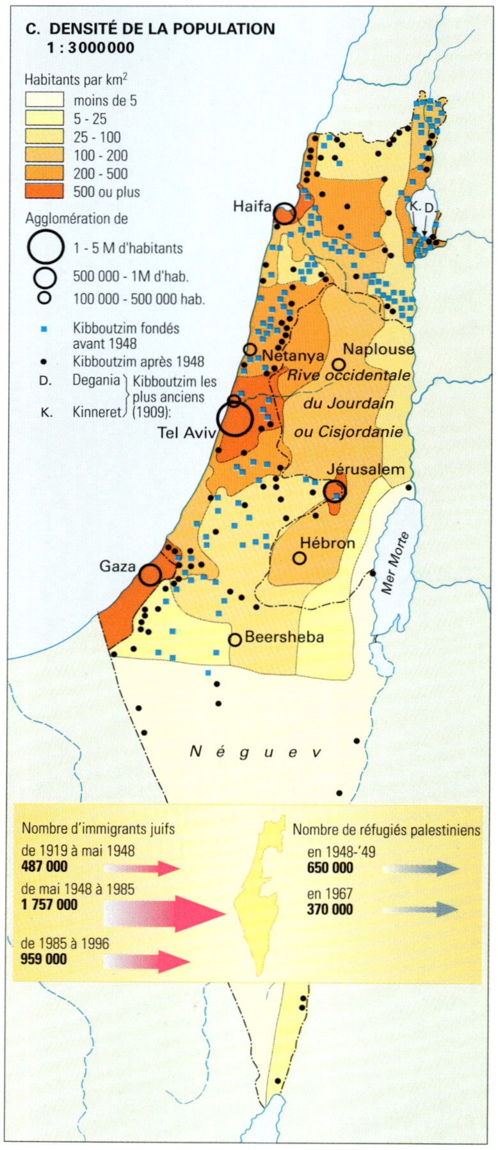

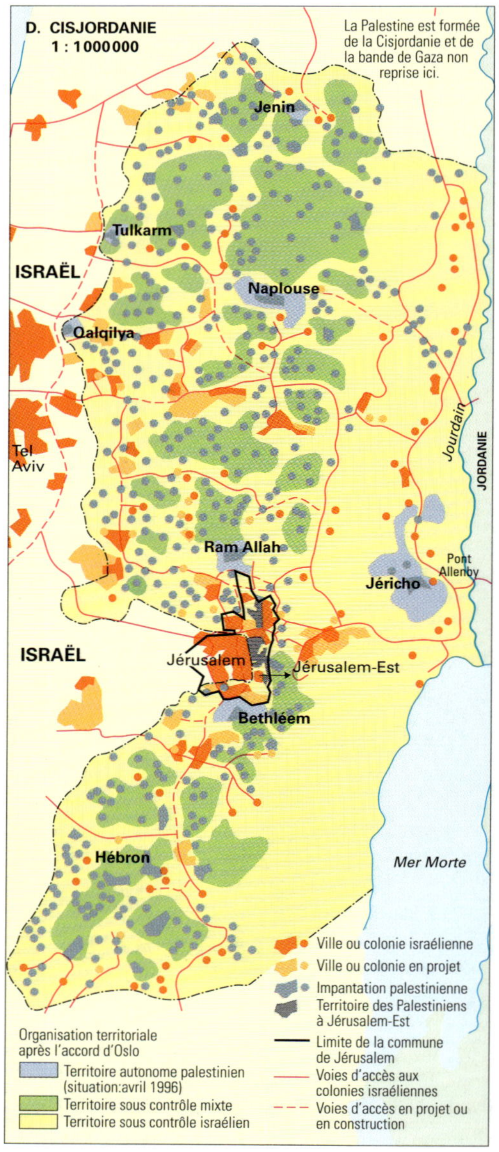

MOYEN-ORIENT ACCÈS À L'EAU

Échelle 1 : 40000000

A. PRÉCIPITATIONS

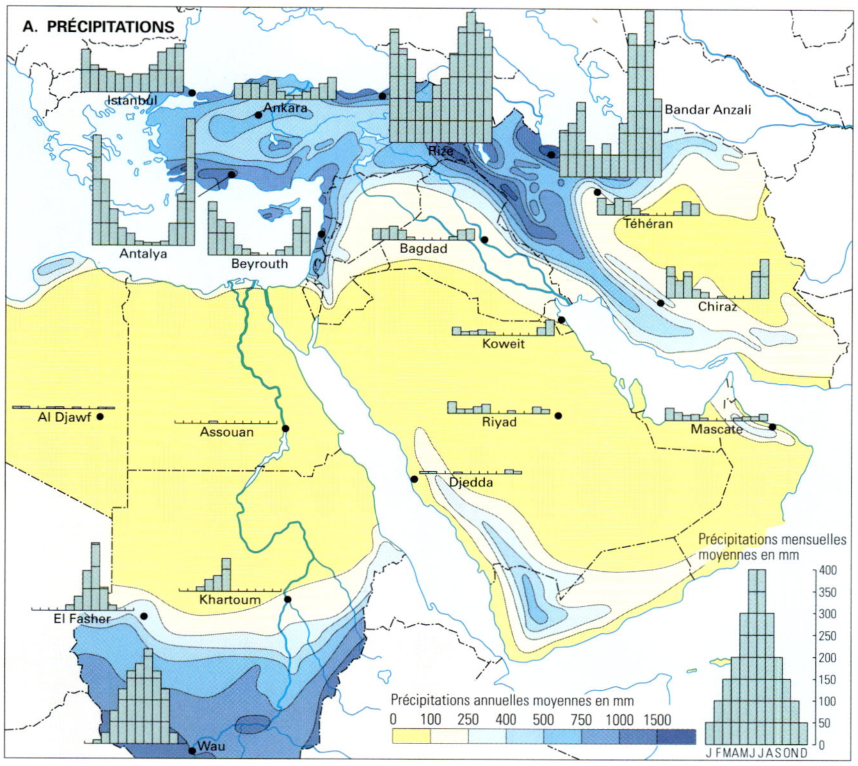

B. ARIDITÉ

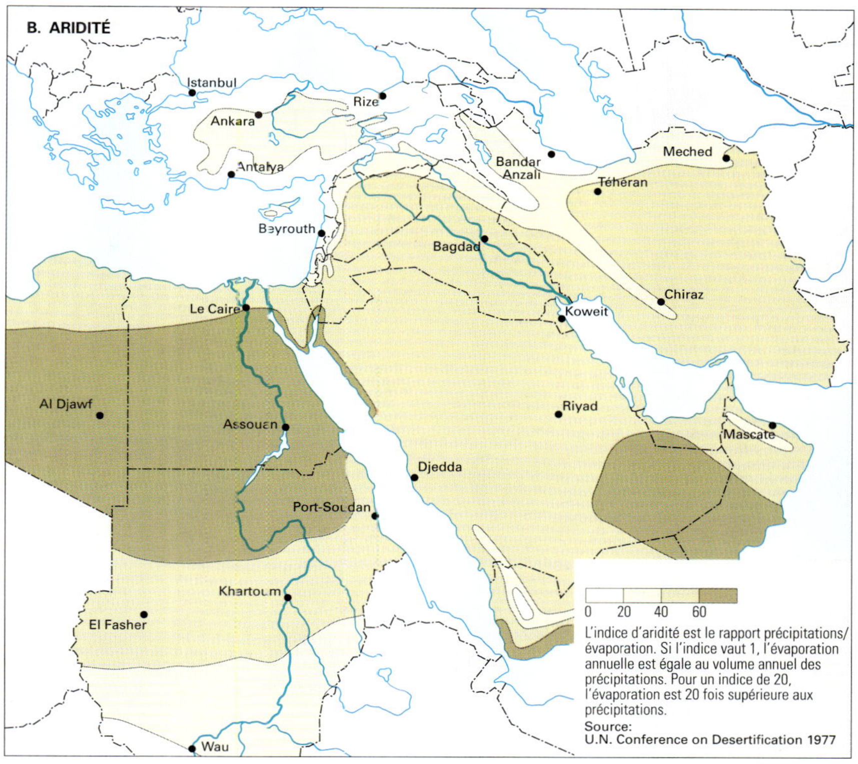

C. BALANCE HYDRIQUE

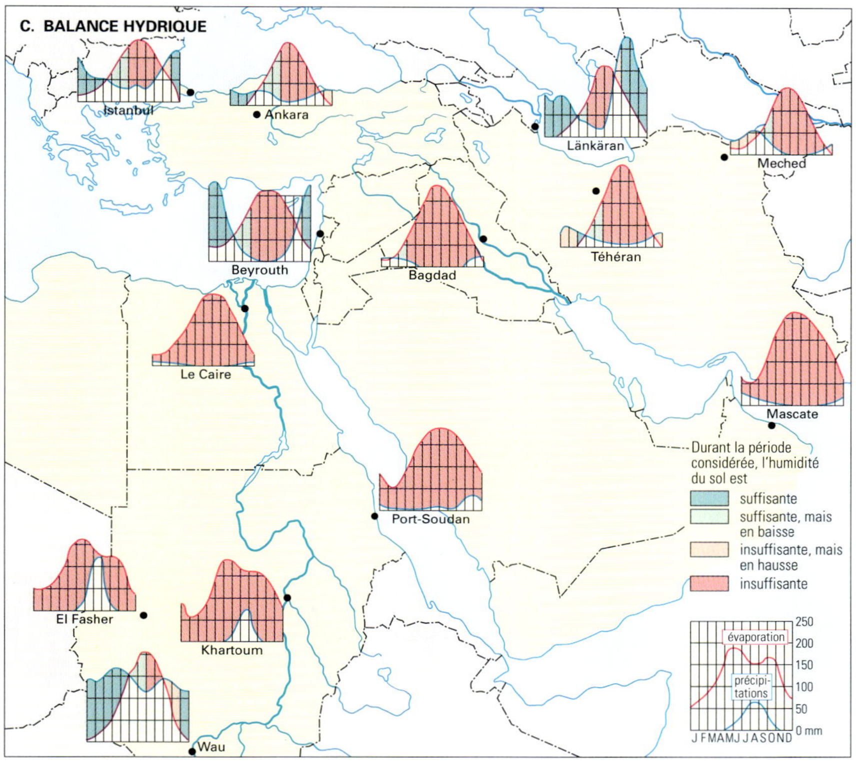

D. IRRIGATION

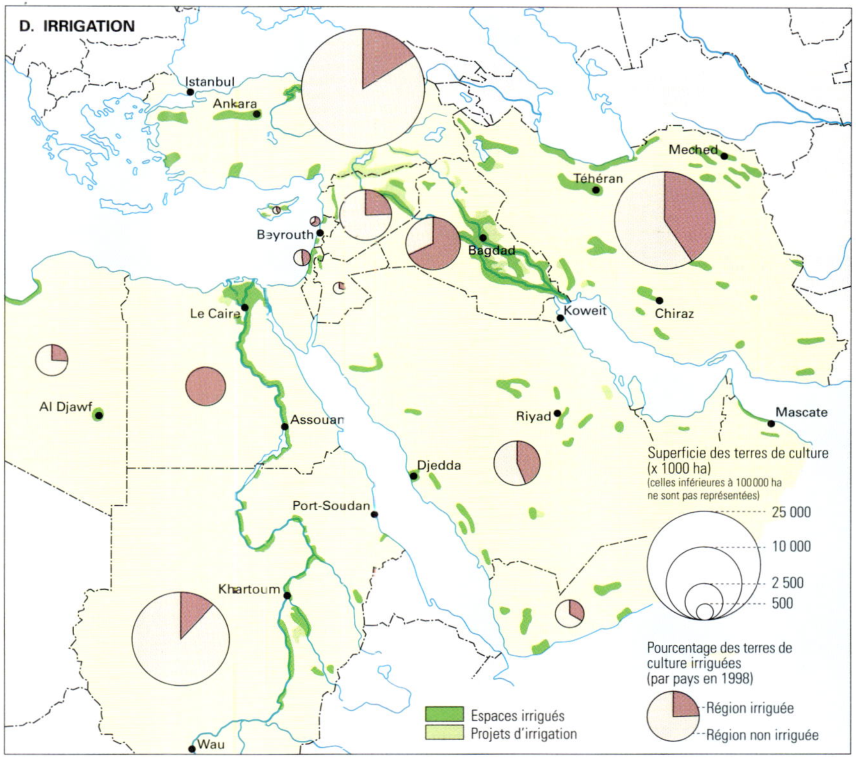

E. RARÉFACTION DE L'EAU

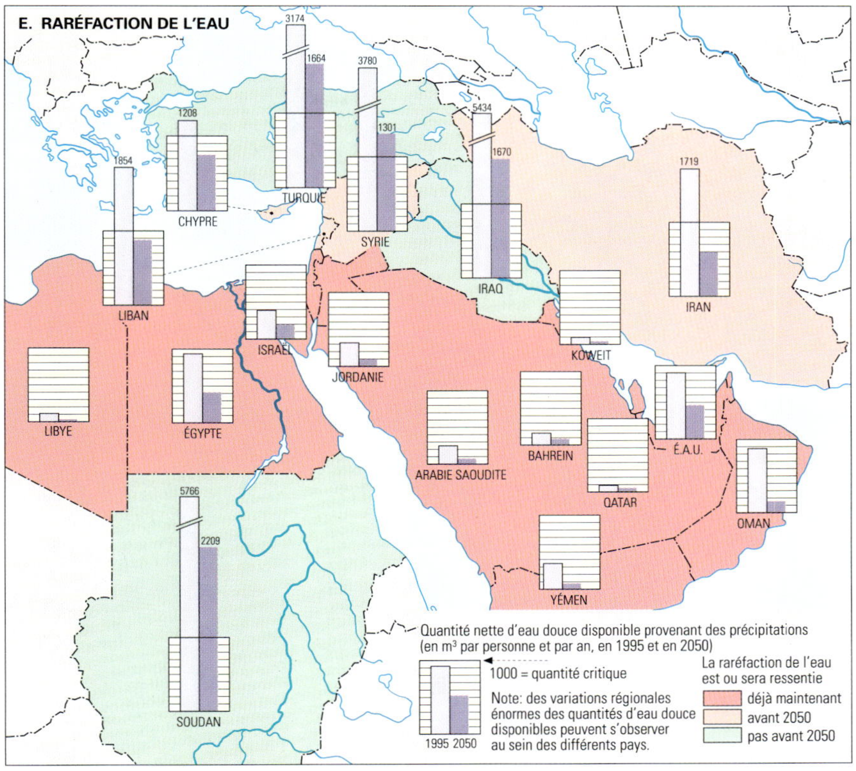

F. PROJETS HYDRAULIQUES

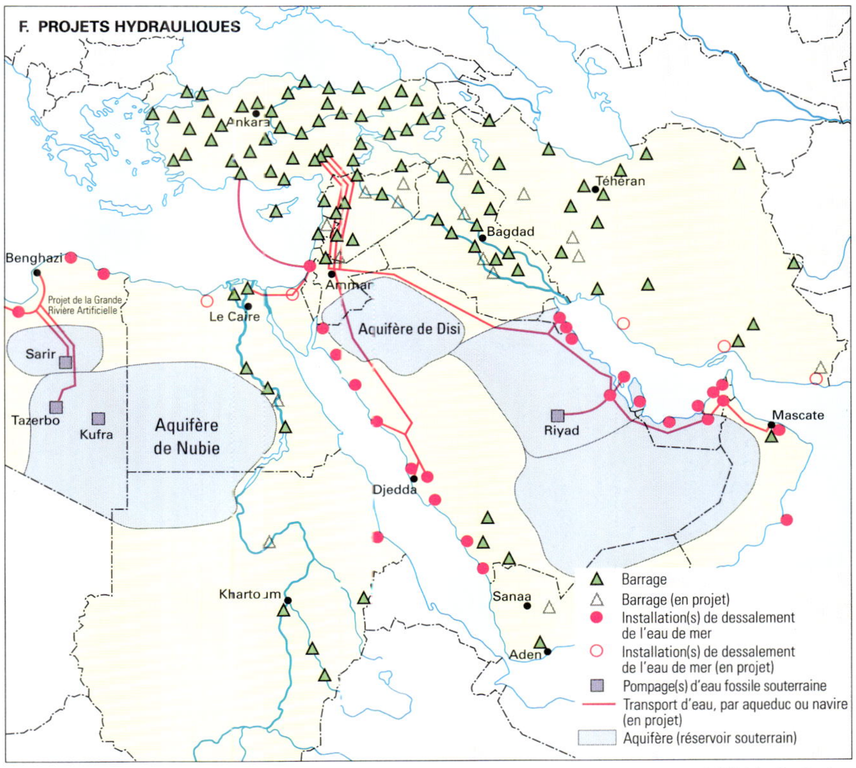

MOYEN-ORIENT

-8000 -6000 -4000 -2000 -200 0 100 200 500 1000 2000 3000 5000 m
au-dessous du niveau de la mer

Échelle 1:12500000
0 100 200 300 400 500 km

Projection conique

MOYEN-ORIENT UTILISATION DU SOL / ÉNERGIE

Échelle 1 : 12 500 000

Désert — Semi-désert avec élevage nomade — Terres cultivées non irriguées — Pétrole — Oléoduc — Raffinage pétrolier — B. = Bandar — Limite internationale

Forêts — Steppes et pâturages avec élevage extensif et cultures dispersées — Terres cultivées irriguées — Gazoduc — Gazoduc — Port pétrolier — Limite internationale, pas définitive

MONDE INDIEN

-6000 -4000 -2000 -200 0 100 200 500 1000 2000 3000 5000 m

au-dessous du niveau de la mer

Échelle 1:12500000

0 100 200 300 400 500 km

MONDE INDIEN

A. ADMINISTRATION
1 : 35000000

- INDE, TERRITOIRES:
- A Chandigarh
- B Delhi
- C Daman et Diu (anc. portugais)
- D Dadra et Nagar Haveli (anc. portugais)
- E Lakshadweep (Iles Laquedives)
- F Pondichéry (anc. français)
- G Iles Andaman et Nicobar (pas sur la carte)
- INDE, ÉTATS
- GOA État (avec capitale)
- 1 Sikkim (Gangtok)
- 2 Meghalaya (Shillong)
- 3 Tripura (Agartala)

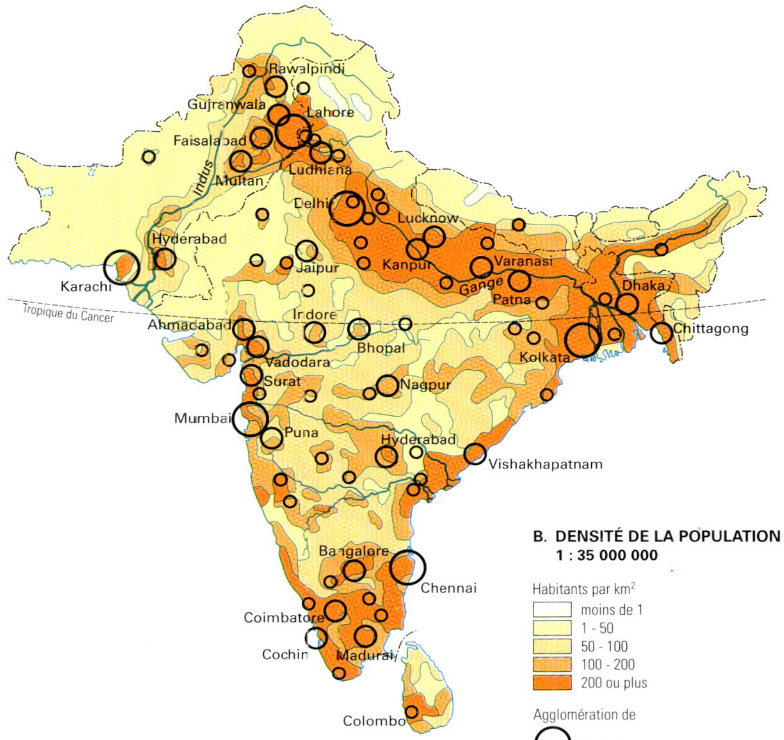

B. DENSITÉ DE LA POPULATION
1 : 35 000 000

Habitants par km²
- moins de 1
- 1 - 50
- 50 - 100
- 100 - 200
- 200 ou plus

Agglomération de
- 5 M d'habitants ou plus
- 1 à 5 M d'habitants
- 500 000 à 1 M d'habitants

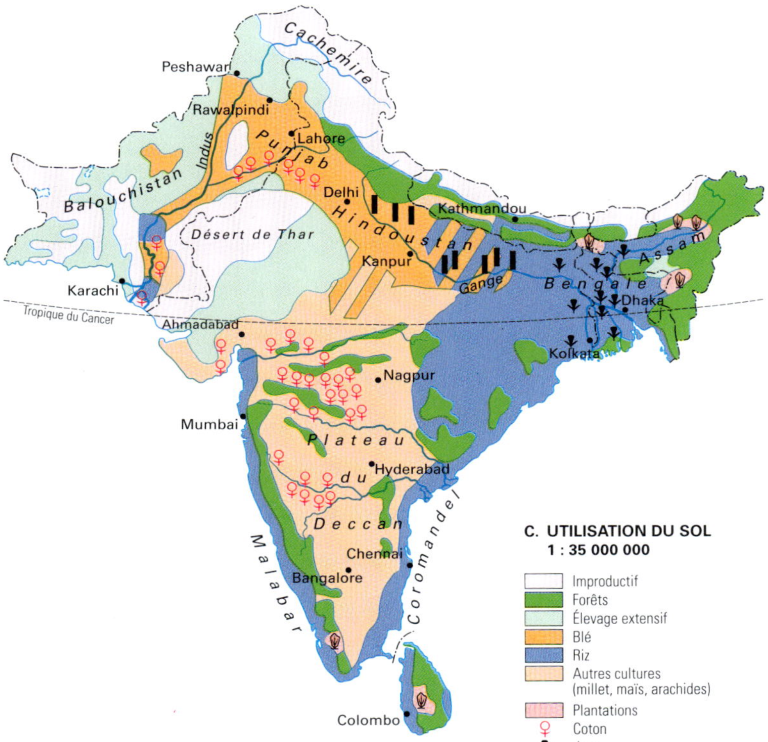

C. UTILISATION DU SOL
1 : 35 000 000

- Improductif
- Forêts
- Élevage extensif
- Blé
- Riz
- Autres cultures (millet, maïs, arachides)
- Plantations
- Coton
- Jute
- Thé
- Canne à sucre

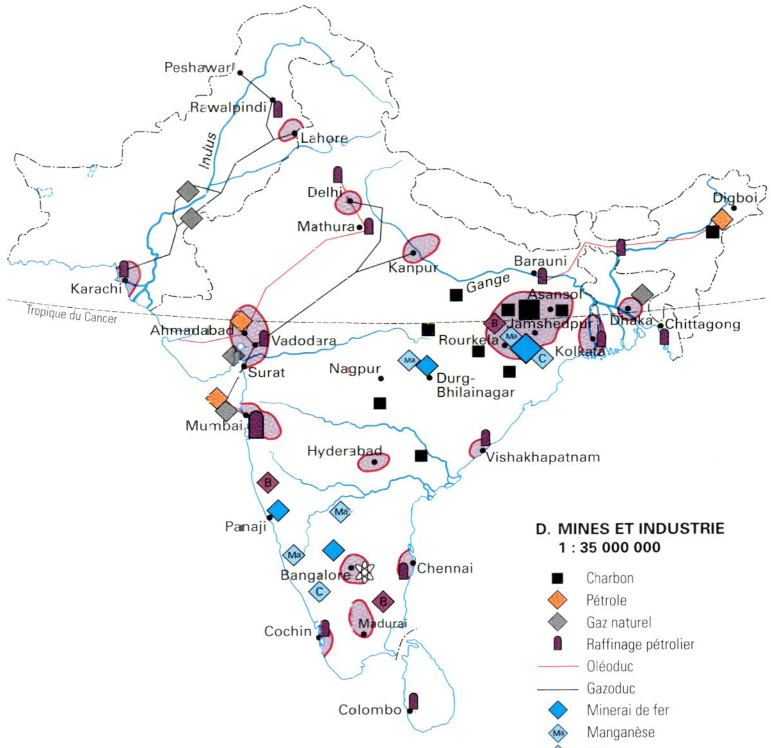

D. MINES ET INDUSTRIE
1 : 35 000 000

- Charbon
- Pétrole
- Gaz naturel
- Raffinage pétrolier
- Oléoduc
- Gazoduc
- Minerai de fer
- Manganèse
- Chrome
- Bauxite
- Haute technologie
- Région industrielle

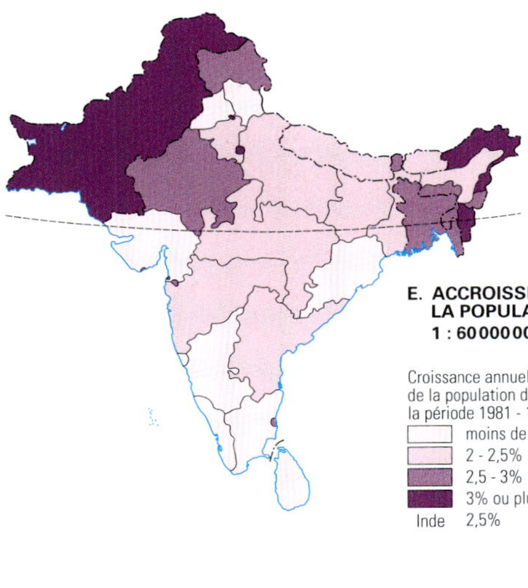

E. ACCROISSEMENT DE LA POPULATION
1 : 60000000

Croissance annuelle moyenne de la population durant la période 1981 - 1991
- moins de 2%
- 2 - 2,5%
- 2,5 - 3%
- 3% ou plus

Inde 2,5%

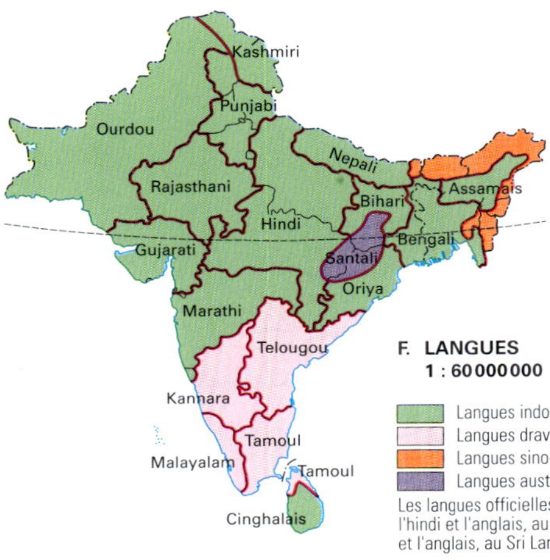

F. LANGUES
1 : 60000000

- Langues indo-européennes
- Langues dravidiennes
- Langues sino-tibétaines
- Langues austro-asiatiques

Les langues officielles sont : en Inde l'hindi et l'anglais, au Pakistan l'ourdou et l'anglais, au Sri Lanka le cinghalais

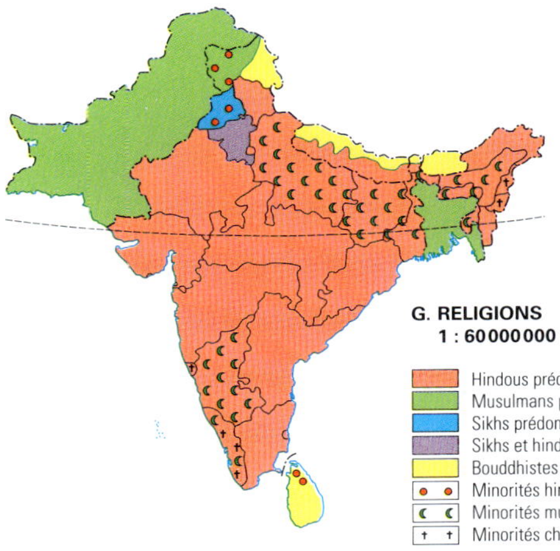

G. RELIGIONS
1 : 60000000

- Hindous prédominants
- Musulmans prédominants
- Sikhs prédominants
- Sikhs et hindous prédominants
- Bouddhistes prédominants
- Minorités hindoues
- Minorités musulmanes
- Minorités chrétiennes

ASIE DU SUD-EST

Projection à cylindre équidistante

Échelle 1:12500000

0 100 200 300 400 500 km

©WN Atlas Productions

INDONÉSIE

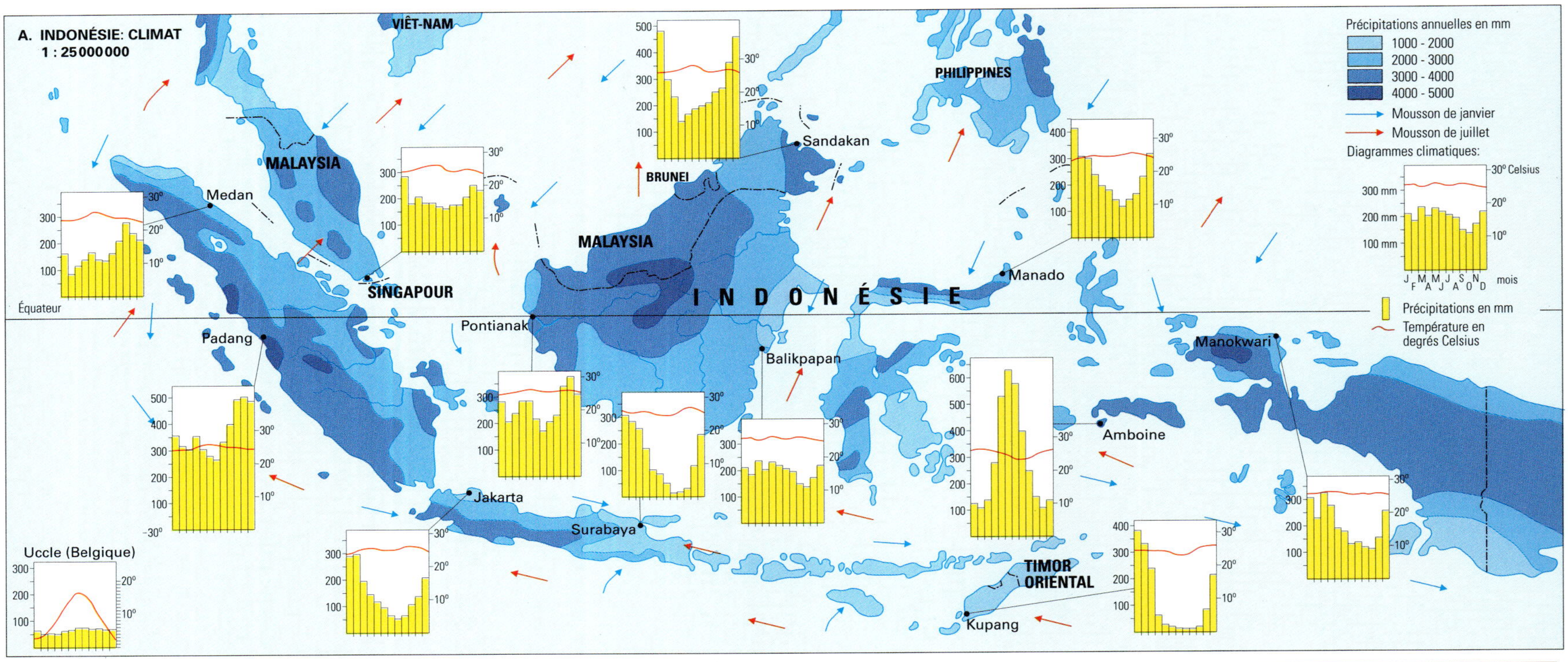
A. INDONÉSIE: CLIMAT
1 : 25000000
VIÊT-NAM
MALAYSIA
SINGAPOUR
BRUNEI
PHILIPPINES
INDONÉSIE
TIMOR ORIENTAL
Medan
Padang
Pontianak
Sandakan
Manado
Balikpapan
Jakarta
Surabaya
Amboine
Manokwari
Kupang
Équateur
Uccle (Belgique)
Précipitations annuelles en mm
1000 - 2000
2000 - 3000
3000 - 4000
4000 - 5000
Mousson de janvier
Mousson de juillet
Diagrammes climatiques:
30° Celsius
300 mm
200 mm
100 mm
mois
Précipitations en mm
Température en degrés Celsius

B. INDONÉSIE: DENSITÉ DE LA POPULATION
1 : 25000000
VIÊT-NAM
Hô Chi Minh-ville
MALAYSIA
BRUNEI
PHILIPPINES
Cebu
Davao
Ipoh
Medan
Kuala Lumpur
Kelang
Johor Baharu
SINGAPOUR
Pakanbaru
Équateur
Padang
Pontianak
Palembang
Banjarmasin
INDONÉSIE
Bandar Lampung
Jakarta
Bogor
Bandung
Semarang
Surakarta
Surabaya
Yogyakarta
Malang
Mataram
Denpasar
Makassar
TIMOR ORIENTAL
Agglomération de
plus de 5 M d'habitants
1 à 5 M d'habitants
500 000 à 1 M d'habitants
Habitants par km²
moins de 1
1 - 10
10 - 50
50 - 100
100 - 200
200 ou plus

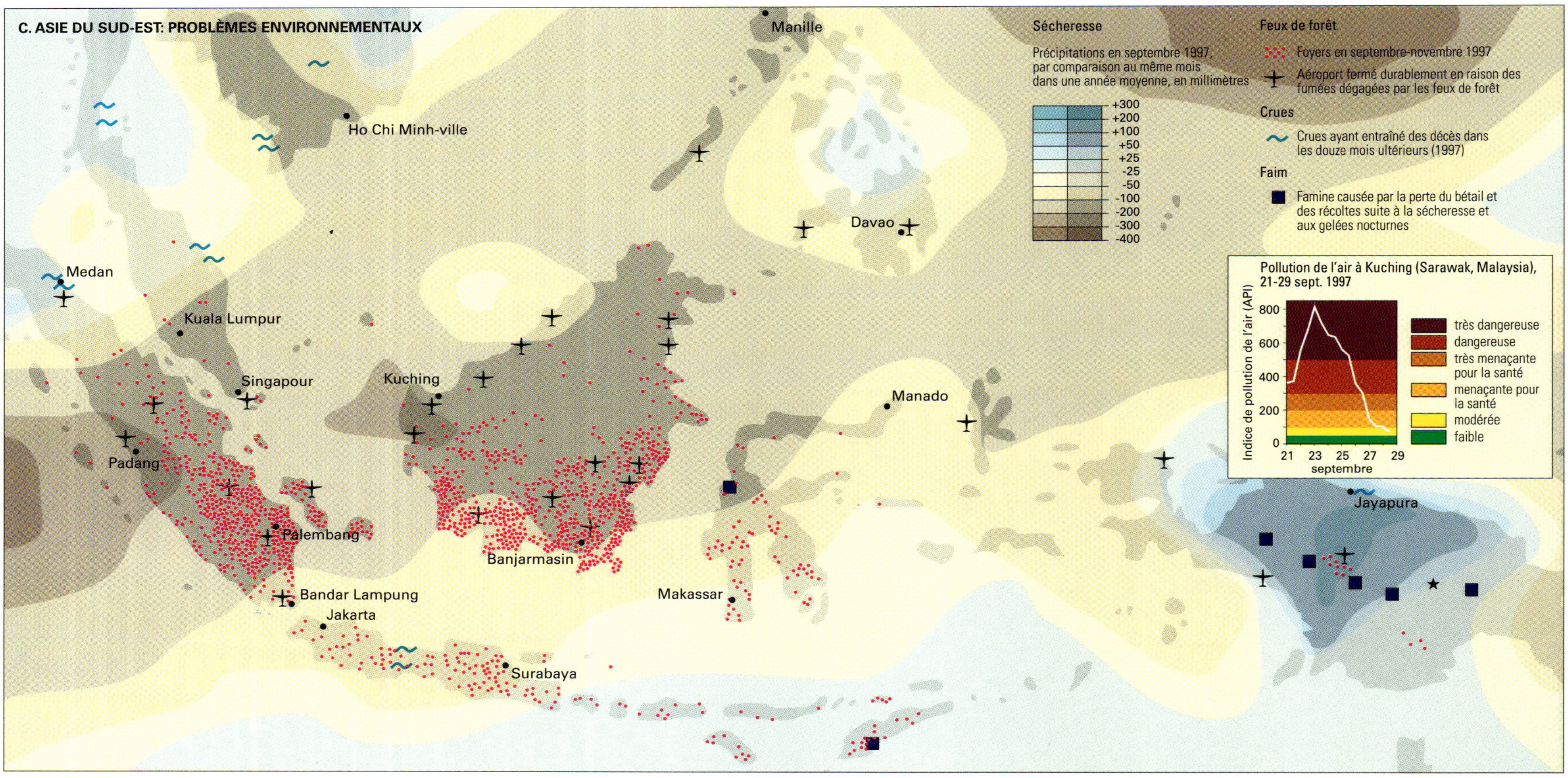
C. ASIE DU SUD-EST: PROBLÈMES ENVIRONNEMENTAUX
Manille
Ho Chi Minh-ville
Davao
Medan
Kuala Lumpur
Singapour
Kuching
Manado
Padang
Palembang
Banjarmasin
Bandar Lampung
Jakarta
Makassar
Surabaya
Jayapura
Sécheresse
Précipitations en septembre 1997, par comparaison au même mois dans une année moyenne, en millimètres
+300
+200
+100
+50
+25
-25
-50
-100
-200
-300
-400
Feux de forêt
Foyers en septembre-novembre 1997
Aéroport fermé durablement en raison des fumées dégagées par les feux de forêt
Crues
Crues ayant entraîné des décès dans les douze mois ultérieurs (1997)
Faim
Famine causée par la perte du bétail et des récoltes suite à la sécheresse et aux gelées nocturnes
Pollution de l'air à Kuching (Sarawak, Malaysia), 21-29 sept. 1997
Indice de pollution de l'air (API)
septembre
très dangereuse
dangereuse
très menaçante pour la santé
menaçante pour la santé
modérée
faible

HONGKONG / CHINE / SINGAPOUR

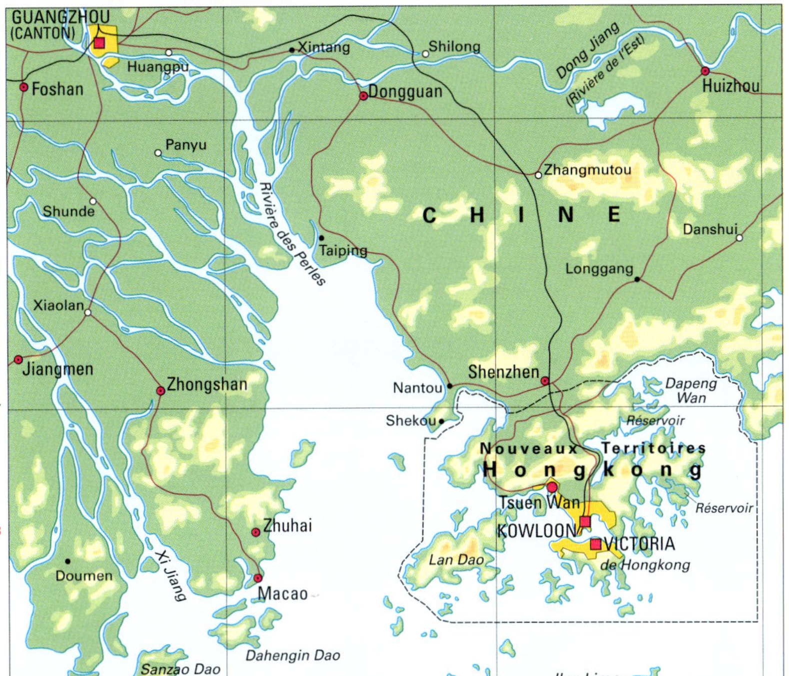

A. HONGKONG, CANTON ET MACAO
1 : 1500000

B. CHINE: ZONES ÉCONOMIQUES SPÉCIALES
1 : 40000000

- ★ Zone économique spéciale (Investissements étrangers illimités)
- ● Ville ouverte (Investissements étrangers limités à l'industrie et à la recherche scientifique)

Dalian fait partie de la ville de Lüda

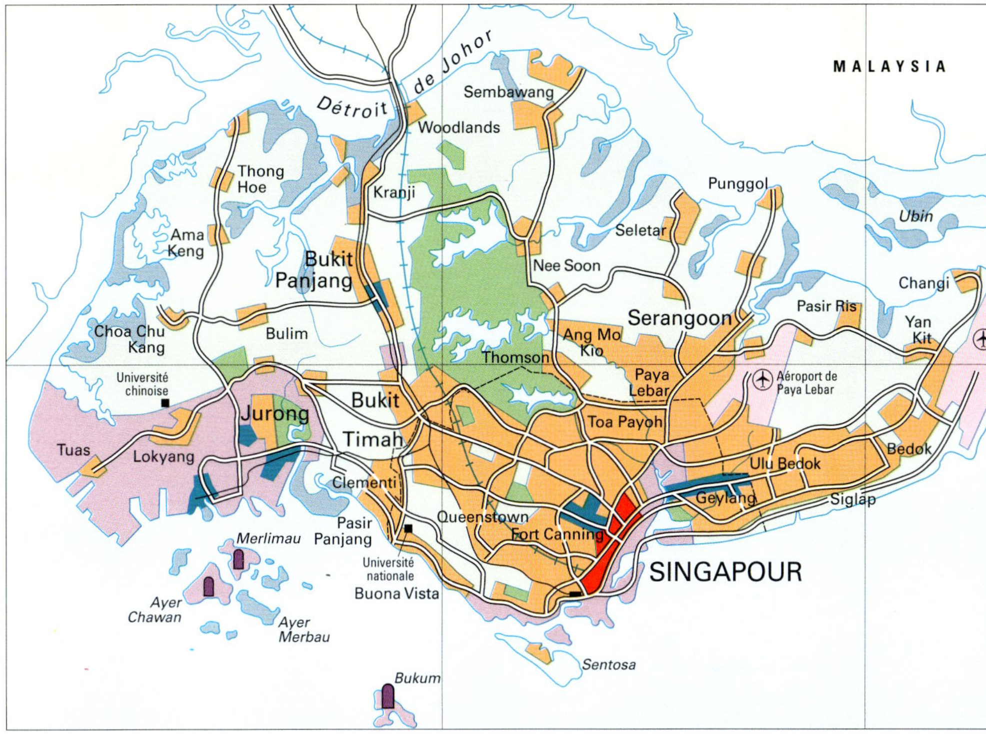

C. SINGAPOUR
1 : 300000

- Centre des affaires
- Idem, secondaire
- Zone résidentielle
- Zone industrielle/portuaire
- Aéroport
- Parc, bois
- Mangrove
- Zone à agriculture dominante (légumes, caoutchouc, copra)
- Limite de la ville de Singapour
- Conduite d'eau potable
- Chemin de fer
- Autoroute
- Raffinerie de pétrole

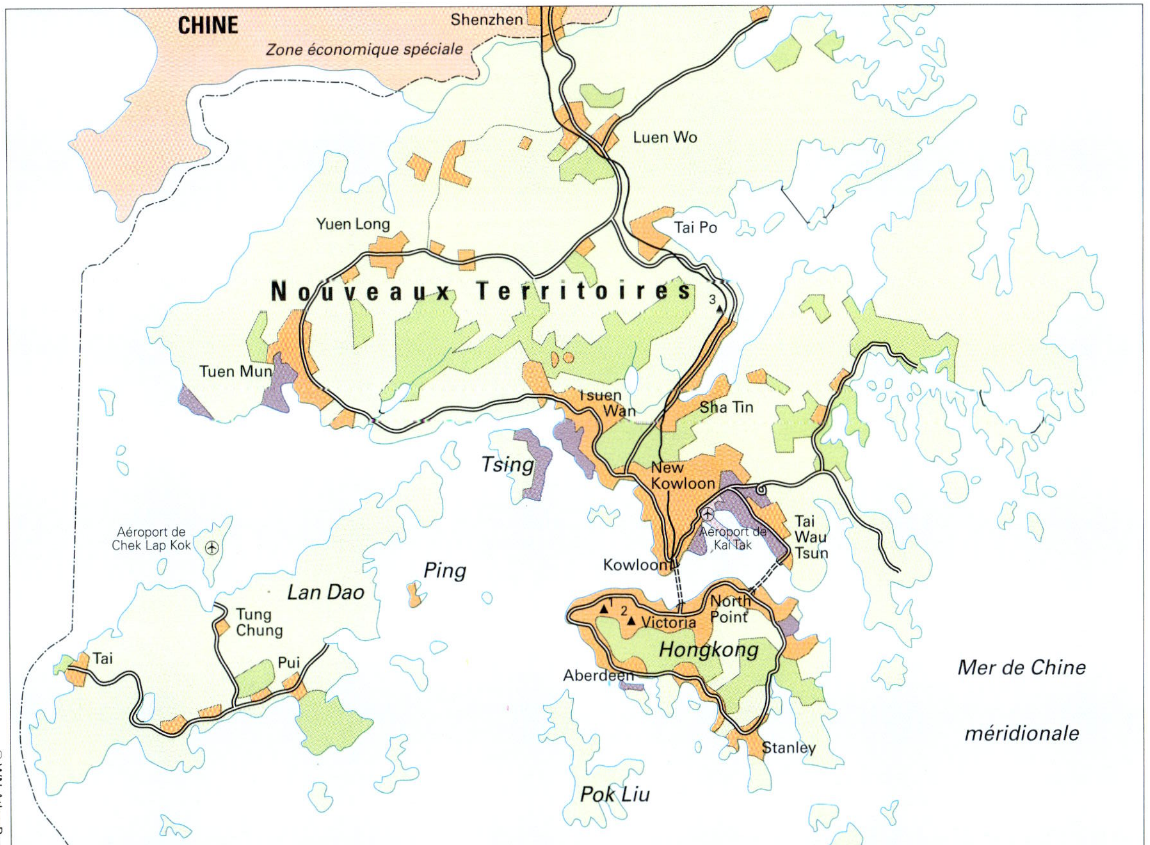

D. LA BAIE DE HONGKONG
1 : 400000

Légende pour D:

- Zone résidentielle
- Espace industriel
- Aéroport
- Parc
- Zone non urbanisée
- Barrage, lac de barrage
- Chemin de fer
- Route principale
- Tunnel routier
- ▲ Bâtiment remarquable
- 1 Université de Hongkong
- 2 Jardin botanique
- 3 Université chinoise de Hongkong
- Zone économique spéciale

Légende pour E et F:

- Amérique du Nord
- Amérique Centrale et du Sud
- Europe
- Russie et républiques périphériques
- Afrique
- Asie
- Océanie

Commerce total en milliers de $ É-U (1991)

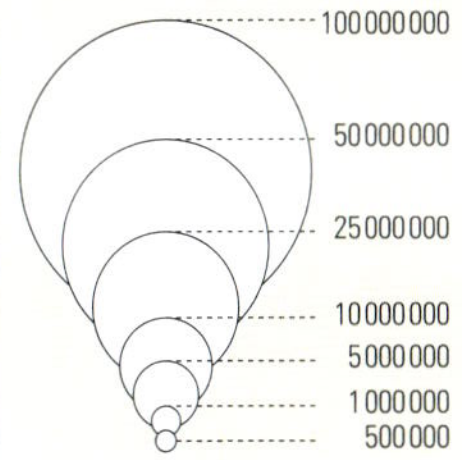

Importations et exportations (1991)

- part des importations, en %
- part des exportations, en %

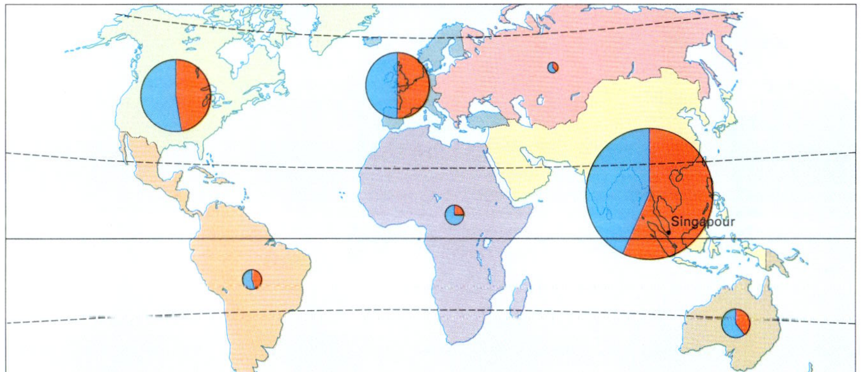

E. SINGAPOUR: COMMERCE EXTÉRIEUR
1 : 275000000

Commerce total: 124 853 628 000 $ É-U

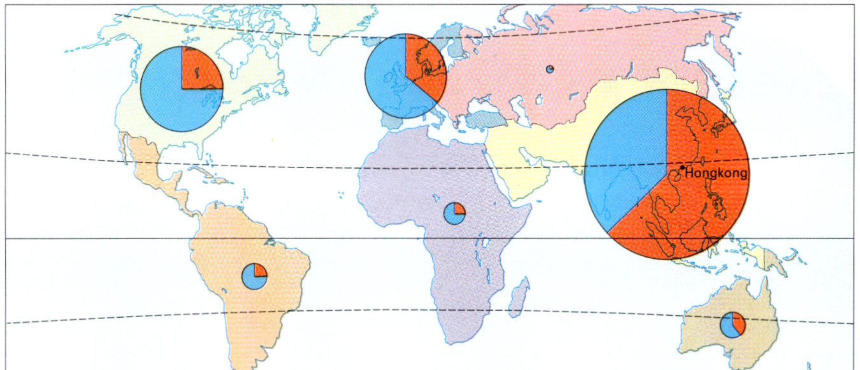

F. HONGKONG: COMMERCE EXTÉRIEUR
1 : 275000000

Commerce total: 199 669 574 000 $ É-U

ASIE DE L'EST

-8000 -6000 -4000 -2000 -200 0 100 200 500 1000 2000 3000 5000 m
au-dessous du niveau de la mer

Échelle 1:12500000

0 100 200 300 400 500 km

© WN Atlas Productions

CHINE

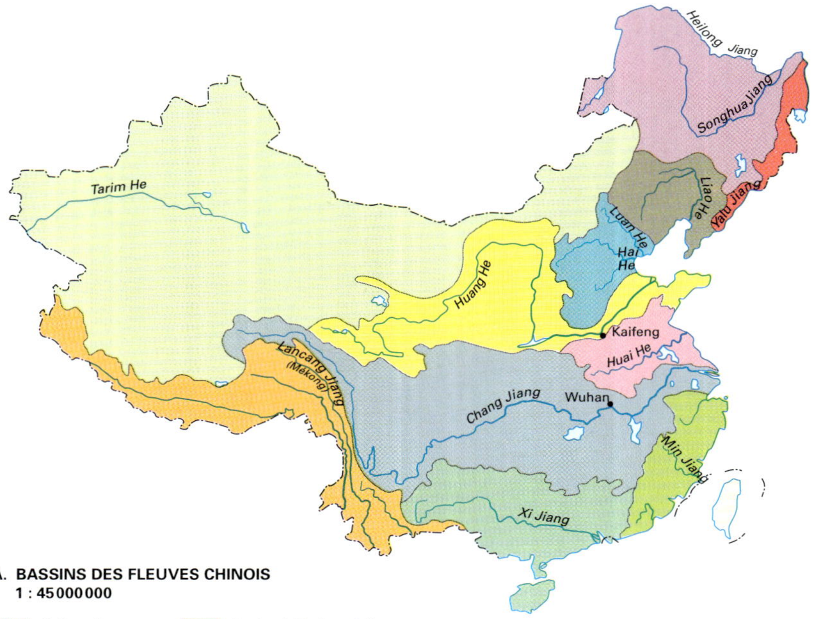

A. BASSINS DES FLEUVES CHINOIS

1 : 45 000 000

- Heilong Jiang
- Liao He
- Hai He - Luan He
- Huang He
- Huai He
- Chang Jiang
- Bassins de Zhejiang, Fujian
- Xi Jiang
- Bassins de Chine du Sud-Ouest
- Bassins intérieurs
- Yalu Jiang - Tumen Jiang

B. PROFILS EN LONG DES DEUX PRINCIPAUX FLEUVES CHINOIS

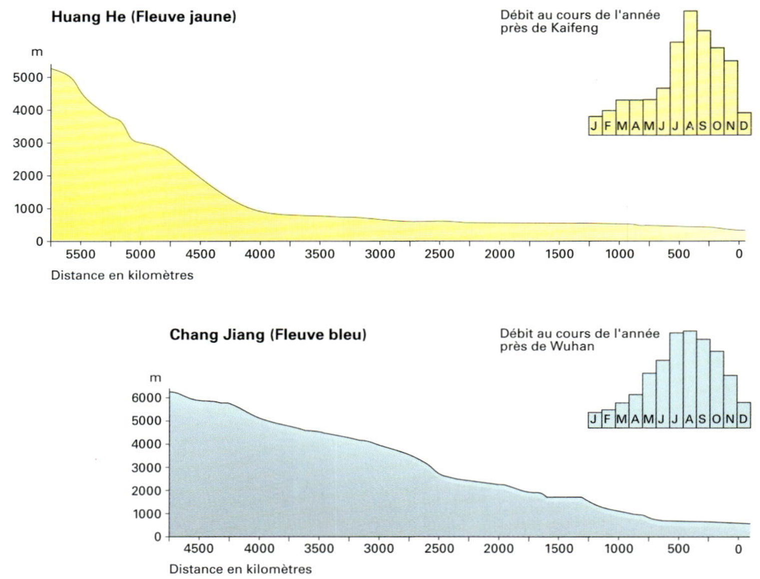

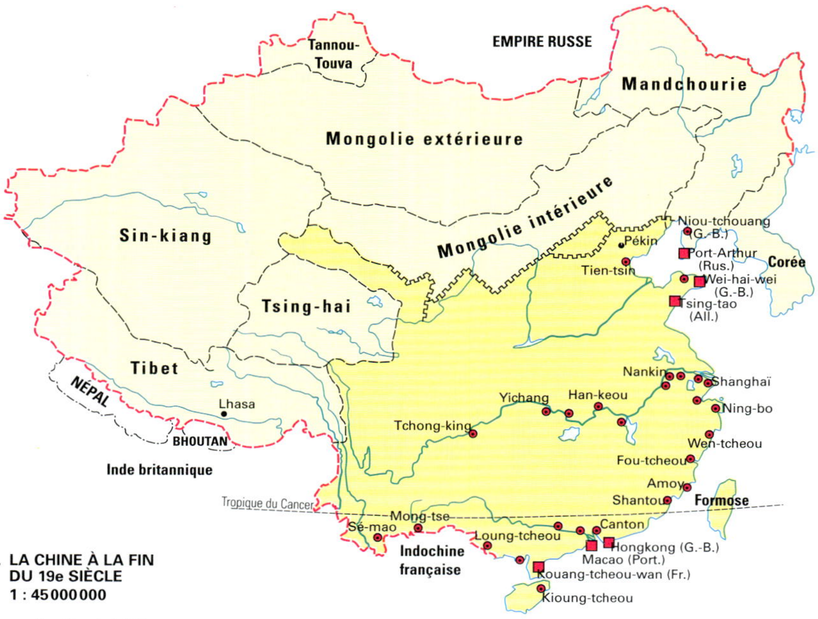

C. LA CHINE À LA FIN DU 19e SIÈCLE

1 : 45 000 000

- Frontière de la Chine
- Berceau de la Chine
- Extension de la Chine
- Grande Muraille
- Colonies européennes
- Ports et villes ouverts

D. DIVISIONS ADMINISTRATIVES

1 : 45 000 000

CHINE, Provinces

1. Heilongjiang
2. Jilin
3. Liaoning
4. Hebei
5. Shanxi
6. Shandong
7. Jiangsu
8. Anhui
9. Henan
10. Shaanxi
11. Gansu
12. Qinghai
13. Sichuan
14. Hubei
15. Zhejiang
16. Fujian
17. Jiangxi
18. Hunan
19. Guizhou
20. Yunnan
21. Guangdong
22. Beijing Shi (Pékin)
23. Shanghai
24. Tianjin (Tientsin)
25. Hainan

CHINE, Régions autonomes

Xinjiang
Xizang (Tibet)
Ningxia
Nei Monggol (Mongolie intérieure)
Guangxi
Hongkong
Macau

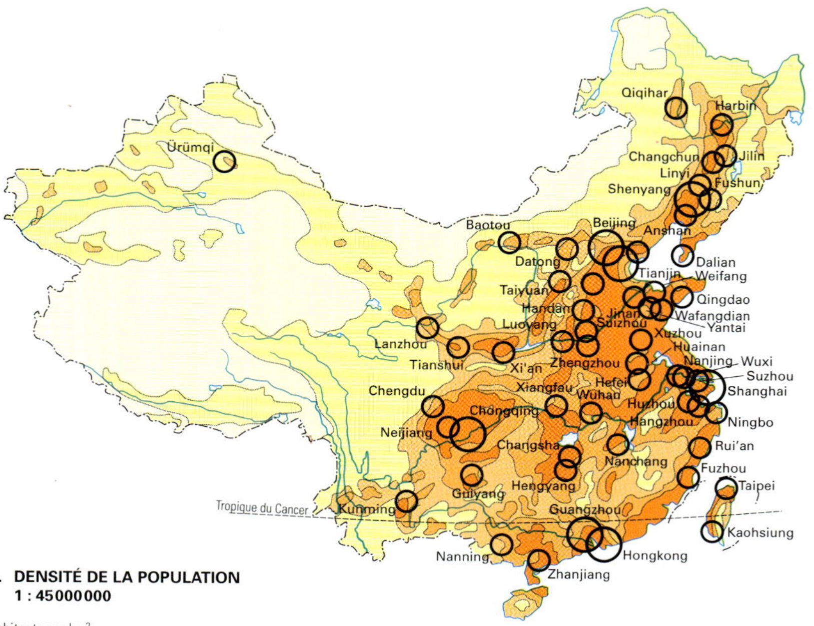

E. DENSITÉ DE LA POPULATION

1 : 45 000 000

Habitants par km²

- moins de 1
- 1 - 50
- 50 - 100
- 100 - 200
- 200 ou plus

- Agglomération de 5 M d'habitants ou plus
- Agglomération de 1 à 5 M d'habitants

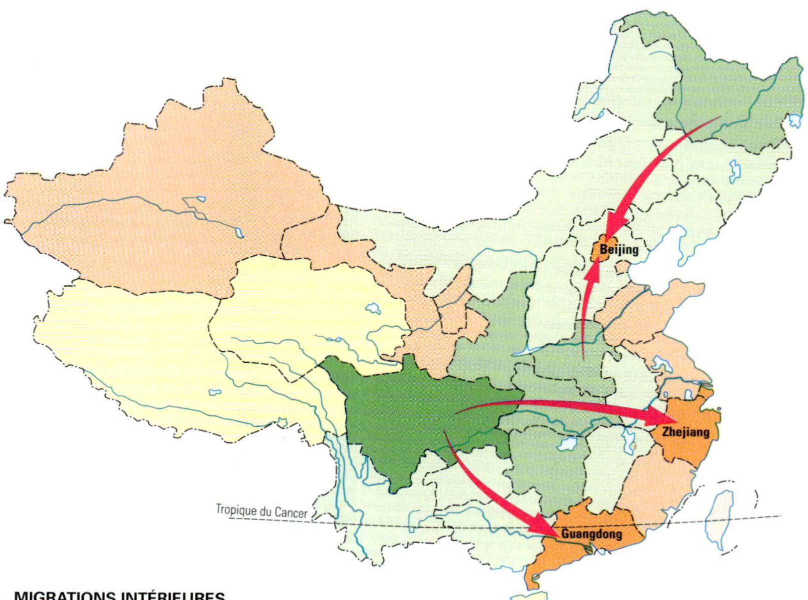

F. MIGRATIONS INTÉRIEURES

1 : 45 000 000

Solde migratoire par province, 1994 -1998

Bilan négatif
- 0 - 50 000
- 50 000 - 150 000
- 150 000 ou plus

Bilan positif
- 0 - 50 000
- 50 000 - 500 000
- 500 000 ou plus

Courant migratoire important

(Solde migratoire = différence entre le nombre des personnes entrées et sorties)

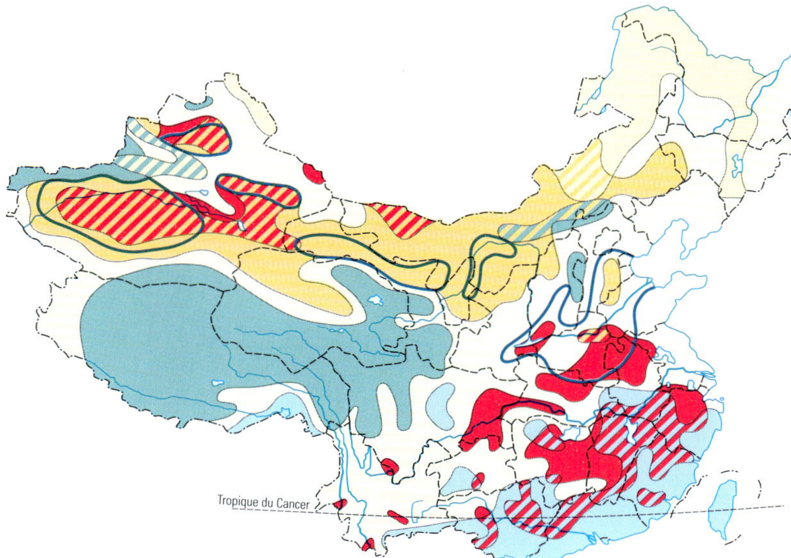

A. CIRCONSTANCES CLIMATIQUES EXCEPTIONNELLES
1 : 45 000 000

- Plus de 15 jours par an de temps hivernal très froid (<-30°C)
- Plus de 20 jours par an de temps estival très chaud (>35°C)
- Plus de 5 jours par an de tempêtes pluvieuses (>50mm)
- Plus de 5 jours par an de tempêtes de sable
- Plus de 5 jours par an de tempêtes de grêle
- Plus de 3 jours par an de vents chauds

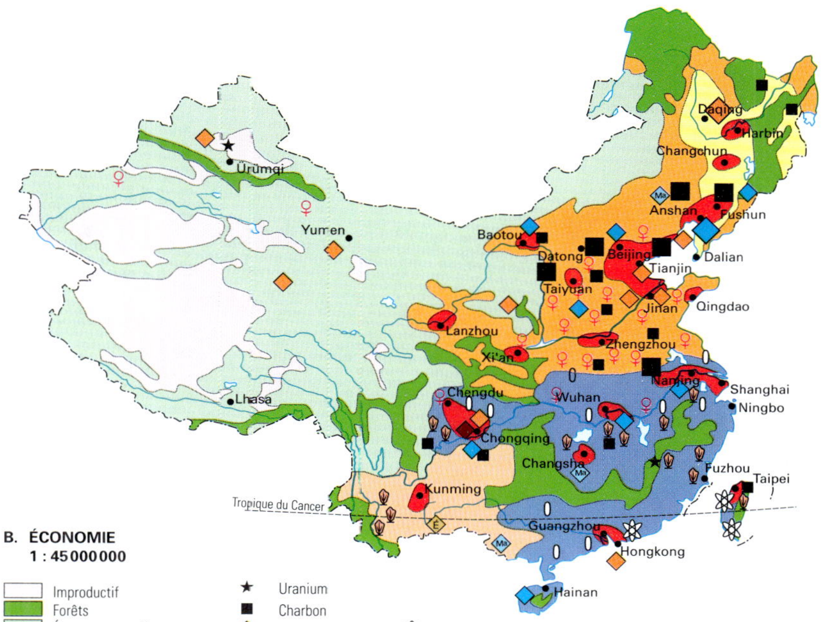

B. ÉCONOMIE
1 : 45 000 000

- Improductif
- Forêts
- Élevage extensif
- Blé, maïs, kaoliang
- Soja, kaoliang, maïs
- Riz
- Autres cultures
- Région industrielle
- Uranium
- Charbon
- Pétrole
- Gaz naturel
- Minerai de fer
- Manganèse
- Étain
- Haute technologie
- Coton
- Thé
- Culture du mûrier

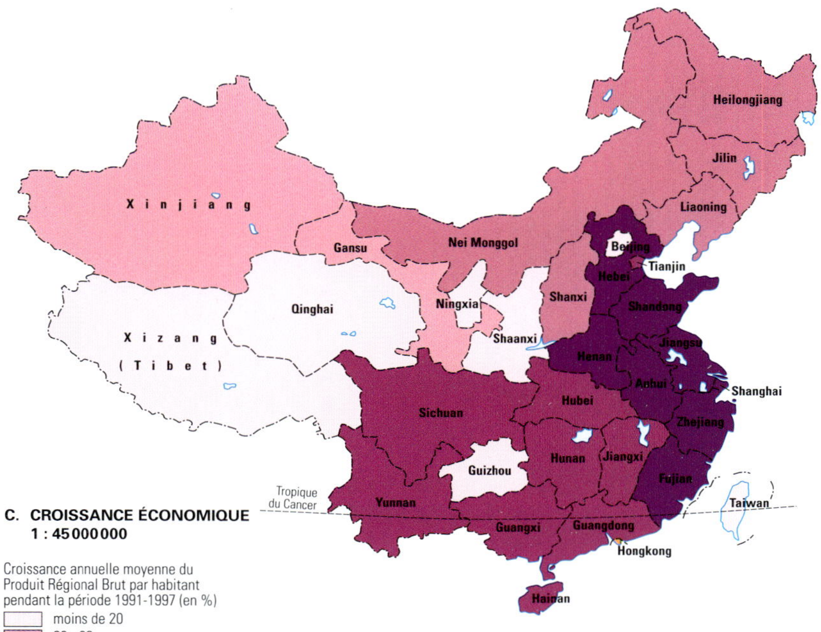

C. CROISSANCE ÉCONOMIQUE
1 : 45 000 000

Croissance annuelle moyenne du Produit Régional Brut par habitant pendant la période 1991-1997 (en %)

- moins de 20
- 20 - 22
- 22 - 24
- 24 - 26
- 26 ou plus

Ensemble du pays: 21,6%

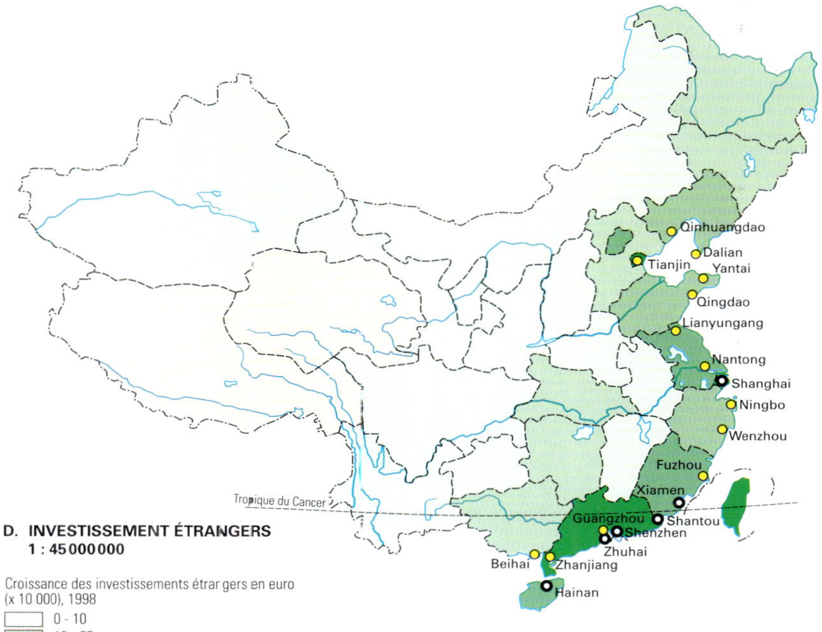

D. INVESTISSEMENT ÉTRANGERS
1 : 45 000 000

Croissance des investissements étrangers en euro (x 10 000), 1998

- 0 - 10
- 10 - 25
- 25 - 75
- 75 - 150
- 150 ou plus
- pas de données
- Zone économique spéciale (investissements étrangers illimités)
- Ville ouverte (investissements étrangers limités à l'industrie et à la recherche scientifique)

E. SHANGHAI
1 : 300 000

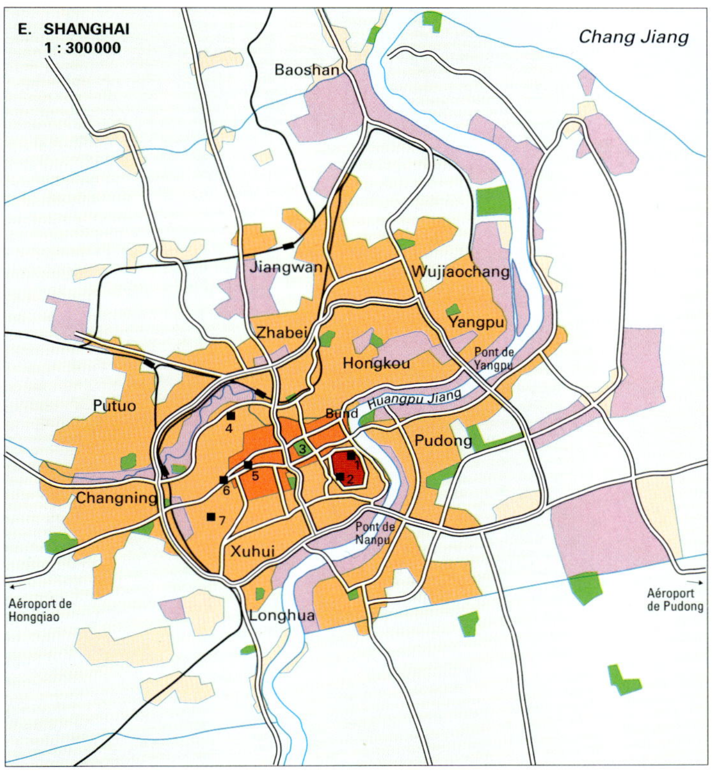

Légende pour E

- Centre des affaires
- Zone résidentielle de Shanghai
- Autres zones résidentielles
- Vieille ville de Shanghai
- Zone industrielle ou portuaire
- Parc
- Agriculture prédominante
- Chemin de fer et gare
- Route principale
- Autres routes

1. Jardins et bazar de Yuyuan
2. Temple de Confucius
3. Parc Renmin
4. Temple du Bouddha de Jade
5. Centre des expositions
6. Palais des enfants
7. Université de Jiaotong

Légende pour F

- Constructions avant 1949
- Extensions après 1949
- Autres constructions
- Ville Interdite (Musée du Palais)
- Industrie
- Parc
- Agriculture prédominante
- Chemin de fer et gare
- Route principale
- Autres routes
- Mur de la ville

1. Palais du Peuple (Parlement)
2. Porte de la Paix céleste
3. Musée

F. BEIJING (PÉKIN)
1 : 300 000

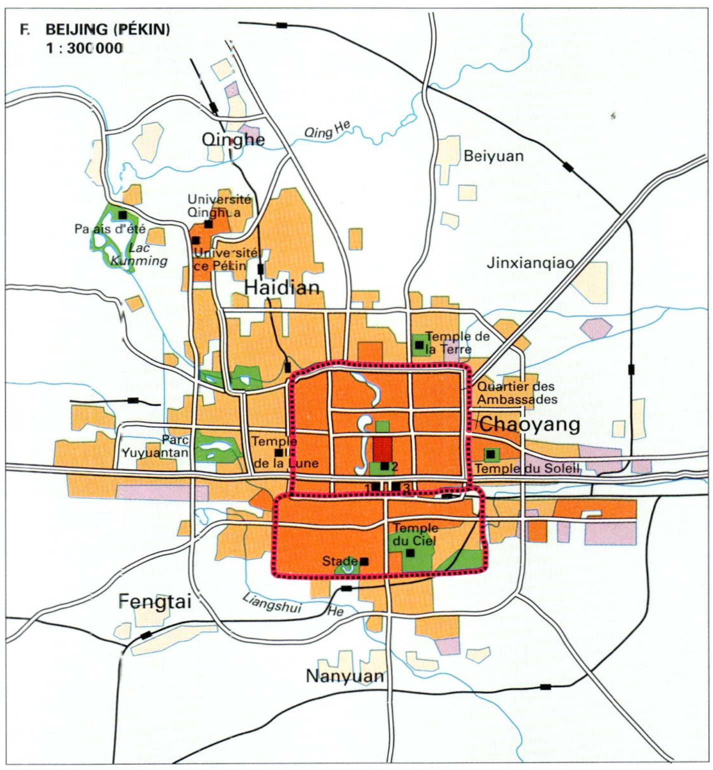

CORÉE DU SUD / TAIWAN

-2000 -200 0 100 200 500 1000 1500 3000 m

A. CORÉE DU SUD: PHYSIQUE
1 : 6000000

B. CORÉE DU SUD: DENSITÉ DE LA POPULATION
1 : 6000000

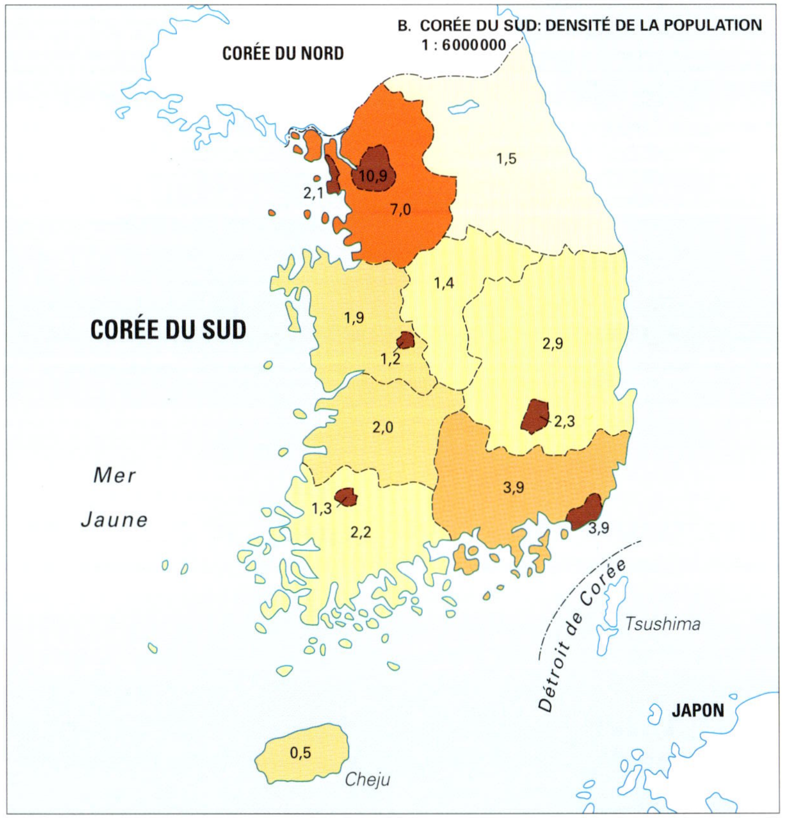

C. CORÉE DU SUD: ÉCONOMIE
1 : 6000000

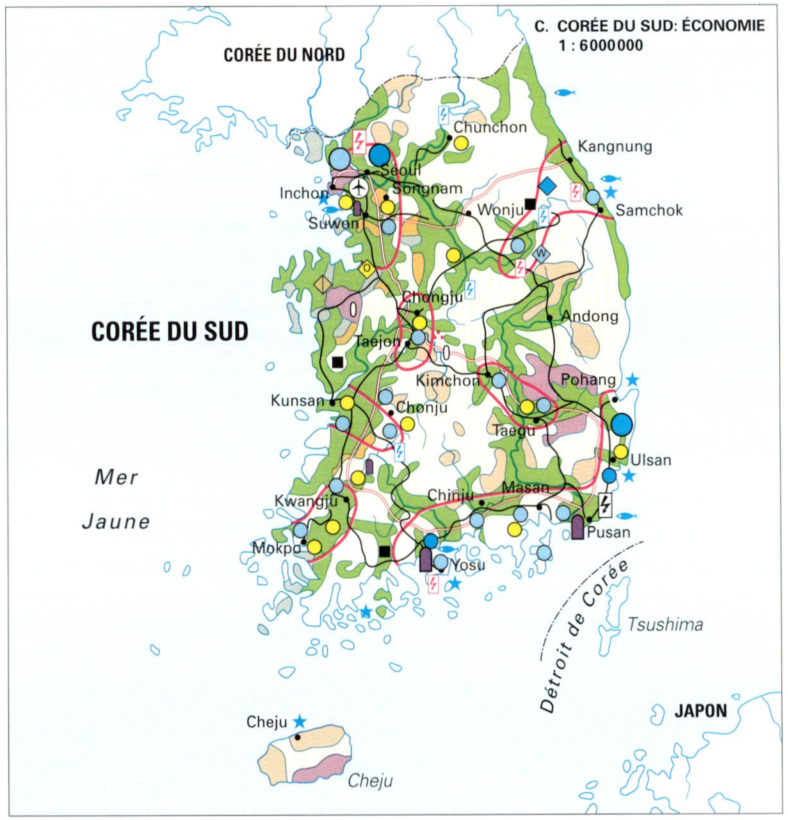

D. TAIWAN: PHYSIQUE
1 : 4000000

E. TAIWAN: DENSITÉ DE LA POPULATION
1 : 4000000

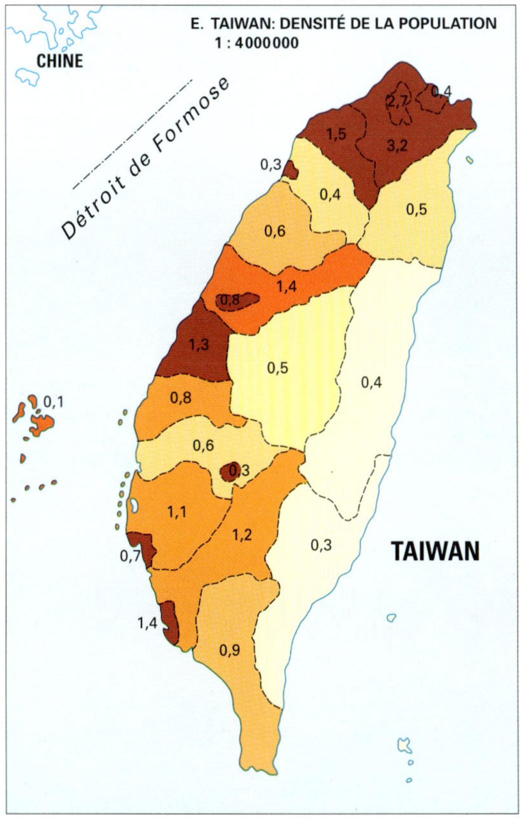

F. TAIWAN: ÉCONOMIE
1 : 4000000

Légende pour B et E:

Habitants par km²

- moins de 100
- 100 - 200
- 200 - 300
- 300 - 400
- 400 - 600
- 600 - 1000
- 1000 ou plus
- 1,3 Millions d'habitants

Données de Taiwan: 1994
Données de Corée du Sud: 1993

Légende pour C et F:

Agriculture

- Rizières, l'été: riz; l'hiver: céréales, légumes ou jachère
- Cultures sèches sur terrasses alluviales
- Cultures sèches de plaine
- Cultures sèches sur terrasses artificielles
- Fruits
- Canne à sucre
- Tabac
- Thé
- Mûrier
- Aquaculture

Légende pour C et F, suite:

Communications

- Voie ferrée
- Autoroute
- Aéroport international

Industrie

- Régions industrielles
- Ports principaux
- Centre d'industrie lourde - sidérurgie, traitement des métaux, chimie de base
- Centre d'industrie différenciée - métallurgie, constructions mécaniques, produits chimiques, papier
- Centre d'industrie légère - mécanique de précision, textile, agro-alimentaire
- Raffinage pétrolier

Énergie / Mines

- Centrale thermique
- Centrale hydro-électrique
- Centrale nucléaire
- Gaz naturel
- Charbon
- Minerai de fer
- Wolfram (tungstène)
- Plomb et zinc
- Or
- Soufre

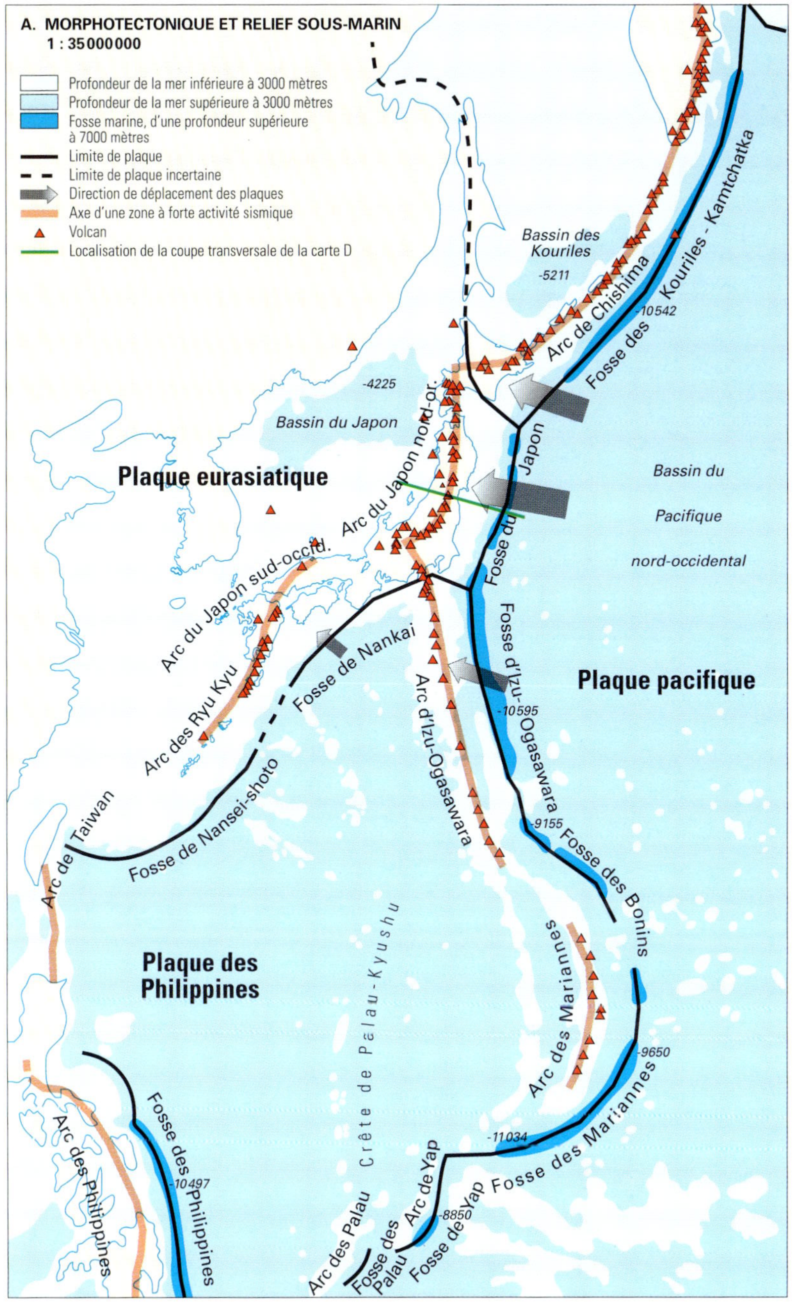

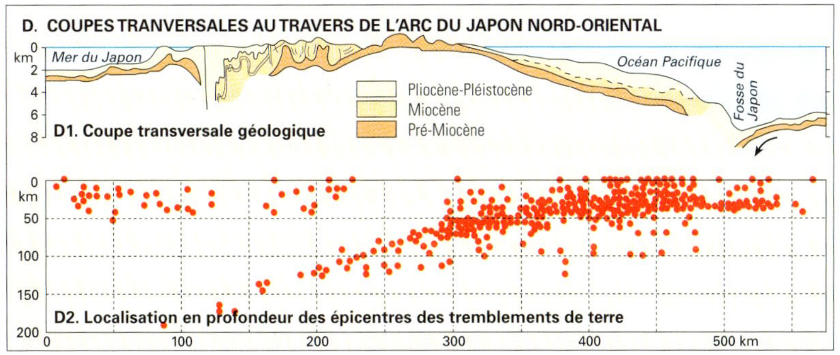

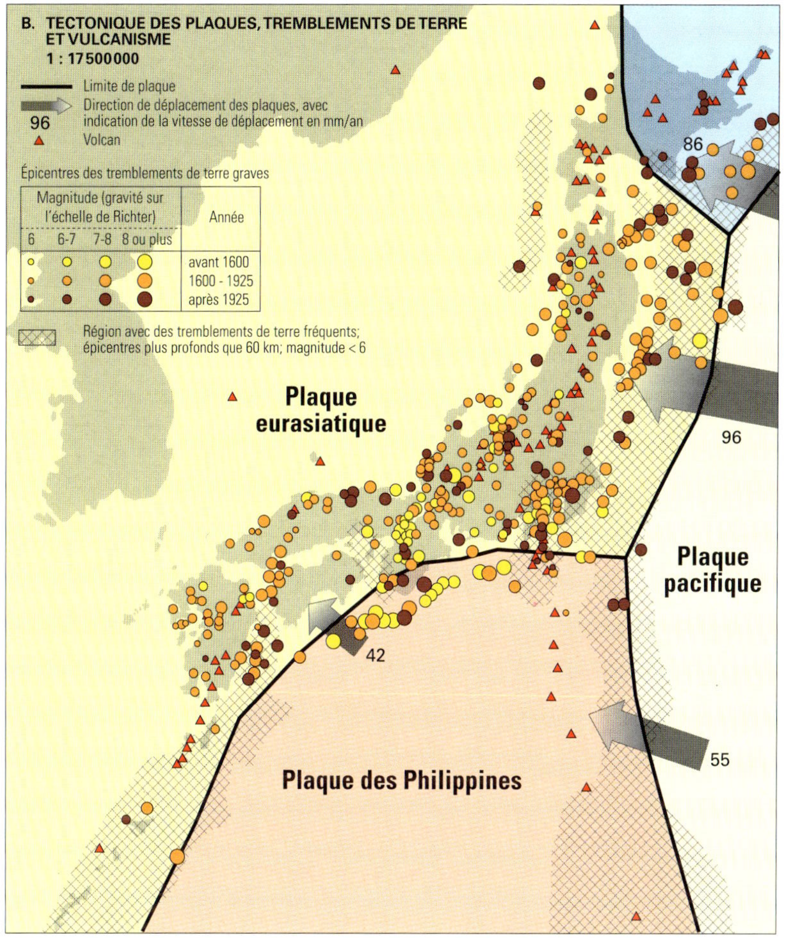

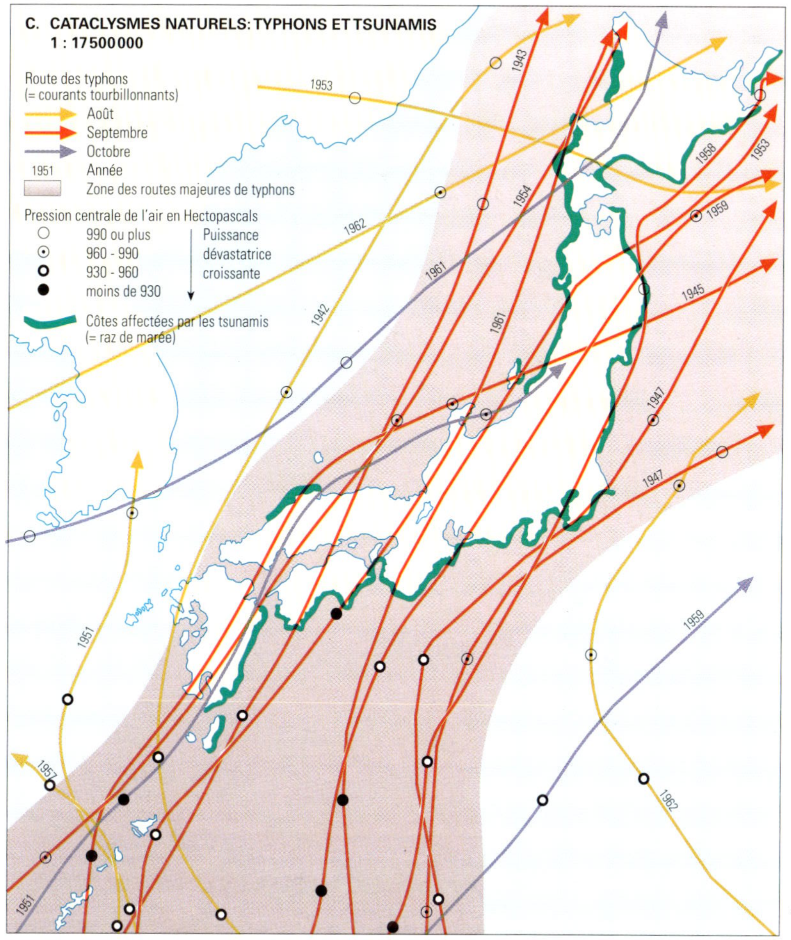

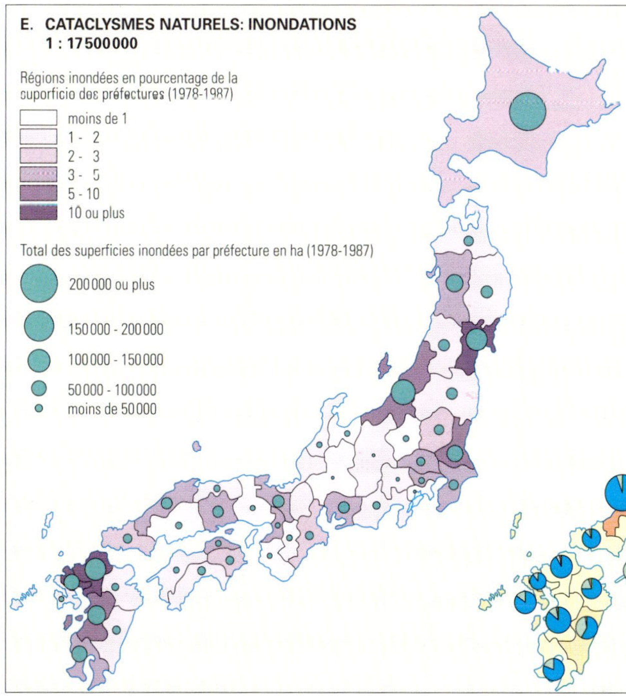

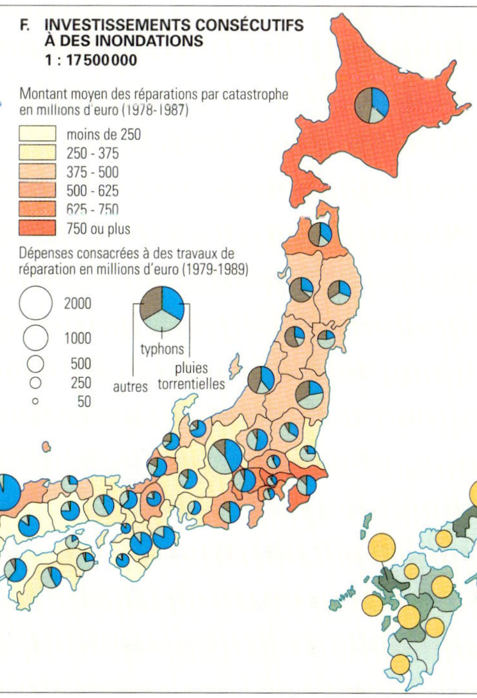

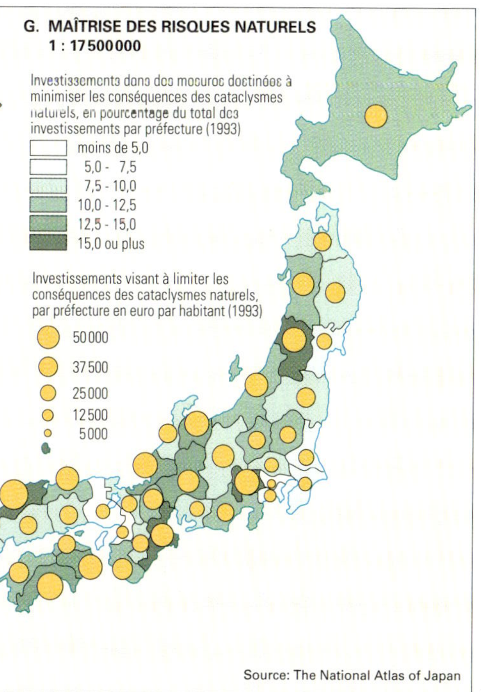

Source: The National Atlas of Japan

JAPON

-8000 -6000 -4000 -2000 -200 0 100 200 500 1000 2000 3000 5000 m

Échelle 1:8000000

0 100 200 300 km

A. ÉCONOMIE
1 : 15000000

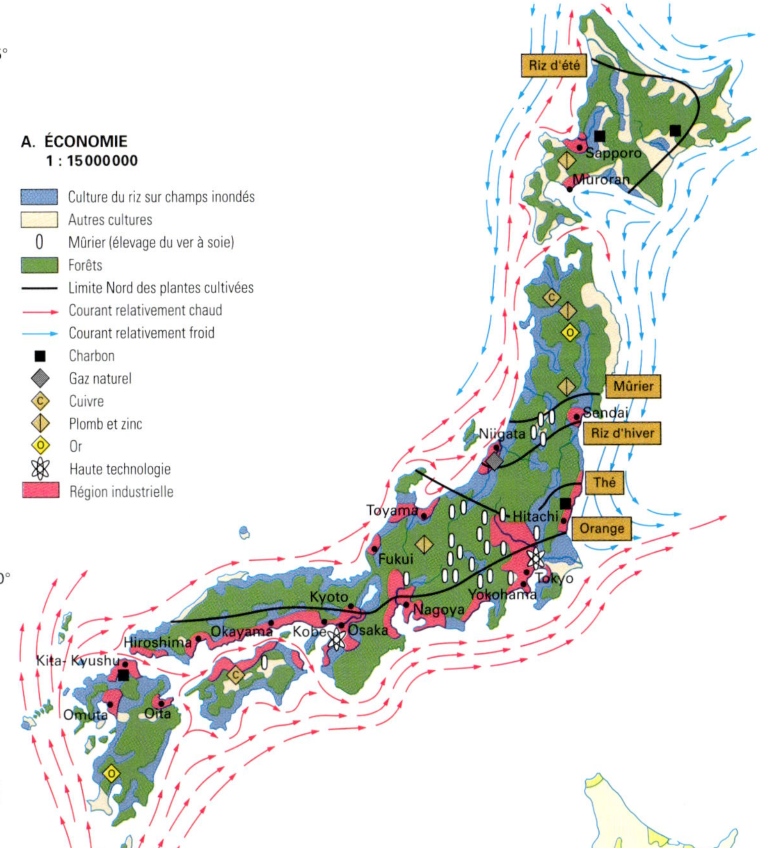

B. DENSITÉ DE LA POPULATION
1 : 15000000

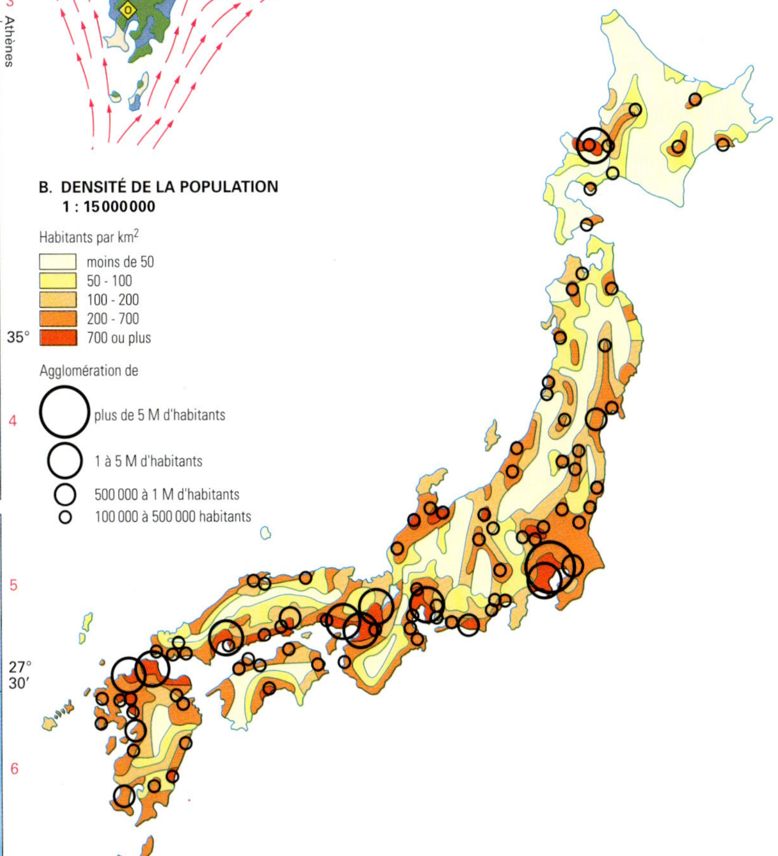

Légende pour A

Agriculture

- Rizières. L'été: riz; l'hiver: céréales, légumes ou jachère
- Cultures sèches sur terrasses alluviales
- Cultures sèches sur terrasses artificielles
- Cultures sèches de plaine
- Élevage
- Fruits
- Vignoble
- Fleurs
- Canne à sucre
- Tabac
- Thé
- Mûrier
- Aquaculture
- Canal d'irrigation

Communications

- Train à grande vitesse (Shinkansen)
- Voie ferrée
- Autoroute
- Aéroport international

Industrie

- Régions industrielles
- Ports principaux
- Centre d'industrie lourde – sidérurgie, traitement des métaux, chimie de base
- Centre d'industrie différenciée – métallurgie, constructions mécaniques, produits chimiques, papier
- Centre d'industrie légère – mécanique de précision, textile, agro-alimentaire

Énergie / Mines

- Centrale thermique
- Centrale hydro-électrique
- Centrale nucléaire
- Gaz naturel
- Charbon
- Plomb et zinc
- Cuivre
- Étain
- Or
- Soufre

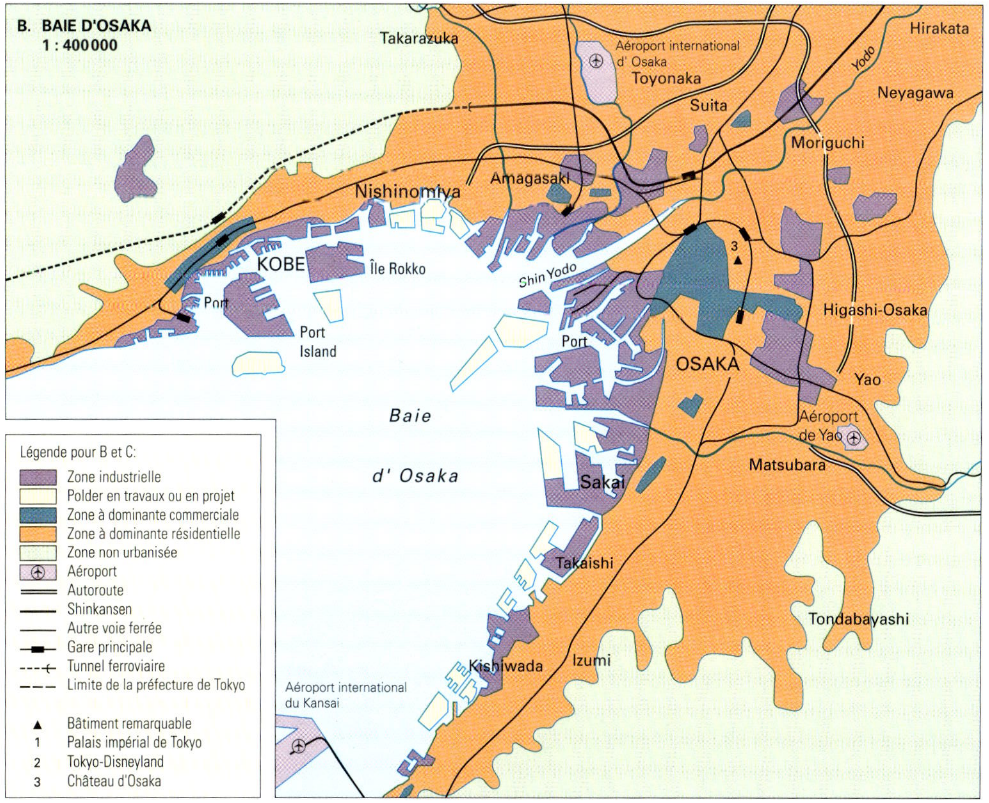

Légende pour B et C:

- Zone industrielle
- Polder en travaux ou en projet
- Zone à dominante commerciale
- Zone à dominante résidentielle
- Zone non urbanisée
- Aéroport
- Autoroute
- Shinkansen
- Autre voie ferrée
- Gare principale
- Tunnel ferroviaire
- Limite de la préfecture de Tokyo
- ▲ Bâtiment remarquable
- 1 Palais impérial de Tokyo
- 2 Tokyo-Disneyland
- 3 Château d'Osaka

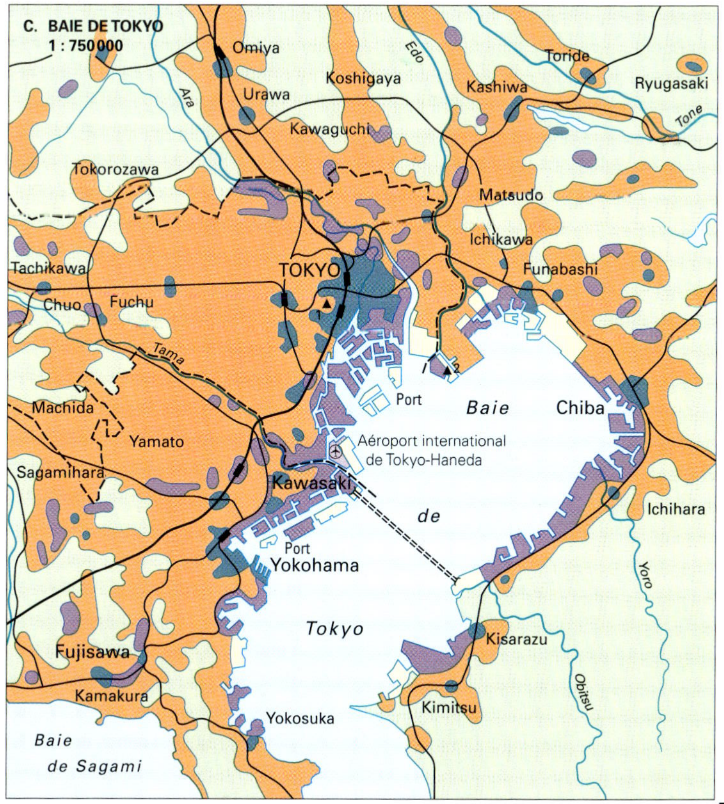

AFRIQUE

Échelle 1 : 25 000 000

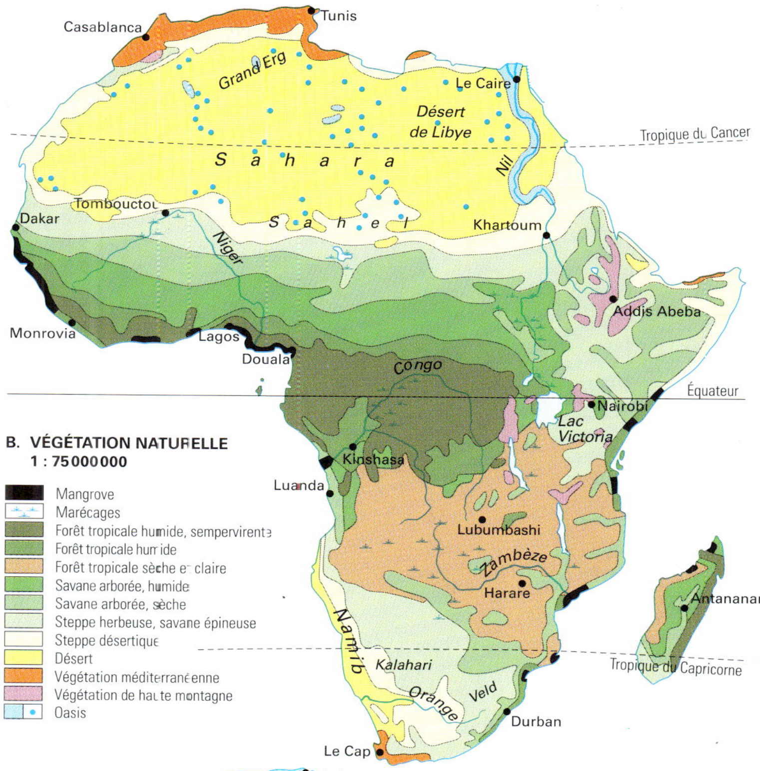

B. VÉGÉTATION NATURELLE
1 : 75 000 000

- Mangrove
- Marécages
- Forêt tropicale humide, sempervirente
- Forêt tropicale humide
- Forêt tropicale sèche et claire
- Savane arborée, humide
- Savane arborée, sèche
- Steppe herbeuse, savane épineuse
- Steppe désertique
- Désert
- Végétation méditerranéenne
- Végétation de haute montagne
- Oasis

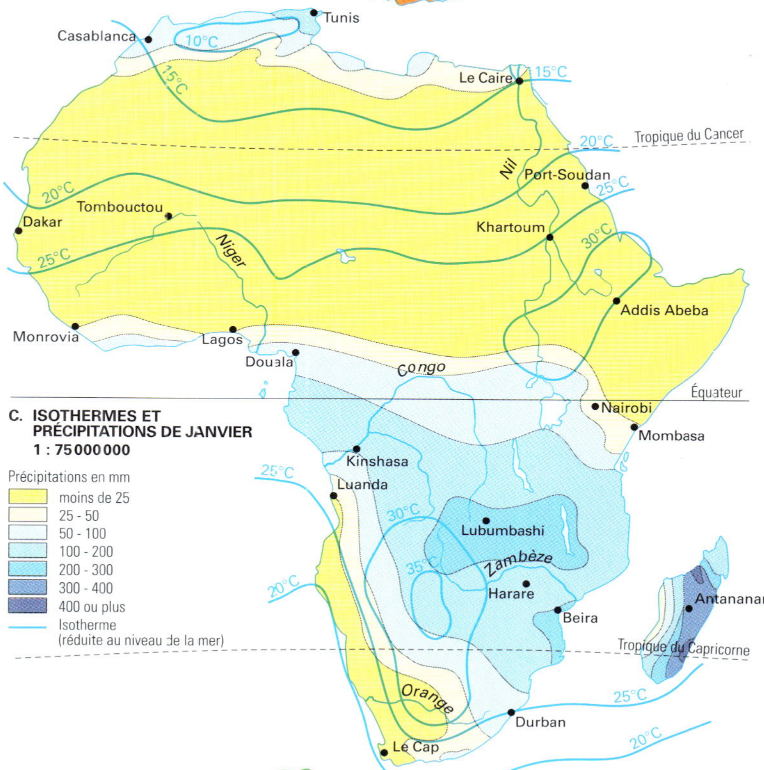

C. ISOTHERMES ET PRÉCIPITATIONS DE JANVIER
1 : 75 000 000

Précipitations en mm
- moins de 25
- 25 - 50
- 50 - 100
- 100 - 200
- 200 - 300
- 300 - 400
- 400 ou plus
- Isotherme (réduite au niveau de la mer)

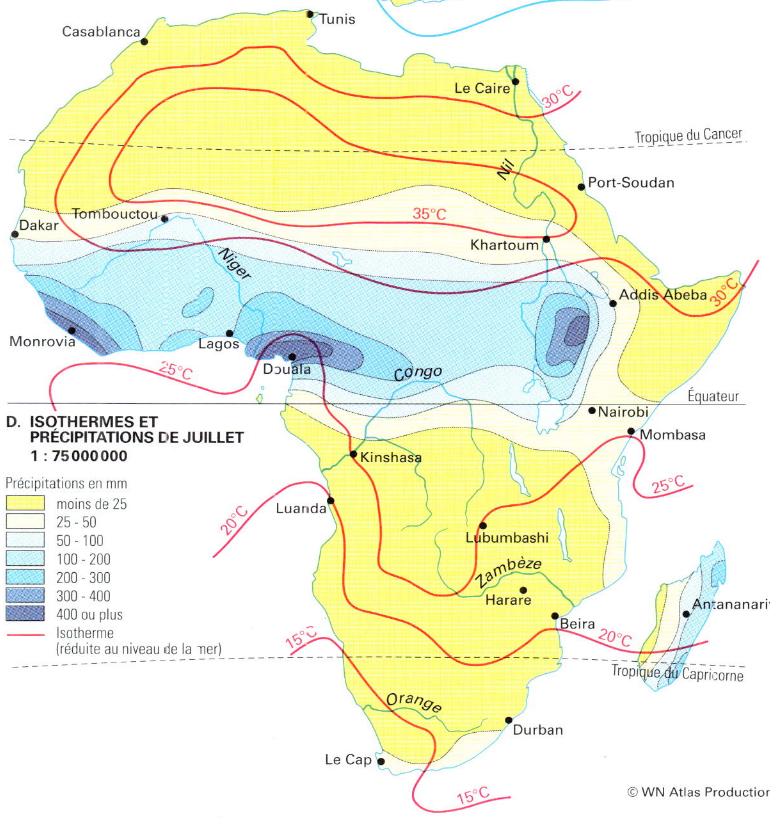

D. ISOTHERMES ET PRÉCIPITATIONS DE JUILLET
1 : 75 000 000

Précipitations en mm
- moins de 25
- 25 - 50
- 50 - 100
- 100 - 200
- 200 - 300
- 300 - 400
- 400 ou plus
- Isotherme (réduite au niveau de la mer)

AFRIQUE POLITIQUE

B. L'AFRIQUE EN 1937
1 : 75 000 000

C. LA DÉCOLONISATION

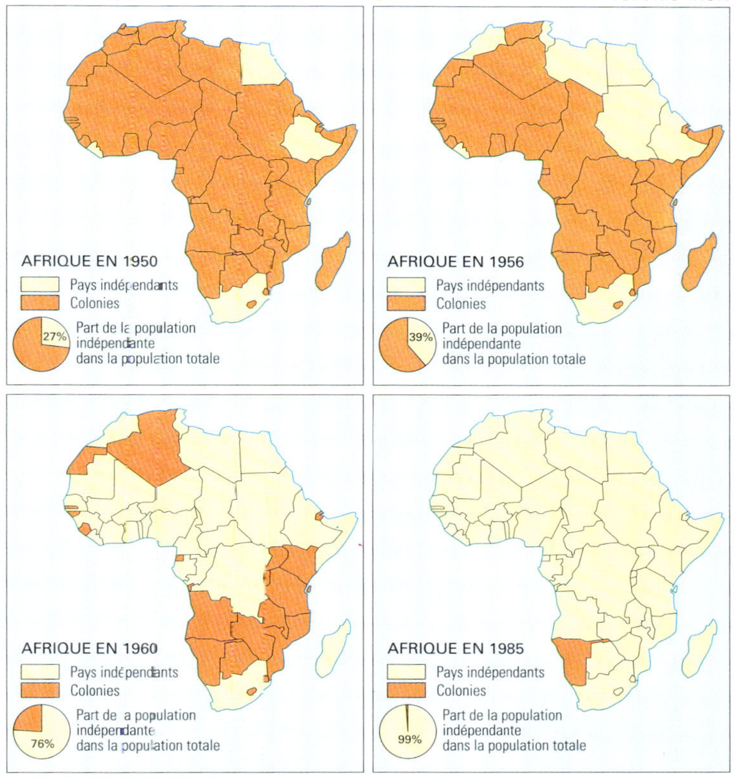

D. PRODUIT NATIONAL BRUT
1 : 75 000 000

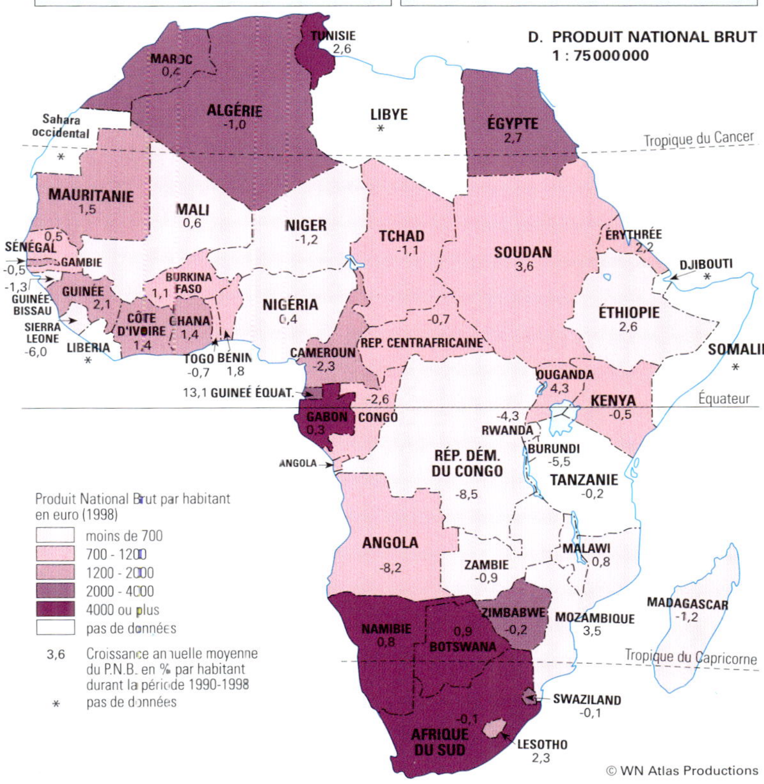

AFRIQUE

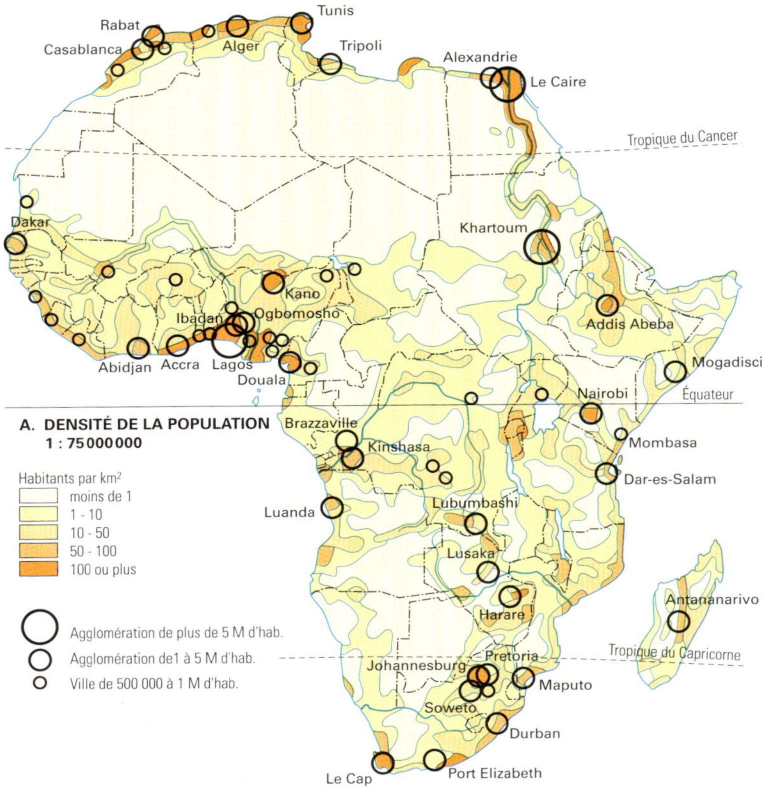

A. DENSITÉ DE LA POPULATION
1 : 75 000 000

Habitants par km²
- moins de 1
- 1 - 10
- 10 - 50
- 50 - 100
- 100 ou plus

- Agglomération de plus de 5 M d'hab.
- Agglomération de1 à 5 M d'hab.
- Ville de 500 000 à 1 M d'hab.

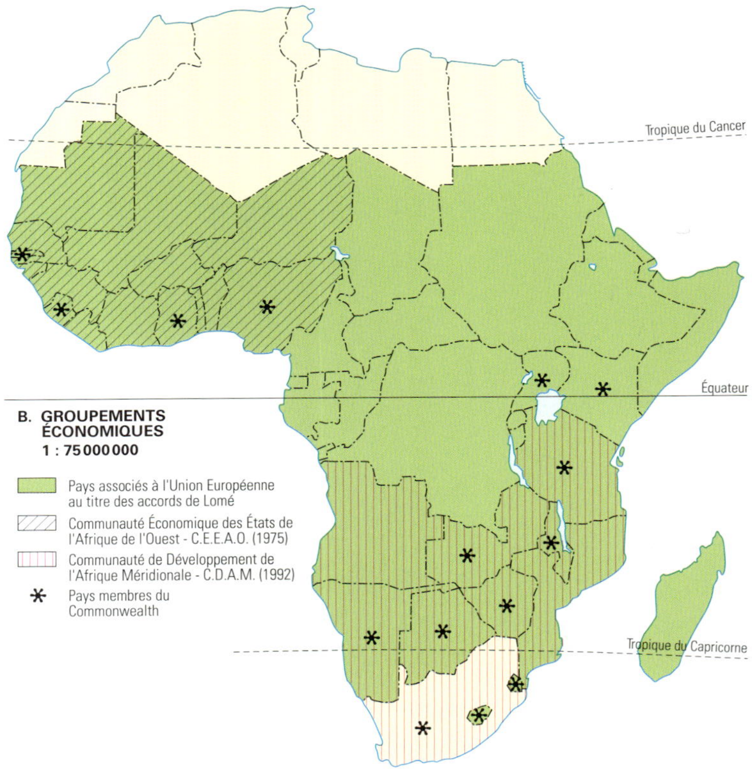

B. GROUPEMENTS ÉCONOMIQUES
1 : 75 000 000

- Pays associés à l'Union Européenne au titre des accords de Lomé
- Communauté Économique des États de l'Afrique de l'Ouest - C.E.E.A.O. (1975)
- Communauté de Développement de l'Afrique Méridionale - C.D.A.M. (1992)
- * Pays membres du Commonwealth

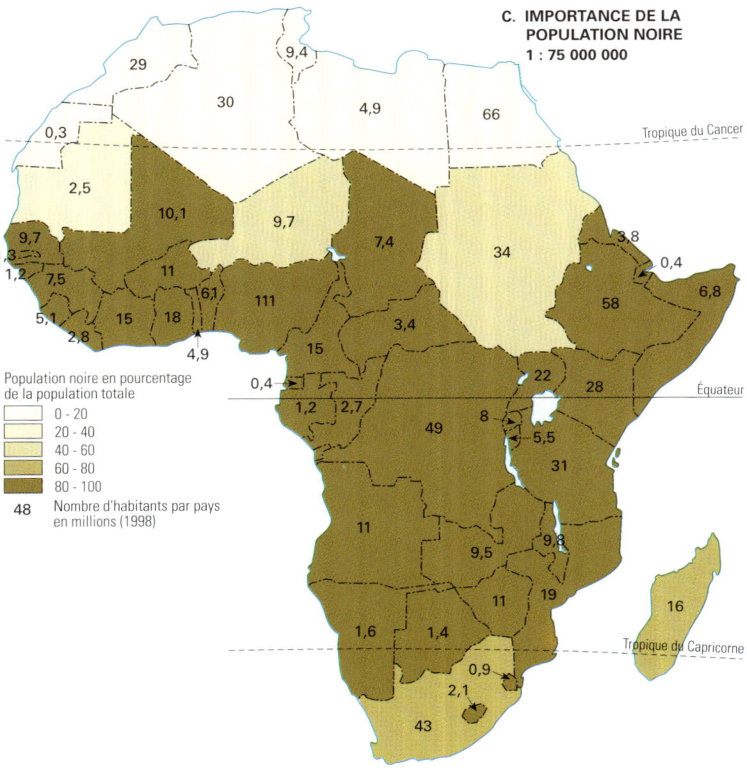

C. IMPORTANCE DE LA POPULATION NOIRE
1 : 75 000 000

Population noire en pourcentage de la population totale
- 0 - 20
- 20 - 40
- 40 - 60
- 60 - 80
- 80 - 100

48 Nombre d'habitants par pays en millions (1998)

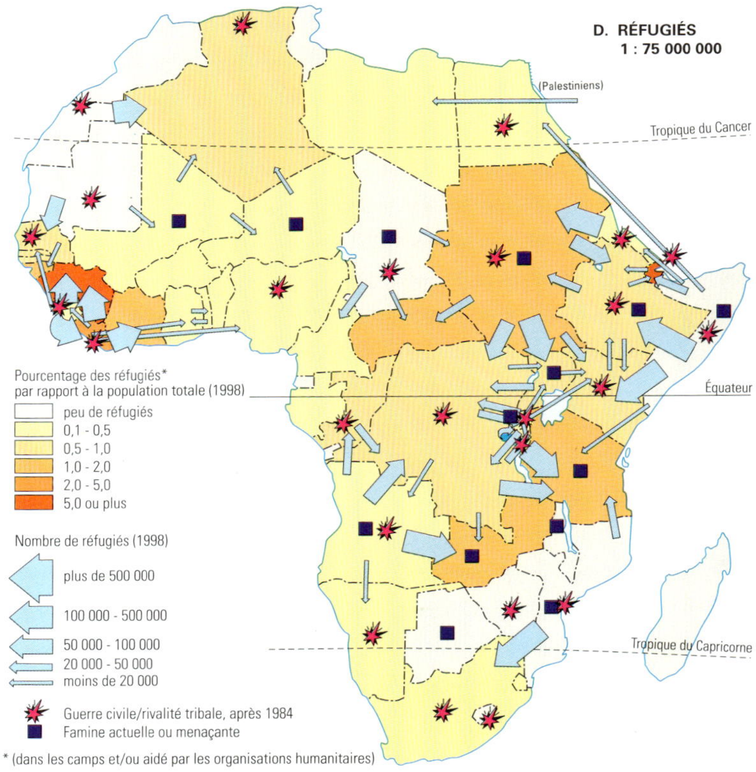

D. RÉFUGIÉS
1 : 75 000 000

Pourcentage des réfugiés* par rapport à la population totale (1998)
- peu de réfugiés
- 0,1 - 0,5
- 0,5 - 1,0
- 1,0 - 2,0
- 2,0 - 5,0
- 5,0 ou plus

Nombre de réfugiés (1998)
- plus de 500 000
- 100 000 - 500 000
- 50 000 - 100 000
- 20 000 - 50 000
- moins de 20 000

- Guerre civile/rivalité tribale, après 1984
- Famine actuelle ou menaçante

* (dans les camps et/ou aidé par les organisations humanitaires)

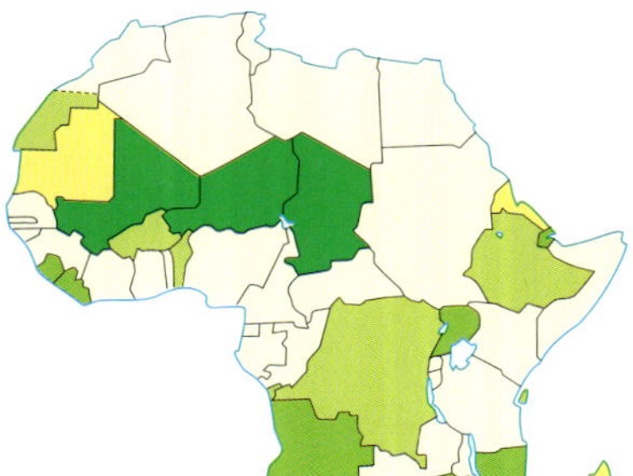

E. TAUX DE NATALITÉ
1 : 150 000 000

Total des naissances pour 1000 habitants (2000)
- moins de 43
- 43 - 45
- 45 - 47
- 47 - 49
- 49 ou plus

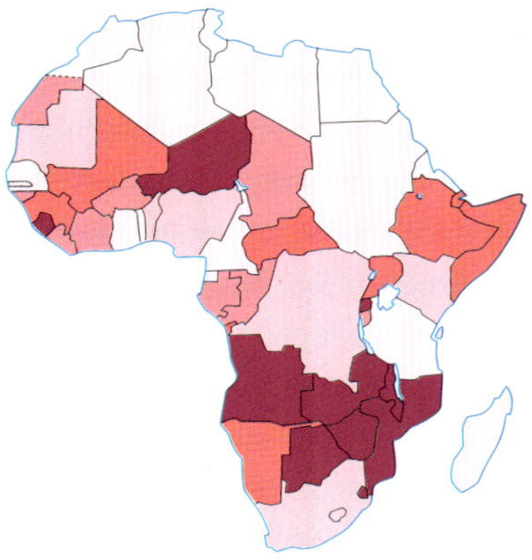

F. TAUX DE MORTALITÉ
1 : 150 000 000

Total des décès pour 1000 habitants (2000)
- moins de 14
- 14 - 16
- 16 - 18
- 18 - 20
- 20 ou plus

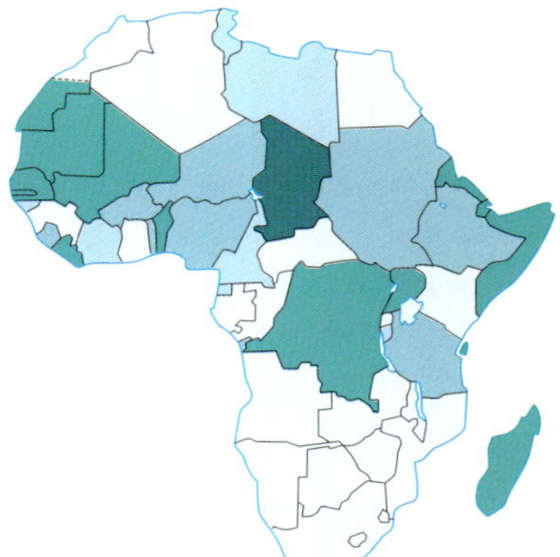

G. ACCROISSEMENT NATUREL
1 : 150 000 000

Nombre de naissances moins nombre de décès pour 1000 habitants (2000)
- moins de 23
- 23 - 26
- 26 - 29
- 29 - 32
- 32 ou plus

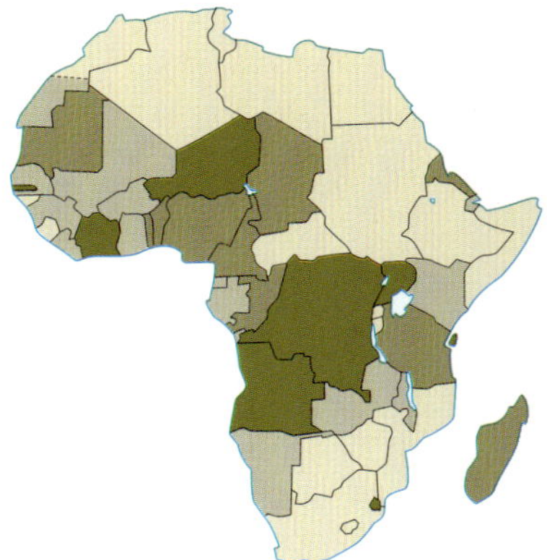

H. ACCROISSEMENT DE LA POPULATION
1 : 150 000 000

Croissance annuelle moyenne de la population en % (1990-2000)
- moins de 2,4
- 2,4 - 2,7
- 2,7 - 3,0
- 3,0 ou plus

AFRIQUE

A. ÉCONOMIE
1 : 40 000 000

- Agriculture méditerranéenne
- Zone irriguée
- Forêts ou savanes modifiées par des cultures de subsistance ou des cultures commerciales (localement)
- Steppes à élevage extensif modifiées par des cultures de subsistance ou des cultures commerciales (localement)
- Élevage nomade; incultes
- Riz
- Canne à sucre
- Tabac
- Café
- Cacao
- Thé
- Agrumes
- Olivier
- Dattier (oasis)
- Clous de girofle
- Palmier à huile, arachides
- Caoutchouc
- Coton
- Sisal

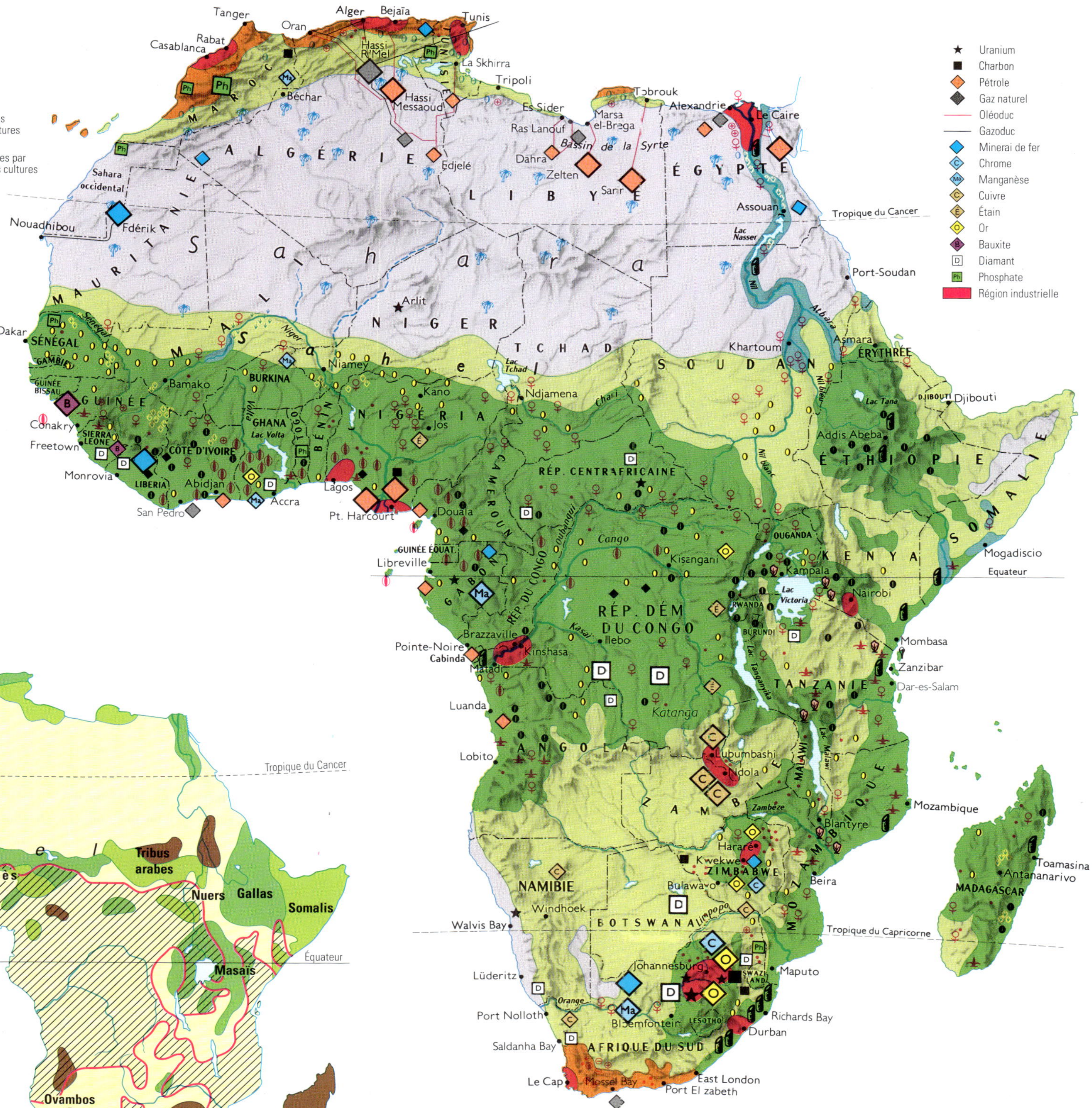

- Uranium
- Charbon
- Pétrole
- Gaz naturel
- Oléoduc
- Gazoduc
- Minerai de fer
- Chrome
- Manganèse
- Cuivre
- Étain
- Or
- Bauxite
- Diamant
- Phosphate
- Région industrielle

B. ÉLEVAGE
1 : 75 000 000

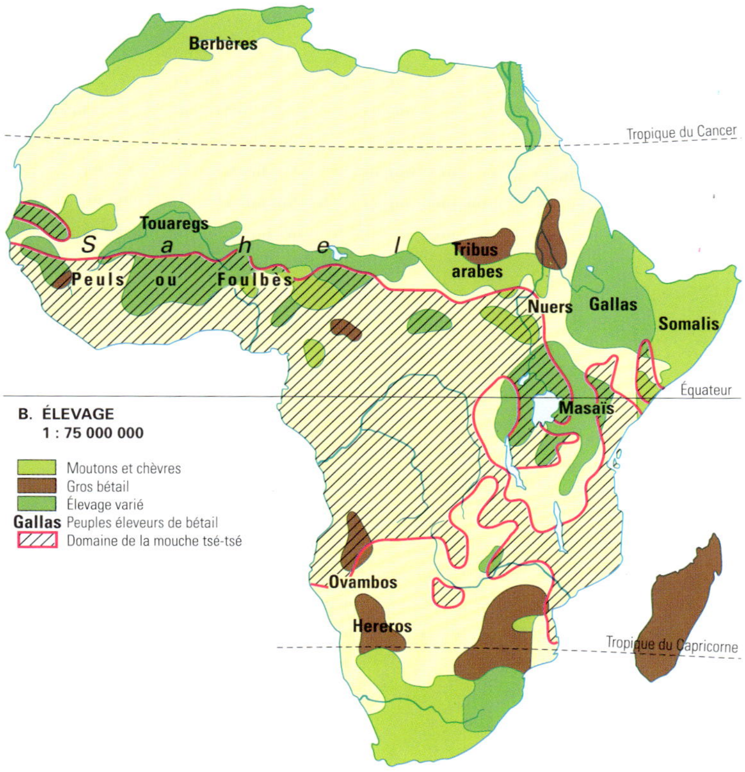

- Moutons et chèvres
- Gros bétail
- Élevage varié
- **Gallas** Peuples éleveurs de bétail
- Domaine de la mouche tsé-tsé

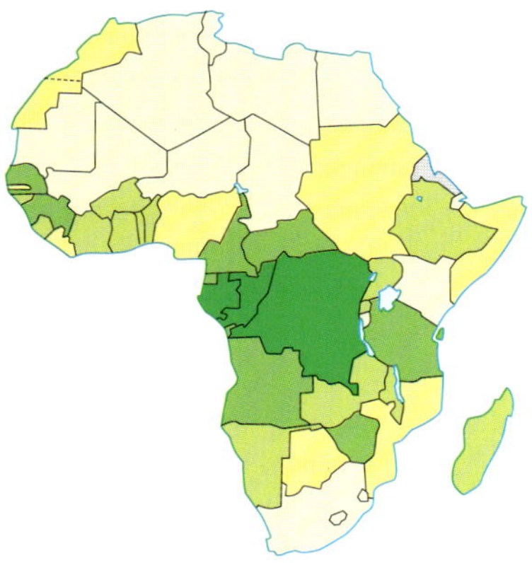

C. SYLVICULTURE
1 : 150 000 000

Pourcentage des forêts par rapport à la superficie totale (1992)

- moins de 10
- 10 - 20
- 20 - 40
- 40 - 60
- 60 ou plus
- pas de données

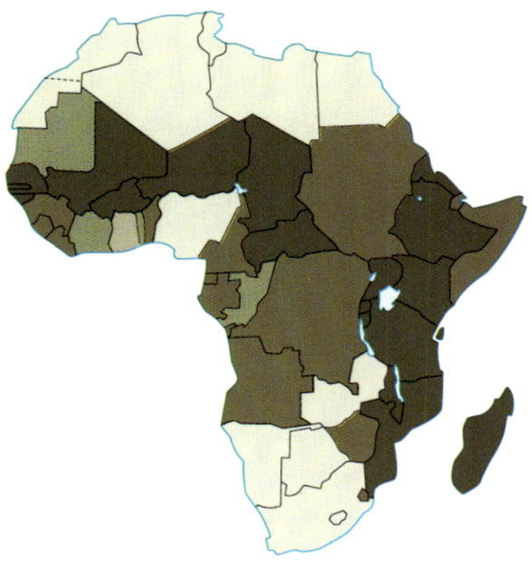

D. ACTIFS DANS LE SECTEUR PRIMAIRE
1 : 150 000 000

Pourcentage de la population active travaillant dans l'agriculture et la pêche (1992)

- moins de 50
- 50 - 60
- 60 - 70
- 70 - 80
- 80 ou plus

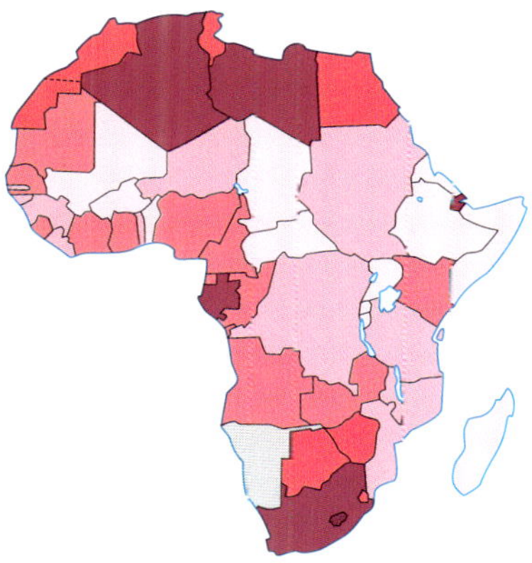

E. CONSOMMATION D'ÉNERGIE
1 : 150 000 000

Consommation d'énergie en kilogrammes équivalent charbon par habitant (1993)

- moins de 50
- 50 - 100
- 100 - 300
- 300 - 1000
- 1000 ou plus
- pas de données

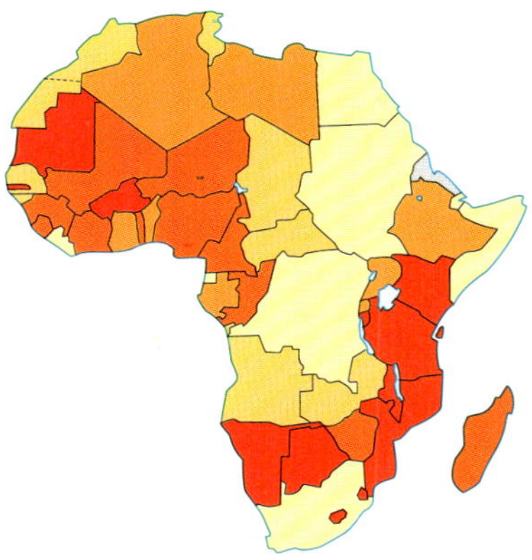

F. URBANISATION
1 : 150 000 000

Taux d'accroissement annuel de la population urbaine pour la période 1980-1993 (en %)

- moins de 3
- 3 - 4
- 4 - 5
- 5 - 6
- 6 ou plus
- pas de données

AFRIQUE DU NORD ET DE L'OUEST

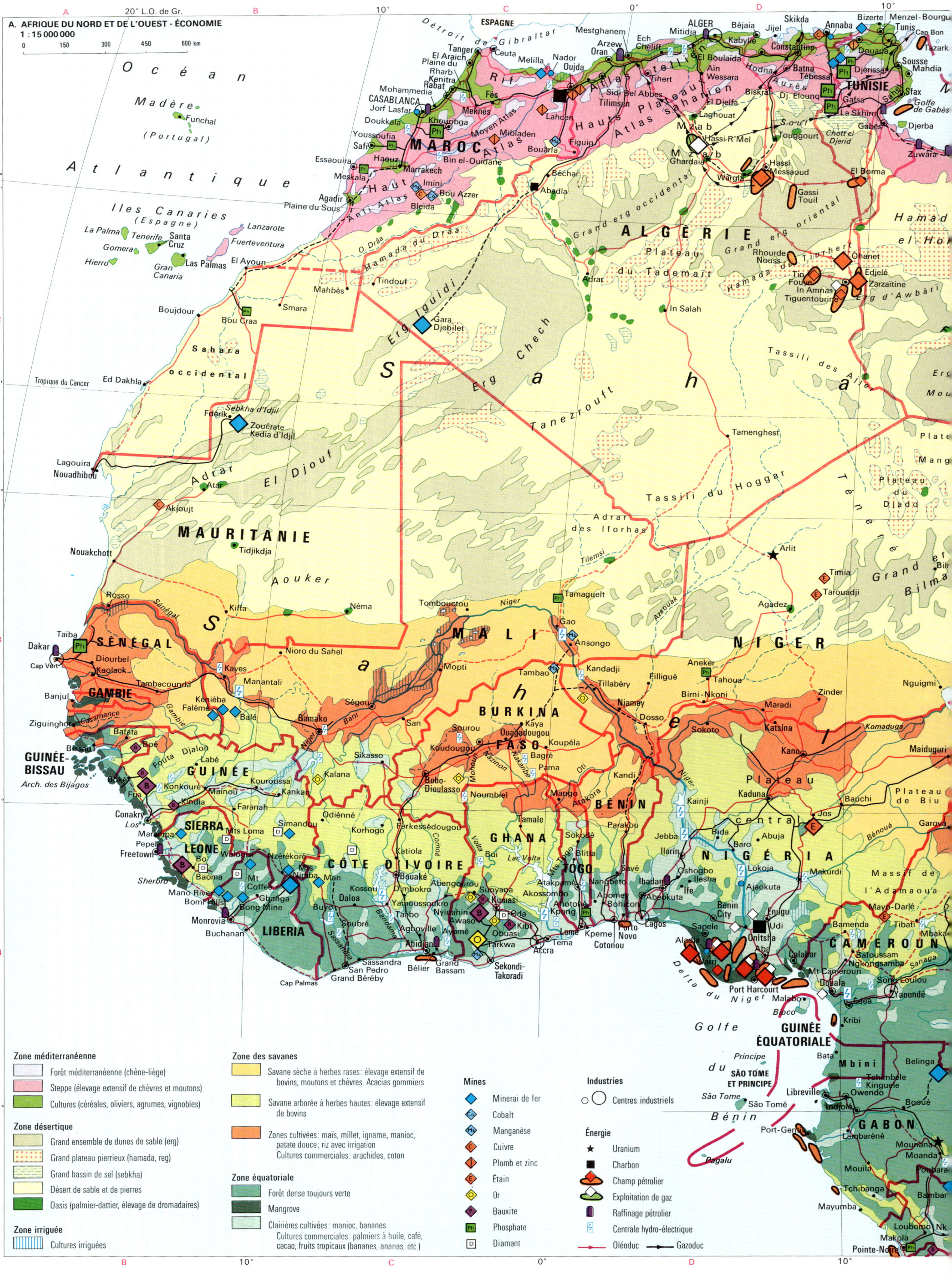

B. MAROC
1 : 9 000 000

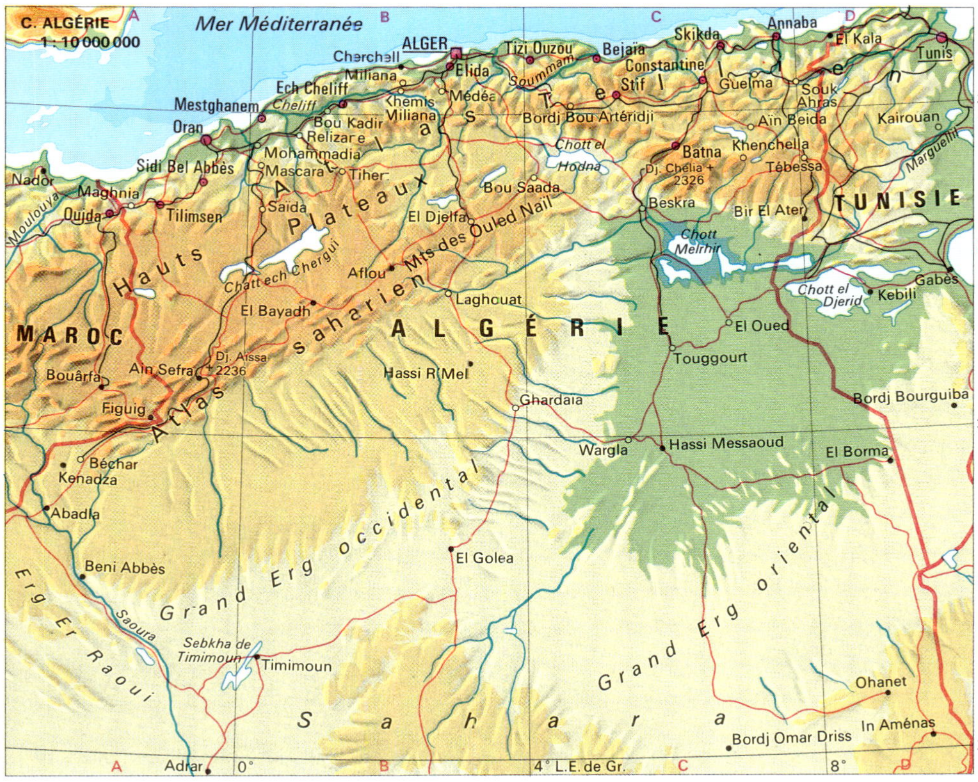
C. ALGÉRIE
1 : 10 000 000

D. TUNISIE
1 : 6 000 000

NIGÉRIA

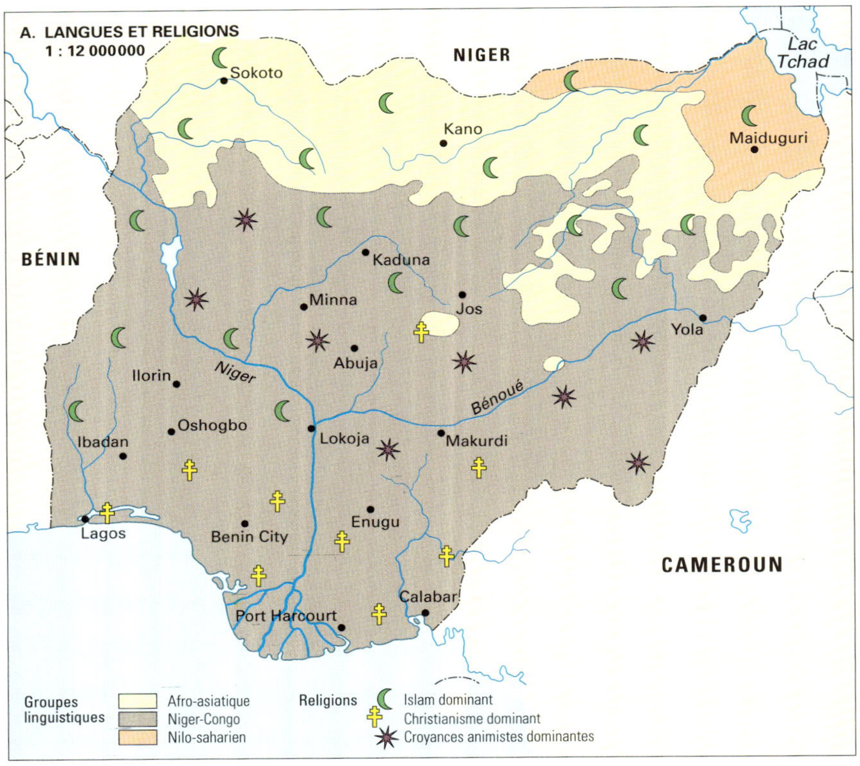
A. LANGUES ET RELIGIONS
1 : 12 000000
NIGER
Lac Tchad
BÉNIN
CAMEROUN
Sokoto
Kano
Maiduguri
Kaduna
Minna
Jos
Yola
Abuja
Ilorin
Niger
Bénoué
Oshogbo
Ibadan
Lokoja
Makurdi
Lagos
Benin City
Enugu
Calabar
Port Harcourt
Groupes linguistiques
Afro-asiatique
Niger-Congo
Nilo-saharien
Religions
Islam dominant
Christianisme dominant
Croyances animistes dominantes

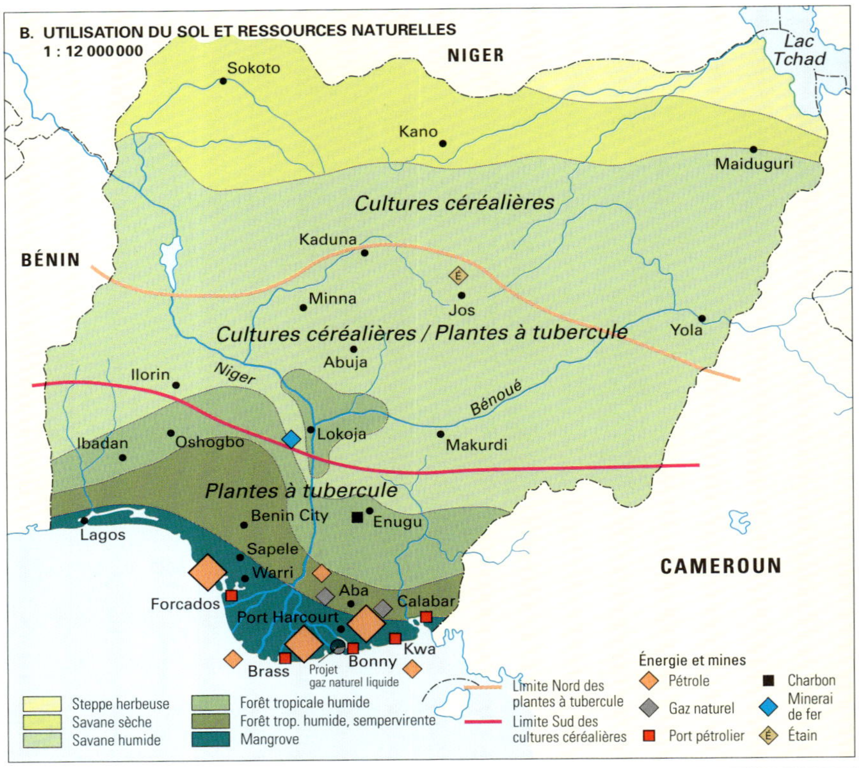
B. UTILISATION DU SOL ET RESSOURCES NATURELLES
1 : 12 000000
NIGER
Lac Tchad
BÉNIN
CAMEROUN
Sokoto
Kano
Maiduguri
Cultures céréalières
Kaduna
Minna
Jos
Cultures céréalières / Plantes à tubercule
Yola
Abuja
Ilorin
Niger
Bénoué
Ibadan
Oshogbo
Lokoja
Makurdi
Plantes à tubercule
Benin City
Enugu
Lagos
Sapele
Warri
Forcados
Aba
Calabar
Port Harcourt
Bonny
Kwa
Brass
Projet gaz naturel liquide
Steppe herbeuse
Savane sèche
Savane humide
Forêt tropicale humide
Forêt trop. humide, sempervirente
Mangrove
Limite Nord des plantes à tubercule
Limite Sud des cultures céréalières
Énergie et mines
Pétrole
Gaz naturel
Port pétrolier
Charbon
Minerai de fer
Étain

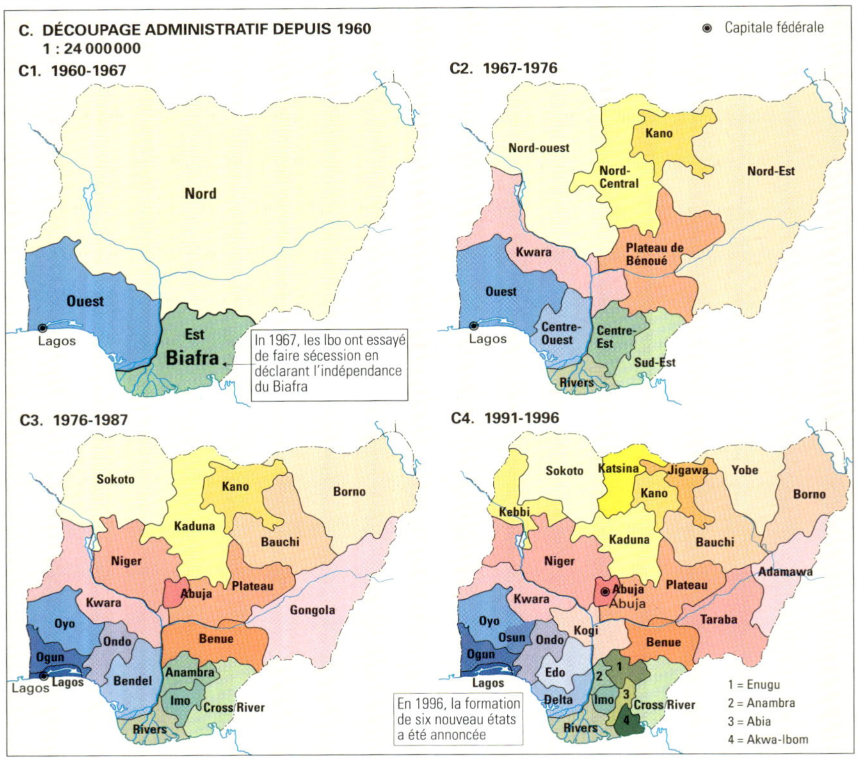
C. DÉCOUPAGE ADMINISTRATIF DEPUIS 1960
1 : 24 000000
Capitale fédérale
C1. 1960-1967
Nord
Ouest
Est
Biafra
Lagos
In 1967, les Ibo ont essayé de faire sécession en déclarant l'indépendance du Biafra
C2. 1967-1976
Kano
Nord-ouest
Nord-Central
Nord-Est
Kwara
Plateau de Bénoué
Ouest
Centre-Ouest
Centre-Est
Sud-Est
Rivers
Lagos
C3. 1976-1987
Sokoto
Kano
Borno
Kaduna
Bauchi
Niger
Abuja
Plateau
Kwara
Gongola
Oyo
Ondo
Benue
Ogun
Lagos
Bendel
Anambra
Imo
Cross River
Rivers
C4. 1991-1996
Sokoto
Katsina
Jigawa
Yobe
Kano
Borno
Kebbi
Kaduna
Bauchi
Niger
Adamawa
Abuja
Plateau
Kwara
Taraba
Oyo
Osun
Ondo
Kogi
Ogun
Benue
Lagos
Edo
Delta
Imo
Cross River
Rivers
En 1996, la formation de six nouveau états a été annoncée
1 = Enugu
2 = Anambra
3 = Abia
4 = Akwa-Ibom

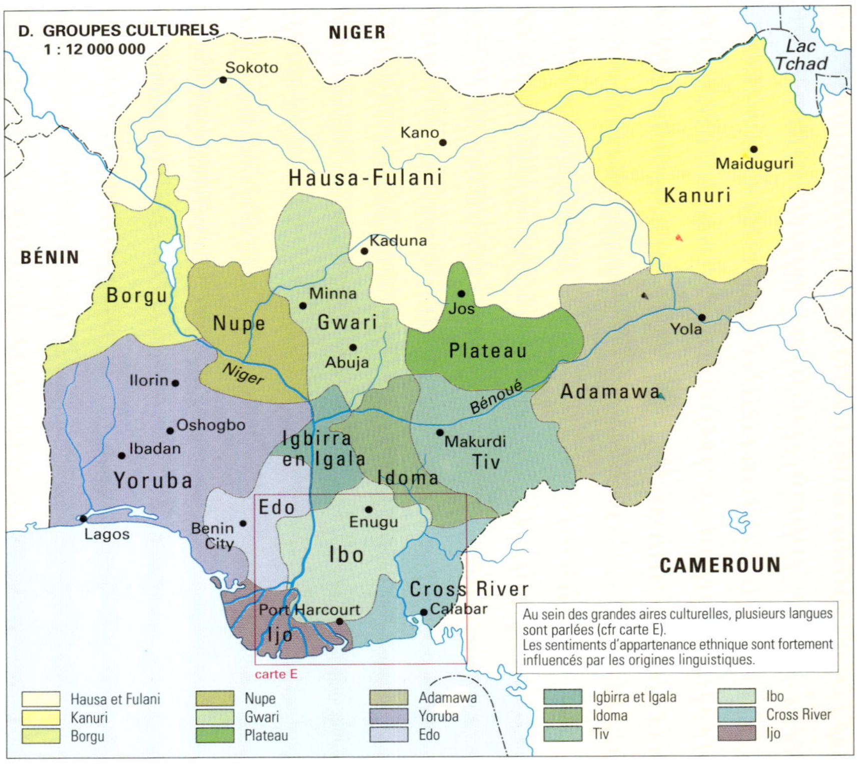
D. GROUPES CULTURELS
1 : 12 000 000
NIGER
Lac Tchad
BÉNIN
CAMEROUN
Sokoto
Kano
Hausa-Fulani
Maiduguri
Kanuri
Kaduna
Borgu
Minna
Jos
Nupe
Gwari
Plateau
Yola
Abuja
Ilorin
Niger
Adamawa
Bénoué
Oshogbo
Ibadan
Igbirra en Igala
Makurdi
Tiv
Yoruba
Idoma
Edo
Enugu
Lagos
Benin City
Ibo
Cross River
Port Harcourt
Calabar
Ijo
carte E
Au sein des grandes aires culturelles, plusieurs langues sont parlées (cfr carte E).
Les sentiments d'appartenance ethnique sont fortement influencés par les origines linguistiques.
Hausa et Fulani
Kanuri
Borgu
Nupe
Gwari
Plateau
Adamawa
Yoruba
Edo
Igbirra et Igala
Idoma
Tiv
Ibo
Cross River
Ijo

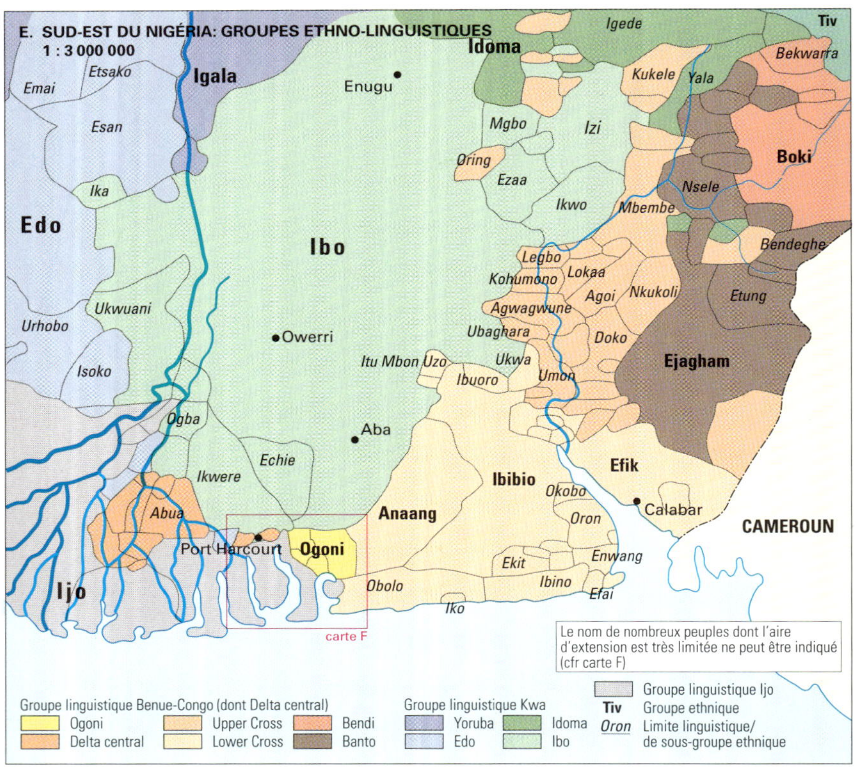
E. SUD-EST DU NIGÉRIA: GROUPES ETHNO-LINGUISTIQUES
1 : 3 000 000
Igede
Tiv
Idoma
Emai
Etsako
Igala
Enugu
Bekwarra
Kukele
Yala
Esan
Mgbo
Izi
Oring
Boki
Ezaa
Ika
Nsele
Ikwo
Mbembe
Edo
Ibo
Bendeghe
Legbo
Kohumono
Lokaa
Agoi
Nkukoli
Etung
Ukwuani
Agwagwune
Urhobo
Ubaghara
Doko
Owerri
Ukwa
Ejagham
Itu Mbon Uzo
Isoko
Umon
Ibuoro
Ogba
Aba
Echie
Efik
Ikwere
Ibibio
Okobo
Abua
Anaang
Calabar
Oron
CAMEROUN
Port Harcourt
Ogoni
Enwang
Ijo
Ekit
Obolo
Ibino
Efai
Iko
carte F
Le nom de nombreux peuples dont l'aire d'extension est très limitée ne peut être indiqué (cfr carte F)
Groupe linguistique Benue-Congo (dont Delta central)
Ogoni
Delta central
Upper Cross
Lower Cross
Bendi
Banto
Groupe linguistique Kwa
Yoruba
Edo
Idoma
Ibo
Groupe linguistique Ijo
Tiv Groupe ethnique
Oron Limite linguistique/de sous-groupe ethnique

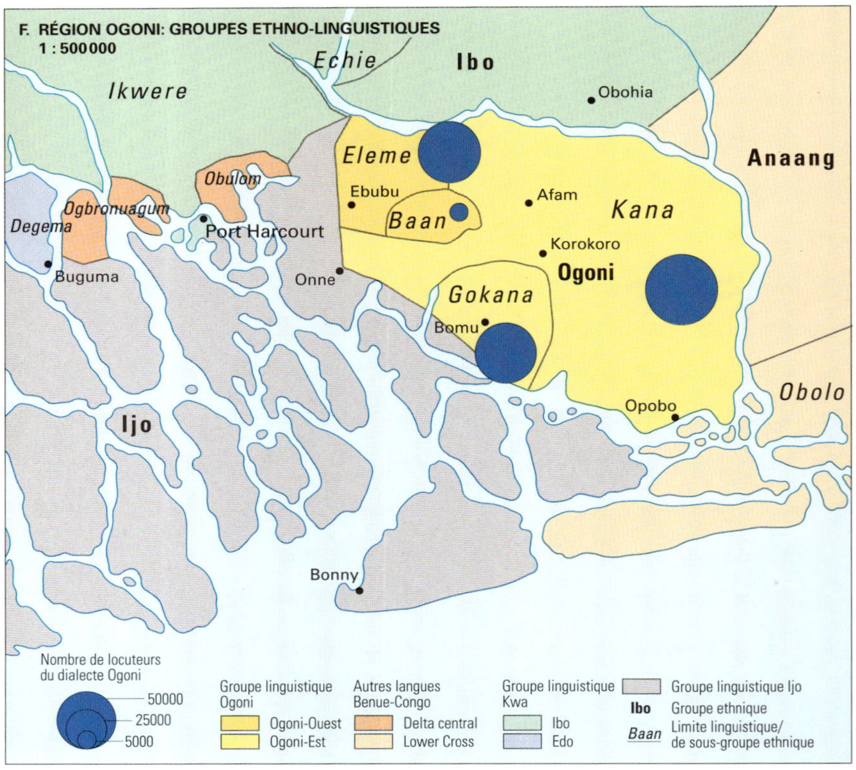
F. RÉGION OGONI: GROUPES ETHNO-LINGUISTIQUES
1 : 500000
Echie
Ibo
Ikwere
Obohia
Eleme
Anaang
Obulom
Ebubu
Afam
Ogbronuagum
Baan
Kana
Degema
Port Harcourt
Korokoro
Buguma
Onne
Ogoni
Gokana
Bomu
Obolo
Opobo
Ijo
Bonny
Nombre de locuteurs du dialecte Ogoni
50000
25000
5000
Groupe linguistique Ogoni
Ogoni-Ouest
Ogoni-Est
Autres langues Benue-Congo
Delta central
Lower Cross
Groupe linguistique Kwa
Ibo
Edo
Groupe linguistique Ijo
Ibo Groupe ethnique
Baan Limite linguistique/de sous-groupe ethnique

AFRIQUE DU SUD

Échelle 1 : 16000000

A. PROVINCES

B. CLIMAT

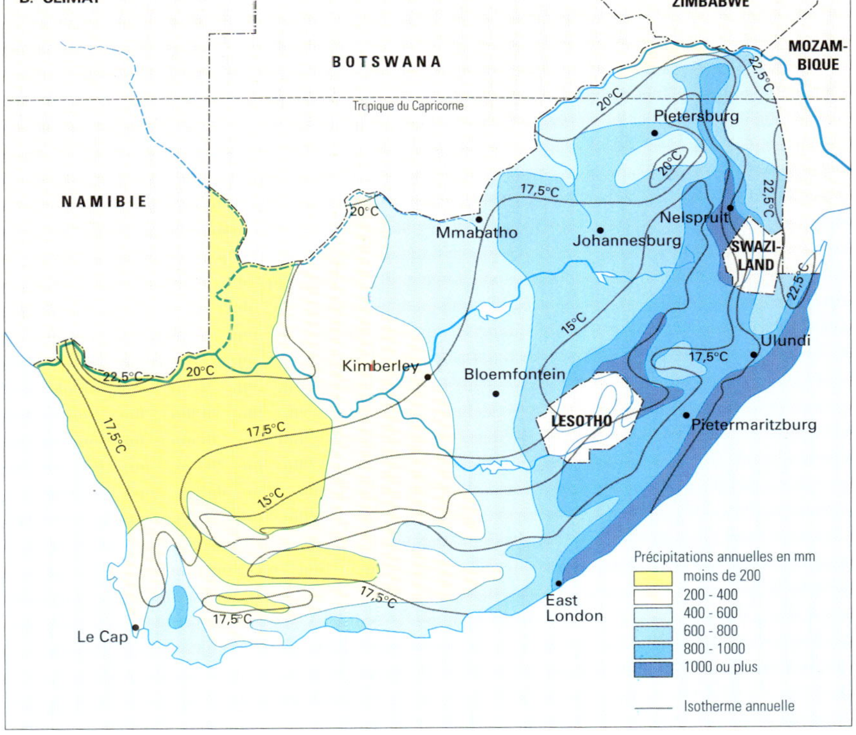

C. DENSITÉ DE LA POPULATION

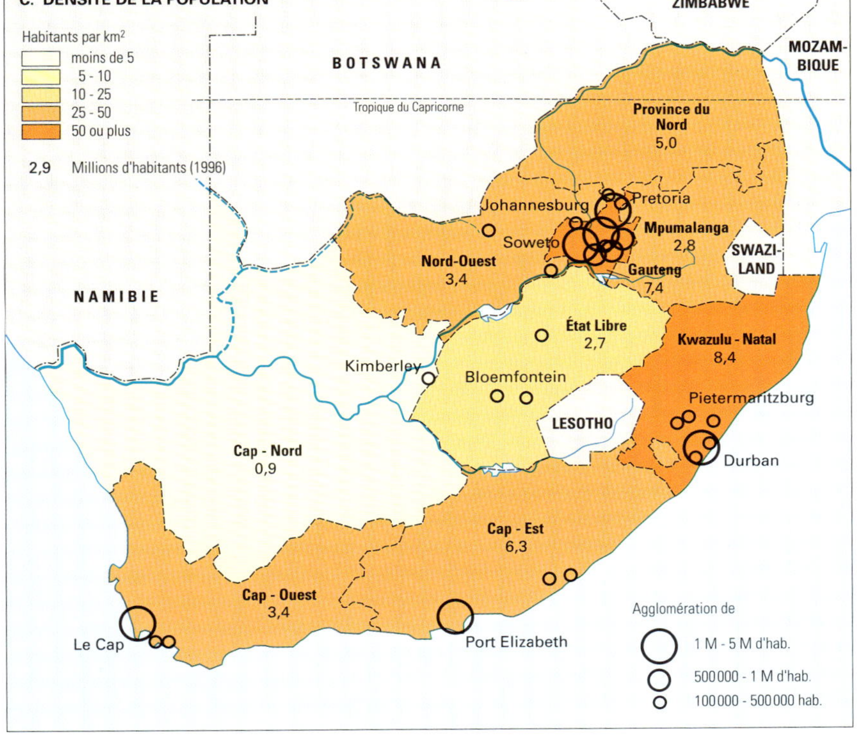

D. AGRICULTURE

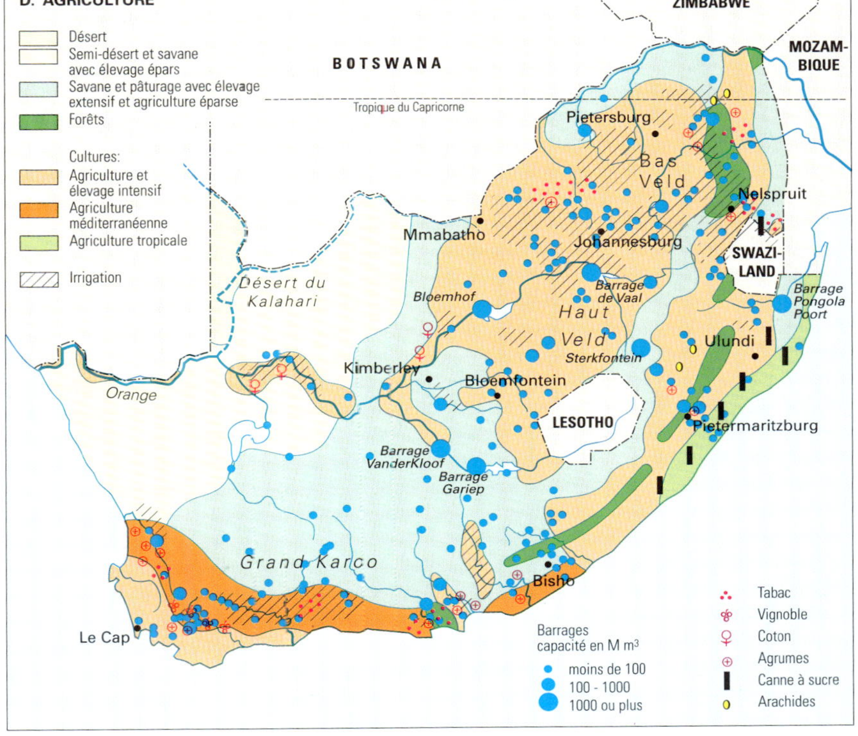

E. MINES ET ÉNERGIE

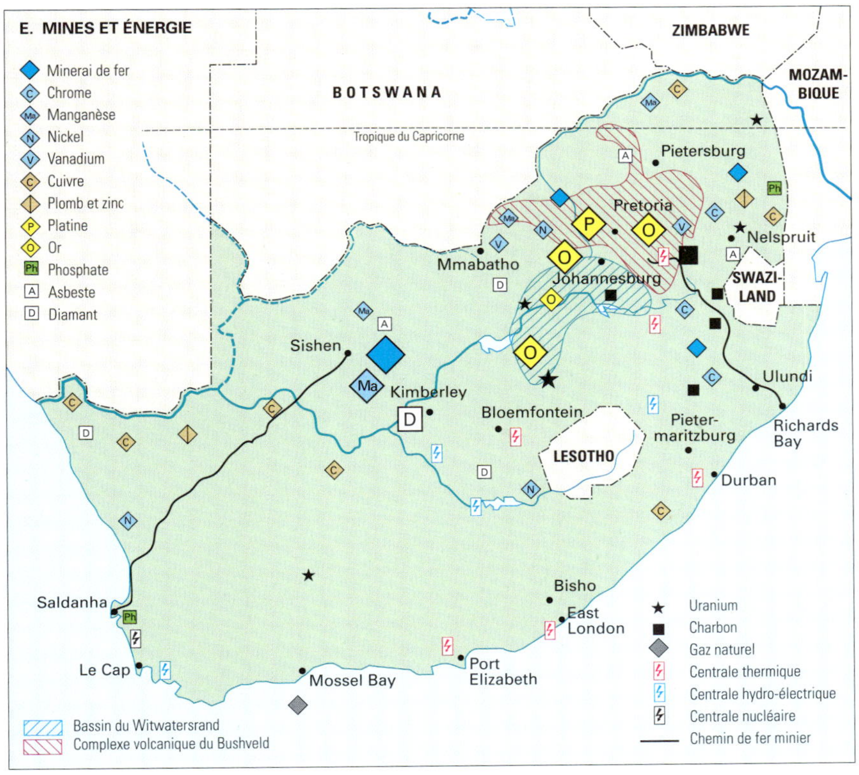

F. INDUSTRIES

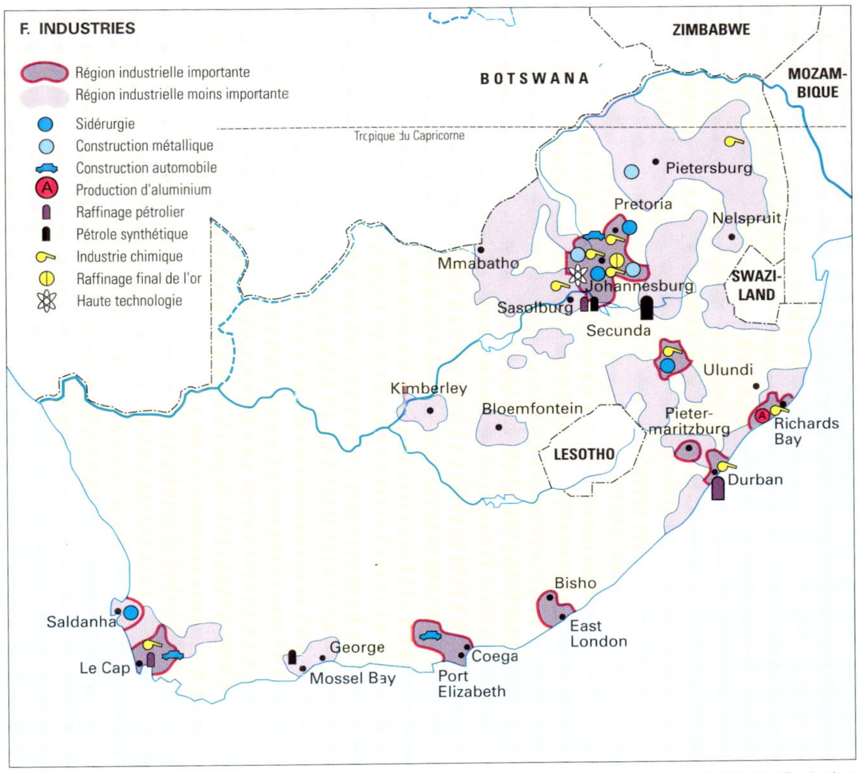

AMÉRIQUE DU NORD

-8000 -6000 -4000 -2000 -200 0 100 200 500 1000 2000 3000 5000 m

au-dessous du niveau de la mer

Échelle 1:25000000

0 200 400 600 800 1000 km

Golfe du Mexique
Pacifique
Mer des Antilles (Mer des Caraïbes)
MEXIQUE
CUBA
BAHAMAS
HAÏTI
RÉP. DOMINICAINE
JAMAÏQUE
BELIZE
GUATEMALA
HONDURAS
EL SALVADOR
NICARAGUA
COSTA RICA
PANAMA
COLOMBIE
VENEZUELA
GUYANA
TRINIDAD ET TOBAGO
Tropique du Cancer
Projection azimutale équivalente

A. DIVISIONS POLITIQUES
1 : 75 000 000
Habitants en 2000 (x 1 000 000)
1. Guatemala 12.6
2. Belize 0.2
3. Honduras 6.2
4. El Salvador 6.1
5. Nicaragua 4.8
6. Costa Rica 3.7
7. Haïti 6.9
8. Rép. dominicaine 8.4
9. Porto Rico 3.9
CANADA 31.3
ÉTATS-UNIS 275.6
MEXIQUE 100.3
Groenland 0.1
Alaska (É.-U.)

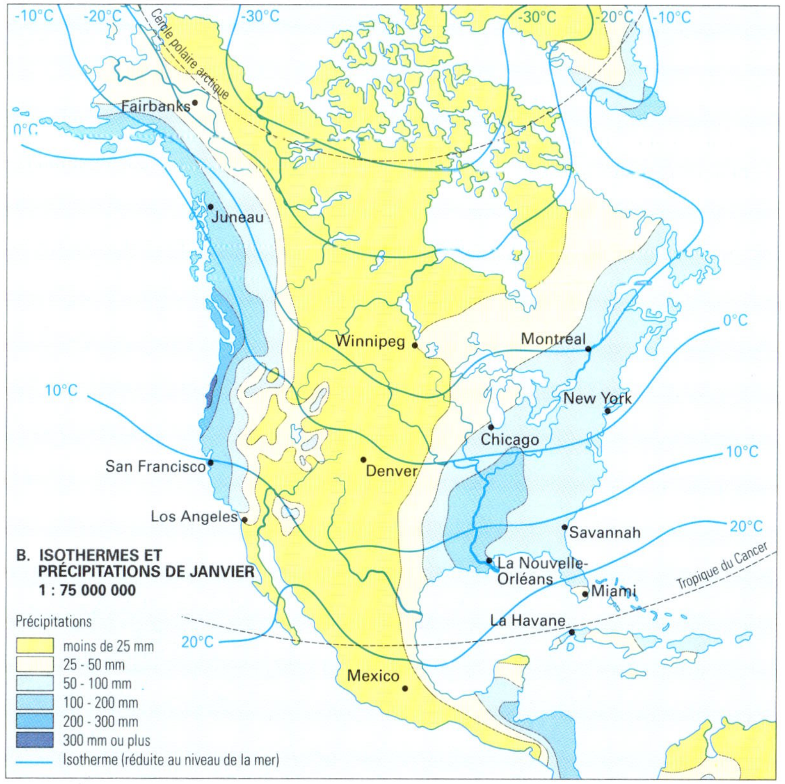
B. ISOTHERMES ET PRÉCIPITATIONS DE JANVIER
1 : 75 000 000
Précipitations
moins de 25 mm
25 - 50 mm
50 - 100 mm
100 - 200 mm
200 - 300 mm
300 mm ou plus
Isotherme (réduite au niveau de la mer)

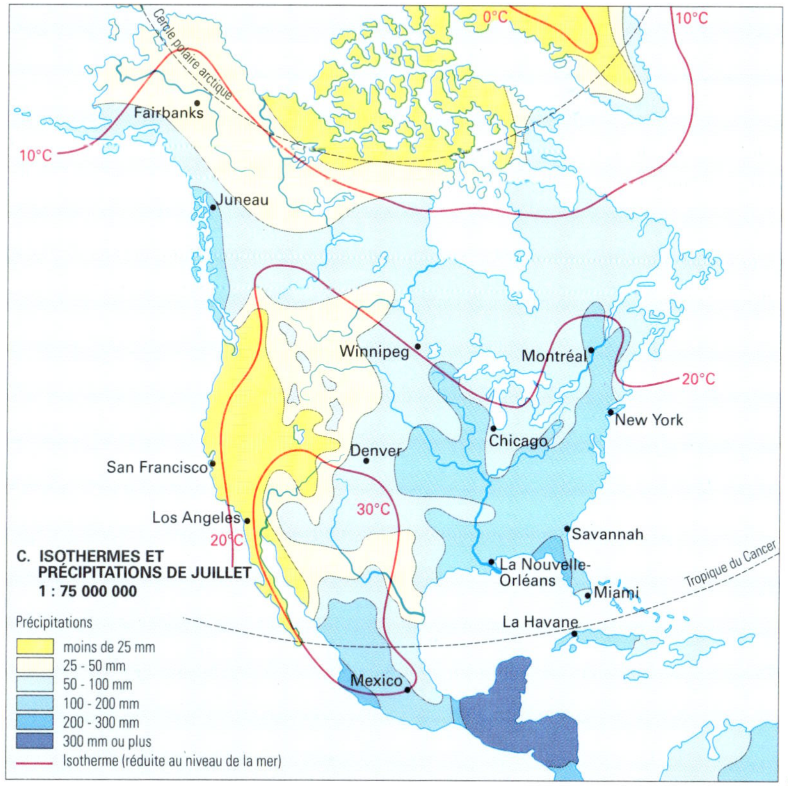
C. ISOTHERMES ET PRÉCIPITATIONS DE JUILLET
1 : 75 000 000
Précipitations
moins de 25 mm
25 - 50 mm
50 - 100 mm
100 - 200 mm
200 - 300 mm
300 mm ou plus
Isotherme (réduite au niveau de la mer)

CANADA

-4000 -2000 -200 0 200 500 1000 2000 3000 5000 m
au-dessous du niveau de la mer

Projection azimutale équivalente

Échelle 1 : 15 000 000

0 100 200 300 400 500 km

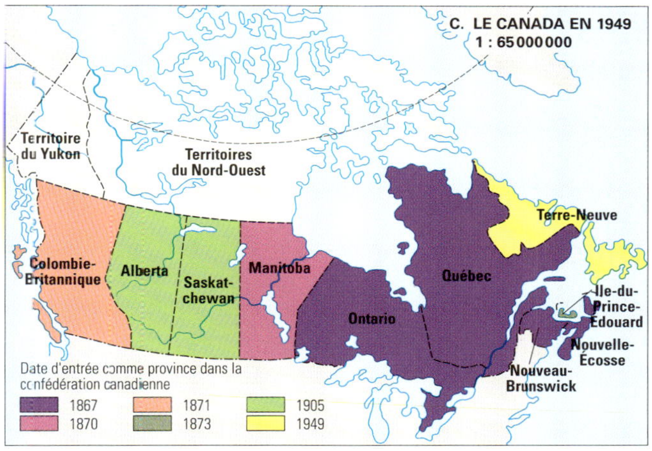

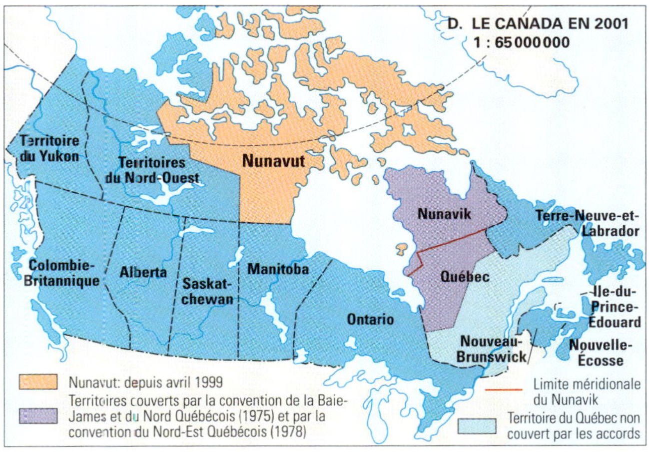

CANADA

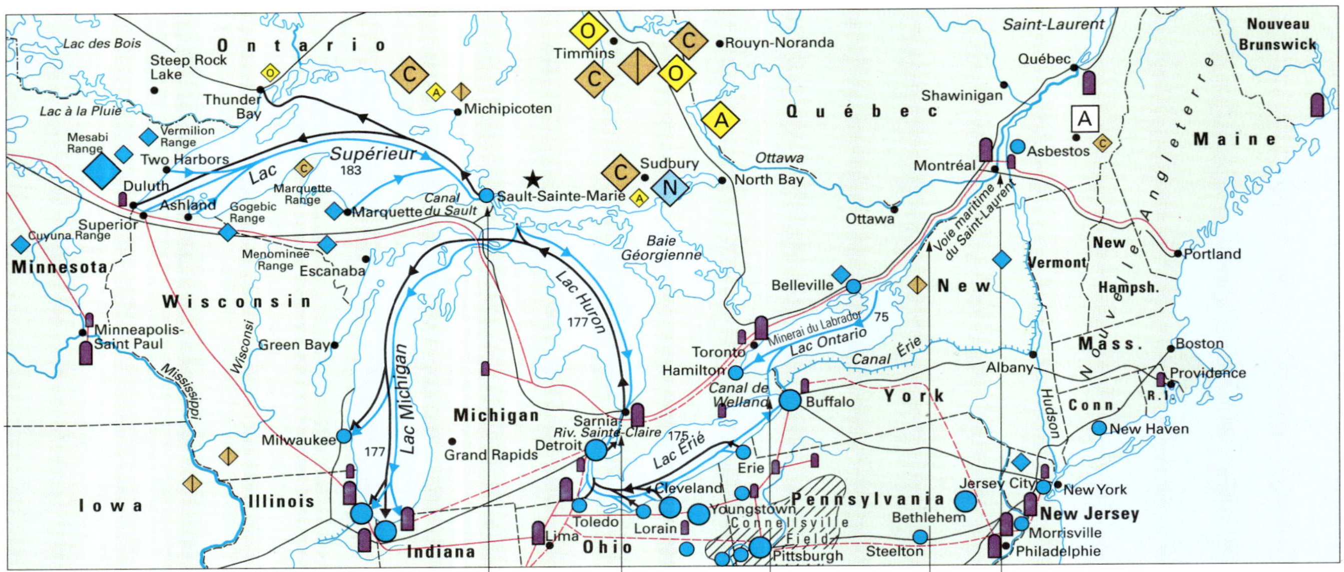

A. VOIE MARITIME GRANDS LACS - SAINT-LAURENT
1 : 12 500 000

- ★ Uranium
- Bassin houiller (charbon à coke)
- Oléoduc
- Gazoduc
- Conduite de produits pétroliers
- Transport de charbon
- Transport de minerai de fer
- Minerai de fer
- Nickel
- Cuivre
- Plomb et zinc
- Or
- Argent
- Asbeste (Amiante)
- Production de fer et d'acier
- Raffinage de pétrole

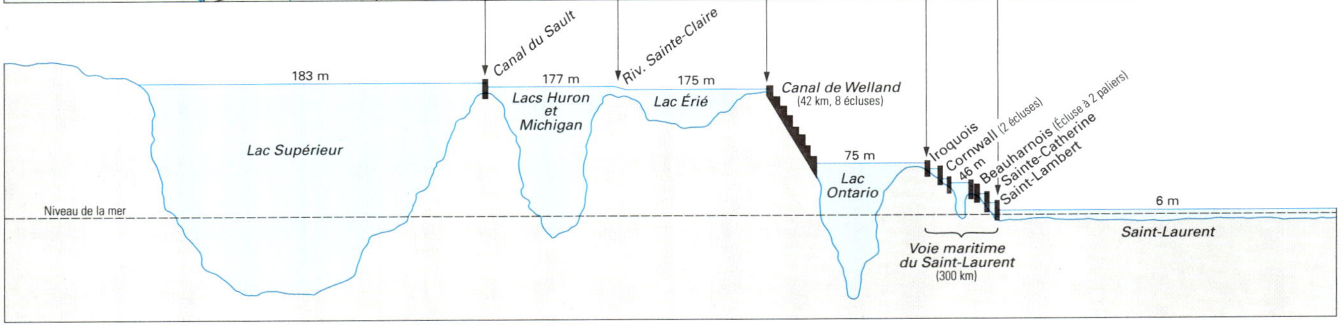

B. GRANDS LACS: DIFFERENCES DE NIVEAU

- Écluse pour la navigation

C. PART DE LA PRODUCTION MONDIALE (1999)

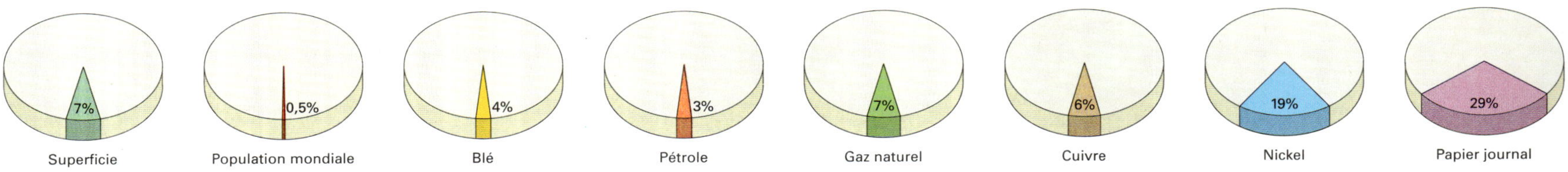

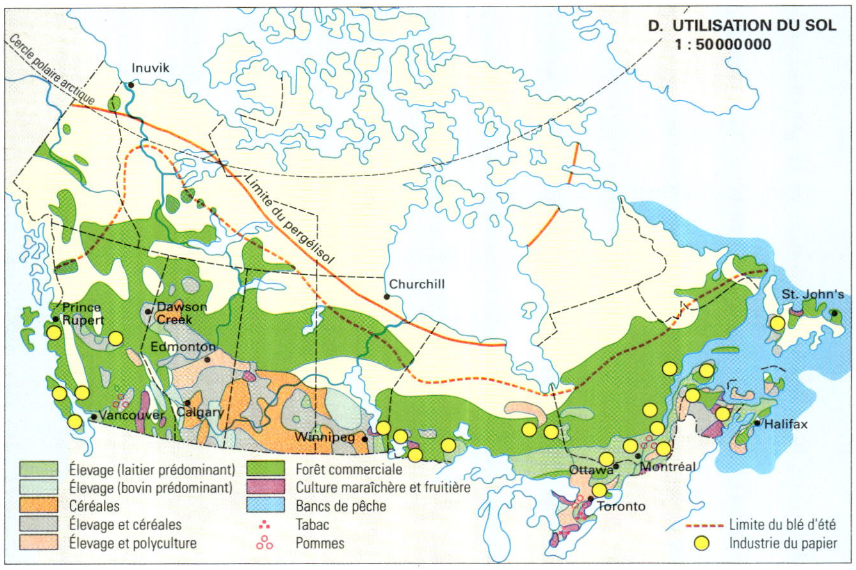

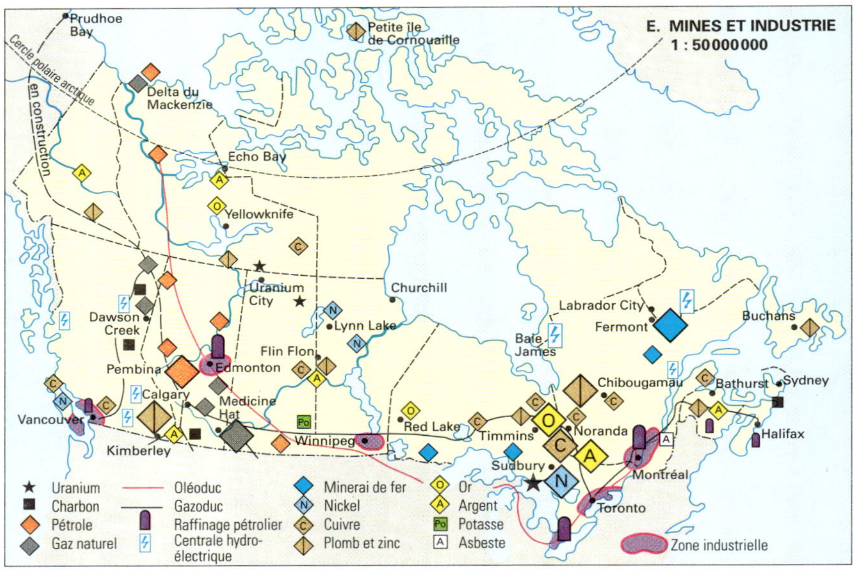

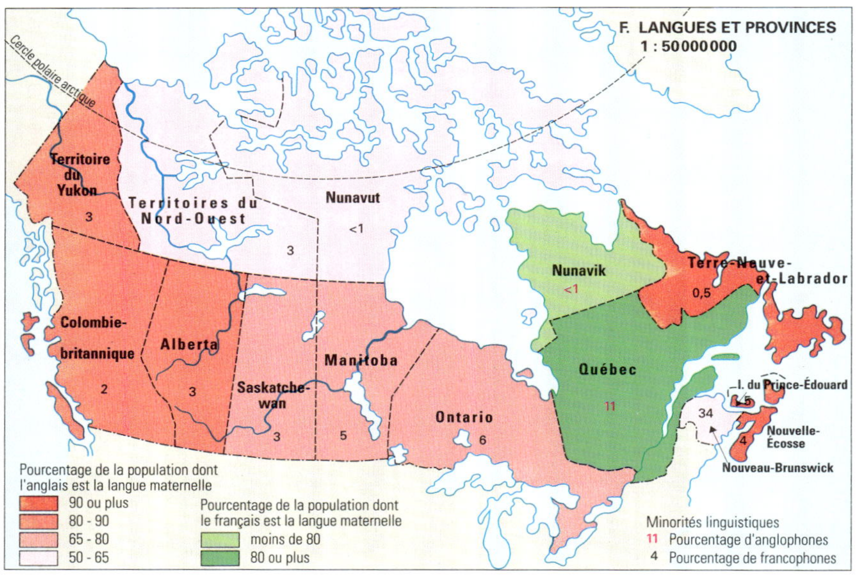

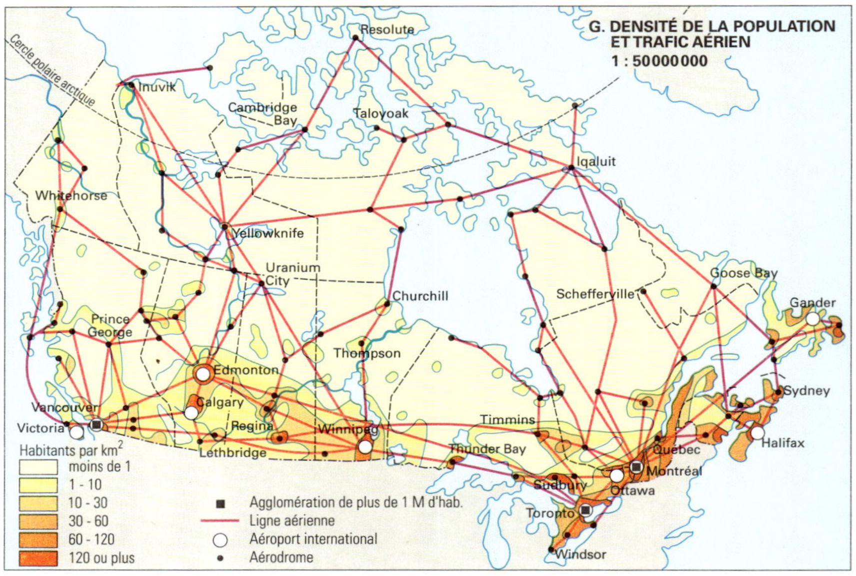

QUÉBEC

Échelle 1:9 000 000

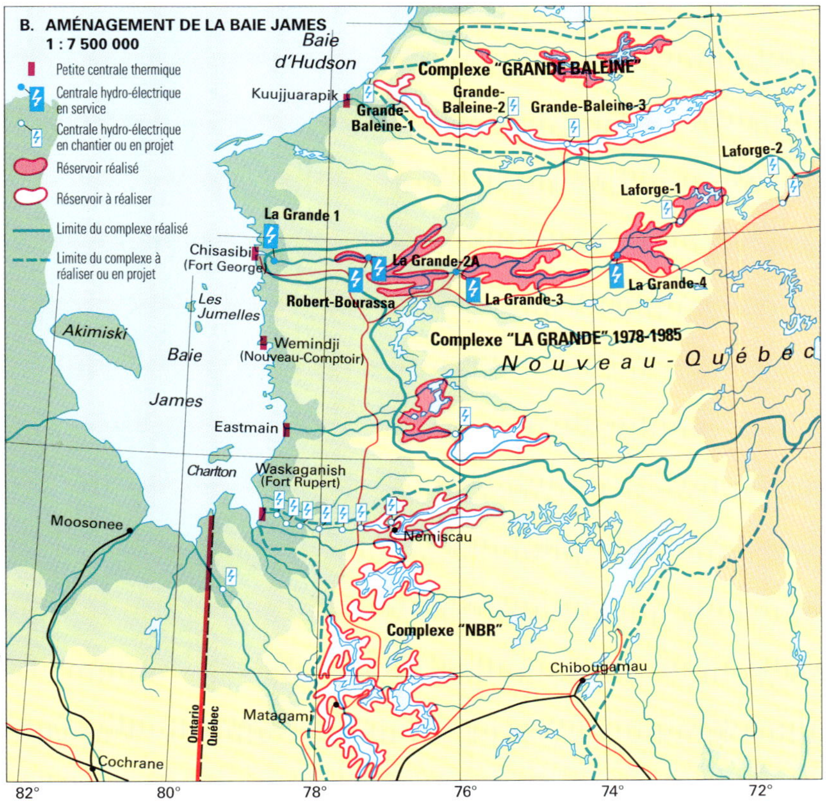

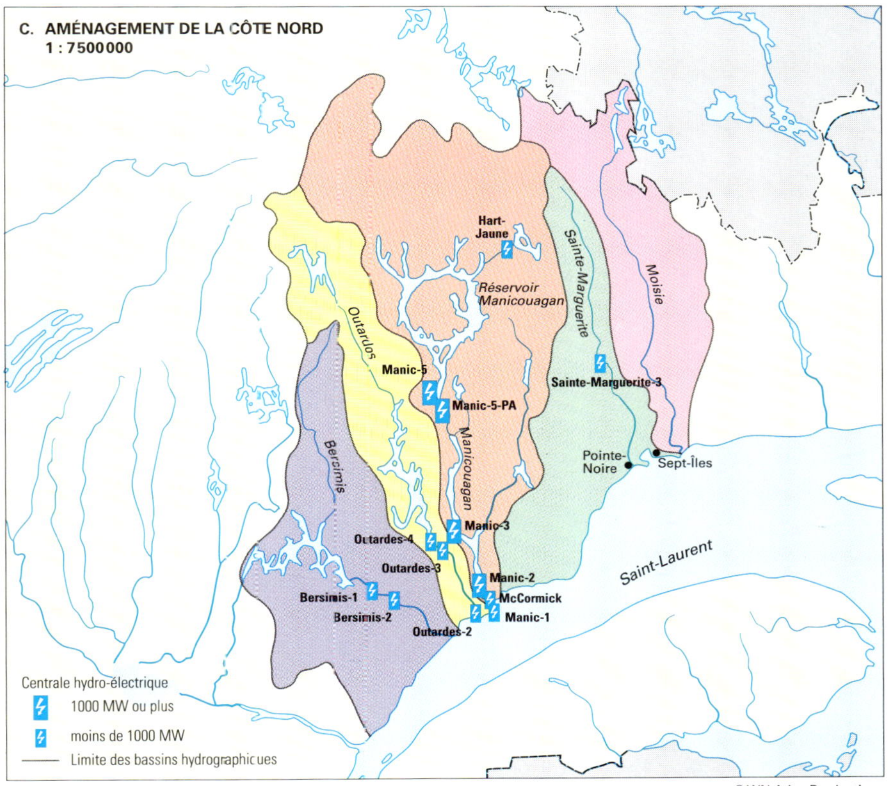

ÉTATS-UNIS ET MEXIQUE

A. LES ÉTATS ET RÉGIONS DE RECENSEMENT
États en noir, régions de recensement en rouge

-8000 -6000 -4000 -2000 -200 0 100 200 500 1000 2000 3000 5000 m

au-dessous du niveau de la mer

Échelle 1:12500000

0 100 200 300 400 500 km

B. RÉGIONS ÉCONOMIQUES

1 : 70000000

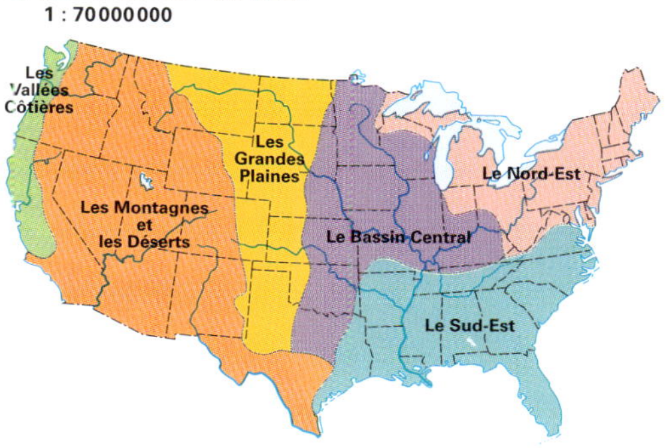

C. EXPANSION DU TERRITOIRE

1 : 70000000

C1. 1783 Traité de Versailles

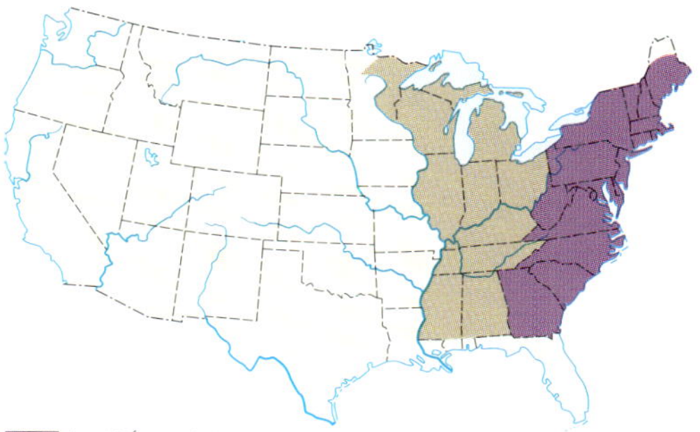

- Les 13 États unis lors de la déclaration d'indépendance (1776)
- Cédé par la Grande Bretagne lors du traité de Versailles (1783)
- Limites des États aujourd'hui

C2. 1803

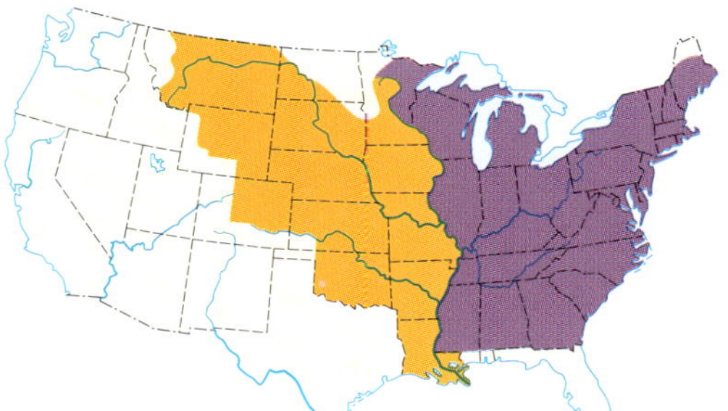

- États-Unis avant 1803
- Achat à la France (1803)
- Limites des États aujourd'hui

C3. 1818-1846

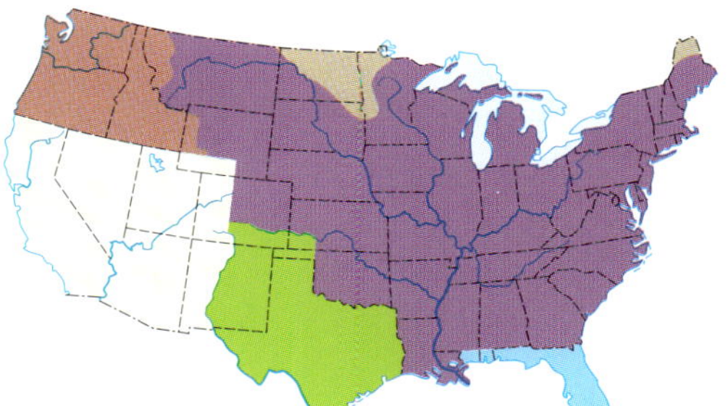

- États-Unis avant 1818
- Cédé par la Grande Bretagne (1818-1842)
- Achat de la Floride à l'Espagne (1819)
- Cession du Texas par le Mexique (1845)
- Cession du Territoire d'Oregon par la Grande Bretagne (1846)
- Limites des États aujourd'hui

C4. 1848-1853

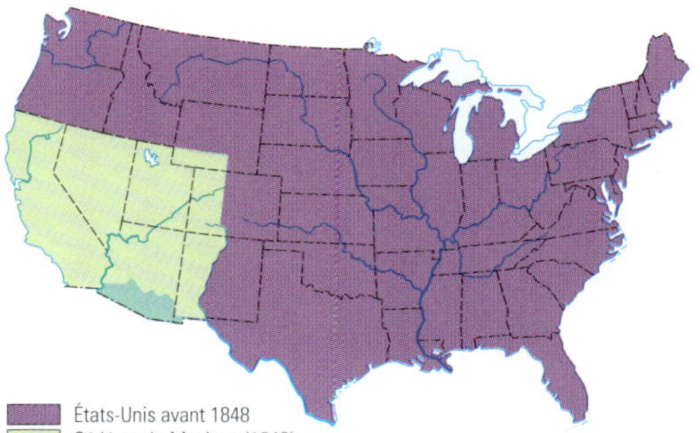

- États-Unis avant 1848
- Cédé par le Mexique (1848)
- Achat au Mexique (1853)
- Limites des États aujourd'hui

Expansion du territoire après 1853:

1867 Achat de l'Alaska à la Russie
1898 Cession de Porto-Rico et Guam par l'Espagne ; annexion d'Hawaii
1898-1946 Philippines
1900 Samoa américaine
1903-1979 Zone du Canal de Panamá
1917 Achat des Iles Vierges au Danemark
1947 Mandat des Iles du Pacifique (au nom des Nations-Unies)

ÉTATS-UNIS

A. UTILISATION DU SOL
1 : 30 000 000

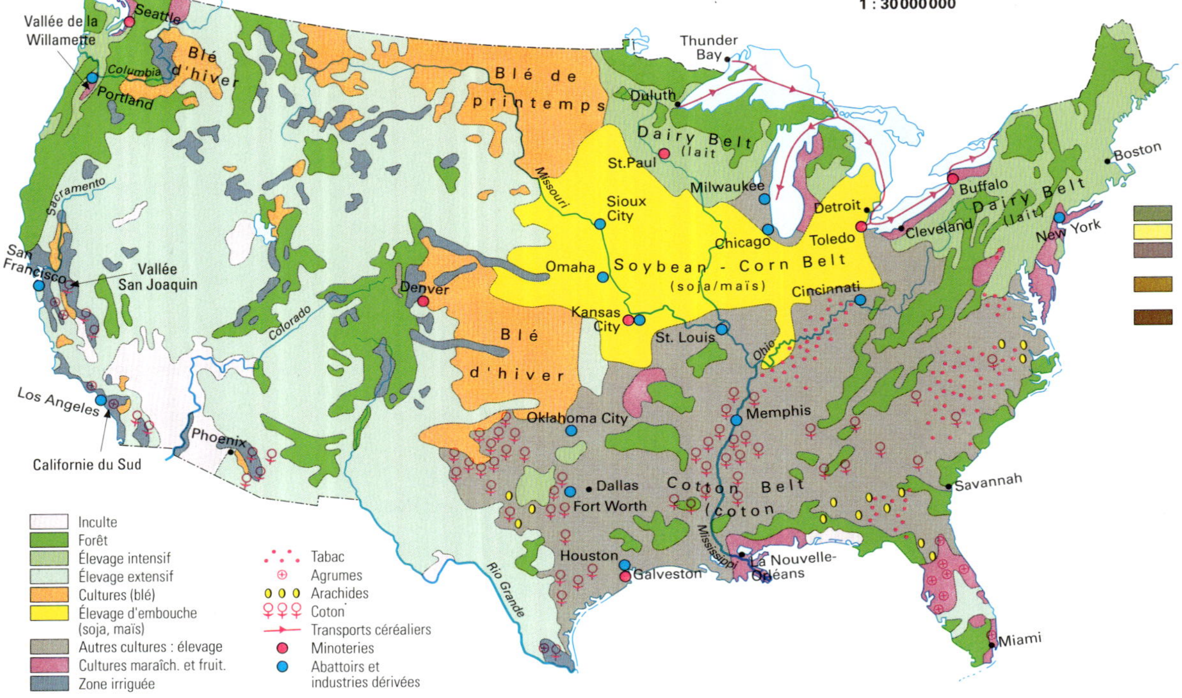

D. GROUPES DE SOLS
1 : 65 000 000

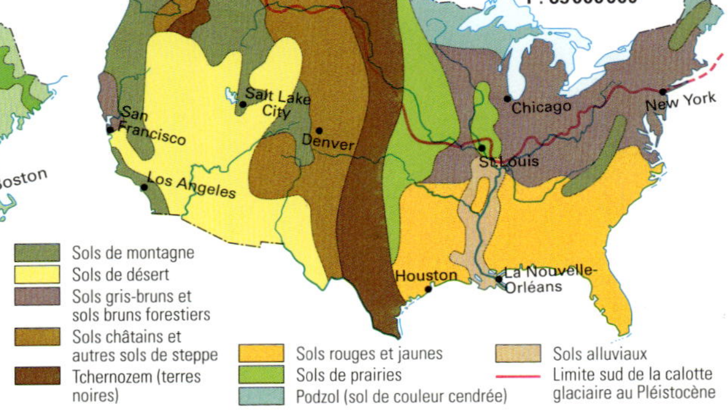

E. PRÉCIPITATIONS
1 : 65 000 000

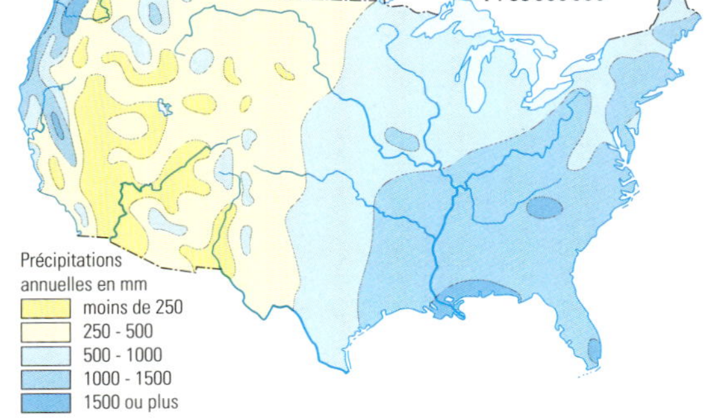

B. ÉNERGIE
1 : 30 000 000

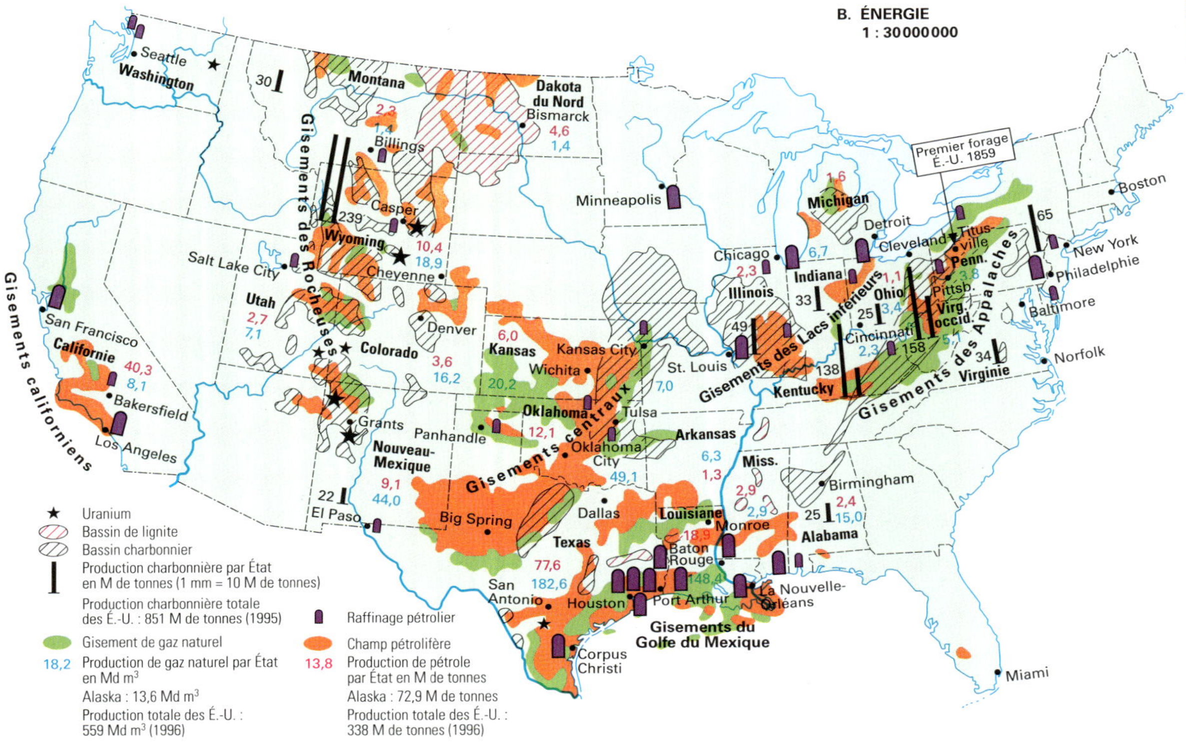

F. PÉTROLE
1 : 65 000 000

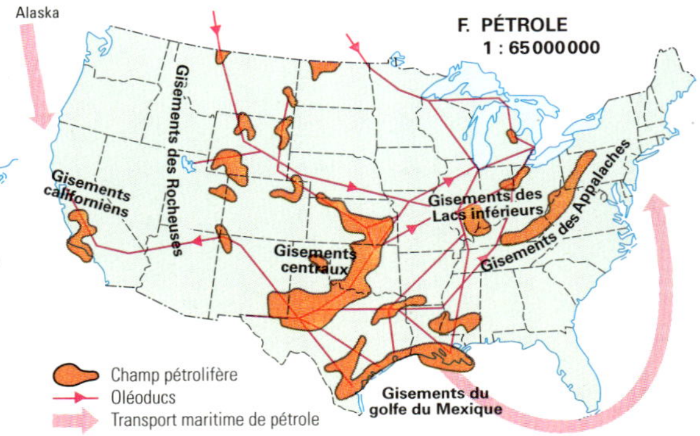

G. GAZ NATUREL
1 : 65 000 000

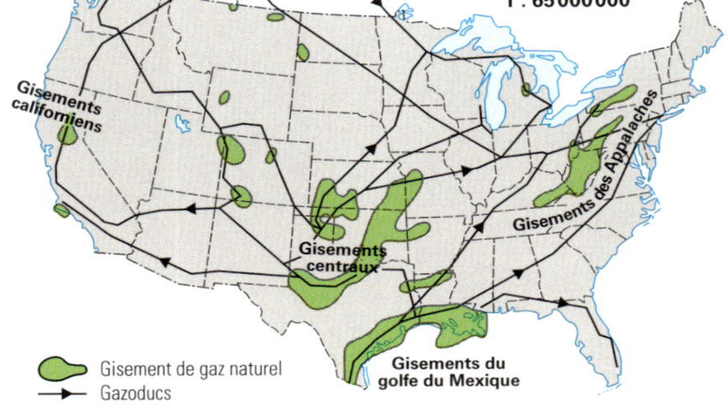

C. AUTRES MINES ET ÉNERGIE
1 : 30 000 000

H. TRANSPORT DE BAUXITE ET D'ALUMINE
1 : 80 000 000

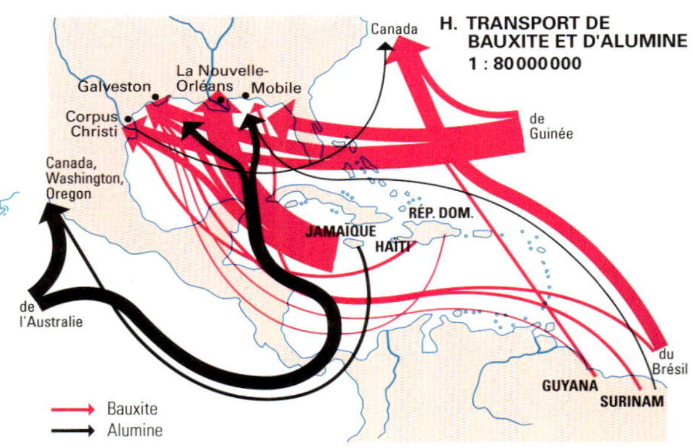

I. INDUSTRIE DE L'ALUMINIUM
1 : 65 000 000

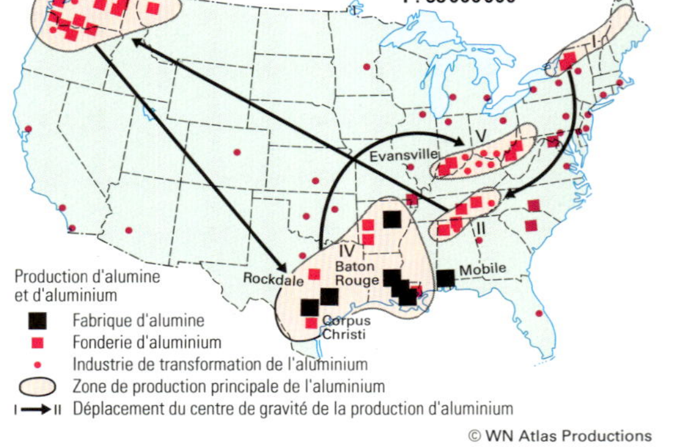

ÉTATS-UNIS

A. INDUSTRIE
1 : 30 000 000

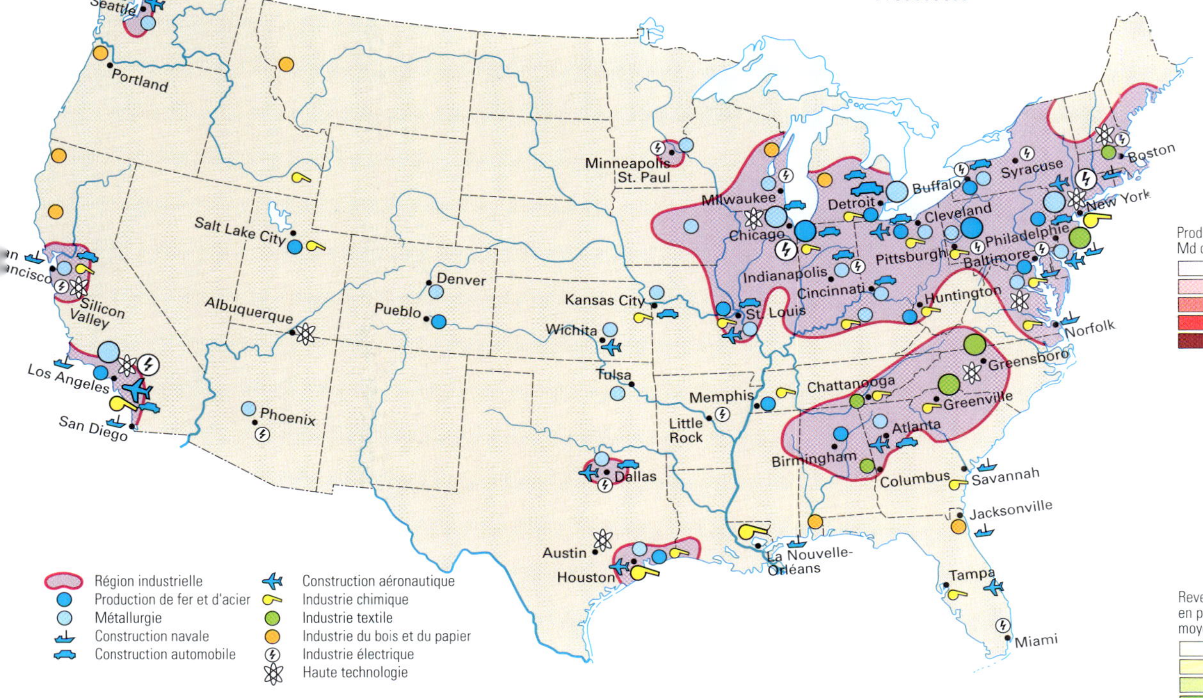

D. PRODUCTION D'ÉLECTRICITÉ
1 : 65 000 000

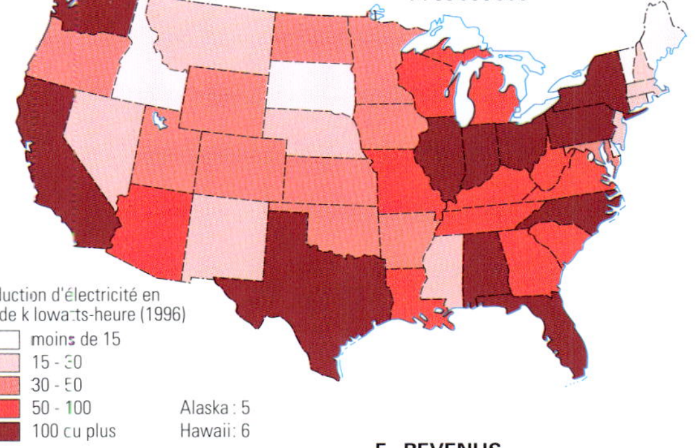

E. REVENUS
1 : 65 000 000

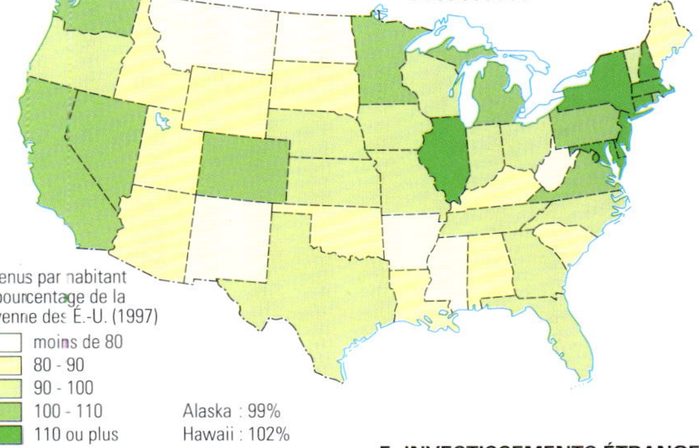

B. LA QUESTION RACIALE
1 : 30 000 000

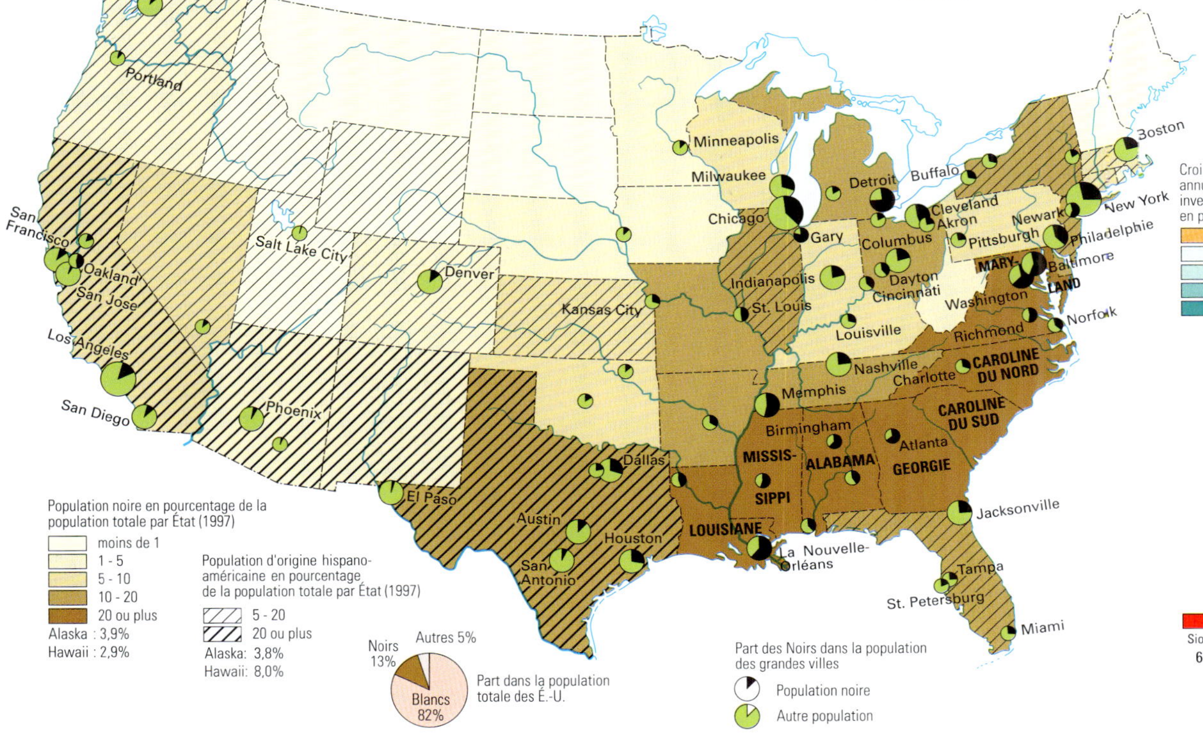

F. INVESTISSEMENTS ÉTRANGERS
1 : 65 000 000

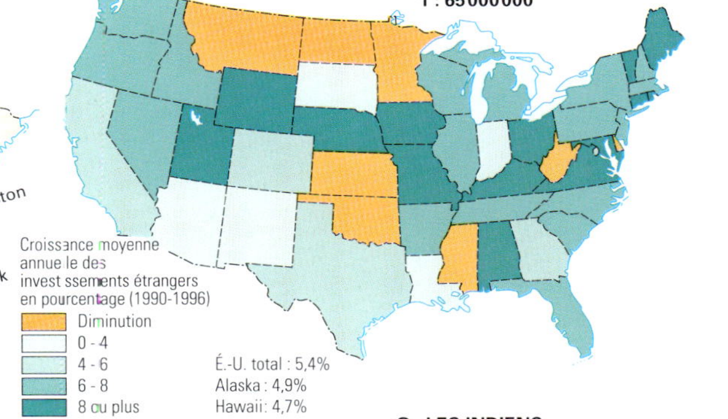

G. LES INDIENS
1 : 65 000 000

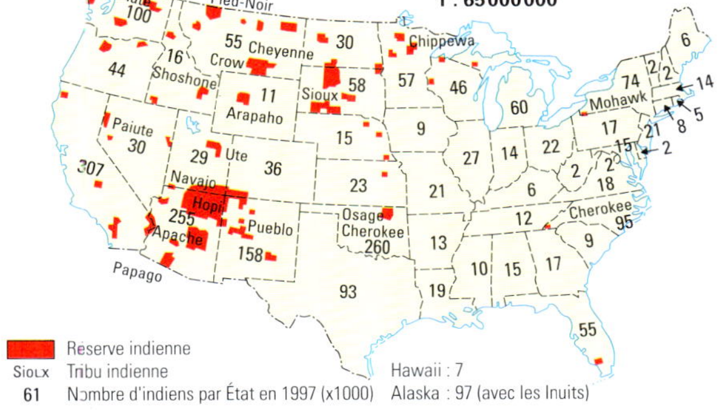

H. MIGRATION NETTE
1 : 65 000 000

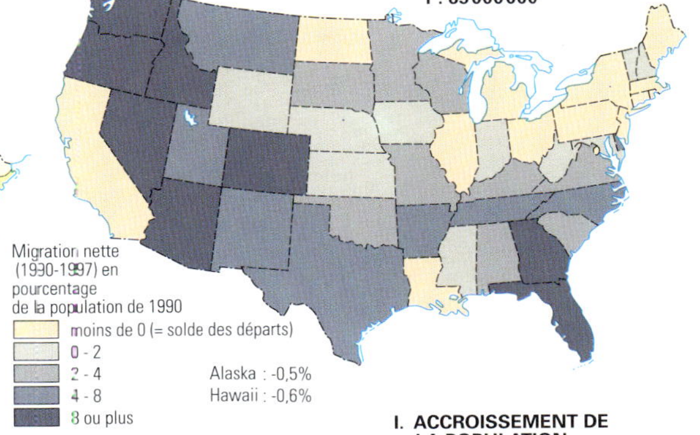

C. DENSITÉ DE LA POPULATION
1 : 30 000 000

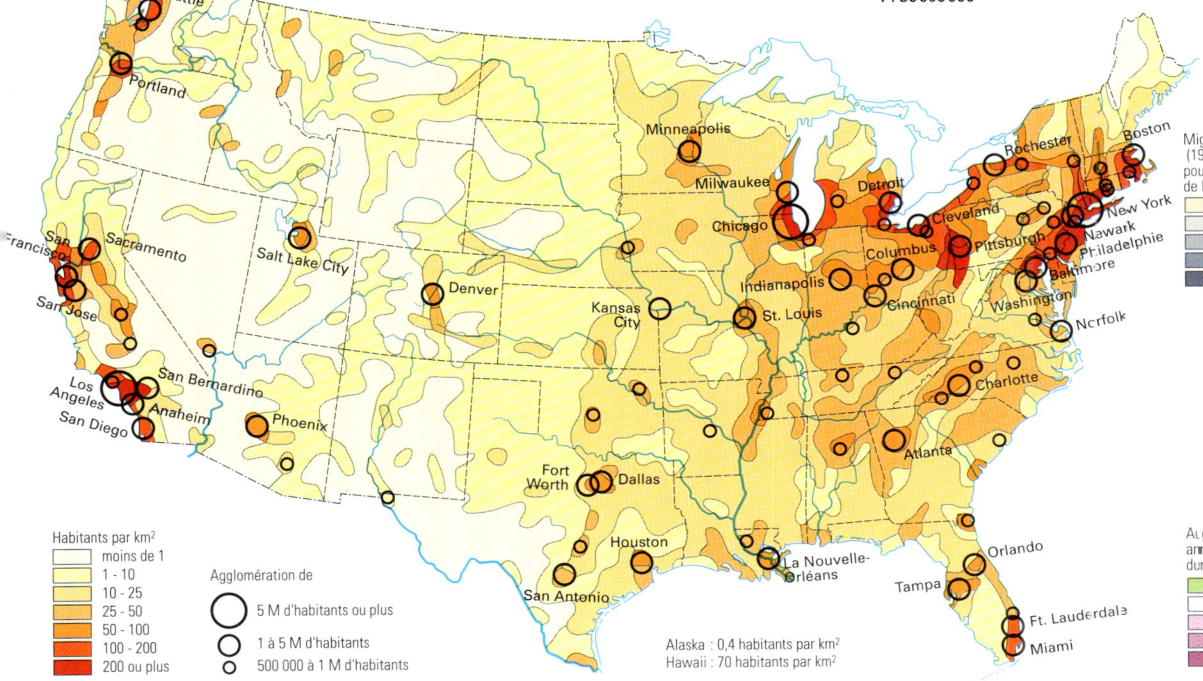

I. ACCROISSEMENT DE LA POPULATION
1 : 65 000 000

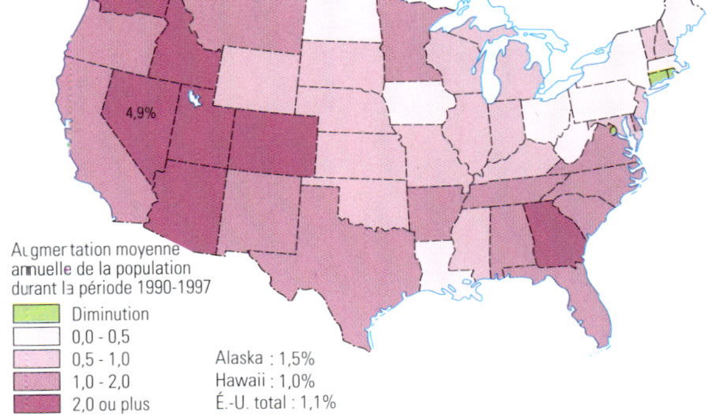

MÉGALOPOLES

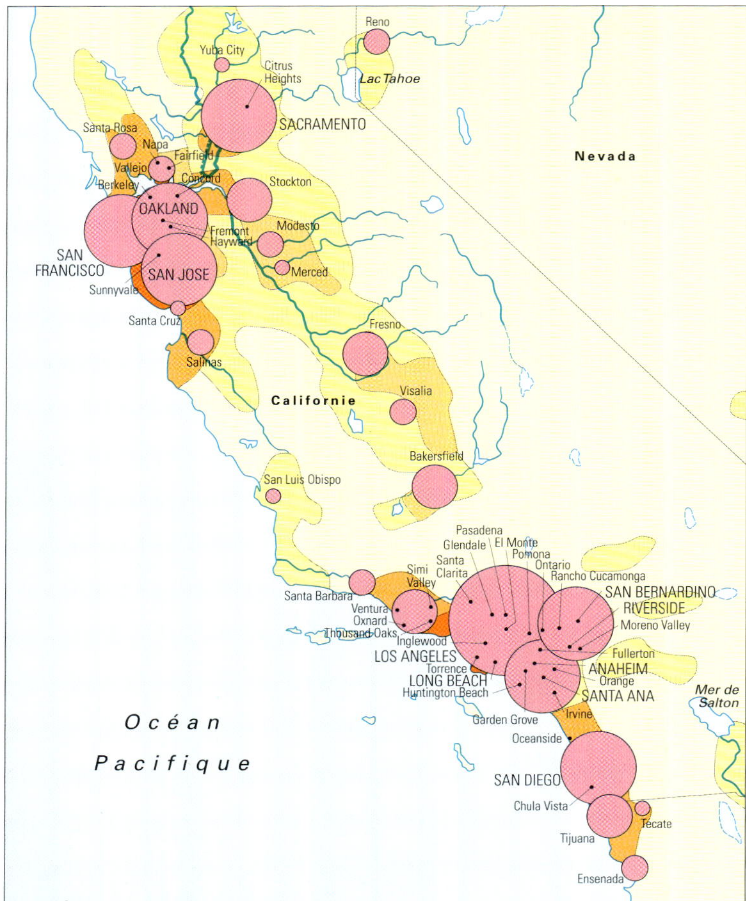

A. MÉGALOPOLE CALIFORNIENNE
1 : 7500000

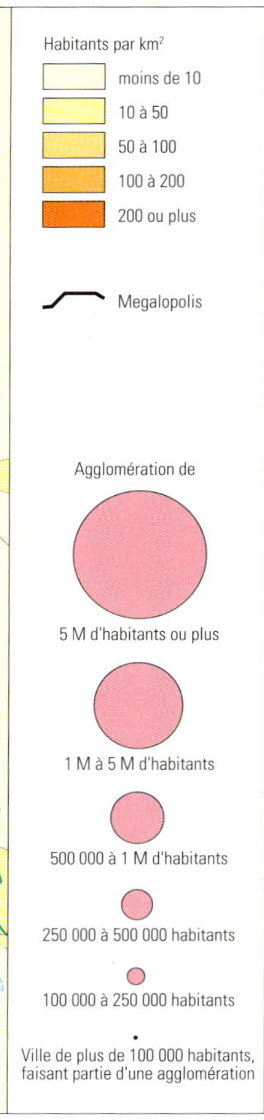

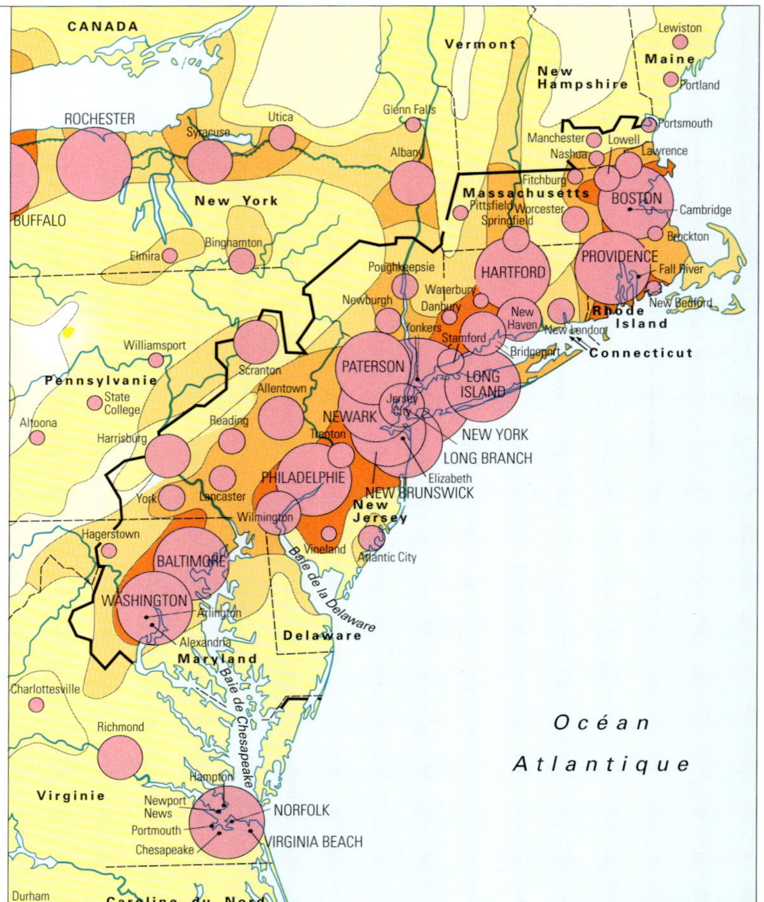

B. MEGALOPOLIS
1 : 7500000

C. NEW YORK
1 : 300 000

- Centre des affaires
- Autres zones de bureaux et de commerce
- Zone résidentielle de New York City
- Autres zones résidentielles
- Espaces industriels et réservés au trafic
- Aéroport
- Aérodrome
- Parc
- Forêt
- Zone non urbanisée
- Chemin de fer avec gare
- Autoroute
- Route principale
- Autres routes
- Limite de New York City

1 World Trade Center (*détruit le 11 septembre 2001*)
2 City Hall
3 New York Stock Exchange (Wall Street)
4 Madison Square Garden et Pennsylvania Station
5 Empire State Building
6 Nations-Unies
7 Rockefeller Center
8 Lincoln Center
9 Metropolitan Museum
10 Columbia University
11 Statue de la Liberté

CALIFORNIE IRRIGATION

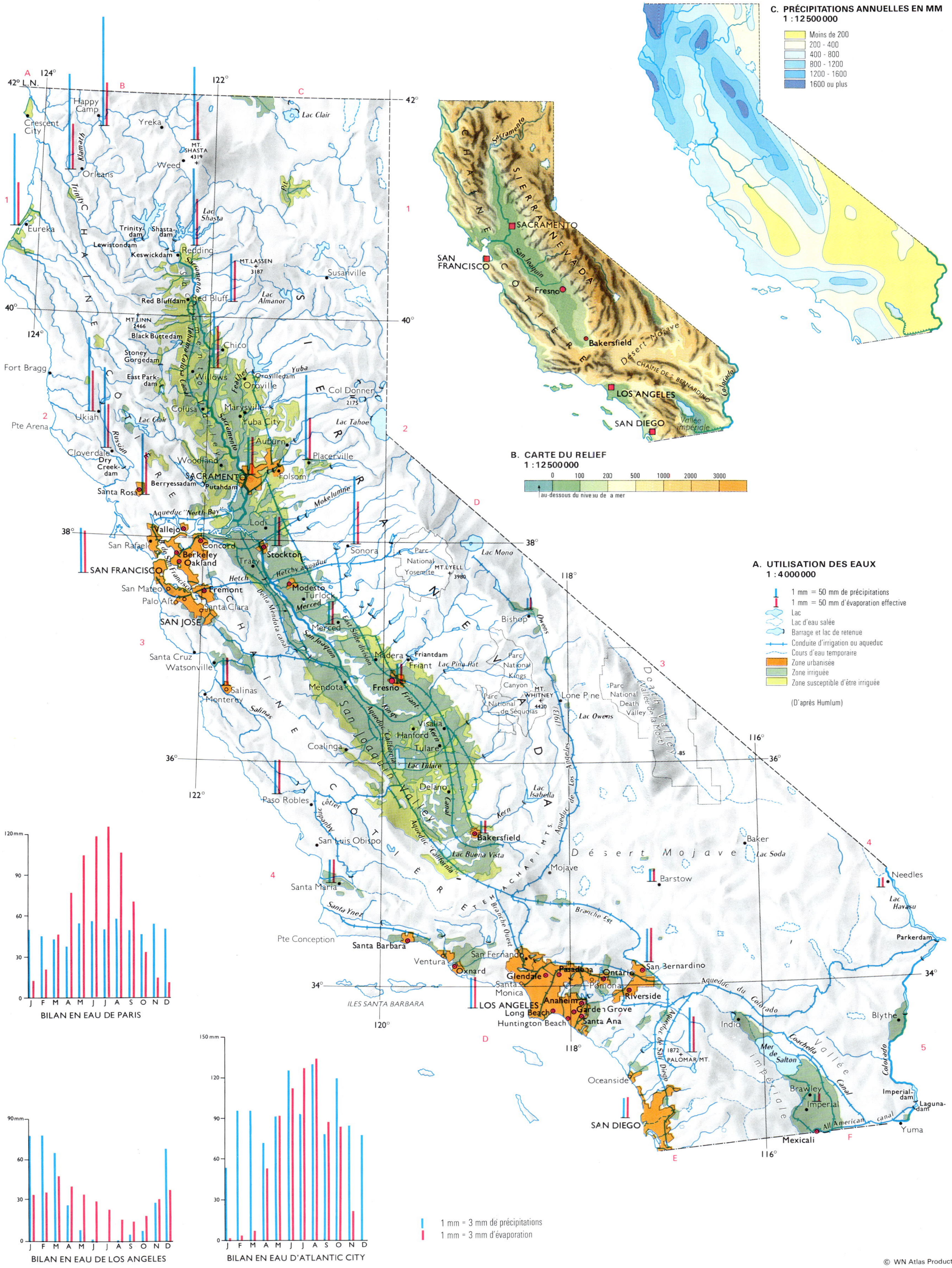

1 mm = 3 mm de précipitations
1 mm = 3 mm d'évaporation

RÉGION DES ANTILLES

Échelle 1:12500000

0 100 200 300 400 500 km

-8000 -6000 -4000 -2000 -200 0 100 200 500 1000 2000 3000 5000 m

RÉGION DES ANTILLES

A. CUBA: DENSITÉ DE LA POPULATION
1 : 9 000 000

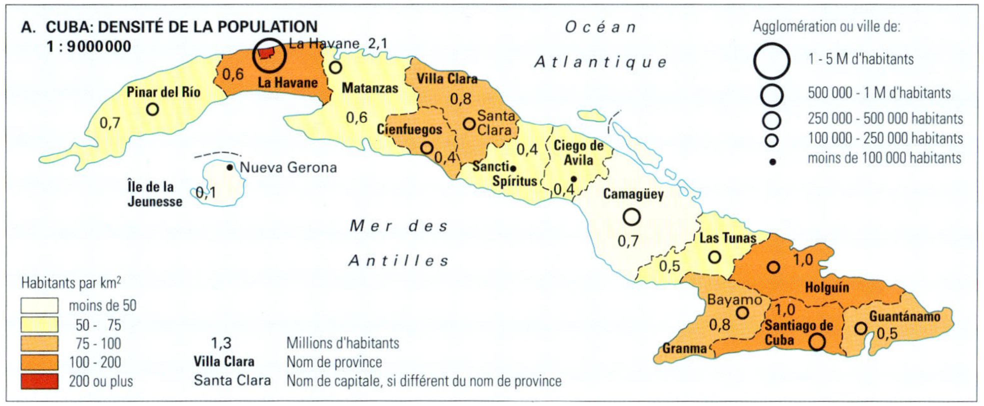

B. CUBA: PRÉCIPITATIONS
1 : 9 000 000

C. CUBA: CULTURES ET ACTIVITÉS DOMINANTES
1 : 9 000 000

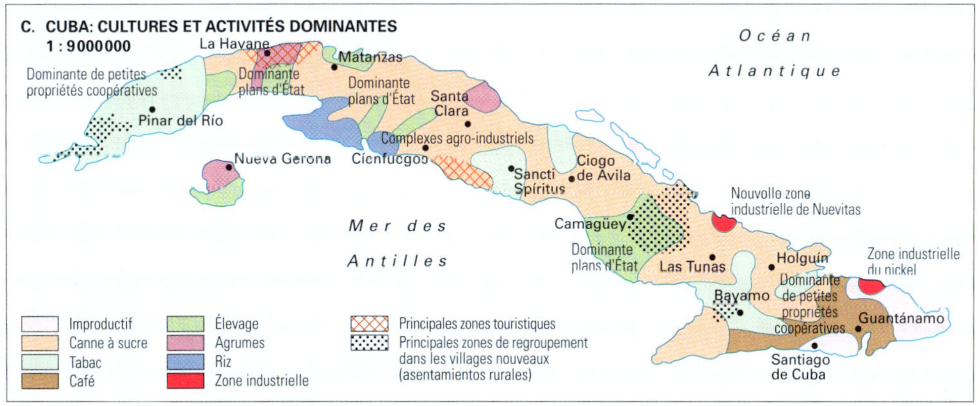

D. CUBA: MINES ET INDUSTRIE
1 : 9 000 000

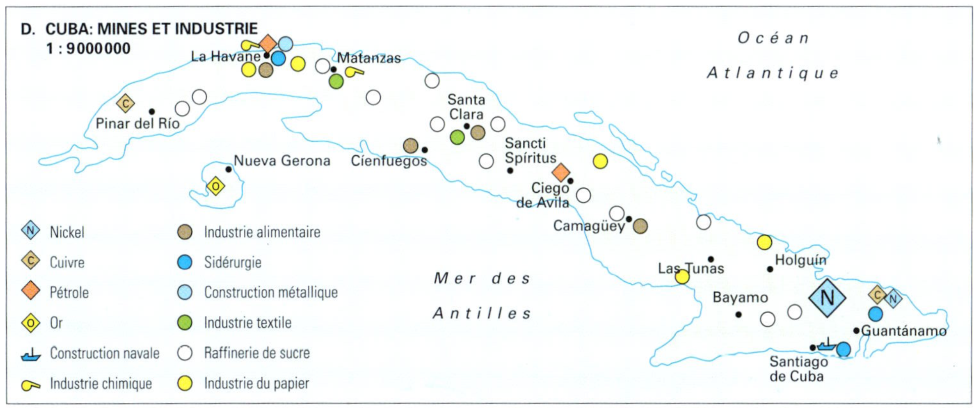

E. IMPORTANCE DU TOURISME
1 : 18 000 000

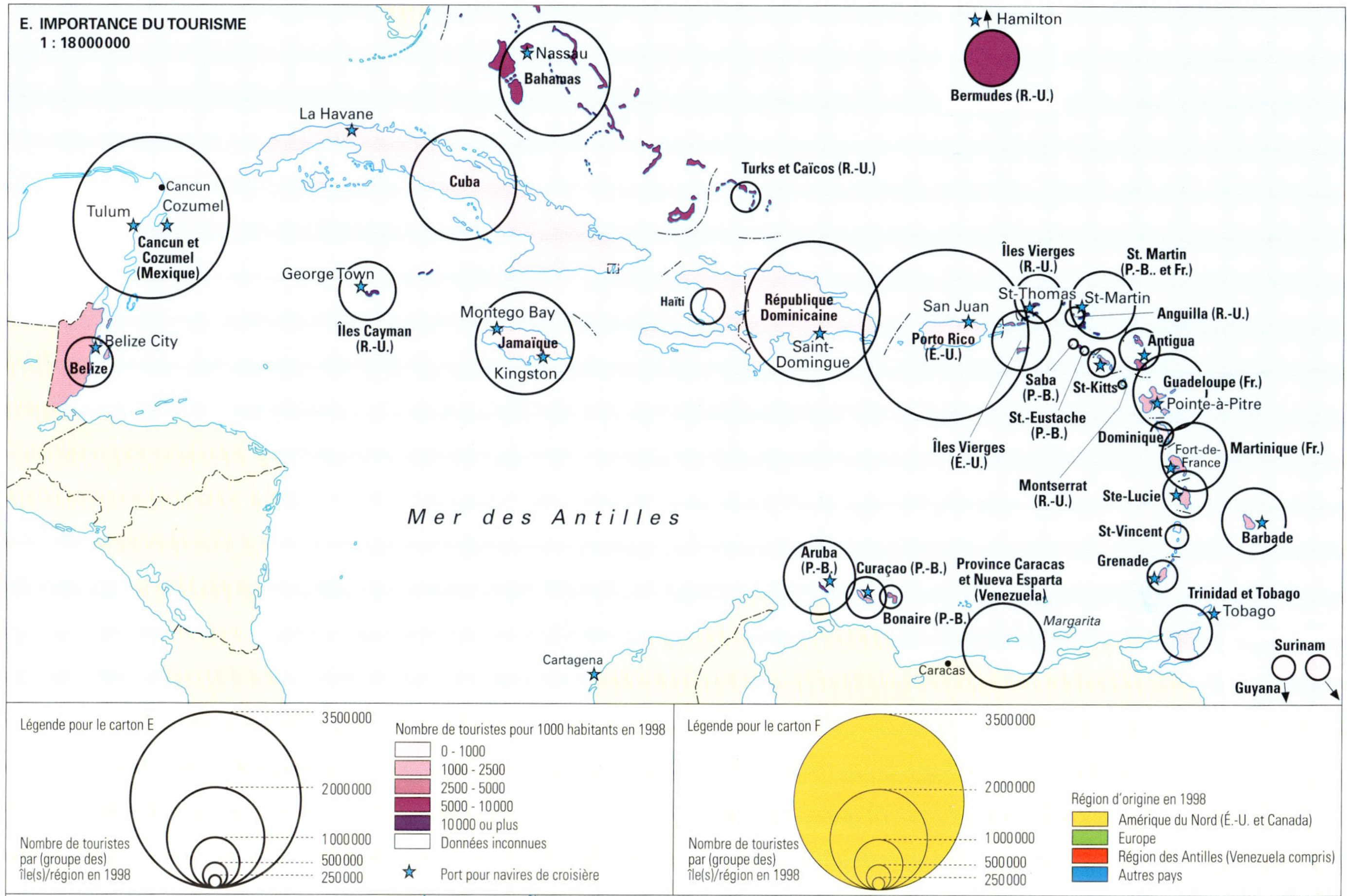

F. NOMBRE DE TOURISTES PAR RÉGION D'ORIGINE
1 : 18 000 000

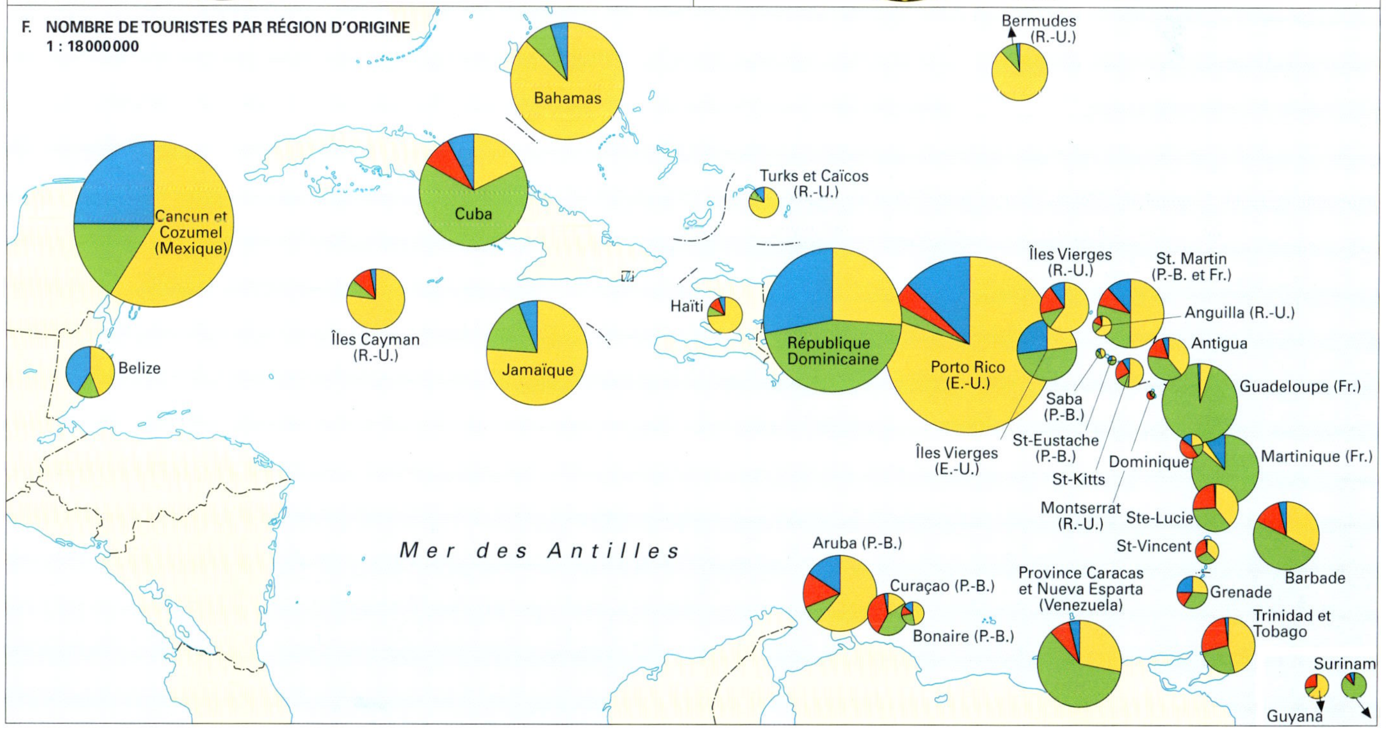

AMÉRIQUE DU SUD

-8000 -6000 -4000 -2000 -200 0 100 200 500 1000 2000 3000 5000 m

Échelle 1:25 000 000

0 200 400 600 800 1000 km

Projection azimutale conforme

AMÉRIQUE DU SUD POLITIQUE

Échelle 1:25 000 000

0 200 400 600 800 1000 km

Projection azimutale conforme

AMÉRIQUE LATINE

Échelle 1 : 75 000 000

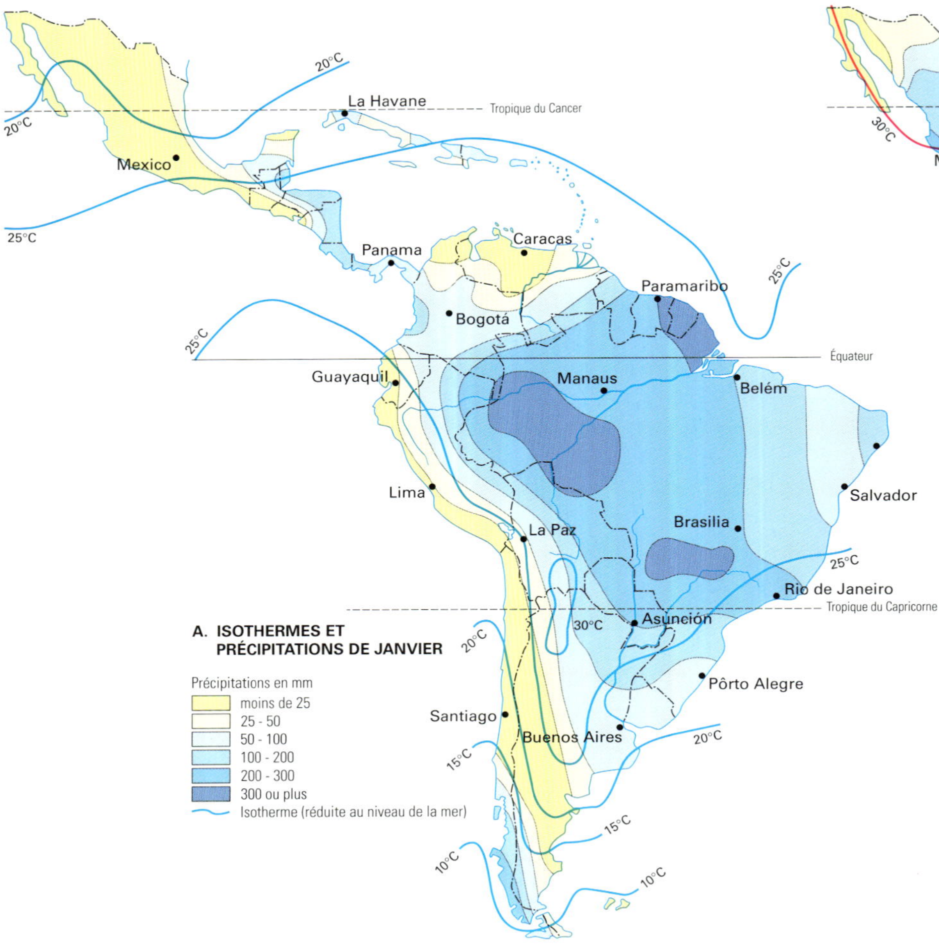

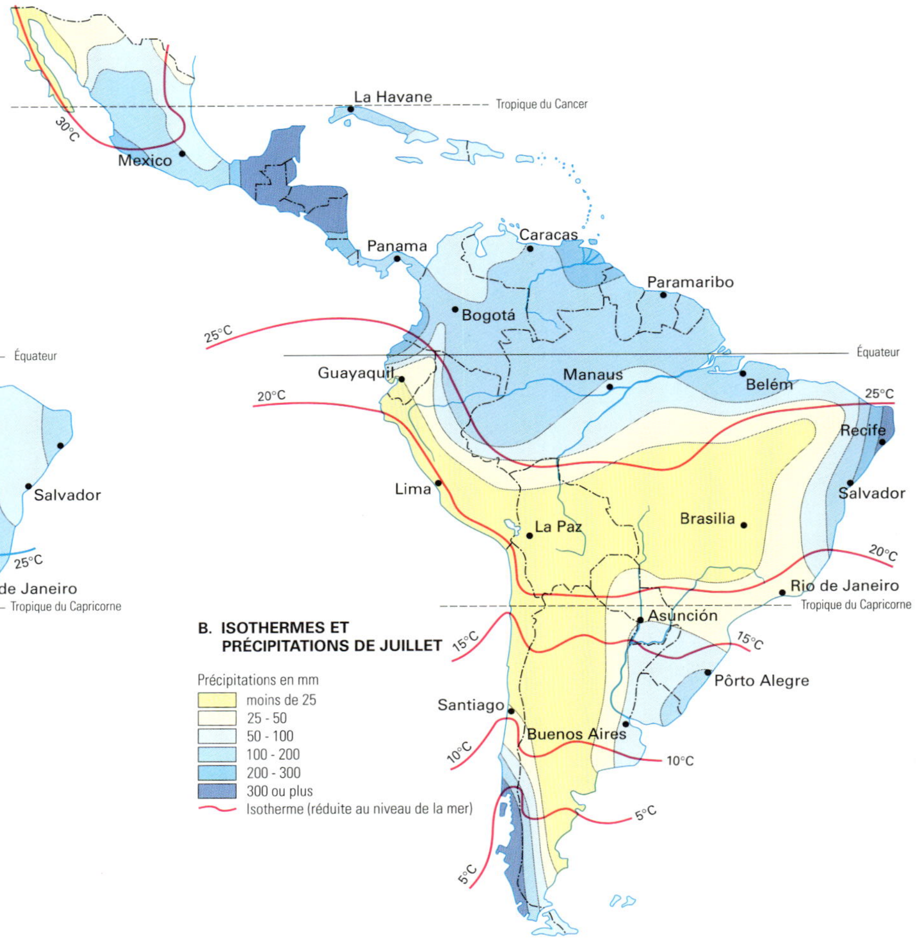

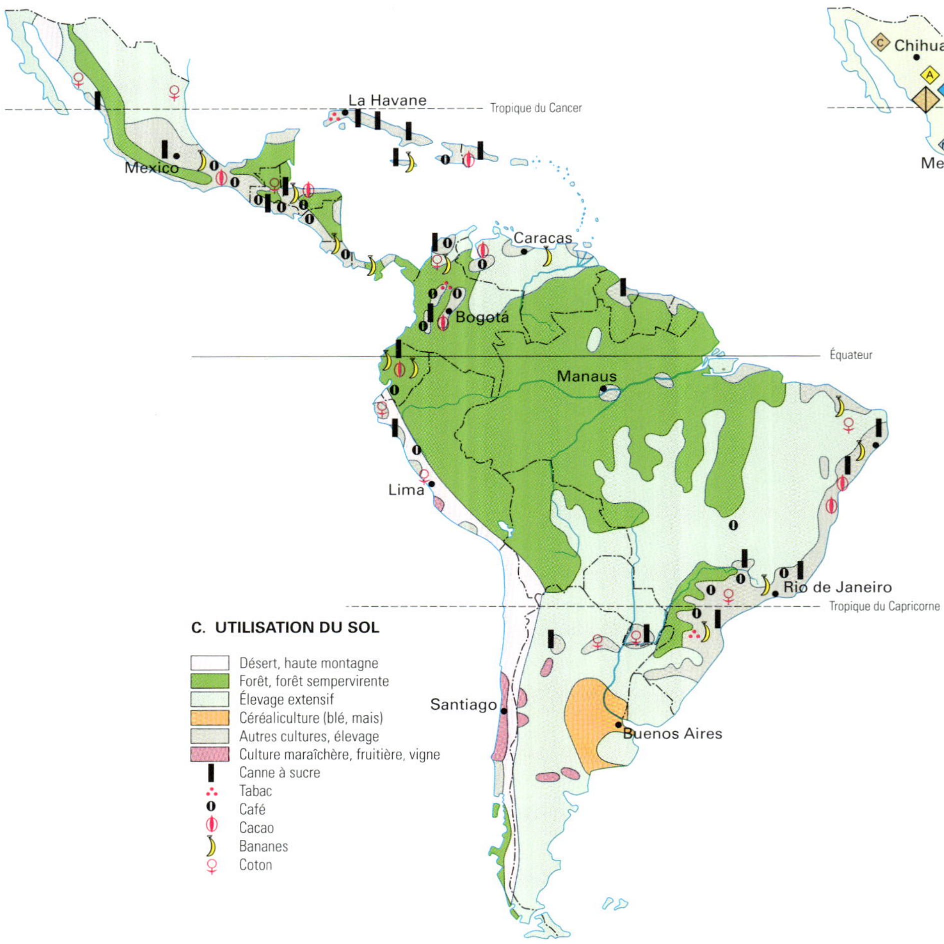

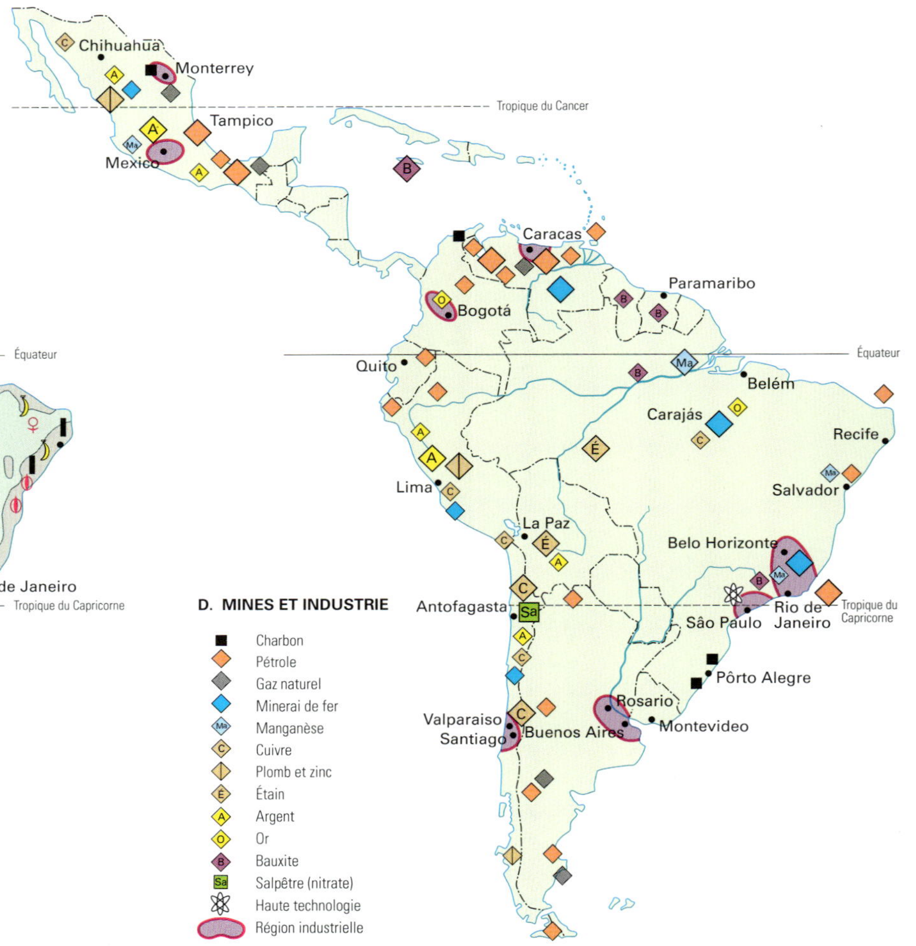

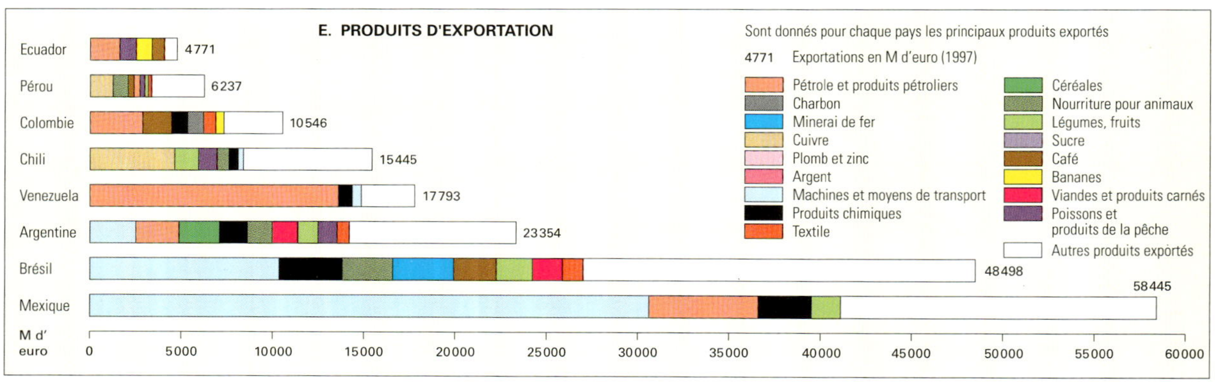

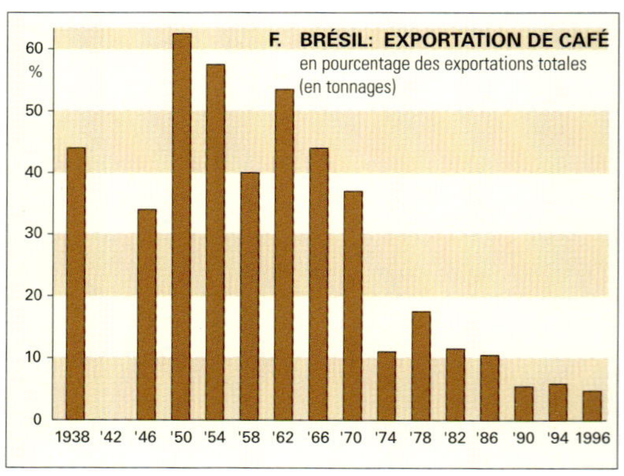

AMÉRIQUE LATINE

Échelle 1 : 75 000 000

A. DENSITÉ DE LA POPULATION

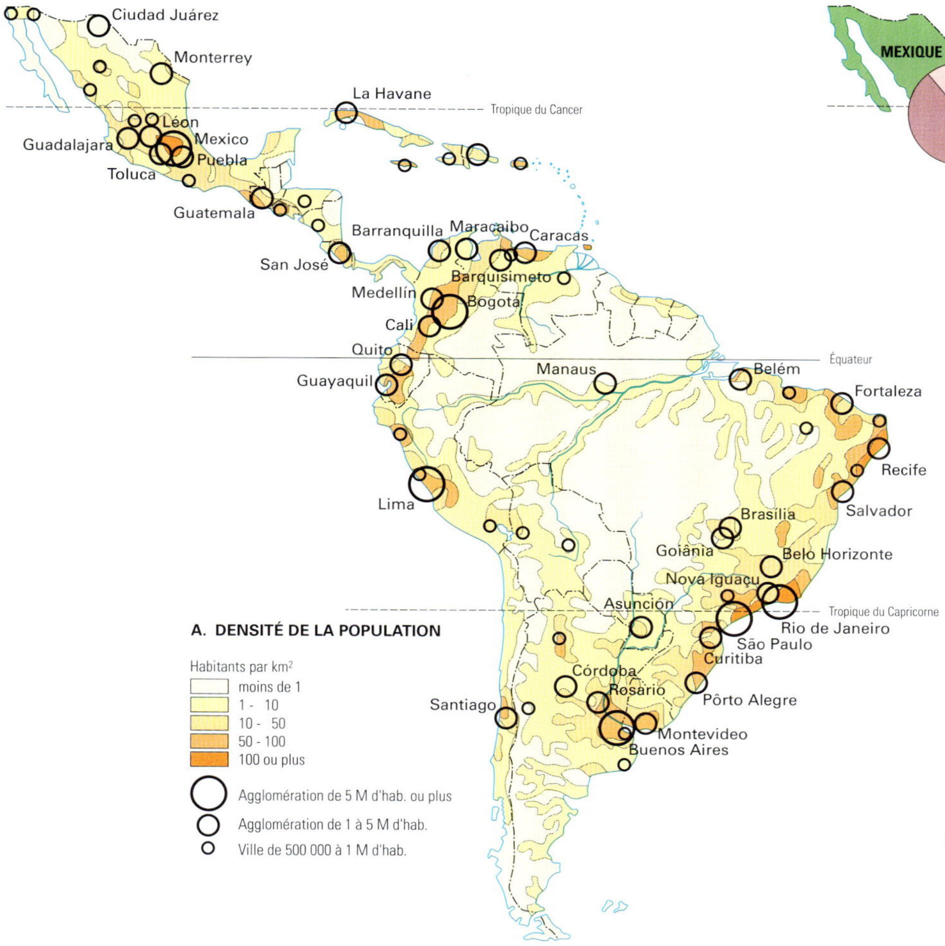

B. GROUPES ETHNIQUES

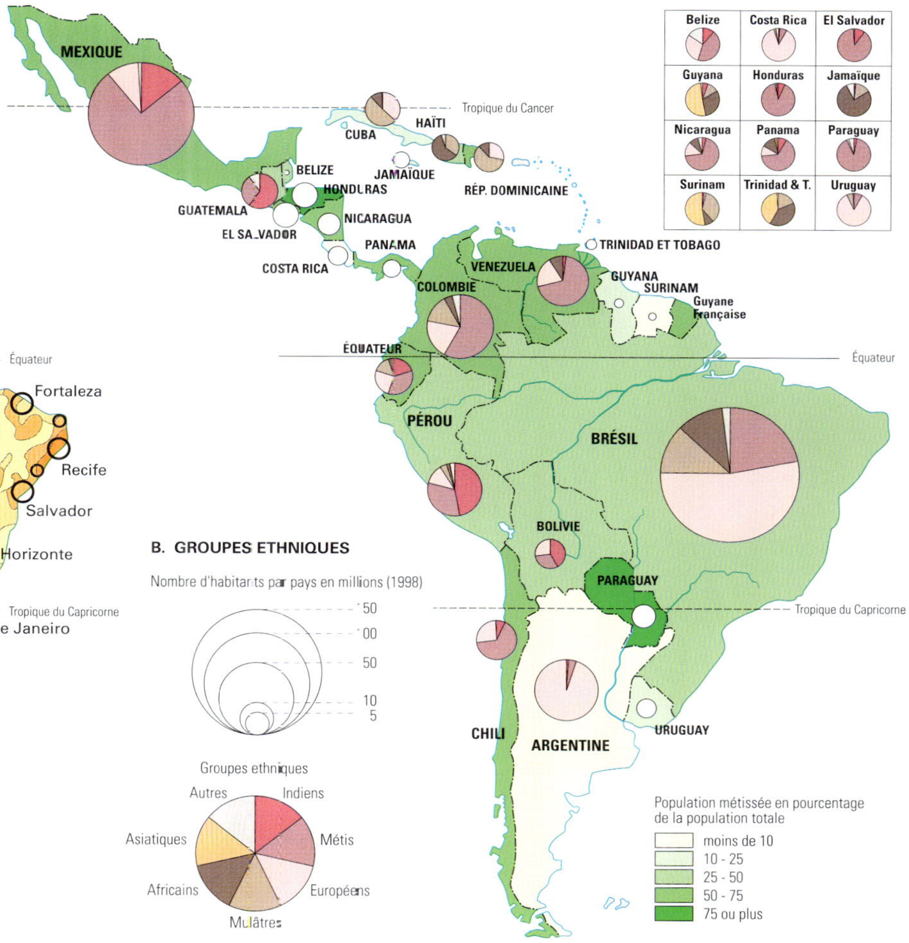

C. PRODUIT NATIONAL BRUT

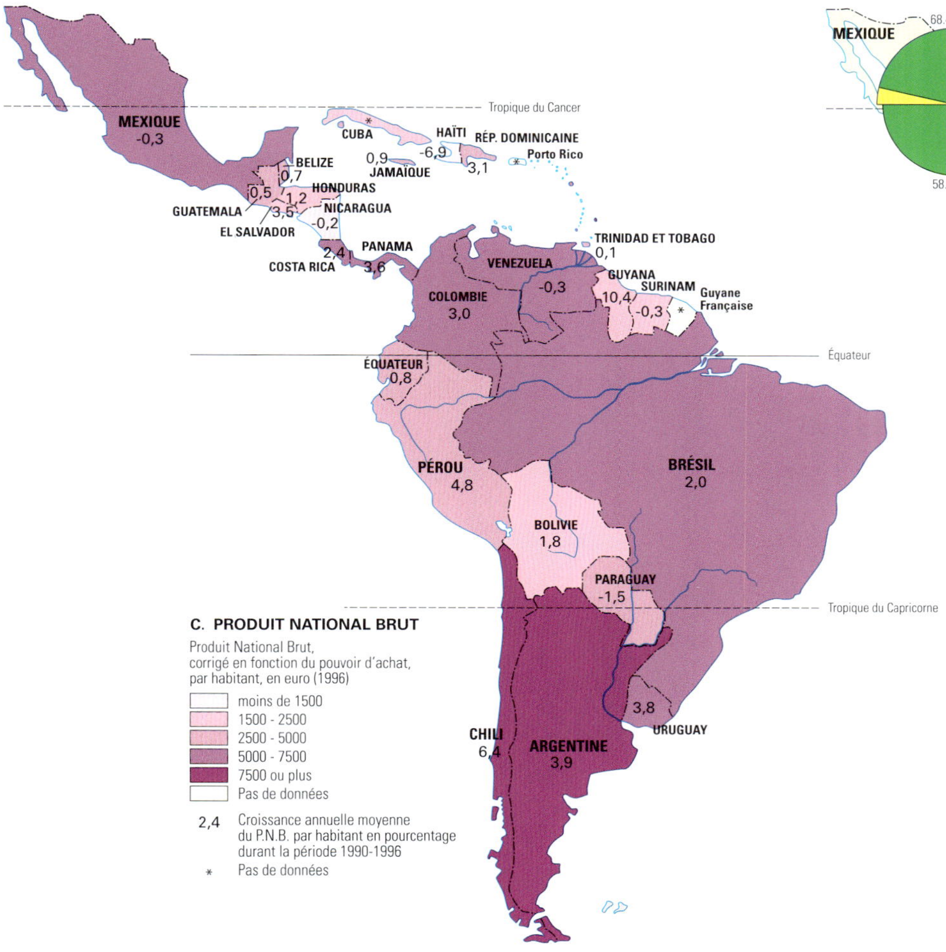

D. PARTENAIRES COMMERCIAUX

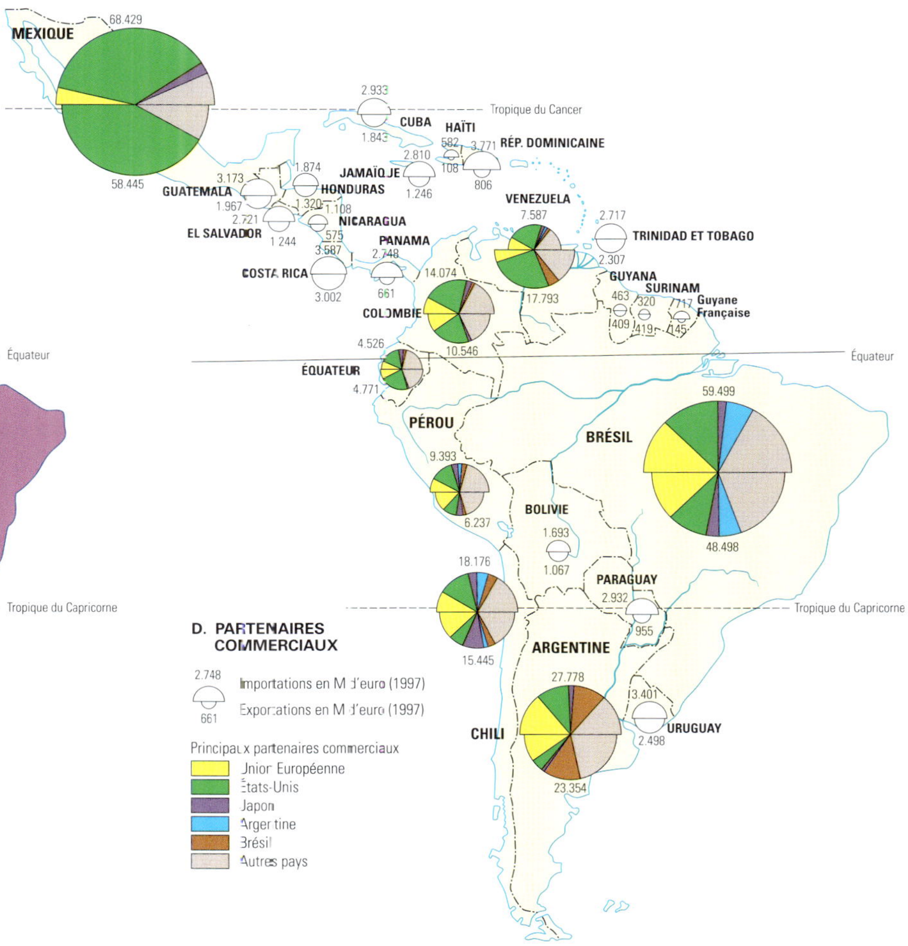

E. CROISSANCE DU P.N.B. 1965 - 1996

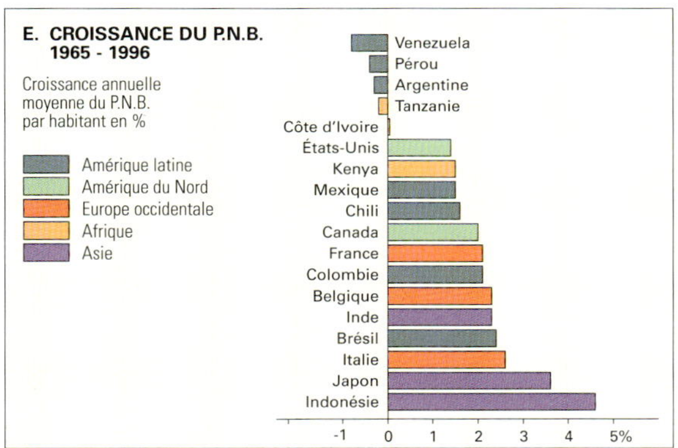

F. INÉGALITÉ DES REVENUS PAR HABITANT (1996)

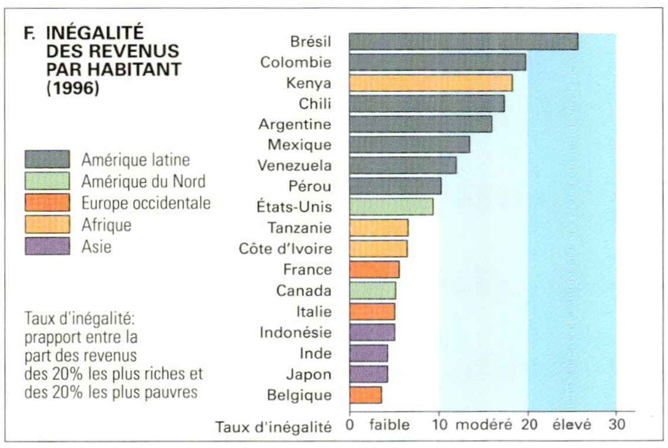

G. ÉVOLUTION DE L'INÉGALITÉ DES REVENUS EN POURCENTAGE (1965 - 1996)

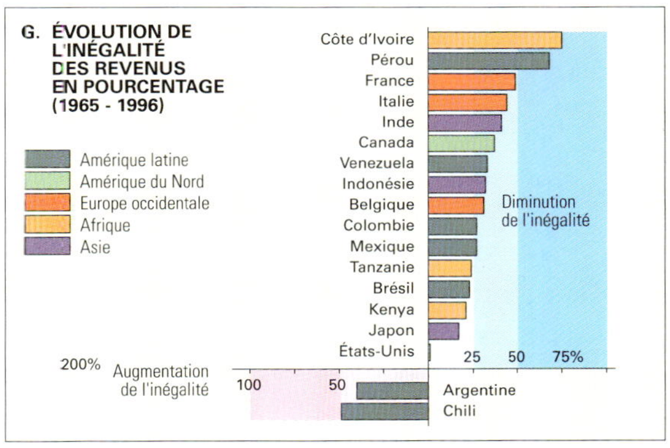

BRÉSIL

A. DENSITÉ DE LA POPULATION
1 : 35 000 000

Habitants par km² par État (1991)
- moins de 2
- 2 - 10
- 10 - 25
- 25 - 50
- 50 - 100
- 100 ou plus

4,9 Millions d'habitants

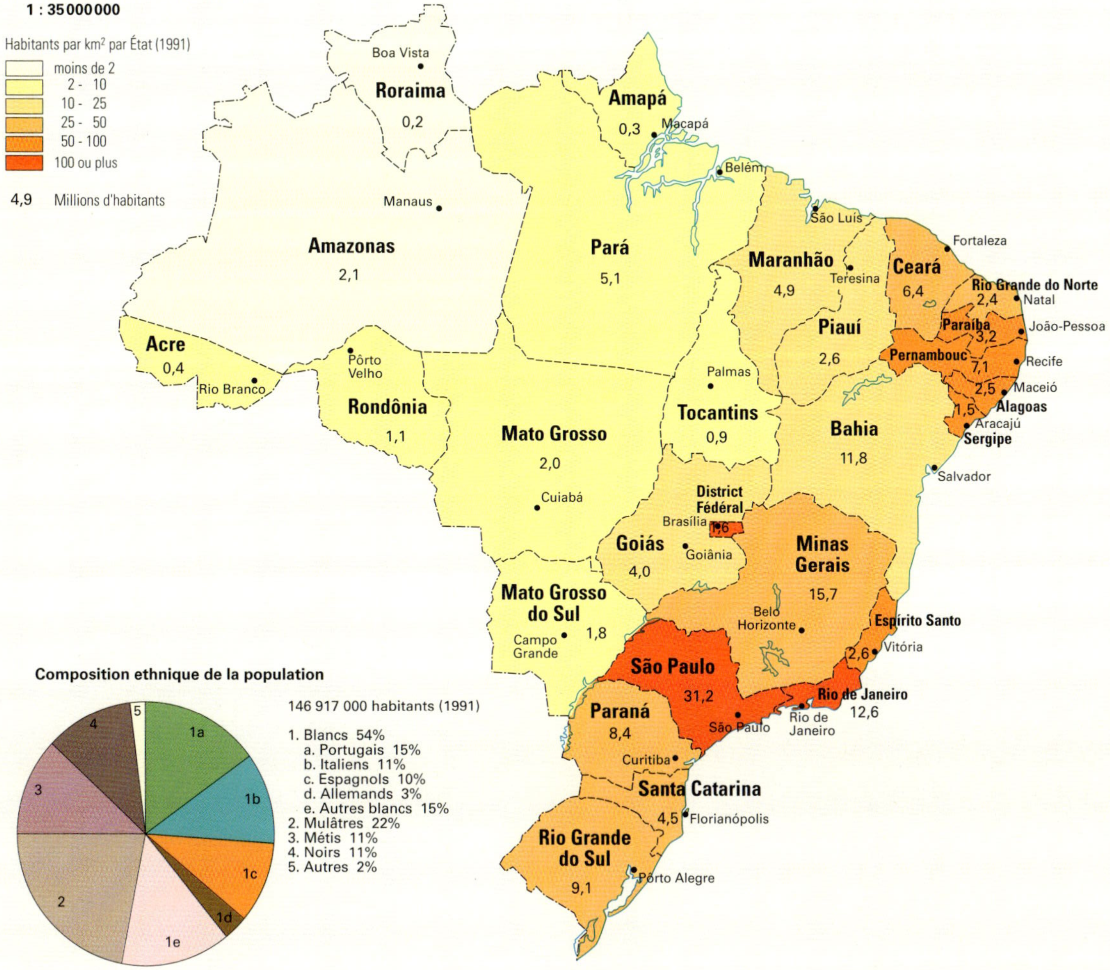

Composition ethnique de la population

146 917 000 habitants (1991)

1. Blancs 54%
   - a. Portugais 15%
   - b. Italiens 11%
   - c. Espagnols 10%
   - d. Allemands 3%
   - e. Autres blancs 15%
2. Mulâtres 22%
3. Métis 11%
4. Noirs 11%
5. Autres 2%

B. LIAISONS AÉRIENNES ET CHEMINS DE FER
1 : 35 000 000

- Chemin de fer
- Liaison aérienne

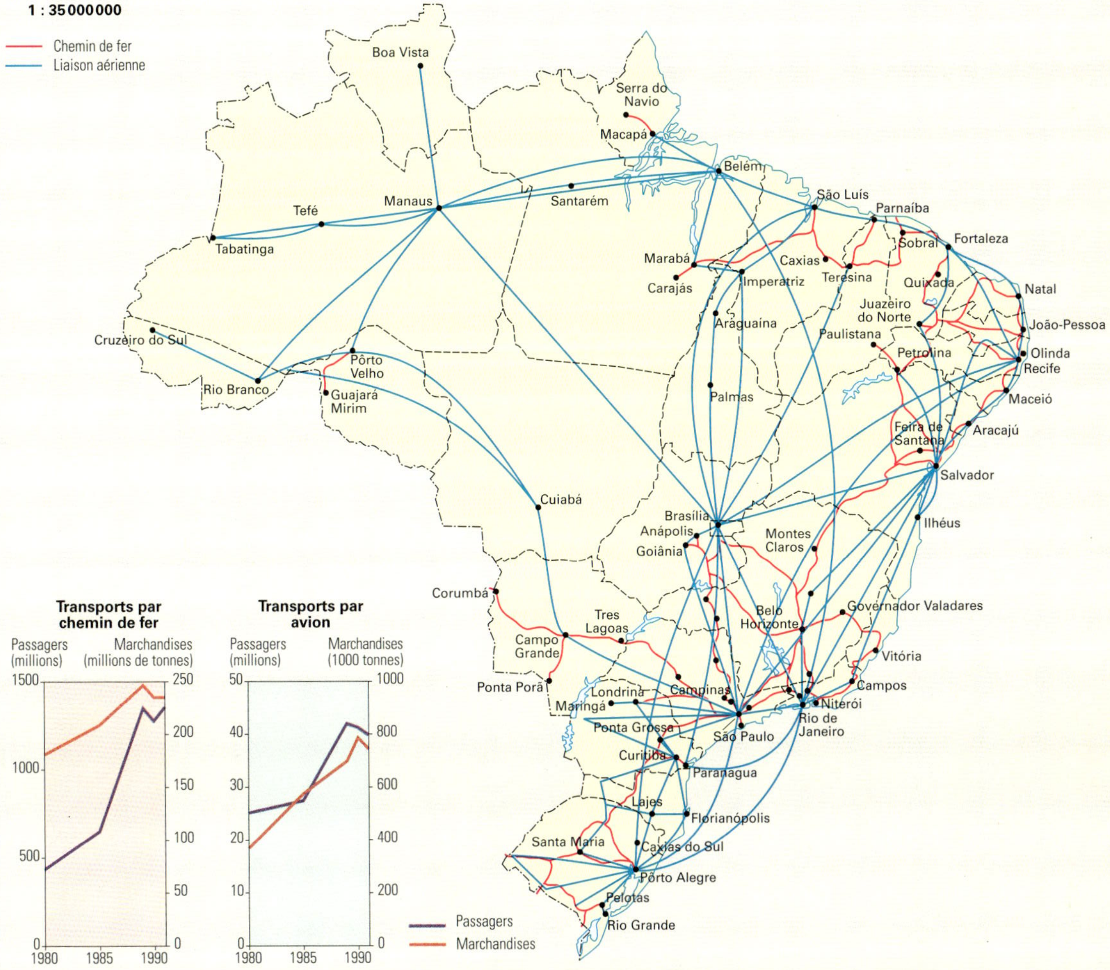

Transports par chemin de fer

Transports par avion

- Passagers
- Marchandises

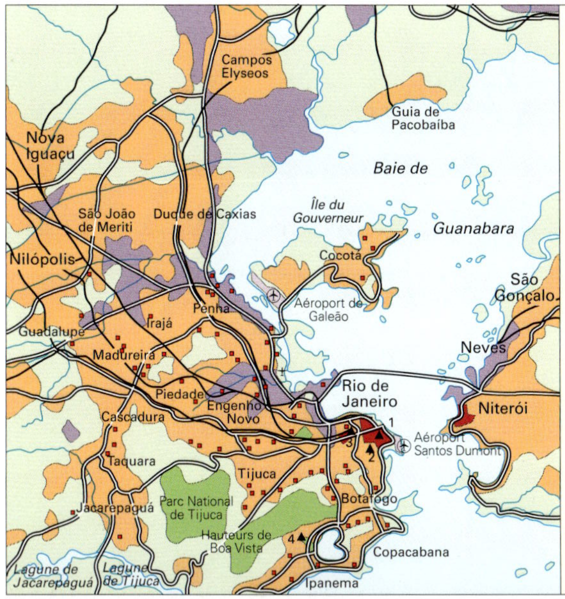

C. RIO DE JANEIRO
1 : 500 000

- Centre des affaires
- Zone résidentielle
- Espace industriel
- Aéroport
- Aérodrome
- Parc
- Forêt
- Zone non urbanisée
- Chemin de fer
- Route principale
- Quartier de taudis (favela)

▲ Bâtiment remarquable
1. Palais impérial
2. Cathédrale
3. Dom Pedro
4. Jardin botanique

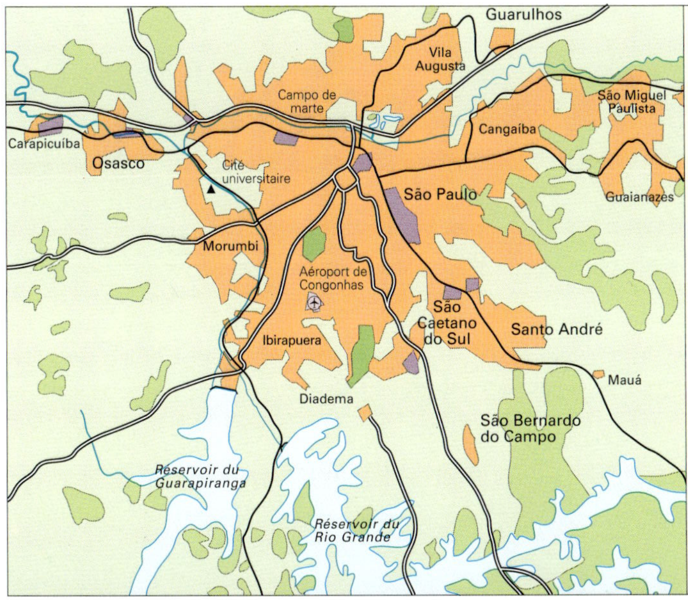

D. SÃO PAULO
1 : 500 000

- Zone résidentielle
- Espace industriel
- Aéroport
- Parc
- Forêt
- Zone non urbanisée
- Barrage, lac de barrage
- Chemin de fer
- Route principale

▲ Bâtiment remarquable

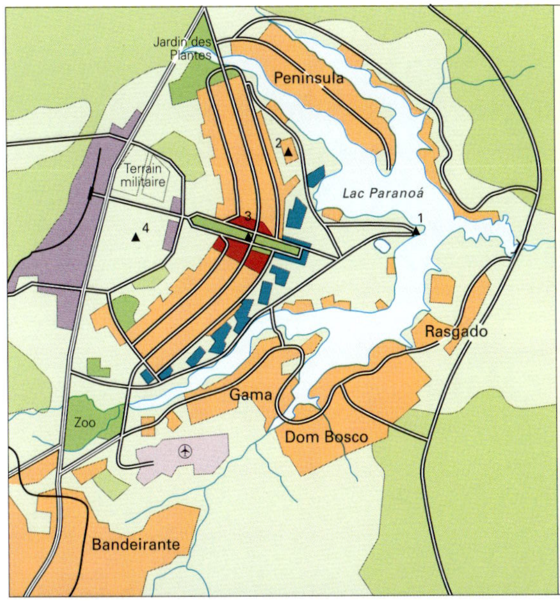

E. BRASÍLIA
1 : 300 000

- Centre des affaires
- Bâtiments du gouvernement et ambassades
- Zone résidentielle
- Espaces industriels et réservés au trafic
- Aéroport
- Parc
- Forêt
- Zone non urbanisée
- Chemin de fer avec gare
- Autoroute
- Route principale

▲ Bâtiment remarquable
1. Palais présidentiel
2. Université
3. Théâtre national
4. Observatoire

Échelle 1 : 25 000 000

OCÉANS INDIEN ET PACIFIQUE

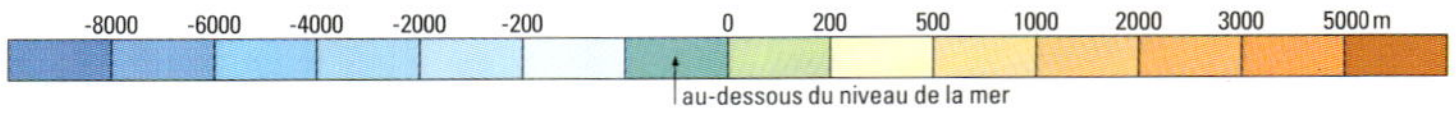

Échelle 1:60000000

AUSTRALIE ET NOUVELLE-ZÉLANDE

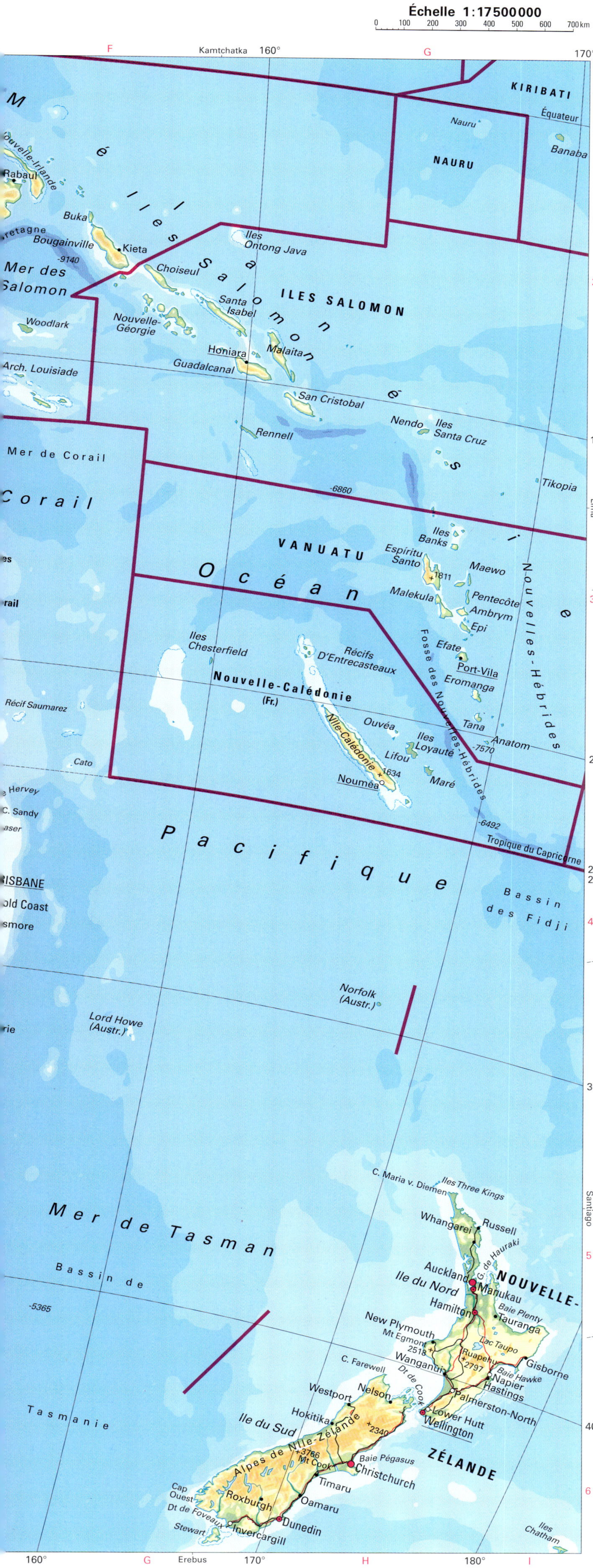

A. PRÉCIPITATIONS
1 : 55 000 000

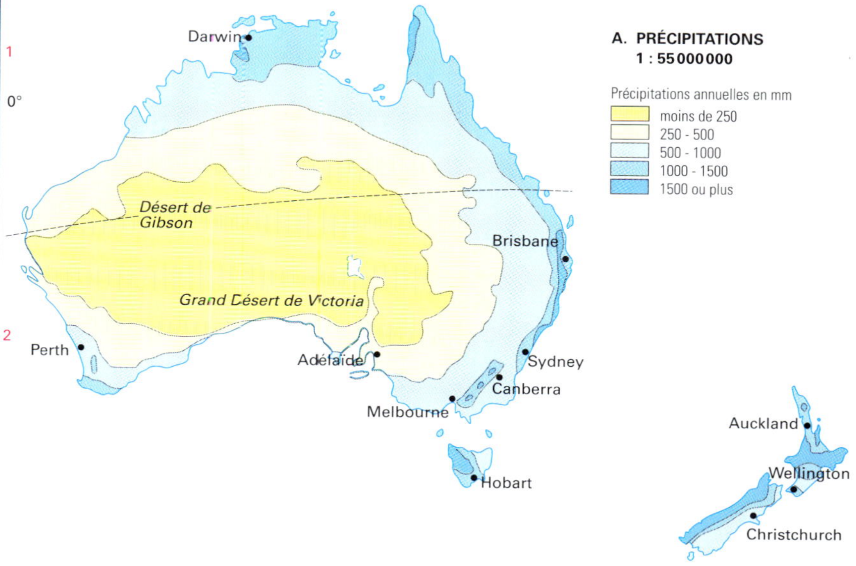

B. UTILISATION DU SOL
1 : 55 000 000

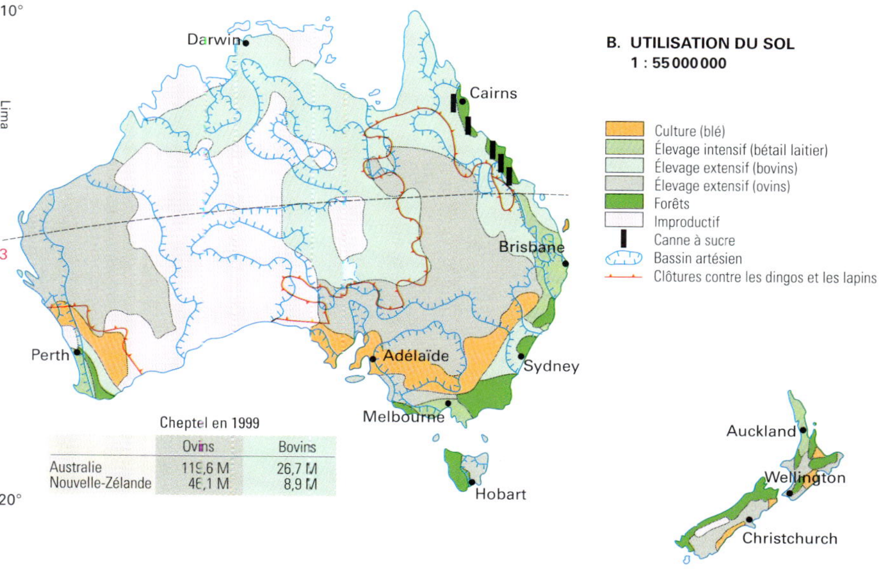

Cheptel en 1999

	Ovins	Bovins
Australie	119,6 M	26,7 M
Nouvelle-Zélande	46,1 M	8,9 M

C. MINES ET INDUSTRIE
1 : 55 000 000

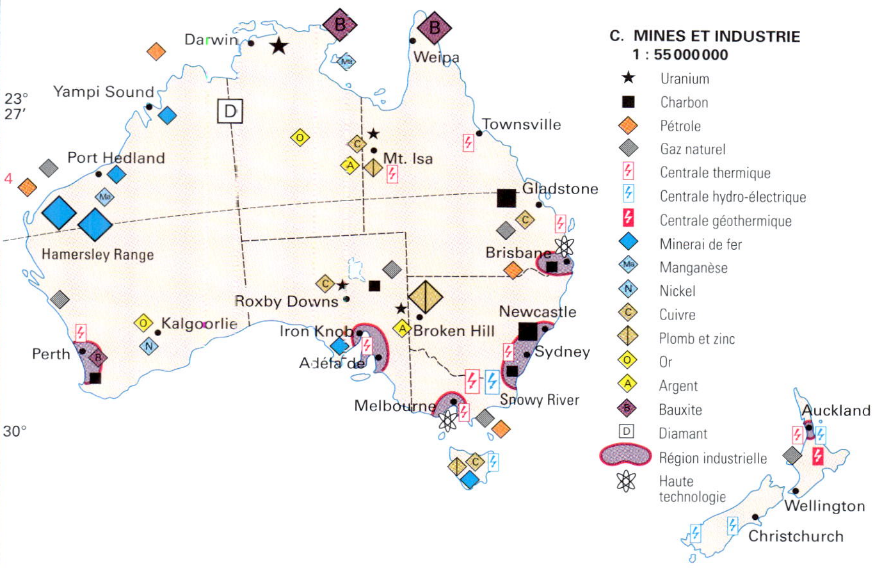

D. DENSITÉ DE LA POPULATION
1 : 55 000 000

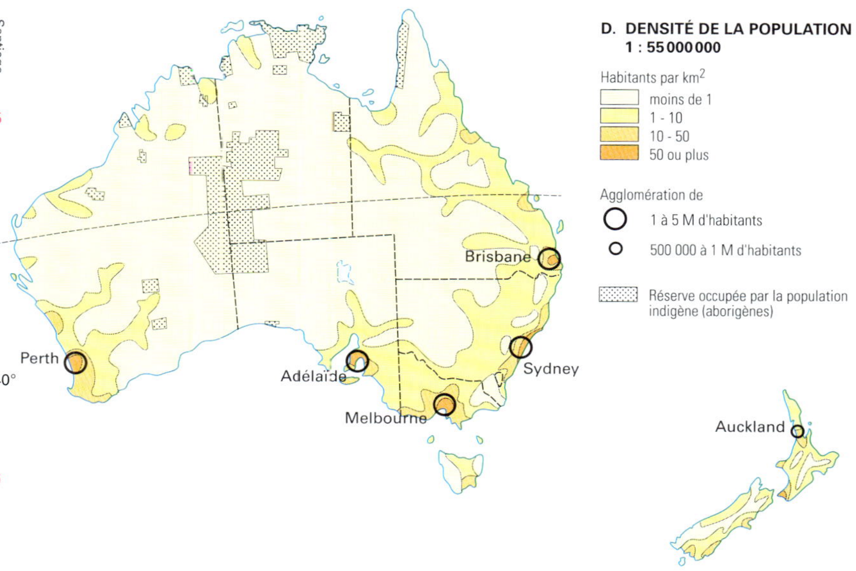

LE MONDE PHYSIQUE

Échelle 1:60 000 000

LE MONDE POLITIQUE

Échelle 1:60000000

0 500 1000 1500 2000 2500 3000 km

LE MONDE POPULATION

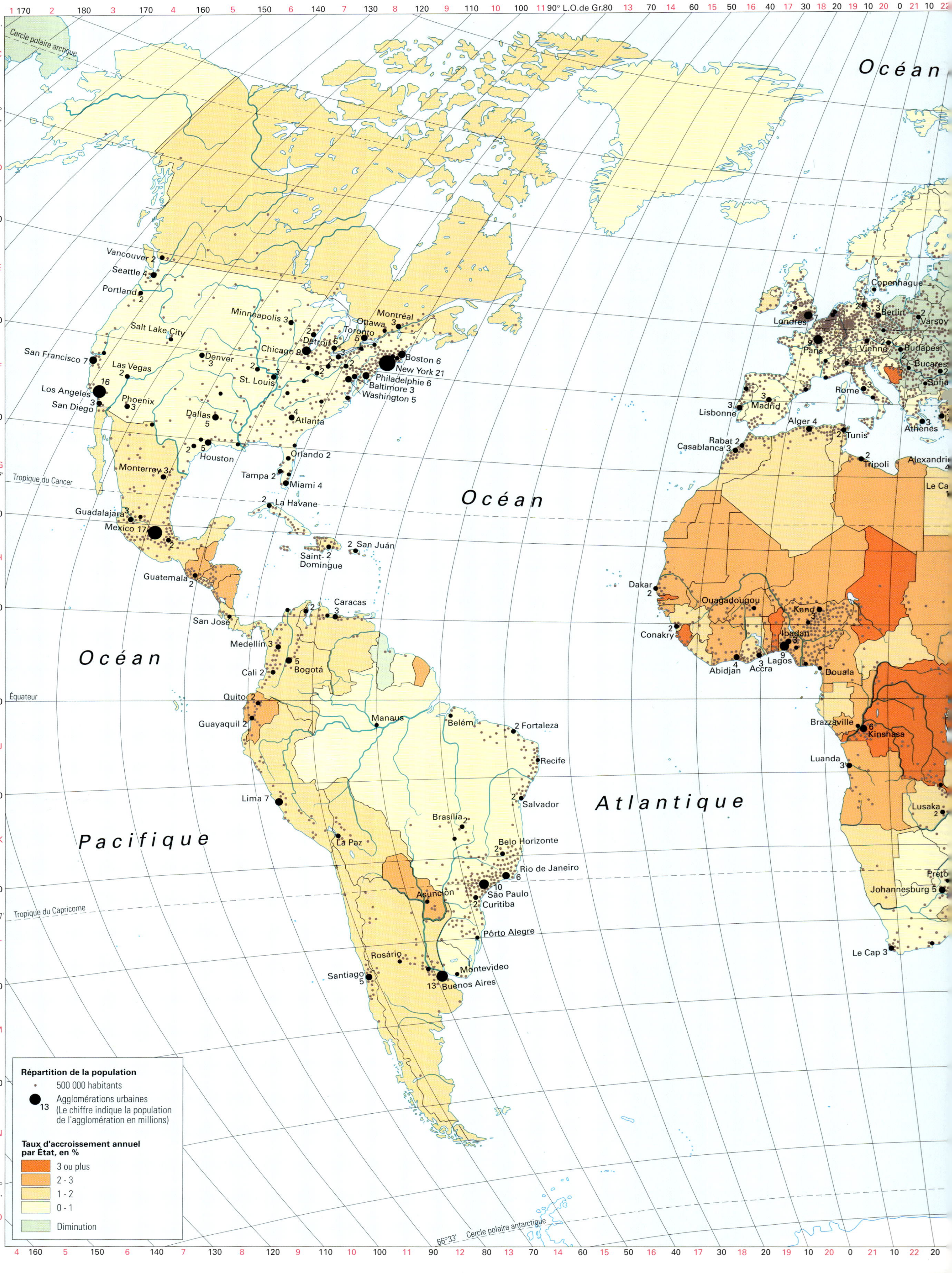

Échelle 1 : 60 000 000

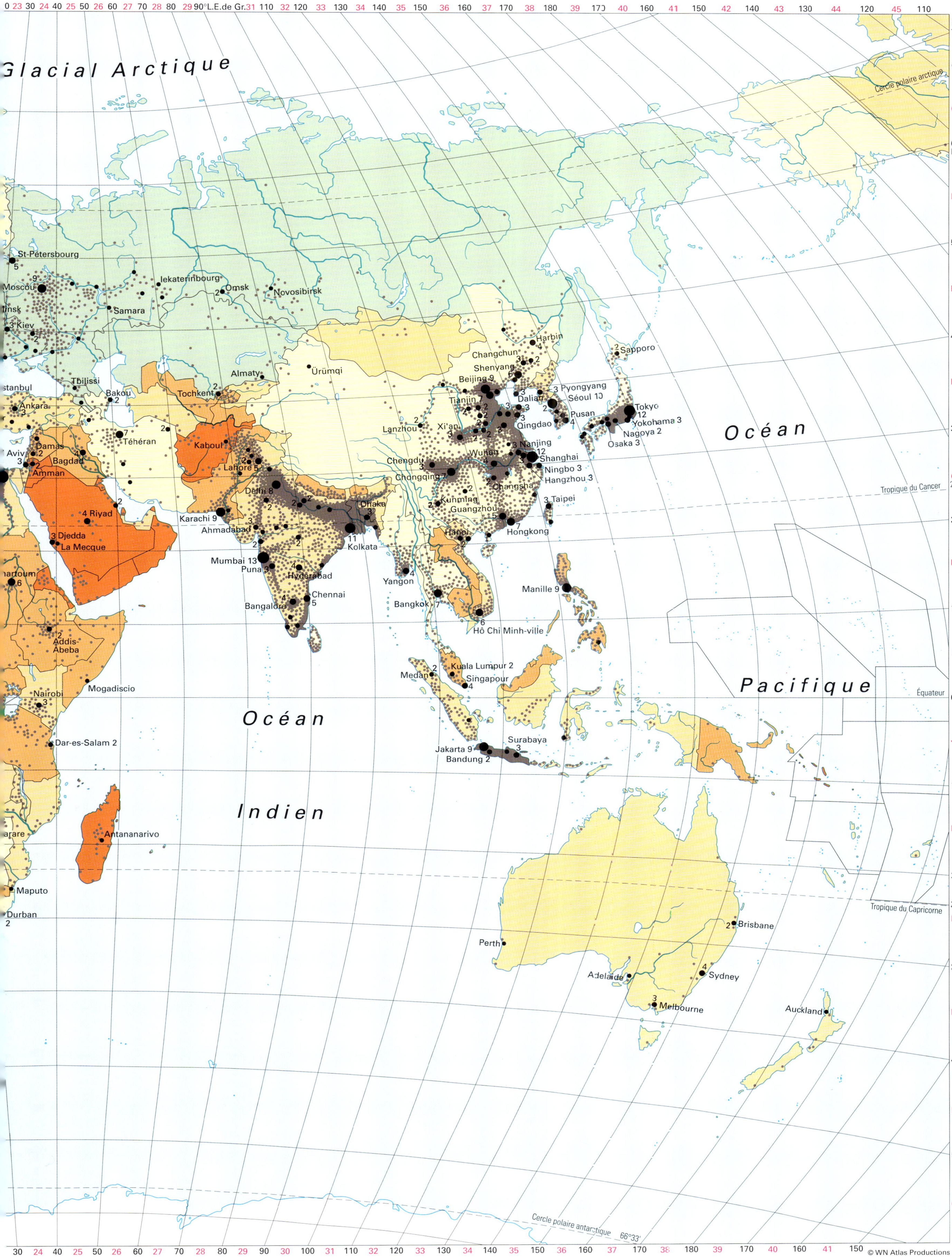

LA TERRE GÉOLOGIE

Échelle 1 : 200 000 000

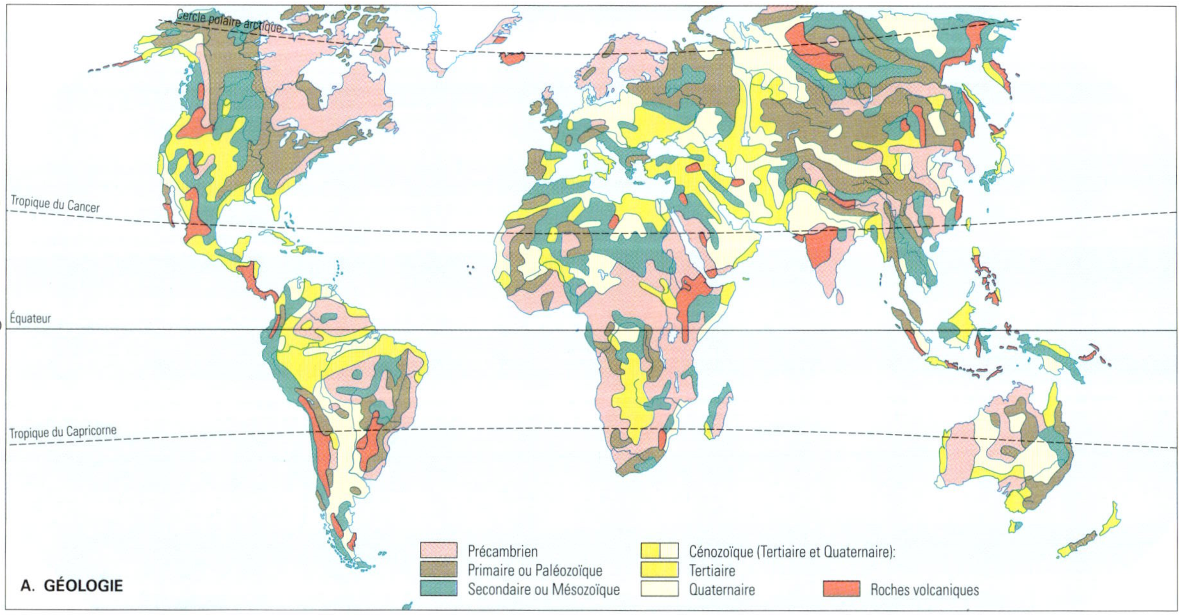

A. GÉOLOGIE

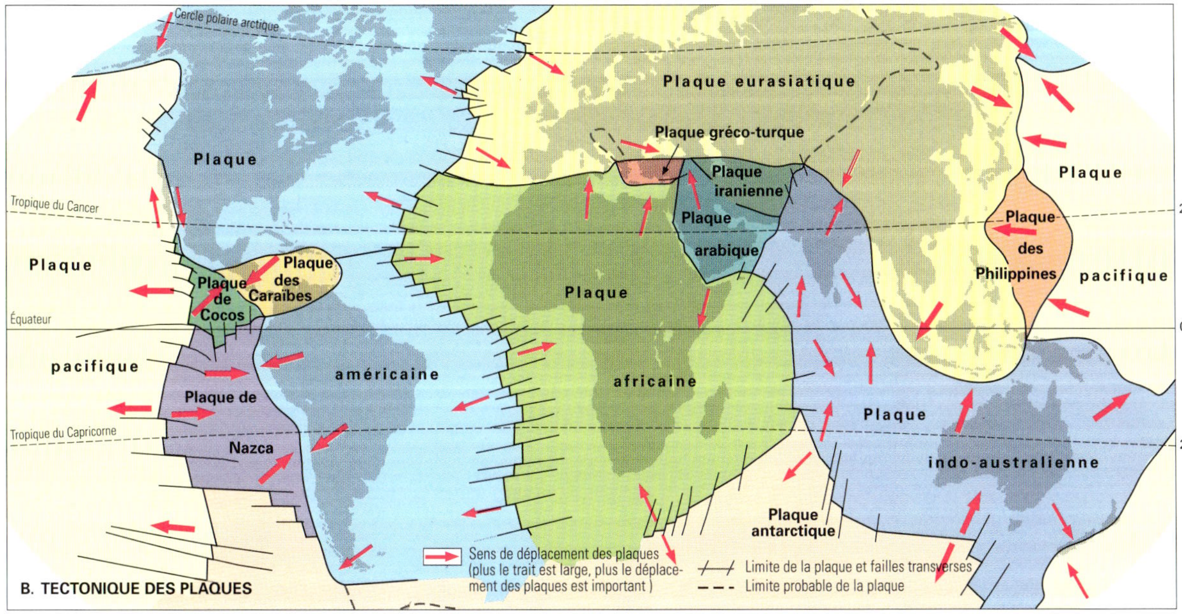

B. TECTONIQUE DES PLAQUES

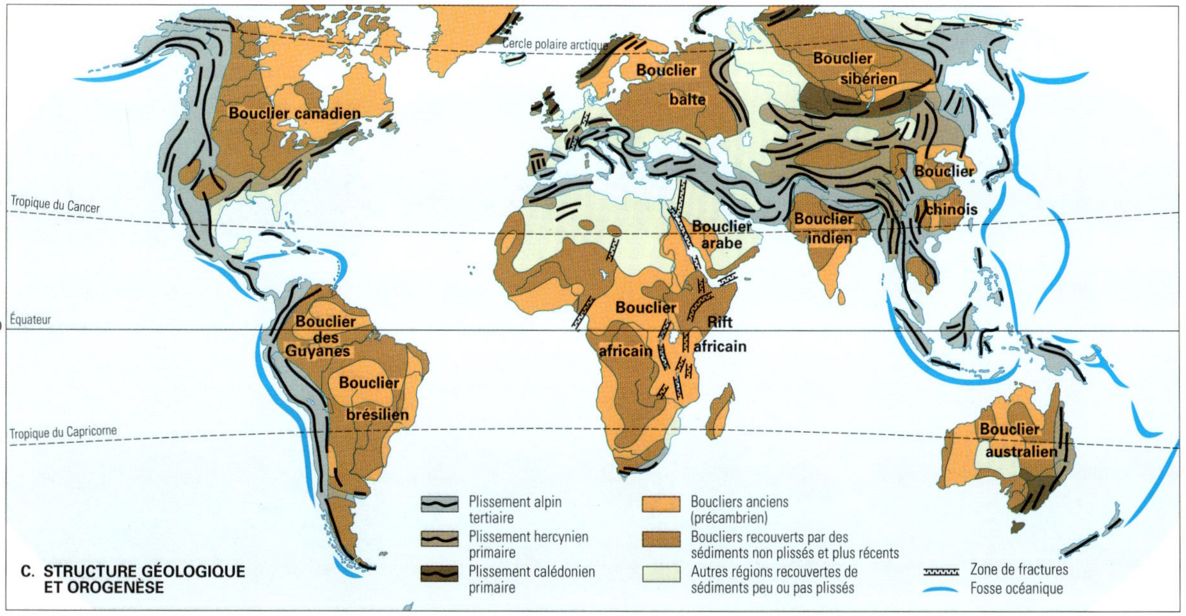

C. STRUCTURE GÉOLOGIQUE ET OROGENÈSE

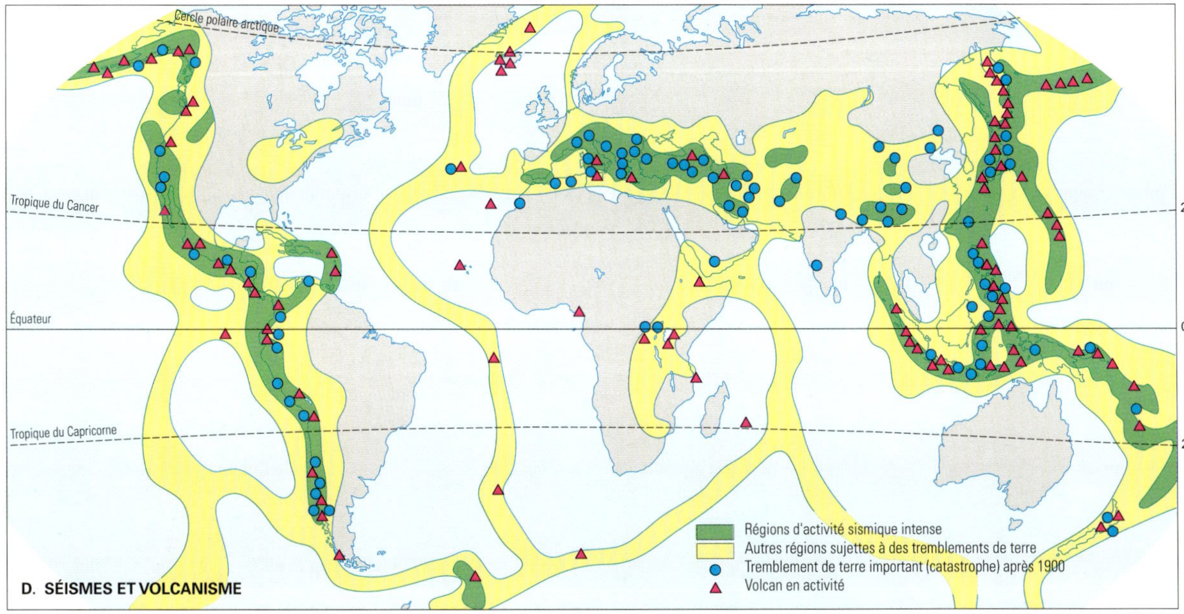

D. SÉISMES ET VOLCANISME

E. TABLEAU DES TEMPS GÉOLOGIQUES = ÉCHELLE STRATIGRAPHIQUE

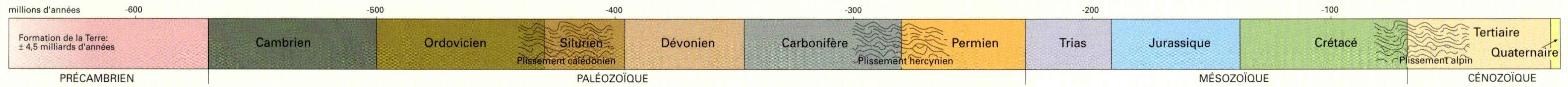

F. COUPE TRANSVERSALE LE LONG DE L'ÉQUATEUR

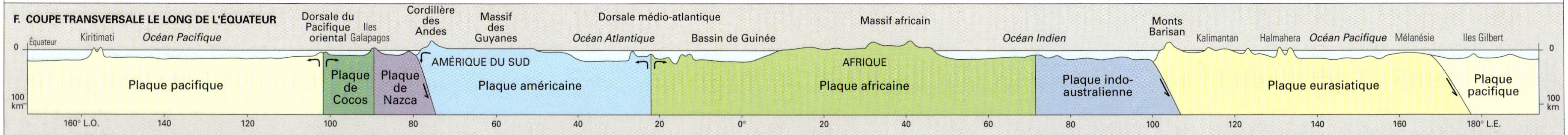

Échelle 1 : 200000000

A. "DÉRIVE" DES CONTINENTS

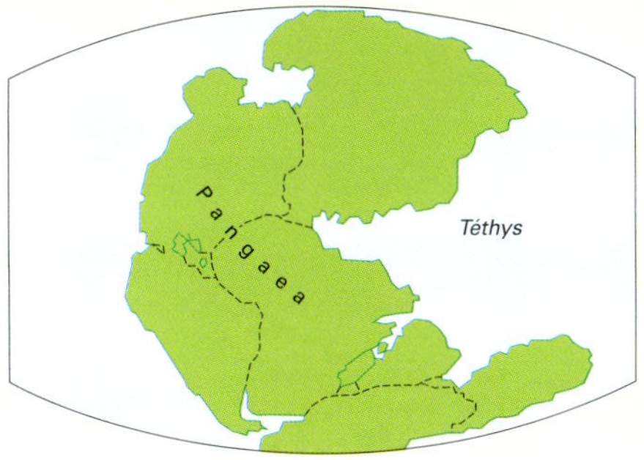

A1. Il y a 225 millions d'années (fin du Permien)

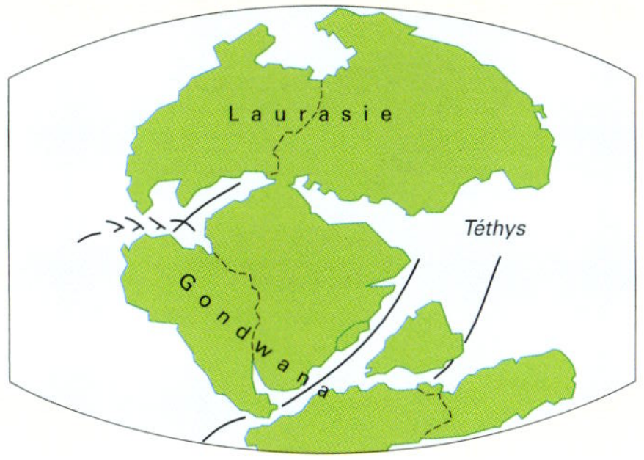

A2. Il y a 180 millions d'années (début du Jurassique)

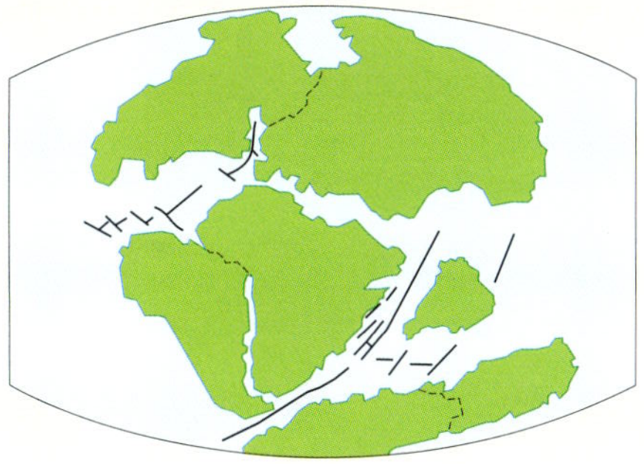

A3. Il y a 135 millions d'années (début du Crétacé)

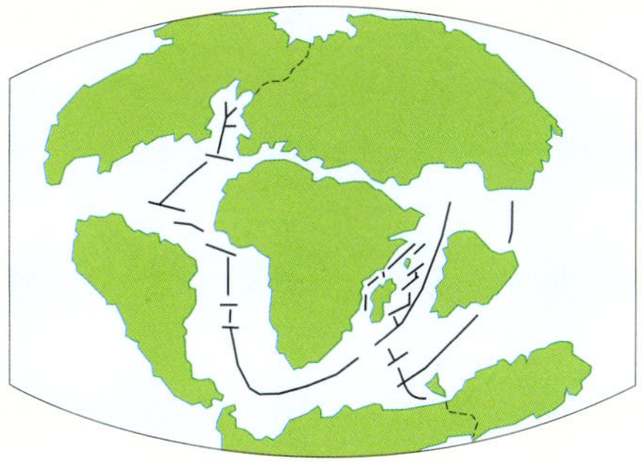

A4. Il y a 65 millions d'années (début du Tertiaire)

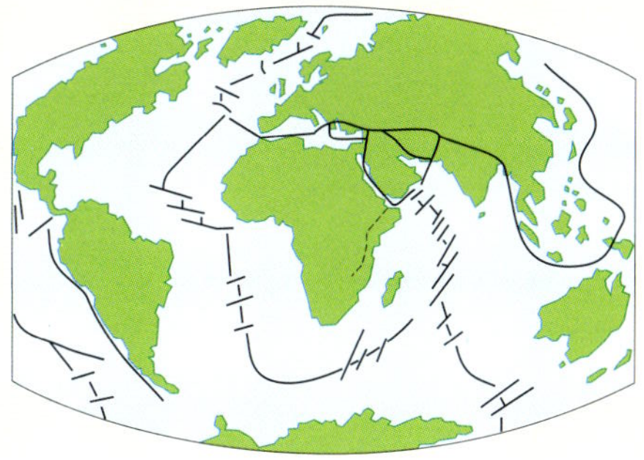

A5. La disposition actuelle

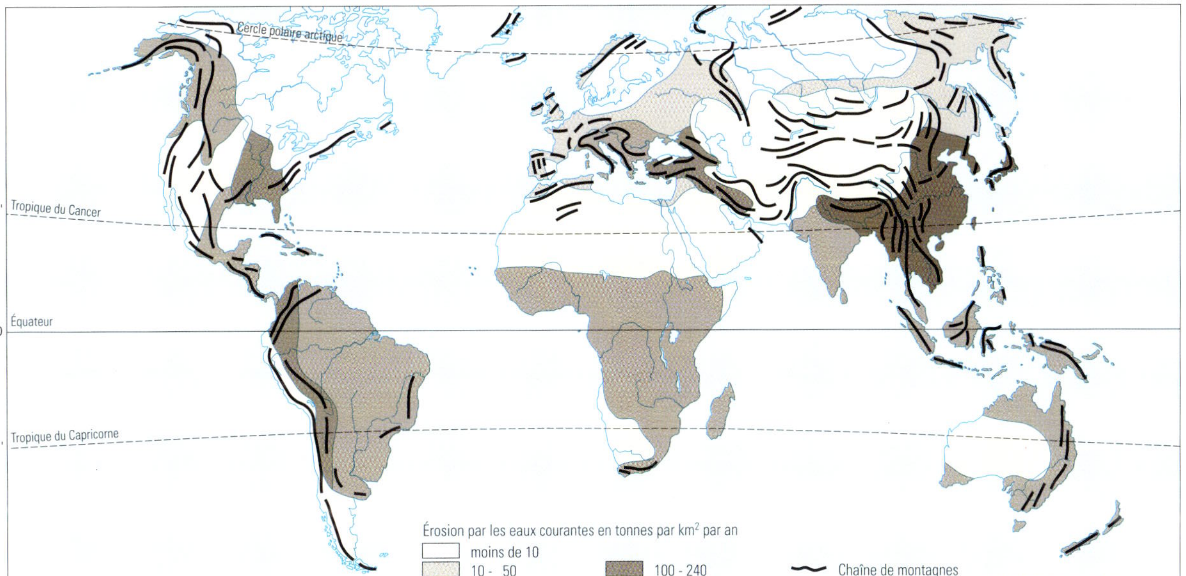

B. ÉROSION DES CONTINENTS

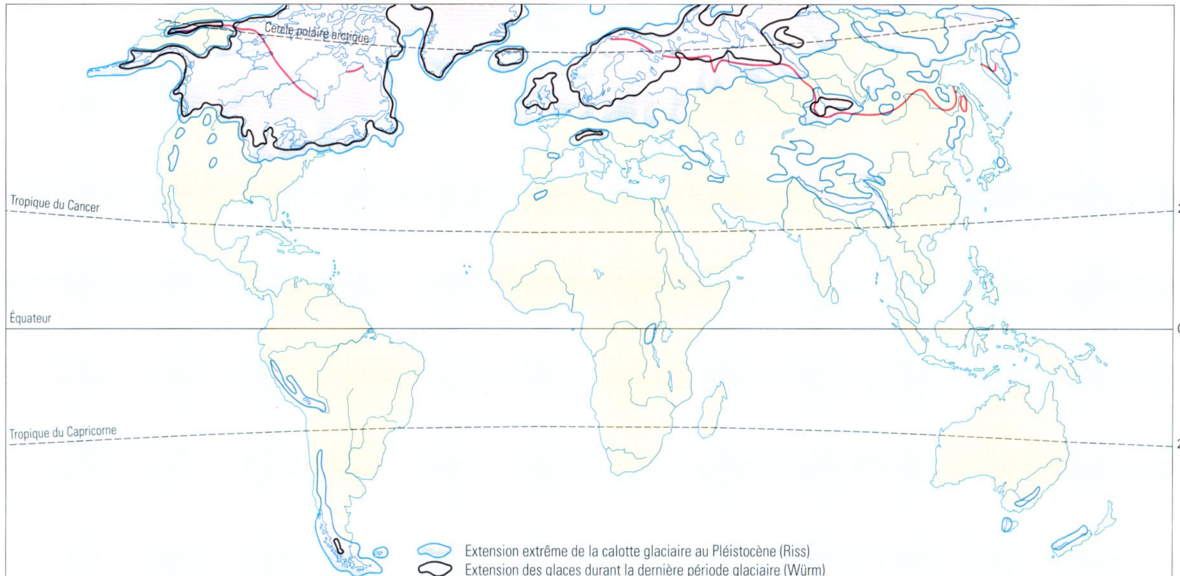

C. LES GLACIATIONS DU QUATERNAIRE

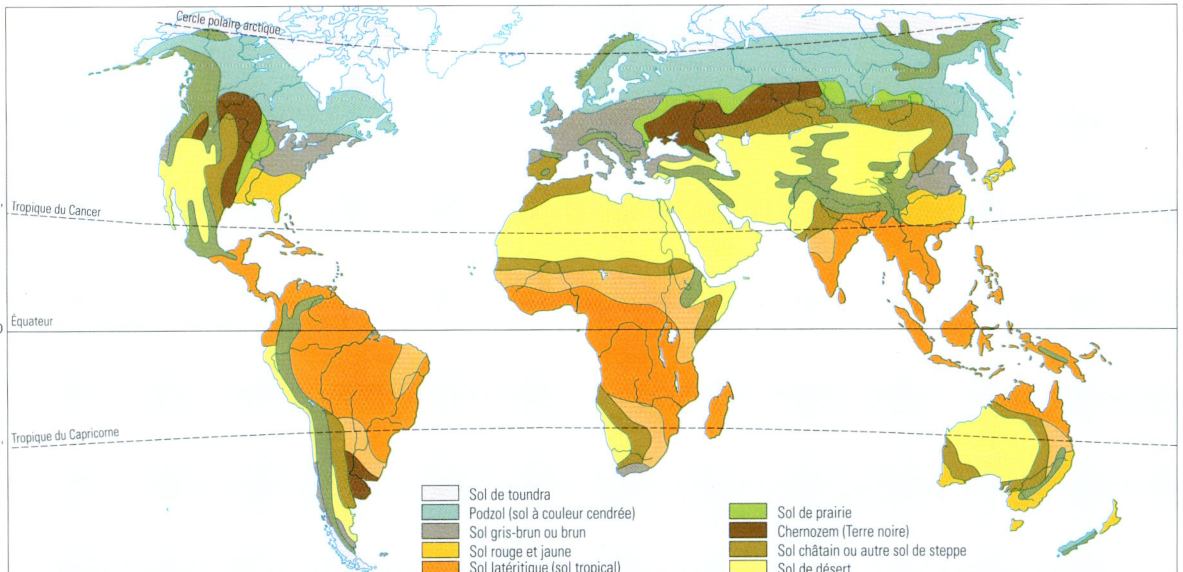

D. GROUPES DE SOLS

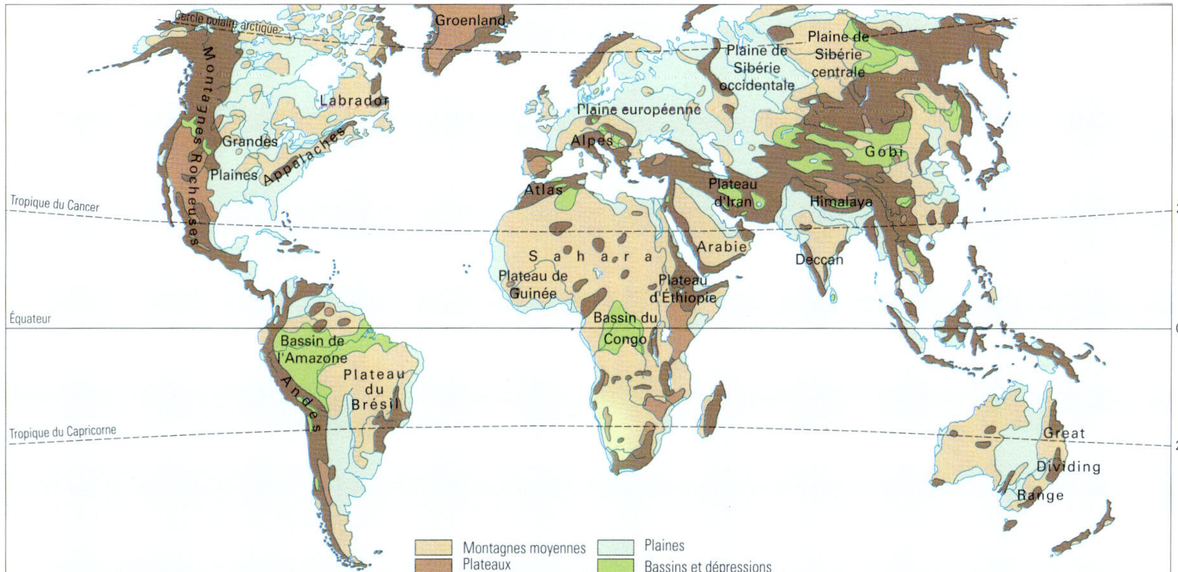

E. ZONES DE RELIEF

LA TERRE CLIMAT

Échelle 1 : 200 000 000

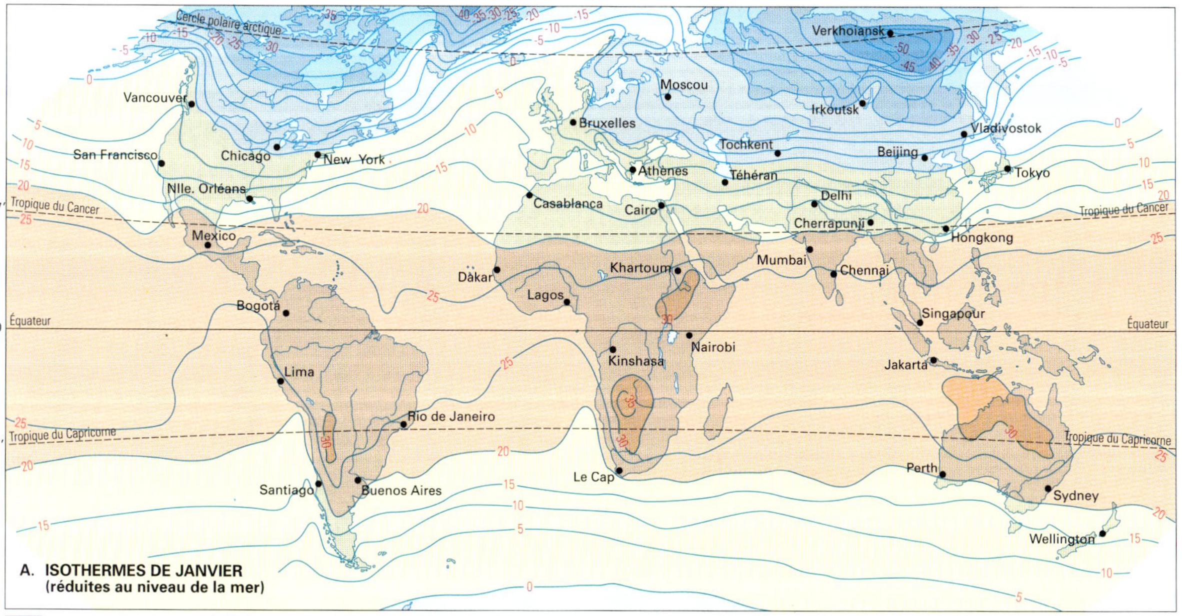

A. ISOTHERMES DE JANVIER (réduites au niveau de la mer)

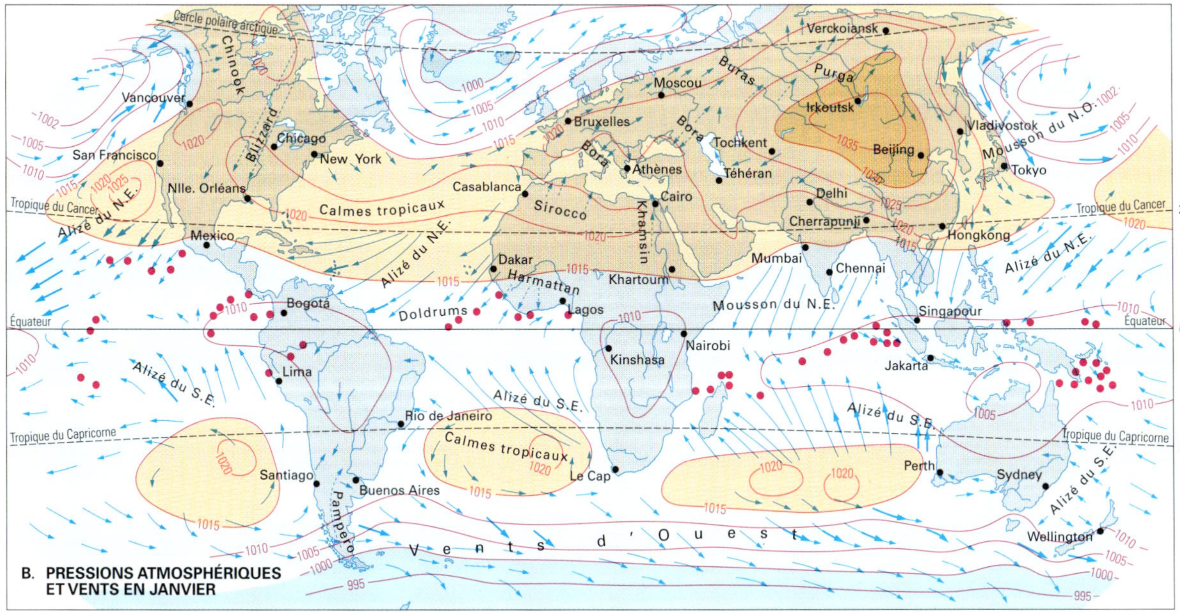

B. PRESSIONS ATMOSPHÉRIQUES ET VENTS EN JANVIER

au dessous de -40 °C
-40 à -20 °C
-20 à 0 °C
0 à 20 °C
20 à 30 °C
30 °C ou plus
Isotherme (la température est exprimée en °C)

basse ↔ haute
Pression
Isobare (la pression est exprimée en hectoPascals (hPa); 1013 hPa = 760 mm)
Vents permanents
Vents variables
Vents locaux
Forces moyennes des vents au-delà de 4 Beaufort
Zones des calmes plats fréquents

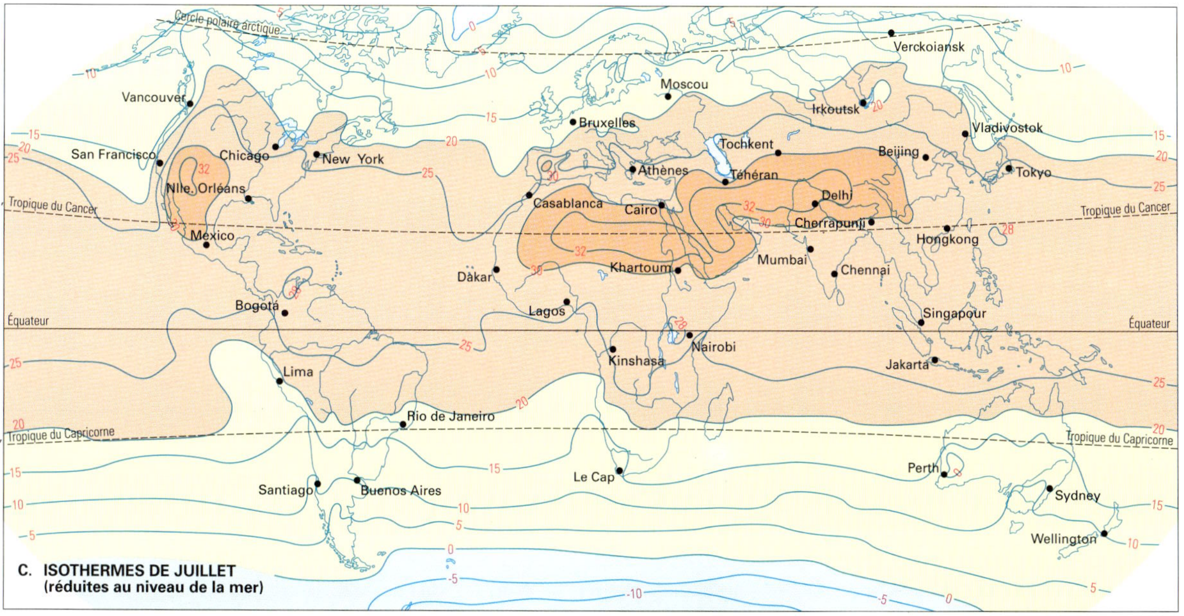

C. ISOTHERMES DE JUILLET (réduites au niveau de la mer)

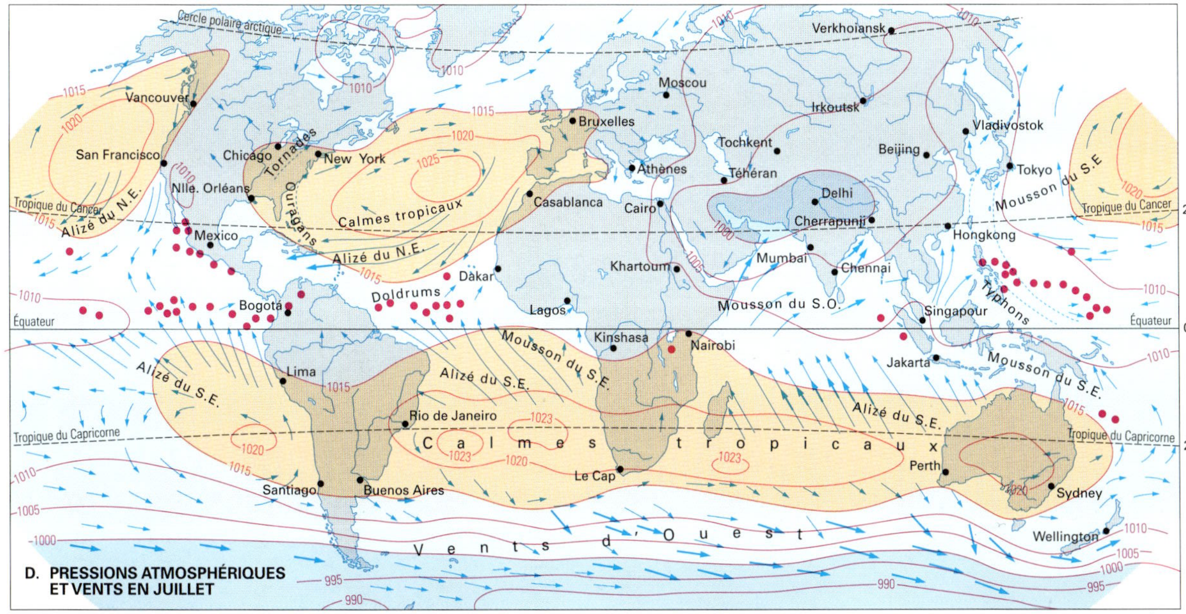

D. PRESSIONS ATMOSPHÉRIQUES ET VENTS EN JUILLET

E. DÉVELOPPEMENT DU PHÉNOMÈNE EL NIÑO DANS LE PACIFIQUE EN 1997

Variations du niveau moyen du plan d'eau

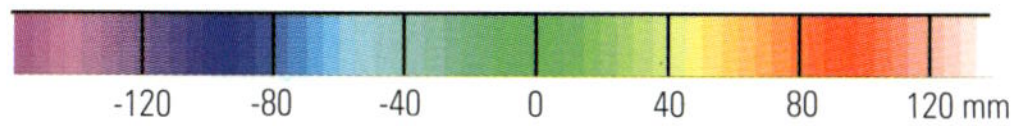

El Niño est un phénomène périodique qui fait qu'aux environs de l'équateur, un puissant vent d'Ouest se met à souffler dans l'Océan Pacifique à la place des alizés orientaux habituels. Il en résulte que des eaux chaudes (30°C) sont poussées du large de l'Indonésie jusqu'en Amérique du Sud.
La séquence d'images satellitaires ci-contre montre la "vague du Niño" observée en 1997, grâce à une série de mesures périodiques de la hauteur relative du plan d'eau dans l'Océan Pacifique. Celles-ci mettent en évidence une alternance de surélévations chaudes, figurées en blanc, et de dépressions correspondant à des eaux plus fraîches, représentées en violet.

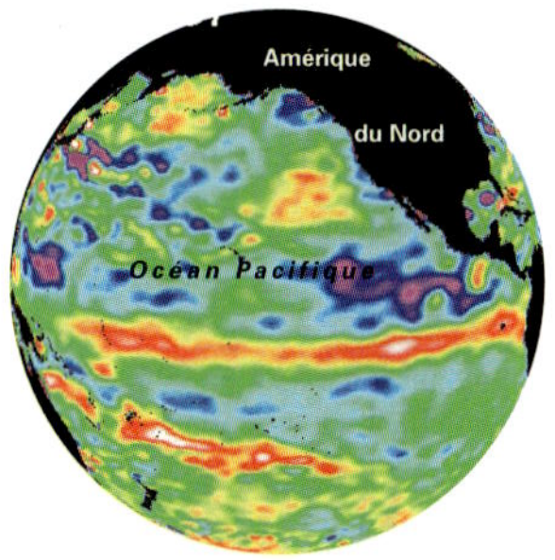

E1. 25 avril

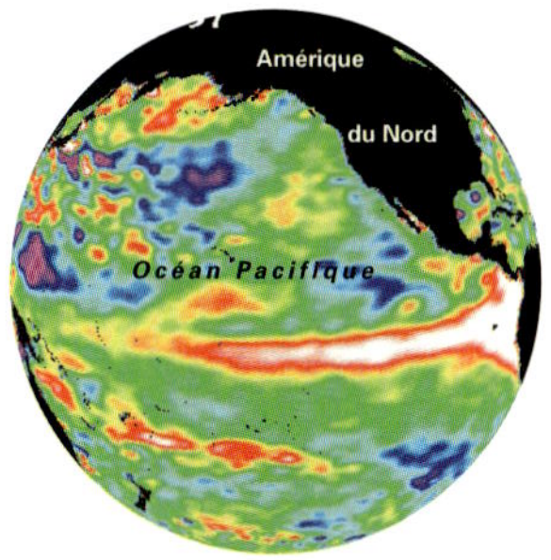

E2. 25 mai

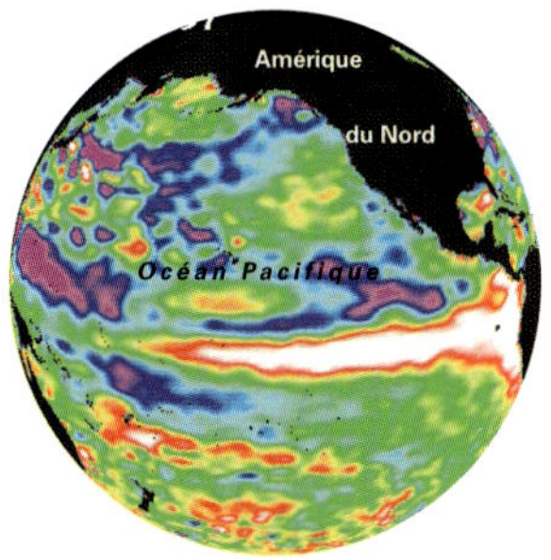

E3. 25 juin

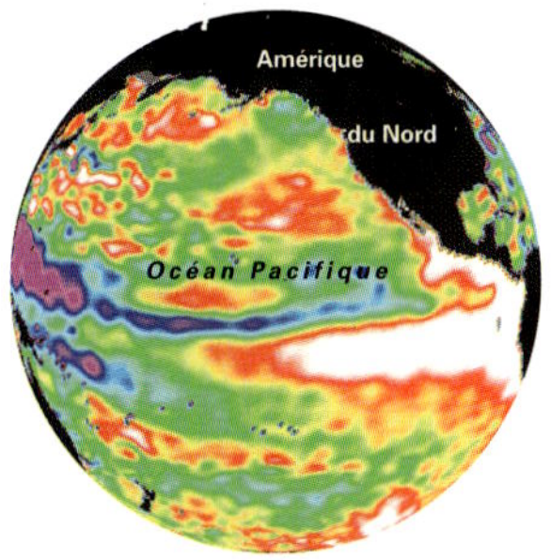

E4. 25 juillet

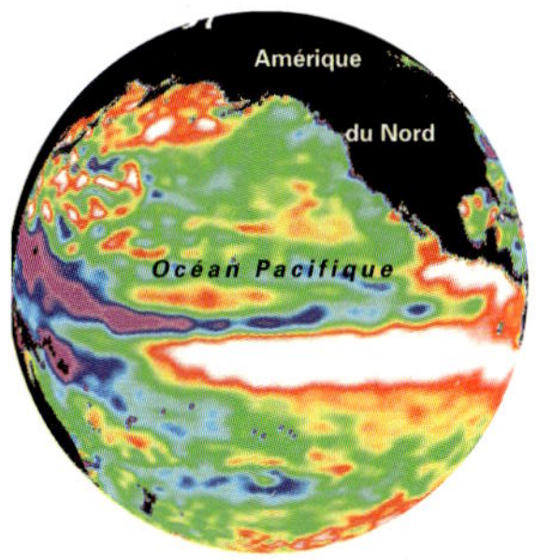

E5. 21 août

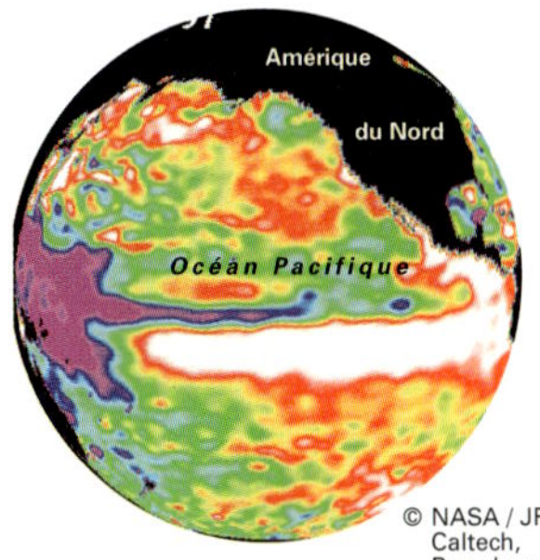

E6. 20 septembre

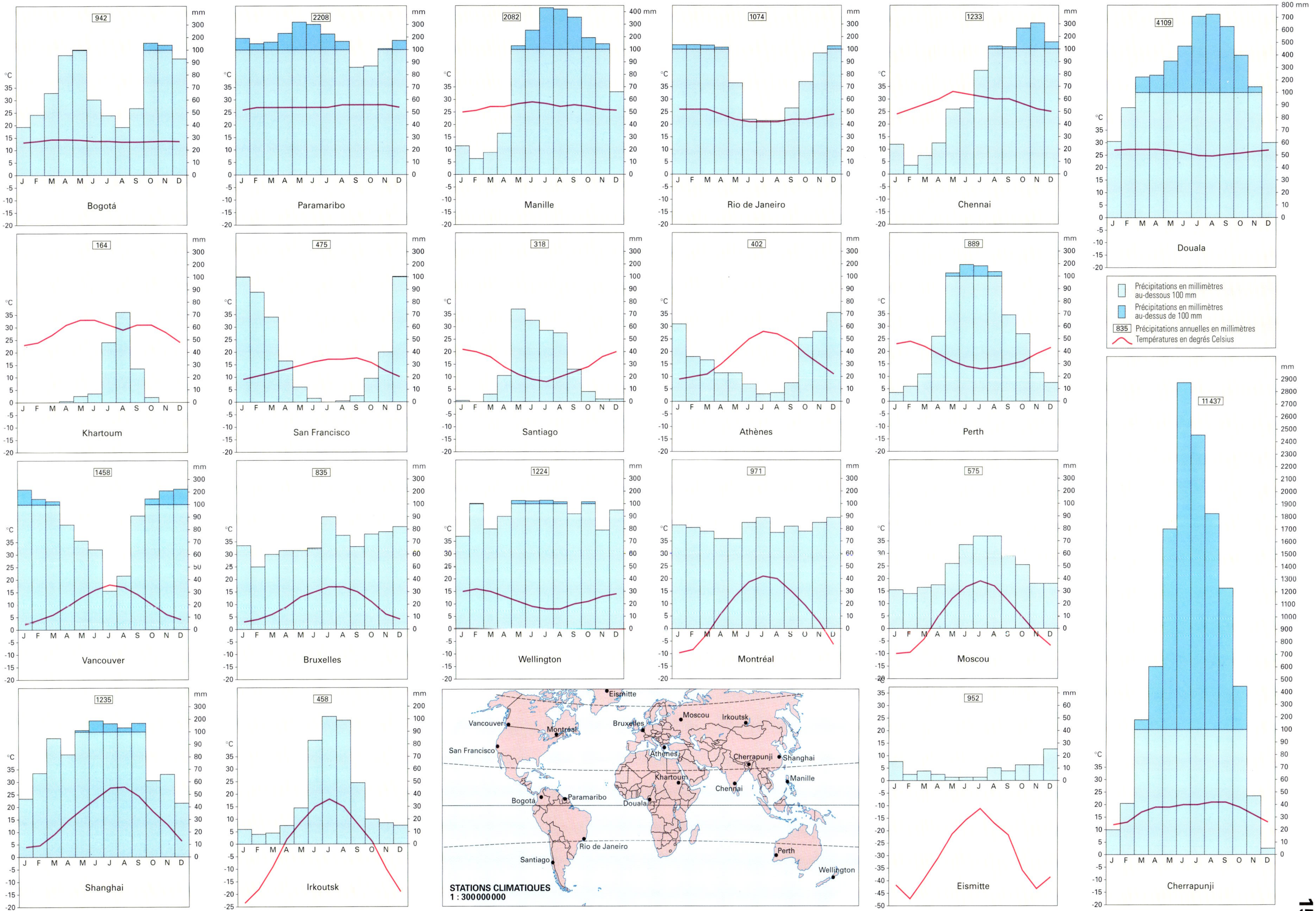
942
Bogotá
2208
Paramaribo
2082
Manille
1074
Rio de Janeiro
1233
Chennai
4109
Douala
164
Khartoum
475
San Francisco
318
Santiago
402
Athènes
889
Perth
1458
Vancouver
835
Bruxelles
1224
Wellington
971
Montréal
575
Moscou
1235
Shanghai
458
Irkoutsk
952
Eismitte
11 437
Cherrapunji
Précipitations en millimètres au-dessous 100 mm
Précipitations en millimètres au-dessus de 100 mm
835 Précipitations annuelles en millimètres
Températures en degrés Celsius
STATIONS CLIMATIQUES
1 : 300 000 000
°C
mm
J F M A M J J A S O N D

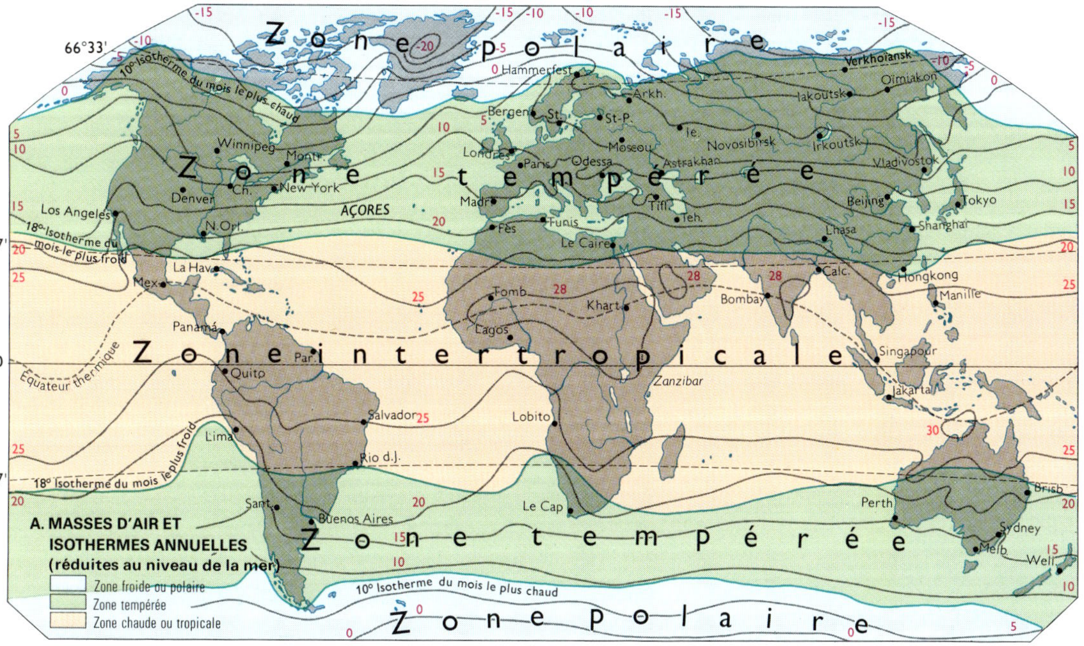

A. MASSES D'AIR ET ISOTHERMES ANNUELLES (réduites au niveau de la mer)

- Zone froide ou polaire
- Zone tempérée
- Zone chaude ou tropicale

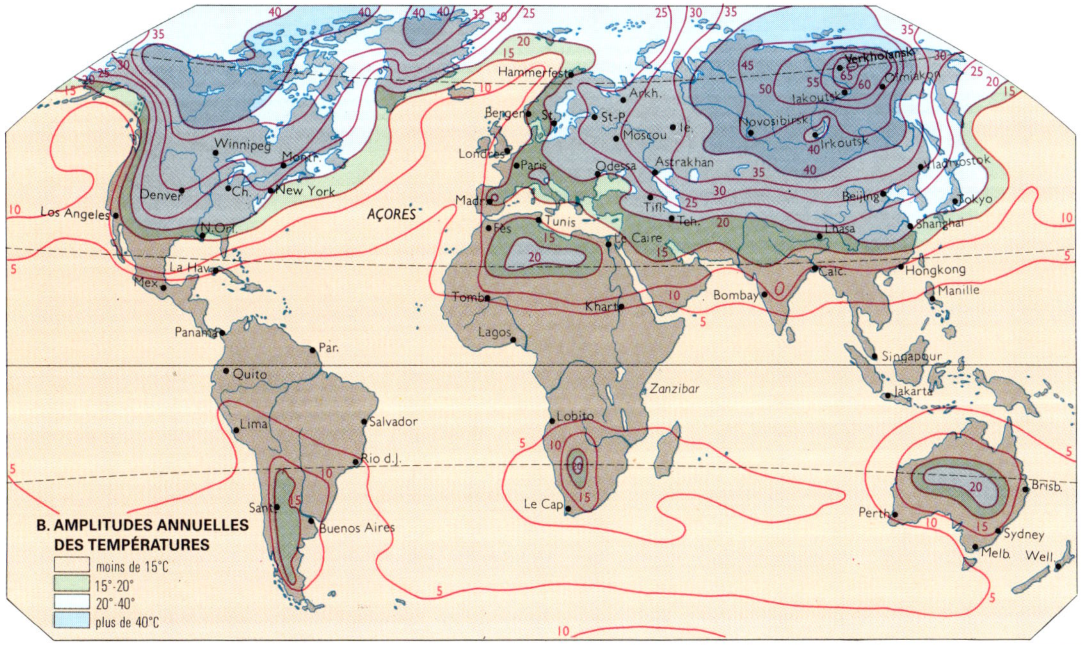

B. AMPLITUDES ANNUELLES DES TEMPÉRATURES

- moins de 15°C
- 15°-20°
- 20°-40°
- plus de 40°C

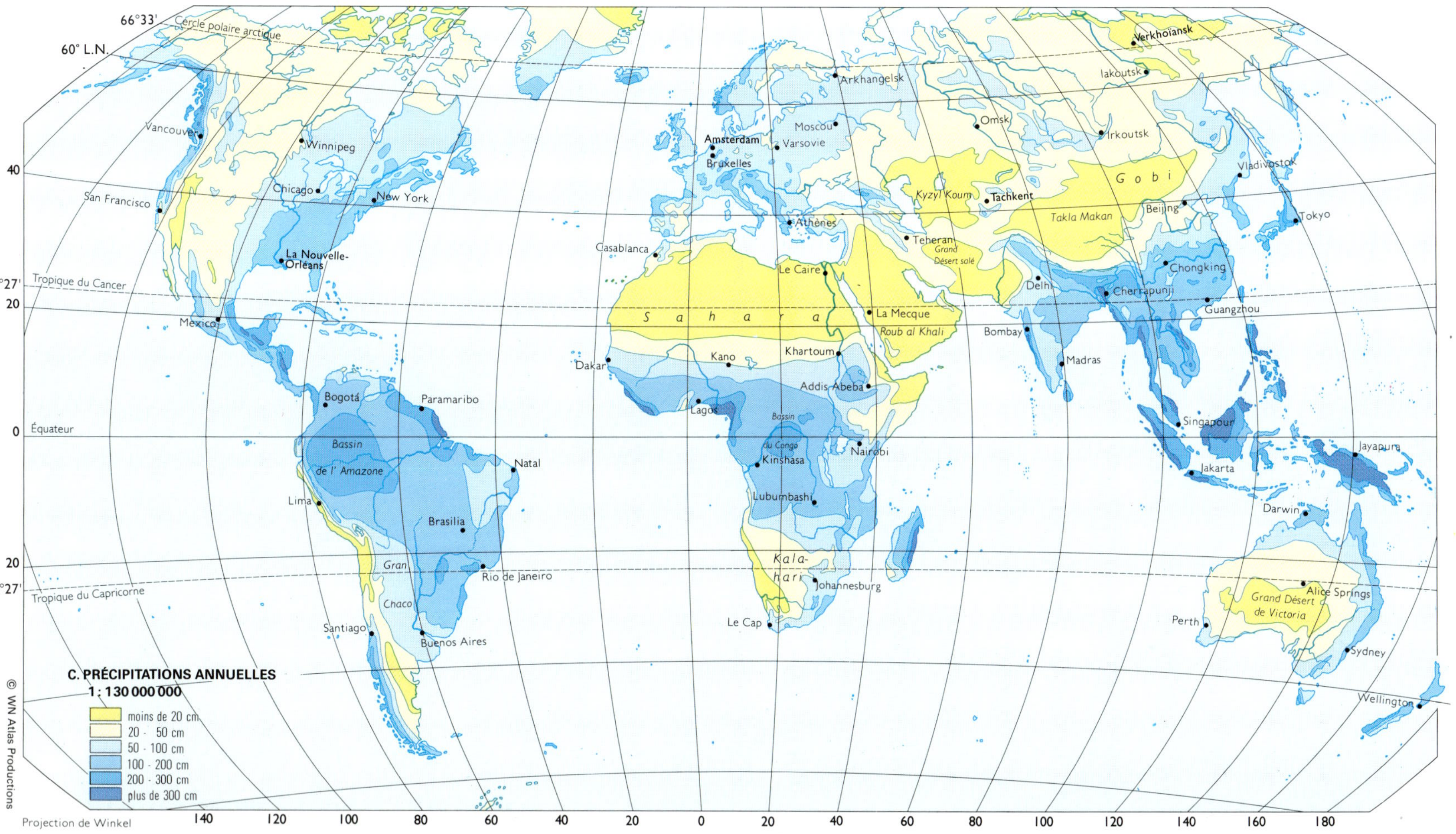

C. PRÉCIPITATIONS ANNUELLES
1 : 130 000 000

- moins de 20 cm
- 20 - 50 cm
- 50 - 100 cm
- 100 - 200 cm
- 200 - 300 cm
- plus de 300 cm

Projection de Winkel

D. CARTES DU TEMPS

PRESSION ATMOSPHÉRIQUE		Isobares
	1010	HectoPascals
	H	Zone de haute pression
	B	Zone de basse pression
VITESSE DU VENT		Vent faible
		10 km/heure
		20 km/heure
		30 km/heure
		40 km/heure
		50 km/heure
DIRECTION DU VENT		Vent du nord
		Vent d'est
		Vent du sud
		Vent d'ouest
TEMPÉRATURE	5	Degrés Celsius
NÉBULOSITÉ		Ciel complètement dégagé
		Nébulosité 25%
		Nébulosité 50%
		Nébulosité 75%
		Ciel couvert
PRÉCIPITATIONS		Pluie
		Neige
FRONTS		Front chaud
		Front froid
		Occlusion

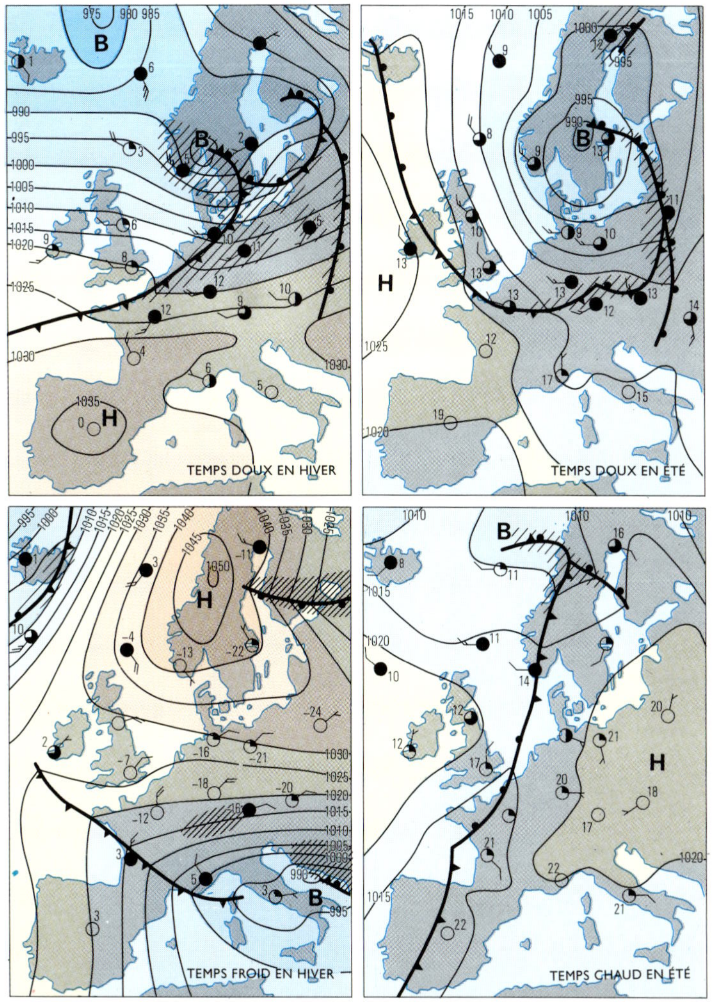

Échelle 1 : 200 000 000

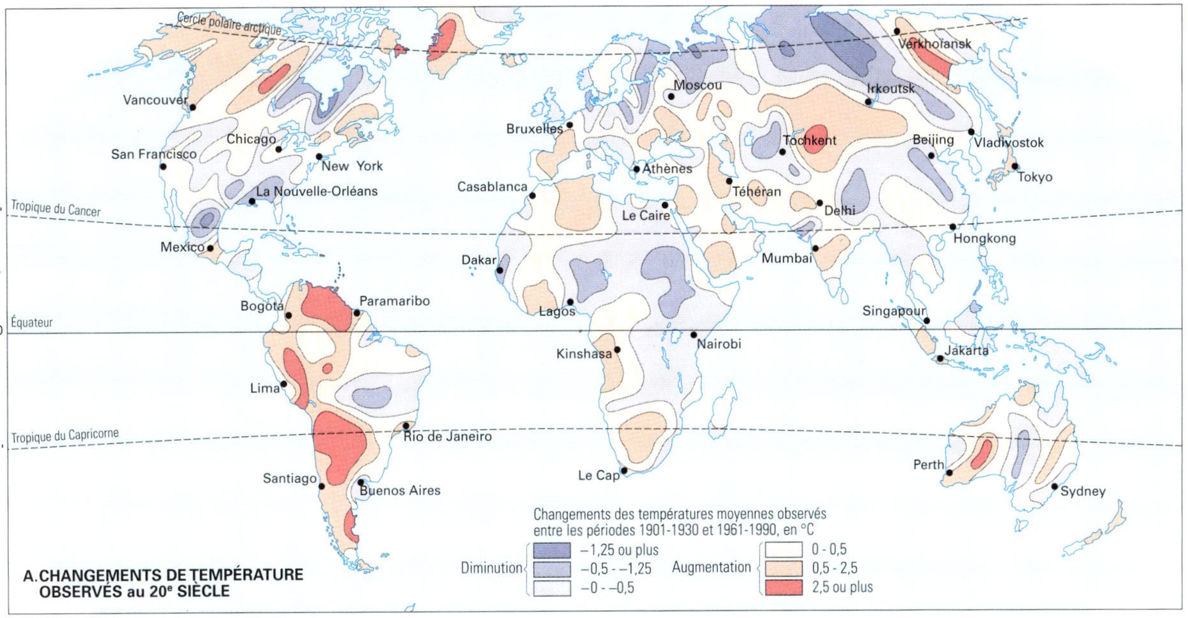

A. CHANGEMENTS DE TEMPÉRATURE OBSERVÉS au 20e SIÈCLE

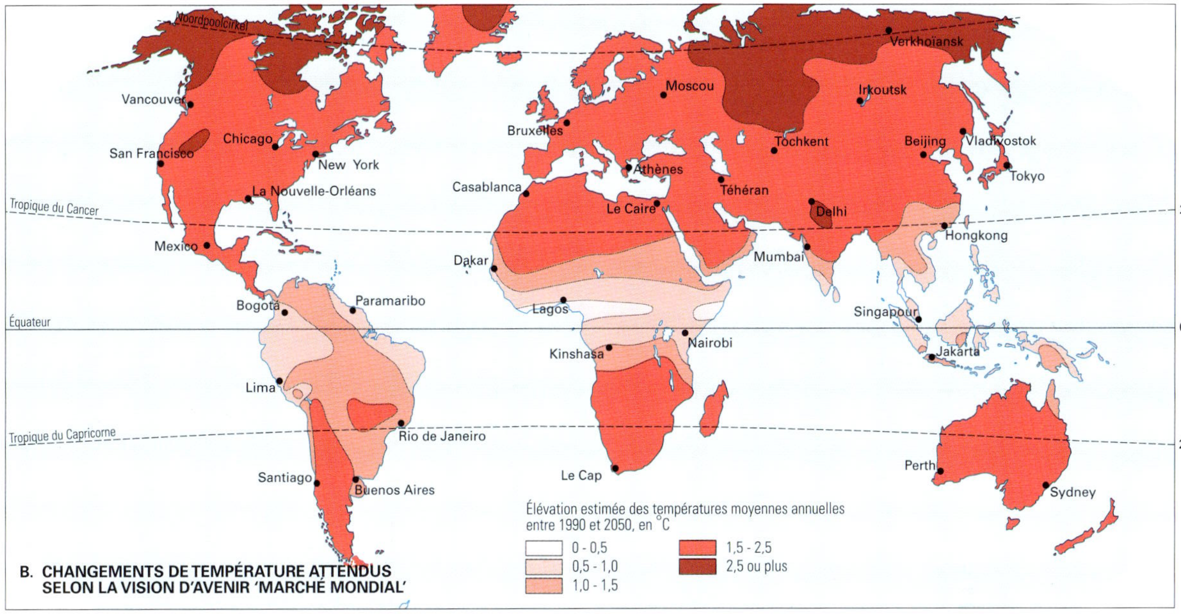

B. CHANGEMENTS DE TEMPÉRATURE ATTENDUS SELON LA VISION D'AVENIR 'MARCHÉ MONDIAL'

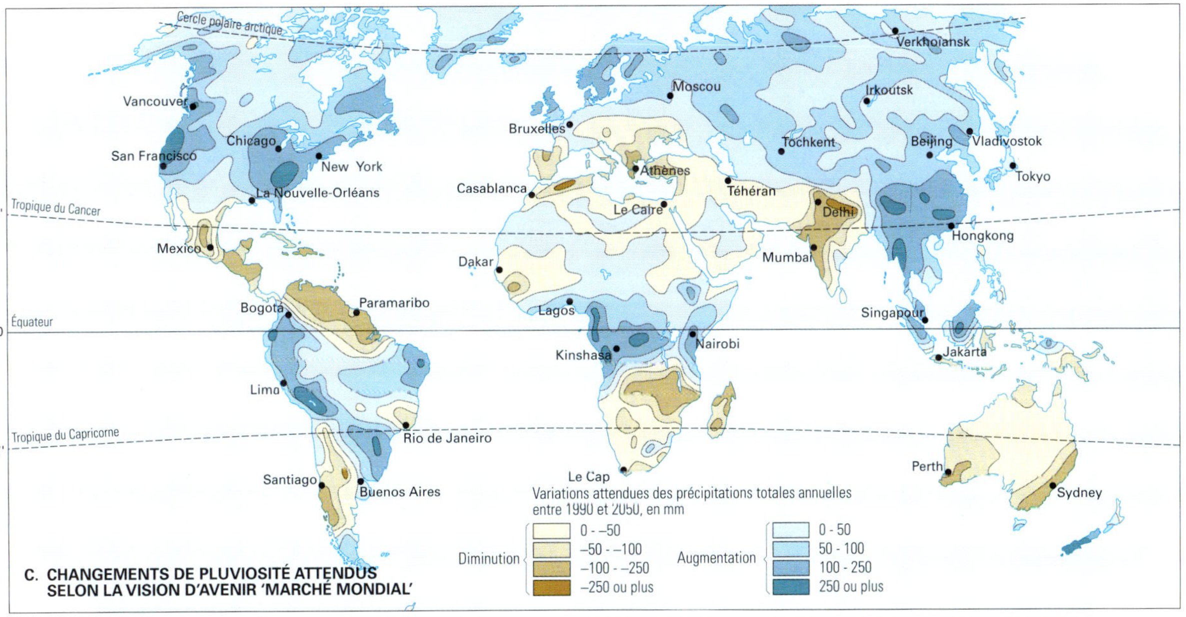

C. CHANGEMENTS DE PLUVIOSITÉ ATTENDUS SELON LA VISION D'AVENIR 'MARCHÉ MONDIAL'

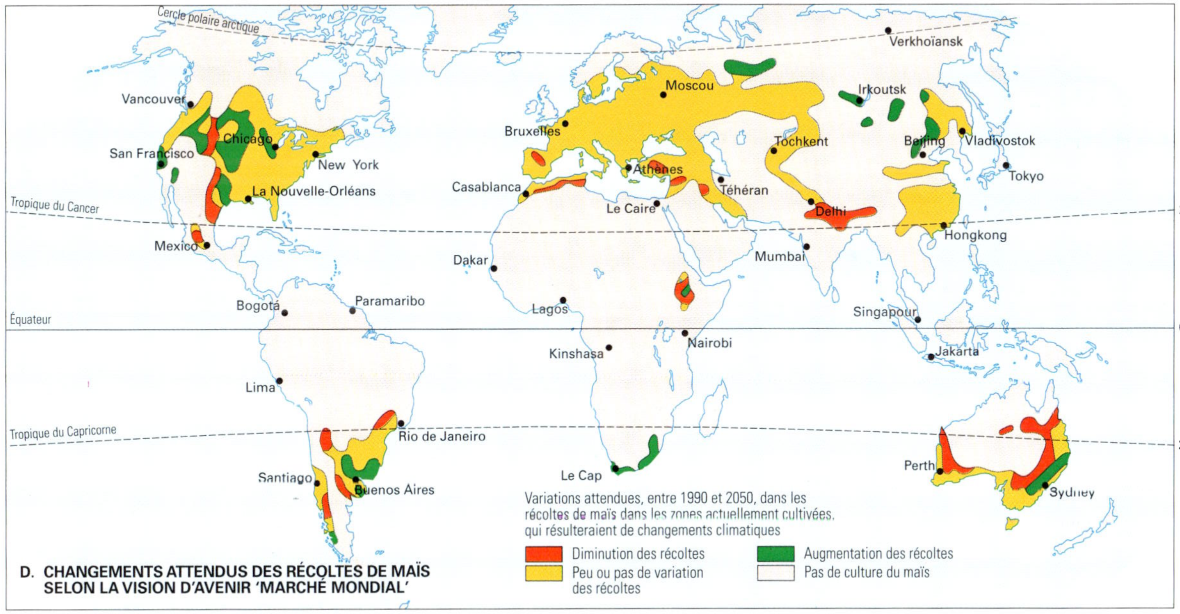

D. CHANGEMENTS ATTENDUS DES RÉCOLTES DE MAÏS SELON LA VISION D'AVENIR 'MARCHÉ MONDIAL'

E. DÉVELOPPEMENTS ATTENDUS SELON DIFFÉRENTES VISIONS D'AVENIR

Dans les études climatiques de l'IPCC, quatre visions d'avenir sont avancées sur base des scénarios suivants:

- Marché mondial: orientation vers des valeurs matérielles, et forte globalisation économique et culturelle.
- Coopération mondiale: orientation vers des valeurs immatérielles, et forte globalisation économique et culturelle.
- Marché régional: orientation vers des valeurs matérielles, et globalisation économique et culturelle
- Coopération régionale: orientation vers des valeurs immatérielles, et globalisation économique et culturelle limitée.

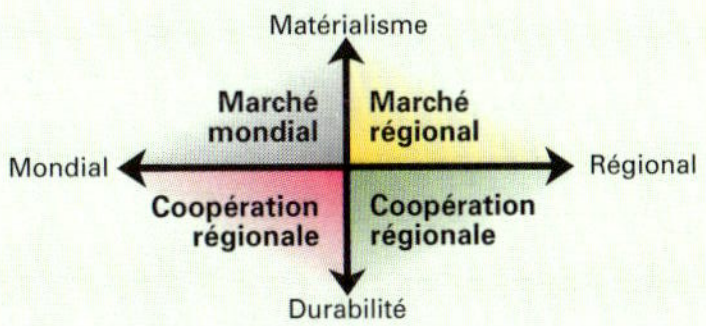

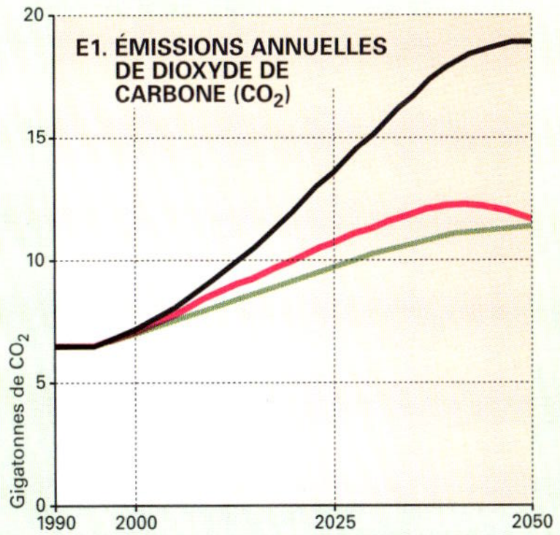

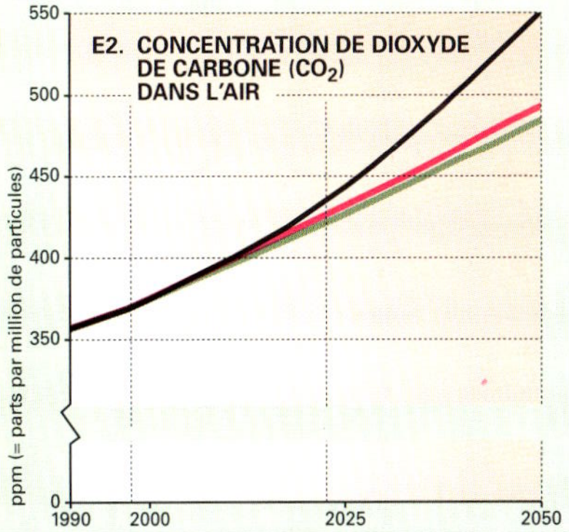

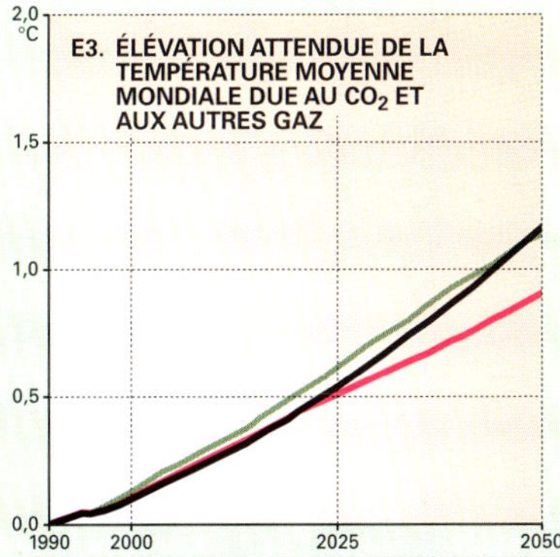

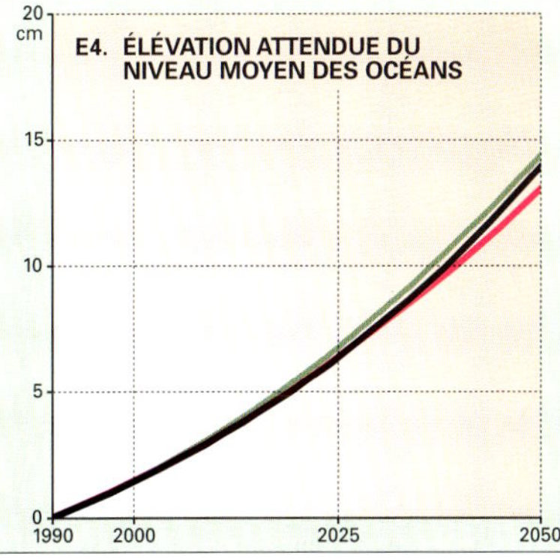

Évolution attendues selon les visions d'avenir:
- Marché mondial
- Coopération mondiale
- Coopération régionale
- Marché régional (pas de données)

Ces scénarios correspondent à des évolutions plausibles, sans être formellement des pronostics d'avenir. Les rapports les plus récents de l'IPCC ne se limitent pas à quatre variantes construites selon un seul principe directeur.

Source: Intergovernmental Panel Climate Change (IPCC), RIVM

LA TERRE TYPES DE CLIMATS / COURANTS MARINS

Échelle 1 : 90 000 000

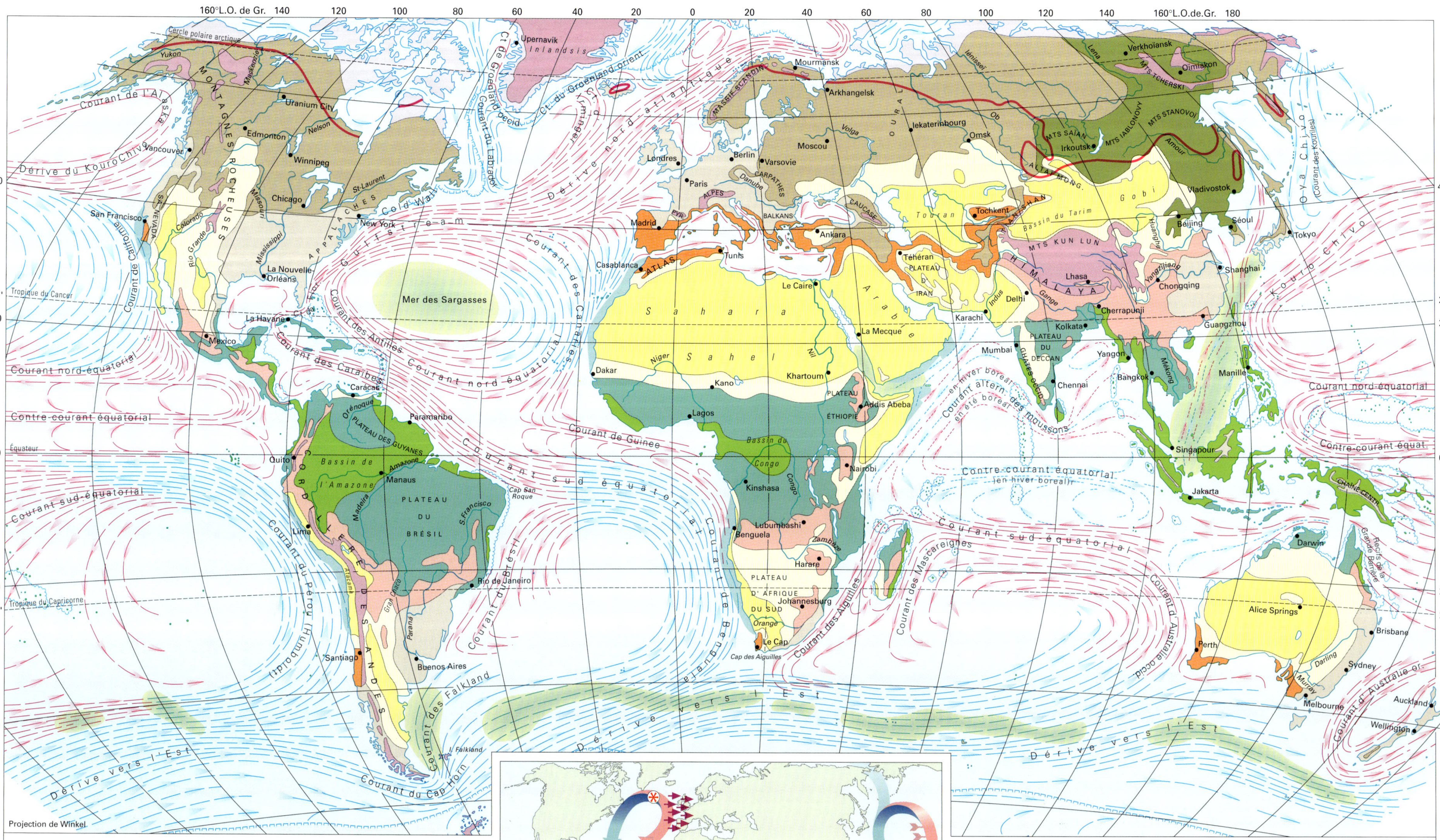

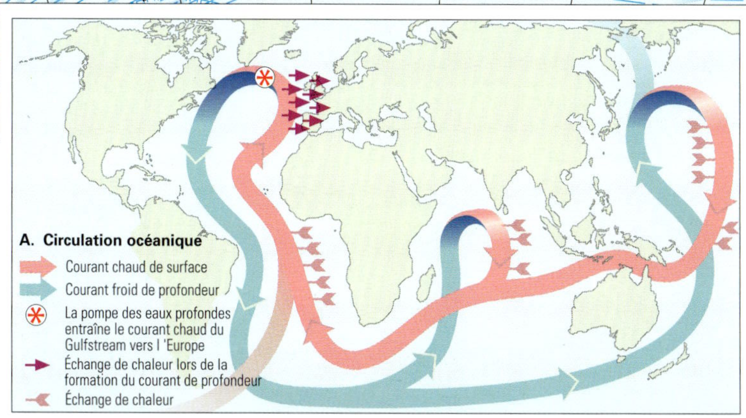

A. Climats pluvieux tropicaux
- Climat tropical de forêt humide (Af)
- Climat de savane (Aw et As)

B. Climats secs
- Climat steppique (BS)
- Climat désertique (BW)

C. Climats maritimes de la zone tempérée
- À été sec (climat méditerranéen; Cs)
- À hiver sec (climat chinois; Cw)
- Précipitations toute l'année (Cf)

D. Climats continentaux
- Précipitations toute l'année (Df)
- À hiver sec (Dw)

E. Climats polaires
- Climat de toundra (ET)
- Climat neigeux et de haute montagne (EF et EH)

- Limite du pergélisol. Pergélisol = sous-sol gélé en permanence

Courants marins
- Courant marin relativement chaud
- Courant marin relativement froid

Dans la région des moussons:
- Circulation d'eau marine relativement chaude en été boréal
- Circulation d'eau marine relativement froide en hiver boréal

- Eaux côtières froides
- Limite de la banquise (hiver)
- Récifs coralliens
- Algues marines flottantes

(Zones climatiques d'apres Köppen-Geiger)

LA TERRE VÉGÉTATION NATURELLE

Échelle 1 : 90 000 000

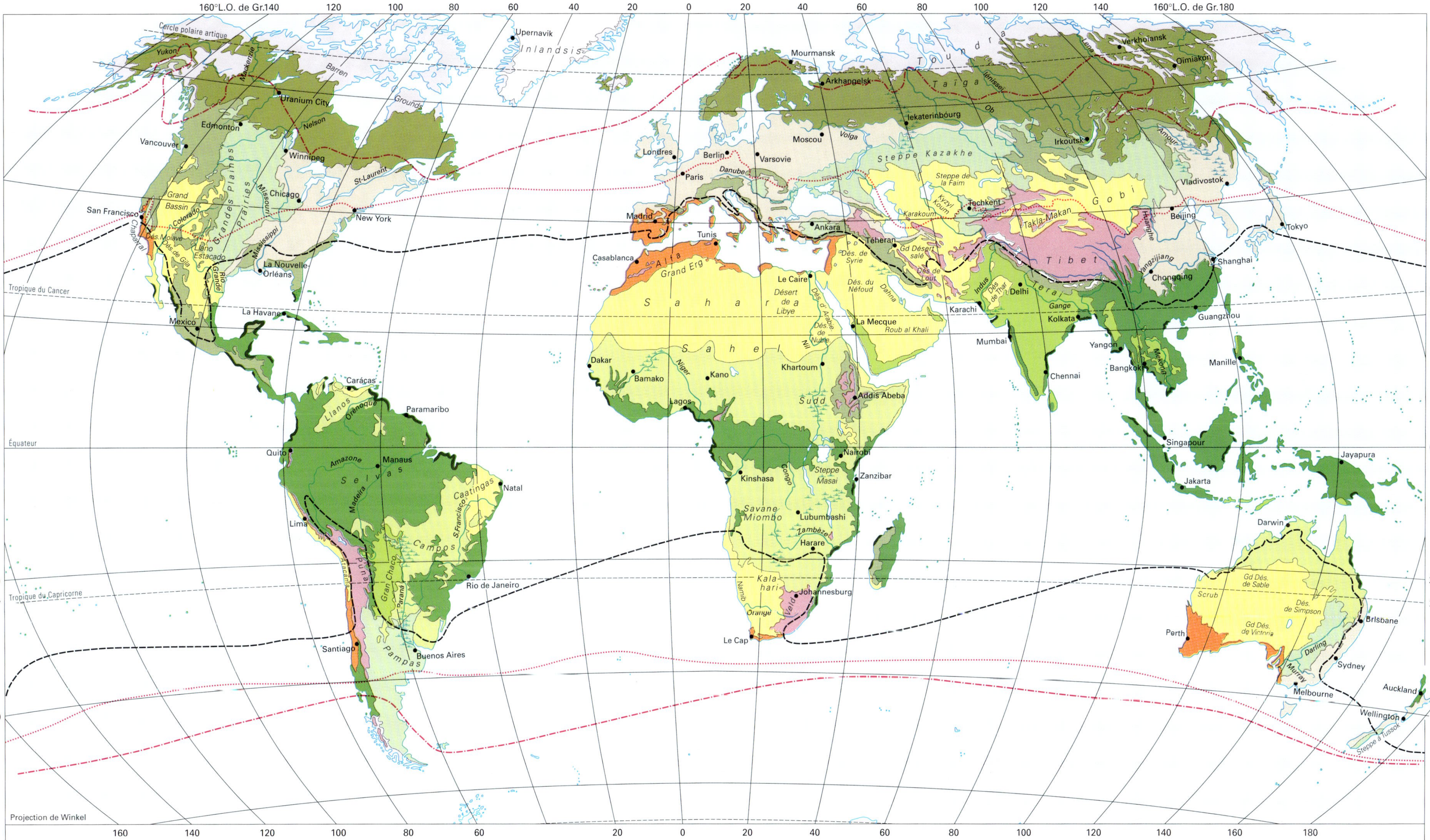

- Mangrove ou forêt inondée
- Marécages
- Forêt tropicale humide (y compris zone de mousson)
- Forêt tropicale sèche et claire
- Savane et steppe herbeuse
- Steppe herbeuse (prairie, pampa)
- Désert et steppe désertique
- Végétation méditerranéenne toujours verte (sempervirente)
- Forêt de feuillus
- Forêt de conifères boréale (taïga)
- Forêt de conifères tempérée et tropicale
- Végétation de haute montagne
- Toundra
- Inlandsis
- Limite des céréales
- Limite de la vigne
- Limite du palmier

d'après National Geographic

LA TERRE LES ZONES DE CULTURE SUR LE GLOBE

Échelle 1 : 90 000 000

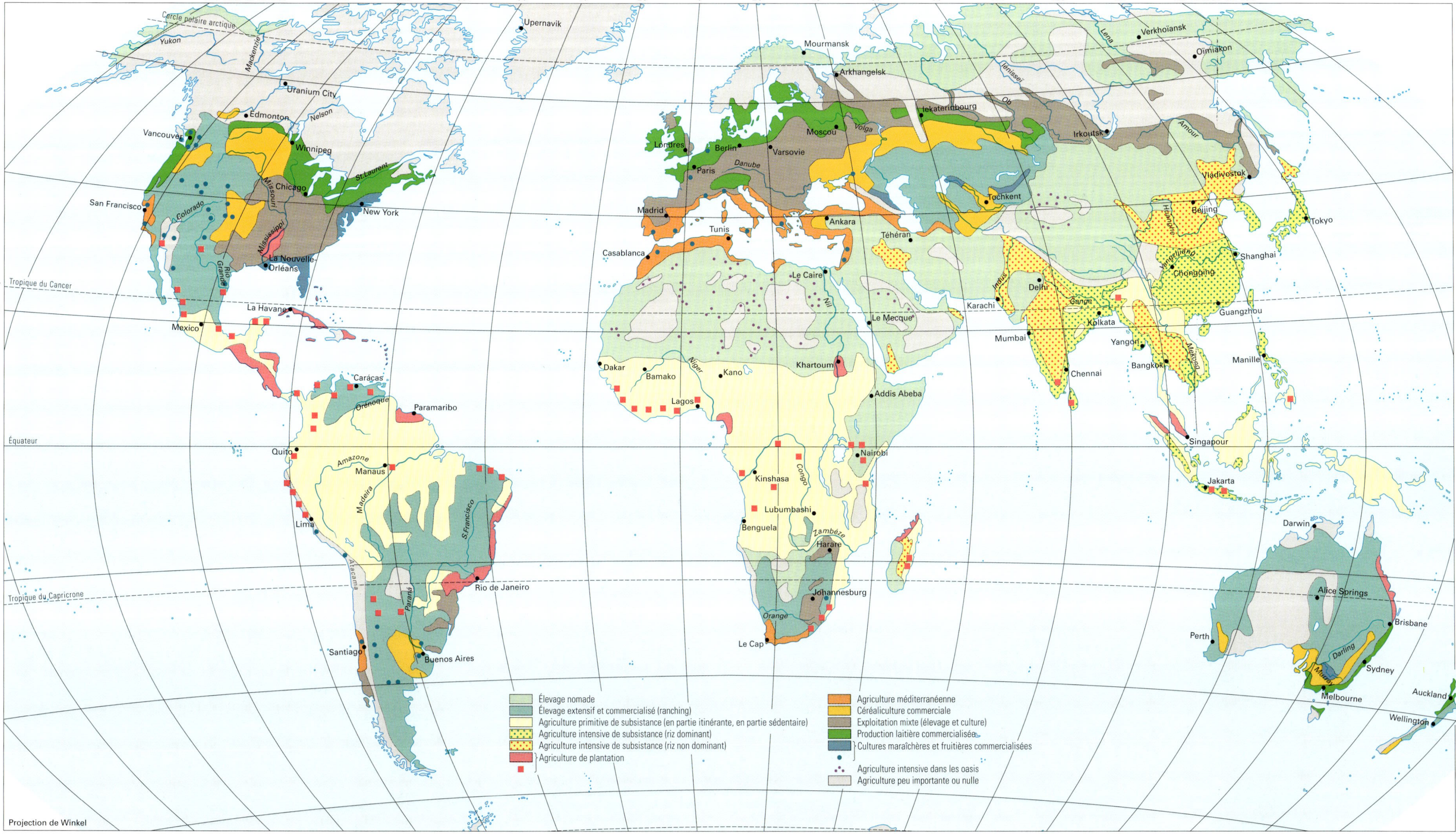

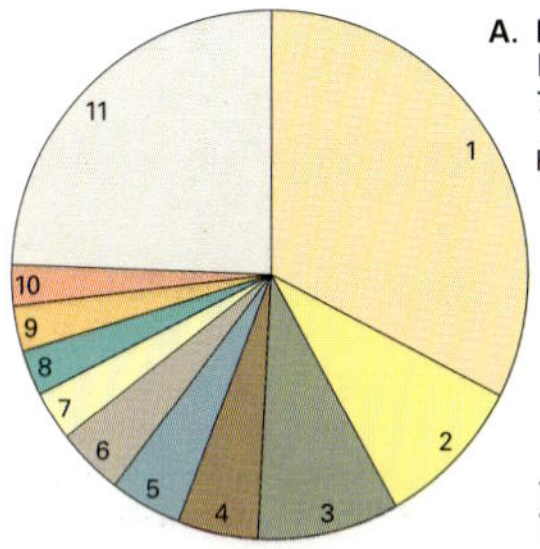

A. PRODUCTION MONDIALE DE CAFÉ (2002)
7 366 100 tonnes

Production par pays en %
1. Brésil 32,5
2. Viêt-Nam 9,4
3. Colombie 9,0
4. Indonésie 5,1
5. Mexique 4,3
6. Inde 4,3
7. Éthiopie 3,2
8. Côte d'Ivoire 2,7
9. Ouganda 2,7
10. Honduras 2,6
11. Reste du monde 24,2

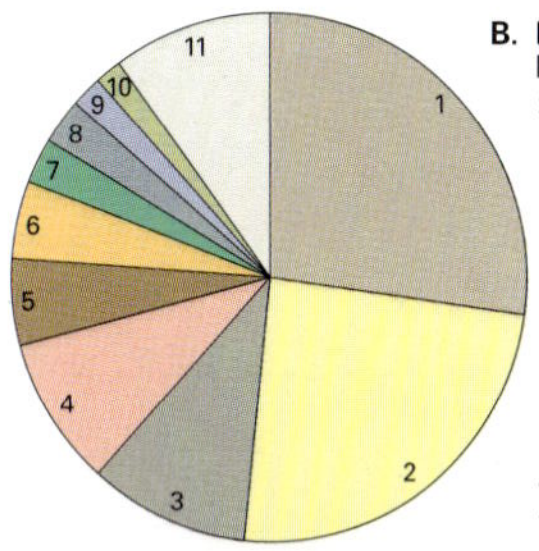

B. PRODUCTION MONDIALE DE THÉ (2002)
3 099 400 tonnes

Production par pays en %
1. Inde 26,7
2. Chine 24,5
3. Sri Lanka 10,0
4. Kenya 9,3
5. Indonésie 5,3
6. Turquie 4,8
7. Viêt-Nam 2,9
8. Japon 2,7
9. Argentine 2,0
10. Bangladesh 1,7
11. Reste du monde 10,1

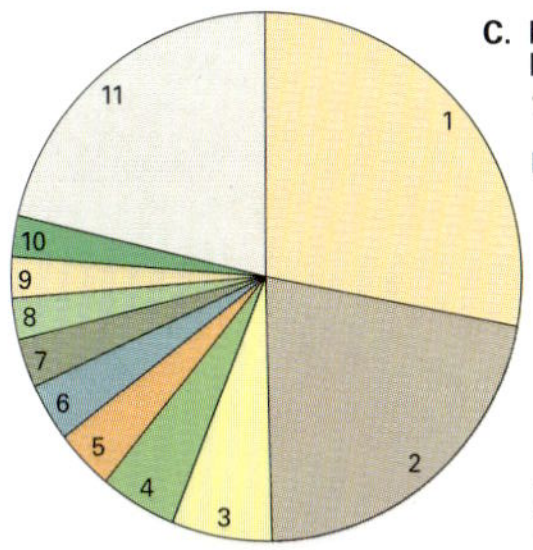

C. PRODUCTION MONDIALE DE SUCRE DE CANNE (2002)
1 287 145 000 tonnes

Production par pays en %
1. Brésil 28,0
2. Inde 21,7
3. Chine 6,4
4. Thaïlande 4,8
5. Pakistan 3,7
6. Mexique 3,6
7. Colombie 3,0
8. États-Unis 2,5
9. Australie 2,5
10. Cuba 2,5
11. Reste du monde 21,3

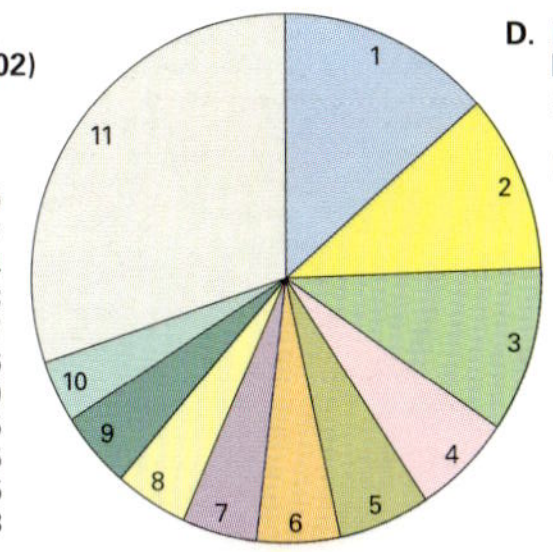

D. PRODUCTION MONDIALE DE SUCRE DE BETTERAVE (2002)
246 575 609 tonnes

Production par pays en %
1. France 13,5
2. Allemagne 10,9
3. États-Unis 10,1
4. Russie 6,3
5. Ukraine 5,8
6. Turquie 5,3
7. Pologne 4,7
8. Chine 4,4
9. Italie 4,7
10. Royaume-Uni 3,8
11. Reste du monde 30,2

E. UTILISATION DU SOL

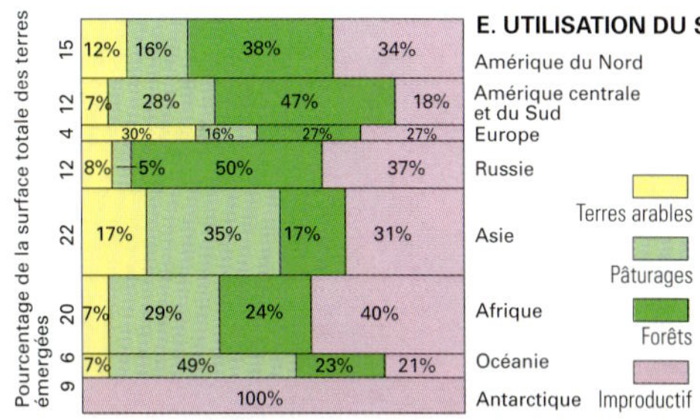

Échelle 1 : 90000000

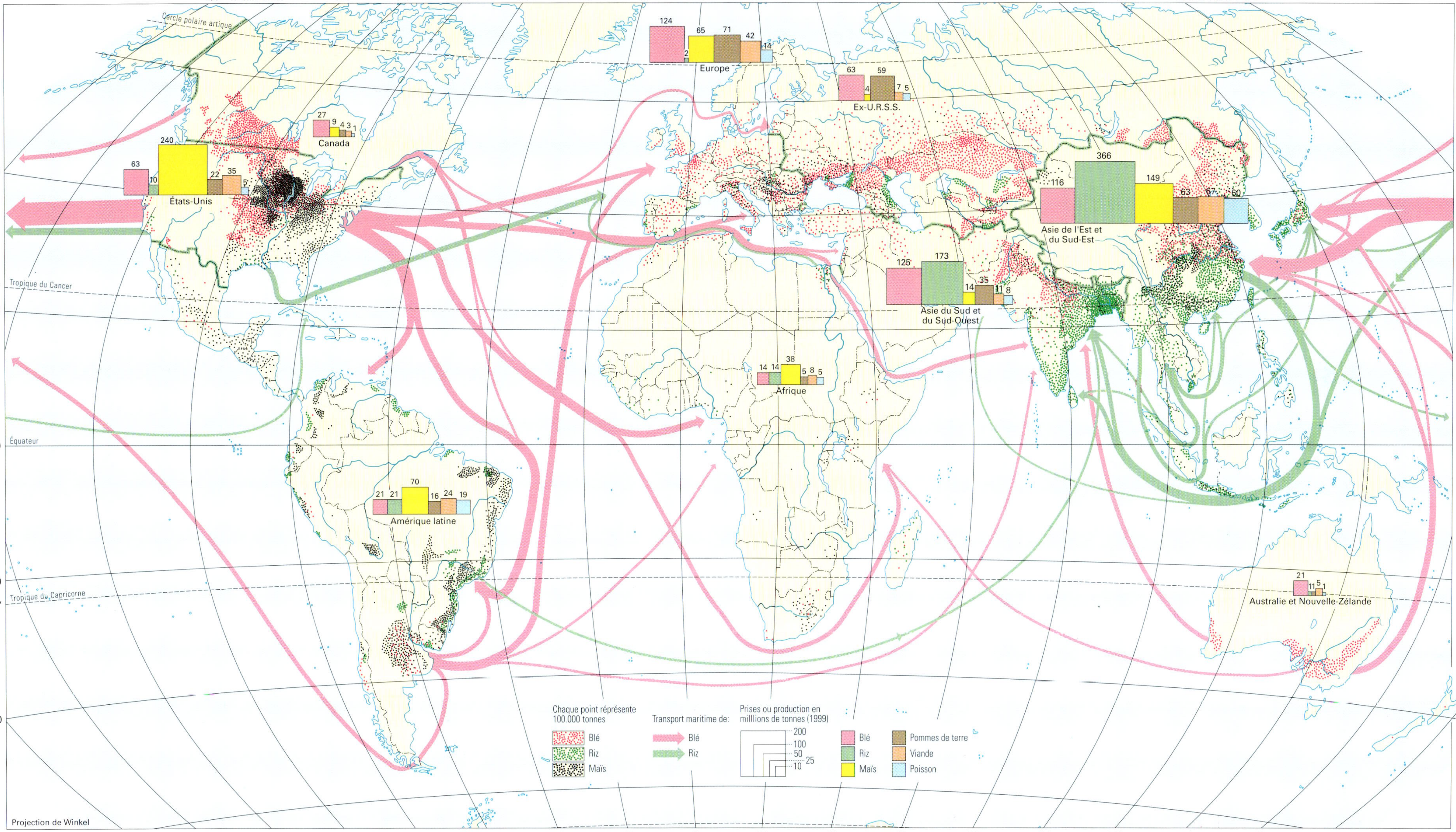

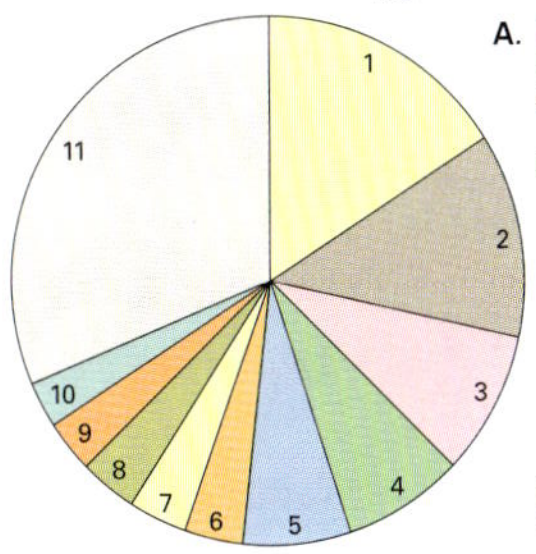

A. PRODUCTION MONDIALE DE BLÉ (2002)
527 848 000 tonnes

Production par pays en %

1. Chine 15,9
2. Inde..........................12,5
3. Russie 8,8
4. États-Unis 7,7
5. France.........................6,8
6. Turquie 3,7
7. Allemagne....................3,6
8. Ukraine........................3,6
9. Pakistan 3,2
10. Royaume-Uni.............2,8
11. Reste du monde 31,3

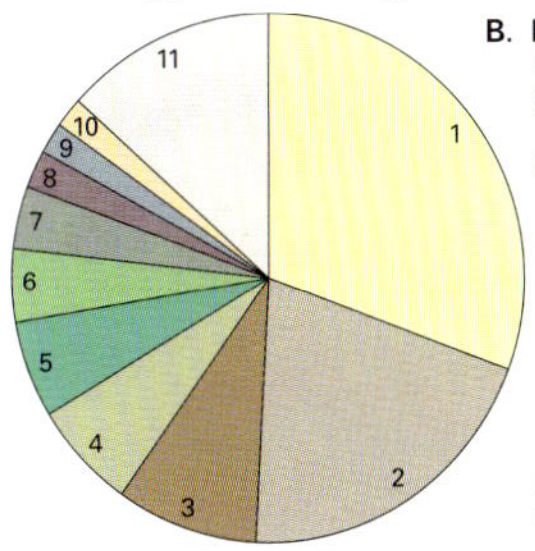

B. PRODUCTION MONDIALE DE RIZ (2002)
596 485 000 tonnes

Production par pays en %

1. Chine 30,6
2. Inde 20,2
3. Indonésie....................9,0
4. Bangladesh 6,6
5. Viêt-Nam 5,9
6. Thaïlande 4,5
7. Myanmar.....................3,8
8. Philippines 2,3
9. Japon 1,9
10. Brésil..........................1,8
11. Reste du monde 13,3

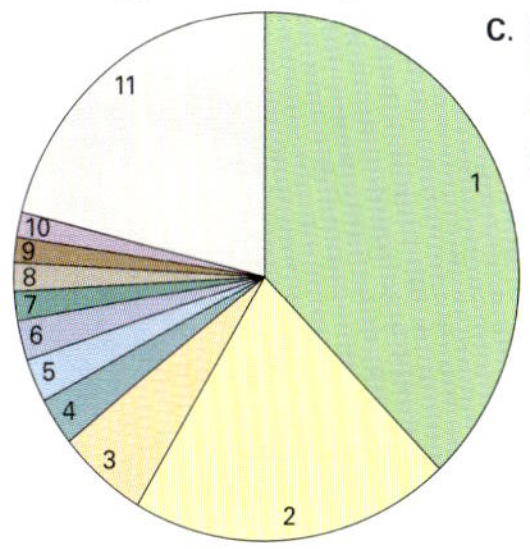

C. PRODUCTION MONDIALE DE MAÏS (2002)
602 569 000 tonnes

Production par pays en %

1. États-Unis 38,0
2. Chine 20,4
3. Brésil 5,9
4. Mexique 2,9
5. France 2,7
6. Argentine 2,4
7. Italie............................1,8
8. Inde 1,8
9. Indonésie 1,5
10. Canada 1,5
11. Reste du monde 21,1

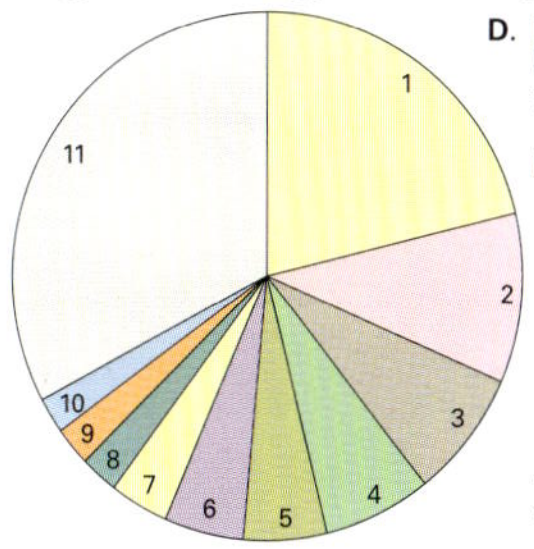

D. PRODUCTION MONDIALE DE POMMES DE TERRE (2002)
307 379 000 tonnes

Production par pays en %

1. Chine 21,2
2. Russie 10,4
3. Inde 7,8
4. États-Unis 6,8
5. Ukraine........................5,2
6. Pologne 5,0
7. Allemagne 3,7
8. Biélorussie 2,4
9. Pays-Bas.....................2,4
10. France 2,2
11. Reste du monde 32,8

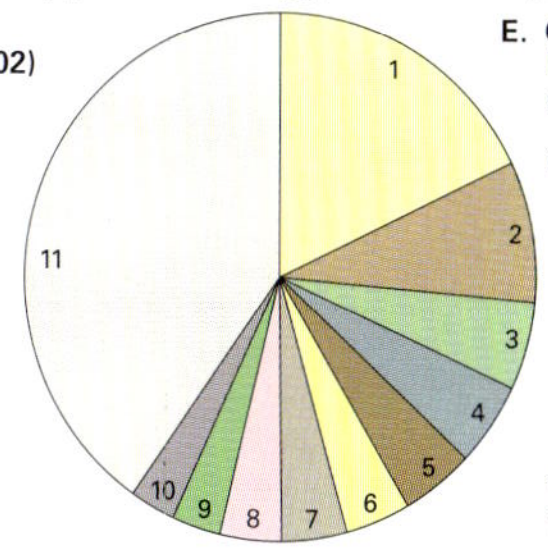

E. CAPTURES MONDIALES DE PÊCHE (2002)
94 840 000 tonnes

Capture par pays en %

1. Chine 17,9
2. Pérou 8,6
3. États-Unis...................5,4
4. Japon...........................5,1
5. Indonésie.....................4,6
6. Chili.............................4,1
7. Inde 4,1
8. Russie 3,9
9. Thaïlande.....................3,1
10. Norvège......................2,9
11. Reste du monde...... 40,3

LA TERRE ÉNERGIE

Échelle 1 : 200000000

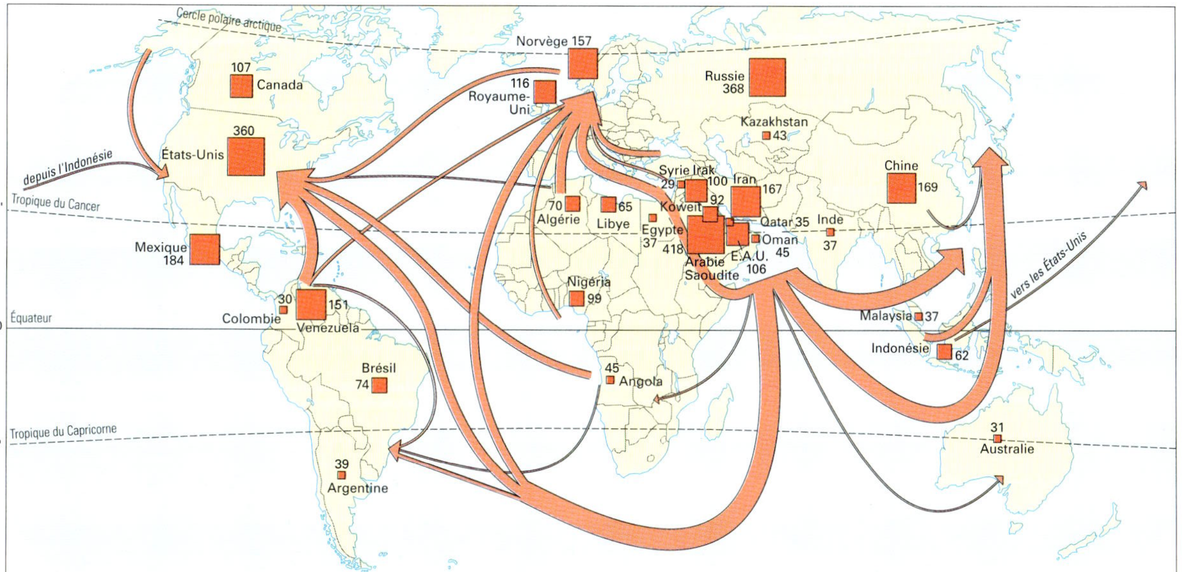

A. PÉTROLE

Production pétrolière en millions de tonnes (2002)
Transport de pétrole brut

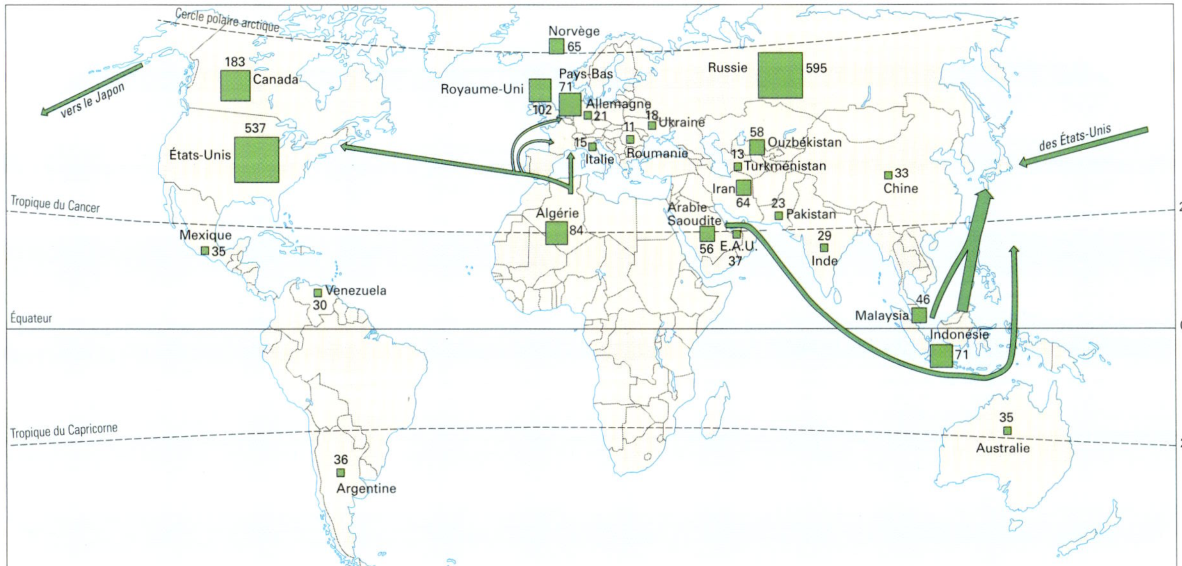

B. GAZ NATUREL

Production de gaz naturel en milliards de m³ (2002)
Transport de gaz naturel liquéfié (GNL)

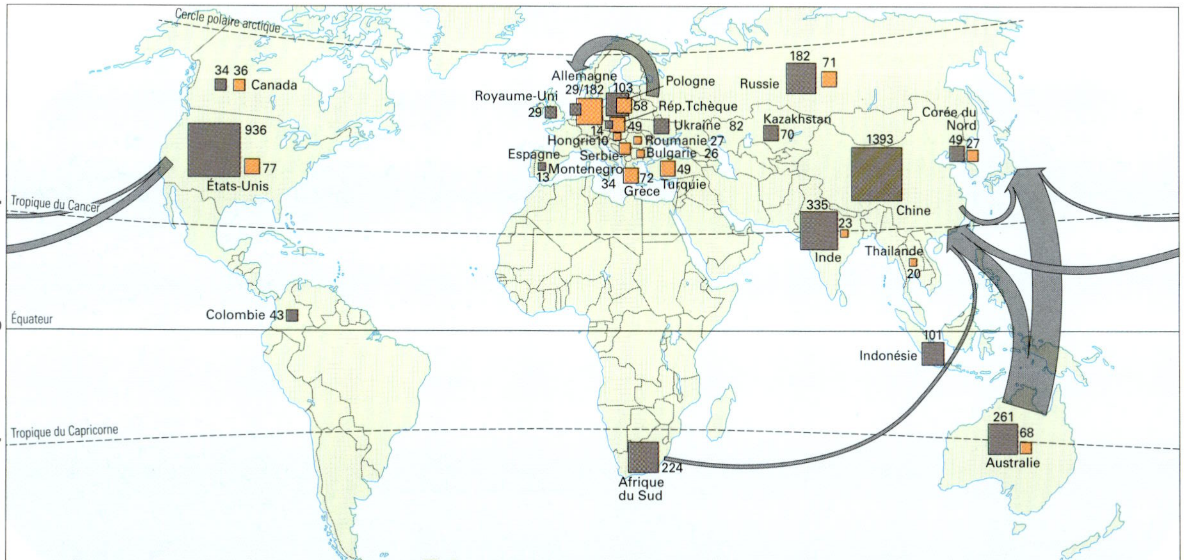

C. CHARBON ET LIGNITE

Production de charbon en millions de tonnes (2002)
Production de lignite en millions de tonnes (2002)
Transport de charbon (2002)

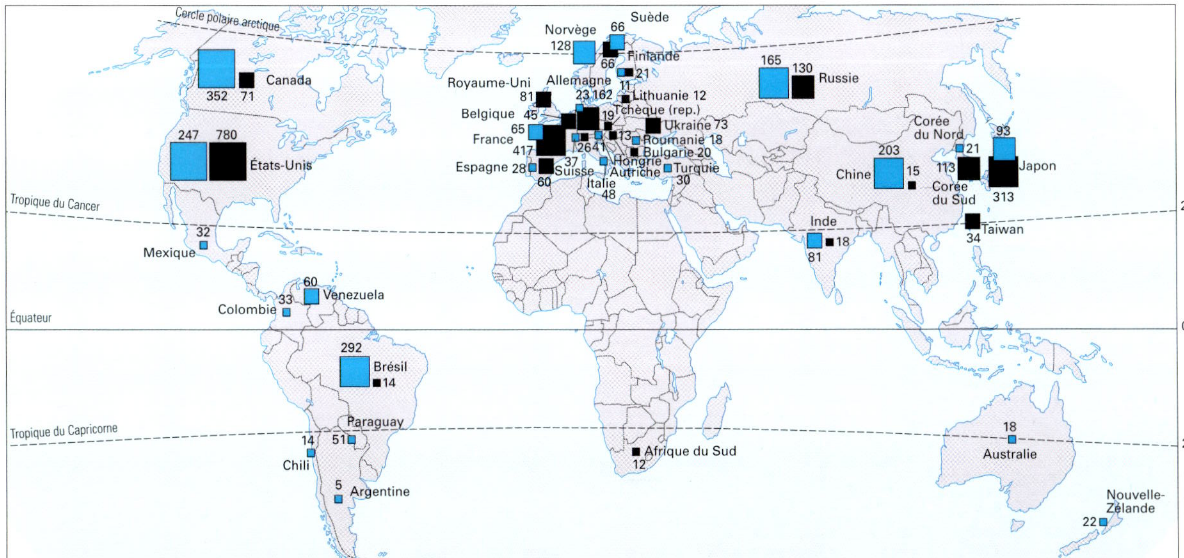

D. ÉNERGIE HYDRAULIQUE ET NUCLÉAIRE

Production hydro-électrique en milliards de kilowatts-heure (kWh) (2002)
Production d'énergie nucléaire en milliards de kilowatts-heure (2002)

E. PRODUCTION MONDIALE DE PÉTROLE (2002)

3,5 milliards de tonnes

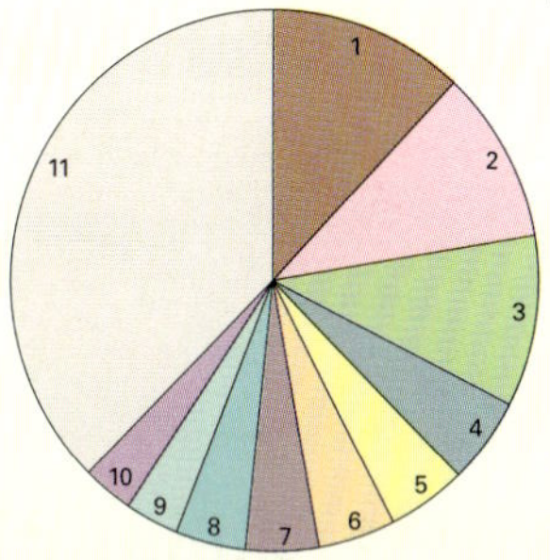

Production par pays en %

1. Arabie Saoudite 11,9
2. Russie 10,4
3. États-Unis 10,2
4. Mexique 5,2
5. Chine 4,8
6. Iran 4,7
7. Norvège 4,5
8. Venezuela 4,3
9. Royaume-Uni 3,3
10. Canada 3,1
11. Autres pays 37,6

F. PRODUCTION MONDIALE DE GAZ NATUREL (2002)

2580 milliards de m³

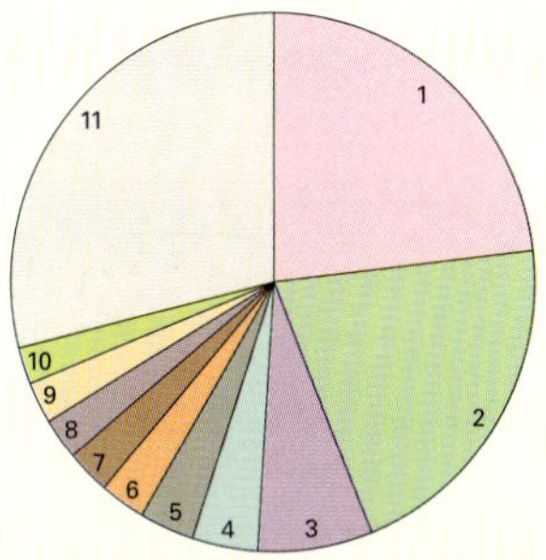

Production par pays en %

1. Russie 23,1
2. États-Unis 20,8
3. Canada 7,1
4. Royaume-Uni 4,0
5. Algérie 3,3
6. Pays-Bas 2,8
7. Indonésie 2,7
8. Norvège 2,5
9. Iran 2,5
10. Ouzbékistan 2,2
11. Autres pays 29,0

G. RÉSERVES MONDIALES D'ÉNERGIE 2002 (réserves prouvées)

COMBUSTIBLES FOSSILES
817 milliards de tonnes équivalent pétrole (tep)

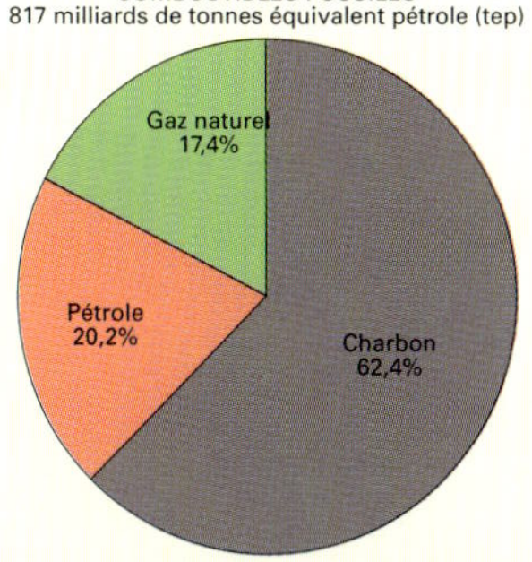

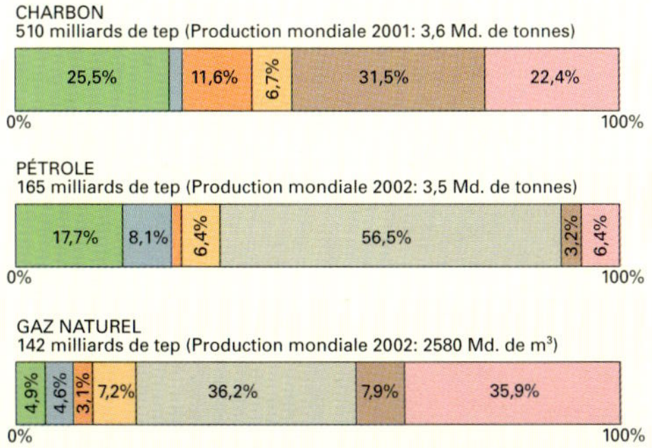

- Amérique du Nord
- Amérique latine
- Europe occidentale
- Afrique
- Moyen-Orient
- Extrême-Orient et Océanie
- Ex-URSS

H. CONSOMMATION D'ÉNERGIE / POPULATION (1955 - 2000)

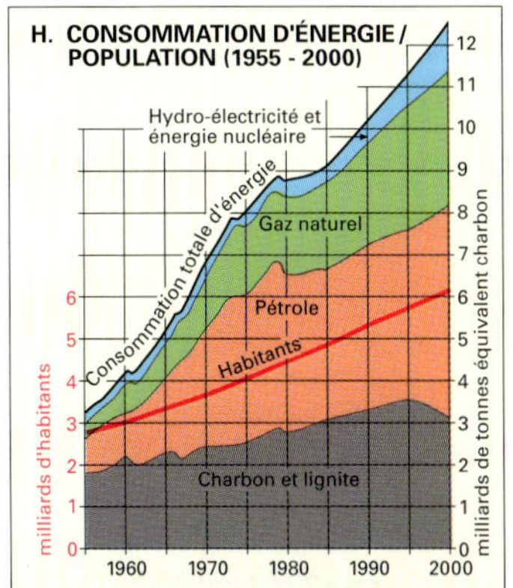

Échelle 1 : 200 000 000

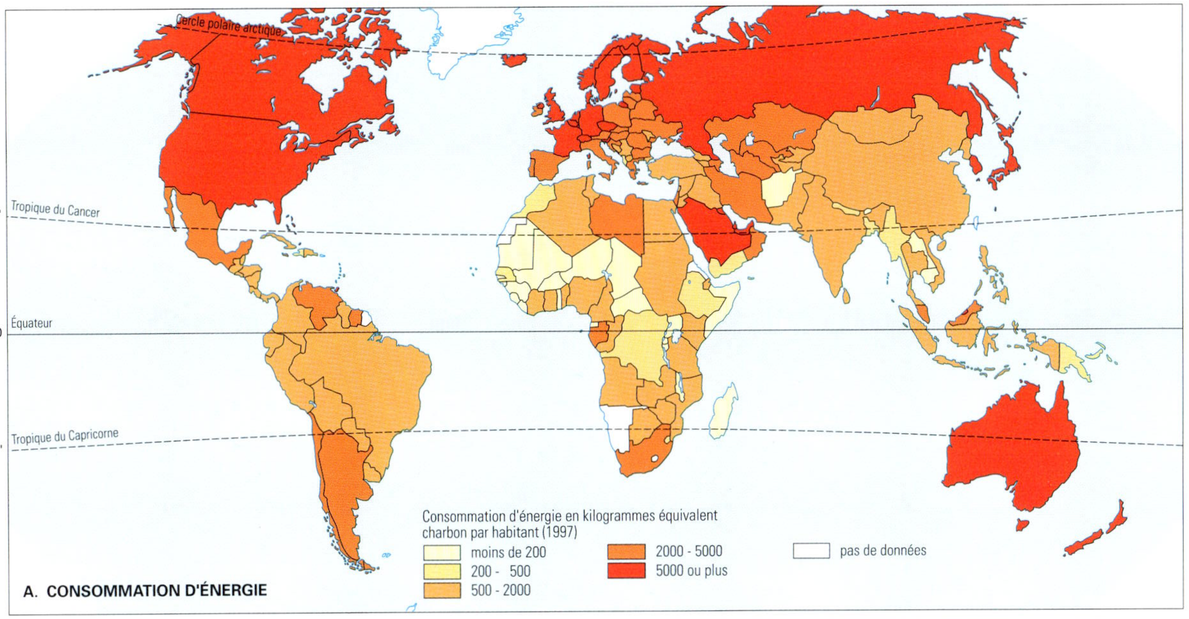

Consommation d'énergie en kilogrammes équivalent charbon par habitant (1997)

- moins de 200
- 200 - 500
- 500 - 2000
- 2000 - 5000
- 5000 ou plus
- pas de données

A. CONSOMMATION D'ÉNERGIE

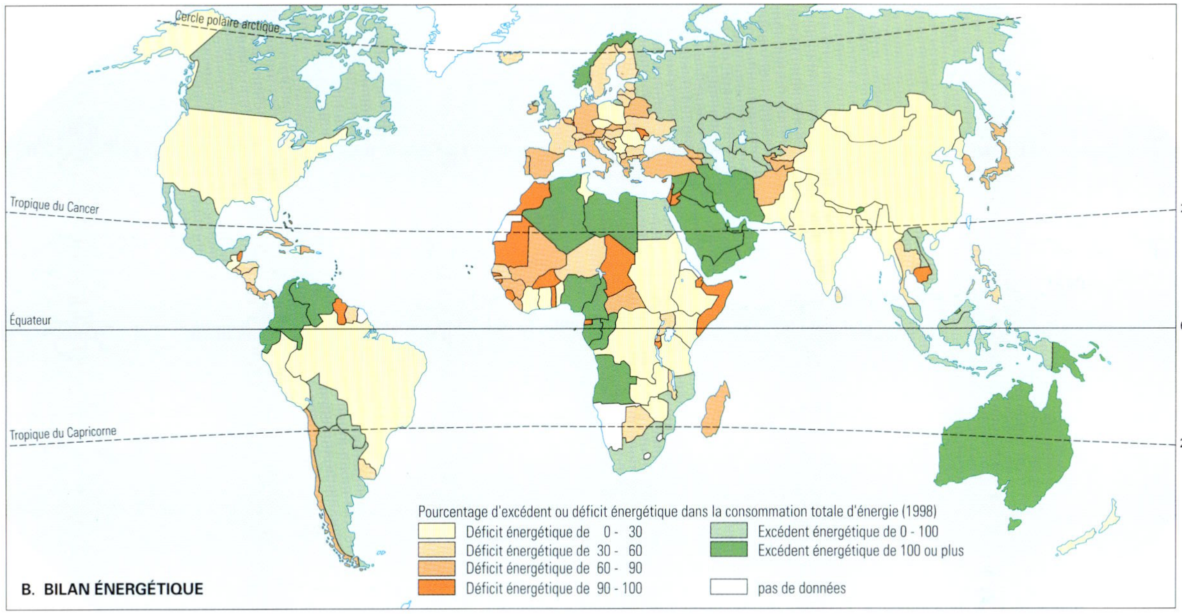

Pourcentage d'excédent ou déficit énergétique dans la consommation totale d'énergie (1998)

- Déficit énergétique de 0 - 30
- Déficit énergétique de 30 - 60
- Déficit énergétique de 60 - 90
- Déficit énergétique de 90 - 100
- Excédent énergétique de 0 - 100
- Excédent énergétique de 100 ou plus
- pas de données

B. BILAN ÉNERGÉTIQUE

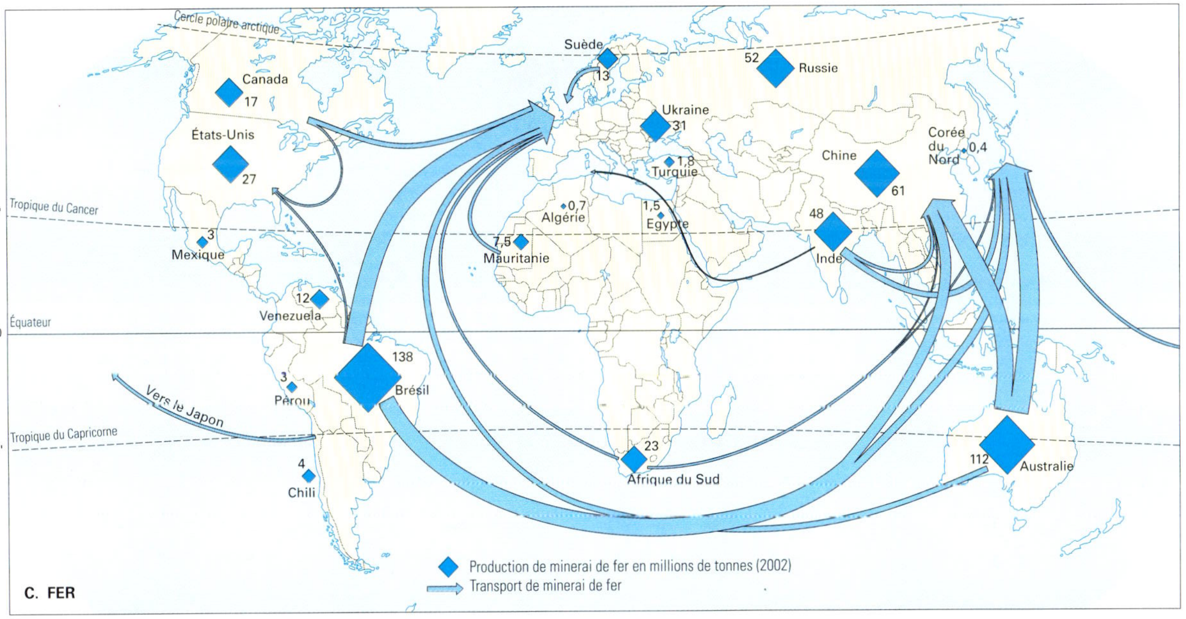

- Production de minerai de fer en millions de tonnes (2002)
- Transport de minerai de fer

C. FER

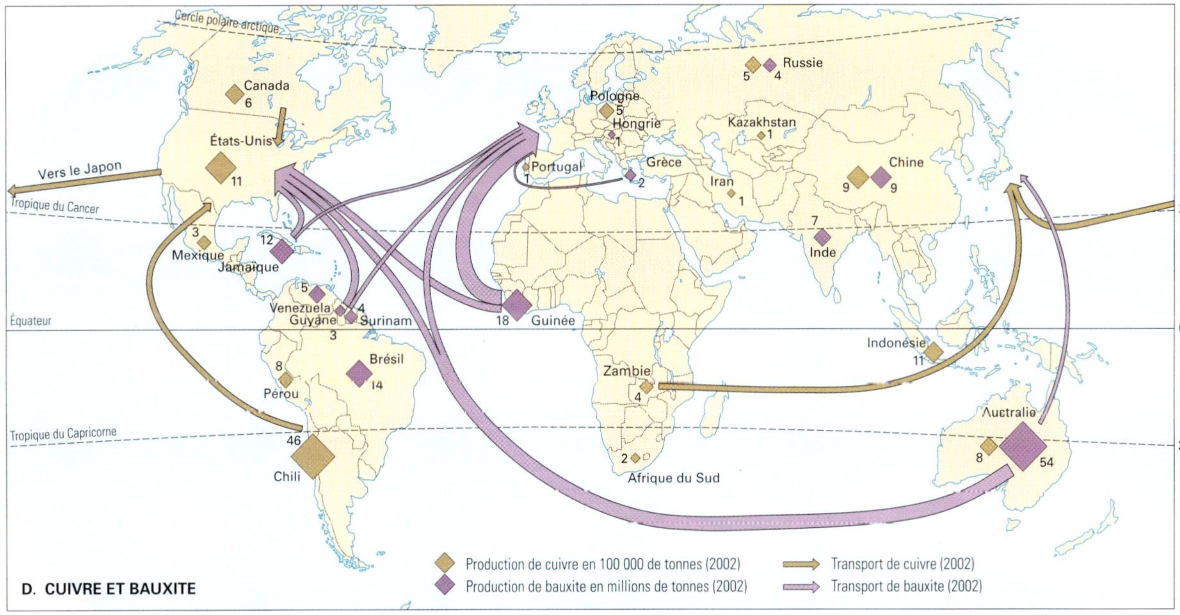

- Production de cuivre en 100 000 de tonnes (2002)
- Production de bauxite en millions de tonnes (2002)
- Transport de cuivre (2002)
- Transport de bauxite (2002)

D. CUIVRE ET BAUXITE

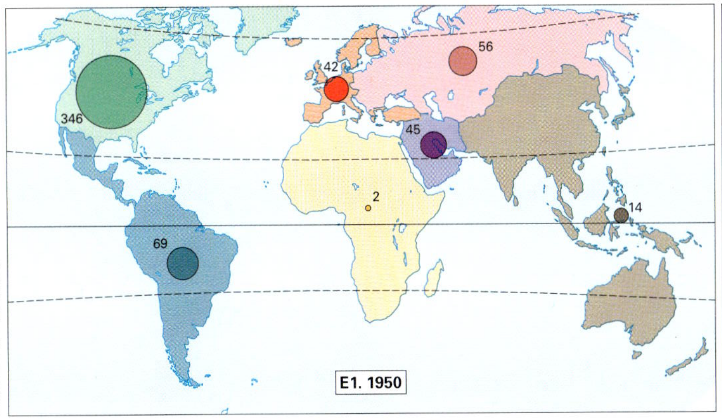

E1. 1950

E. CAPACITÉ DE RAFFINAGE PÉTROLIER 1950 - 2002 1 : 300 000 000

- Amérique du Nord
- Amérique latine
- Europe occidentale
- Ex-U.R.S.S. et Europe de l'Est
- Afrique
- Moyen-Orient
- Extrême-Orient et Australie

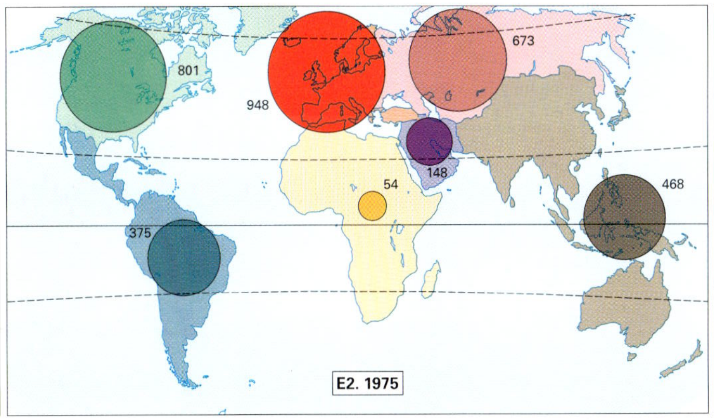

E2. 1975

Capacité de raffinage pétrolier en millions de tonnes par an

100 500 1000

Capacité mondiale

1950 574 M tonnes
1975 3467 M tonnes
1998 3674 M tonnes

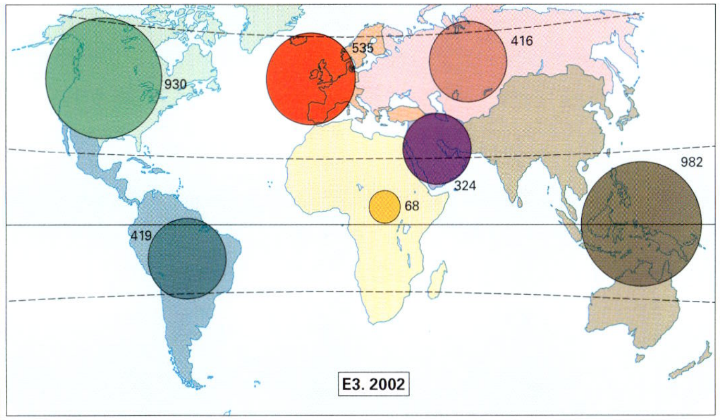

E3. 2002

LA TERRE POPULATION

Échelle 1 : 200000000

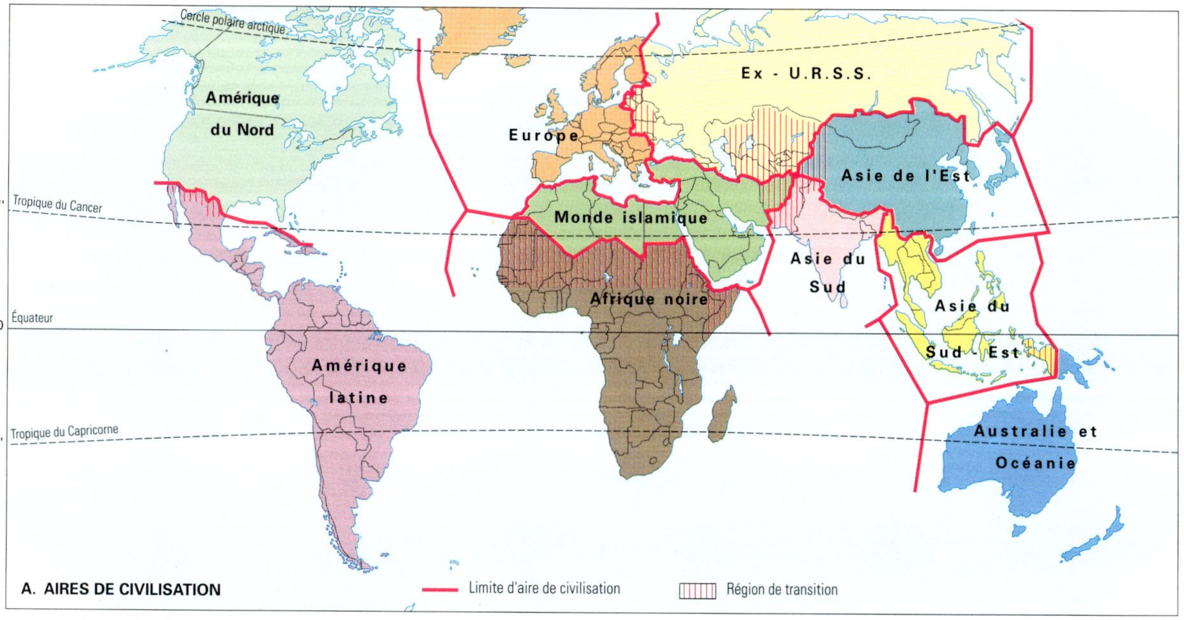

A. AIRES DE CIVILISATION

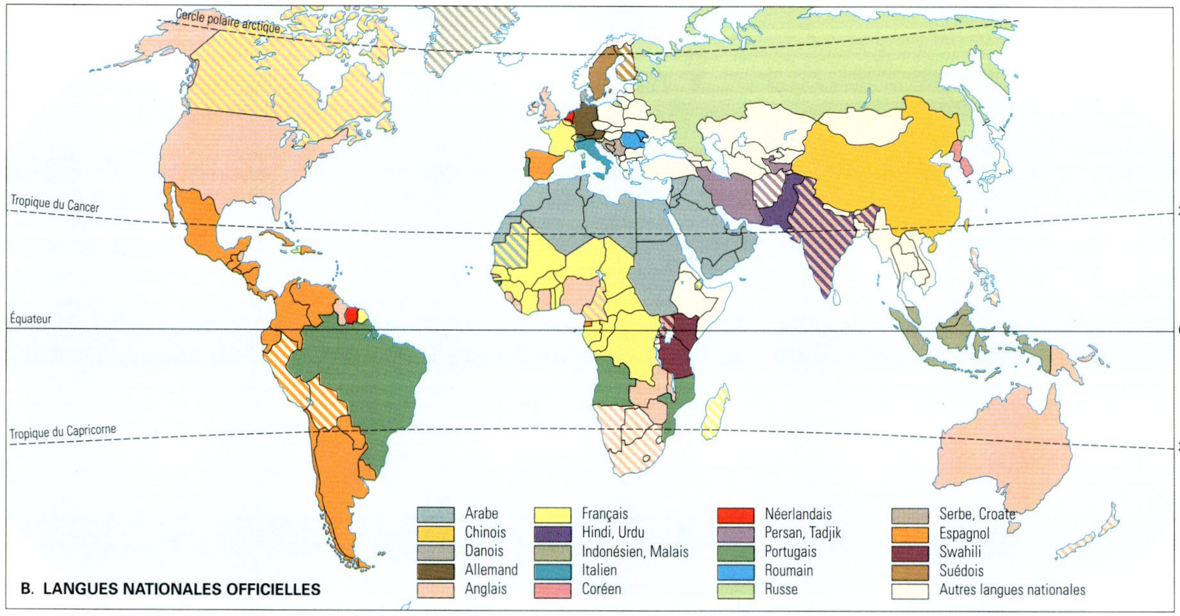

B. LANGUES NATIONALES OFFICIELLES

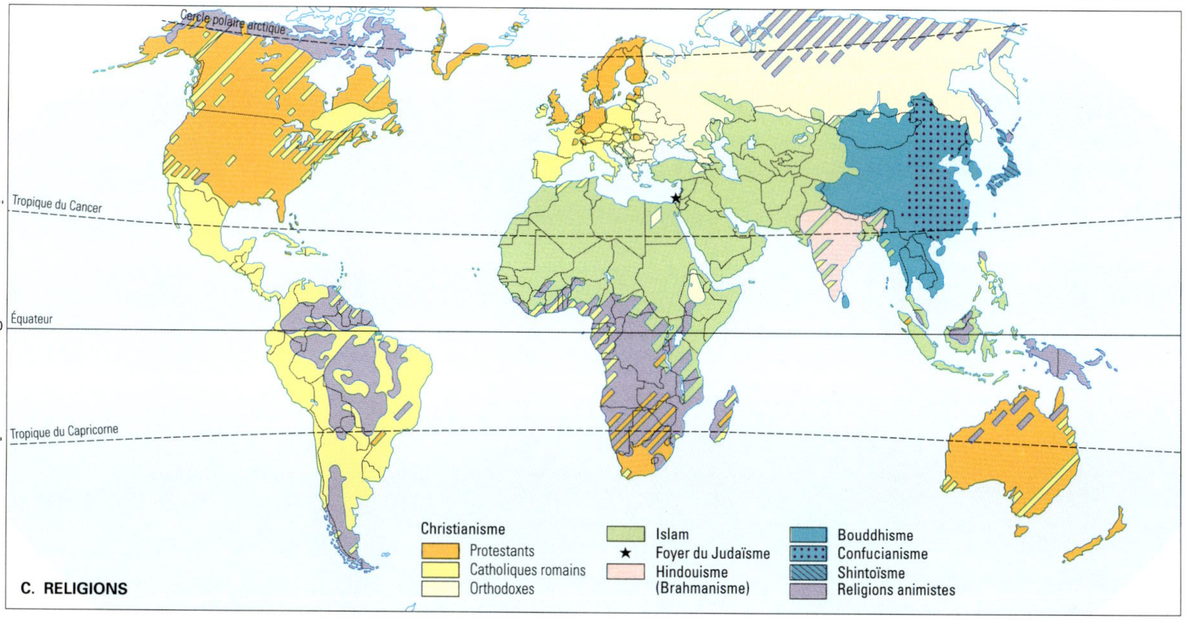

C. RELIGIONS

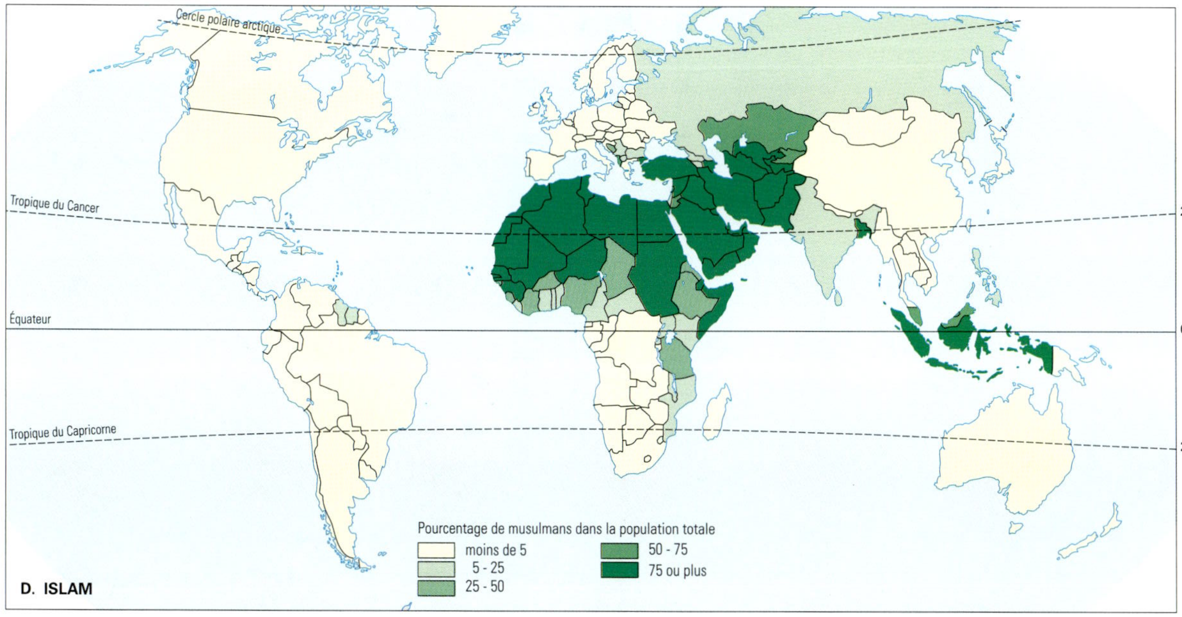

D. ISLAM

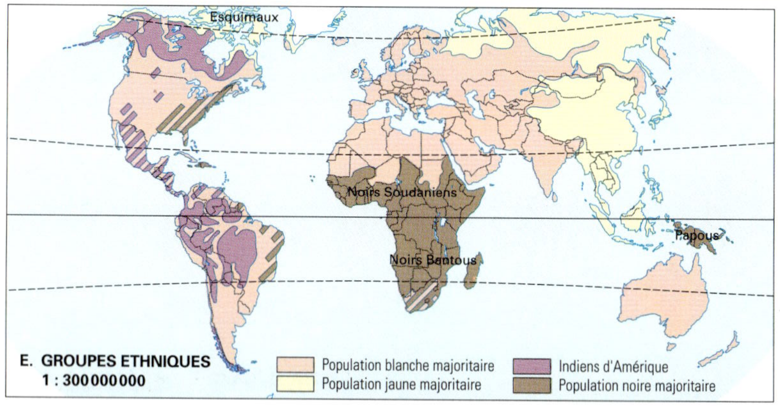

E. GROUPES ETHNIQUES
1 : 300000000

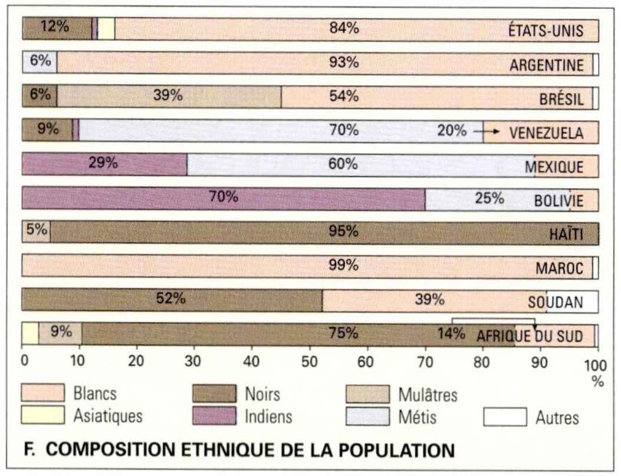

F. COMPOSITION ETHNIQUE DE LA POPULATION

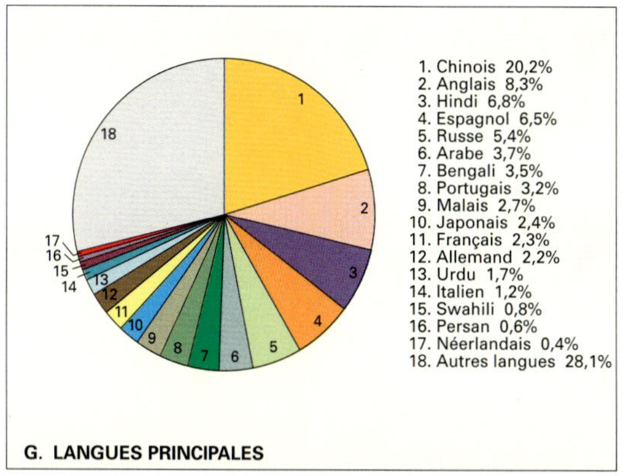

G. LANGUES PRINCIPALES

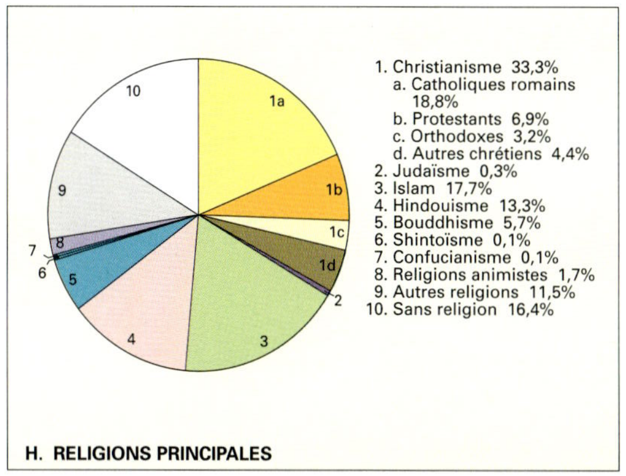

H. RELIGIONS PRINCIPALES

LA TERRE POPULATION

Échelle 1 : 200000000

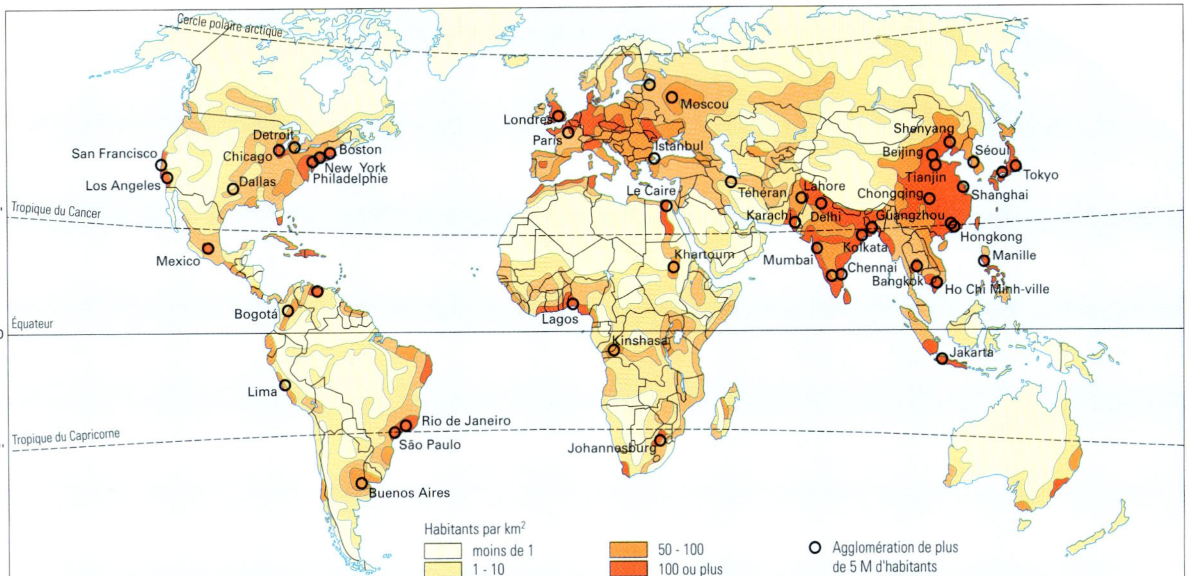

A. DENSITÉ DE LA POPULATION

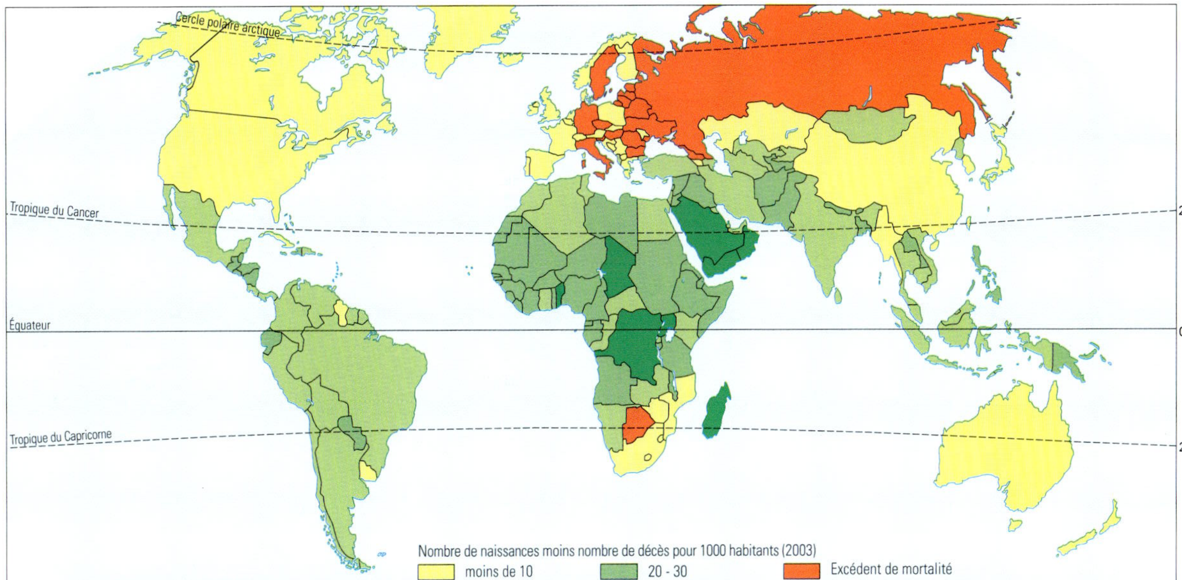

B. ACCROISSEMENT NATUREL

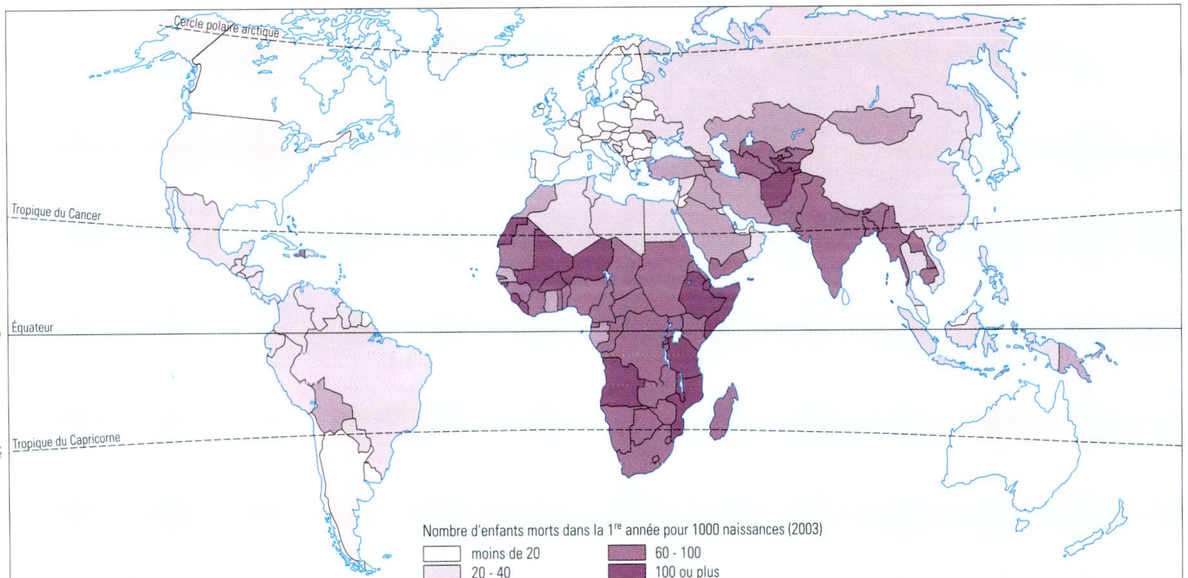

C. MORTALITÉ INFANTILE

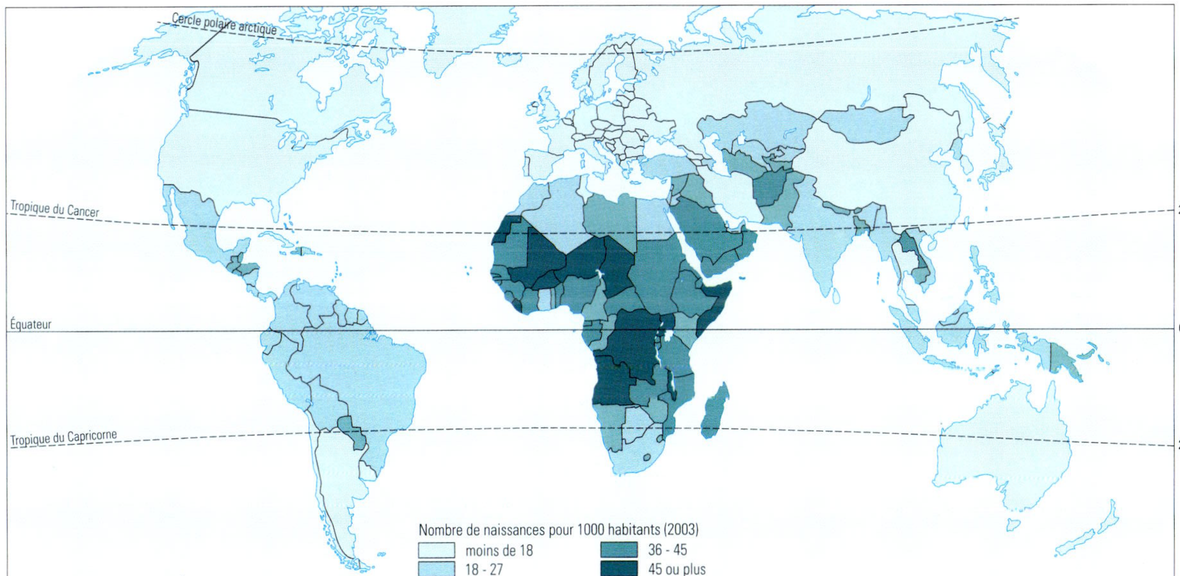

D. TAUX DE NATALITÉ

E. ACCROISSEMENT DE LA POPULATION DANS LES PAYS INDUSTRIALISÉS ET LES PAYS EN VOIE DE DÉVELOPPEMENT

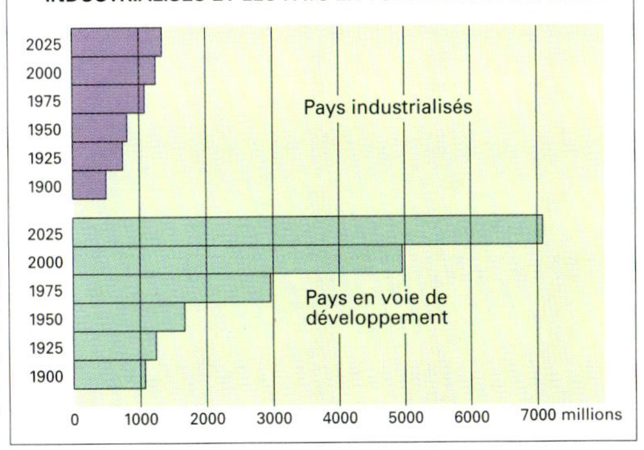

F. ACCROISSEMENT DE POPULATION (1965-1998)

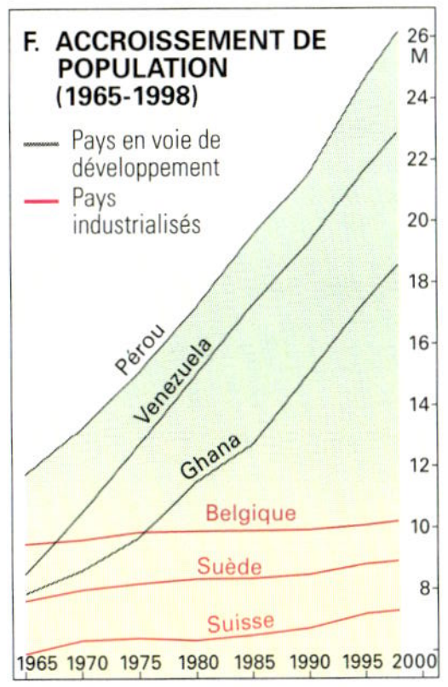

G. PYRAMIDES DES ÂGES

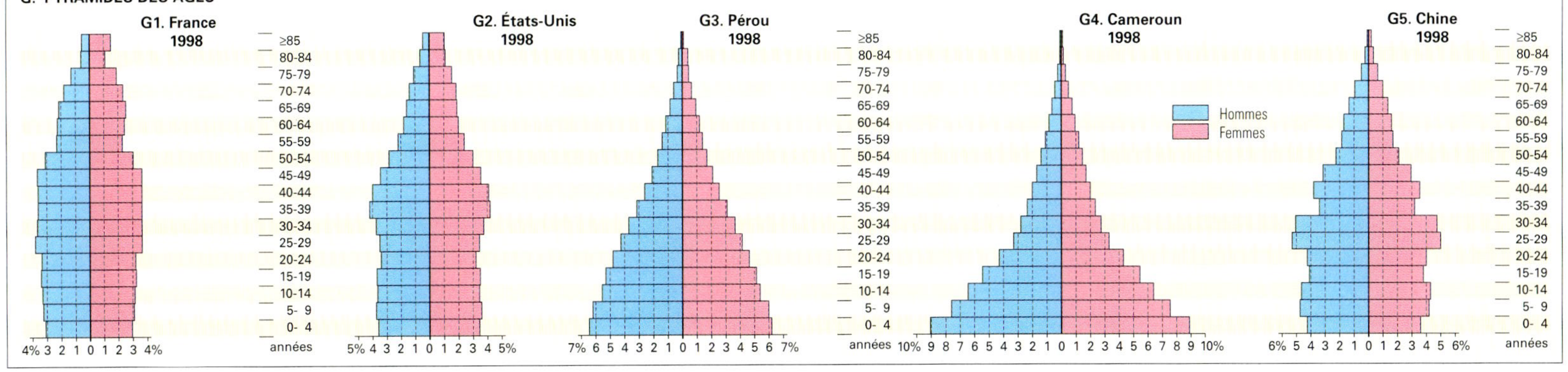

LA TERRE POPULATION / URBANISATION

Échelle 1 : 200000000

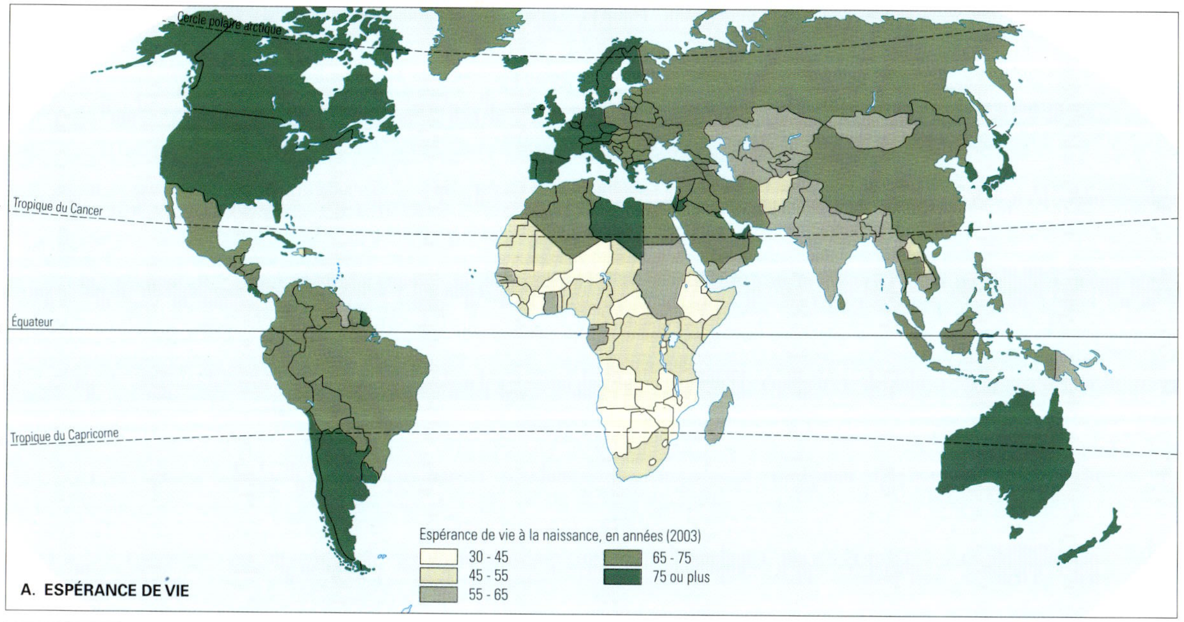

A. ESPÉRANCE DE VIE

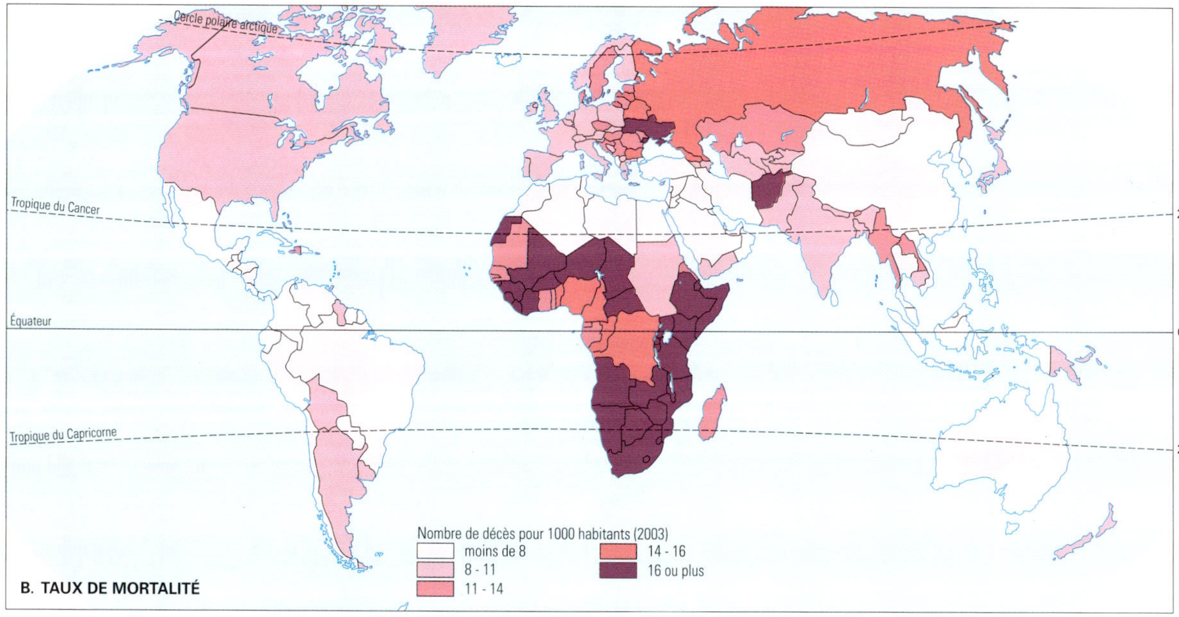

B. TAUX DE MORTALITÉ

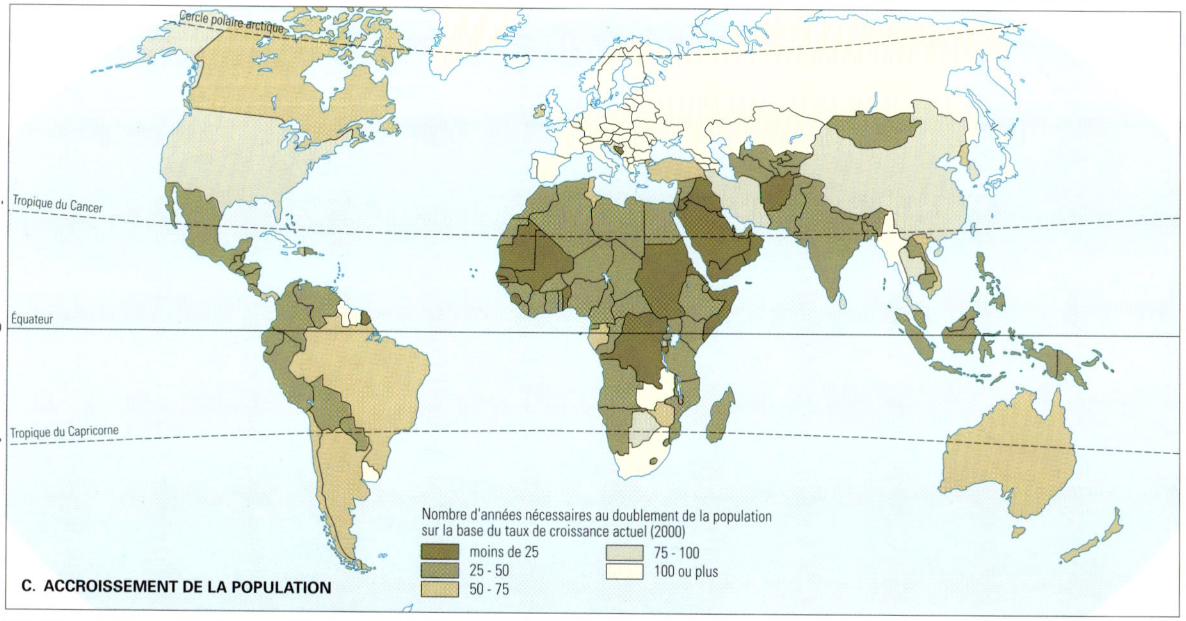

C. ACCROISSEMENT DE LA POPULATION

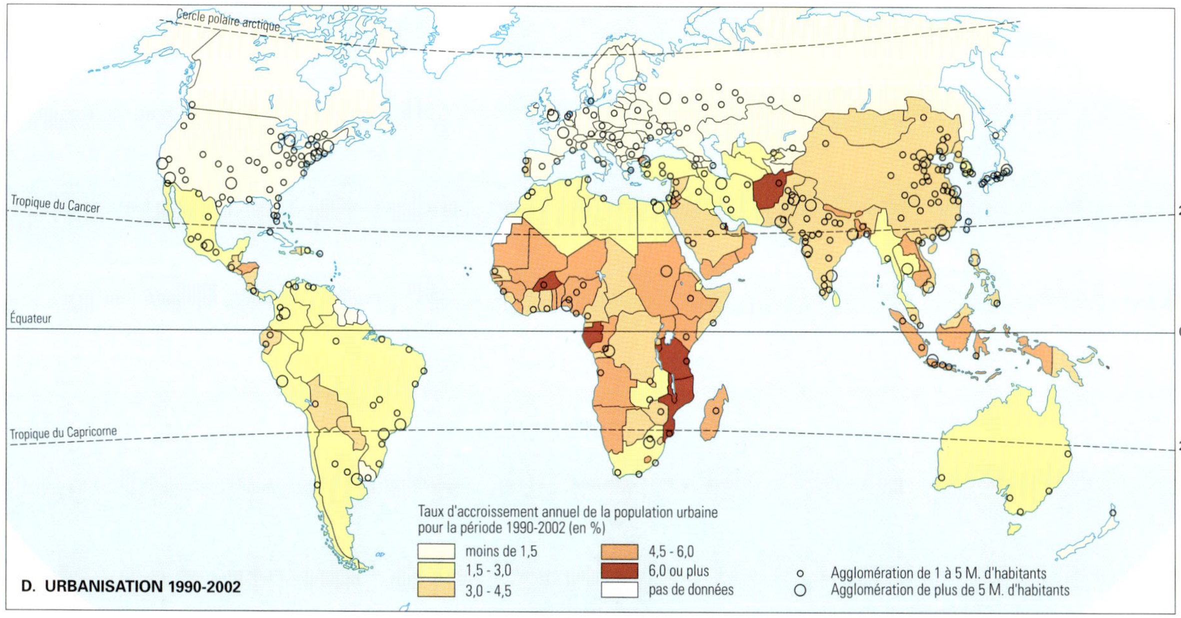

D. URBANISATION 1990-2002

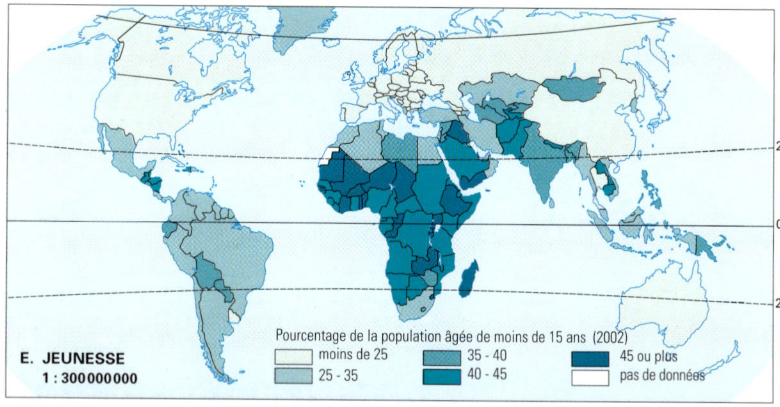

E. JEUNESSE
1 : 300000000

F. CROISSANCE DE LA POPULATION MONDIALE 1700–2010

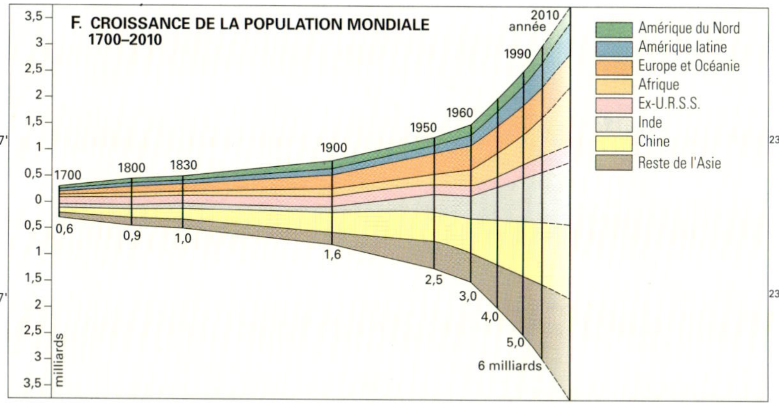

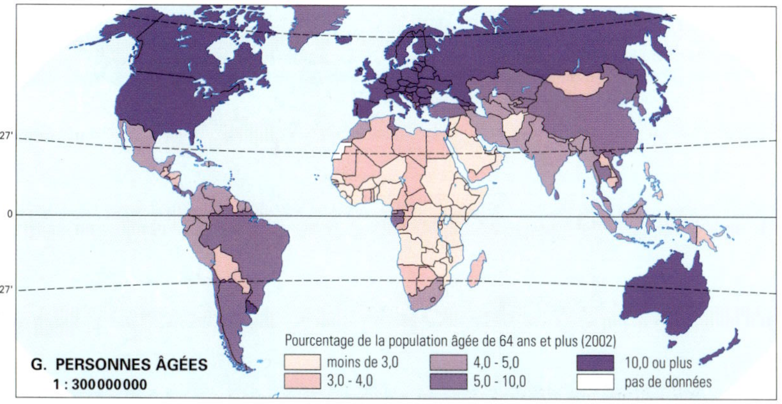

G. PERSONNES ÂGÉES
1 : 300000000

Échelle 1 : 200 000 000

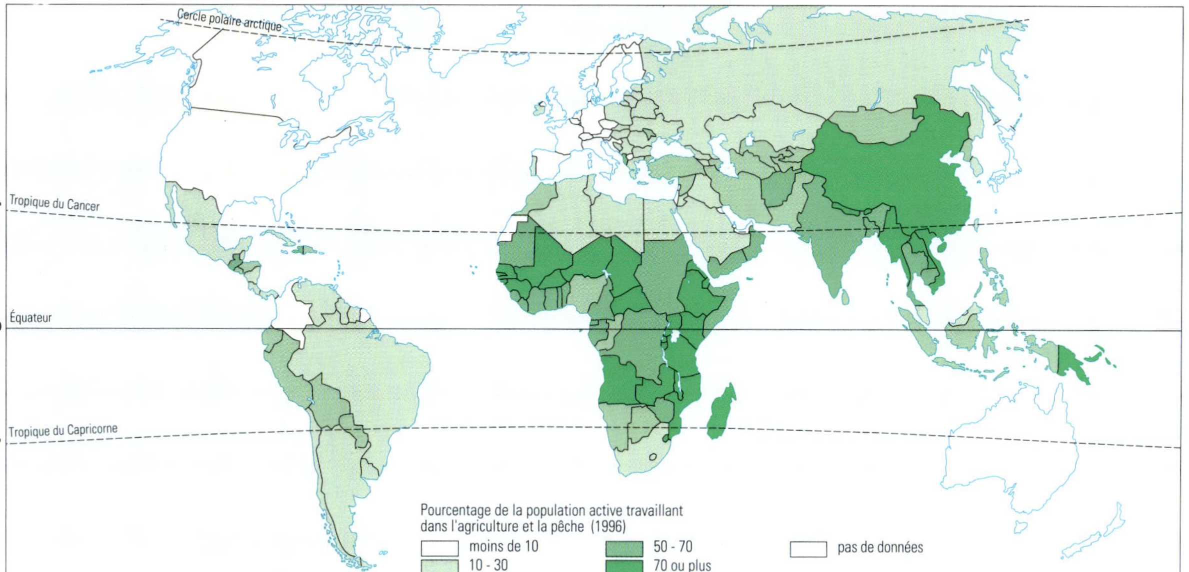

A. ACTIFS DANS LE SECTEUR PRIMAIRE

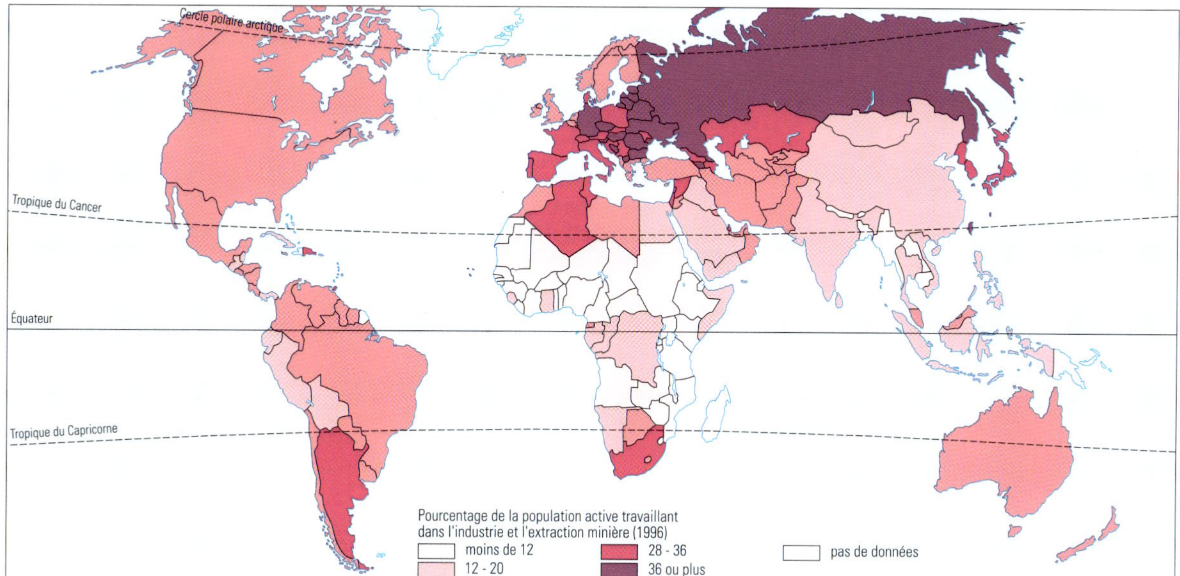

B. ACTIFS DANS LE SECTEUR SECONDAIRE

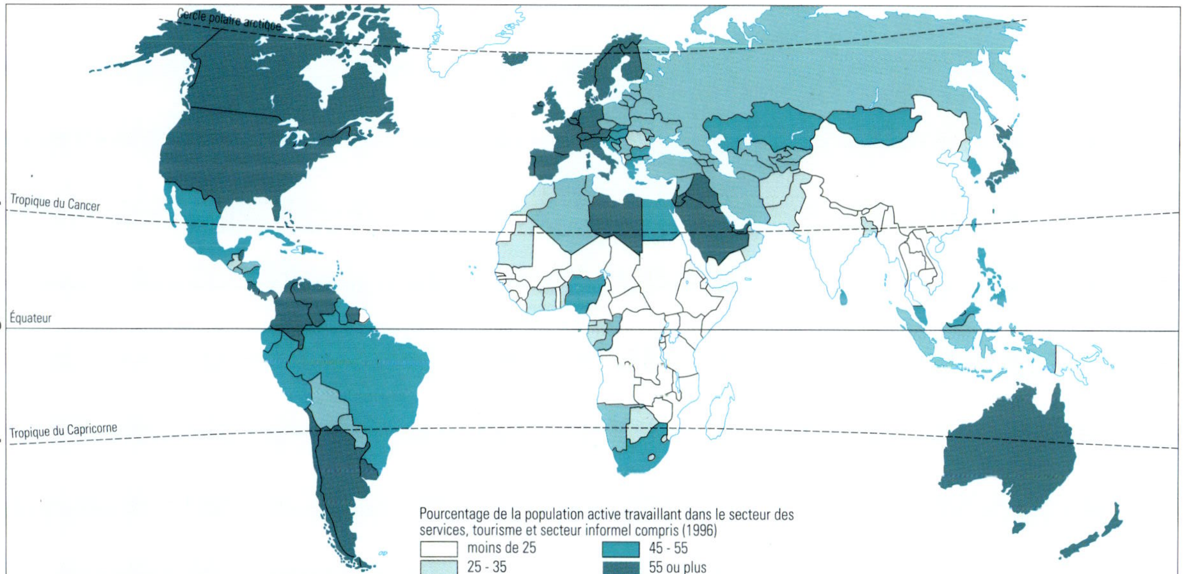

C. ACTIFS DANS LE SECTEUR TERTIAIRE

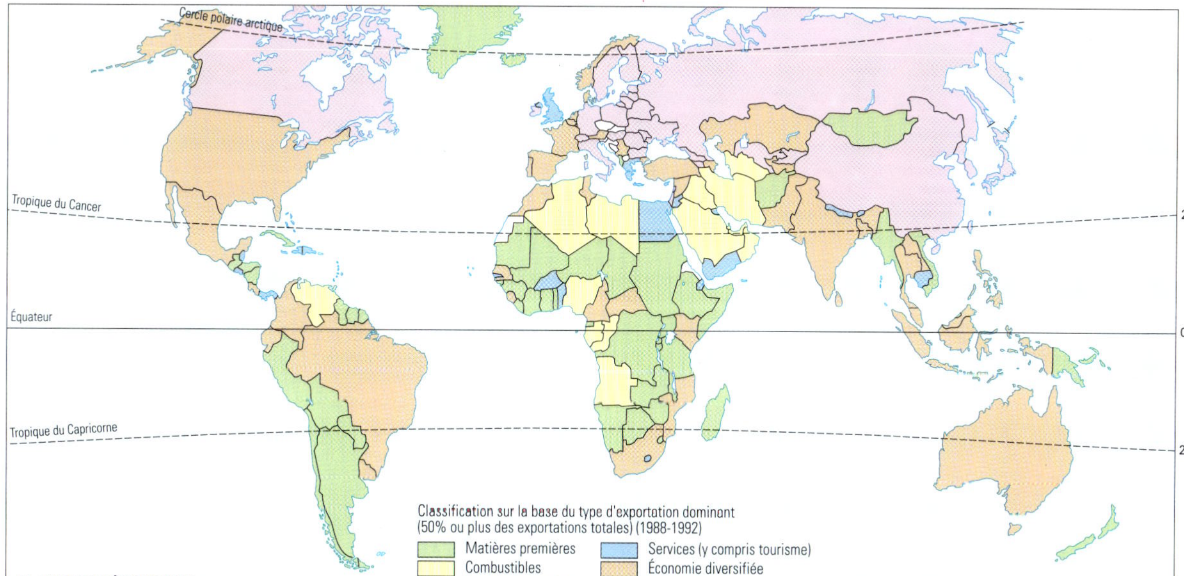

D. TYPES D'ÉCONOMIE

E. ÉVOLUTION DE LA STRUCTURE DE LA POPULATION ACTIVE (1960 - 1996)

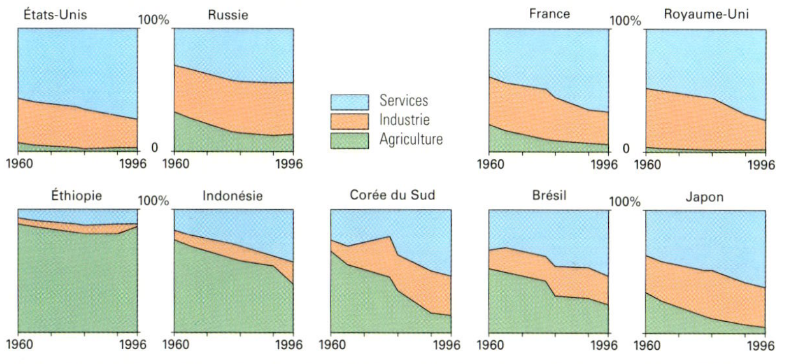

F. STRUCTURE DES IMPORTATIONS (1995)

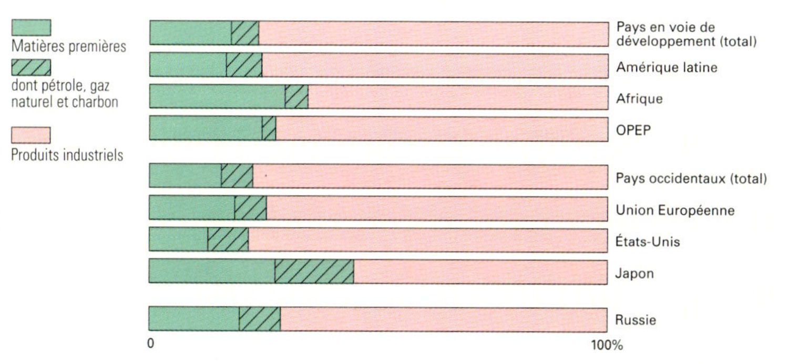

G. STRUCTURE DES EXPORTATIONS (1995)

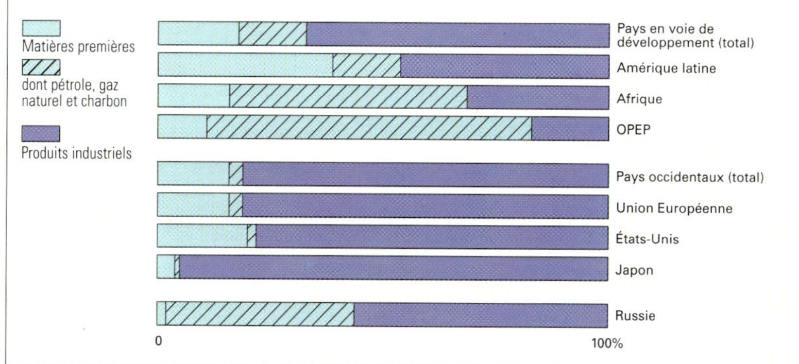

LA TERRE DÉVELOPPEMENT

Échelle 1 : 200000000

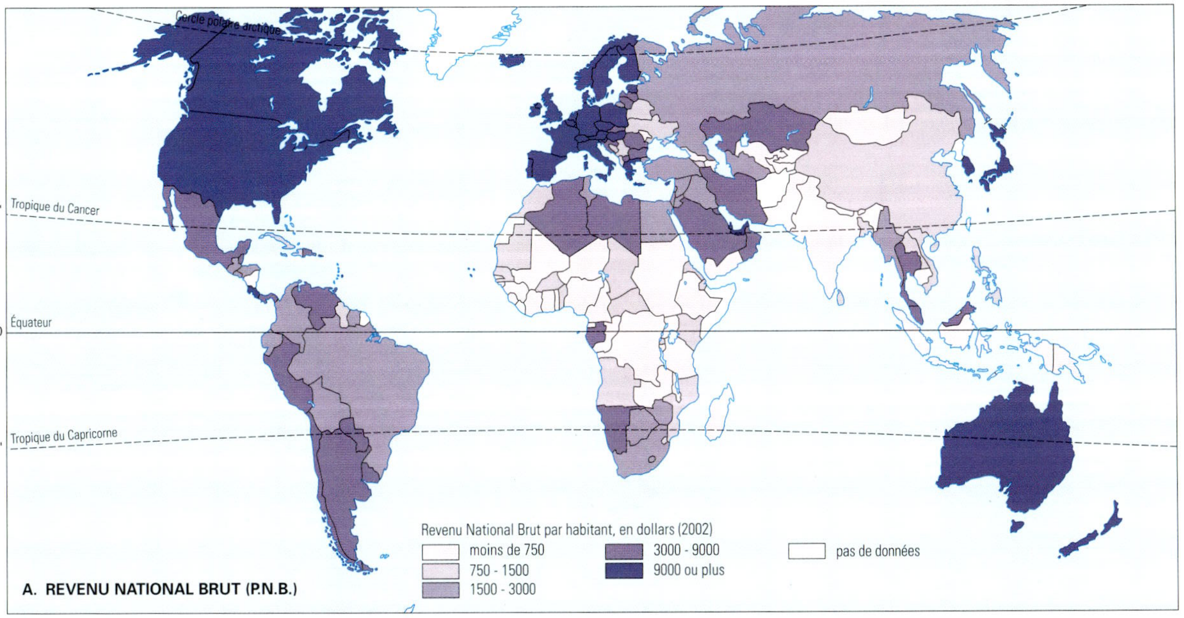

A. REVENU NATIONAL BRUT (P.N.B.)

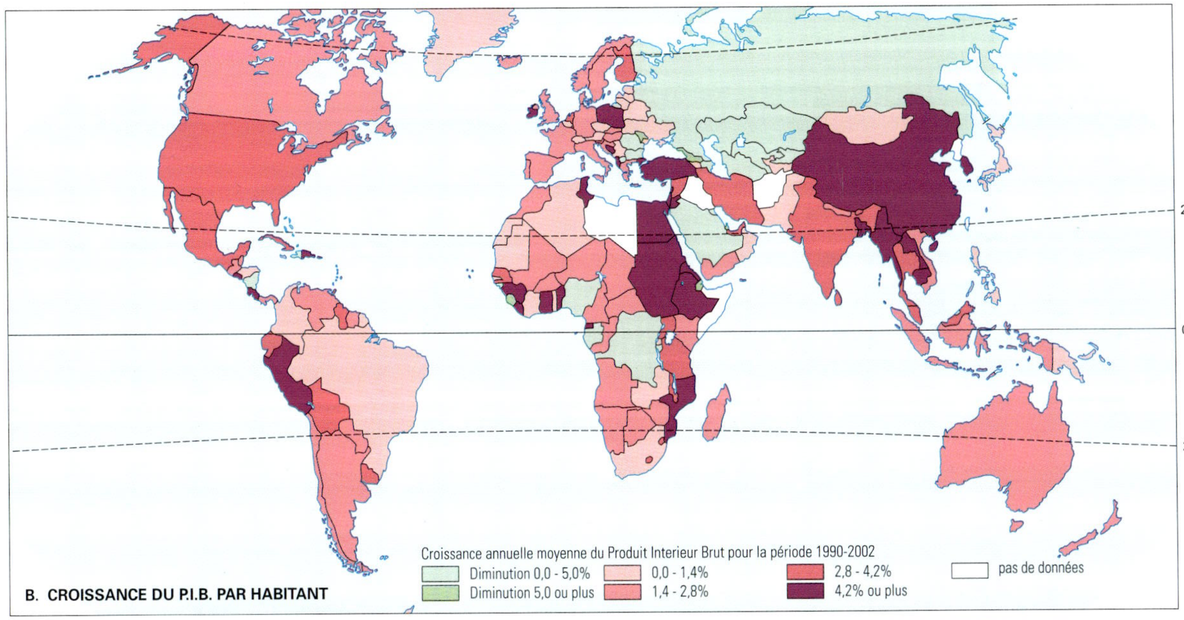

B. CROISSANCE DU P.I.B. PAR HABITANT

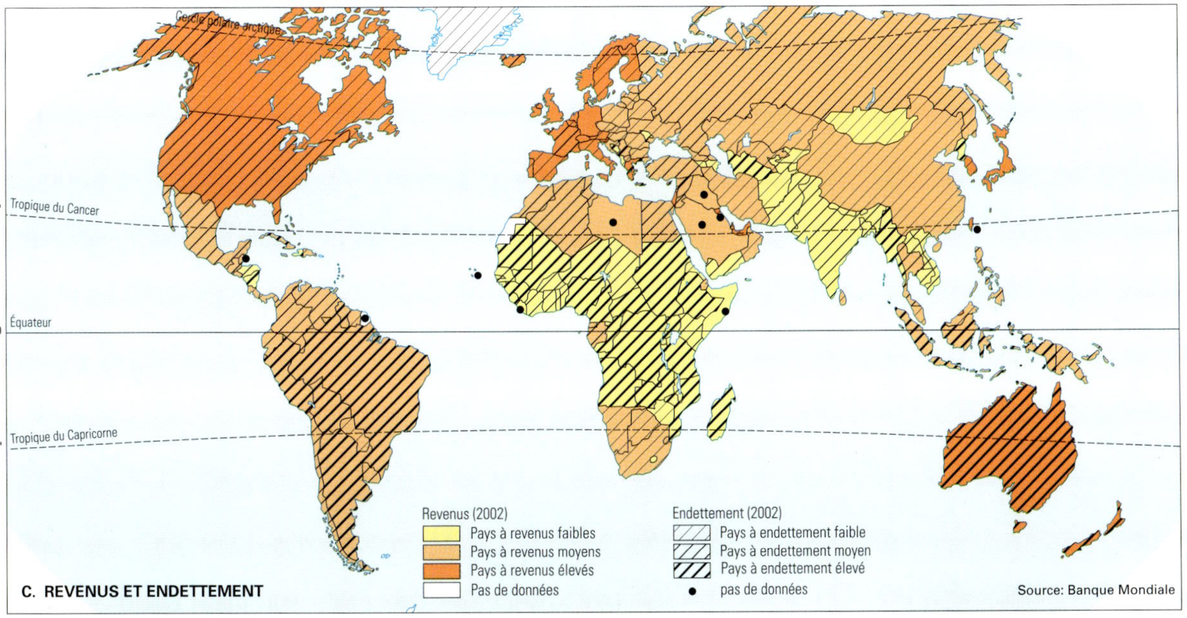

C. REVENUS ET ENDETTEMENT

Source: Banque Mondiale

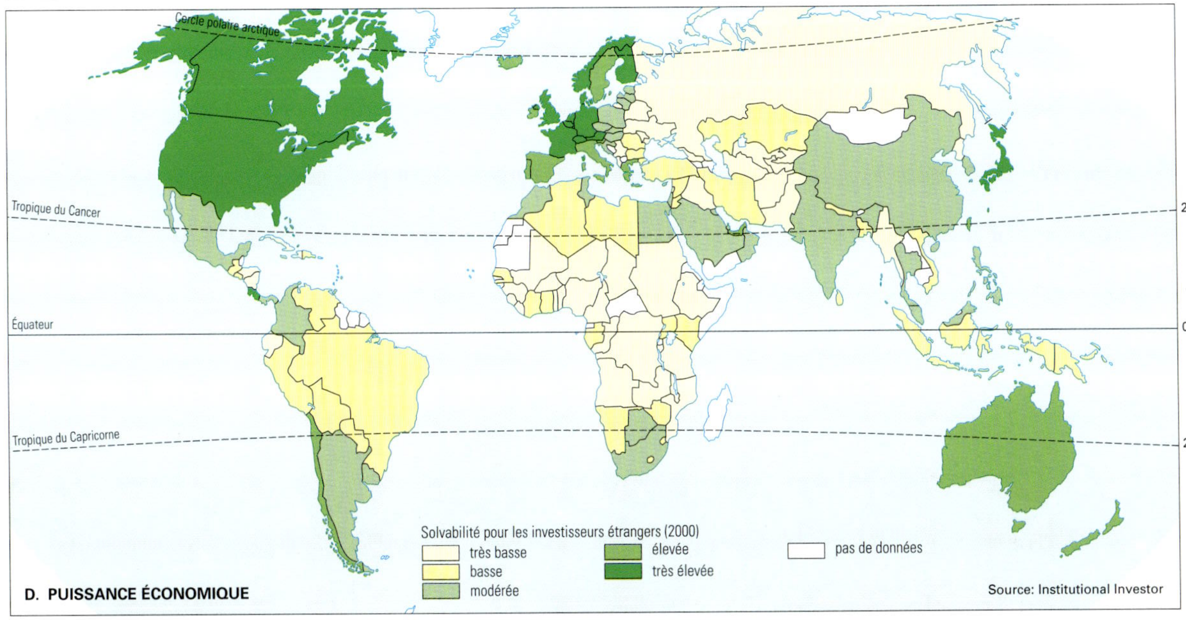

D. PUISSANCE ÉCONOMIQUE

Source: Institutional Investor

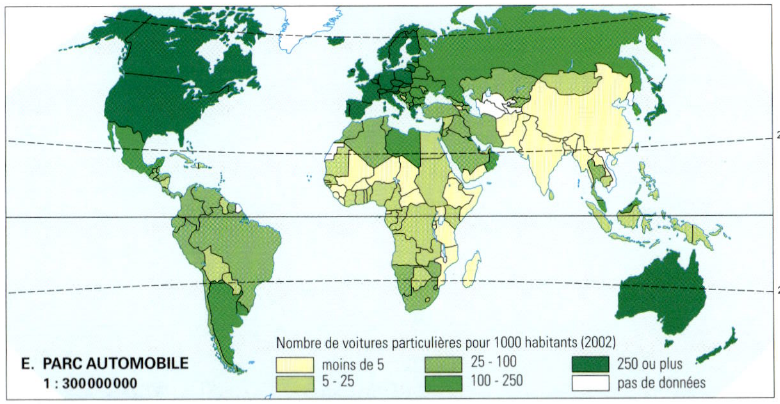

E. PARC AUTOMOBILE
1 : 300000000

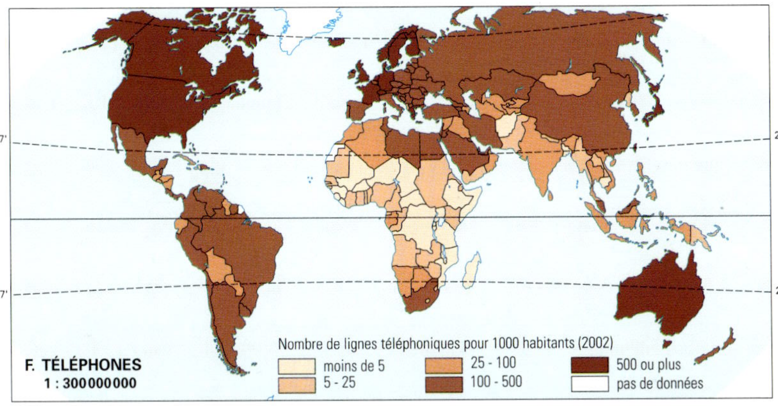

F. TÉLÉPHONES
1 : 300000000

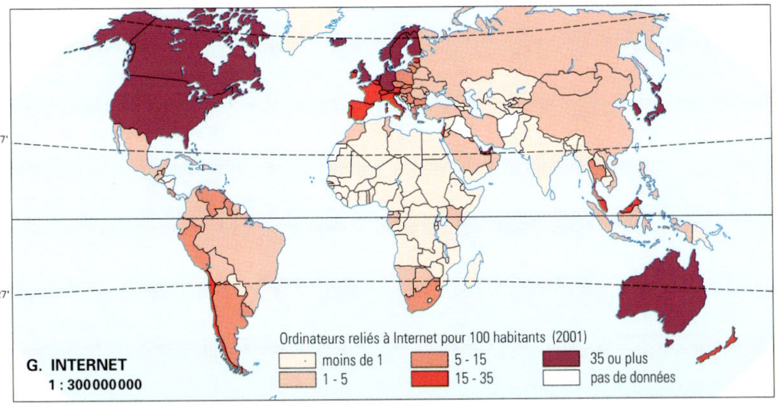

G. INTERNET
1 : 300000000

Échelle 1 : 200000000

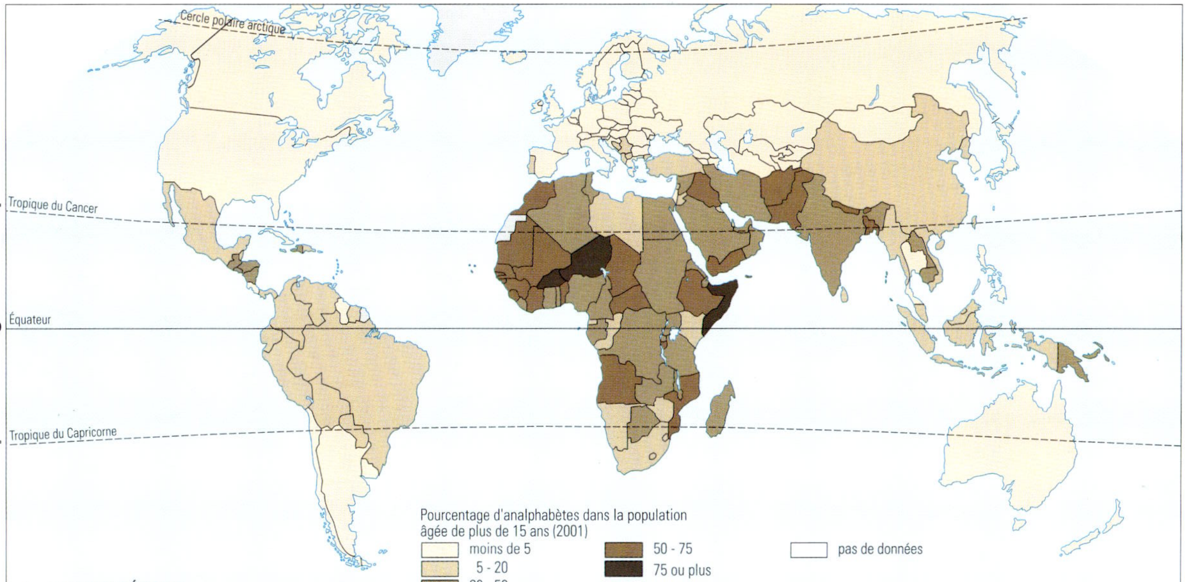

A. ANALPHABÉTISME

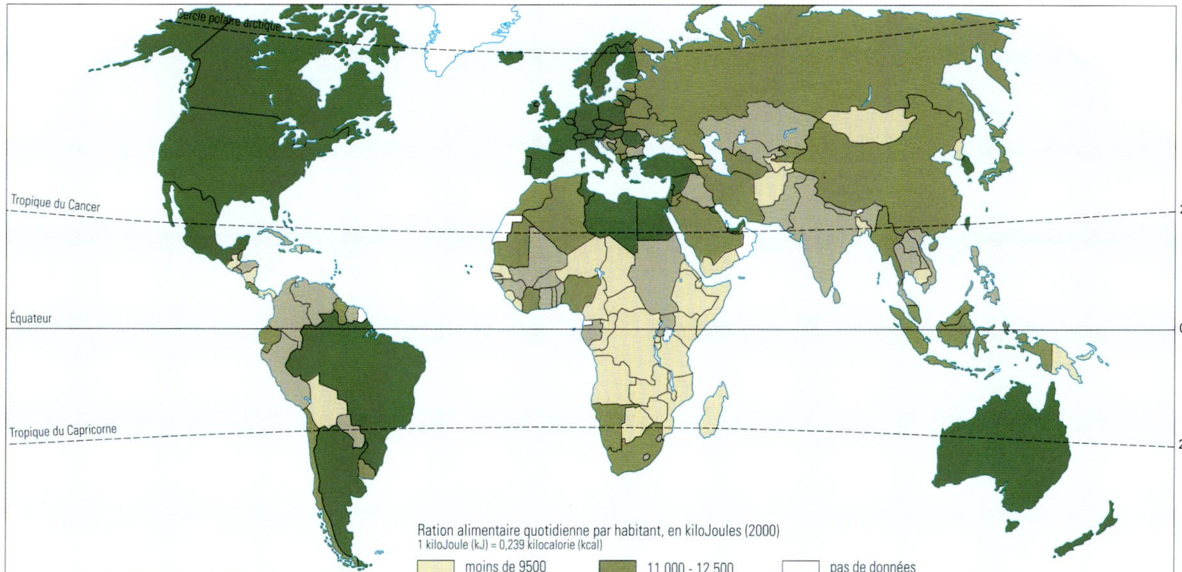

B. DISPONIBILITÉS ALIMENTAIRES

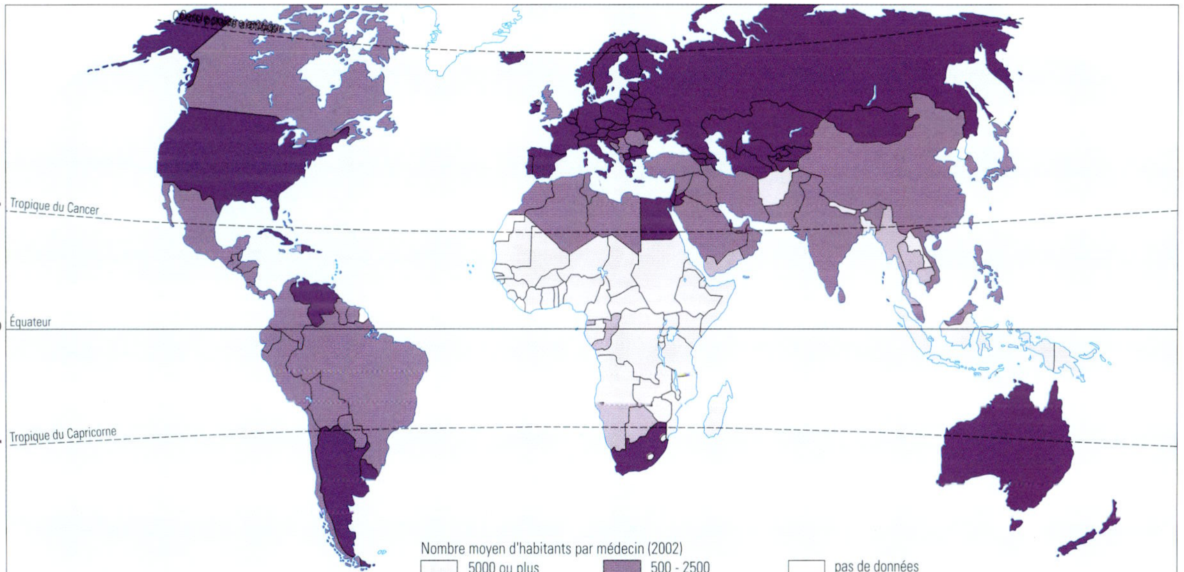

C. SITUATION SANITAIRE

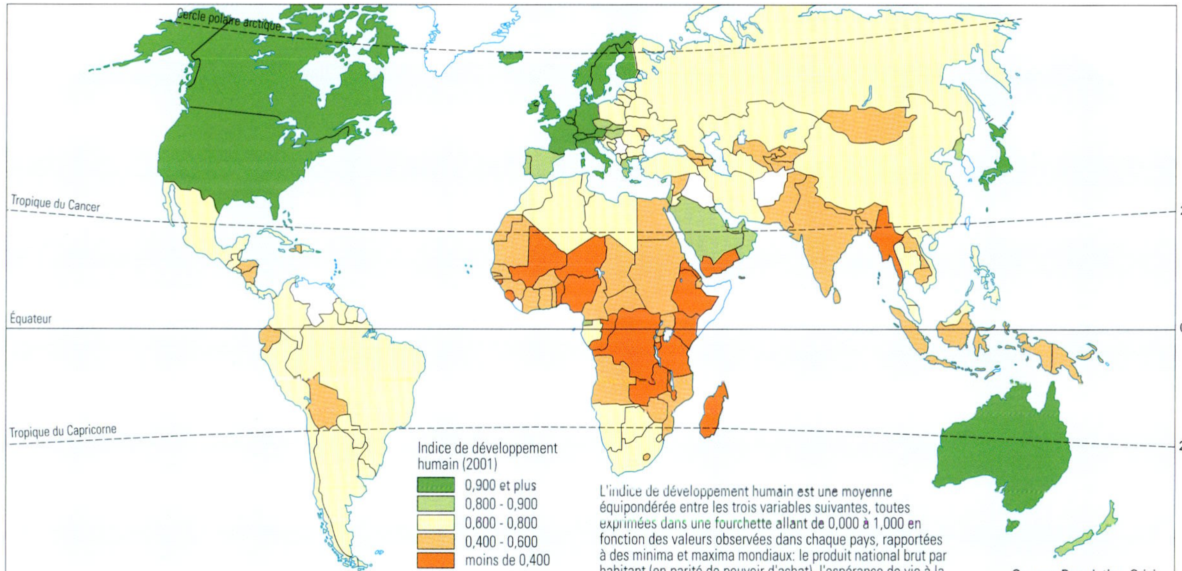

D. DEGRÉ DE DÉVELOPPEMENT HUMAIN

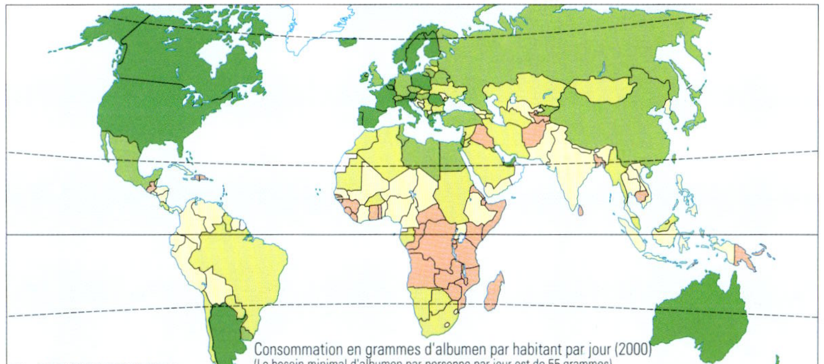

E. CONSOMMATION D'ALBUMEN
1 : 300000000

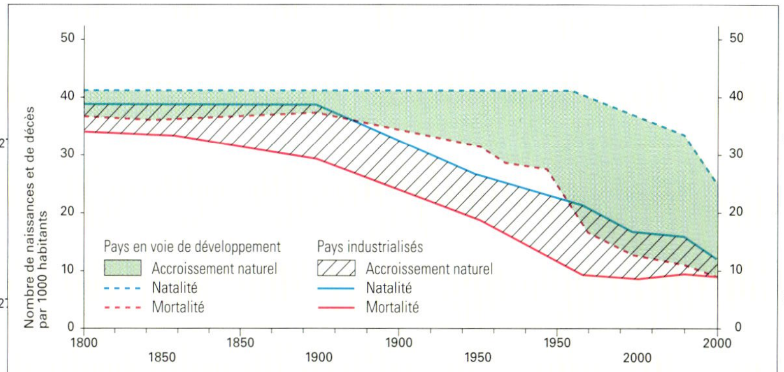

F. TRANSITION DÉMOGRAPHIQUE (1800-2000)

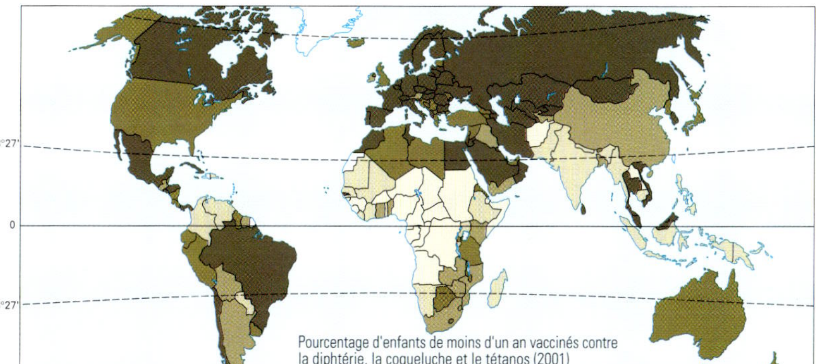

G. VACCINATIONS
1 : 300000000

LA TERRE POLITIQUE

Échelle 1 : 200000000

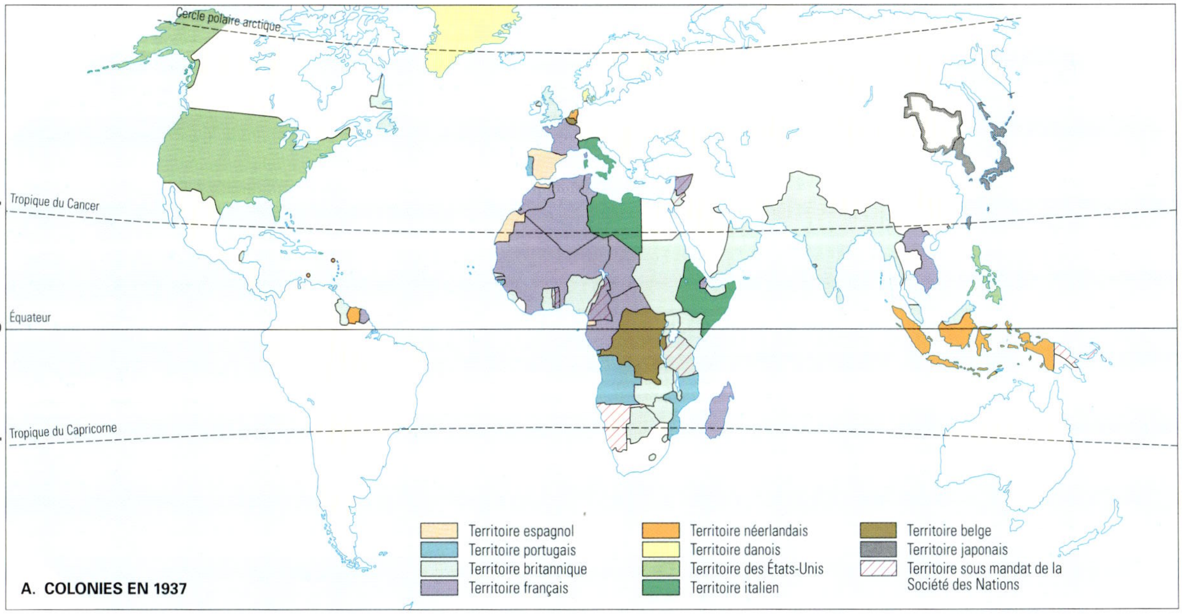

A. COLONIES EN 1937

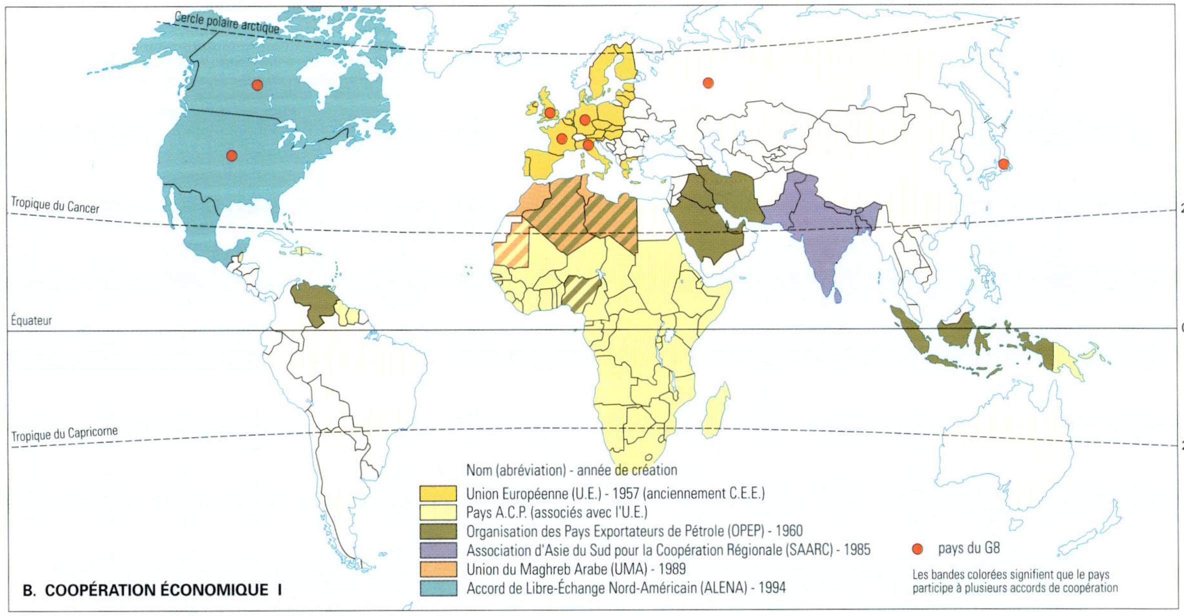

B. COOPÉRATION ÉCONOMIQUE I

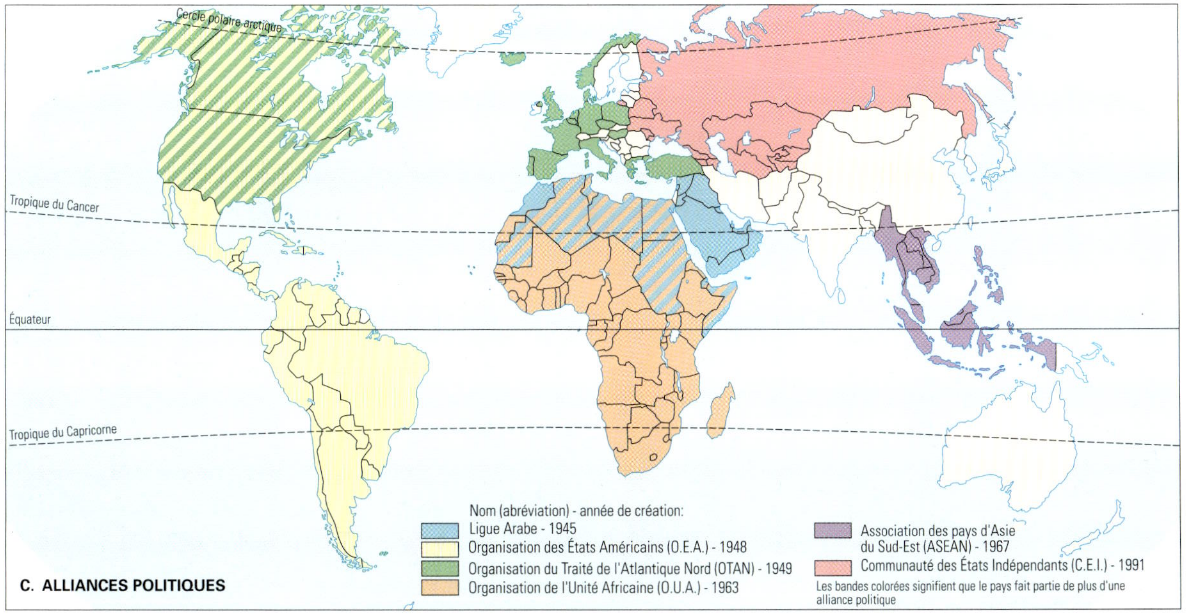

C. ALLIANCES POLITIQUES

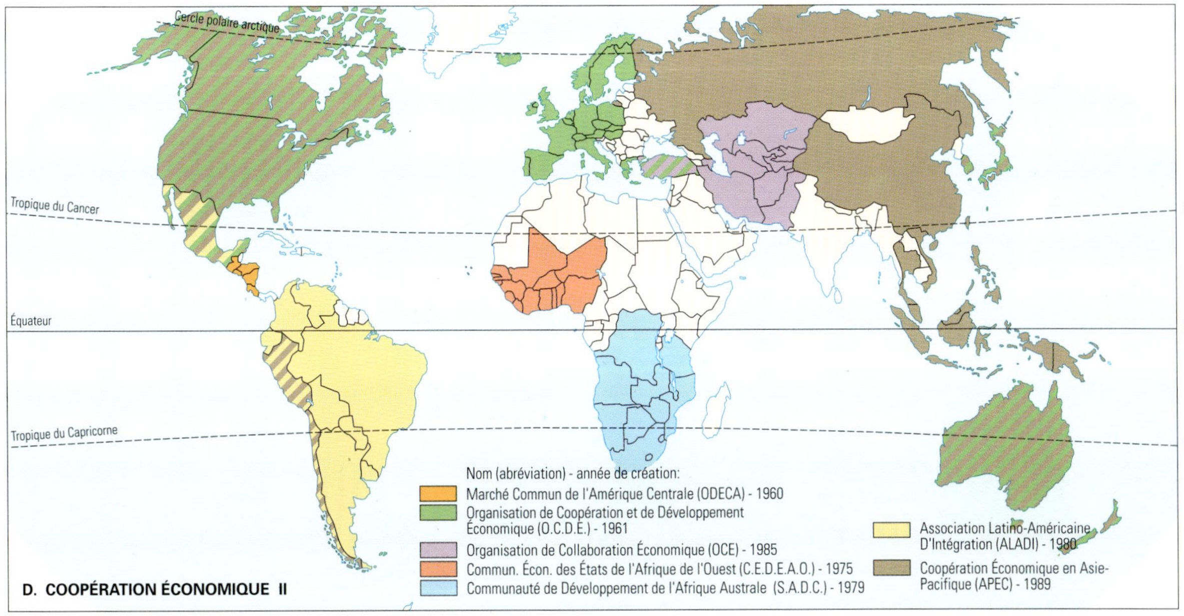

D. COOPÉRATION ÉCONOMIQUE II

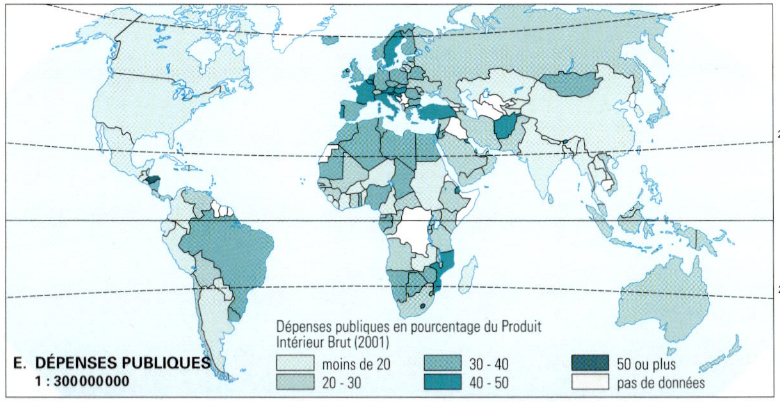

E. DÉPENSES PUBLIQUES
1 : 300000000

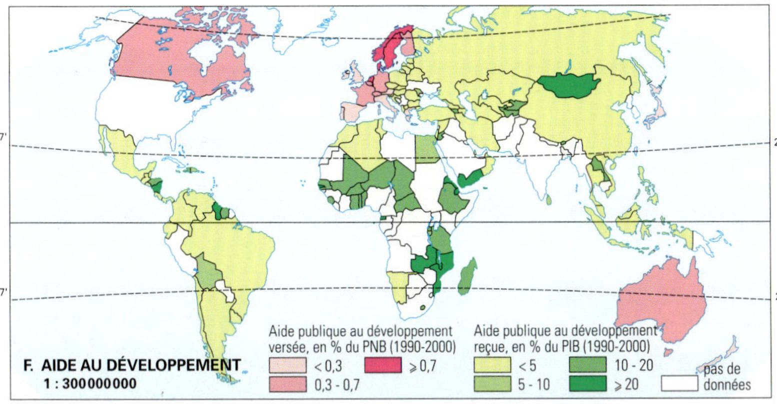

F. AIDE AU DÉVELOPPEMENT
1 : 300000000

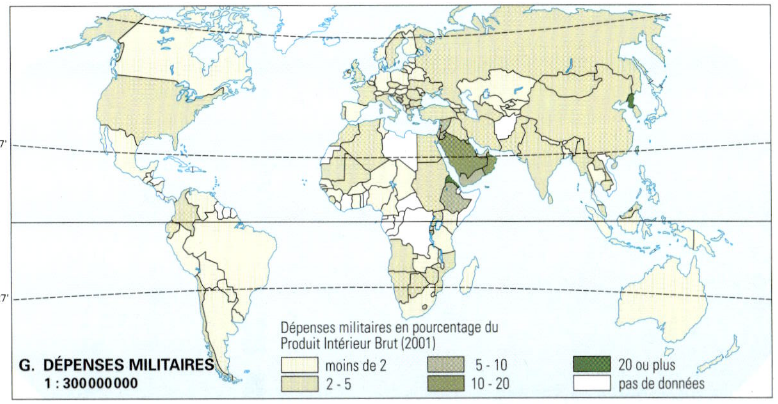

G. DÉPENSES MILITAIRES
1 : 300000000

Dossier sur le développement durable 2006

Définition et historique du développement durable 170

Plus de 15 000 statistiques

1. La donne humaine 172
2. La donne économique 178
3. La donne environnementale 184

Sources :
INED ; PNUD (Rapport Mondial sur le Développement Humain) ; UNICEF.
CRED EM-DAT (Centre for Research on the Epidemiology of Disasters). Site : ww-em-dat.net

VERS UN CADRE INSTITUTIONNEL POUR LE DÉVELOPPEMENT DURABLE

1948 Création de l'Union internationale pour la protection de la nature (devenue, en 1956, Union internationale pour la conservation de la Nature – **UICN**)

1961 À l'initiative de l'UNESCO est créé le **WWF** – *World Wildlife Fund for Nature*.

1963 À Nairobi (Kenya), l'assemblée générale de l' UICN (devenue depuis 1990 l'Union Mondiale pour la Nature) lance l'idée de la Convention concernant le commerce international des espèces de la flore et de la faune sauvage en danger d'extinction (**CITES**, *Convention on International Trade in Endangered Species of Wild Fauna and Flora*).

1968 L'**UNESCO** organise à Paris la première conférence intergouvernementale centrée sur les problèmes de la conservation et de la gestion des ressources du monde vivant. La conférence crée le cadre pour un programme mondial de recherches sur l'homme et son environnement (**MAB**).

1970 Lancement du programme de recherche MAB - *Man and Biosphere* (L'Homme et la Biosphère).

1971 Création de l'ONG **Greenpeace**, à Vancouver (Canada).

1972
- Le rapport du Club de Rome *Les limites de la croissance* (*The limits of growth*), connu sous le nom de rapport Meadows, montre les conséquences catastrophiques du modèle économique de l'époque.
- Réunie à Stockholm (Suède), la Conférence des Nations unies sur l'environnement humain lance le **PNUE** (Programme des Nations unies pour l'environnement) et le concept d'éco-développement.

1972 1973 Le premier choc pétrolier.

1973 Dix ans après Nairobi, à Washington, est signée la CITES (***Convention on International Trade in Endangered Species of Wild Fauna and Flora***) ; la convention devient effective en 1975 et, aujourd'hui, plus de 160 pays l'ont acceptée.

1979
- Le second choc pétrolier.
- Convention sur la conservation des espèces migratrices (Bonn, Allemagne)

1980 La UICN, le PNUE et le WWF publient la *Stratégie mondiale pour la conservation de la nature. Conserver les ressources vivantes pour un développement durable*.

1985 Révélation scientifique de l'ampleur de la destruction de la couche d'ozone, bouclier naturel contre le danger mortel des rayons ultraviolets de haute fréquence (longueur d'onde entre 240 et 300 nanomètres).

1987
- Suite aux signaux d'alarme du monde scientifique sur la disparition de la couche d'ozone, 43 pays signent le **Protocole de Montréal**, à travers lequel ils s'engagent à diminuer et à arrêter la production des substances interférant avec l'ozone (notamment les CFC - chlorofluorocarbones).
- La Commission mondiale sur l'environnement et le développement publie *Notre avenir à tous* (*Our common Future*), connu sous le nom du rapport Brundtland qui définit le concept de développement durable et son institutionnalisation.

1992
- La Conférence des Nations unies sur l'environnement et le développement de Rio de Janeiro (Brésil), débouche sur deux documents de grande envergure : la **Charte de la Terre** (Déclaration de Rio) et l'**Agenda 21**. Les 27 principes de la Charte et les 40 chapitres groupant plus de 2 500 de recommandations de l'Agenda 21 sont censés établir le cadre du développement durable à l'échelle de la planète pour le XXIe siècle.
- Dans le cadre de la même conférence sont signées la **Convention sur la biodiversité** (154 pays signataires) et la **Convention sur les changements climatiques**. D'autre part l'idée de la **Convention sur la lutte contre la désertification** est lancée (elle est adoptée en 1994).
- Publication par l'Union Mondiale pour la Nature de la première liste rouge des espèces menacées (plus de dix mille espèces), sur les bases de la convention de Washington.
- L'UICN, le PNUE et le **WRI** (*World Resources Institute*), en collaboration avec la **FAO** et l'UNESCO, publient la *Stratégie mondiale de la biodiversité*.

1993 Signature par 130 États du traité d'interdiction de la production et de l'utilisation de l'armement chimique.

1996 Publication par l'UMN de la deuxième liste rouge, révélant la menace d'extinction pour plus de 5 000 espèces.

1997 Conférence de Kyoto (Japon) sur le réchauffement climatique, avec la participation de 159 pays. L'accord de principe (le **Protocole de Kyoto**) qui clôt la conférence prévoit la réduction drastique des émissions de CO_2 par les pays industrialisés.

1998 Conférence mondiale sur le climat (Buenos Aires, Argentine). Les États-Unis acceptent, en principe, de signer le Protocole de Kyoto.

2000 Échec de la conférence de La Haye (Pays Bas) sur la mise en œuvre des accords du Kyoto, suite au refus des États-Unis et d'autres pays développés de signer le protocole.

2002
- Conférence internationale sur le financement du développement à Monterrey (Mexique).
- Conférence sur la biodiversité à La Haye (Pays-Bas).
- Sommet mondial sur le développement durable à Johannesburg (Afrique du Sud). Les États-Unis refusent encore de signer le protocole de Kyoto tandis que d'autres pays (Canada, Japon, Russie...) s'y engagent.

2003
- À la Conférence de l'Organisation Mondiale du Commerce de Cancun (Mexique), les pays en voie de développement réaffirment leur volonté de refus des politiques commerciales menées par les pays développés.
- Le Canada et le Japon signent le Protocole de Kyoto.

2004 La Russie signe le Protocole de Kyoto.

LE DÉVELOPPEMENT DURABLE

« Un développement qui répond aux besoins du présent sans compromettre la capacité des générations futures à répondre aux leurs. »

La fin de la civilisation industrielle dans les années 1970

- Le phénomène « développement durable », concept plutôt que réalité solide du monde contemporain, est un résultat du malaise de la civilisation actuelle. La faillite de la diffusion planétaire du modèle de développement économique promu par les pays développés, évidente dès les années 1970, a imposé la recherche de nouvelles voies capables d'associer équitablement le progrès économique et le progrès social, l'augmentation rapide des populations et les équilibres de la nature.

- Les premiers efforts dans ces nouvelles directions ont cherché à changer les bases du développement économique traditionnel, construites sur l'utilisation massive des énergies fossiles, des gisements géologiques de très bonne qualité et des ressources de la biosphère. Dès la fin des années 1960, plusieurs initiatives, publiques (l'ONU) ou privées (le Club de Rome) ont attiré l'attention de l'opinion mondiale sur les risques écologiques du modèle de développement de l'époque. La conférence des Nations unies de Stockholm (1972) sur l'environnement humain a abouti à la création du Programme des Nations unies pour l'Environnement et surtout sur le concept d'éco-développement, décrivant la nécessité de poursuivre l'essor économique mais dorénavant dans un profond respect de la nature.

- La crise pétrolière débutée en 1973 a porté le coup de grâce à la civilisation industrielle traditionnelle et a marqué la fin du modèle unique de développement.

Les débuts du développement durable

- Dans le nouvel environnement économique imposant la quête des solutions alternatives, en l'espace de 20 ans, la technologie et le savoir-faire ont pris l'avantage sur les sources premières de matières premières et d'énergie. L'avancée technologique a rendu possible la diversification et surtout la déconcentration de la production, de la distribution et de la consommation des biens et des services, sur fond d'une efficacité accrue de l'utilisation de l'énergie et des matières premières. La segmentation et la sophistication des marchés ont permis l'entrée dans le circuit commercial de toute une gamme de produits culturels alternatifs, des produits « de terroir » provenant des agricultures les plus diverses ou des séries limitées venant de l'industrie.

- Tous ces phénomènes devraient favoriser des dynamiques socioculturelles positives, or le résultat est plutôt contraire. Aux distinctions nettes des niveaux de richesses entre les pays développés et les pays en développement se sont ajoutées, au Nord comme au Sud, des fractures à l'échelle régionale et locale. Les inégalités spatiales et sociales se sont multipliées et analphabétisme, pauvreté, violence, exclusion se côtoient dans les villes et les campagnes des pays pauvres tout comme dans les métropoles et les espaces ruraux des pays riches. Les délocalisations des industries traditionnelles ont fragilisé les territoires des pays développés et ont poussé en partie les sources de pollution et le travail inéquitable vers les pays en développement. Toujours plus fréquentes, les catastrophes naturelles et industrielles compliquent le quotidien des populations à travers le monde.

- Dans ce contexte, le développement durable semble la seule voie raisonnable. Pourtant, la mise en route de ses institutions, de ses structures et de son fondement culturel reste très difficile en raison de la puissance des intérêts à court terme des États, des nations, des entreprises et des individus…

LA DONNE HUMAINE

L'abandon du modèle unique de développement a d'abord exigé un renouveau du respect de la nature et a ouvert les voies pour le respect de la culture ou, plus exactement, des cultures. L'individu et le groupe sont devenus aussi importants que la nation, voire la communauté internationale. **Les nouvelles stratégies de développement durable** doivent ainsi composer avec les styles de vie (pratiques distinctives individuelles très variables, selon les conjonctures), avec les modes de vie (pratiques des groupes ou des classes liées à la vague uniformisante de la mondialisation) et avec les genres de vie (coutumes et habitudes socio-économiques et culturelles profondément ancrées dans les structures locales des sociétés territorialisées). Pourtant l'usage de cette flexibilité n'est pas encore possible avec la même intensité dans tous les territoires du monde. Selon le niveau actuel de développement, chaque localité, chaque région, chaque pays, chaque sous-ensemble géopolitique doit combiner diversement le poids accordé aux styles, aux modes et aux genres de vie.

Le développement durable ne marque pas une rupture radicale avec le passé : sa réussite dépend de la façon dont la civilisation actuelle saura gérer les graves dysfonctionnements ayant leurs racines dans le passé. Les inégalités de toute sorte sévissent dans le monde contemporain, à toutes les échelles spatiales et à toutes les échelles temporelles. La dimension humaine du développement durable est relative aux conditions du cadre de vie, à la qualité de l'emploi et du travail, à la

PAYS	Superficie (en milliers de km²)	Population (en milliers d'habitants) en 2003	Taux annuel d'accroissement démographique de la population (en %)		Projection de la population en 2025 (en millions)	Moins de 15 ans (en %) en 2002	Plus de 64 ans (en %) en 2002	Taux de natalité (pour 1 000 habitants) en 2003	Indice synthétique de fécondité (enfants par femme) en 2003	Taux de mortalité (pour 1 000 habitants) en 2003	Espérance de vie à la naissance (années)		Taux de mortalité infantile (moins de 5 ans, pour 1 000 naissances)		Taux de mortalité des enfants de moins de 1 an (pour 1 000 naissances) en 2003	Enfants d'un an complètement vaccinés (en %) en 2003	
			1970-1990	1990-2003							1970	2000-2005	1960	2003		DTC3	Rougeole
Afghanistan	653	23 897	0,4	4,2	45,9	43	6	48	6,8	22	38	–	360	257	165	54	50
Afrique du Sud	1 222	45 026	2,4	1,5	35,1	34	5	22	2,6	18	53	47,7	–	66	53	94	83
Albanie	29	3 166	2,2	– 0,3	–	32	6	18	2,3	5	67	73,7	151	21	18	97	93
Algérie	2 384	31 800	3,0	1,8	42,8	35	4	23	2,8	5	53	69,7	280	41	35	87	84
Allemagne	357	82 476	0,1	0,3	78,1	15	17	9	1,4	11	71	78,3	40	5	4	89	92
Angola	1 248	13 625	2,6	2,9	25,2	47	3	52	7,2	24	37	40,1	345	260	154	46	62
Arabie saoudite	2 152	24 217	5,3	2,9	46,1	43	3	32	4,5	4	52	72,3	250	26	22	95	96
Argentine	2 784	38 428	1,5	1,3	47,2	31	6	19	2,4	8	66	74,2	72	20	17	88	97
Arménie	30	3 061	1,7	– 1,1	3,4	24	10	10	1,1	8	72	72,4	–	33	30	94	94
Australie	7 750	19 731	1,5	1,2	25	20	13	12	1,7	7	71	79,2	24	6	6	92	93
Autriche	84	8 116	0,2	0,4	8,4	16	16	8	1,3	10	70	78,5	43	5	4	84	79
Azerbaïdjan	87	8 370	1,6	1,2	9,7	29	6	18	2,1	6	68	72,2	–	91	75	97	98
Bahreïn	0,7	724	4,0	3,0	1	28	3	20	2,6	3	62	74,0	160	15	12	97	99
Bangladesh	144	146 736	2,5	2,3	208,3	40	3	29	3,4	8	44	61,4	248	69	46	85	77
Belgique	31	10 318	0,2	0,3	10,8	18	17	11	1,7	10	71	78,8	35	5	4	90	75
Belize	23	256	2,1	2,5	0,4	41	4	27	3,1	5	66	71,4	104	39	33	96	96
Bénin	113	6 736	2,7	2,9	11,8	47	2	41	5,6	14	42	50,6	296	154	91	88	83
Bhoutan	47	2 257	2,4	2,2	1,5	39	5	35	5,0	9	42	63,2	300	85	70	95	88
Biélorussie	208		0,6	– 0,3	9,4	18	4	9	1,2	13	71	70,1	47	17	13	86	99
Bolivie	1 100	8 808	2,3	2,1	12,2	39	5	29	3,8	8	46	63,9	255	66	53	81	64
Bosnie-Herzégovine	51	4 161	0,9	– 0,3	3,9	19	9	10	1,3	8	66	74,0	160	17	14	87	84
Botswana	582	1 785	3,3	2,1	1	40	4	30	3,7	23	55	39,7	173	112	82	97	90
Brésil	557	178 470	2,2	1,4	211,2	30	6	20	2,2	7	59	68,1	177	35	33	96	99
Brunéi	6	358	3,4	2,6	0,5	–	–	23	2,5	3	67	76,3	87	6	5	99	99
Bulgarie	111	7 897	0,1	– 0,8	6	15	17	8	1,1	15	71	70,9	70	15	14	96	96
Burkina Faso	274	13 002	2,5	2,9	22,5	49	3	48	6,7	17	40	45,7	315	207	107	84	76
Burundi	28	6 825	2,3	1,5	10,1	48	3	45	6,8	21	44	40,9	250	190	114	74	75
Cambodge	181	14 144	1,7	2,9	18,5	43	4	34	4,7	10	43	57,4	–	140	97	69	65
Cameroun	476	16 018	2,8	2,4	22,4	43	3	35	4,6	17	44	46,2	255	166	95	73	61
Canada	9 982	31 510	1,2	1,0	36	18	13	10	1,5	8	73	79,3	33	6	5	91	95
Chili	757	15 805	1,6	1,4	19,5	26	7	18	2,3	6	62	76,1	155	9	8	99	99
Chine	9 584	1 304 196	1,6	0,9	1 453,7	22	7	14	1,8	7	61	71,0	225	37	30	90	84
Chypre	9	802	0,5	1,3	1	22	11	13	1,9	8	71	78,3	36	5	4	98	86
Colombie	1 140	44 222	2,2	1,8	58,5	33	5	22	2,6	5	61	72,2	125	21	18	91	92
Comores	2,2	768	3,3	2,9	1,1	48	3	37	4,8	8	48	60,8	265	73	54	75	63
Congo	342	3 724	3,2	3,1	6,8	46	3	44	6,3	15	54	48,2	220	108	81	50	50
Congo (Rép. dém. du)	2 348	52 771	3,0	2,7	105	43	4	50	6,7	21	45	41,8	302	205	129	49	54
Corée du Nord	127	47 700	1,6	1,0	24,7	27	6	12	2,0	11	60	75,5	127	5	5	97	96
Corée du Sud	99	22 664	1,5	0,8	50,6	21	8	16	1,4	6	61	–	120	55	42	68	95
Costa Rica	51	4 173	2,6	2,3	5,6	30	6	19	2,3	4	67	78,1	123	10	8	88	89
Côte d'Ivoire	323	16 631	4,1	2,2	24,6	46	2	35	4,7	20	44	41,0	290	192	117	54	56
Croatie	57	4 428	0,7	– 0,7	4,4	17	16	11	1,7	12	69	74,2	98	7	6	94	95
Cuba	111	11 300	1,1	0,5	11,8	21	10	12	1,6	7	69	76,7	54	8	6	71	99
Danemark	43	5 364	0,2	0,3	5,9	19	15	12	1,8	11	73	76,6	25	4	3	96	96
Djibouti	23	703	6,1	2,2	0,8	43	3	39	5,6	18	40	45,7	289	138	97	68	66
Dominique	0,8	79	0,1	0,7	0,08	33	9	–	–	–	–	–	–	14	12	99	99

sécurité sociale, à la place de la famille et de la femme dans l'engrenage socio-économique. L'étude de ces indicateurs montre la diversité des situations dans le monde.
Les rythmes démographiques, l'accès aux services sanitaires, au travail et à l'éducation sont très contrastés à l'échelle planétaire et, qui plus est, ont des natures, des sens et des enjeux différents. Tandis que, pour les pays en développement, la croissance démographique explosive est un poids considérable, pour les pays riches, la diminution et surtout le vieillissement de leurs effectifs de population posent problème. Si, pour les premiers, l'alphabétisation massive des jeunes et des adultes est une possibilité encore lointaine, pour les seconds l'éducation vise l'intégration de nouvelles technologies de l'information dans le processus éducatif.

- L'intérêt de l'étude des indicateurs concernant le développement humain porte donc sur l'enjeu de **la construction d'une plate-forme commune du bien-être mondial**, respectueuse des aspirations et des besoins de chaque individu et de chaque groupe territorialisé, solution pour **une société civile planétaire capable de gérer le devenir de la Terre**

% d'enfants de moins de 5 ans recevant des médicaments antipaludiens, 1999-2003	Estimation du nombre de personnes vivant avec le SIDA, (en milliers), en 2003		% de la population totale souffrant de malnutrition, 1999-2001	% de nouveau-nés présentant une insuffisance pondérale à la naissance, 1998-2003	Accouchements assistés par du personnel soignant qualifié (en %), 1995-2002	Nombre de médecins (1 pour × habitants) en 2002	% des dépenses publiques affectées à la santé, 1992-2001	Enregistrement des naissances 1999-2003			% de la population utilisant des sources d'eau potable améliorées en 2002			% de la population ayant accès à un assainissement adéquat en 2002			% de la population urbanisée en 2003	Taux annuel moyen d'accroissement de la population urbaine (en %)	
	0-14 ans	0-49 ans						Total	En milieu urbain	En milieu rural	Total	Urbaine	Rurale	Total	Urbaine	Rurale		1970-1990	1990-2003
–	–	-	–	-	12	10 000	–	10	–	–	13	19	11	8	16	5	23	2,9	6,1
–	230	5 300,0	–	15	84	226	–	–	–	–	87	98	73	67	86	44	57	2,5	2,7
–	–	-	–	3	99	752	4	99	99	99	97	99	95	89	99	81	44	2,8	1,2
–	–	9,1	6	7	92	1 176	4	–	–	–	87	92	80	92	99	82	59	4,3	2,9
–	–	43,0	–	7	100	282	17	–	–	–	100	100	100	–	–	–	88	0,4	0,5
63	23	240,0	49	12	45	20 000	6	29	34	19	50	70	40	30	56	16	36	5,6	5,3
–	–	-	3	11x	91	654	6	–	–	–	–	97	–	–	100	–	88	7,7	3,8
–	–	130,0	–	7	98	340	2	–	–	–	–	97	–	–	–	–	90	2,0	1,6
–	–	2,6	51	7	97	328	–	–	–	–	92	99	80	84	96	61	64	2,3	- 1,4
–	–	14,0	–	7	100	385	15	–	–	–	100	100	100	100	100	100	92	1,5	1,8
–	–	10,0	–	7	100	331	14	–	–	–	100	100	100	100	100	100	66	0,1	0,4
1	–	1,4	21	11	84	280	1	97	98	96	77	95	59	55	73	36	50	2,0	0,6
–	–	< 0,6	–	8	98	592	8	–	–	–	–	100	–	–	100	–	90	4,5	3,2
–	–	-	32	30	12	5 000	5	7	9	7	75	82	72	48	75	39	24	7,3	3,8
–	–	10,0	–	8x	100	253	2	–	–	–	–	100	–	–	–	–	97	0,3	0,3
–	< 0,2	3,6	–	6	83	1 818	8	–	–	–	91	100	82	47	71	25	48	1,8	2,5
60	5,7	68,0	16	16	66	10 000	6	62	71	58	68	79	60	32	58	12	45	6,3	4,8
–	–	-	–	15	24	6 250	10	–	–	–	62	86	60	70	65	70	9	4,9	5,6
–	–	-	3	5	100	219	4	–	–	–	100	100	100	–	–	–	71	2,7	0,3
–	–	4,9	22	9	69	769	10	82	83	79	85	95	63	45	58	23	63	4,0	3,2
–	–	0,9	–	4	100	714	–	98	98	99	98	100	96	93	99	88	44	2,8	0,7
–	25	350,0	24	10	94	3 846	5	58	66	52	95	100	90	41	57	25	52	11,5	3,6
–	–	660,0	6	10x	88	633	6	76	–	–	89	96	58	75	83	35	83	3,6	2,2
–	–	< 0,2	–	10	99	1 176	–	–	–	–	–	–	–	–	–	–	76	3,7	3,7
–	–	< 0,5	16	10	–	291	5	–	–	–	100	100	100	100	100	100	70	1,4	- 0,4
–	31	300,0	17	19	31	33 333	7	–	–	–	51	82	44	12	45	5	18	6,8	5,0
31	27	250,0	70	16	25	100 000	2	75	71	75	79	90	78	36	47	35	10	7,2	5,0
–	7,3	170,0	38	11	32	3 333	–	22	30	21	34	58	29	16	53	8	19	2,1	5,9
66	43	560,0	27	11	60	14 286	3	79	94	72	63	84	41	48	63	33	51	6,2	4,3
–	–	56,0	–	6	98	538	1	–	–	–	100	100	99	100	100	99	80	1,3	1,4
–	–	26,0	4	5	100	870	12	–	–	–	95	100	59	92	96	64	87	2,1	1,8
–	–	840,0	11	6	76	599	0	–	–	–	77	92	68	44	69	29	39	3,9	3,6
–	–	-	–	-	100	372	6	–	–	–	100	100	100	100	100	100	69	2,8	1,7
–	–	190,0	13	9	86	917	9	91	95	84	92	99	71	86	96	54	76	3,2	2,6
63	–	-	–	25	62	14 286	–	83	87	83	94	90	96	23	38	15	35	5,1	4,7
–	10	90,0	30	-	–	4 000	–	–	–	–	46	72	17	9	14	2	53	5,8	3,9
45	110	1 100,0	75	12	61	14 286	0	34	30	37	46	83	29	29	43	23	32	2,6	3,6
–	–	8,3	–	7	97	333	1	–	–	–	92	57	71	–	–	–	61	4,5	1,3
–	–	-	–	4	100	578	–	99	99	99	100	100	100	59	58	60	80	2,0	1,5
–	–	12,0	6	7	98	567	22	–	–	–	97	100	92	92	89	97	61	4,2	3,3
58	40	570,0	15	17	63	11 111	4	72	88	60	84	98	74	40	61	23	45	6,0	3,1
–	–	< 0,2	12	6	100	437	15	–	–	–	–	–	–	–	–	–	59	2,2	0,0
–	–	3,3	11	6	100	169	23	100	100	100	91	95	78	98	99	95	76	2,1	0,7
–	–	5,0	–	5	100	295	1	–	–	–	100	100	100	–	–	–	85	0,5	0,4
–	0,7	9,1	–	-	–	7 692	–	–	–	–	80	82	67	50	55	27	84	7,4	3,0
–	–	-	–	10	100	2 041	–	–	–	–	97	100	90	83	86	75	72	1,9	1,1

PAYS	Superficie (en milliers de km²)	Population (en milliers d'habitants) en 2003	Taux annuel d'accroissement démographique de la population (en %)		Projection de la population en 2025 (en millions)	Moins de 15 ans (en %) en 2002	Plus de 64 ans (en %) en 2002	Taux de natalité (pour 1 000 habitants) en 2003	Indice synthétique de fécondité (enfants par femme) en 2003	Taux de mortalité (pour 1 000 habitants) en 2003	Espérance de vie à la naissance (années)		Taux de mortalité infantile (moins de 5 ans, pour 1 000 naissances)		Taux de mortalité des enfants de moins de 1 an (pour 1 000 naissances) en 2003	Enfants d'un an complètement vaccinés (en %) en 2003	
			1970-1990	1990-2003							1970	2000-2005	1960	2003		DTC3	Rougeole
Égypte	1 003	71 931	2,3	2,0	103,7	36	4	27	3,3	6	51	68,8	282	39	33	98	98
El Salvador	21	6 515	1,8	1,9	9,3	38	5	25	2,9	6	57	70,7	191	36	32	88	99
Émirats Arabes Unis	84	2 995	11,0	3,0	4,7	26	1	16	2,8	2	61	74,7	223	8	7	94	94
Équateur	284	13 003	2,7	1,8	17,5	36	4	23	2,7	6	58	70,8	178	27	24	89	99
Érythrée	118	4 141	2,6	2,2	7	44	3	40	5,4	12	43	52,7	–	85	45	83	84
Espagne	507	41 060	0,8	0,3	43,5	15	17	9	1,2	9	72	79,3	57	4	4	98	97
Estonie	45	1 323	0,7	– 1,4	1,2	17	16	9	1,2	14	70	71,7	52	9	8	94	95
États-Unis	9 640	294 043	1,0	1,1	351,1	21	13	15	2,1	8	71	77,1	30	8	7	96	93
Éthiopie	1 106	70 678	2,6	2,8	117,6	44	3	42	6,1	18	41	45,5	269	169	112	56	52
Finlande	339	5 207	0,4	0,3	5,3	18	15	11	1,7	10	70	78,0	28	5	4	98	97
France	556	60 144	0,6	0,4	63,4	19	16	13	1,9	9	72	79,0	34	5	4	97	86
Gabon	268	1 329	2,9	2,6	1,9	42	4	31	3,9	12	47	56,6	–	91	60	38	55
Gambie	11	1 426	3,5	3,2	2,7	45	3	36	4,7	13	36	54,1	364	123	90	90	90
Géorgie	70	5 126	0,7	– 0,5	3,9	20	14	10	1,4	10	68	73,6	70	45	41	76	73
Ghana	239	20 922	2,9	2,4	25,4	43	3	32	4,1	10	49	57,9	215	95	59	80	80
Grèce	132	10 976	0,7	0,6	10,4	14	19	9	1,3	11	72	78,3	64	5	4	88	88
Grenade	0,3	80	– 0,4	– 0,5	0,10	25	9	–	–	–	–	–	–	23	18	97	99
Guatemala	109	12 347	2,6	2,6	19,8	42	4	34	4,4	7	52	65,8	202	47	35	83	75
Guinée	246	8 480	2,3	2,5	16,2	45	3	43	5,8	16	37	49,1	380	160	104	45	52
Guinée-Bissau	36	1 493	2,8	3,0	22,2	44	4	50	7,1	20	36	45,3	–	204	126	77	61
Guinée équatoriale	28	494	0,9	2,6	0,8	43	4	43	5,9	17	40	49,1	316	146	97	33	51
Haïti	28	8 326	2,1	1,4	11,1	40	4	30	3,9	15	47	49,5	253	118	76	43	53
Honduras	112	6 941	3,2	2,7	10,7	42	4	30	3,7	6	52	68,9	204	41	32	92	95
Hongrie	93	9 877	0,0	– 0,4	8,9	16	15	9	1,2	14	69	71,9	57	8	7	99	99
Inde	3 291	1 065 462	2,1	1,8	1 363,0	36	4	24	3,0	8	49	63,9	242	87	63	70	67
Indonésie	1 907	219 883	2,1	1,4	281,9	31	5	21	2,3	7	48	66,8	216	41	31	70	72
Iran	1 635	68 920	3,4	1,5	84,7	33	5	21	2,3	5	54	70,3	281	39	33	99	99
Irak	439	25 175	3,1	2,9	41,5	47	3	35	4,7	9	55	–	171	125	102	81	90
Irlande	70	3 956	0,9	0,9	4,5	21	11	15	1,9	8	71	77,0	36	6	6	85	78
Islande	103	290	1,1	1,0	0,3	23	12	14	1,9	7	74	79,8	22	4	3	97	93
Israël	21	6 433	2,2	2,7	9,3	28	10	20	2,7	6	71	79,2	39	6	5	97	95
Italie	302	57 423	0,3	0,1	57,6	14	19	9	1,2	11	72	78,7	50	4	4	96	83
Jamaïque	11	2 651	1,2	0,9	3,3	31	7	20	2,3	6	68	75,7	74	20	17	81	78
Japon	378	127 654	0,8	0,3	121,1	14	19	9	1,3	8	72	81,6	40	4	3	97	99
Jordanie	89	5 473	3,5	4,0	8,7	40	5	28	3,5	4	54	71,0	139	28	23	97	96
Kazakhstan	2 720	15 433	1,2	– 0,7	14,7	29	7	16	1,9	9	64	66,3	–	73	63	99	99
Kenya	581	31 987	3,6	2,3	35,3	44	3	32	3,9	17	50	44,6	205	123	79	73	72
Kirghizistan	199	5 138	2,0	1,2	6,4	35	6	22	2,6	7	62	68,6	180	68	59	98	99
Koweit	18	2 521	5,3	1,3	4,6	26	2	20	2,6	2	66	76,6	128	9	8	99	97
Laos	237	5 657	2,1	2,4	8,5	43	4	35	4,7	12	20	54,5	177	91	82	50	42
Lesotho	30	1 802	2,1	1,1	2,1	43	5	31	3,8	27	49	35,1	203	84	63	79	70
Lettonie	65	2 307	0,7	– 1,2	2,2	17	15	8	1,1	14	70	71,0	44	12	10	98	99
Liban	10	3 353	0,5	2,3	5,2	28	7	19	2,2	5	64	73,5	85	31	27	92	96
Libéria	11	3 367	2,2	3,5	5,5	43	3	50	6,8	22	42	–	288	235	157	38	53
Libye	1 762	5 551	3,9	2,0	8,3	36	4	23	3,0	4	52	72,8	–	15	13	93	91
Lituanie	65	3 444	0,9	– 0,6	3,5	19	14	9	1,3	12	71	72,7	70	11	8	94	98
Luxembourg	3	453	0,5	1,4	0,6	19	14	13	1,7	8	70	78,4	41	5	5	98	91
Macédoine	26	2 056	1,0	0,6	2,2	22	10	15	1,9	8	66	73,6	177	11	10	96	96
Madagascar	588	17 404	2,7	2,9	33	45	3	41	5,6	13	44	53,6	186	126	78	55	55
Malaisie	330	24 425	2,5	2,4	34,3	34	4	22	2,9	5	61	73,1	105	7	7	96	92
Malawi	119	12 105	3,7	1,9	17,7	46	3	44	6,1	24	40	37,5	361	178	112	84	77
Maldives	0,3	318	2,9	3,0	0,4	39	4	36	5,3	6	50	67,4	300	72	55	98	96
Mali	1 242	13 007	2,4	2,8	20	47	3	50	7,0	16	38	48,6	500	220	122	69	68
Malte	0,3	394	0,9	0,7	0,4	19	13	12	1,8	8	70	78,4	42	6	5	94	90
Maroc	447	30 566	2,4	1,7	39,2	32	5	23	2,7	6	52	68,7	211	39	36	91	90
Maurice	2	1 221	1,2	1,1	1,4	25	6	16	1,9	7	62	72,0	92	18	16	92	94
Mauritanie	1 027	2 893	2,4	2,7	5,4	44	3	42	5,8	14	42	52,5	310	183	120	76	71
Mexique	1 960	103 357	2,5	1,7	133,8	33	5	22	2,5	5	61	73,4	134	28	23	91	96
Micronésie	0,7	109	2,3	1,0	0,13	30	5	28	3,8	6	62	–	–	23	19	92	91
Moldavie	34	4 267	1,0	– 0,2	4,6	22	10	12	1,4	11	65	68,9	88	32	26	98	96
Monaco	–	34	1,2	1,1	–	–	–	–	–	–	–	–	–	4	4	–	–
Mongolie	1 568	2 594	2,8	1,2	3,2	36	5	22	2,4	7	53	63,9	–	68	56	98	98
Mozambique	803	18 863	1,8	2,6	17,5	45	3	41	5,6	24	40	38,1	313	158	109	72	77
Myanmar	677	49 485	2,1	1,5	59,7	33	5	24	2,8	11	48	57,3	252	107	76	77	75
Namibie	825	1 987	2,8	2,6	2,1	43	4	33	4,5	19	48	44,3	206	65	48	82	70
Népal	147	25 164	2,2	2,3	37,8	41	4	33	4,2	10	42	59,9	315	82	61	78	75
Nicaragua	130	5 466	2,9	2,7	8,3	42	3	31	3,7	5	54	69,5	193	38	30	86	93
Niger	1 268	11 972	3,1	3,4	25,7	50	2	55	8,0	19	37	46,2	354	262	154	52	64
Nigéria	925	124 009	2,9	2,8	206,4	44	3	39	5,4	14	43	51,5	207	198	98	25	35

% d'enfants de moins de 5 ans recevant des médicaments antipaludiens, 1999-2003	Estimation du nombre de personnes vivant avec le SIDA, (en milliers), en 2003		% de la population totale souffrant de malnutrition, 1999-2001	% de nouveau-nés présentant une insuffisance pondérale à la naissance, 1998-2003	Accouchements assistés par du personnel soignant qualifié (en %), 1995-2002	Nombre de médecins (1 pour × habitants) en 2002	% des dépenses publiques affectées à la santé, 1992-2001	Enregistrement des naissances 1999-2003			% de la population utilisant des sources d'eau potable améliorées en 2002			% de la population ayant accès à un assainissement adéquat en 2002			% de la population urbanisée en 2003	Taux annuel moyen d'accroissement de la population urbaine (en %)	
	0-14 ans	0-49 ans						Total	En milieu urbain	En milieu rural	Total	Urbaine	Rurale	Total	Urbaine	Rurale		1970-1990	1990-2003
–	–	12,0	3	12	61	459	3	–	–	–	98	100	97	68	84	56	42	2,4	1,7
–	–	29,0	14	13	90	826	5	–	–	–	82	91	68	63	78	40	60	2,9	3,3
–	–	–	–	15x	96	–	7	–	–	–	–	–	–	100	100	100	85	12,7	3,2
–	–	21,0	4	16	69	725	11	–	–	–	86	92	77	72	80	59	62	4,4	2,7
4	5,6	60,0	61	21x	21	20 000	–	–	–	–	57	72	54	9	34	3	20	4,1	4,0
–	–	140,0	–	6x	–	229	6	–	–	–	–	–	–	–	–	–	76	1,4	0,5
–	–	7,8	4	4	–	326	16	–	–	–	–	–	–	–	93	–	69	1,2	– 1,6
–	–	950,0	–	8	99	362	21	–	–	–	100	100	100	100	100	100	80	1,1	1,6
3	120,0	1 500,0	42	15	6	33 333	6	–	–	–	22	81	11	6	19	4	16	4,6	4,4
–	–	1,5	–	4	100	327	3	–	–	–	100	100	100	100	100	100	61	1,4	0,3
–	–	120,0	–	7	99	330	16	–	–	–	–	100	–	–	–	–	76	0,8	0,7
–	2,5	48,0	7	14	86	5 000	–	89	90	87	87	95	47	36	37	30	84	6,9	4,2
55	0,5	6,8	27	17	55	25 000	7	32	37	29	82	95	77	53	72	46	26	6,0	3,6
–	–	3,0	26	6	96	205	3	95	97	92	76	90	61	83	96	69	52	1,5	– 0,9
61	24,0	350,0	12	11	44	16 667	7	21	–	–	79	93	68	58	74	46	45	3,6	4,1
–	–	9,1	–	8	–	255	7	–	–	–	–	–	–	–	–	–	61	1,3	0,8
–	–	–	–	9	99	2 000	10	–	–	–	95	97	93	97	96	97	41	– 0,1	1,3
–	–	78,0	25	13	41	1 111	11	–	–	–	95	99	92	61	72	52	46	2,9	3,6
–	9,2	140,0	28	12	35	7 692	3	67	88	56	51	78	38	13	25	6	35	4,9	5,0
58	–	–	–	22	35	5 882	1	42	32	47	59	79	49	34	57	23	34	5,0	5,7
49	–	–	–	13	65	4 000	–	32	43	24	44	45	42	53	60	46	48	2,4	5,1
12	19,0	280,0	49	21	24	4 000	–	70	78	66	71	91	59	34	52	23	37	4,1	3,3
–	3,9	63,0	20	14	56	1 205	10	–	–	–	90	99	82	68	89	52	46	5,0	3,7
–	–	2,8	–	9	77	277	4	–	–	–	99	100	98	95	100	85	65	1,2	0,0
–	–	–	21	30	43	2 083	2	35	54	29	86	96	82	30	58	18	28	3,4	2,6
1	–	110,0	6	9	64	6 250	2	62	79	51	78	89	69	52	71	38	46	5,0	4,5
–	–	31,0	5	7x	90	909	7	–	–	–	93	98	83	84	86	78	67	4,9	2,8
–	–	< 0,5	–	15	72	1 667	–	98	98	98	81	97	50	80	95	48	67	4,2	2,6
–	–	2,8	–	6	100	442	16	–	–	–	–	100	–	–	–	–	60	1,3	1,3
–	–	< 0,5	–	4	–	307	25	–	–	–	100	100	100	–	–	–	93	1,4	1,2
–	–	3,0	–	8	–	265	13	–	–	–	100	100	100	–	100	–	92	2,6	2,8
–	–	140,0	–	6	99	176	11	–	–	–	–	100	–	–	–	–	67	0,4	0,2
–	< 0,5	22,0	9	9	95	714	6	96	95	96	93	98	87	30	90	68	52	2,3	1,0
–	–	12,0	–	8	100	508	2	–	–	–	100	100	100	100	100	100	65	1,3	0,5
–	–	0,6	6	10x	97	488	10	–	–	–	91	91	91	93	94	85	79	4,7	4,7
–	–	17,0	22	8	99	295	2	–	–	–	86	96	72	72	87	52	56	1,9	– 0,8
–	100,0	1 200,0	37	11	44	7 143	7	63	82	56	62	89	46	48	56	43	39	7,9	5,9
–	–	3,9	7	7x	98	347	11	–	–	–	76	98	66	60	75	51	34	2,0	0,4
–	–	–	4	7	98	625	7	–	–	–	–	–	–	–	–	–	96	6,3	1,4
–	7,0	1,0	22	14	19	1 639	–	59	71	56	43	66	38	24	61	14	21	4,5	4,7
–	22,0	320,0	25	14	60	14 286	9	51	41	53	76	88	74	37	61	32	18	6,4	1,4
–	–	7,6	6	5	100	319	11	–	–	–	–	–	–	–	–	–	66	1,3	– 1,7
–	–	2,8	3	6	89	365	–	–	–	–	100	100	100	98	100	87	87	2,2	2,7
–	8,0	100,0	–	–	51	20 000	2	–	–	–	62	72	52	26	49	7	47	4,6	4,3
–	–	10,0	–	7	94	833	5	–	–	–	72	72	68	97	97	96	86	6,8	2,5
–	–	1,3	–	4	–	254	–	–	–	–	–	–	–	–	–	–	67	2,4	– 0,7
–	–	< 0,5	–	8	100	395	16	–	–	–	100	100	100	–	–	–	92	1,7	1,9
–	–	< 0,2	10	5	97	333	2	–	–	–	–	–	–	–	–	–	59	2,0	0,8
61	8,6	140,0	36	14	46	9 091	7	75	88	72	45	75	34	33	49	27	27	5,3	3,8
–	–	52,0	–	10	97	1 471	6	–	–	–	95	96	94	–	–	98	64	4,5	4,3
27	83,0	900,0	33	16	56	20 000	7	–	–	–	67	96	62	45	66	42	16	7,0	4,5
–	–	–	–	22	70	2 500	10	73	–	–	84	99	78	58	100	42	29	6,1	3,8
38	13,0	140,0	21	23	41	20 000	2	48	71	41	48	76	35	45	59	38	32	4,9	5,1
–	–	< 0,5	–	6	98	380	10	–	–	–	100	100	100	–	100	–	92	1,5	1,0
–	–	15,0	7	11x	40	2 041	3	–	–	–	80	99	56	61	83	31	57	4,0	3,0
–	–	–	6	13	99	1 176	8	–	–	–	100	100	100	99	100	99	43	1,0	1,6
–	–	9,5	10	–	57	7 143	4	55	72	42	56	63	45	42	64	9	62	8,2	5,3
–	–	160,0	5	9	86	769	4	–	–	–	91	97	72	77	9	39	75	3,5	2,0
–	–	–	–	18	93	1 754	–	–	–	–	94	95	94	28	61	14	29	2,7	1,8
–	–	5,5	12	5	99	308	3	98	98	98	92	97	88	68	86	52	46	2,9	– 0,3
–	–	–	–	–	–	–	–	–	–	–	–	100	–	–	100	–	100	1,2	1,1
–	–	< 0,5	38	8	97	394	6	98	98	97	62	87	30	59	75	37	57	4,0	1,2
–	99,0	1 300,0	53	14x	44	16 667	5	–	–	–	42	76	24	27	51	14	36	8,3	6,6
–	7,6	330,0	7	15	56	3 333	3	39	65	31	80	95	74	73	96	63	29	2,4	2,9
–	15,0	210,0	7	14	78	3 448	10	71	82	64	80	98	72	30	66	14	32	4,6	4,2
–	–	61,0	17	21	11	25 000	5	34	37	34	84	93	82	27	68	20	15	6,3	6,3
2	–	6,4	29	12	67	1 639	13	–	–	–	81	93	65	66	78	51	57	3,5	3,3
48	5,9	70,0	34	17	16	25 000	–	46	85	40	46	80	36	12	43	4	22	6,3	5,9
34	290,0	3 600,0	8	14	42	5 263	1	68	82	56	60	72	49	38	48	30	47	5,7	5,0

PAYS	Superficie (en milliers de km²)	Population (en milliers d'habitants) en 2003	Taux annuel d'accroissement démographique de la population (en %)		Projection de la population en 2025 (en millions)	Moins de 15 ans (en %) en 2002	Plus de 64 ans (en %) en 2002	Taux de natalité (pour 1 000 habitants) en 2003	Indice synthétique de fécondité (enfants par femme) en 2003	Taux de mortalité (pour 1 000 habitants) en 2003	Espérance de vie à la naissance (années)		Taux de mortalité infantile (moins de 5 ans, pour 1 000 naissances)		Taux de mortalité des enfants de moins de 1 an (pour 1 000 naissances) en 2003	Enfants d'un an complètement vaccinés (en %) en 2003	
			1970-1990	1990-2003							1970	2000-2005	1960	2003		DTC3	Rougeole
Norvège	324	4 533	0,4	0,5	5,1	20	15	12	1,8	10	74	78,9	23	4	3	90	84
Nouvelle-Zélande	271	3 875	0,9	1,1	4,7	22	12	14	2,0	8	71	78,3	26	6	5	90	85
Oman	213	2 851	4,5	3,3	16	34	3	32	4,9	3	50	72,4	280	12	10	99	98
Ouganda	241	25 827	3,1	3,1	47	51	2	51	7,1	16	46	46,2	224	140	81	81	82
Ouzbékistan	448	26 093	2,7	1,8	33,2	38	4	21	2,4	6	63	69,7	–	69	57	98	99
Pakistan	797	153 578	2,9	2,5	249,7	42	4	36	5,0	10	48	61,0	227	103	81	67	61
Panama	76	3 120	2,4	2,0	4,2	32	6	23	2,7	5	65	74,7	88	24	18	86	83
Papouasie-Nouvelle Guinée	463	5 711	2,4	2,5	8,3	39	4	31	4,0	9	43	57,6	214	93	69	54	49
Paraguay	407	5 878	2,9	2,6	10,1	39	5	30	3,8	5	65	70,9	90	29	25	77	91
Pays-Bas	41	16 149	0,7	0,6	17,7	19	14	12	1,7	9	74	78,3	22	5	5	98	96
Pérou	1 287	27 167	2,5	1,7	35,7	34	5	23	2,8	6	53	69,8	234	34	26	89	95
Philippines	300	79 999	2,6	2,1	111,5	37	4	25	3,1	5	57	70,0	110	36	27	79	80
Pologne	324	38 587	0,8	0,1	38,6	18	13	10	1,3	10	70	73,9	70	7	6	99	97
Portugal	92	10 062	0,7	0,1	10,3	16	16	11	1,4	11	67	76,2	112	5	4	99	96
Qatar	11	610	7,2	2,0	0,8	26	1	17	3,2	4	60	72,2	140	15	11	92	93
Rép. centrafricaine	624	3 865	2,3	2,1	4,8	44	3	38	4,9	22	42	39,5	327	180	115	40	35
Rép. dominicaine	49	8 745	2,3	1,6	11,1	35	5	23	2,7	7	58	66,7	149	35	29	65	79
Rép. tchèque	79	10 236	0,2	- 0,1	10,1	16	14	9	1,2	11	70	75,4	25	4	4	97	99
Roumanie	239	22 334	0,7	- 0,3	20,6	18	14	11	1,3	13	68	70,5	82	20	18	97	97
Royaume-Uni	245	59 251	0,2	0,3	62,9	19	16	11	1,6	10	72	78,2	27	6	5	91	80
Russie	17 095	143 246	0,6	- 0,3	136,9	18	13	9	1,1	15	70	66,8	64	21	16	98	96
Rwanda	26	8 387	2,9	1,6	11,7	43	3	44	5,7	22	44	39,3	206	203	118	96	90
Sénégal	197	10 095	2,8	2,4	17	44	3	37	4,9	12	41	52,9	300	137	78	73	60
Serbie-et-Monténégro	102	10 527	0,8	0,3	10,7	20	14	12	1,6	11	68	–	120	14	12	89	87
Sierra Leone	72	4 971	2,1	1,6	9	45	3	49	6,5	29	34	34,2	390	284	166	70	73
Singapour	–	4 253	1,9	2,6	4,8	21	7	10	1,3	5	69	78,1	40	3	3	92	88
Slovaquie	49	5 402	0,7	0,2	5,2	19	11	10	1,3	10	70	73,7	40	8	7	99	99
Slovénie	20	1 984	0,7	0,3	2	16	14	8	1,1	10	70	76,3	45	4	4	92	94
Somalie	638	9 890	3,4	2,5	14,9	45	3	52	7,2	18	40	–	–	225	133	40	40
Soudan	2 509	33 610	2,7	2,3	61	45	2	33	4,3	12	43	55,6	208	93	63	50	57
Sri Lanka	66	19 065	1,6	1,0	21,7	27	7	16	2,0	7	64	72,6	133	15	13	99	99
Suède	450	8 876	0,3	0,3	9,6	18	17	10	1,6	11	74	80,1	20	3	3	98	94
Suisse	41	7 169	0,5	0,4	7,6	17	16	9	1,4	10	73	79,1	27	5	4	95	82
Swaziland	17	1 077	3,2	1,9	1,1	42	3	34	4,5	26	46	34,4	225	153	105	95	94
Syrie	185	17 800	3,4	2,6	27,6	40	4	28	3,3	4	55	71,9	201	18	16	99	98
Tadjikistan	143	6 245	2,9	1,3	8,6	42	4	24	3,0	6	63	68,8	140	118	92	82	89
Tanzanie	946	36 977	3,2	2,7	52	45	3	39	5,1	18	45	43,3	241	165	104	95	97
Tchad	1 285	8 598	2,3	3,0	16,7	48	3	49	6,6	20	38	44,7	–	200	117	47	61
Thaïlande	514	62 833	2,0	1,1	72,1	23	7	17	1,9	7	60	69,3	148	26	23	96	94
Timor oriental	15	778	1,0	0,4	1,2	44	5	23	3,8	13	39	49,5	–	124	87	70	60
Togo	57	4 909	2,7	2,7	7,6	46	2	38	5,3	15	44	49,7	267	140	78	64	58
Tunisie	164	9 832	2,4	1,4	11,6	29	6	17	2,0	6	54	72,8	254	24	19	95	90
Turkménistan	489	4 867	2,6	2,2	7,7	38	4	22	2,7	6	60	67,1	–	102	79	98	97
Turquie	776	71 325	2,3	1,6	88,9	30	5	21	2,4	6	56	70,5	219	39	33	68	75
Ukraine	604	48 523	0,5	- 0,5	45,1	17	14	8	1,2	14	71	69,7	53	20	15	97	99
Uruguay	178	3 415	0,5	0,7	3,8	24	13	17	2,3	9	69	75,3	56	14	12	91	95
Venezuela	913	25 699	3,0	2,1	35,2	34	4	23	2,7	5	65	73,7	75	21	18	68	82
Viêt-Nam	332	81 377	2,2	1,6	104,1	30	6	20	2,3	6	49	69,2	105	23	19	99	93
Yémen	529	20 010	3,2	4,0	39,6	48	3	45	7,0	9	38	60,0	340	113	82	66	66
Zambie	753	10 812	3,3	2,1	13,6	47	3	42	5,6	28	49	32,4	213	182	102	80	84
Zimbabwe	391	12 891	3,5	1,6	12,8	40	3	32	3,9	28	55	33,1	159	126	78	80	80

% d'enfants de moins de 5 ans recevant des médicaments antipaludiens, 1999-2003	Estimation du nombre de personnes vivant avec le SIDA, (en milliers), en 2003		% de la population totale souffrant de malnutrition, 1999-2001	% de nouveau-nés présentant une insuffisance pondérale à la naissance, 1998-2003	Accouchements assistés par du personnel soignant qualifié (en %), 1995-2002	Nombre de médecins (1 pour × habitants) en 2002	% des dépenses publiques affectées à la santé, 1992-2001	Enregistrement des naissances 1999-2003			% de la population utilisant des sources d'eau potable améliorées en 2002			% de la population ayant accès à un assainissement adéquat en 2002			% de la population urbanisée en 2003	Taux annuel moyen d'accroissement de la population urbaine (en %)	
	0-14 ans	0-49 ans						Total	En milieu urbain	En milieu rural	Total	Urbaine	Rurale	Total	Urbaine	Rurale		1970-1990	1990-2003
–	–	2,1	–	5	100	242	5	–	–	–	100	100	100	–	–	–	79	0,9	1,2
–	–	1,4	–	6	100	442	17	–	–	–	–	100	–	–	–	–	86	1,1	1,2
–	–	1,3	–	8	95	730	7	–	–	–	79	81	72	89	97	61	78	13,0	5,1
–	84,0	530,0	19	12	39	20 000	2	4	11	3	56	87	52	41	53	39	12	4,7	3,8
–	–	11,0	26	7	96	333	–	100	100	100	89	97	84	57	73	48	37	3,1	1,2
–	–	74,0	19	19x	20	1 471	1	–	–	–	90	95	87	54	92	35	34	3,9	3,3
–	–	16,0	26	10x	90	855	17	–	–	–	91	99	79	72	89	51	57	3,0	2,5
–	–	16,0	27	11x	53	14 286	7	–	–	–	39	38	32	45	67	41	13	4,5	2,5
–	–	15,0	13	9x	71	855	7	–	–	–	83	100	62	78	94	58	57	4,3	3,8
–	–	19,0	–	–	100	398	15	–	–	–	100	100	99	100	100	100	66	0,8	1,3
–	–	82,0	11	11x	59	855	5	–	–	–	81	87	66	62	72	33	74	3,4	2,2
–	–	9,0	22	20	58	806	5	83	87	78	85	90	77	73	81	61	61	4,5	3,8
–	–	14,0	–	6	99	429	2	–	–	–	–	100	–	–	–	–	62	1,5	0,2
–	–	22,0	–	8	100	321	9	–	–	–	–	–	–	–	–	–	55	3,6	1,3
–	–	–	–	10	98	455	–	–	–	–	100	100	100	100	100	100	92	7,8	2,3
69	21,0	260,0	44	14	44	25 000	–	73	88	63	75	93	61	27	47	12	43	3,4	3,1
–	2,2	88,0	25	11	98	2 041	11	75	82	66	93	98	85	57	67	43	59	4,2	2,2
–	–	2,5	–	7	99	325	17	–	–	–	–	–	–	–	–	–	74	2,1	- 0,1
–	–	6,5	–	9	98	524	14	–	–	–	57	91	16	51	86	10	55	1,9	- 0,1
–	–	32,0	–	8	99	610	15	–	–	–	–	100	–	–	–	–	89	0,2	0,4
–	–	860,0	4	6	99	236	1	–	–	–	96	99	88	87	93	70	73	1,4	- 0,3
13	22,0	250,0	41	9	31	2 000	5	65	61	66	73	92	69	41	56	38	18	5,5	11,0
36	3,1	44,0	24	18	58	10 000	3	62	82	51	72	90	54	52	70	34	50	3,7	4,1
–	–	10,0	–	4	99	500	–	–	–	–	93	99	86	87	97	77	52	2,1	0,4
61	–	–	50	–	42	11 111	10	46	66	40	57	75	46	39	53	30	39	4,8	3,6
–	–	4,1	–	8	100	741	5	–	–	–	–	100	–	–	100	–	100	1,9	2,6
–	–	< 0,2	5	7	–	311	18	–	–	–	100	100	100	100	100	100	57	2,3	0,3
–	–	< 0,5	–	6	100	465	–	–	–	–	–	–	–	–	–	–	51	2,2	0,3
19	–	–	–	–	34	20 000	1	–	–	–	29	32	27	25	47	14	35	4,3	3,8
50	21,0	400,0	25	31	86	6 250	1	64	82	46	69	73	64	34	50	24	39	5,1	5,2
–	–	3,5	25	22	97	2 439	6	–	–	–	78	99	72	91	98	89	21	1,4	0,9
–	–	3,6	–	4	100	322	2	–	–	–	100	100	100	100	100	100	83	0,4	0,3
–	–	13,0	–	6	–	298	20	–	–	–	100	100	100	100	100	100	68	1,0	0,3
26	16,0	220,0	12	9	70	6 667	8	53	72	50	52	87	42	52	78	44	24	7,7	2,1
–	–	< 0,5	4	6	76	704	3	–	–	–	79	94	64	77	97	56	50	4,0	2,8
69	–	< 0,2	71	15	71	483	2	75	77	74	58	93	47	53	71	47	25	2,2	- 0,6
53	140,0	1 600,0	43	13	36	25 000	6	6	22	3	73	92	62	46	54	41	35	9,1	6,5
32	18,0	200,0	34	17x	16	33 333	8	25	53	18	34	40	32	8	30	0	25	5,2	4,3
–	12,0	570,0	19	9	99	4 167	8	–	–	–	85	95	80	99	97	100	32	3,7	1,7
47	–	–	–	10	24	40 000	–	22	32	20	52	73	51	33	65	30	8	0,1	0,2
60	9,3	110,0	25	15	49	12 500	5	82	93	78	51	80	36	34	71	15	35	6,6	4,3
–	–	1,0	–	7	96	1 429	6	–	–	–	82	94	60	80	90	62	64	3,7	2,1
–	–	< 0,2	7	6	90	333	–	–	–	–	71	93	54	62	77	50	45	2,3	2,2
–	–	–	3	16	81	787	3	–	–	–	93	96	87	83	94	62	66	4,6	2,5
–	–	360,0	4	5	100	334	2	–	–	–	98	100	94	99	100	97	67	1,5	- 0,5
–	–	6,0	3	8	100	267	6	–	–	–	98	98	93	94	95	85	93	0,9	1,0
–	–	110,0	18	7	94	493	7	92	–	–	83	85	70	68	71	48	88	3,8	2,5
7	–	220,0	19	9	70	1 923	4	72	91	68	73	93	67	41	84	26	26	2,7	3,4
–	–	12,0	33	32x	22	4 545	4	–	–	–	69	74	68	30	76	14	26	5,9	5,4
52	85,0	920,0	50	12	43	14 286	13	10	16	6	55	90	36	45	68	32	36	4,6	1,4
–	120,0	1 800,0	39	11	73	7 143	8	40	54	33	83	100	74	57	69	51	35	6,1	3,0

LA DONNE ÉCONOMIQUE

• Deuxième pilier dans le cadre du développement durable, **les systèmes de production et de consommation souffrent du syndrome de Janus** : d'un côté ils sont vus comme la source de tous les malheurs du monde actuel et, de l'autre côté, comme la panacée pour la sortie du cercle vicieux du développement classique.

• Comparé aux évolutions de l'homme, de la société et de la nature, le système économique est capable de subir des évolutions brutales, des crises ou des périodes de croissance courtes et violentes et même des changements très brusques de sa nature, sans pour autant s'effondrer. Sa force mais aussi sa faiblesse viennent de la technologie, dont la capacité de diffusion et de renouvellement sont de plus en plus rapides. **Néanmoins la technologie est très sensible à l'environnement économique et social.** La diffusion de l'innovation est ralentie ou refusée par des structures socio-économiques inadéquates, obsolètes ou conservatrices. Plus l'avancée technologique et plus le changement des technologies sont rapides dans leur foyer d'apparition, moins il y a de chances pour que des espaces éloignés arrivent à l'intégrer fondamentalement. La technologie s'avère ainsi la principale source des temporalités différentes des territoires. Si on considère que la technologie pousse les individus, les groupes et les institutions à suivre son rythme et à s'adapter à de nouvelles structures culturelles, on arrive au problème de l'inégalité spatio-temporelle des différentes régions de la planète. Ajoutée aux inégalités provenant

PAYS	PIB (en milliards de dollars) en 2004	IDH			Taux annuel moyen de croissance du PIB		Taux annuel d'inflation (en %) de 1990 à 2003	% des dépenses publiques destinées		Dépenses de recherche et développement (en % du PIB) de 1996 à 2002	Exportations de biens et de services (en % du PIB)		Exportations de produits primaires (en % des exportations de marchandises)		Exportations de produits manufacturés (en % des exportations de marchandises)	
		1975	1990	2002	1960-1990	1990-2003		à la défense	à l'éducation		1990	2002	1990	2002	1990	2002
Afghanistan	–	–	–	–	0,1	–	–	–	–	–	–	–	–	–	–	–
Afrique du Sud	164,1	0,649	0,714	0,666	1,3	0,4	9	–	–	–	24	34	30	37	22	63
Albanie	6	–	0,702	0,781	–	4,5	29	4	2	–	15	19	–	19	–	86
Algérie	65,6	0,501	0,639	0,704	2,4	0,3	15	17	24	–	23	36	97	98	3	2
Allemagne	2 436,2	–	0,885	0,925	2,2	1,2	2	7	1	2,5	29	35	10	9	89	86
Angola	14,2	–	–	0,381	–	–0,4	518	34	15	–	39	77	100	–	–	–
Arabie saoudite	209	0,587	0,706	0,768	2,2	–1,1	2	36	14	–	46	41	93	41	7	10
Argentine	146,9	0,785	0,808	0,853	0,6	1,4	5	4	6	0,4	10	28	71	66	29	31
Arménie	2,7	–	0,759	0,754	–	1,7	120	–	–	–	35	30	–	30	–	61
Australie	530,7	0,844	0,888	0,946	2,0	2,7	2	7	8	1,5	17	20	64	65	16	29
Autriche	254,2	0,840	0,890	0,934	3,3	1,8	2	2	9	1,9	40	52	12	13	88	82
Azerbaïdjan	7,6	–	–	0,746	–	0,2	65	11	3	0,4	–	44	–	44	–	6
Bahreïn	9,7	–	–	0,843	–	1,9	–	16	13	–	116	81	91	87	9	13
Bangladesh	57,7	0,335	0,416	0,509	0,2	3,1	4	10	11	–	6	14	–	8	77	92
Belgique	309,2	0,844	0,896	0,942	3,0	1,9	2	5	12	2,0	71	82	–	17	–	79
Belize	0,9	–	0,750	0,735	3,2	1,7	1	5	20	–	64	55	–	55	15	1
Bénin	3,9	0,288	0,358	0,421	0,4	2,0	7	17	31	–	14	14	–	94	–	6
Bhoutan	0,7	–	–	0,536	–	3,6	9	–	15	–	28	22	–	–	–	–
Biélorussie	18,7	–	0,809	0,790	–	0,2	250	4	4	–	46	70	–	70	–	64
Bolivie	8,8	0,514	0,597	0,681	–0,1	1,2	7	7	20	0,3	23	22	95	78	5	17
Bosnie-Herzégovine	7,2	–	–	0,781	–	18,0	3	–	–	–	–	26	–	26	–	–
Botswana	5,8	0,494	0,653	0,589	8,7	2,7	9	8	26	–	55	51	–	9	–	91
Brésil	540,1	0,644	0,713	0,775	3,6	1,3	118	3	6	1,1	8	16	47	16	52	54
Brunéi	4,3	–	–	0,867	–1,8	–0,7	1	–	–	–	–	–	100	–	–	12
Bulgarie	19,3	–	0,786	0,796	–	0,0	75	8	4	0,5	33	53	–	37	–	61
Burkina Faso	4,3	0,232	0,290	0,302	1,1	2,0	5	14	17	0,2	13	9	–	81	–	19
Burundi	0,6	0,280	0,344	0,339	2,0	–3,9	13	23	15	–	8	7	–	–	–	1
Cambodge	4,1	–	0,501	0,568	–	2,3	4	–	–	–	6	59	–	–	–	–
Cameroun	12,9	0,410	0,513	0,501	2,5	0,0	4	10	12	–	20	27	91	93	9	7
Canada	917,3	0,868	0,926	0,943	2,3	2,2	2	6	2	1,9	26	44	36	30	59	63
Chili	76,3	0,702	0,782	0,839	1,2	4,4	7	8	18	0,5	35	36	87	80	11	18
Chine	1 657,3	0,523	0,625	0,745	5,5	8,6	5	12	2	1,1	18	29	27	29	72	90
Chypre	13,3	–	0,845	0,883	6,2	3,2	3	4	12	0,3	52	–	45	45	55	55
Colombie	75,6	0,660	0,724	0,773	2,3	0,6	18	13	20	0,2	21	20	74	20	25	38
Comores	–	–	0,502	0,530	–	–1,4	4	–	–	–	14	15	–	–	–	8
Congo	3,7	0,417	0,510	0,494	3,1	–1,4	8	–	–	–	54	81	–	–	–	–
Congo (Rép. dém. du)	6,5	–	–	0,365	–1,4	–7,3	720	18	0	–	30	18	–	–	–	–
Corée du Nord	–	–	–	–	–	–	–	–	–	–	–	–	–	–	–	–
Corée du Sud	554,8	0,691	0,815	0,888	6,3	4,7	4	17	21	3,0	29	40	6	8	94	92
Costa Rica	18,6	0,745	0,787	0,834	1,6	2,7	15	–	21	0,2	35	42	66	37	27	63
Côte d'Ivoire	14,7	0,369	0,415	0,399	1,0	0,1	7	4	21	–	32	48	–	85	–	21
Croatie	24,5	–	0,797	0,830	–	2,3	61	15	7	1,0	–	46	–	27	–	73
Cuba	–	–	–	0,809	–	3,7	1	–	10	0,6	–	16	–	90	–	10
Danemark	218,4	0,868	0,891	0,932	2,1	2,0	9	4	13	2,1	36	45	35	29	60	66
Djibouti	0,7	–	–	0,454	–	–3,2	3	–	–	–	–	45	44	–	8	–
Dominique	–	–	–	0,743	–	1,3	3	–	–	–	55	55	–	55	32	54

de l'évolution politique, économique, sociale et culturelle, l'inégalité temporelle induite par les changements technologiques complique encore plus les choses et impose des stratégies pour le développement durable très nuancées localement.

La principale difficulté consiste ainsi à trouver **des solutions justes**, qui ne freinent pas trop le devenir des sociétés développées et qui permettent aux sociétés pauvres de combler le décalage temporel de plus en plus évident. La solution semble venir toujours du côté de la technologie. Les systèmes de production, de gestion et de consommation décentralisée d'énergie, les télécommunications, les biotechnologies, les nouveaux matériaux, l'invention du commerce équitable sont autant d'opportunités pour les espaces dépourvus des lourdes infrastructures mises en place au sein du monde développé dans le cadre de l'ancien paradigme économique.

- L'analyse des indicateurs économiques montre les disparités énormes entre les États et les régions du monde et aussi **l'urgence des solutions technologiques capables d'assurer l'équilibre entre le progrès social, le développement économique et la préservation du patrimoine naturel.**

Exportations de produits de haute technologie (en % des exportations de produits manufacturés)		Service de la dette en % des exportations de biens et de services		Aide publique au développement totale reçue (en millions de dollars) en 2002	PIB par habitant (en dollars) en 2004	% de la population vivant avec moins de 1 $	Taux de chômage	Travail des enfants (5-14 ans) de 1999 à 2001				Taux de scolarisation des filles en % de celui des garçons		Taux d'alphabétisation des adultes				Lignes téléphoniques d'abonnés pour 1 000 habitants en 2002	Internautes pour 1 000 habitants en 2002	Nombre de voitures pour 1 000 habitants
1990	2002	1990	2002					Total	En milieu urbain	En milieu rural	Mères n'ayant reçu aucune éducation	Dans le primaire 2001-2002	Dans le secondaire 2001-2002	en 1990 hommes	en 1990 femmes	en 2002 hommes	en 2002 femmes			
–	–	–	–	–	–	–	8	–	–	–	–	–	–	40	12	51	–	–	–	0,2
–	5	–	12,5	656,8	3 475	2	30	23	4	32	39	1,01	1,11	82	80	86	85,3	107	68,2	94
–	1	1	3,4	317,0	1 918	–	16	–	–	–	–	1,00	1,03	–	–	–	98,3	71	3,9	37
–	4	62	–	361,0	2 035	2	30	–	–	–	–	0,97	1,06	66	39	75	59,6	61	16,0	25
11	17	–	–	–	29 587	–	10	–	–	–	–	1,02	1,00	–	–	–	–	651	411,9	516
–	–	7	10,0	421,4	951	–	50	22	18	33	25	0,86	–	–	–	–	–	6	2,9	18
–	–	–	–	26,9	8 844	–	6	–	–	–	–	0,92	0,93	75	50	83	69,5	151	64,6	93
–	7	30	18,3	0,1	3 794	–	16	–	–	–	–	1,00	1,06	95	96	97	97,0	219	112,0	140
–	2	–	8,8	293,5	717	13	12	–	–	–	–	0,99	1,04	99	96	99	99,2	143	15,8	1
12	16	–	–	–	26 163	–	7	–	–	–	–	1,01	1,03	–	–	–	–	539	481,7	510
8	15	–	–	–	31 115	–	5	8	4	12	12	1,01	0,99	–	–	–	–	489	409,4	505
–	8	–	6,5	349,4	908	4	1	5	–	–	–	0,98	0,99	99	96	99	–	107	36,9	41
–	–	–	–	70,6	12 451	–	15	–	–	–	5	1,01	1,12	87	75	91	84,2	261	245,6	255
–	–	18	7,3	912,8	389	36	3	–	–	–	–	1,02	1,10	44	24	49	31,4	5	1,5	1
5	11	–	–	–	30 592	–	7	–	–	–	–	–	1,00	–	–	–	–	494	328,3	457
–	–	6	36,5	22,2	3 545	–	13	–	–	–	–	1,00	1,07	90	88	93	77,1	114	108,9	44
–	–	7	9,6	220,3	556	–	2	–	–	–	–	0,69	0,43	38	16	52	25,5	9	7,4	7
–	–	5	4,6	73,5	799	–	–	–	–	–	–	–	–	51	23	61	–	28	14,5	1
–	4	–	2,1	39,4	2 170	2	2	–	–	–	–	0,98	1,04	100	99	100	99,6	299	81,6	145
–	7	31	27,7	681,0	1 058	14	4	21	8	40	34	1,00	0,93	87	70	92	80,7	68	32,4	22
–	–	–	6,9	587,4	1 883	–	40	11	5	14	9	–	–	92	85	98	91,1	237	26,2	27
–	–	4	2,0	37,6	3 668	24	40	–	–	–	–	1,04	1,15	66	70	75	81,5	87	29,7	29
7	19	20	68,9	375,9	3 077	10	7	–	–	–	–	1,02	1,08	83	81	87	86,5	223	82,2	137
–	4	–	–	–	11 799	–	5	–	–	–	–	–	–	91	79	95	91,4	256	102,3	538
–	3	19	15,9	381,3	2 347	5	18	–	–	–	–	0,98	0,98	98	96	99	98,1	368	80,8	234
–	7	6	16,0	472,7	345	61	7	–	–	–	–	0,71	0,65	25	8	34	8,1	5	2,1	4
–	2	41	59,0	172,1	91	58	–	24	12	25	25	0,82	0,75	48	27	56	43,6	3	1,2	3
–	–	–	0,8	486,9	289	–	3	–	–	–	–	0,93	0,60	78	49	80	59,3	3	2,2	26
3	1	20	–	631,9	744	33	30	51	39	58	54	–	–	69	48	79	59,8	7	3,8	7
14	14	–	–	–	28 679	–	7	–	–	–	–	1,00	1,00	–	–	–	–	635	512,8	459
5	3	20	32,9	–	4 764	2	9	–	–	–	–	0,99	1,03	94	94	96	95,6	230	237,5	87
–	23	10	8,2	1 475,8	1 151	16	–	–	–	–	–	1,01	–	87	69	92	86,5	167	46,0	7
6	3	–	–	49,6	20 411	–	4	–	–	–	–	1,01	1,02	98	91	99	95,1	688	393,7	343
–	7	39	40,2	441,0	1 789	14	20	5	3	11	9	0,99	1,10	89	88	92	92,2	179	46,2	43
–	1	2	–	32,5	489	–	20	27	28	27	29	0,84	–	61	46	63	49,1	13	4,2	13
–	–	32	1,0	419,8	1 094	–	–	–	–	–	–	–	–	77	58	88	77,1	7	1,5	14
–	–	5	–	806,7	115	–	–	28	20	31	30	0,95	0,58	61	34	73	–	–	0,9	17
–	–	–	–	–	–	–	–	–	–	–	–	–	–	98	93	99	–	–	–	–
18	32	10	–	–	11 373	2	4	–	–	–	–	1,00	1,00	98	93	99	–	489	551,9	171
–	37	21	8,9	5,3	4 386	7	5	–	–	–	–	1,02	1,11	94	94	96	95,9	251	193,1	88
–	3	26	14,1	1 068,8	789	12	13	35	18	50	40	0,74	–	51	26	60	–	20	5,5	20
–	12	–	25,9	166,5	5 440	2	20	–	–	–	–	0,98	1,03	99	95	99	97,1	417	180,4	257
–	29	–	–	61,0	–	–	6	–	–	–	–	0,99	1,01	95	95	97	96,8	51	10,7	16
15	22	–	–	–	40 491	–	4	–	–	–	–	1,00	1,03	–	–	–	–	689	512,8	357
–	–	–	–	77,8	783	–	50	–	–	–	–	0,76	0,63	67	40	76	–	15	6,9	15
–	8	4	7,9	29,9	–	–	20	–	–	–	–	0,98	1,06	–	–	–	–	304	160,3	90

PAYS	PIB (en milliards de dollars) en 2004	IDH			Taux annuel moyen de croissance du PIB		Taux annuel d'inflation (en %) de 1990 à 2003	% des dépenses publiques destinées		Dépenses de recherche et développement (en % du PIB) de 1996 à 2002	Exportations de biens et de services (en % du PIB)		Exportations de produits primaires (en % des exportations de marchandises)		Exportations de produits manufacturés (en % des exportations de marchandises)	
		1975	1990	2002	1960-1990	1990-2003		à la défense	à l'éducation		1990	2002	1990	2002	1990	2002
Égypte	72,8	0,435	0,574	0,653	3,5	2,5	7	9	15	0,2	20	16	57	47	42	35
El Salvador	13,9	0,586	0,644	0,720	-0,4	2,1	6	7	24	-	19	27	62	41	38	58
Émirats Arabes Unis	82,2	-	-	0,823	-5,0	-1,6	3	30	17	-	65	-	54	-	46	4
Équateur	29,3	0,627	0,705	-	2,9	3,6	4	13	18	0,1	33	24	98	24	2	10
Érythrée	0,8	-	-	0,439	-	2,2	10	-	-	-	-	29	-	-	-	-
Espagne	870,4	0,819	0,876	0,922	3,2	2,3	4	3	4	1,0	16	28	24	21	75	78
Estonie	7,3	-	-	0,853	-	2,2	36	5	10	0,7	-	84	27	28	-	72
États-Unis	11 437,3	0,863	0,914	0,939	2,2	2,1	2	15	2	2,8	10	10	22	14	74	81
Éthiopie	7,2	-	0,297	0,359	-	2,5	5	9	16	-	8	16	-	86	-	14
Finlande	163,8	0,836	0,896	0,935	3,4	2,6	2	4	10	3,4	23	38	17	14	83	85
France	1 799,1	0,848	0,897	0,932	2,9	1,5	1	6	7	2,2	21	27	23	16	77	81
Gabon	5,7	-	-	0,648	3,1	-0,2	5	-	-	-	46	59	-	98	-	2
Gambie	-	-	-	0,452	1,1	0,1	5	4	12	-	60	54	-	82	-	17
Géorgie	4	-	-	0,739	3,9	-4,0	225	4	4	0,3	40	27	-	27	-	35
Ghana	7,8	0,438	0,506	-	-1,3	1,9	26	5	22	-	17	43	-	85	-	16
Grèce	182	0,808	0,859	0,902	3,5	2,2	7	8	11	0,7	18	21	46	47	54	52
Grenade	-	-	-	-	-	2,6	2x	-	17	-	42	-	-	-	20	-
Guatemala	19,7	0,506	0,579	0,649	1,4	1,2	9	11	17	-	21	16	76	65	24	35
Guinée	3,5	-	-	0,425	-	1,6	5	29	11	-	31	24	-	72	-	28
Guinée-Bissau	-	0,248	0,304	0,350	0,1	-1,5	23	4	3	-	10	45	-	-	-	-
Guinée équatoriale	2,9	-	0,553	0,703	-	18,0	14	-	-	-	32	-	-	-	-	-
Haïti	4,4	-	0,447	0,463	0,1	-2,4	20	-	-	-	16	13	15	-	85	-
Honduras	7,4	0,518	0,615	0,672	1,2	0,3	16	7	19	-	36	37	91	74	9	26
Hongrie	90,2	0,777	0,804	0,848	3,9	2,4	17	2	6	0,9	31	64	35	11	63	86
Inde	605,6	0,417	0,511	0,595	1,7	4,0	7	16	3	-	7	15	28	22	71	75
Indonésie	223,6	0,469	0,623	0,692	4,3	2,1	15	4	6	-	25	35	65	44	35	54
Iran	141	0,556	0,645	0,732	-3,5	2,1	24	14	19	-	22	31	-	91	-	9
Irak	-	-	-	-	-1,1	-	0	-	-	-	-	-	-	-	-	-
Irlande	159	0,818	0,870	0,936	3,1	6,8	4	3	14	1,2	57	98	26	8	70	88
Islande	11,5	0,863	0,913	0,941	3,6	2,1	4	-	10	3,0	34	40	91	85	8	14
Israël	110,9	0,790	0,855	0,908	3,1	2,2	8	17	14	5,0	35	37	13	7	87	93
Italie	1 506,3	0,828	0,879	0,920	3,3	1,4	3	4	8	1,1	20	27	11	10	88	88
Jamaïque	8	0,687	0,720	0,764	0,1	-0,5	18	1	14	-	52	39	31	39	69	64
Japon	4 195	0,854	0,909	0,938	4,8	0,9	0	4	6	3,1	10	11	3	3	96	93
Jordanie	-	-	0,677	0,750	2,5	0,8	2	19	16	6,3	62	46	-	46	51	68
Kazakhstan	32,7	-	-	0,766	-	-0,6	120	4	4	0,3	-	47	-	47	-	19
Kenya	15,6	0,443	0,533	0,482	2,3	-0,6	12	6	26	-	26	27	71	76	29	24
Kirghizistan	-	-	-	0,701	-	-3,2	72	10	20	0,2	29	39	-	67	-	33
Koweit	37,7	0,753	-	0,838	-6,2	-1,0	3	17	15	0,2	45	48	94	-	6	-
Laos	2,3	-	0,404	0,534	-	3,8	29	-	-	-	-	-	-	-	-	-
Lesotho	1,3	0,478	0,574	0,493	4,4	2,0	10	7	27	-	17	51	-	-	-	-
Lettonie	10,2	-	0,804	-	4,0	0,2	32	3	6	0,4	48	45	-	41	-	59
Liban	19,2	-	0,680	0,758	-	3,1	12	11	7	-	18	14	-	14	-	69
Libéria	-	-	-	-	-1,9	4,8	54	9	11	-	-	-	-	-	-	-
Libye	20,3	-	-	0,794	1,1	-	-	-	-	-	-	48	95	-	5	-
Lituanie	19,8	-	0,816	0,842	-	0,0	46	5	6	0,6	52	54	-	41	-	58
Luxembourg	25,3	0,831	0,884	0,933	2,6	4,0	3	2	10	-	109	145	-	12	-	86
Macédoine	4,6	-	-	0,793	-	-0,7	49	-	-	-	26	38	-	38	-	70
Madagascar	5,4	0,399	0,434	0,469	-1,3	-0,9	16	5	9	0,1	17	16	85	-	14	-
Malaisie	107,4	0,616	0,722	0,793	4,1	3,6	3	11	23	0,4	75	114	46	19	54	79
Malawi	2,2	0,316	0,362	0,388	1,5	1,3	31	5	12	-	24	25	95	90	5	10
Maldives	0,7	-	0,676	0,752	-	3,5	-	14	18	-	27	88	-	88	-	38
Mali	4,1	0,252	0,312	0,326	-	1,8	7	8	9	-	17	32	-	-	2	-
Malte	4,3	0,731	0,826	0,875	7,1	3,8	3	2	11	-	85	88	4	4	96	96
Maroc	46,9	0,429	0,540	0,620	2,3	0,9	2	13	18	-	26	32	48	35	52	66
Maurice	5,7	0,630	0,723	0,785	2,9	4,0	6	1	16	0,3	65	61	34	61	66	73
Mauritanie	1,2	0,337	0,390	0,465	0,8	1,2	5	-	23	-	46	39	-	-	-	-
Mexique	642,5	0,689	0,761	0,802	2,4	1,4	16	3	26	0,4	19	27	56	16	43	84
Micronésie	-	-	-	-	-	-1,4	2	-	-	-	-	-	-	-	-	-
Moldavie	1,9	-	0,759	0,681	-	-6,9	79	1	4	0,6	49	54	-	69	-	31
Monaco	-	-	-	-	-	-	-	-	-	-	-	-	-	-	-	-
Mongolie	1,3	-	0,657	0,668	-	0,2	41	9	9	-	24	67	-	64	-	36
Mozambique	4,7	-	0,310	0,354	-	4,6	25	35	10	-	8	24	-	91	-	8
Myanmar	10	-	-	0,551	1,4	5,7	25	29	8	-	3	-	-	-	-	-
Namibie	3,5	-	-	0,607	-	2,1	10	7	22	-	47	48	-	47	-	52
Népal	6,2	0,289	0,416	0,504	0,8	2,3	7	5	15	-	11	16	-	-	83	67
Nicaragua	2,7	0,565	0,592	0,667	-1,5	-0,1	28	6	15	0,1	25	23	92	80	8	19
Niger	2,8	0,234	0,256	0,292	-2,2	-0,8	5	-	-	-	15	16	-	95	-	3
Nigéria	45,3	0,328	0,425	0,466	0,4	-0,3	23	3	3	-	43	38	-	100	-	-

Exportations de produits de haute technologie (en % des exportations de produits manufacturés)		Service de la dette en % des exportations de biens et de services		Aide publique au développement totale reçue (en millions de dollars) en 2002	PIB par habitant (en dollars) en 2004	% de la population vivant avec moins de 1 $	Taux de chômage	Travail des enfants (5-14 ans) de 1999 à 2001				Taux de scolarisation des filles en % de celui des garçons		Taux d'alphabétisation des adultes				Lignes téléphoniques d'abonnés pour 1 000 habitants en 2002	Internautes pour 1 000 habitants en 2002	Nombre de voitures pour 1 000 habitants
								Total	En milieu urbain	En milieu rural	Mères n'ayant reçu aucune éducation	Dans le primaire 2001-2002	Dans le secondaire 2001-2002	en 1990		en 2002				
1990	2002	1990	2002											hommes	femmes	hommes	femmes			
–	1	20	10,3	1 286,1	1 061	3	12	6	3	8	8	0,96	0,95	60	34	67	43,6	110	28,2	23
–	7	14	7,7	233,5	–	21	10	–	–	–	–	1,00	1,02	76	69	82	77,1	103	46,5	30
–	2	–	–	4,2	20 939	–	–	–	–	–	–	0,97	1,05	71	71	75	80,7	291	313,2	82
–	7	27	28,7	216,0	2 106	20	13	–	–	–	–	1,01	1,02	90	85	93	89,7	110	41,6	43
–	–	–	4,4	230,4	168	–	–	–	–	–	–	0,86	0,74	59	35	67	–	9	2,3	2
6	7	–	–	–	21 595	–	11	–	–	–	–	0,99	1,04	98	95	99	–	506	156,3	404
–	12	–	13,7	68,9	5 277	2	13	–	–	–	–	0,98	1,06	100	100	100	99,8	351	327,7	339
33	32	–	–	–	38 852	–	6	–	–	–	–	1,01	1,00	–	–	–	–	646	551,4	475
–	–	30	9,7	1 306,7	101	82	63	–	–	–	–	0,79	0,61	37	20	47	33,8	5	0,7	1
8	24	–	–	–	31 384	–	9	–	–	–	–	1,00	1,02	–	–	–	–	523	508,9	403
16	21	–	–	–	29 149	–	9	–	–	–	–	1,00	1,02	–	–	–	–	569	313,8	476
–	7	4	11,7	71,9	4 276	–	21	–	–	–	–	0,99	–	68	45	80	–	25	19,2	22
–	3	18	–	60,5	191	59	–	22	10	28	23	0,92	0,75	32	20	44	–	29	18,8	8
–	38	–	11,0	312,6	775	2	15	–	–	–	–	1,00	1,03	100	98	100	–	131	14,9	46
–	3	20	8,0	652,8	385	45	20	–	–	–	–	0,96	0,87	70	47	80	65,9	13	7,8	5
2	10	–	–	–	16 572	–	10	–	–	–	–	1,00	1,03	98	92	99	–	491	154,7	254
–	–	2	–	–	4 386	–	15	–	–	–	–	–	–	–	–	–	–	–	–	83
–	7	11	7,5	248,7	1 471	16	8	–	–	–	–	0,95	0,95	69	53	76	62,5	71	33,3	52
–	–	18	13,6	249,6	375	–	–	–	–	–	–	0,78	0,38	45	18	55	–	3	4,6	2
–	–	21	–	59,4	190	–	–	54	30	69	59	0,71	–	42	13	54	–	9	4,0	6
–	–	3	–	20,2	3 698	–	30	27	14	38	31	0,85	0,58	86	61	93	–	17	3,6	4
–	–	5	–	155,7	516	–	70	–	–	–	–	–	–	43	37	52	50,0	16	9,6	4
–	2	30	12,3	434,9	1 025	24	28	–	–	–	–	1,02	–	69	67	75	80,2	48	25,2	52
–	25	30	33,9	471,5	9 193	2	6	–	–	–	–	0,99	1,00	99	99	100	–	361	157,6	238
2	5	25	14,9	1 462,7	557	35	–	–	–	–	–	0,83	–	62	36	68	–	40	15,9	5
1	16	31	24,8	1 308,1	1 011	7	5	–	–	–	–	0,99	0,95	87	73	92	83,4	37	37,7	14
–	3	1	4,1	115,8	2 064	2	25	–	–	–	–	1,01	1,06	72	54	83	70,4	187	48,5	30
–	–	–	–	–	–	–	–	8	6	12	9	–	–	51	20	55	–	–	–	36
41	41	–	–	–	39 890	–	4	–	–	–	–	1,01	1,07	–	–	–	–	502	270,9	296
10	6	–	–	–	39 230	–	2	–	–	–	–	1,00	1,05	–	–	–	–	653	647,9	572
10	20	–	–	754,0	16 162	–	9	–	–	–	–	1,00	1,01	95	88	97	93,4	453	301,4	228
8	9	–	–	–	25 860	–	10	–	–	–	–	1,00	1,01	98	97	99	–	481	352,4	545
–	–	20	18,4	24,3	2 986	2	16	–	–	–	–	1,00	1,04	78	86	83	91,4	169	228,4	41
24	24	–	–	–	32 858	–	5	–	–	–	–	1,00	1,01	–	–	–	–	558	448,9	492
1	3	18	8,7	534,3	1 855	2	15	–	–	–	–	1,01	1,03	90	72	95	85,9	127	57,7	49
–	10	–	34,4	188,9	2 204	2	4	–	–	–	–	0,99	0,97	100	98	100	99,2	130	15,7	65
4	10	26	13,6	393,1	481	23	50	25	6	29	30	1,02	0,97	81	61	89	78,5	10	12,5	10
–	6	–	25,3	186,0	371	2	6	–	–	–	–	0,96	–	–	–	–	–	–	29,8	39
3	–	–	–	4,6	14 962	–	2	–	–	–	–	0,99	1,05	79	73	84	81,0	204	105,8	317
–	–	8	9,0	278,3	395	26	6	24	21	25	26	0,92	0,81	70	43	76	55,5	11	2,7	3
–	–	4	11,8	76,4	525	43	45	17	11	18	23	1,08	1,56	65	90	73	90,3	13	9,7	6
–	4	–	15,8	86,4	4 363	2	8	–	–	–	–	0,99	1,01	100	100	100	99,7	301	133,1	235
–	3	1	51,0	455,8	5 136	–	18	6	–	–	13	0,99	–	88	73	92	–	199	117,1	313
–	–	–	–	–	–	–	70	–	–	–	–	–	–	55	23	70	–	–	–	3
–	–	–	–	10,4	3 499	–	30	–	–	–	–	–	–	83	51	91	70,7	118	22,5	159
–	5	–	16,6	146,9	5 708	2	11	–	–	–	–	0,99	1,01	100	99	100	99,6	270	144,4	334
–	19	–	–	–	54 974	–	3	–	–	–	–	1,00	1,09	–	–	–	–	797	370,0	588
–	1	–	15,8	276,6	2 248	2	32	–	–	–	–	1,00	0,96	–	–	–	–	271	48,4	139
8	–	32	9,9	372,6	313	49	–	30	21	33	34	1,01	1,03	66	50	74	–	4	3,5	4
38	58	12	7,3	859,0	4 217	2	3	–	–	–	–	0,73	1,10	87	74	91	85,4	190	319,7	181
–	3	23	7,6	377,1	197	42	1	17	11	18	16	1,00	0,81	69	36	75	48,7	7	2,6	3
–	–	4	4,5	27,5	2 183	–	1	–	–	–	–	1,01	1,13	95	95	97	97,2	102	53,4	11
–	–	8	7,0	472,1	334	73	–	30	18	35	32	0,72	–	28	10	36	11,9	5	2,4	3
45	62	0	–	11,3	11 073	–	5	–	–	–	–	1,01	1,01	88	89	91	93,4	523	303,0	495
–	11	18	23,9	636,2	1 550	2	23	–	–	–	–	0,93	0,83	53	25	62	38,3	38	23,6	41
1	2	6	8,2	23,6	4 630	–	6	–	–	–	–	1,00	1,08	85	75	88	80,5	270	99,1	73
–	–	24	–	355,4	409	29	23	–	–	–	–	0,96	0,83	46	24	51	31,3	12	3,7	8
8	21	16	23,2	135,5	6 179	8	3	–	–	–	–	0,61	1,03	91	84	93	88,7	147	98,5	107
–	–	–	–	–	–	–	16	–	–	–	–	–	–	63	63	66	–	–	–	–
–	4	–	19,9	141,7	437	22	11	28	18	35	42	0,99	1,03	99	96	100	98,6	161	34,1	54
–	–	–	–	–	–	–	–	–	–	–	–	–	–	–	–	–	–	–	–	–
–	–	–	6,7	208,5	509	14	5	30	15	40	36	1,03	1,19	99	97	99	97,5	53	20,6	18
–	3	21	6,1	2 057,6	250	38	21	–	–	–	–	0,88	0,69	49	18	60	31,4	5	2,7	1
–	–	9	2,9	120,5	184	–	7	–	–	–	–	1,00	0,94	87	74	89	81,4	7	0,5	1
–	1	–	–	135,1	1 672	35	40	–	–	–	–	1,06	1,36	77	72	83	82,8	65	26,7	47
–	–	10	8,8	365,5	235	38	1	–	–	–	–	0,88	–	47	14	59	26,4	14	3,4	2
–	5	2	11,7	517,5	481	82	11	–	–	–	–	1,01	1,18	61	61	64	76,6	32	16,8	12
–	8	13	–	298,9	229	61	3	65	42	69	67	0,68	0,66	18	5	24	9,3	2	1,3	4
–	–	22	8,6	313,8	318	70	28	–	–	–	–	–	–	59	38	72	59,4	5	3,5	8

PAYS	PIB (en milliards de dollars) en 2004	IDH			Taux annuel moyen de croissance du PIB		Taux annuel d'inflation (en %) de 1990 à 2003	% des dépenses publiques destinées		Dépenses de recherche et développement (en % du PIB) de 1996 à 2002	Exportations de biens et de services (en % du PIB)		Exportations de produits primaires (en % des exportations de marchandises)		Exportations de produits manufacturés (en % des exportations de marchandises)	
		1975	1990	2002	1960-1990	1990-2003		à la défense	à l'éducation		1990	2002	1990	2002	1990	2002
Norvège	208,9	0,859	0,901	0,956	3,4	2,7	3	6	7	1,6	41	41	67	74	33	22
Nouvelle-Zélande	77,3	0,849	0,875	0,926	1,1	2,0	2	4	16	1,0	28	33	75	68	23	28
Oman	21,8	–	–	0,770	7,6	0,9	2	33	15	–	53	57	94	57	5	15
Ouganda	6,1	–	0,388	0,493	–	3,5	9	26	15	0,8	–	12	–	92	–	8
Ouzbékistan	10,1	–	0,731	0,709	–	–1,0	163	–	–	–	29	38	–	–	–	–
Pakistan	79,7	0,345	0,442	0,497	2,9	1,2	9	18	1	–	16	19	21	14	79	85
Panama	13,3	0,712	0,747	0,791	1,8	2,5	3	12	4	0,4	38	28	78	28	21	12
Papouasie-Nouvelle Guinée	3,3	0,420	0,479	0,542	0,9	0,4	7	4	22	–	41	–	89	98	10	2
Paraguay	5,6	0,665	0,717	0,751	3,0	–0,5	11	11	22	–	33	31	–	31	10	15
Pays-Bas	527,6	0,861	0,902	0,942	2,4	2,2	2	4	10	1,9	59	62	37	26	59	74
Pérou	65	0,641	0,704	0,752	0,4	2,3	18	11	16	0,1	16	16	82	16	18	21
Philippines	85,6	0,652	0,716	0,753	1,5	1,0	8	2	19	–	28	49	31	49	38	50
Pologne	221,4	–	0,792	0,850	–	4,2	18	4	5	0,7	29	28	36	18	59	82
Portugal	154	0,737	0,819	0,897	4,1	2,6	5	6	11	0,8	33	31	19	13	80	86
Qatar	21	–	–	0,833	–	–	–	–	–	–	–	–	84	89	16	10
Rép. centrafricaine	1,4	0,333	0,372	0,361	–0,6	–0,1	4	–	–	–	15	12	–	–	–	–
Rép. dominicaine	32	0,617	0,677	0,738	3,0	4,2	9	4	16	–	34	26	–	26	–	34
Rép. tchèque	90	–	0,835	0,868	–	1,4	10	5	9	1,3	45	65	–	10	–	89
Roumanie	56,4	0,755	0,777	0,778	2,0	0,1	78	5	10	0,4	17	35	26	35	73	81
Royaume-Uni	1 826,7	0,841	0,878	0,936	2,1	2,4	3	7	4	1,9	24	26	19	16	79	79
Russie	505,1	0,824	0,824	0,795	3,8	–2,6	107	12	2	1,2	18	35	–	69	–	22
Rwanda	1,8	0,336	0,396	0,431	1,1	0,3	11	–	26	–	6	8	–	98	–	3
Sénégal	7,3	0,313	0,380	0,437	–0,6	1,2	4	7	14	–	25	31	77	49	23	51
Serbie-et-Monténégro	21,9	–	–	–	–	0,5	54	–	–	–	–	–	–	–	–	–
Sierra Leone	1	–	–	0,273	0,6	–5,9	25	10	13	–	24	18	–	–	–	–
Singapour	96,3	0,722	0,818	0,902	6,8	3,8	1	26	21	2,1	202	–	27	11	72	85
Slovaquie	34,2	–	0,820	0,842	–	2,1	9	5	10	0,6	27	73	–	15	–	85
Slovénie	30,3	–	0,845	0,895	–	3,1	10	–	–	1,6	–	58	–	10	–	90
Somalie	–	–	–	–	–1,0	–	–	38	2	–	–	–	–	–	–	–
Soudan	16,8	0,346	0,419	0,505	0,2	3,4	48	28	8	–	–	15	–	97	–	3
Sri Lanka	19,7	0,616	0,697	0,740	2,8	3,4	9	18	10	0,2	29	36	42	36	54	74
Suède	308,1	0,863	0,894	0,946	2,2	1,8	2	6	7	4,6	30	43	16	13	83	81
Suisse	319,8	0,874	0,905	0,936	1,6	0,4	1	5	2	2,6	36	44	6	7	94	93
Swaziland	1,6	0,512	0,615	0,519	2,0	0,1	12	8	20	–	76	91	–	53	–	76
Syrie	24,4	0,538	0,634	0,710	2,9	1,6	7	25	10	0,2	28	37	64	90	36	7
Tadjikistan	1,4	–	0,740	0,671	–	–8,1	153	10	3	–	28	58	–	87	–	13
Tanzanie	10,3	–	0,422	0,407	–	0,6	17	16	8	–	13	17	–	83	–	17
Tchad	4,3	0,256	0,322	0,379	–1,2	–0,1	6	–	8	–	13	12	–	–	–	–
Thaïlande	139,3	0,604	0,713	0,768	4,6	2,8	3	8	22	0,1	34	65	36	65	63	74
Timor oriental	–	–	–	0,436	–	–	–	–	–	–	–	–	–	–	–	–
Togo	1,9	0,394	0,465	0,495	1,2	–0,6	6	11	20	–	33	33	89	50	9	43
Tunisie	29,3	0,514	0,646	0,745	3,3	3,1	4	5	18	0,5	44	45	31	45	69	82
Turkménistan	–	–	–	0,752	–	–4,3	223	–	–	–	–	47	–	47	–	7
Turquie	280,4	0,593	0,686	0,751	1,9	1,3	69	8	10	0,6	13	30	32	30	68	84
Ukraine	50,7	–	0,795	0,777	–	–6,1	155	5	6	0,9	28	56	–	56	–	67
Uruguay	11,9	0,757	0,801	0,833	0,9	1,3	24	4	7	0,2	24	22	61	63	39	37
Venezuela	86,4	0,716	0,757	0,778	–0,5	–1,0	39	5	22	0,4	39	29	90	29	10	13
Viêt-Nam	39,5	–	0,605	0,691	–	5,9	13	–	14	–	26	56	–	–	–	–
Yémen	11,3	–	0,399	–	–	2,1	19	19	22	–	14	38	–	–	–	–
Zambie	3,9	0,449	0,468	0,389	–1,2	–1,4	42	4	14	–	36	29	–	86	–	14
Zimbabwe	4,5	0,547	0,597	0,491	1,1	–0,8	35	7	24	–	23	24	68	62	31	38

Exportations de produits de haute technologie (en % des exportations de produits manufacturés)		Service de la dette en % des exportations de biens et de services		Aide publique au développement totale reçue (en millions de dollars) en 2002	PIB par habitant (en dollars) en 2004	% de la population vivant avec moins de 1 $	Taux de chômage	Travail des enfants (5-14 ans) de 1999 à 2001				Taux de scolarisation des filles en % de celui des garçons		Taux d'alphabétisation des adultes				Lignes téléphoniques d'abonnés pour 1 000 habitants en 2002	Internautes pour 1 000 habitants en 2002	Nombre de voitures pour 1 000 habitants
1990	2002	1990	2002					Total	En milieu urbain	En milieu rural	Mères n'ayant reçu aucune éducation	Dans le primaire 2001-2002	Dans le secondaire 2001-2002	en 1990 hommes	en 1990 femmes	en 2002 hommes	en 2002 femmes			
12	22	–	–	–	45 473	–	4	–	–	–	–	1,00	1,01	–	–	–	–	734	502,6	412
4	10	–	–	–	19 244	–	5	–	–	–	–	0,99	1,02	–	–	–	–	448	484,4	580
2	2	12	14,2	40,8	7 669	–	5	–	–	–	–	1,01	1,300	67	38	80	65,4	92	70,9	97
–	12	34	7,1	637,9	237	82	–	34	21	35	34	–	0,86	69	44	78	59,2	2	4,0	2
–	–	–	24,3	189,4	389	19	10	15	9	18	–	–	–	100	98	100	98,9	66	10,9	–
–	1	17	17,8	2 143,7	524	13	6	–	–	–	–	–	–	49	20	57	28,5	25	10,3	8
–	1	3	19,7	35,3	4 348	8	13	–	–	–	–	1,00	1,10	90	88	93	91,7	122	41,4	83
–	19	37	12,7	203,3	579	–	8	–	–	–	–	0,89	0,80	64	48	71	–	11	13,7	7
–	3	12	10,5	56,7	926	20	16	–	–	–	–	1,01	1,05	92	88	94	90,2	47	17,3	14
16	28	–	–	–	32 329	–	2	–	–	–	–	0,99	1.00	–	–	–	–	618	506,3	383
–	2	6	32,8	491,3	2 250	16	8	–	–	–	–	1,00	0.97	92	79	95	80,3	66	93,5	27
–	65	23	20,2	559,7	1 037	15	10	11	9	12	15	1,02	1.20	92	91	95	92,7	42	44,0	10
–	3	4	22,5	1 159,8	5 703	2	18	–	–	–	–	1,00	1.03	100	100	100	–	295	230,0	259
4	7	–	–	–	15 078	2	4	–	–	–	–	–	1.08	91	84	95	–	421	193,5	321
–	–	–	–	2,2	32 358	–	–	–	–	–	–	0,98	1.06	92	92	94	82,3	286	113,4	330
–	–	8	–	59,8	346	67	6	56	42	64	58	–	–	47	21	60	33,5	2	1,3	1
–	1	7	6,4	156,7	3 533	2	14	9	8	10	15	0,96	1,34	80	79	84	84,4	110	36,4	28
–	14	–	9,5	392,7	8 793	2	8	–	–	–	–	1,00	1,01	–	–	–	–	362	256,3	335
2	3	0	18,6	700,8	2 535	2	7	–	–	–	–	0,99	1,02	99	96	99	96,3	194	101,5	133
24	31	–	–	–	30 586	–	5	–	–	–	–	1,00	1,02	–	–	–	–	591	423,1	389
–	13	–	11,3	1 300,9	3 548	6	11	–	–	–	–	–	–	100	99	100	99,5	242	40,9	140
–	1	10	14,9	356,1	195	36	–	31	17	33	31	–	–	63	44	74	63,4	3	3,1	2
–	4	14	12,6	448,8	673	36	4	33	22	39	36	–	–	38	19	47	29,7	22	10,4	10
–	–	–	–	–	2 626	–	30	–	–	–	–	–	–	97	88	99	–	–	–	150
–	–	8	–	353,4	182	57	–	57	48	60	59	–	–	40	14	51	–	5	1,6	2
40	60	–	–	7,4	22 341	–	3	–	–	–	–	–	–	94	83	96	88,6	463	504,4	98
–	3	–	19,3	189,4	6 334	2	19	–	–	–	–	1,02	1,01	100	100	100	99,7	268	160,4	229
–	5	–	–	170,9	15 214	2	7	–	–	–	–	0,99	1,02	100	100	100	99,6	506	375,8	426
–	–	10	–	–	–	–	–	32	25	36	35	–	–	–	–	–	–	–	–	1
–	7	4	0,8	350,9	490	–	4	13	7	19	16	0,83	–	60	32	69	49,1	21	2,6	10
1	1	10	9,8	344,0	967	7	9	–	–	–	–	1,00	–	93	85	94	89,6	47	10,6	12
13	16	–	–	–	34 227	–	4	–	–	–	–	1,00	1,01	–	–	–	–	736	573,1	451
12	21	–	–	–	43 569	–	2	–	–	–	–	0,99	0,95	–	–	–	–	744	351	494
–	1	6	1,7	24,7	1 551	–	22	8	14	8	8	1,01	1,21	74	70	81	80,0	34	19,4	34
–	1	20	3,0	80,8	1 342	–	20	–	–	–	–	0,95	0,91	82	48	88	74,2	123	12,4	9
–	42	–	10,2	168,4	201	10	6	18	10	20	18	0,95	0,34	99	97	100	99,3	37	0,5	1
–	2	25	8,9	1 232,8	282	20	–	32	20	35	35	1,00	–	76	51	84	69,2	5	2,3	1
–	–	2	–	233,0	521	–	–	57	42	62	58	0,67	0,31	37	19	52	37,5	2	1,9	2
21	31	14	23,1	295,5	2 149	2	4	–	–	–	–	0,97	–	95	90	97	90,5	105	77,6	43
–	–	–	–	219,8	–	–	4	–	–	–	–	–	–	–	–	–	–	0	–	–
–	1	8	2,5	51,0	342	–	–	60	46	67	64	0,84	0,48	61	29	72	45,4	10	41,0	19
2	4	22	13,5	475,0	2 930	2	16	–	–	–	–	0,99	1,04	72	47	81	63,1	117	51,7	54
–	5	–	–	40,5	–	12	2	–	–	–	–	–	–	–	–	–	98,3	77	1,7	–
1	2	27	46,8	635,8	4 114	2	9	–	–	–	–	0,93	–	89	66	93	78,5	281	72,8	68
–	5	–	13,7	483,8	1 063	3	12	–	–	–	–	1,00	1,00	100	99	100	99,5	216	18,0	104
–	3	31	40,0	13,4	3 487	2	14	–	–	–	–	1,01	1,11	96	97	97	98,1	280	119,0	158
4	3	22	25,6	57,1	3 336	15	16	7	–	–	9	1,01	1,17	90	88	93	92,7	113	50,6	68
–	–	7	6,0	1 276,8	483	18	25	23	7	26	38	0,94	–	94	87	95	86,9	48	18,5	–
–	–	4	3,3	583,7	454	16	30	–	–	–	–	0,66	0,46	55	13	68	28,5	28	5,1	15
–	2	13	27,1	640,6	328	64	50	–	–	–	–	0,99	0,85	79	59	85	73,8	8	4,8	17
2	3	20	–	200,9	397	36	50	–	–	–	–	1,01	0,91	87	75	93	86,3	25	43,0	29

LA DONNE ENVIRONNEMENTALE

- Des catastrophes naturelles et des changements globaux ont toujours existé dans l'histoire de la planète. Ce qui différencie la situation présente des situations antérieures c'est **la rapidité des transformations de la nature sous la pression de l'action humaine** et le nombre de personnes qui risquent d'être affectées. Une autre différence tient au fait que la civilisation actuelle dispose de suffisamment de moyens pour intervenir et accélérer les changements globaux (le dérèglement des mécanismes climatiques, la dégradation de la qualité et de la quantité des ressources naturelles, l'appauvrissement de la biodiversité, la pollution des eaux souterraines et des eaux de surface). Enfin, une ultime différence est celle du manque de temps. Les rythmes de la civilisation humaine, dans sa forme actuelle, ne supportent plus de longues périodes d'adaptation de l'homme et de sa société à d'autres environnements.
- Le développement durable suppose donc l'étude et la prise en compte dans les actions effectives de plusieurs faisceaux de phénomènes : identifier la nature, le sens, l'intensité et les causes des changements sur des longues durées de l'environnement planétaire (climat, océans, atmosphère, désertification, patrimoine génétique) ; identifier les comportements culturels et technologiques à risque, sur le court et le moyen terme (agriculture extensive/intensive et déboisement, gestion inadéquate des déchets, armement nucléaire, chimique et bactériologique, mauvaise gestion des ressources naturelles immédiatement épuisables et non régénérables, pollution ponctuelle...) ; identifier et cartographier les zones à risques (naturels, technologiques ou mixtes) et établir le degré de vulnérabilité des populations qui y sont localisées ; identifier et prévoir les processus possibles d'adaptation à l'environnement changeant des individus et des groupes (changements de comportements individuels et communautaires, rôle de la mémoire dans la gestion des risques, refus de l'acculturation, retour vers les savoir-faire traditionnels, nouveaux paradigmes technologiques et scientifiques, restructuration des organisations et des institutions politiques et civiques, création des réseaux socio-politiques horizontaux ...).
- L'inventaire des problèmes et les stratégies de gestion du devenir environnemental permettent ainsi de déceler **le rôle de chacun dans la mise en place des modèles de développement durable.** Dans cette direction, les superstructures du monde contemporain (État, firme transnationale, organisations politiques et économiques transnationales) ne peuvent ou ne veulent rien faire sans le support et le contrôle de chaque individu éduqué et avisé, et de chaque structure intermédiaire (ONG, associations parapubliques...).

	CATASTROPHES NATURELLES											
	CATASTROPHES HYDRO-MÉTÉOROLOGIQUES*						CATASTROPHES GÉOLOGIQUES**					
	Décédés		Affectés***		Dommages financiers (000 $)		Décédés		Affectés		Dommages**** financiers (000 $)	
	1980-1983	2000-2003	1980-1983	2000-2003	1980-1983	2000-2003	1980-1983	2000-2003	1980-1983	2000-2003	1980-1983	2000-2003
Afrique du Nord	198	1 321	1 222 500	3 214 665	90 000	573 583	2 635	2 275	921 948	200 250	5 200 000	5 000 000
Afrique de l'Est	413	2 738	25 154 350	8 931 321	3 115 973	541 681	-	12	-	10 985	-	-
Afrique de l'Ouest	49	445	8 362 300	5 193 518	4 623	52 954	275	-	20 000	-	8 000	-
Afrique centrale	-	422	774 800	4 748 000	125 000	9 000	-	200	-	110 000	-	9 000
Afrique du Sud	614	208	819 725	183 615	1 000	42 941	17	-	-	-	-	-
Amérique du Nord	1 736	753	173 900	587 750	8 341 900	200 014 000	-	44	-	120	-	2 250 000
Amérique centrale	2 696	701	601 850	2 481 451	907 000	1 173 717	213	1 193	87 975	1 637 282	4 300	2 800 000
Amérique du Sud	3 028	2 196	33 232 200	6 184 400	1 814 000	2 325 900	330	153	51 806	420 530	411 000	394 750
Caraïbes	407	211	1 141 000	6 570 725	476 450	1 616 730	-	3	-	2 000	-	-
Asie de l'Est	11 663	5 308	4 398 653	64 601 340	2 840 700	40 089 780	190	2 760	2 072 000	5 630 640	416 000	2 329 900
Asie du Sud-Est	5 237	5 508	7 149 168	35 345 600	475 953	1 058 900	368	154	445 360	419 040	342 100	8 506
Asie du Sud	11 548	15 015	334 818 700	568 181 050	2 767 420	12 085 100	914	64 700	105 600	451 500	1 262 000	1 321 600
Asie de l'Ouest	528	321	365 000	344 000	1 007 200	2 750	1 507	-	400 000	-	2 000 000	-
Union européenne	315	19 890 (1)	746 500	537 970	9 889 500	27 374 700	4 722	30	509 230	10 780	20 897 000	1 333 452
Reste de l'Europe	141	1 090	76 640	682 050	272 000	3 990 890	1 416	156	865 350	40 178	25 000	12 000
Russie	-	1 375	13 586	10 469 780	-	1 527 773	87	14	14 000	96 094	5 000	131 520
Océanie	171	171	613 390	84 975	6 955 912	1 617 300	21	6	25 000	16 100	1 000 000	-

	CATASTROPHES INDUSTRIELLES					
	Décédés		Blessés		Affectés	
	1980-1983	2000-2003	1980-1983	2000-2003	1980-1983	2000-2003
Afrique du Nord	-	38	-	59	-	350
Afrique de l'Est	-	203	-	501	-	350
Afrique de l'Ouest	50	855	-	265	-	-
Afrique centrale	-	136	-	-	-	-
Afrique du Sud	63	23	-	-	-	1 340
Amérique du Nord	84	17	990	12	68 540	-
Amérique centrale	48	13	1 350	-	30 500	-
Amérique du Sud	337	21	1 500	-	40 000	550 000
Caraïbes	-	-	200	-	-	-
Asie de l'Est	59	3 224	20	2 771	-	104 188
Asie du Sud-Est	305	34	1 236	175	3 000	3 700
Asie du Sud	95	240	-	579	-	12
Asie de l'Ouest	-	24	-	7	300	-
Union européenne	399	44	20 090	3 203	11 000	15 734
Reste de l'Europe	318	34	86	103	-	-
Russie	-	242	-	131	-	-
Océanie	-	-	-	-	1 500	-

* **Catastropes hydro-météorologiques** : glissements de terrain, sécheresse, températures extrêmes, tempêtes, inondiations, incendies, cyclones. - ** **Catastrophes géologiques** : volcans, tremblements de terre.- *** **Affectés** : personnes nécessitant une aide immédiate pendant la période d'urgence, ayant perdu leur domicile, évacuées ou déplacées. - **** **Dommages financiers** : recensés sur la base des dommages déclarés aux compagnies d'assurance. (1) Canicule de l'été 2003.

	Superficie totale des terres (en millions d'ha.)	Zones protégées				Superficie des forêts			
		en millions d'ha.		en % de la superficie totale	Nombre de zones	en millions d'ha.			Variation annuelle (en %)
		1970	2000			1990	2000	1990-2000	
Afrique du Nord	851	2,3	7,31	1,22	56	77,1	67,9	- 9,2	- 1,22
Afrique de l'Est	243,8	25,4	41,74	8,44	208	38,8	35,4	- 3,4	- 0,87
Afrique de l'Ouest	605,6	21,05	29,38	4,85	126	85,1	72,5	- 12,6	- 1,53
Afrique centrale	524,3	25,07	33,09	6,31	70	249,4	240,3	- 9,1	- 0,37
Afrique australe	619,8	74,03	97,97	14,41	673	239,1	222	- 17,1	- 0,70
Amérique du Nord	1 838	90	260	14,14	5 550	466,7	470,1	+ 3,9	+ 0,90
Amérique centrale	243	18	30,39	15,3	1 058	85	76	- 9	- 1,05
Amérique du Sud	1 753	101,03	182,89	10,43	1 614	894	867	- 27	- 0,30
Asie de l'Est	1 147,8	9,3	89,78	7,79	1 041	195,3	212,7	+ 17,4	+ 0,90
Asie centrale	391,6	5,3	10,45	2,69	195	16,6	19,3	+ 2,7	+ 1,60
Asie du Sud-Est	434,5	27,5	48,69	11,20	1 506	234,7	211,4	- 23,3	- 1,00
Asie du Sud	640,3	15,5	28,41	4,44	675	86,3	85,3	- 1	- 0,10
Asie de l'Ouest	372,4	-	86,24	23,16	52	3,6	3,7	+ 0,1	- 0,01
Europe	2 359,4	37,3	128,01	7,4	22 077	1 042	1 051,3	+ 9,3	+ 0,90
Océan indien occidental	58,9	0,3	1,27	2,16	56	13	11,9	- 1,1	- 0,90
Australie / Nouvelle-Zélande	795	16,8	108,42	13,4	3 231	164,9	162,5	- 2,4	- 0,10

	Émission de CO_2 (t/hab./an)		
	1975	2002	Variation en % de 1975 à 2002
Afrique du Nord	1,15	2,3	100
Afrique de l'Est / Océan Indien	0,2	0,65	225
Afrique de l'Ouest / centrale	0,4	0,8	100
Afrique du Sud	2,8	2,9	3,57
Amérique du Nord	19,11	20,03	4,81
Amérique centrale / Caraïbes	2	2,8	40
Amérique du Sud	1,8	2,6	44,44
Asie du Sud et de l'Est	0,8	2,1	162,5
Asie du Sud	0,5	1,6	200
Asie de l'Ouest	0,9	1,8	100
Australie / Pacifique Sud	6,3	12,1	92
Nord-Est Pacifique / Asie de l'Est	1,9	4	110,5
Europe	7,78	8,5	9,25

ZONES POLAIRES / FUSEAUX HORAIRES

Inlandsis | Limite estivale du pack (banquise dérivante) | Limite hivernale du pack | Limite extrême des glaces dérivantes | Sous-sol gelé entièrement ou partiellement (= pergélisol) | Peary 1909 | Itinéraire du N.E. (Nordenskjöld 1878-1879) | Itinéraire du N.O. (Amundsen 1903-1906) | Sous-marin nucléaire Nautilus 1958 | ✳ Pôle magnétique

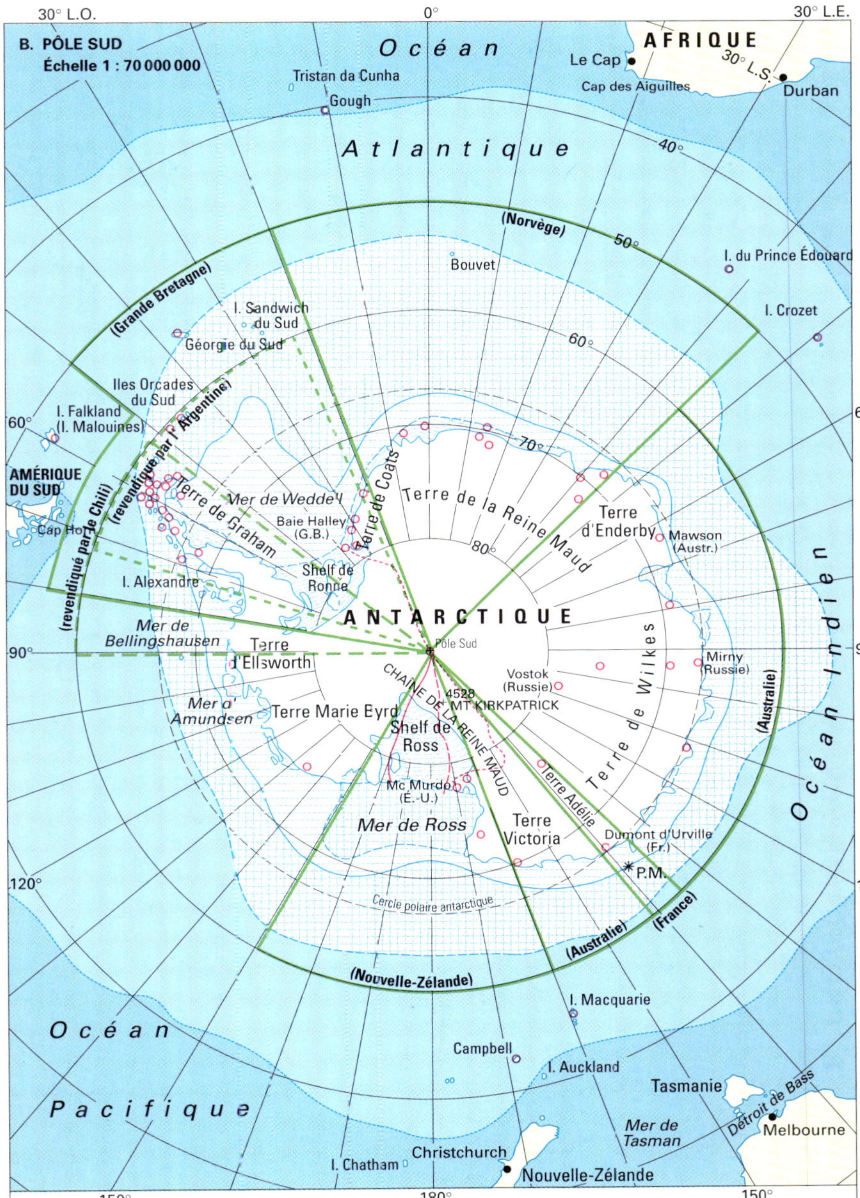

Inlandsis | Shelf ou glacier flottant | Limite estivale du pack (banquise dérivante) | Limite hivernale du pack | Limite extrême des glaces dérivantes | Limites des secteurs revendiqués par les différents pays | Amundsen 1911 | Scott 1911-1912 | Fuchs et Hillary 1957-1958 | Station d'observation | ✳ Pôle magnétique

C. FUSEAUX HORAIRES

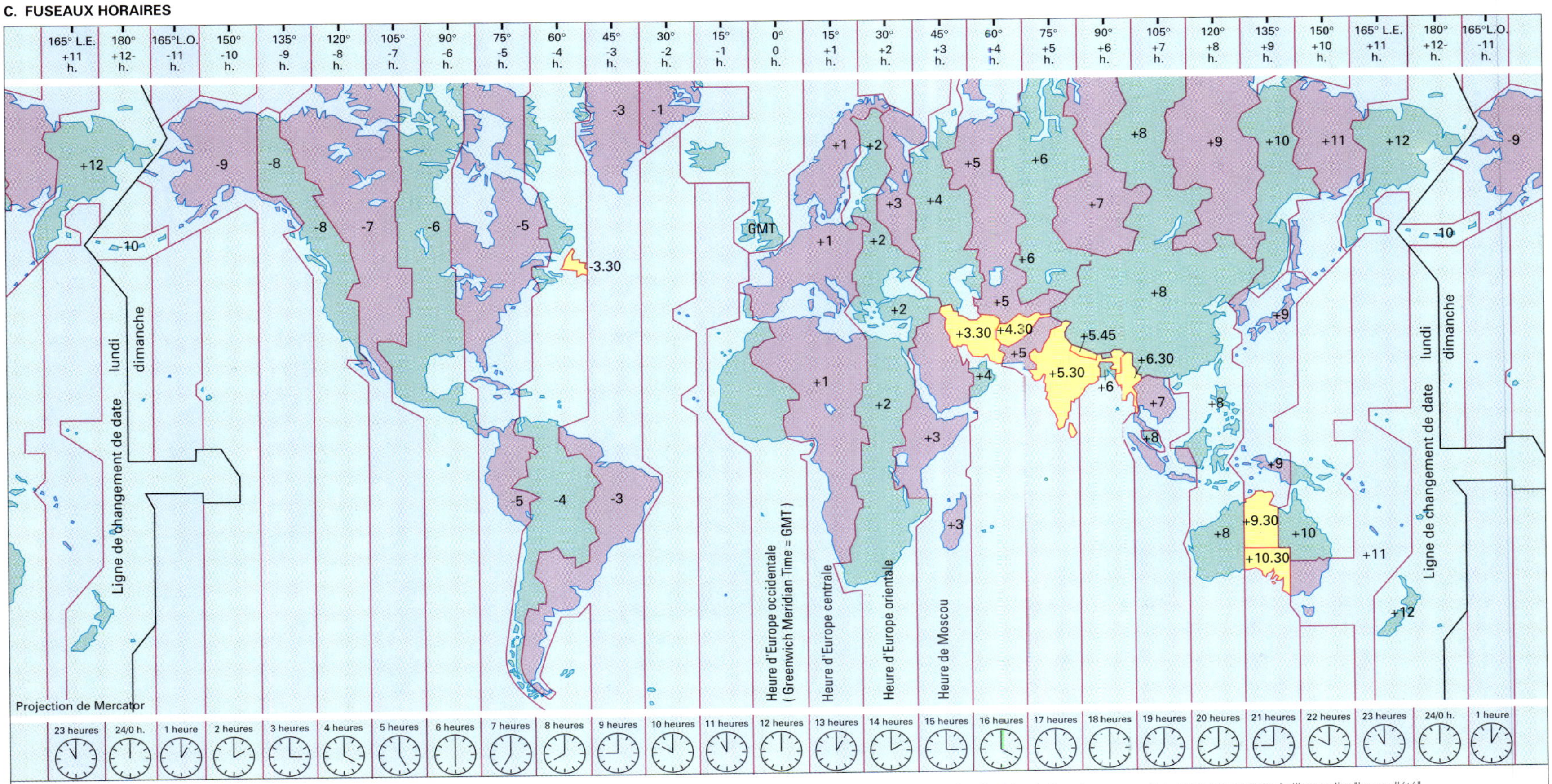

Zones dont l'heure est indiquée par un nombre entier | Zones dont l'heure n'est pas un nombre entier | Limites entre fuseaux horaires

Les heures notées en haut du tableau et dans les pays indiquent de combien d'heures en plus (+) ou en moins (-) les fuseaux diffèrent de l'heure d'Europe occidentale (GMT).

Les heures notées en bas du tableau indiquent quelle heure il est dans la zone considérée lorsqu'il est midi à l'heure GMT.

Il n'est pas tenu compte de l'heure dite "heure d'été" (en général, une heure plus tard que celle du fuseau) appliquée par certains pays.

A. PROJECTIONS CONIQUES

1. Cône de projection tangent à un parallèle fondamental (P)
(Projection conforme de Lambert)

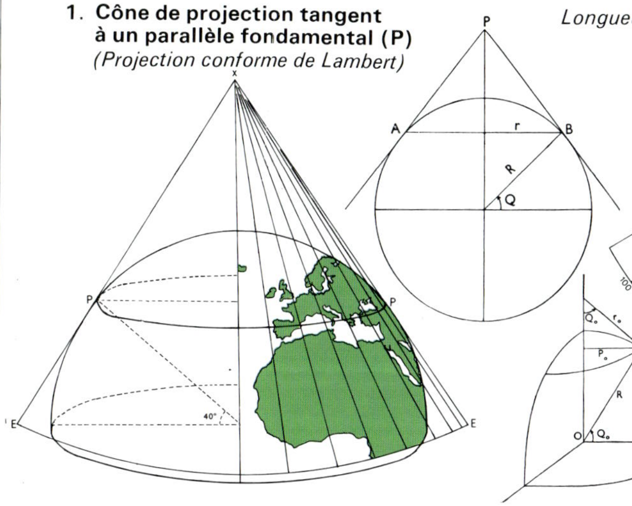

Longueur du parallèle fondamental
$r = R \cos Q$

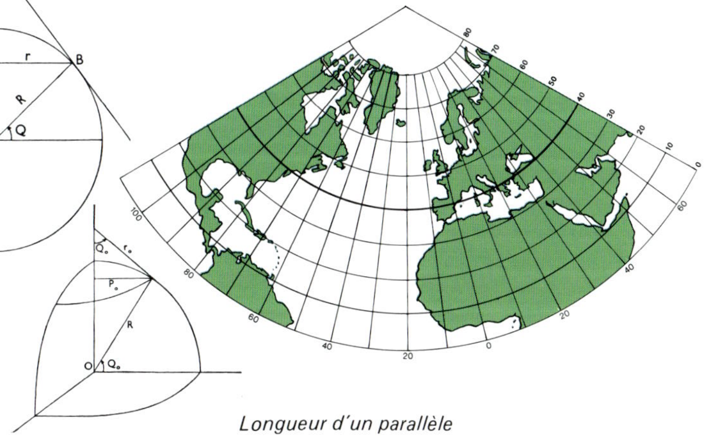

Longueur d'un parallèle quelconque $r_o = R \operatorname{cotg} Q_o$

2. Cône de projection sécant suivant deux parallèles fondamentaux (P et P')
(Projection équidistante)

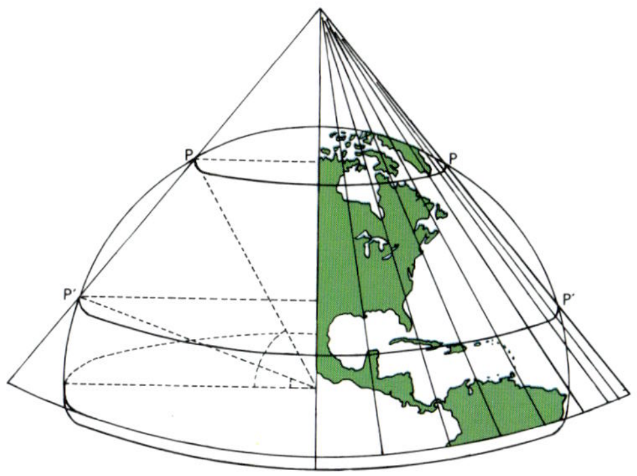

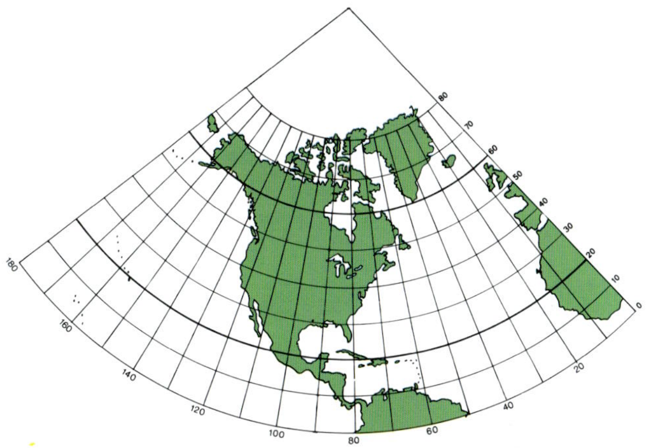

3. Projection équivalente de Bonne

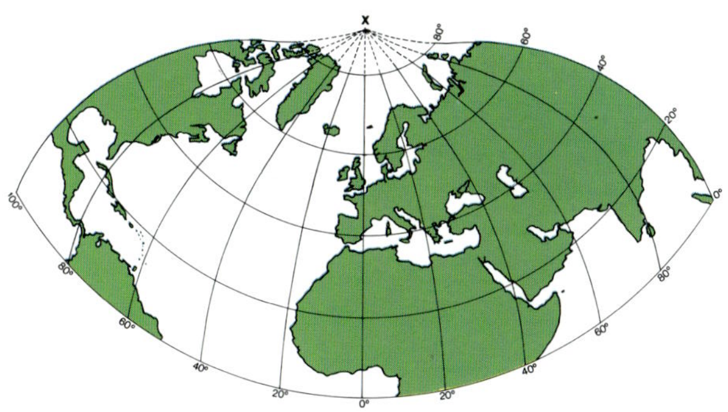

4. Projection polyconique

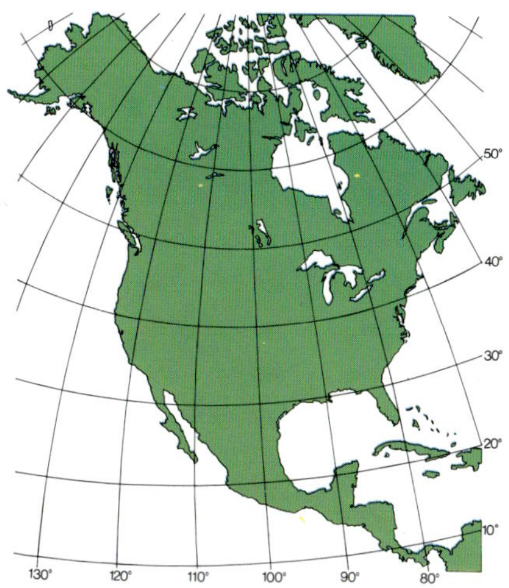

B. PROJECTIONS CYLINDRIQUES

1. Normale

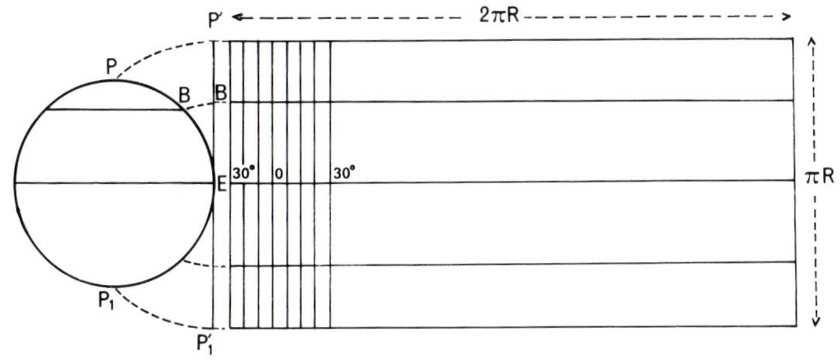

2. Équivalente de Lambert

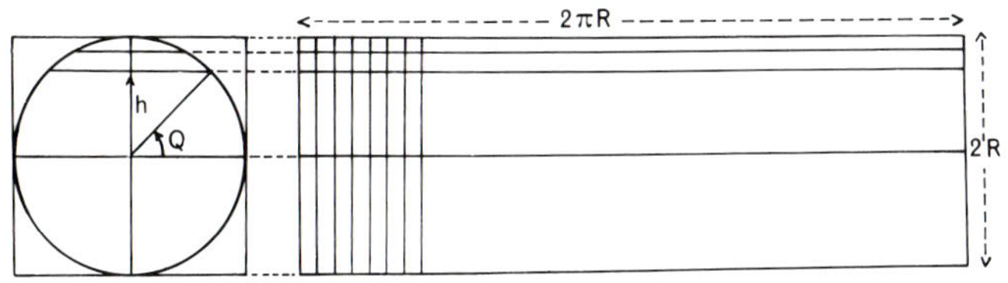

3. de Mercator
(Projection conforme)

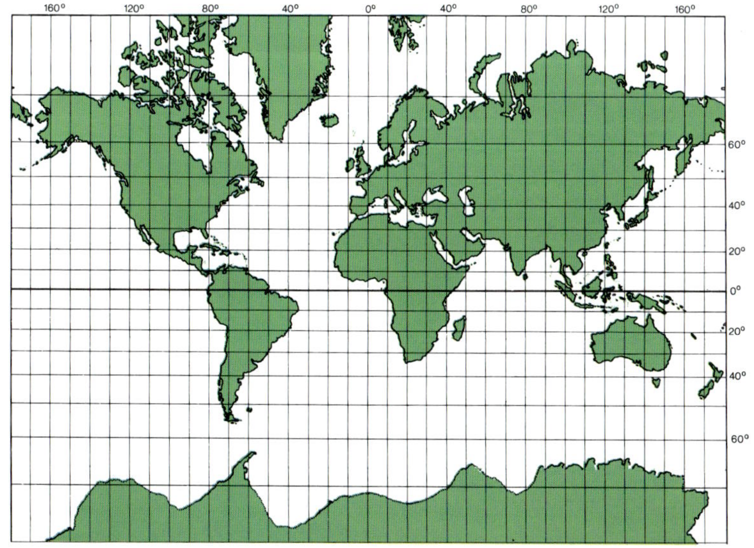

4. de Peters
Projection équivalente avec deux parallèles fondamentaux. (45° LN et 45° LS).

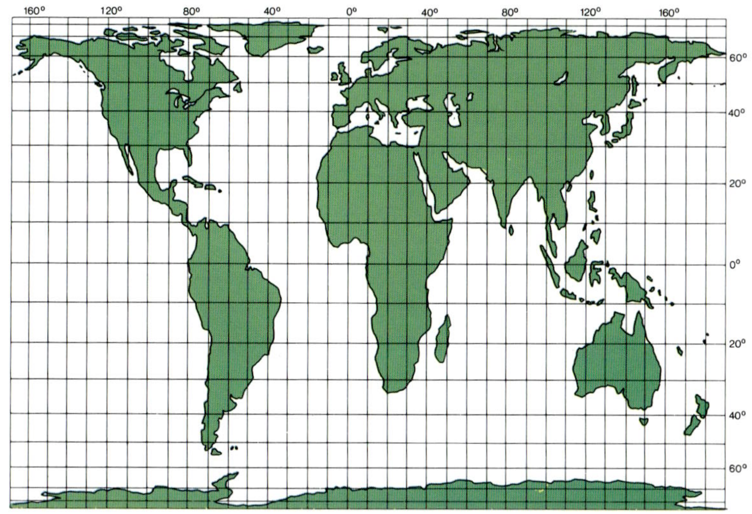

C. PROJECTIONS AZIMUTALES

1. Projection orthographique polaire

(Point de vue à l'infini)

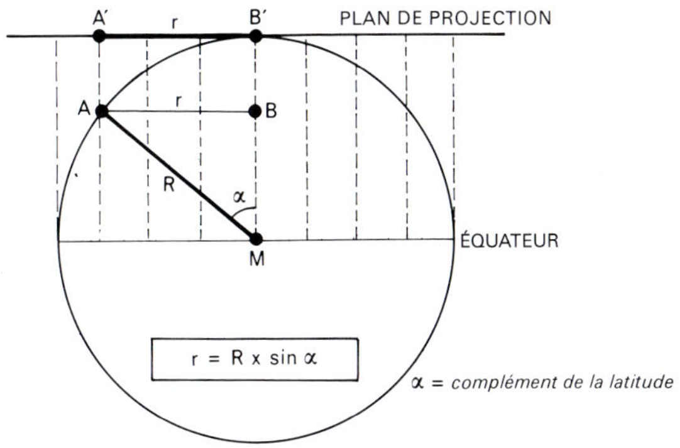

L'image de la carte

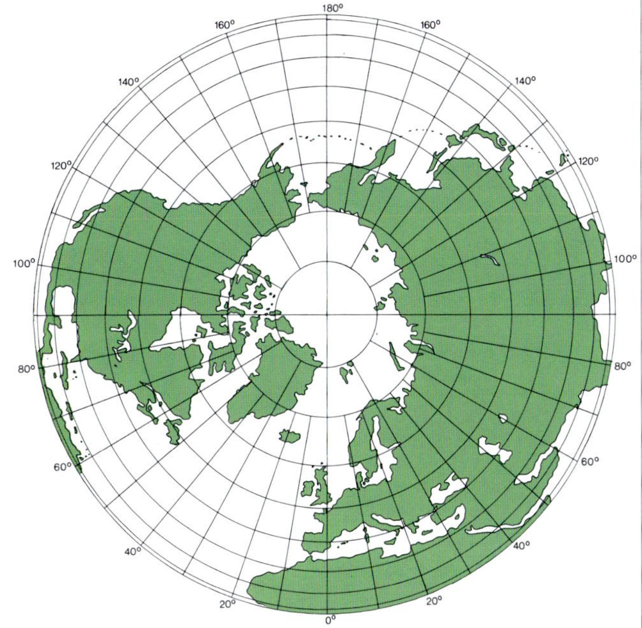

2. Projection gnomonique ou centrale

(Point de vue au centre du globe)

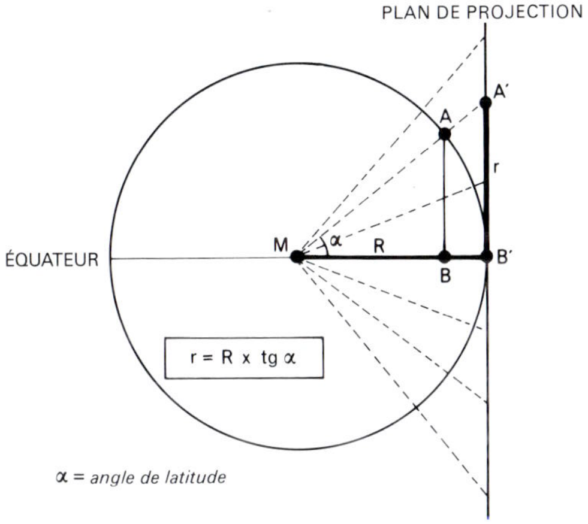

L'image de la carte

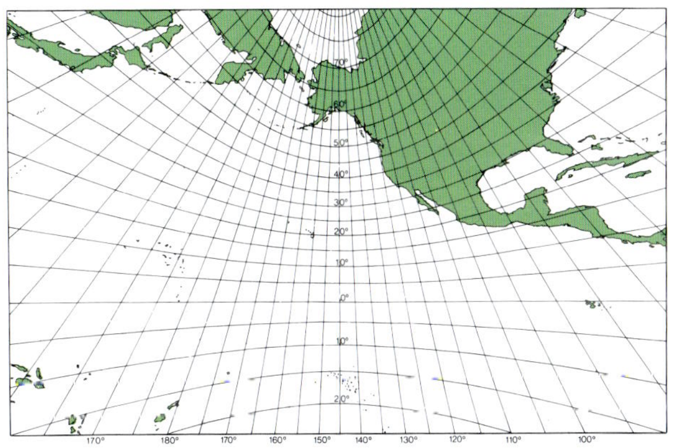

3. Projection stéréographique équatoriale

(Point de vue à l'antipode du point de contact du plan de projection)

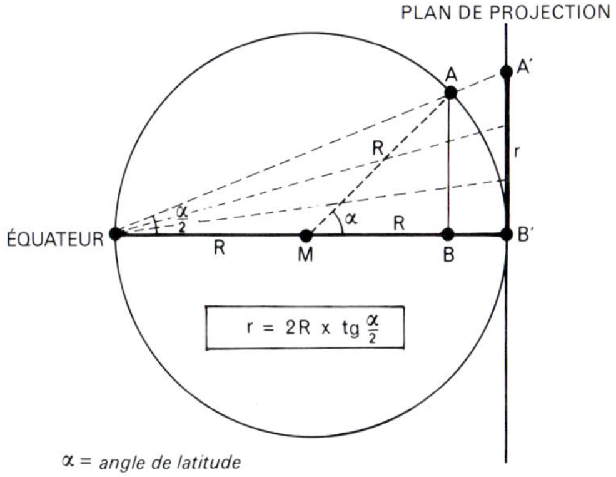

L'image de la carte
Hémisphère oriental

D. CANEVAS CONVENTIONNELS

1. Projection de Mollweide-Babinet

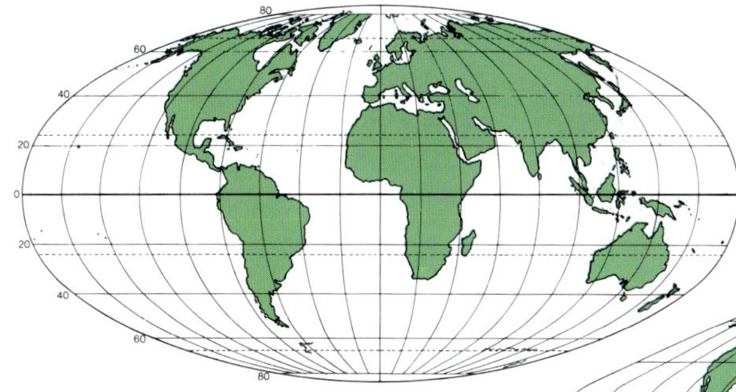

2. Projection de Sanson-Flamsteed

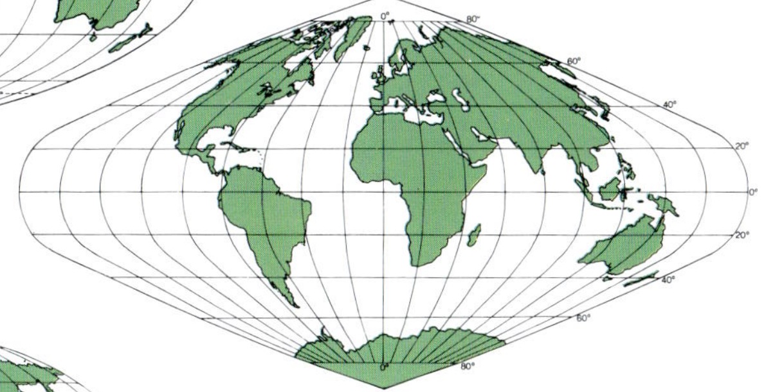

3. Projection homalographique discontinue de Mollweide

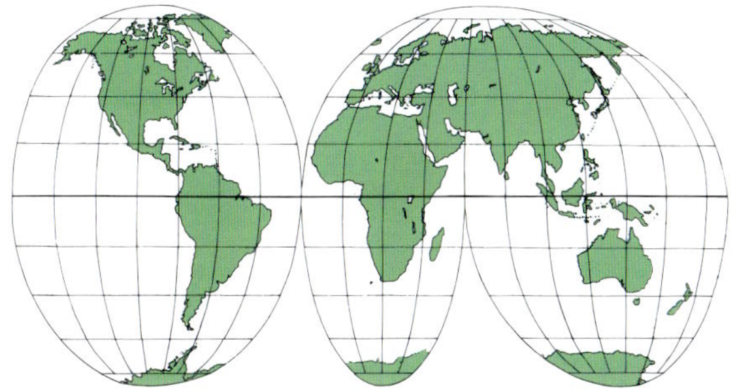

4. Projection équivalente discontinue de Goode

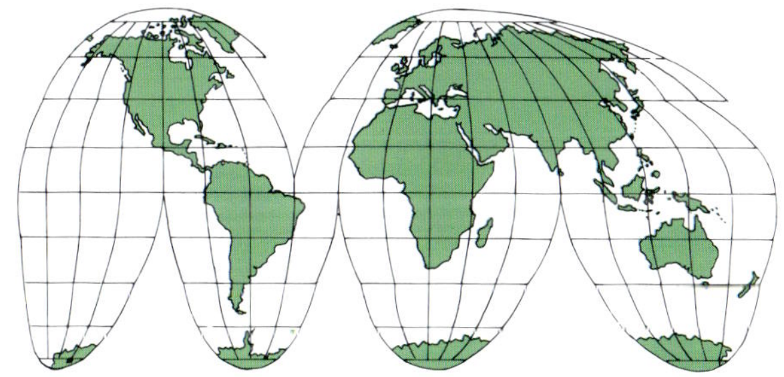

5. Projection équivalente tétraédrique de Grégory

6. Projection de Winkel

Les planisphères thématiques de cet atlas sont réalisées selon cette projection.

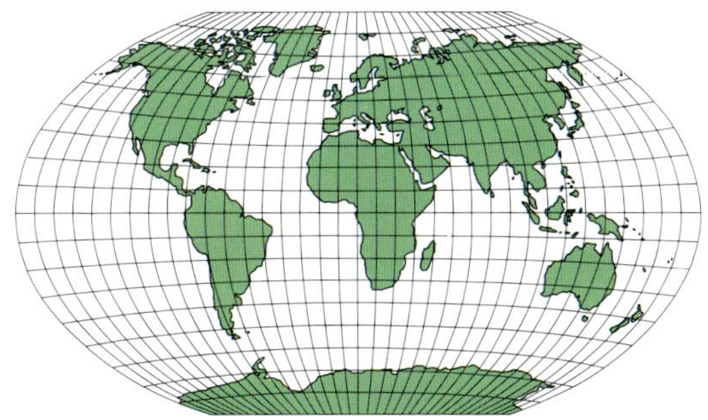

ABRÉVIATIONS

A.	Alpes
Afr. du S.	Afrique du Sud
Alb.	Albanie
Ang.	Angola
Arch.	Archipel
Austr.	Australie
B.	Baie, Bay
Belg.	Belgique
Bge.	Barrage
Br.	Britannique
Bulg.	Bulgarie
C.	Cap, Cabo
C.	Col, Colle
Cd.	Ciudad (ville)
CFC	Chlorofluorocarbones
Ch	Chaîne
Ch.	Chili
Cl.	Canal
Col.	Colombie
Conn.	Connecticut
Cord.	Cordillère, Cordillera
C.R.	Costa Rica
Cy.	City
Dan.	Danemark
D.C.	District of Columbia
Dépr.	Dépression
Dés.	Désert
Dj.	Djebel (montagne)
Dt.	Détroit
DU	Dobson-unité
E.	Est, East
E.A.U.	Émirats Arabes Unis
Eq.	Équateur
Esp.	Espagne
Ét.	Étang
É.-U.	États-Unis
Fj.	Fjord
Fr.	France
Ft.	Fort
G.	Golfe
Gd	Grand, Gran, Great
Gde	Grande
G. Équ.	Guinée Équatoriale
G.F.	Guyane Française
GMT	Greenwich Mean Time
GNL	Gaz naturel liquéfié
Gr.	Gros
Gr.	Greenwich
Hond.	Honduras
Hong.	Hongrie
Hs.	Hills (collines)
I.	Ile, Iles, Isle, Island
INS	Institut National de Statistique
Isr.	Israël
Isth.	Isthme
It.	Italie
Jap.	Japon
Jord.	Jordanie
km	kilomètre
L.	Lac, Lago, Lake, Loch, Lough
Lag.	Lagune, Lagoa, Laguna
L.E.	Longitude Est
Lib.	Liban
L.N.	Latitude Nord
L.O.	Longitude Ouest
L.S.	Latitude Sud
M.	Millions
Mass.	Massachusetts
Md.	Milliards
Mérid.	Méridional
Mex.	Mexique
Mgne	Montagne
Mgnes	Montagnes
M.N.	Monument National
Mt	Mont, Mount
Mte	Monte
Mti	Monti
Mts	Monts, Mountains
MW	Megawatt
N.	Nord, North
Nat.	National
N.H.	New Hampshire
Nlle.	Nouvelle
Norv.	Norvège
Nth.	North
N.-Z.	Nouvelle-Zélande
O.	Ouest
Occid.	Occidental
O.P.E.P.	Organisation des Pays Exporteurs de Pétrole
Or.	Oriental
Orient.	Oriental
P.-B.	Pays-Bas
Pco.	Pico (pic)
Ple.	Péninsule, Presqu'île
Pk.	Peak (pic)
Pl.	Plaine
Plat.	Plateau
P.M.	Pôle Magnétique
P.N.	Parc National
P.N.B.	Produit National Brut
Pnt	Point
Port.	Portugal
Pr.	Prince, Princesse
Pt.	Petit
Pt.	Port
Pta.	Punta
Pte.	Pointe
Pte.	Porte
Pto.	Porto, Puerto
Pzo.	Pizzo
R.	Range
R.	Rio
Rép.	République
Rép. Dom.	République Dominicaine
Rés.	Réservoir
R.I.	Rhode Island
Riv.	Rivière, River
S.	San, São
S.	Sud, South, Sur
s/	sur
Sept.	Septentrional
Seych.	Seychelles
s/s	sous
St.	Saint, Sankt
Sta.	Santa
Ste.	Sainte
Stes.	Saintes
Sth.	South
Sto.	Santo
T.	Terre
Tec.	Tonne équivalent charbon
Terr.	Territoire
TGV	Train à Grande Vitesse
U.E.	Union Européenne
U.R.S.S.	Union des Républiques Socialistes Soviétiques
Ven.	Venezuela
W.	West (Ouest)
Youg.	Yougoslavie

PRONONCIATION

Albanais

gj	dy

Anglais

a, ai, ay	e
a après w	o
c devant e, i, y	s
ch	tch
ee	i
ea	et (dans jet) ou i
e devant r	eu
eu, ew	you
g devant e, i	dj
gh (en fin de syllable)	muet
i	aill
i devant r	eu
kn	n
oo	ou
ou, ow	aw
ou	eu (court)
ow	o
sh	ch
th	s (en plaçant la langue contre les incisives supérieures)
u	eu (ouvert) ou you
w	muet dans -wich

Annamite

ph	f
x	s

Bulgare

â	e muet
c	ts, aussi devant a, o, u
č	tch
h	h aspiré
š	ch
	j

Chinois

c	ts
ch	tch
ei	eille
h	kh
iang	yang
j	kh
jiu	tyow
q	ty
sh	ch
u après j, q, x, y	u, autrement ou
x	s
zh	tch

Danois

å	o (long)
ø	eu
y	u (long)

Espagnol

c devant e et i	th anglais
ch	tch
g devant e et i	r
gu devant a et o	gw
gu devant e et i	g
h	muet
j	r
ll	lj
ñ	gn
qu devant e et i	k
v	b au début du mot, autrement w
x	h aspiré

Finnois

y	u (long)

Hindi

ch	tch
h	h aspiré

Hongrois

c	ts, aussi devant a, o, u
cs	tch
gy	dy
ly	y
ny	gn
s	ch
sz	ss
zs	j

Indonésien et malais

c	tj
j	dj

Islandais

dh	th anglais

Italien

c devant e et i	tch
ch	k
g devant e et i	dj, autrement g
gh	g
gli	lj
z	ts

Norvégien

å	o (long)
æ	è
o	ou
ö	eu
y	u (long)

Polonais

c	ts, aussi devant a, o, u
č	tch
ck	tsk
cz	tch
l	lj
ł	w
ń	gn
ó	ou
rz	j
ś	ch
ść	chtch
sz	ch
y	é
ź	j

Portugais

âo	a-on
c devant e et i	ss
ç	s
ch devant r	k
ei	eille
g devant e et i	j
gu devant e et i	gw
h	muet
lh	ll (dans bille)
nh	gn
qu devant e et i	k

Roumain

ă	eu (long)
c devant e et i	tch
g devant e et i	dj
gh	g
î	eu (court)
s	ch
ț	ts

Serbo-croate

c	ts, aussi devant a, o, u
č	tch
h	h aspiré
š	ch
	j

Suédois

å	o (long)
k devant ä, e, i, ö et y	tj
y	u (long)

Tchèque

c	ts, aussi devant a, o, u
č	tch
ě	ye
ň	gn
ř	rj
š	ch
	j

Turc

c	dj
ç	tch
ey	é
h	h aspiré
ş	ch

Index

Utilisation de l'index

Dans l'index figurent tous les noms géographques inscrits sur les cartes d'ensemble physiques et politiques, ainsi que sur un certain nombre de cartons ou cartes-annexes. Le système de renvoi à un quadrilatère donné se trouve expliqué ci-dessous.

Ordre des noms géographiques
Les noms sont rangés par ordre alphabétique. L'alphabétisation se fait lettre par lettre, sans tenir compte de l'espace entre mots et traits d'union. Les articles et prépositions sont placés devant l'appellation principale. Exemples: Den Helder, El Fayoum, La Panne, Le Havre, Los Angeles, The Wash. Des termes géographiques apparaissent après les noms géographiques. Exemples: Everest, mont; Mexique, golfe du; Ness, loch; Grande, rio; Nevada, sierra. Les noms de pays et localités qui contiennent une appellation géographique, sont inscrits en entier, tels qu'on les prononce. Exemples: Sierra Leone, Rio de Janeiro, Mount Goldsworthy.
Quant aux préfixes tels que Fort, Nouveau, Port, Saint, etc., ils subsistent devant le nom principal.
Quand un sujet possède deux noms différents, ces deux appellations figurent dans l'index. C'est le cas d'une traduction française existante, ou d'appellation traditionnelle, ou encore de graphies en plusieurs langues officielles. Exemples: Beijing - Pékin, Aachen - Aix-la-Chapelle, Helsinki - Helsingfors, Bolzano - Bozen.

Pagination
Le premier nombre après le nom géographique se rapporte à la page où apparaît ce nom. L'addition d'une lettre A, B, C, D se rapporte à un carton figurant sur la même page. Exemple: Blanca, costa 73D.

Renvoi aux subdivisions cartographiques
Les cartes générales et un certain nombre de cartons présentent des subdivisions. Celles-ci sont déterminées par le canevas des méridiens et parallèles; et les parties de se canevas sont identifiées par les lettres et chifres indiqués en rouge autour du cadre de chacune des cartes. Ainsi on trouve Londres sur la carte de Royaume-Uni et Irlande (pages 56-57) dans le quadrilatère F6. Ces indications se trouvent donc dans l'index, après le numéro de page et éventuellement après la lettre identifiant un carton. Exemple: Greenwich 58C C3.
Pour les inscriptions longues, c'est-à-dire s'étendant sur plus d'un quadrilatère, on mentionne le premier et le dernier de ces quadrilatères. Exemple: Sahara 110-111 C2 F2. Sur différentes cartes-annexes, ne figure aucun canevas; dans ce cas, on ne mentionne dans l'index que le numéro de page et la lettre de la carte ou du carton. Exemple: Tung Chung 101D.

Anciens noms
Les noms géographiques qui pour une raison - souvent politique - sont remplacés par d'autres, ne se trouvent en général plus sur les cartes. Mais ils sont cependant encore repris dans l'index, qui renvoit alors à l'appellation actuelle. Exemple: Akmola = Astana 80-81 I4. (Les changements de noms qui datent d'il y a plus de 10 ans ne sont pas mentionnés.)

A

Aa 24 D2
Aachen 62 B3
Aalen 62 D4
Aalten 60 E3
Aar 2 G3
Aarau 66-67 C1 D1
Aarberg 66-67 C1
Aare 66-67 C2 D1
Aarschot 60 C4 D4
Aasiaat 122-123 M3
Aba (Chine) 102-103 G5
Aba (Nigéria) 118B
Aba as Suud 94 D6
Abadan 94 E3 E4
Abadeh 94 F3
Abadla 117C A3
Abakan 80-81 K4
Abano Terme 64-65 H4
Abariringa 140-141 H21 H22
Abashiri 108 E2 F2
Abaya, lac 110-111 G4
Abbeville 24 C2
Abéché 112-113 F3
Abengourou 116-117A C4
Åbenrå 62 C1
Abeokuta 112-113 D4
Aberdeen (É.-U) 126-127 G2
Aberdeen (Hongkong) 101D
Aberdeen (R.-U.)
56-57 E3 F3
Aberystwyth 56-57 D5
Abha 94 D6
Abia 118 C4
Abidjan 112-113 C4
Abilene 126-127 G5
Abisko 54-55 F1
Abitibi 122-123 J4
Abitibi, lac 125 B4 C4
Abkhazie 85A
Abloux 28 E1
Åbo 54-55 G3
Abomey 116-117A D4
Abondance 32 F4
Abord, rivière d' 37 E1
Abou Ali 94 E4
Abou Dhabi 94 F5
Abou Kamal 94 J6
Abou Madd, ras 94 C5
Abounamy 36 D1
Abou Rudeis 94 B4
Abou Shagara, ras 94 C5
Abou Simbel 68-69 K7
Abramtsevo 84F D1
Abrantes 72-73 A3
Abridge 58C C1 D1
Abruzzes 74-75 E3 F3
Abu Gharadig 116-117A F1
Abu Hamed 112-113 G3
Abuja (État) 118 C4
Abuja (ville) 112-113 D4
Abymes 36 C1
Acajutla 132 A4 B4
Acapulco 126-127 F8 G8
Acarai, serra 134 E2
Acarouany 36 D1
Accous 28 C5
Accra 112-113 C4 D4
Aceh 98-99 B4 B5
Achantis, collines 110-111 C4
Achen, lac 64-65 H2
Acheng 102-103 L2
Achères 23A B1
Achgabat 80-81 G6 H6
Achill 96-97 A5
Achouanipi, lac 125 E3 F3
Acireale 74-75 E6
Acklins, île 132 E2
Acolin 32 C2
Aconcagua 134 C6 D6
Açores 144-145 F18
Acqui-Terme 64-65 E5
Acre (État) 135 C3
Acre (rivière) 134 D4
Acre (ville) 92 A3 B3
Actéon, groupe 37N C3
Acton 58C B2
Adaja 72-73 C2
Adam 94 G5
Adamaoua 110-111 E4
Adamawa 118 C4
Adamello 74-75 C1
Adana 90 G5
Adapazarı 90 E3
Adare, cap 140-141 P20
Adda 74-75 C1 B2
Adda 59 D3
Ad Dawadimi 94 D5
Addington Park 58C C3
Addis Abeba 112-113 G4
Ad Diwaniyah 94 E3
Addlestone 58C A3
Adelaide 142-143 D5 E5
Adelboden 66-67 C2
Adélie, terre 169B
Aden 94 E7
Aden, golfe d' 94 E7
Adige 74-75 C1 C2
Adigrat 94 C7 D7
Adirondack, monts
126-127 K3 L3
Adıyaman 90 I5
Adjarie 85A
Adonara 98-99 G7
Adoni 96 D6
Adour 28 C4 D4
Adrar (région) 116-117A B2
Adrar (ville) 112-113 C2
Adrar des Iforas 110-111 D3
Adria 74-75 C2 D2
Adriatique, mer
68-69 G3 H3
Adwa 94 C7
Adyghéie 85A
Ærø 62 D1
A Estrada 72-73 A1
Afaahiti 37C B2
Afam 118F
Afareaitu 37C A2
Aff 26 D3
Afghanistan 88-89 I6
Aflou 117C B2
Africain, bouclier 150C
Africain, rift 150C
Africaine, plaque 150B
Afrique 144-145 I22 I23
Afrique du Sud
112-113 E8 F8
Afrique orientale, plateau
de l' 110-111 G4 G5
Afula 92 B3
Afyonkarahisar 90 E4
Aga-Bouriatie 85A
Agadez 112-113 D3
Agadir 117B B2
Agalega, îles 140-141 J8
Agartala 96 G5
Agat 59 C1
Agats 98-99 J7
Agboville 116-117A C4
Agde 30 C2
Agde, cap d' 30 C2
Agen 28 D3
Agenais 28 D3
Agion Oros, golfe d'
76-77 G5 G6
Agly 30 B3
Agno 64-65 H4
Agout 30 B2
Agra 96 D4
Agri 74-75 E4 F4
Ağri 90 K4
Agriates, désert des 30 I6
Agrigente 74-75 D6
Agrinion 76-77 F6
Agropoli 74-75 E4
Aguanaguès 28 E4
Aguanes 125 F3
Aguascalientes 126-127 F7
Águeda 72-73 B2
Águilas 72-73 E4
Aguilhe 32 C3 D3
Agusan 98-99 H4
Ahaggar 110-111 D2
Ahlat 90 K4
Ahmadabad 96 C5
Ahmadi 95 E4
Ahmadnagar 96 C6 D6
Ahoa 37K A2
Ahotohé 116-117A D4
Ahr 62 B3
Ähtävä 54-55 G3
Ahvaz 94 E3
Ahwar 94 E7
Aïagöz (rivière) 102-103 B2
Aïagöz (ville) 80-81 J5
Aïan 80-81 O4
Aigle 66-67 B2 C2
Aigle, rivière de l' 125 G3
Aignay-le-Duc 34 C4
Aigoual 2 E4
Aigoual, mont 30 C1
Aigre 28 C2 D2
Aiguebelle 32 F3
Aigueperse 32 C2
Aigues-Mortes 30 D2
Aiguilles 32 F4
Aiguilles, bassin des
144-145 N22 N23
Aiguilles, cap des
110-111 G8
Aiguille Verte 2 G4
Aiguillon 28 D3
Ail, cap d' 30 G2
Ailly-sur-Noye 24 D3
Ailly-sur-Somme 24 D3
Ain (département) 32 E2
Ain (rivière) 32 E2 E3
Ain (ville) 94 G5
Aïn Beida 117C C2 D2
Aïn Sefra 117C A2
Aïn Témouchent 72-73 E5
Aïn Wessara 116-117A D1
Aïon 80-81 R2
Aïr 110-111 D3
Airain 24 D6
Airaines 24 C3
Aire (rivière, France) 34 D3
Aire (rivière, R.-U.) 56-57 F5
Aire (ville) 24 D2
Aire-sur-l'Adour 28 C4
Airolo 66-67 D2
Airvault 24 A6
Aisne (département) 24 E3
Aisne (rivière) 34 C2 B2
Aïssa, djebel 117C A2 B2
Aitape 142-143 E2
Aitutaki 140-141 J22
Aivieksté 54-55 H4
Aix, île d' 26 E4
Aix-en-Othe 34 B3
Aix-en-Provence 30 E2
Aixe-sur-Vienne 28 E2
Aix-la-Chapelle 62 B3
Aix-les-Bains 32 E3 F3
Aizawl 96 G5
Aizenay 26 E4
Aizuwakamatsu 108 D3 E3
Ajaccio 30 H7
Ajaccio, golfe d' 30 H7
Ajaokuta 116-117A D4
Ajjer, tassili n' 110-111 D2
Ajlun 92 B3
Ajman 95 G4
Ajmer 96 C4
Ajo, cap 72-73 D1
Ajoie 66-67 B1 C1
Ajoupa-Bouillon 37 B1
Akademgorodok 80-81 J4
Akashat 90 I7 J7
Akashi 109A B2 C2
Akenobe 109A B2
Aketi 112-113 F4
Akhdar, monts 94 G5
Akhelôos 76-77 F6
Akhisar 90 C4 D4
Akimiski 125 B3
Akita 108 D3 E3
Akjoujt 112-113 B3
Akko 92 A3 B3
Akköl 102-103 B2
Aklavik 122-123 E3
Akmola = Astana 80-81 I4
Akola 96 D5
Akordat 94 C6
Akossombo 116-117A C4 D4
Akpatok 122-123 L3
Akra 90 K5
Akranes 54A b2
Akron 126-127 J3
Aksaray 90 F4
Akşehir 90 E4
Akşehir, lac 90 E4
Aksouat 102-103 C2
Aksoum 112-113 G3
Aksu (fleuve) 90 E5
Aksu (ville) 102-103 C3
Aktaou 80-81 F5 G5
Aktöbe 80-81 G4
Aktoghaï 80-81 I5 J5
Akureyri 54A c2
Akwa Ibom 118 C4
Ala, lac 80-81 J5
Alà, monts 74-75 B4
Alabama (État) 126-127 I5
Alabama (fleuve) 126-127 I5
Aladja 116-117A D4
Alagnon 32 C3
Alagoas 135 G3
Alagón 72-73 B3
Alai Tag 96 B2 C2
Alaköl 80-81 J5
Alakourtti 54-55 I2
Al Amarah 94 E3
Åland 54-55 G3
Alanya 90 E5
Alaşehir 76-77 J6
Alashanyouqi 102-103 G3
Alaska 120-121 E3 F3
Alaska, autoroute de l'
120-121 G3 H4
Alaska, chaîne d'
120-121 E3 F3
Alaska, golfe d' 120-121 F4
Alaska, péninsule d'
120-121 D4 E4
Alassio 64-65 D5 E5
Alataou 80-81 I5 J5
Alba (champ pétrolier)
59 C2
Alba (ville) 74-75 B2
Albacete 72-73 D3 E3
Alba Iulia 76-77 G2
Alban 30 B2
Albanaises, alpes
76-77 E4 F4
Albanel, lac 125 D3
Albanie 42-43 F4 G4
Albano 74-75 D4
Albany (fleuve) 122-123 J4
Albany (ville, Australie)
142-143 B5
Albany (ville, É.-U., Géorgie)
126-127 J5
Albany (ville, É.-U., New
York) 126-127 L3
Albatre, côte d' 25A B3
Albemarle, baie d'
126-127 K4 L4
Albenga 64-65 E5
Alberche 72-73 D2
Albères 30 B3
Alberga 142-143 D4
Albert 24 D2
Albert, canal 60 D3
Albert, lac 110-111 F4 G4
Alberta 122-123 G4
Albertville 32 F3
Albi 30 B2
Albigeois 30 A2 B2
Albis 66-67 D1
Albo, mont 74-75 B4
Alborán 72-73 D5
Ålborg 54-55 D4
Albufeira 72-73 A4
Albula 66-67 E2
Albula, col de l' 66-67 E2
Albuquerque 120-121 E4 F4
Alburquerque 72-73 B3
Albury-Wodonga 142-143 E5
Albuskjell 59 C2
Alcalá de Chivert 72-73 F2
Alcalá de Henares 72-73 D2
Alcamo 74-75 D6
Alcañiz 72-73 E2
Alcántara 72-73 B3
Alcaraz, sierra de 72-73 D3
Alcázar de San Juan
72-73 D3
Alcoi 72-73 E3
Alcúdia 72-73 G3
Alcudia, sierra de 72-73 C3
Aldabra 110-111 H5
Aldan (localité) 80-81 N4
Aldan (rivière) 80-81 O3
Aldan, plateau de l'
80-81 N4
Aldeburgh 56-57 G5
Aldenham Reservoir 58C A1
Aldershot 56-57 F6
Al Djawf (Arabie Saoudite)
94 C4
Al Djawf (Libye) 68-69 I7
Aleksandrovsk-Sakhalinski
80-81 P4
Aleksin 78 G3
Alençon 24 B4
Alençon, campagne d'
24 A4 B4
Alentejo 72-73 A3
Aléoutiennes, bassin des
140-141 C20 C21
Aléoutiennes, fosse des
140-141 D20 C22
Aléoutiennes, îles
140-141 C20 C21
Alep 94 C2
Aléria 30 I6
Aléria, plaine d' 30 I7 I6
Alert 122-123 L1 M1
Alès 30 D1
Ålesund 54-55 C3
Alet-les-Bains 30 B3
Aletschhorn 66-67 D2
Alevin, cap 80-81 P4 Q4
Alexander Bay 112-113 E7
Alexandre, archipel
120-121 G4
Alexandre, île
140-141 O30 O31
Alexandria (É.-U.,
Louisiane) 126-127 H5
Alexandria (É.-U., Virginie)
130B
Alexandria (Roumanie)
76-77 H3
Alexandrie (Égypte)
68-69 J5
Alexandrie (Italie) 74-75 B2
Alexandroupolis 76-77 H5
Alexis 125 G3
Alfios 76-77 F7 G7
Alföld 76-77 E2 F2
Alfortville 23A C3
Alfred-Faure 37F A2
Algajola 31A H6
Algarve 72-73 A4
Alger 117C B1
Algérie 112-113 C2 D2
Algésiras 72-73 C4
Alghero 74-75 B4
Algoa, baie 110-111 F8
Algonquin, parc 126-127 K2
Algrange 34 D2
Al Hadithah 94 D3
Al Hasa 94 E4
Al Hasakah 90 J5 I8
Al Hayy 94 E3
Al Hillah 94 D3 E3
Al Hoceima 117B C1 D1
Al Hufuf 94 E4
Al Hulwah 94 E5
Aliakmon 76-77 F5
Alicante 72-73 E3 F3
Alice, point' 74-75 F5
Alice Springs 142-143 D4
Alicudi 74-75 E5
Aligarh 96 D4
Ali Sabieh 94 D7
Al Jafr 92 C5
Al Khaburah 94 G5
Al Khaluf 94 G5
Al Kharj 94 E5
Al Khums 68-69 G5
Alkmaar 60 C2
Al Kut 94 E3
Allahabad 96 E4
Al Laja 92 C3
Allakh-Ioun 80-81 O3 P3
All American Canal 131A F5
Allassac 28 E2
Allauch 30 E2
Allegheny, monts
126-127 J4 K3
Allègre, pointe 36 C1
Allemagne 42-43 E3 F3
Allemagne du Nord, plaine
d' 40-41 E3 F3
Allen, lough 56-57 B4 C4
Allenby, pont 92 B4
Allentown 126-127 K3
Alleppey 96 D8
Aller 62 D2 C2
Allevard 32 F3
Alley Park 130C D2
Allgau, alpes de l'
64-65 F2 G2
Al Lidam 94 D5
Allier (département)
32 B2 C2
Allier (rivière) 2 E3
Al Lith 94 D5
Allonnes 24 B5
Allos 30 F1
Alma 125 D4
Alma-Ata 80-81 I5
Almada 72-73 A3
Almadén 72-73 C3
Al Mafraq 92 B3 C3
Almanor, lac 131A C1
Almansa 72-73 E3
Almanzor 72-73 C2
Almanzora 72-73 D4
Almaty 80-81 I5
Al Mayadin 94 J6
Almazán 72-73 D2
Almelo 60 E2
Almere 60 D2
Almería 72-73 D4
Almodóvar del Campo
72-73 C3
Almonte 72-73 C3
Al Mubarraz (Al Hufuf)
94 E4 F4
Al Mubarraz (Ned.ed) 94 E5
Al Muwaylih 94 C4
Alo 37L A2
Alofi 37L B2
Alonnisos 76-77 H6
Alor 98-99 G7
Alor Setar 98-99 C4
Alost 60 C4
Aloysius, mont 142-143 C4
Alpes 40-41 E4 F4
Alpes-de-Haute-Provence
32 F4
Alpes-Maritimes 30 F1 G2
Alphen-sur-Rhin 60 C2
Alpilles 30 D2
Al Qalibah 94 C4
Al Qatif 94 E4
Al Qatrun 68-69 G7
Al Qaysumah 94 E4
Al Qunfudha 94 C6 D6
Al Quwara 92 B6
Als 62 C1
Alsace 34 F3
Alsace, ballon d' 34 E4
Alsace, plaine d' 34 F3
Alsenz 34 F2
Alta (fleuve) 54-55 G1
Alta (localité) 54-55 G1
Altafjord 54-55 G1
Altaï (localité) 102-103 F2
Altaï (montagne) 80-81 J4
Altaï (République) 85A
Altaï (territoire) 85A
Altaï Mongol 102-103 D2 F2
Altamaha 126-127 J5
Altamira (grotte) 72-73 C1
Altamira (ville) 135 E3
Altamura 74-75 F4
Altare 64-65 E5
Altdorf 66-67 D2
Altea 72-73 E3 F3
Altenburg 62 E3
Altkirch 34 F4
Alton 126-127 H4
Altoona 130B
Altstätten 66-67 E1
Altun Shan 102-103 C4 E4
Al Ubaylah 94 F5
Alun, côte d' 34 C3
Al Wajh 94 C4
Alwar 96 D4
Alwyn 59 C1
Alz 62 E4
Alzette 34 E2
Alzira 72-73 E3
Alzon 30 C2
Al-Zueidina 116-117A F1
Amadeus, lac 142-143 D4
Amadjuak, lac
122-123 K3 L3
Amagasaki 109B
Amahai 98-99 H6
Amakusa, baie d' 108 B4
Amakusa, îles 108 B4
Amal 116-117A F2
Amalfi 74-75 E4
Amami, îles 108 B5
Amance 34 D4
Amancey 32 F1
Amaru 37N B2 C2
Amapá (État) 135 E2
Amapá (ville) 135 E2
Amarapura 98-99 B1
Amar Ilo 126-127 F4
Amasya 90 G3
Amazone 134 D3 F2
Amazonie 135 D3
Ambala 96 D3
Ambartchik 80-81 R3
Ambato 135 C3
Ambatondrazaka 112-113 H6
Ambazac 28 E2
Ambe au 98-99 H6
Amberg 62 D4
Ambérieux-en-Bugey
32 E2 E3
Ambert 32 C3
Ambès 28 C2
Ambès, bec d' 2 C4
Ambialet 30 B2
Amblève 60 D4
Amboise 24 C5
Ambon (île) 98-99 H6
Ambon (ville) 98-99 H6
Ambre, cap d' 110-111 H6 I6
Ambrose Channel 130C B4
Ambrym 142-143 G3
Amden 66-67 E1
Amderma 80-81 H3
Ameland 60 D1
Amélie-les-Bains-Palalda
30 B3
Américaine, plaque 150B
Amérique centrale, fosse d'
140-141 G28 G29
Amérique du Nord
144-145 D11 E12
Amérique du Nord, bassin
d' 144-145 F14 G15
Amérique du Sud
144-145 J14 K16
Amersfoort 60 D2
Amethyst 59 C3
Amfissa 76-77 F6 G6
Amga 80-81 N3 O3
Amgoun 80-81 O4
Amguid 68-69 F6
Amherst 125 F4
Amiata, mont 74-75 C3
Amiens 24 D3
Amilly 24 D5
Amindivi 96 C7
Amirantes 110-111 I5
Amirauté, îles de l'
142-143 E2
Amman 92 B4 C4
Ammer, lac 62 D4 D5
Amol 94 F2
Amorgós 76-77 H7 I7
Amos 125 C4
Amou-Dario 80-81 H5 H6
Amour (fleuve) 80-81 N4 O4
Amour (province) 85A
Amour, côte d' 27A C3
Ampato 134 C4
Amplepuis 32 D3
Amqui 125 E4
Amravati 96 D5
Amriswil 66-67 E1
Amritsar 96 C3 D3
Amsteg 66-67 D2
Amstelveen 60 C2
Amsterdam 60 C2 D2
Amsterdam au Rhin, canal
d' 60 D2 D3
Amstetten 64-65 K1 L1
Am Timan 112-113 F3
Amundsen, golfe d'
122-123 F2 G3
Amundsen, mer d'
140-141 O27 P27
Amuntai 98-99 F6
Ana 90 J6
Anaa 37N B2
Anabar 80-81 M2
Anaconda 126-127 D2
Anadyr (fleuve) 80-81 R3 S3
Anadyr (ville) 80-81 S3 T3
Anadyr, golfe d' 80-81 S3 T3
Anadyr, monts de l'
80-81 R3 S3
Anáfi 76-77 H7
Anaheim 126-127 C5
Anáhuac, plateau d'
126-127 F7
Anaimudi 96 D7
Anambas, îles 98-99 D5
Anambra 118 C4
Anamur 90 F5
Anamur, cap 90 F6
Anantapur 96 D7
Anapa 78 G5
Anápolis 135 E4 F4
Anatolie 90 D4 F4
Anatom 142-143 G4 H4
Anbanjing 102-103 G7
Ance du Nord 32 C3
Ancenis 26 E3
Ancerville 34 D3
Anchorage 120-121 F3
Ancône 74-75 D3
Ancy-le-Franc 34 C4
Anda 102-103 K2 L2
Andalousie 72-73 B4 C4
Åndalsnes 54-55 C3 D3
Andaman, bassin d'
140-141 H12 G12
Andaman, îles 98-99 A3
Andaman, mer d'
98-99 A3 B4
Andaman centrale 98-99 A3
Andaman du Nord 98-99 A3
Andaman du Sud 98-99 A3
Andelle 24 C3
Andenne 60 D4
Anderlecht 60 C4
Andermatt 66-67 D2
Andernos-les-Bains
28 B3 C3
Anderson 122-123 F3
Andes,cordillère des
134 C3 C6
Andfjord 54-55 F1
Andhra Pradesh 96 D6 E6
Andijon 80-81 I5
Andong 106A B2
Andorre (État) 72-73 F1
Andorre (ville) 72-73 F1
Andøya 54-55 E1
Andreä, cap 90 G6
Andrésy 23A B1
Andrew 59 C2
Andria 74-75 F4
Andringitra 110-111 H7
Andros (Bahamas) 132 D2
Andros (Grèce) 76-77 H7
Andújar 72-73 C3 D3
Anduze 30 C1
Aneker 116-117A D3
Anet 24 C4
Aneto 72-73 F1
Angara 80-81 L4 K4
Angarsk 80-81 L4
Ange 54-55 E3
Angel, chute 134 D2
Angel de la Guarda
126-127 D6
Angeles 98-99 G2
Angelholm 54-55 E4
Ångermanälv 54-55 F3 F2
Angers 26 F3
Angerville 24 C4
Angkor 98-99 C3
Anglesey 56-57 D5
Anglet 28 B4
Angleterre 56-57 F5 G5
Anglia 59 C3
Anglin 28 D1
Anglo-Normandes, îles
56-57 E6
Ang Mo Kio 101C B1
Angoche 112-113 H6
Angola 112-113 E6 F6
Angola, bassin d'
144-145 K21
Angostura, chutes 134 C2
Angoulême 28 C2 D2
Angoulins 28 B1
Angoumois 28 C2 D2
Anguilla 132 G3
Anholt 54-55 D4
Anhui 102-103 J5
Anie, pic d' 28 C5
Aniene 74-75 D4
Aniva, baie d' 108 E1
Anizy-le-Château 24 E3
Anjou 26 F3
Anju 108 B3
Ankang 102-103 H5 I5
Ankara 90 F4
Ankaratra 110-111 H6 H7
Anklam 62 E2
Ankober 94 C8
Ann, cap 140-141 O8
Annaba 117C C1 D1
Annaberg-Buchholz 62 E3
An Nadjaf 94 D3
Annamitique, chaîne
98-99 C2 D2
Annapolis 126-127 K4
Annapurna 96 E4 F4
Ann Arbor 126-127 J3
An Nasiriyah 94 E3
Annecy 32 E3 F3
Annecy, lac d' 32 F3
Annemasse 32 F2
Anniviers, val d' 66-67 C2
Annobón 110-111 D5
Annonay 32 D3
Annot 30 F2
Anor 24 F2 F3
Anould 34 E3
Anqing 102-103 J5
Ansbach 62 D4
Anse 32 D3
Anse-Bertrand 36 C1
Anshan 102-103 K3
Anshun 102-103 H6
Ansongo 116-117A D3
Antakya 90 G5 H5
Antalya 90 E5
Antalya, golfe d' 90 E5
Antananarivo 112-113 H6
Antarctique
144-145 Q22 Q26
Antarctique, cercle polaire
144-145 P12 P37
Antarctique, péninsule
140-141 O32 O33
Antarctique, plaque 150B
Antequera 72-73 C4
Anti Atlas 117B B2 C2
Antibes 30 G2
Antibes, cap d' 30 G2
Anticosti 125 F4
Anticythère 76-77 G8
Antifer 24 B3
Antifer, cap d' 2 C2 D2
Antigorio, val 66-67 D2
Antigua 132 G3
Antigua et Barbuda 132 G3
Anti-Liban 92 C2
Antilles du Sud, bassin des
144-145 O16 O17
Antilles néerlandaises
132 F4 G3
Antioche, pertuis d' 28 B1
Antipodes, îles
140-141 N20 N21
Antofagasta 135 C5
Antongil, baie d'
110-111 H6 I6
Antony 23A C3
Antrim 56-57 C4 D4
Antseranana 112-113 H6 I6
Antsirabe 112-113 H6
Antully 35A C4
Anuc, lac 125 C2
Anvers (province) 60 C3
Anvers (ville) 60 C3
Anxi 102-103 F3
Anyang 102-103 I4
Anza 66-67 D3
Anzin 24 E2
Anzio 74-75 D4
Aoji-ri 108 C2
Aomen (province)
102-103 I7
Aomen (ville) 102-103 I7
Aomori 108 E2
Aorai 37C A2 B2
Aoral 98-99 C3
Aoste 64-65 D4
Aoste, val d' 64-65 D4
Aouk, bahr 110-111 E4 F3
Aouker 116-117A C3
Aozou 116-117A E2
Apalachee, baie 126-127 J6
Aparri 98-99 G2
Apatity 54-55 J2
Apatou 36 D1
Apeldoorn 60 D2
Apennins 74-75 B2 E4
Apennins étrusques
64-65 G5 H6
Apennins ligures
64-65 E5 F5
Apia 140-141 J21
Apo 98-99 G4 H4
Apolda 62 D3
Appalaches 120-121 L6 M5
Appenzell 66-67 E1
Appingedam 60 E1 F1
Appleton 126-127 I3

Approuague 36 D1
Apt 30 E2
Apuanes, alpes 64-65 G5 G6
Apure 134 D2
Aqaba 92 B6
Aqaba, golfe d' 92 A7
Ara (fleuve) 109C
Ara (ville) 96 E4
Araba 92 B5
Arabe, bouclier 150C
Arabe, plaque 150B
Arabie 86-87 G7 G8
Arabie, bassin d' 140-141 G9 H9
Arabie Saoudite 88-89 F7 H7
Arabique, désert 68-69 K6 K7
Aracajú 135 G4
Arad (Israël) 92 B4
Arad (Roumanie) 76-77 F2
Arafura, mer d' 140-141 I16 J16
Aragats 40-41 I4
Aragón (région) 72-73 E2
Aragón (rivière) 72-73 E1
Araguaia 134 E4 F3
Arak 94 E3 F3
Arakan, chaîne d' 98-99 A1 A2
Aral 80-81 H5
Aral, mer d' 80-81 G5 H5
Aralsk 80-81 H5
Aramon 30 D2
Aran, îles 56-57 A5 B5
Aran, val d' 28 D5
Aranda de Duero 72-73 D2
Aranjuez 72-73 D2
Aranyaprathet 98-99 C3
Araouane 112-113 C3
Ararat (mont) 90 L4
Ararat (ville) 142-143 E5
Aras 40-41 I5
Arataye 36 D1
Arauca (rivière) 132 F5
Arauca (ville) 132 E5
Aravalli, monts 96 C5 C4
Aravis, chaîne des 32 F3
Arbil 94 D2
Arbois 32 E2
Arbon 66-67 E1
Arbroath (champ pétrolier) 59 C2
Arbroath (ville) 56-57 E3
Arc 30 E2
Arcachon 28 B3
Arcachon, bassin d' 28 B3
Arc-en-Barrois 34 D4
Arc-et-Senans 32 E1
Archer 142-143 E3
Arcis-sur-Aube 34 C3
Arc-lès-Gray 34 D4
Arconce 32 D2
Arcos de la Frontera 72-73 C4
Arctic Bay 122-123 J2
Arctique, cercle polaire 144-145 C2 C45
Arcueil 23A C3
Arda 76-77 H5
Ardabil 94 E2
Ardahan 90 K3
Årdalstangen 54-55 C3 D3
Ardèche (département) 32 D4
Ardèche (rivière) 32 D4
Ardenne 34 C2 D1
Ardennes 34 C2
Ardennes, canal des 34 C2
Ardentes 24 C6
Ardila 72-73 B3
Ardres 24 C2 D2
Ardrossan 56-57 D4
Arena, pointe 131A A2 B2
Arendal 54-55 D4
Arequipa 135 C4 D4
Arès 28 B3
Åreskutan 54-55 E3
Areuse 66-67 B2
Arezzo 74-75 C3 D3
Arga 72-73 E1
Argelès-Gazost 28 C4
Argelès-sur-Mer 30 C3
Argens 30 F2
Argent, côte d' 29A C4
Argenta 64-65 H5
Argentan (rivière) 24 A6 A5
Argentan (ville) 24 A4 B4
Argentario, mont 74-75 C3
Argentat 28 E2
Argentera 64-65 D5
Argenteuil 24 D4
Argentière 32 F3 G3
Argentin, bassin 144-145 M15 N17
Argentine 135 D6
Argentino, lago 134 C8
Argenton-sur-Creuse 28 E1
Argent-sur-Sauldre 24 D5
Argeş 76-77 H3
Argonne, forêt d' 34 C2 D2
Argos 76-77 G7
Argostólion 76-77 F6
Argoun 80-81 M4
Arguenon 26 D2
Argun 102-103 K1
Argyll 59 C2
Århus 54-55 D4
Ariadnoïe 108 C1 D1
Ariano Irpino 74-75 E4
Arica 135 C4
Ariège (département) 28 E5
Ariège (rivière) 28 E5
Aripuanã 134 D3
Arize, massif de l' 28 E5
Arizona 126-127 D5
Arjeplog 54-55 F2
Arjuzanx 29A D3
Arkalyk 80-81 H4
Arkansas (État) 126-127 H4
Arkansas (rivière) 126-127 F4 H4
Arkhangelsk (province) 85A
Arkhangelsk (ville) 80-81 F3
Arklow 56-57 C5 D5
Arkona, cap 62 E1
Arlanc 32 C3
Arlanza 72-73 D1
Arlanzón 72-73 D1
Arlberg, col de l' 66-67 F1
Arles 30 D2
Arles-sur-Tech 30 B3
Arlington 130B
Arlit 112-113 D3
Arlon 60 D5
Arly 32 F3
Armada 59 C2
Armagh 56-57 C4
Armagnac 28 D4
Armançon 34 B4
Armenia 132 D6
Arménie 88-89 G5
Arménie, plateau d' 40-41 I4 I5
Armentières 24 D2
Armiansk 78 F4
Armidale 142-143 E5 F5
Armoricain, massif 2 B2
Arnac-Pompadour 28 E2
Arnage 24 B5
Arnaud 125 D2
Arnay-le-Duc 34 C4
Arnhem 60 D2
Arnhem, cap 142-143 D3
Arnhem, terre d' 142-143 D3
Arno 74-75 C3
Arnon 24 D6
Arnoux 2 F3
Arnsberg (district) 63
Arnsberg (ville) 62 B3 C3
Arnstadt 62 D3
Arolla 66-67 C2
Arosa 66-67 E2
Arousa, ria de 72-73 A1
Arpa 90 K3
Arpajon 24 D4
Arpajon-sur-Cère 32 B4
Arques (rivière) 24 C3
Arques (ville) 24 D2
Arques-la-Bataille 24 C3
Arran 56-57 D4
Ar Raqqah 94 C2
Arras 24 D2
Arrats 28 D4
Arreau 28 D5
Arrée, monts d' 26 B2 C2
Arromanches-les-Bains 26 F1
Arros 28 D4
Arroux 32 D2
Ar Rutbah 94 D3
Arseniev 108 C2
Ars-en-Ré 26 E4
Ars-sur-Moselle 34 D2 E2
Artà (Espagne) 72-73 G3
Árta (Grèce) 76-77 F6
Artense, plateau de l' 32 B3
Arth 66-67 D1
Arthur Kill 130C A4
Artiom 108 C2
Artix 28 C4
Artois 24 C2 D2
Artois, collines de l' 24 C2 D2
Artuby 30 F2
Artvin 90 J3 K3
Aru, îles 98-99 J7
Arua 112-113 G4
Aruba (île) 134 D1
Aruba (territoire) 132 F4
Arudy 28 C4
Arué 37C A2 B2
Arun 96 F4
Arunachal Pradesh 96 G4
Arusha 112-113 G5
Aruwimi 110-111 F4
Arvant 32 C3
Arve 66-67 B2
Arvert 28 B2
Arviat 122-123 I3
Arvika 54-55 E4
Arxan 102-103 K2
Arz 26 D3
Arzew 72-73 E5
Arzew, golfe d' 72-73 E4 E5
Aš 62 E3
Asahi (fleuve) 109A B2
Asahi (mont) 108 E2
Asahikawa 108 E2
Asansol 96 F5
Ascension 110-111 B5
Aschaffenburg 62 C4
Asco 30 I6
Ascoli Piceno 74-75 D3
Ascona 66-67 D2
Asenovgrad 76-77 H5
Asfeld 34 C2
Ashburton 142-143 B4
Ashdod 92 A4
Asheville 126-127 J4
Ashford (Kent) 58A
Ashford (Surrey) 58C A3
Ashikaga 108 D3 E3
Ashland 126-127 H2 I2
Ashmore 142-143 C3
Ashqelon 92 A4
Ash Shihr 94 E7 F7
Ashstead 58C A4
Asi 90 H6
Asie 144-145 E30 E31
Asilah 72-73 B5
Asinara 74-75 B4
Asinara, golfe d' 74-75 B4
Asir 94 D5 D6
Asir, ras 110-111 I3
Askja 54A C2
Asmara 112-113 G3 H3
Asni 117B C2
Asnières-sur-Seine 23A C2
Asosa 94 B7 C7
Asoteriba, djebel 94 C5
Asouf 68-69 E6
Aspe, vallée d' 28 C4 C5
Aspen 126-127 E4
Aspet 28 D4
Aspin, col d' 28 D5
Aspromonte 74-75 E5 F5
Assab 112-113 H3
Assad, lac 94 C2
As Salamiyah 94 H6
As Salman 94 D3 E3
As Salt 92 B3
Assam (État) 96 G4
Assam (région) 102-103 E6 F6
Asse 30 F2
Assen 60 E2
Assens 62 C1 D1
Assiniboine 122-123 H4 H5
Assiout 68-69 K6
Assise 74-75 D3
Assouan 68-69 K7
Assouan, barrage d' 68-69 K7
As Sulaymaniah 94 E2
Assur 94 D2
As Suwaida 92 C3
Asta, cima d' 64-65 H3
Astana 80-81 I4
Astarac 28 D4
Asti 74-75 B2
Astorga 72-73 B1
Astoria 126-127 B2
Astrakhan (province) 85A
Astrakhan (ville) 80-81 F5 G5
Astrolabe, baie de l' 142-143 E2
Astrolabe, récifs de l' 37A B1
Asturies 72-73 B1 C1
Astypálaia 76-77 I7
Asunción 135 E5
Asur 92 B3
Atacama 134 D5 C5
Atacama, fosse de l' 140-141 L31 K31
Atacama, salar de 134 D5
Atakora 116-117A D3
Atakpamé 116-117A C4 D4
Atambua 98-99 G7 H7
Atar 112-113 B2
Atatürk, lac 90 I5
Atbara (rivière) 110-111 G3
Atbara (ville) 112-113 G3
Atchinsk 80-81 K4
Ath 60 B4
Athabasca 122-123 G4
Athabasca, lac 122-123 G4 H4
Athènes 76-77 G6 H6
Athis-Mons 23A C3
Athos (mont) 76-77 H5
Athos (péninsule) 76-77 H5
Athus 60 D5
Ati 116-117A E3
Aticonac, lac 125 F3
Atienza 72-73 D2
Atimaono 37C A2 B2
Atlanta 126-127 J5
Atlantic Beach 130C D4
Atlantic City 126-127 L5
Atlantic Intracoastal Waterway 126-127 J6 K5
Atlantique, océan 144-145 G13 J20
Atlantique, plaine côtière 120-121 L6 M6
Atlantique-Indien, bassin 140-141 O34 O36
Atlas 144-145 F20 F21
Atlas saharien 117C A3 B2
Atlin 122-123 E4
Atlin, lac 122-123 E4
Atrato 134 C2
Atrek 94 G2
At Taif 94 D5
Attapu 98-99 D3
At Tarif 94 F5
Attawapiskat (fleuve) 122-123 J4
Attawapiskat (localité) 125 B3
Atter, lac 64-65 J2
Attikamagen, lac 125 E2 F2
Atyraou 80-81 G5
Auas, monts 110-111 E7
Aubagne 30 E2
Aube (département) 34 C3
Aube (rivière) 34 B3 D4
Aubenas 32 D4
Aubergenville 23A A1
Aubervilliers 23A C2
Aubigny-en-Artois 24 D2
Aubigny-sur-Nère 24 D5
Aubin 32 B4
Aubisque, col d' 28 C5
Aubrac 2 E4
Aubrac, monts d' 32 B4
Auburn 131A C2
Aubusson 28 F2
Auch 28 D4
Auchel 24 D2
Auckland 142-143 H5
Auckland, îles 140-141 M19
Aude (département) 30 B2
Aude (fleuve) 30 B2
Audenarde 60 B4
Audenge 28 B3 C3
Audierne 26 B2
Audierne, baie d' 26 B3
Audincourt 34 E4
Audrey 59 C3
Audruicq 24 D2
Audun-le-Roman 34 D2
Audun-le-Tiche 34 D2 E2
Aue 62 E3
Auge, pays d' 24 B3
Augrabies, chute 110-111 E7 F7
Augsbourg 62 D4
Augusta (Australie) 142-143 B5
Augusta (É.-U., Géorgie) 126-127 J5
Augusta (É.-U., Maine) 126-127 M3
Augusta (Italie) 74-75 E6
Augustus, mont 142-143 B4
Auk 59 C2
Aulnay 28 C2
Aulnay-sous-Bois 23A D2
Aulne 26 C2
Ault 24 C2
Aulus-les-Bains 28 E5
Aumale 24 C3
Aumance 32 B2
Aumance, bassin de l' 33A A2 B2
Aumetz 34 D2 E2
Aumont-Aubrac 32 C4
Aunay-sur-Odon 26 F2
Auneau 24 C4
Aunis 28 C1
Aups 30 F2
Aurangabad 96 D5
Auray 26 D3
Aure 26 F1
Aure, vallée d' 28 D5
Aurec-sur-Loire 32 D3
Aureilhan 28 D4
Aureilhan, étang d' 28 B3
Aurès 68-69 F4
Aurich 62 B2
Aurigny 56-57 E7
Aurigny, île d' 26 D1
Aurillac 32 B4
Auriol 30 E2
Auron (localité) 30 F1
Auron (rivière) 24 D6
Aussillon 30 B2
Austin 126-127 G5
Austin, lac 142-143 B4
Australes, îles 37N B3
Australie (continent) 144-145 L33 L35
Australie (État) 140-141 K15 K17
Australie-du-Sud 142-143 D4
Australie méridionale, bassin de l' 140-141 L15 M16
Australien, bouclier 150C
Australienne, cordillère 142-143 E4
Australiennes, alpes 142-143 E5
Australie nord-occidentale, bassin 140-141 J13 J14
Australie-occidentale 142-143 C4
Australie occidentale, bassin de l' 140-141 K13 L14
Auterive 28 E4
Authie 24 D2
Authion 24 B5
Authon-du-Perche 24 B4
Autize 28 C1
Autrans 32 E3
Autriche 42-43 F4
Autriche-Hongrie 43A
Autun 32 D2
Autunois 32 D2
Auvergne 32 B3 C3
Auvers-sur-Oise 23A B1
Auvézère 28 E2
Auxerre 34 B4
Auxerrois 34 B4
Auxi-le-Château 24 D2
Auxois 34 C4
Auxonne 34 D4
Auzances 32 B3
Auzat 28 E5
Auzerette 33A A3
Avallon 34 B4
Aveiro 72-73 A2
Aveiro, ria de 72-73 A2
Avellino 74-75 E4
Aven 26 C2 C3
Avenches 66-67 C2
Aven Orgnac 32 D4
Avermes 32 C2
Avesnes-le-Comte 24 D2
Avesnes-sur-Helpe 24 E2 F2
Avesta 54-55 E3 F3
Aveyron (département) 30 B1
Aveyron (rivière) 30 B1
Avezzano 74-75 D3
Avignon 30 D2
Ávila 72-73 C2
Avilés 72-73 B1 C1
Avion 24 D2
Avioraz 32 F2
Avize 34 B3
Avola 74-75 E6
Avon (fleuve, Avon) 56-57 F6
Avon (fleuve, Hampshire) 56-57 E6
Avon (rivière, Gloucestershire) 56-57 F5
Avon (ville) 24 D4
Avranches 26 E2
Avre 24 B4 D3
Awaji, île 109A B2
Awali 92 B2
Awara 36 D1
Awash (rivière) 110-111 H3
Awash (ville) 94 D8
Awaso 116-117A C4
Awbari, edeyen 110-111 E2
Awjila 68-69 I6
Axel-Heiberg, île 122-123 I2 J2
Axios 76-77 G5
Ax-les-Thermes 28 E5
Ay 34 B2 C2
Ayachi, jebel 117B C1
Ayacucho 135 C4
Ayamé 116-117A C4
Ayamonte 72-73 B4
Aydın 90 C5
Ayer Chawan 101C A2
Ayer Merbau 101C A2
Ayers Rock 142-143 C4 D4
Aygues 32 E4
Aylesbury 58A
Aylmer, lac 122-123 H3
Ayr 56-57 D4
Ayutthaya 98-99 B3 C3
Ayvalık 76-77 I6
Azahar, costa del 73D
Azaouak (région) 116-117A D3
Azaouak (wadi) 116-117 D3
Azay-le-Rideau 24 B5
Azerbaïdjan (État) 88-89 G5
Azerbaïdjan (région) 94 E2
Azov 68-69 L2 M2
Azov, mer d' 68-69 L2
Azrou 117B C1
Azuer 72-73 D3
Azuero, péninsule d' 132 C5
Azul 135 E6
Azur, côte d' 31A F3 G3
Az Zahran 94 E4 F4
Az Zilfi 94 D4

B

Baälbek 92 C2
Babar, îles 98-99 H7 I7
Bab el Mandeb 94 D7
Babelthuap 98-99 I4 J4
Babo 98-99 I6
Babol 94 F2
Babouchkine 84F C1
Babrouisk 78 E3
Babuyan 98-99 G2
Babuyan, canal 98-99 G2
Babuyan, îles 98-99 G2
Babylon 94 D3
Bacan 98-99 H6
Bacău 76-77 I2
Baccarat 34 E3
Bachi, canal de 98-99 G1
Bachkortostan 85A
Bachu 102-103 B4
Back 122-123 H3 I3
Bac Lieu 98-99 D4
Bacolod 98-99 G3
Bacton 59 C3
Badajoz 72-73 B3
Badalona 72-73 G2
Badanah 94 D3
Bad Aussee 64-65 J2 K2
Bad Ems 62 B3
Baden (Autriche) 64-65 M1
Baden (Suisse) 66-67 D1
Baden-Baden 62 C4
Bade-Wurtemberg 62 C4
Badgastein 64-65 J2
Bad Godesberg 62 B3
Bad Ischl 64-65 J2
Bad Kissingen 62 D3
Bad Kreuznach 62 B4 C4
Bad Lands 126-127 F2 F3
Bad Nauheim 62 C3
Bad Neuenahr-Ahrweiler 60 E4 F4
Bad Ragaz 66-67 E2
Bad Reichenhall 62 E5
Bad Tölz 62 D5
Bad Wörishofen 64-65 G1 G2
Baena 72-73 C4
Baeza 72-73 D4
Bafatá 116-117A B3
Baffin, baie de 120-121 M2 O2
Baffin, bassin de 140-141 A22 A33
Baffin, île de 122-123 K2 K3
Bafoulabé 112-113 B3
Bafoussam 116-117A E4
Bafra 90 G3
Bafra, cap 90 H3
Bagdad 94 D3 E3
Bages 30 B3
Baghlan 96 B2
Bagnères-de-Bigorre 28 C4 D4
Bagnères-de-Luchon 28 D5
Bagnes, val 66-67 C2
Bagneux 23A C3
Bagnoles-de-l'Orne 24 A4
Bagnolet 23A C2
Bagnols-sur-Cèze 30 D1
Bago (Myanmar) 98-99 B2
Bago (Philippines) 98-99 G3
Bagré 114-115A C3 D3
Baguio 98-99 G2
Baguirmi 110-111 E3
Bahamas 120-121 M7
Baharampur 96 F5
Bahariya 68-69 J6
Bahawalpur 92 C4
Bahia 135 F4
Bahia = Salvador 135 G4
Bahía Blanca 135 D6
Bahir Dar 94 C7
Bahraich 96 E4
Bahrein 88-89 H7
Baia Mare 76-77 G2
Bai Bung, cap 98-99 D4
Baicheng 102-103 K2
Baie, îles de la 132 B3
Baie-Comeau 125 E4
Baie-Mahauld 36 C1
Baie Rouge 125 G3 H3
Baie-Saint-Paul 125 D4
Baignes-Sainte-Radegonde 28 C2
Baïkal, lac 80-81 L4
Baïkal, monts 80-81 L4
Baïkongyr 80-81 H5
Baïkonour 80-81 H5
Baile Átha Cliath = Dublin 56-57 C5
Bailleul 24 D2
Baillif 36 C1
Bailly 23A B2
Bain-de-Bretagne 26 E3
Bairnsdale 142-143 E5
Baïse 28 D4
Baitou Shan 102-103 L3
Baiyuda, steppe 110-111 G3
Baja 76-77 E2
Bajas, rías 73D
Bakel 112-113 B3
Baker 140-141 H21
Baker, lac 122-123 I3
Baker Lake 122-123 I3
Bakersfield 126-127 C4 D4
Bakhtegan, lac 94 F4
Bakı 94 F1
Bakony, forêt de 76-77 D2
Bakou 94 F1
Bakouma 116-117A F4
Bakovka 84F A3
Balabac 98-99 F4
Balabac, détroit de 98-99 F4
Balabio, île 37A B2
Balachikha 84F D1
Balagne 30 H6
Balaïtous 28 C5
Balambangan 98-99 F4
Balaton, lac 76-77 D2
Balder 59 C2
Balé 116-117A B3
Bâle 66-67 C1
Baléares 72-73 F3 G3
Baléares, îles 70-71 E4 E3
Baleine, baie de la 110-111 E7
Baleine, grande rivière de la 125 C2 D2
Baleine, petite rivière de la 125 C2 D2
Baleine, rivière à la 125 E2 F2
Baleiniers, golfe des 37E A1 B2
Bali 98-99 F7
Bali, mer de 98-99 F7
Baliem 98-99 J7 J6
Baliem, vallée du 98-99 J6
Balıkesir 90 C4
Balikpapan 98-99 F6
Balkach 80-81 I5
Balkach, lac 80-81 I5
Balkan 76-77 G4 H4
Balkans, péninsule des 40-41 G4
Balkh 80-81 H6
Ballarat 142-143 E5
Balleny, îles 140-141 O19
Ballina 56-57 B4
Ballinasloe 56-57 B5
Ballinskelligs, baie de 56-57 A6
Ballymena 56-57 C4 D4
Balmhorn 66-67 C2
Balonne 142-143 E4
Balsas 126-127 G8
Balta 78 E4 F4
Bălţi 68-69 J2
Baltimore 126-127 K4
Baltique, bouclier 150
Baltique, mer 54-55 F4 F5
Baltiques, collines 54-55 H4
Baluchistan 88-89 H7 I7
Balyktchy 102-103 B3
Bam 94 G4
Bamako 112-113 C3
Bamba 112-113 C3 D3
Bambama 116-117A E5
Bambari 112-113 F4
Bamberg 62 D4
Bamenda 116-117A D4 E4
Bamian 96 B3
Banaba 140-141 I20
Banana 112-113 E5
Bananier 36 C1
Banas, ras 68-69 L7
Banat 76-77 F3
Banbury 56-57 F5
Banda, îles 98-99 H6 I6
Banda, mer de 98-99 H7
Banda Aceh 98-99 A4 B4
Bandama 112-113 C4
Bandar 96 1 E6
Bandar Abbas 94 G4
Bandar Anzali 94 E2 F2
Bandar-e Buchehr 94 F4
Bandar Khomeiny 94 E3 F3
Bandar Lampung 98-99 D6 D7
Bandar Seri Begawan 98-99 E4
Bandar Torkoman 94 F2 G2
Bandeira, pico da 134 F4 F5
Bandeirante 138E
Bandiantaolehai 102-103 G3
Bandiat 28 D2
Bandırma 90 D3
Bandol 30 E2
Bandrélé 37J B2
Bandundu 112-113 E5
Bandung 98-99 D7
Banff (Canada) 122-123 G4
Banff (R.-U.) 56-57 E3
Bangala 112-113 E4
Bangalore 96 D7
Bangassou 112-113 F4
Banggai 98-99 G6
Banggi 98-99 F4
Bangka 98-99 D6
Bangka, détroit de 98-99 D6
Bangkok 98-99 C3
Bangladesh 88-89 K7 L7
Bangor (É.-U.) 126-127 M3
Bangor (Irlande du Nord) 56-57 D4
Bangor (Pays de Galles) 56-57 D5
Bangui 112-113 E4
Bangweulu, lac 110-111 F6 G6
Bani 110-111 C3
Banias 94 G6
Bani Souwaif 68-69 K6
Banja Luka 76-77 D3
Banjarmasin 98-99 E6 F6
Banjul 112-113 B3
Banks 122-123 F2 G2
Banks, îles 142-143 G3
Bann 56-57 C4
Bannalec 26 C3
Banstead 58C B4
Bantaeng 98-99 F7 G7
Bantry 56-57 B6
Bantry, baie de 56-57 B6
Banyak, îles 98-99 B5
Banyuls-sur-Mer 30 C3
Banyuwangi 98-99 E7
Baode 102-103 I4
Baoding 102-103 J4
Baoji 102-103 H5
Bao Lac 98-99 D3
Baoma 116-117A B4
Baoshan 105E
Baoting 102-103 H8
Baotou 102-103 H3 I3
Bapaume 24 D2
Baqubah 94 D3 E3
Baqueville, lac 125 D2
Bar 76-77 E4
Baraba, steppe 80-81 I4 J4
Barabinsk 80-81 I4 J4
Baraka 94 C6
Barakaldo 72-73 D1
Baranavitchy 78 E3
Baranof, île 122-123 E4
Barbade 132 H4
Barbezieux-Saint-Hilaire 28 C2
Barbizon 24 D4
Barbotan-les-Thermes 28 C4 D4
Barbuda 132 G3
Barcelona 135 D2
Barcelone 72-73 G2
Barcelonnette 30 F1
Barcelos 135 D3
Barcoo 142-143 E4
Bardaï 112-113 E2
Bardenas Reales 72-73 D1 E2
Bardera 112-113 H4
Bardolino 74-75 C2
Bardonèche 64-65 C4
Barèges 29A E5
Bareilly 96 D4 E4
Barentin 24 B3
Barenton 26 F2
Barents, mer de 40-41 H1 I1
Barfleur 26 E1
Barfleur, pointe de 26 E1
Bargouzin 80-81 L4 M4
Bari 74-75 F4
Barinas 132 E5 F5
Barisal 96 G5
Barisan, monts 98-99 C6
Barisau 78 E3
Barito 98-99 E6
Barjac 30 D1
Barking 58C C2
Barkingside 58C C2
Barkly, plateau 142-143 D3
Barkly Highway 142-143 D3
Barkol 102-103 E3
Bârlad 76-77 I2 J2
Bar-le-Duc 34 D3
Barlee, lac 142-143 B4
Barletta 74-75 F4
Barmer 96 C4
Barnaoul 80-81 J4
Barnes 58C B3
Barnet 58C B1
Barneville-Carteret 27A C1 D1
Barnstaple 56-57 E6
Barnstaple, baie de 56-57 D6
Baro 116-117A D4
Baroda 96 1 C5
Baronnies 30 E1
Barotseland 110-111 F6
Barque 59 C3
Barquisimeto 135 C2 D2
Barr 34 F3
Barra (île) 56-57 C3
Barra (localité) 135 F4
Barrancabermeja 132 E5
Barranquilla 135 C1
Barre-des-Cévennes 30 C1
Barreiro 72-73 A3
Barrême 30 F2
Barren Grounds 120-121 I3 K3
Barrier, monts 142-143 E5
Barrois 34 C3 D3
Barros, tierra de 72-73 B3
Barrow (fleuve) 56-57 C5
Barrow (île) 142-143 B4
Barrow (localité) 120-121 D2 E2
Barrow, détroit de 122-123 I2
Barrow, pointe 120-121 E2
Barrow Creek 142-143 D4
Barrow-in-Furness 56-57 E4
Bars, côte des 34 C3
Barsebäck 55D
Barstow 131A E4
Bar-sur-Aube 34 C3
Bar-sur-Seine 34 C3
Bartang 96 C2
Bartica 132 H5
Barú 132 C5
Baruun-Urt 102-103 I2
Barvikha 84F A2
Barwon 142-143 E4
Basatongwula Shan 102-103 E5
Bas-Bugey 32 E3
Bas-Canada 123A
Basco 98-99 G1
Bas-Dauphiné 33A D3
Basento 74-75 F4
Basilan 98-99 G4
Basildon 56-57 G6
Basilicate 74-75 E4 F4
Basingstoke 56-57 F6
Baskatong, réservoir 125 C4 D4
Bas Languedoc 2 E5
Basque, côte 73D
Basque, pays 72-73 D1
Bas-Quercy 28 D3 E3
Basra 94 E3
Bas-Rhin 34 F3
Bass, détroit de 142-143 E5
Bassano del Grappa 74-75 C2
Basse-Autriche 64-65 L1
Basse-Bavière 63-C
Basse Californie 126-127 D6 D7
Basse Engadine 66-67 F2
Basse-Franconie 63-C
Basse-Ham 34 E2
Bassein = Pathein 98-99 A2
Basse-Navarre 28 B4
Basse-Pointe 37 B1
Basses, pointe des 36 C1
Basse-Saxe 62 C2
Basses Tauern 64-65 J2 K2
Basse-Terre (île) 36 C1
Basse-Terre (ville) 36 C1
Bassigny 34 C3
Bassin 125A
Bassin aquitain 2 C4 C5
Bassin parisien 2 E3 D3
Bastelica 30 I6
Bastia 30 I6
Bastogne 60 D4
Bas-Veld 110-111 F7
Bata 112-113 D4 E4
Batam 98-99 C5
Batan 98-99 G1
Batan, îles 98-99 G1
Batang 102-103 F5
Batangas 98-99 F3 G3
Batanta 98-99 H6 I6
Bath 56-57 E6
Bathinda 96 D3 D4
Bathurst (île, Australie) 142-143 C3 D3
Bathurst (île, Canada) 122-123 H2 I2
Bathurst (ville) 125 E4 F4
Bathurst, cap 122-123 F2
Bathurst Inlet 122-123 G3 H3
Batman 90 J5
Batna 117C C2
Baton Rouge 126-127 H5 I5
Batoumi 94 D1
Batrun 92 B1
Battambang 98-99 C3
Battersea 58C B3
Batticaloa 96 E8
Batu 110-111 G4
Batu, îles 98-99 B6
Batubrok 98-99 E5 F5
Batu Pahat 98-99 C5
Baturaja 98-99 C6 D6
Batz, île de 26 B2
Baubau 98-99 G7
Baucau 98-99 H7
Bauchi (État) 118 C4
Bauchi (ville) 112-113 D3 E3
Bauchi, plateau de 110-111 E3 E4
Baud 26 C3 D3
Baugé 24 A5
Bauges 32 F3
Baume, cirque de 32 E2
Baume-les-Dames 34 E4
Bauru 135 E5 F5
Bautzen 62 F3
Bavay 24 E2
Bavella, aiguilles de 30 I7
Bavière 62 D4
Bavière, alpes de 64-65 G3 J1
Bavière, forêt de 62 E4
Bawean 98-99 E7
Bayamo 132 D2
Bayan Obo 102-103 I3
Bayburt 90 J3
Bay City 126-127 I3 J3
Bayeux 26 F1
Bayonne (É.-U.) 130C B3
Bayonne (France) 28 B4
Bayonne Bridge 130C A3 B3
Bayreuth 62 D4
Baza 72-73 D4
Bazas 28 C3
Bazois 2 E3
Bcharré 92 B1
Be, nosy 110-111 H6
Beachy, cap 56-57 G6
Beagle, golfe 142-143 C3 D3
Beam 58C D2
Béarn 28 C4
Beatrice 59 B3
Beaucaire 30 D2
Beauce 24 C4 D4
Beauchamp 23A B1
Beauchastel 33A C4 D4
Beaufort 32 F3
Beaufort, massif de 32 F3
Beaufort, mer de 120-121 D2 H2
Beaufort-en-Vallée 24 A5
Beaufort-West 112-113 E8 F8
Beaugency 24 C5
Beaujeu 32 D2
Beaujolais, monts du 32 D3
Beaulieu-sur-Dordogne 28 E2 E3
Beaulieu-sur-Mer 30 G2
Beaumont (Belgique) 60 C4
Beaumont (É.-U.) 126-127 G5 H5

Beaumont-de-Lomagne 28 D4
Beaumont-le-Roger 24 B3
Beaune 32 D1
Beaune, côte de 35A C3
Beauport 36 C1
Beaupré 125 D4
Beaupréau 26 E3
Beaurepaire 32 E3
Beausoleil 30 G2
Beauté, côte de 29A C1 C2
Beautor 24 E3
Beauvais 24 D3
Beauvaisis 24 D3
Beauval 24 D2
Beauvoir-sur-Mer 26 D4 E4
Beauzelle 28 E4
Beaver 122-123 H4
Beawar 96 C4
Bebra 62 C3 D3
Bečej 76-77 E3 F3
Béchar 117C A3
Bechuanaland 110-111 F7
Beckenham 58C C3
Bédarieux 30 C2
Bedford 56-57 F5
Bedfordshire 58A
Bedford-Stuyvesant 130C C3
Bedok 101C C2
Beersheba 92 A4
Bégard 26 C2
Bègles 28 C3
Beg-Meil 26 C3
Begna 54-55 D3
Béhauge, pointe 36 D1
Behbahan 94 F3
Bei'an 102-103 L2
Beihai 102-103 H7
Beijing (province) 102-103 J3
Beijing (ville) 102-103 J3 J4
Beilen 60 E2
Beiman 36 D1
Beira (région) 72-73 A2
Beira (ville) 112-113 G6
Beit Lahm 92 B4
Beiyuan 105F
Beja (Portugal) 72-73 B4
Béja (Tunisie) 117D B1
Bejaïa 117C C1
Béjar 72-73 C2
Békéscsaba 76-77 F2
Bélâbre 28 E1
Belawan 98-99 B5
Belcaire 30 A3 B3
Belcher, détroit de 122-123 I2
Belcher, îles 122-123 J4
Belém 135 F3
Belet Uen 112-113 H4
Belfast 56-57 D4
Belfast Lough 56-57 D4
Belfort 34 E4
Belfort, territoire de 34 E4 F4
Belgaum 96 C6 D6
Belgique 42-43 E3
Belgodère 30 H6 I6
Belgrade 76-77 E3 F3
Belgravia 58B
Belaïevo-Bogorodskoïé 84F B3
Belice 74-75 D6
Bélier 116-117A C4
Belin-Béliet 28 C3
Belinga 116-117A E4
Belitung 98-99 D6
Belize 132 B3
Belize City 132 B3
Belizon 36 D1
Bella Bella 122-123 E4 F4
Bellac 28 D1 E1
Bellagio 74-75 B2
Bellano 66-67 E2
Bellary 96 D6
Belle 125 G3 H3
Belledonne 32 F3
Bellefontaine 37 B1
Bellegarde 30 D2
Bellegarde-sur-Valserine 32 E2
Belle-Ile 26 C3
Belle Isle, détroit de 125 G3
Bellême 24 B4
Belleu 24 E3
Belleville (É.-U.) 130C A2 B2
Belleville (France) 32 D2
Belley 32 E3
Bellezane 29A F1
Bellingham 126-127 B2
Bellinghausen, mer de 140-141 P29 P30
Bellinzona 66-67 E2
Belluno 74-75 C1 D1
Belmez 72-73 C3
Belmonte 135 G4
Belmopan 132 B3
Belo Horizonte 135 F4
Belovo 80-81 J4
Belpech 28 E4
Belvès 28 D3
Belyando 142-143 E4
Bely Iar 80-81 J4
Bembézar 72-73 C3 C4
Benadir 110-111 H4
Bénarès 96 1 E4
Bénat, cap 30 F2
Benavente 72-73 C1
Bender Beila 94 F8
Bendigo 142-143 E5
Bénédict, monts 125 G3
Bénévent-l'Abbaye 28 E1
Benevento 74-75 E4
Benfeld 34 F3
Bengale, dorsale du 140-141 J11 I11
Bengale, golfe du 86-87 K8 L8
Bengale occidentale 96 F5
Bengbu 102-103 J5
Benghazi 68-69 H5 I5
Bengkalis 98-99 C5
Bengkulu 98-99 C6
Benguela 112-113 E6
Ben Guerdane 117D B2
Benha 68-69 K5
Beni 134 D4
Beni Abbès 117C A3
Benicarló 72-73 F2
Benidorm 72-73 E3 F3
Beni Mellal 117B C1
Bénin 112-113 D3
Benin City 112-113 D4
Beni Saf 72-73 E5
Benjamim Constant 135 C3 D3
Benkovac 64-65 L5
Bénodet 26 B3
Benue (État) 118 C4
Benue (rivière) 110-111 D4
Benxi 102-103 K3
Beograd 76-77 E3 F3
Beppu 108 C4
Berau, golfe de 98-99 I6
Berazino 54-55 I5
Berber 112-113 G3
Berbera 112-113 H3
Berberati 116-117A E4
Berbice 132 H5
Berchtesgaden 62 E5
Berck 24 C2
Berck-Plage 24 C2
Berdiansk 78 G4
Berdytchiv 78 E4
Bereda 94 F7
Berenberg 40-41 D1
Berezina 78 E3
Berezniki 80-81 G4
Berezovo 80-81 H3
Bergama 76-77 I6
Bergamasques, alpes 74-75 B1 C1
Bergame 74-75 B2
Bergen 54-55 C3
Bergenfield 130C B1
Bergen op Zoom 60 C3
Bergerac 28 D3
Bergues 24 D2
Berhala, détroit de 98-99 C6
Berici, monts 64-65 H4
Béring 80-81 R4
Béring, détroit de 140-141 B22
Béring, mer de 140-141 C20 C22
Béringovski 80-81 S3 T3
Bérive 37 E1
Berkel 60 E2
Berkeley 126-127 B4
Berkner, îles 140-141 P33 P34
Berkshire 58A
Berlaimont 24 E2
Berlin (État) 62 E2
Berlin (ville) 62 E2
Bermejo 134 D5 E5
Bermio 72-73 D1
Bermudes 120-121 N6
Bernay 24 B3
Bernburg 62 D3
Berne 66-67 C2
Bernina 66-67 E2
Bernina, col de la 66-67 F2
Bernina, piz 64-65 F3 G3
Bernoises, alpes 66-67 C2 D2
Beromünster 66-67 D1
Beroun 62 E4 F4
Berounka 62 E4 E3
Berre, étang de 30 E2
Berre-l'Étang 30 E2
Berrien 26 C2
Berriyyane 68-69 E5
Berry 24 D6
Berryessa Dam 131A B2
Bertoua 116-117A E4
Bertry 24 E2
Berwick-upon-Tweed 56-57 F4
Beryl 59 C2
Berzé-la-Ville 32 D2
Bès 32 C4
Besançon 34 E4
Besbre 32 C2
Beskides 68-69 H2 I2
Beskoudnikovo 84F B1
Beskra 117C C2
Bessan 30 C2
Bessancourt 23A B1
Bessarabie 76-77 J2
Besse-en-Chandesse 32 B3 C3
Bességes 30 D1
Bessé-sur-Braye 24 B5
Besshi 109A B3
Bessin 26 F1
Bessou, mont 28 F2
Betanzos 72-73 A1 B1
Béthisy-Saint-Pierre 24 D3
Bethléem 92 B4
Béthoncourt 34 E4
Béthune (fleuve) 24 C3
Béthune (ville) 24 D2
Bétou 116-117A E4
Bet She'an 92 B3
Betsiamites 125 E4
Betsiboka 110-111 H6
Betton 26 E2
Betuwe 60 D3
Betz 24 D3
Beuvron 24 C5
Beveren 60 C3
Beverwijk 60 C2
Bex 66-67 C2
Bexley 58C C3 D3
Beyrouth 92 B2
Beyşehir 90 E5 F5
Beyşehir, lac 90 E5
Béziers 30 C2
Bezons 23A B2
Bhagalpur 96 F4 F5
Bhamo 102-103 F7
Bharatpur 96 D4
Bharuch 96 C5
Bhatpara 96 F5
Bhavnagar 96 C5
Bhilwara 96 C4 D4
Bhima 96 D6
Bhiwani 96 D4
Bhopal 96 D5
Bhoutan 88-89 K7 L7
Bhubaneshwar 96 F5
Bhuj 96 B5
Bhumiphol, réservoir de 98-99 B2
Bia, Phou 98-99 C2
Białystok 80 D3
Biariozina 78 E3
Biarritz 28 B4
Biasca 66-67 D2 E2
Bichkek 80-81 I5
Bid 96 D6
Bida 112-113 D4
Bidar 96 D6
Bidart 28 B4
Bidassoa 28 B4
Bideford 56-57 D6 E6
Bidon V 112-113 D2
Bidouze 28 B4
Biélaïa 80-81 G4
Bielefeld 62 C2
Bielgorod (province) 85A
Bielgorod (ville) 78 G3
Bielle 74-75 B2
Bielogorsk 80-81 N4 O4
Bieloïe, lac 78 G5 G2
Bielomorsk 80-81 E3
Biélorussie 42-43 G3
Bieloukha 80-81 J5
Bielsko-Biała 68-69 H2
Bien Hoa 98-99 D3
Bienne (rivière) 32 E2
Bienne (ville) 66-67 C1
Bienne, lac de 66-67 C1
Bienvenue 36 D1
Bienville, lac 125 D2
Biesbos 60 C3
Bièvre (région) 32 E3
Bièvre (rivière) 23A B3
Bièvres 23A B3
Biferno 74-75 E4
Biganos 28 C3
Big Bend, parc national 126-127 F6
Biggin Hill 58C C4
Bighorn 126-127 E3
Bighorn, monts 126-127 E3
Bignasco 66-67 D2
Bigorre 28 C4
Biguglia, étang de 30 I6
Bihać 76-77 C3
Bihar (État) 96 F5
Bihar (ville) 96 F4
Bihé, plateau de 110-111 E6
Bihor, monts 76-77 G2
Biia 80-81 J4
Biisk 80-81 J4
Bijeljina 76-77 E3
Bijie 102-103 H6
Bikaner 96 C4
Bikin 80-81 O5
Bikini 140-141 G19
Bilaspur 96 E5
Bila Tserkva 78 E4 F4
Bilauktaung, monts 98-99 B2 B3
Bilbao 72-73 D1
Bilecik 90 D3
Bilhorod-Dnistrovsky 76-77 J2 K2
Bilibino 80-81 R3 S3
Billère 28 C4
Billings 126-127 E2
Billiton 98-99 D6
Billom 32 C3
Bilma 112-113 E3
Bilma, grand erg de 116-117A E3
Bilo Gora 76-77 D2 D3
Biloxi 126-127 I5
Bima 98-99 F7
Binche 60 C4
Bin el-Ouidane 116-117A C1
Bingen 62 B4
Binghamton 130B
Bingöl 90 J4
Binic 26 D2
Binjai 98-99 B5
Bintan 98-99 C5 D5
Bintuni 98-99 I6
Binxian 102-103 H5
Biograd 64-65 L6
Bioko 110-111 D4
Biratnagar 96 F4
Birdsville 142-143 D4 E4
Birecik 90 I5
Bir El Ater 117C C2 D2
Birioulevo 84F C3
Birjand 94 G3
Birkenhead 56-57 E5
Birmanie 88-89 L7
Birmingham (É.-U.) 126-127 I5
Birmingham (R.-U.) 56-57 F5
Bîr Mogreïn 112-113 B1 C1
Birobidjan (province) 85A
Birobidjan (ville) 80-81 O5
Biron 28 D3
Birr 56-57 C5
Birs 66-67 C1
Bir Safaja 68-69 K6
Birze 34 F4
Bisbee 126-127 D5 E5
Biscarosse 28 B3
Biscarosse et de Parentis, étang de 28 B3
Biscarosse-Plage 28 B3
Biscarrosse, étang de 2 C4
Bischheim 34 F3
Bischofshofen 64-65 I2 J2
Bischofszell 66-67 E1
Bischwiller 34 F3
Bisho 119A
Bishop 131A D3
Bislig 98-99 H4
Bismarck 126-127 F2
Bismarck, archipel 142-143 E2 F2
Bismarck, mer de 142-143 E2 F2
Bissagos, archipel des 110-111 B3
Bissau 112-113 B3
Bissorte 33A E3
Bistriţa (rivière) 76-77 H2 I2
Bistriţa (ville) 76-77 H2
Bitburg 60 E5
Bitche 34 F2
Bithynie 90 D3 E3
Bitlis 90 J4 K4
Bitola 76-77 F5
Bitterfeld 62 D3 E3
Bitterroot, chaîne de 126-127 C2 D2
Bitung 98-99 H5
Biu, plateau de 116-117A E3
Bivio 66-67 E2
Biwa, lac 108 D3
Bizerte 117D B1
Bjelolasica 64-65 K4
Bjelovar 76-77 D3
Blackall 142-143 E4
Blackburn 56-57 E5
Black Butte Dam 131A B2
Blackfriars Bridge 58B
Blackfriars Station 58B
Black Hills 126-127 F3
Black Mountains 56-57 E6 E5
Blackpool 56-57 E5
Blacksod, baie de 56-57 A4
Blackwater 56-57 G6
Bláfell 54A c2
Blagnac 28 E4
Blagoevgrad 76-77 G4
Blagovechtchensk 80-81 N4 O4
Blain 26 E3
Blainville-sur-l'Eau 34 E3
Blainville-sur-Mer 27A D1
Blaise 34 C3
Blake, plateau de 140-141 E30 E31
Blanc, cap (Mauritanie) 110-111 A2 B2
Blanc, cap (Tunisie) 117D B1
Blanc, mont 64-65 C4
Blanc, tunnel du Mont 32 F3 G3
Blanca, bahía 134 D6 E6
Blanca, costa 73D
Blanche, baie 125 G4 G3
Blanche, dent 66-67 C2
Blanche, île 80-81 H2 I2
Blanche, lac 142-143 D4
Blanche, mer 80-81 E3
Blanches, montagnes 126-127 L3
Blanc Nez, cap 24 C2
Blanco, cap 126-127 A3 B3
Blancs, monts 126-127 E4
Blanc-Sablon 125 G3
Blandy 25A D4
Blanes 72-73 G2
Blangy-sur-Bresle 24 C3
Blankenberge 60 A3 B3
Blanquilla 132 G4
Blantyre 112-113 G6
Blanzy 32 D2
Blaton 60 B4
Blavet 26 C3
Blayais 28 C2
Blaye 28 C2
Blaye les Mines 30 A1 B1
Bled 64-65 K3
Bleïda 116-117A C1
Blekinge 54-55 E4
Blénod-lès-Pont-à-Mousson 34 D3
Bléone 30 F1
Bléré 24 B5
Blésois 24 C5
Bletchley 58A
Bleu, mont 132 D3
Bleues, montagnes (Australie) 142-143 E5 F5
Bleues, montagnes (É.-U.) 126-127 C3 C2
Blida 117C B1
Blies 34 F2
Blitar 98-99 E7
Blitta 116-117A D4
Bloemfontein 112-113 F7
Bloemhof 119D
Blois 24 C5
Bloomfield 130C A2
Bloomsbury 58B
Bludenz 64-65 F2 G2
Bluefields 132 C4
Blüemlisalp 66-67 C2
Bluff Knoll 142-143 B5
Blumenau 135 F5
Blyth 56-57 F4
Bo 112-113 B4
Boali 116-117A E4
Boa Vista (île) 110-111 A3
Boa Vista (ville) 135 D2
Boa Vista, hauteurs de 138C
Bobbio 64-65 F5
Bobigny 24 D4
Bobo-Dioulasso 112-113 C3
Boby, pic 110-111 H7
Bocage Angevin 27A E3
Bocas del Toro 132 C5
Bochaine 30 E1
Bocholt 62 B3
Bochum 62 B3
Bocognano 30 H6 I6
Bodaïbo 80-81 M4
Bode 62 D3
Bodélé 110-111 E3
Boden 54-55 G2
Bodennec 27A B2
Bodmin 56-57 D6
Bodø 54-55 E2
Bodrog 76-77 F1
Bodrum 90 C5
Boé 116-117A B3
Boën 32 D3
Bogale 98-99 B2
Bogda Shan 102-103 D3 E3
Bogny-sur-Meuse 34 C2
Bogoin 116-117A E4
Bogor 98-99 D7
Bogorodskoïé 84F C1
Bogotá 135 C2
Bohai 102-103 J4
Bohai, détroit de 102-103 K4
Bohain-en-Vermandois 24 E3
Bohême 62 E4 F4
Bohême, forêt de 62 E4 F4
Bohicon 116-117A D4
Bohol 98-99 G4
Bois, lac des 126-127 H2
Bois-Blanc 37 E1
Boischaut 24 C6 D6
Bois-Colombes 23A B2
Bois-d'Arcy 23A A3 B3
Boise 126-127 C3
Bois Feuillet 33A E3
Bois-le-Duc 60 D3
Bois-le-Roi 24 D4
Boissy-l'Aillerie 23A A1 B1
Boissy-Saint-Léger 23A D3
Bojeador, cap 98-99 F2 G2
Bojnurd 94 G2
Boké 116-117A B3
Boknafjord 54-55 C4
Bolama 112-113 B3
Bolan, col de 92 B4
Bolbec 24 B3
Bolchévique, île 80-81 L2 M2
Bolchoï Kamen 108 C2
Bolgatanga 112-113 C3 D3
Boli 108 C1
Boliden 54-55 G2
Bolivar, cerro 132 G5
Bolivar, pic 134 C2
Bolivie 135 D4
Bolivie, haut-plateau de 134 D4 D5
Bollène 30 D1
Bollnäs 54-55 E3 F3
Bologne 74-75 C2
Bolsena, lac de 74-75 C3
Bolsward 60 D1
Boltaña 72-73 E1 F1
Bolton 56-57 E5
Bolu 90 E3
Bolzano 74-75 C1
Boma 112-113 E5
Bombay 96 1 C6
Bomberai 98-99 I6
Bomi Hills 112-113 B4 C4
Bomou 110-111 F4
Bomu 118F
Bon, cap 117D B1
Bonaire 132 F4
Bondo 116-117A F4
Bondoufle 23A C4
Bondy 23A C2 D2
Bone, golfe de 98-99 G6
Bon-Encontre 28 D3
Bong Mine 116-117A B4 C4
Bongo, monts 110-111 F4
Bongor 112-113 E3
Bonhomme, col du 34 E3 F3
Bonifacio 30 I7
Bonifacio, bouches de 74-75 B4
Bonifacio, détroit de 30 H7 I7
Bonin, fosse des 140-141 E17 F17
Bonin, îles 140-141 F16 F17
Bonn 62 B3
Bonne-Espérance, cap de 110-111 E8
Bonnétable 24 B4
Bonneuil-sur-Marne 23A C3 D3
Bonneval 24 C4
Bonneville 32 F2
Bonneville Dam 126-127 B2
Bonnières-sur-Seine 24 C3
Bonnieux 30 E2
Bonny 112-113 D4
Bonny, golfe de 110-111 D4
Bonrepos-Montastruc 29A E4
Bontang 98-99 F5
Boom 60 C3
Boothia, golfe de 122-123 J3
Boothia, péninsule de 122-123 I2 I3
Booué 116-117A E4
Bora-Bora 37M B1
Borama 94 D7 D8
Borås 54-55 E4
Bordeaux 28 C3
Borden 122-123 G2
Borden, péninsule de 122-123 J2
Bordères-sur-l'Échez 28 D4
Bordighera 64-65 D6
Bordj Bou Artéridji 117C C2
Bordj Omar Driss 117C C3 D3
Borehamwood 58C B1
Borgå 54-55 H3
Borgarnes 54A b2
Børgefjell 54-55 E2
Borgholm 54-55 F4
Borgne 66-67 C2
Borgo 30 I6
Borinage 60 B4 C4
Borkou 110-111 E3
Borkum 62 B2
Borlänge 54-55 E3
Bormes-les-Mimosas 30 F2
Bormida 74-75 B2
Bormio 74-75 C1
Born 60 D3
Born, pays de 28 B3
Bornéo 98-99 E5 F5
Bornes 32 F3
Bornholm 54-55 E5
Borno 118 C4
Bornu 110-111 D3 E3
Borobudur 98-99 D7 E7
Borough Green 58C D4
Borovitchi 78 F2
Borriana 72-73 E3 F3
Borroloola 142-143 D3
Borssele 60 B3
Bort-les-Orgues 32 B3
Borujerd 94 E3
Borzia 80-81 M4
Bosaso 112-113 H3
Bose 102-103 H7
Boshan 102-103 J4
Bosmanland 110-111 E8 F8
Bosna 76-77 E3
Bosnie-Herzégovine 42-43 F4
Boso, péninsule de 109A D2
Bosphore 90 D3
Bossangoa 116-117A E4
Bosten Hu 102-103 D3
Boston (É.-U.) 126-127 L3 M3
Boston (R.-U.) 56-57 F5
Botafogo 138C
Botany, baie 142-143 F5
Botev 76-77 H4
Botnie, golfe de 54-55 F3 G2
Botoşani 76-77 I2
Botrange 60 E4
Botswana 112-113 F7
Bouaké 112-113 C4
Bouar 112-113 E4
Bouârfa 117B D1
Bou Azzer 116-117A C1
Bouble 32 C2
Boucau 28 B4
Bouchain 24 E2
Bouches-du-Rhône 30 D2 E2
Bou Craa 116-117A B2
Bouddha de Jade, temple du 105E
Boudnib 117E D1
Bougainville 142-143 F2
Bougeais 29A D2 D3
Bougival 23A B2
Bouh 78 E4 F4
Bouïant-Oukhaa 102-103 H3 I3
Bouillante 36 C1
Bouillante, pitons de 36 C1
Bouillargues 30 D2
Bouillon 60 C5 D5
Bouilly 34 B3
Bouïnaksk 94 E1
Boujdour 116-117A B2
Bou Kadir 117C B2
Boukhara 80-81 H5
Boukhoro 80-81 H5
Boulay-Moselle 34 E2
Boulder (Australie) 142-143 C5
Boulder (É.-U.) 126-127 E3 F3
Boulder City 126-127 C4 D4
Bouleau, monts du 122-123 G4
Bouligny 34 D2
Boulogne 26 E4
Boulogne, bois de 23A B2 C2
Boulogne-Billancourt 23A B2 C2
Boulogne-sur-Gesse 28 D4
Boulogne-sur-Mer 24 C2
Boulonnais 24 C2
Boulton 59 C3
Bounty, fosse de 140-141 M20 M21
Bounty, îles 140-141 M21
Bourail 37A B2
Bouraimi 94 G5
Bourbince 32 D2
Bourbon-Lancy 32 C2
Bourbon-l'Archambault 32 C2
Bourbonnais 32 C2
Bourbonne-les-Bains 34 D4
Bourbre 32 E3
Bourcefranc-le-Chapus 26 E5
Boureïa 80-81 O4
Bourg 28 C2
Bourganeuf 28 E2
Bourg-Argental 32 D3
Bourg-de-Péage 32 E3 E4
Bourg-de-Thizy 32 D2
Bourg-en-Bresse 32 E2
Bourges 24 D5
Bourget, aéroport du 23A C1
Bourget, lac du 32 E3
Bourg-la-Reine 23A C3
Bourg-lès-Valence 33A C4
Bourg-Madame 30 A3 B3
Bourgneuf, baie de 26 D3
Bourgneuf-en-Retz 26 E3
Bourgogne, canal de 34 C4
Bourgogne, porte de 2 G3
Bourgoin-Jallieu 32 E3
Bourg-Saint-Andéol 32 D4
Bourg-Saint-Maurice 32 F3 G3
Bourgueil 24 B5
Bouriatie 85A
Bourke 142-143 E5
Bourne 32 E3
Bournemouth 56-57 F6
Bourron-Marlotte 24 D4
Bou Saada 117C B2 C2
Boussac 32 B2
Bout, pointe du 37 B1
Boutakovo 84F B1
Bouvet 169B
Bouxwiller 34 F3
Bouzonville 34 E2
Boves 24 D3
Bowen 142-143 E3
Boxtel 60 D3
Boyardville 29A C2 D2
Boyne 56-57 C5
Boyoma, chutes 110-111 F4 F5
Boz Dağ (Carie) 90 D5
Boz Dağ (Lydie) 76-77 J6
Bozen 74-75 C1
Brabant flamand 60 C4
Brabant septentrional 60 C3 D3
Brabant wallon 60 C4
Brač 76-77 D4
Bracciano, lac de 74-75 C3 D3
Bräcke 54-55 E3 F3
Bracknell 58A
Bradano 74-75 F4
Bradford 56-57 F5
Brae 59 C2
Braga 72-73 A2
Bragança (Brésil) 135 F3
Bragança (Portugal) 72-73 B2
Brage 59 C1
Brahmapoutre 96 F4 F5
Brahmapur 96 E6 F6
Brăila 76-77 I3
Bram 30 B2
Branco, rio 134 D2
Brandberg 110-111 E7
Brandebourg (État) 62 E2 F2
Brandebourg (ville) 62 E2
Brandes 2 D3
Brando 30 I6
Brandon 122-123 H5 I5
Braniewo 54-55 F5 G5
Brantôme 28 D2
Brasília 135 F4
Braşov 76-77 H3 I3
Bras-Panon 37 E1
Brass 118B
Brassac-les-Mines 32 B3
Brasschaat 60 C3
Bratislava 78 C4
Bratsk 80-81 K4 L4
Braunau 64-65 J1
Brava 110-111 A3
Brava, costa 72-73 G2 G1
Bravo del Norte, rio 126-127 E5 F5
Brawley 131A F5
Bray 56-57 C5 D5
Bray, pays de 24 C3
Bray-Dunes 24 D1
Braye 24 B4
Bray-sur-Seine 24 E4
Bray-sur-Somme 24 D3
Brazey-en-Plaine 32 E1
Brazos 126-127 G5
Brazzaville 112-113 E5
Brčko 76-77 E3
Brdy, forêt de 62 E4
Breda 60 C3
Bregenz 64-65 F2
Bregenzer Ache 66-67 E1 F1
Bregenzer Wald 66-67 E1
Bréhal 26 E2
Bréhat, île de 26 D2
Breidhafjord 54A a2 b2
Breil-sur-Roya 30 G2
Breithorn 66-67 C3
Brembo 66-67 E3
Brême (État) 62 C2
Brême (ville) 62 C2
Bremerhaven 62 C2
Brem-sur-Mer 26 D4 E4
Brenne (région) 24 C6
Brenne (rivière) 34 C4
Brenner, col du 64-65 H3
Brenno 66-67 D2
Breno 66-67 F3
Brent (champ pétrolier) 59 C1
Brent (rivière) 58C A2
Brenta 74-75 C1
Brentford 58C A2 B2
Brent Reservoir 58C B2
Brentwood 58C D1
Brescia 74-75 B2 C2
Brésil 135 E3 F3
Brésil, bassin du 144-145 K17 K18
Brésil, plateau du 134 E3 F4
Brésilien, bouclier 150C
Breskens 60 B3
Breslau 78 C3
Bresle 24C3
Bresles 24 D3
Bressanone 74-75 C1 D1
Bressay 59 C1
Bresse 32 D2 E2
Bressuire 26 F4
Brest (Biélorussie) 78 D3
Brest (France) 26 B2
Brest, rade de 26 B2
Brest à Nantes, canal de 26 C2
Bretagne 26 C2 E3
Bretagne, pointe de 37 E1
Breteuil 24 B4
Brétignolles-sur-Mer 26 E4
Brétigny 23A C4
Breton, marais 26 D4 E4
Breton, pertuis 26 E4
Breuchin 34 E4
Breuil-Cervinia 64-65 D4
Breuillet 23A B4
Brévenne 32 D3
Briançon 32 F4
Briansk (province) 85A
Briansk (ville) 78 F3
Briare 24 D5
Briare, canal de 24 D5
Bricquebec 26 E1
Brides-les-Bains 32 F3
Bridgeport 126-127 L3
Bridgetown 132 G4 H4
Bridgwater 56-57 E6
Bridlington 56-57 F4
Brie 24 D4 E4
Brie champenoise 24 E4
Brie-Comte-Robert 23A D3
Brielle 60 C3
Brienne-le-Château 34 C3
Brienon-sur-l'Armançon 34 B3 B4
Brienz 66-67 D2
Brienz, lac de 66-67 C2 D2
Brienzerrothorn 66-67 C2 D2
Briey 34 D2
Brighton 56-57 F6 G6
Brighton Beach 130C C4
Brignogan-Plage 26 B2
Brignoles 30 E2 F2
Brigue 66-67 D2
Brihuega 72-73 D2
Brijuni 64-65 J5
Brindisi 74-75 F4 G4
Brinje 64-65 L4
Brion, île 125A
Brionne 24 B3
Brioude 32 C3
Brioude, limagne de 2 E4
Brisbane 142-143 F4
Bristol 56-57 E6
Bristol, baie de 120-121 D4 E4
Bristol, canal de 56-57 D6 E6
Britannia 59 C2
British Museum 58B
Brive, bassin de 2 D4
Brive-la-Gaillarde 28 E2
Brixen 74-75 C1
Brno 78 C4
Broad, détroit 142-143 E4 F4
Broadback 125 C3
Broad Law 56-57 E4
Brock 122-123 G2
Brocken 62 D3
Brockton 130B
Brodeur, péninsule 122-123 J2
Broglie 24 B3 B4
Broken Hill 142-143 E5
Bromley 58C C3
Brommat 33A A4
Bron 32 D3
Bronx 130C C1
Bronx Park 130C C1
Bronxville 130C C1 D1
Brooke's Point 98-99 F4
Brooklyn 130C B3 C3
Brooklyn Tunnel 130C B3
Brookmans Park 58C B1
Brooks, chaîne de 120-121 E3 F3
Broome 142-143 C3
Brou 24 C4
Brouage 28 B2 C2
Brousse 90 D3
Brownsville 126-127 G6
Broye 66-67 B2
Bruay-en-Artois 24 D2
Bruay-sur-l'Escaut 24 E2
Bruce 59 C2
Bruce, mont 142-143 B4
Bruche 34 F3
Bruchsal 34 G2
Bruck 64-65 L2
Bruges 60 B3
Brugg 66-67 D1
Brumath 34 F3
Brüneck 74-75 C1
Brunei 88-89 N9
Brunico 74-75 C1
Brünig, col de 66-67 D2
Brunnen 66-67 D2
Brunoy 23A D3
Brunsbüttel 62 C2
Brunswick (district) 63
Brunswick (ville) 62 D2
Bruxelles (région) 60 C4
Bruxelles (ville) 60 C4
Bruyères 34 E3
Bruyères-le-Châtel 23A B4
Bry-sur-Marne 23A D2
Buc 23A B3
Bucaramanga 135 C2
Bucarest 76-77 I3
Buchan 59 B2 C2
Buchanan 112-113 B4 C4
Buchs 66-67 E1
Buckingham Palace 58B
Buckinghamshire 58A
Bucquoy 24 D2
Bucureşti 76-77 I3
Budapest 76-77 E2
Buech 32 E4
Buenaventura 135 B2 C2
Buenaventura, baie de 134 B2 C2
Buena Vista, lac 131A D4
Buenos Aires (province) 139A
Buenos Aires (ville) 135 D6 E6
Buenos Aires, lac 134 C7 D7
Buffalo 126-127 K3
Bugey (centrale nucléaire) 33A D3
Buguma 118F
Buhl 34 F4
Bui 116-117A C4
Buis-les-Baronnies 30 E1
Buitenpost 60 D1 E1
Bujumbura 152-153 F5 G5
Buka 142-143 F2
Bukama 112-113 F5
Bukavu 112-113 F5
Bukit Panjang 101C A1
Bukit Raya 98-99 E6
Bukit Timah 101C A2
Bukittinggi 98-99 B6 C6
Bükk 76-77 F1
Bukoba 112-113 G5
Bukovine 76-77 H1 I1

Bukum 101C A2
Bula 98-99 I6
Bülach 66-67 D1
Bulawayo 112-113 F6
Bulgarie 42-43 G4
Bulim 101C A1
Bullaque 72-73 C3
Bulle 66-67 C2
Bulloo 142-143 E4
Bully-les-Mines 24 D2
Bulukumba 98-99 G7
Bumba 116-117A F4
Bunbury 142-143 B5
Bund 105E
Bundaberg 142-143 F4
Bungo, détroit de 108 C4
Buntok 98-99 E6 F6
Buol 98-99 G5
Buona Vista 101C A2
Buon Ma Thuot 98-99 D3
Buraidah 94 D4
Burang 102-103 C5
Burao 112-113 H4
Burbure 24 D2
Burdekin 142-143 E3
Burdur 90 E5
Burdur, lac 68-69 J4 K4
Bures-sur-Yvette 23A B3
Burg 62 D2 E2
Burgas 76-77 I4
Burgas, golfe de 76-77 I4 J4
Burgdorf 66-67 C1
Burgos 72-73 D1
Burhanpur 96 D5
Burias 98-99 G3
Burkina Faso 112-113 C3 D3
Burlington 126-127 H3 I3
Burnie 142-143 E6
Burnley 56-57 E5
Burqin 102-103 D2
Bursa 90 D3
Burton, lac 125 C3
Burton upon Trent 56-57 F5
Buru 98-99 H6
Burundi 112-113 F5 G5
Bury Saint Edmunds 56-57 G5
Bushey 58C A1
Bushy Park 58C A3
Busigny 24 E2
Bussang, col de 34 E4
Busselton 142-143 B5
Bussière-Badil 28 D2
Bussum 60 D2
Bussy-Saint-Georges 23A D2
Busto Arsizio 74-75 B2
Busuanga 98-99 F3
Buta 112-113 F4
Bute 56-57 D4
Butte 126-127 D2
Butterworth 98-99 C4
Butuan 98-99 H4
Butung 98-99 G7
Buyo 116-117A C4
Buyr Nur 102-103 J2
Buzançais 24 C6
Buzău 76-77 I3
Byblos 92 B1
Bydgoszcz 80 C3
Byfleet 58C A4
Bylot 122-123 K2
Byrranga, monts de 80-81 K2 L2

C

Caatingas 134 F3 G3
Cabardès 30 B2
Cabeza del Buey 72-73 C3
Cabimas 135 C1 C2
Cabinda 112-113 E5
Cabonga, réservoir 125 C4
Cabora Bassa, lac de 110-111 G6
Cabot, détroit de 125 F4 G4
Cabourg 24 A3
Cabrera 72-73 G3
Cabrera, sierra de la 72-73 B1
Cabriel 72-73 E3
Cabrit, îlet à 36 C1
Cabrits, îlet 37 B1
Čačak 76-77 F4
Cacao 36 D1
Caccia, cap 74-75 A4 B4
Cáceres 72-73 B3
Cachan 23A C3
Cachemire 96 C2 D3
Cadaqués 72-73 G1
Cadarache 31A E3 F3
Cadenet 30 E2
Cader Idris 56-57 D5 E5
Caderousse 31A D2
Cadí, serra del 72-73 F1
Cadibona, col de 74-75 B2
Cadillac 28 C3
Cadix 72-73 B4
Cadix, golfe de 72-73 B4
Cadiz 98-99 G3
Cadours 28 E4
Cadramón 72-73 B1
Caen 26 F1
Caen, campagne de 2 C2
Caen, plaine de 24 A3
Caernarfon 56-57 D5 E5
Caernarfon, baie de 56-57 D5
Cafres, plaine des 37 E1
Cagayan 98-99 G2
Cagayan, îles 98-99 G4
Cagayan de Oro 98-99 G4
Cagliari 74-75 B5
Cagliari, golfe de 74-75 B5
Cagnes-sur-Mer 30 G2
Cahors 28 E3
Cairns 142-143 E3
Cairo 126-127 I4
Caister 59 C3
Cajamarca 135 C3
Cajarc 28 E3
Calabar 112-113 D4
Calabre 74-75 F5
Calacuccia 30 H6 I6
Calafat 76-77 G4
Calais 24 C2
Calais, pas de 40-41 E3
Calama 135 D5
Calamar 132 D4
Calamian, îles 98-99 F3
Calanca, val 66-67 E2
Calancho, sarir 116-117A F2
Calapan 98-99 G3
Călăraşi 76-77 I3
Calatayud 72-73 D2 E2
Calatrava, campo de 72-73 D3
Calbayog 98-99 G3 H3
Calcutta 96 1 F5
Caldeirão, serra do 72-73 A4
Caldera 135 C5
Caldwell 130C A1
Calédonien, canal 56-57 D3
Calenzana 30 H6
Calgary 122-123 G4
Cali 135 C2
Calicut 96 1 C7 D7
California, aqueduc 131A C3 D4
Californie 126-127 B3 C5
Californie, golfe de 126-127 D5 E7
Calimere, cap 96 D7 E7
Callac 26 C2
Callao 135 C4
Caltagirone 74-75 E6
Caltanissetta 74-75 E6
Caluire-et-Cuire 32 D3
Calvados 26 F1
Calvi 30 H6
Camagüey (province) 133A
Camagüey (ville) 132 D2
Camagüey, îles 132 D2
Camarat, cap 30 F2
Camarès 30 B2
Camaret-sur-Mer 26 B2
Camargue 30 D2
Ca Mau 98-99 C4 D4
Cambay, golfe de 96 C5
Camberwell 58C B3 C3
Cambodge 88-89 M8
Cambo-les-Bains 28 B4
Cambrai 24 E2
Cambridge (É.-U.) 130B
Cambridge (R.-U.) 56-57 G5
Cambridge Bay 122-123 H3
Cambridgeshire 58A
Cambrien, lac 125 E2
Cambriens, monts 56-57 E5
Cambuston 37 E1
Camelot 59 C3
Cameron, collines de 122-123 G4
Cameroun 112-113 D4 E4
Cameroun, mont 110-111 D4
Camiguin 98-99 G4 H4
Camonica, val 66-67 F3 F2
Camopi (fleuve) 36 D1
Camopi (localité) 36 D1
Campan 28 D4
Campanie 74-75 E4
Campanien, archipel 74-75 D4
Campbell 140-141 N19 N20
Campbell, plateau 140-141 M19 N20
Campbeltown 56-57 D4
Campêche (Guadeloupe) 36 C1
Campeche (Mexique) 126-127 H8
Campeche, banc de 126-127 H7 I7
Campeche, golfe de 126-127 G7 H7
Cam Pha 98-99 D1
Campidano 74-75 B5
Câmpina 76-77 H3 I3
Campina Grande 135 G3
Campinas 135 F5
Campine 60 D3
Campitello 30 I6
Campobasso 74-75 E4
Campo de Marte 138D
Campo Grande 135 E5
Campos (région) 134 E4 F4
Campos (ville) 135 F5 G5
Campos, tierra de 72-73 C1 D1
Campos Elyseos 138C
Campo Tencia, piz 66-67 D2
Câmpulung 76-77 H3
Cam Ranh 98-99 D3 E3
Canabatuan 98-99 G2
Canada 120-121 I4 M4
Canadian River 126-127 F4
Canadien, bassin 140-141 A24 A25
Canadien, bouclier 120-121 K4 N4
Canairictoc 125 F3
Çanakkale 90 C3
Canala 37A C2
Cananea 126-127 D5 E5
Canari 30 I6
Canaries, îles 112-113 B2
Canarreos, archipel 132 C2
Canarsie 130C C3
Canaveral, cap 126-127 J6 K6
Canberra 142-143 E5 F5
Cancale 26 E2
Cancano, lac de 66-67 F2
Cance 32 D3
Cancer, tropique du 144-145 G8 G39
Canche 24 C2
Cancún 126-127 I7
Candala 94 E7
Çandarlı, golfe de 76-77 I6
Candé 26 F3
Canet-Plage 30 C3
Canfranc 72-73 E1
Cangaiba 138D
Cangzhou 102-103 J4
Caniapiscau (rivière) 125 E2
Caniapiscau (ville) 125 E2
Caniapiscau, réservoir 125 E2
Canigou 30 B3
Çankırı 90 F3
Cannes 30 G2
Cannobio 66-67 D2
Cannon Street Station 58B
Cano, pointe del 37H A2 B2
Canso, cap 122-123 L5 M5
Cantabrie 72-73 C1 D1
Cantabrique, côte 73D
Cantabriques, monts 72-73 B1 D1
Cantal 32 B3
Cantal, massif du 32 B3
Cantal, monts du 2 E4
Cantal, plomb du 32 B3
Canterbury 56-57 G6
Can Tho 98-99 D3 D4
Canton (Chine) 102-103 I7
Canton (É.-U.) 126-127 J3
Canvey Island 58A
Cao Bang 98-99 D1
Caorle 74-75 D2
Cap, bassin du 144-145 L21 N22
Cap-aux-Meules 125A
Capbreton 28 B4
Cap-Breton, île du 125 F4 G4
Capcir 30 B3
Capdenac 28 F3
Cape Coast 112-113 C4 D4
Cape Dorset 122-123 K3
Cap-Est 119A
Capestang 30 B2 C2
Capesterre 36 C1
Capesterre, rivière de la 36 C1
Capesterre-Belle-Eau 36 C1
Cap-Ferret 28 B3
Cap-Haïtien 132 E3 E2
Capim 134 F3
Capitale d'Australie, territoire de la 142-143 F5
Cap-Nord 119A
Capot 37 B1
Cap-Ouest 119A
Cappadoce 90 G4 H4
Capraia 74-75 B3
Caprera 74-75 B4
Capri 74-75 E4
Capricorne, tropique du 144-145 L8 L38
Caprivi, corridor de 110-111 F6
Captain 59 B2
Captieux 28 C3
Capua 74-75 E4
Cap Vert 112-113 A3
Cap Vert, bassin du 144-145 G17 H18
Cap York, péninsule du 142-143 E3
Caquetá 134 C2
Caracas 135 D1
Caraïbes, mer des 144-145 H13 H14
Caraïbes, plaque des 150B
Carajás 135 E3
Carajás, serra dos 134 E3 F3
Caraman 28 E4
Carantec 26 C2
Carapicuiba 138D
Caravaca de la Cruz 72-73 E3
Caravelle, presqu'île de la 37 B1
Caravius, monte is 74-75 B5
Carballo 72-73 A1
Carbet, pitons du 37 B1
Carboire 29A F5
Carbonara, cap 74-75 B5
Carbon-Blanc 28 C3
Carbonia 74-75 B5
Carbonne 28 E4
Carcans-Plage 28 B2
Carcassès 30 B2
Carcassonne 30 B2
Cardamomes 96 D8
Cárdenas 132 C2
Cardiff 56-57 E6
Cardigan 56-57 D5
Cardigan, baie de 56-57 D5
Cardona 72-73 F1
Carélie (région) 54-55 J2 I3
Carélie (République) 85A
Carennac 28 E3
Carentan 26 E1
Cargados Carajos, îles 140-141 J9
Cargèse 30 H6
Carhaix-Plouguer 26 C2
Caribou, lac du 122-123 H4
Caribou, monts 122-123 G4
Carie 90 D5
Carignan 34 D2
Carinthie 64-65 J3 K3
Carleton-Saint-Omer 125 E4
Carling 34 E2
Carlisle 56-57 E4
Carlit, pic 30 A3
Carlow 56-57 C5
Carlsbad 126-127 F5
Carlsbad Caverns, parc national 126-127 F5
Carlsberg, crête de 140-141 H8 I9
Carlstadt 130C B1 B2
Carmacks 122-123 E3
Carmarthen 56-57 D6
Carmarthen, baie de 56-57 D6
Carmaux 30 B1
Carmel 92 A3 B3
Carmel, cap 92 A3
Carmona 72-73 C4
Carnac 26 C3
Carnarvon 142-143 B4
Carnegie, lac 142-143 C4
Car Nicobar 98-99 A4
Carniques, alpes 64-65 I3 J3
Carnsore, pointe 56-57 C5
Carolina 135 F3
Caroline 140-141 I23 I24
Caroline du Nord 126-127 K4
Caroline du Sud 126-127 J5 K5
Carolines 140-141 H16 H18
Carolines occidentales, bassin des 140-141 H16
Carolines orientales, bassin des 140-141 H17 H18
Carona 66-67 E2
Caroni 132 G5
Carpates 40-41 F4 G4
Carpates méridionales 76-77 G3 H3
Carpentaria, golfe de 142-143 D3 E3
Carpentras 30 E1
Carpi 74-75 C2
Carquefou 26 E3
Carqueiranne 31A E3
Carrare 74-75 C2
Carrauntoohil 56-57 A6 B6
Carrick-on-Shannon 56-57 B5 C5
Carrières-sous-Poissy 23A A1 B1
Carros 30 G2
Carrouges 24 A4
Carry-le-Rouet 30 E2
Carson City 126-127 C4
Cartagena 135 C1
Carteret (É.-U.) 130C A4
Carteret (France) 26 E1
Carthage 117D B1
Carthagène 72-73 E4
Cartier 142-143 C3
Cartwright 125 G3
Carupano 132 G4
Carvin 24 D2
Carvoeiro, cap 72-73 A3
Casablanca 117B B1 C1
Casale Monferrato 64-65 E4
Casamance 116-117A B3
Cascades, chaîne des 126-127 B3 A2
Cascadura 138C
Cascais 72-73 A3
Case-Pilote 37 B1
Caserta 74-75 E4
Casiquiare 134 D2
Caspe 72-73 E2
Casper 126-127 E3
Caspienne, dépression 86-87 G5 H5
Caspienne, mer 144-145 E25 F26
Cassai 110-111 F6
Casse, grande 32 F3
Cassel 24 D2
Cassino 74-75 D4 E4
Cassis 30 E2
Castagniccia 30 I6
Castanet-Tolosan 28 E4
Castelginest 28 E4
Casteljaloux 28 D3
Castellammare di Stabia 74-75 E4
Castellane 30 F2
Castelló de la Plana 72-73 F3
Castelnaudary 30 A2 B2
Castelnau-de-Médoc 28 C2 C3
Castelnau-Magnoac 28 D4
Castelnau-Montratier 28 E3
Castelo Branco 72-73 B3
Castelsarrasin 28 D3 E3
Castera-Lou 29A E4
Castéra-Verduzan 28 D4
Castiglione 64-65 G4
Castilla, playa de 72-73 B4
Castille, chaînes de 72-73 C2 D2
Castille-La Manche 72-73 D2
Castille-León 72-73 C2 D2
Castillon-la-Bataille 28 C3 D3
Castillonnès 28 D3
Castlebar 56-57 B5
Castres 30 B2
Castries (France) 30 C2
Castries (Sainte-Lucie) 132 G4
Castrovillari 74-75 E5 F5
Cat 132 D2
Catalogne 72-73 F1 G1
Catamarca (province) 139A
Catamarca (ville) 135 D5
Catanduanes 98-99 G3 H3
Catane 74-75 E6
Catane, golfe de 74-75 E6
Catanzaro 74-75 F5
Caterham 58C C4
Catin, cap 117B B1
Catinaccio 64-65 H3
Cato 142-143 F4
Catoche, cap 126-127 I7
Catria, mont 74-75 D3
Cats, mont des 24 D2
Cattenom 35A E1
Cattolica 74-75 D2
Catus 28 E3
Cauca 134 C2
Caucase 144-145 E24 E25
Caudebec-en-Caux 24 B3
Caudry 24 E2
Caura 132 G5
Caussade 28 E3
Cauterets 28 C5
Cauvery 96 D7
Caux, pays de 24 B3
Cávado 72-73 A2
Cavaillon 30 E2
Cavalaire-sur-Mer 30 F2
Cavalese 64-65 H3
Cavallo, île de 30 I7
Cavally 110-111 C4
Cavan 56-57 C5
Cavour, canal 74-75 B2
Caxias 135 F3
Caxias do Sul 135 E5 F5
Cayambe 134 C3
Cayenne 36 D1
Cayeux-sur-Mer 24 C2
Caylus 28 E3
Cayman, fosse de 144-145 H12
Cayman, îles 132 C3
Cayolle, col de la 30 F1
Cazaux 29A C3
Cazaux, étang de 2 C4
Cazaux et de Sanguinet, étang de 28 B3
Cazères 28 E4
Cazouls-lès-Béziers 30 C2
Cea 72-73 C1
Ceará 135 F3 G3
Cebu (île) 98-99 G3
Cebu (ville) 98-99 G3
Cecina 64-65 G6
Cedar Rapids 126-127 H3
Cedros 126-127 C6
Ceduna 142-143 D5
Cefalù 74-75 E5
Cega 72-73 C2
Cegléd 76-77 E2
Celé 32 B4
Célèbes 98-99 F6 G6
Celerina 66-67 E2
Celje 64-65 L3
Celle 62 D2
Cellina 64-65 I3
Cendrawasih 98-99 I6
Cendrawasih, golfe de 98-99 I6 J6
Cenon 28 C3
Cento 64-65 H5
Centrafricaine, République 112-113 E4 F4
Central, massif 32 B3 B4
Central, plateau 78 G3
Centrale, chaîne 142-143 E2
Central Park 130C C2
Centre, canal du 60 C4
Centre, région 37A B2 C2
Centuri-Port 30 I6
Céphalonie 76-77 F6
Cerbère 30 C3
Cerdagne 30 E5
Cère 32 B4
Céret 30 B3
Cerf 112-113 I5
Cergy 24 C3 D3
Cergy-Pontoise 23A B1
Cergy-Pontoise, ville nouvelle de 23A A1 B1
Cerignola 74-75 E4
Cérilly 32 B2
Cerisy-la-Forêt 26 F1
Cerizay 26 F4
Cerknica 64-65 K4
Cern 33A D2 E2
Cernavodă 76-77 I3 J3
Cernay 34 F4
Cernay, vaux de 23A A3
Cerro de Pasco 135 C4
Cervia 64-65 I5
Cervin 64-65 D4
Cervione 30 I6
Cesano 74-75 D3
Césarée 92 A3
Cesena 74-75 D2
Cesenatico 74-75 D2
České Budějovice 62 F4
Český Krumlov 62 F4
Çeşme 90 C4
Cessnock 142-143 E5 F5
Cesson 23A D4
Cetinje 76-77 E4
Ceuta 72-73 C5
Cévennes 2 E5 F4
Ceyhan (fleuve) 90 H5
Ceyhan (ville) 90 G5
Ceylan 86-87 K9
Ceylanpınar 90 I5
Cézallier 32 B3
Cèze 30 D1
Chabanais 28 D2
Chabeuil 32 D4 E4
Chablais 32 F2
Chablis 34 B4
Chaco 139A
Chadrac 32 C3
Chagny 32 D2
Chagos, îles 140-141 I10
Chahrisabz 96 B2
Chaillac 25A C6
Chailly-en-Bière 25A D4
Chakhty 78 G4 H4
Chakonipau, lac 125 E2
Chalais 28 D2
Chalcidique 76-77 G5
Châlette-sur-Loing 24 D4
Chaleurs, baie des 125 E4 F4
Chalindrey 34 D4
Chalk River 126-127 K2
Challans 26 E4
Challenger, fosse du 140-141 G17
Chalonnaise, côte 35A C4
Chalonnes-sur-Loire 27A E3
Châlons-en-Champagne 34 C3
Chalon-sur-Saône 32 D2 E2
Chalosse 28 C4
Châlus 28 D2
Châlus, montagnes de 28 D2 E2
Cham 62 E4
Chamalières 32 B3 C3
Chambal 96 D4
Chambaran, plateau de 32 E3
Chambéry 32 E3 F3
Chambly 24 D3
Chambolle-Musigny 34 D4
Chambord 24 C5
Chambourcy 23A A2 B2
Chammar 94 C4 D4
Chamonix 32 F3
Champagne 28 C2
Champagne berrichonne 24 C6 D5
Champagne crayeuse 34 C3 C2
Champagne Double 2 C4
Champagne humide 34 C3
Champagnole 32 E2 F2
Champ du Feu 34 F3
Champéry 66-67 B2
Champex 66-67 C2
Champigneulles 34 E3
Champigny 23A D2
Champlain, lac 126-127 L3
Champoluc 66-67 C3
Champsaur, massif du 32 F4
Champs-sur-Marne 23A D2
Chamrousse 33A D3
Chança 72-73 B4
Chancy 66-67 A2 B2
Chand 102-103 G3
Chandigarh (territoire) 96 D3
Chandigarh (ville) 96 D3
Chandpur 96 G5
Chandrapur 96 D6 E6
Chang 98-99 C3
Changchun 102-103 K3 L3
Changé 24 B5
Changhua 106D A1
Changi 101C C1
Changi, aéroport de 101C C1
Chang Jiang 102-103 G6 I5
Changmar 102-103 B5 C5
Changning 105E
Changsha 102-103 I6
Changwon 108 B3
Changzhi 102-103 I4
Changzhou 102-103 J5 K5
Chania 76-77 H8
Chantar, îles 80-81 O4
Chanthaburi 98-99 C3
Chantilly 24 D3
Chantonnay 26 E4
Chaor 102-103 K2
Chaource 34 C3
Chaoyang (Beijing) 105F
Chaoyang (Liaoning) 102-103 J3 K3
Chaozhou 102-103 J7
Chardja 94 F4 G4
Charente (département) 28 C2 D2
Charente (fleuve) 28 C2
Charente-Maritime 28 C1 C2
Charenton 23A C2
Chari 116-117 E3
Charikar 96 B2 C2
Charing Cross Station 58B
Charleroi 60 C4
Charleroi, canal de 61C
Charles 125 D1
Charles-de-Gaulle, aéroport 23A D1
Charleston (Caroline du Sud) 126-127 K5
Charleston (Virginie occidentale) 126-127 J4
Charleville 142-143 E4
Charleville-Mézières 34 C2
Charlieu 32 D2
Charlotte 126-127 J4 K4
Charlottenburg 63G
Charlottesville 130B
Charlottetown 125 F4
Charlton (île) 125 B3 C3
Charlton (ville) 58C C3
Charm el Cheikh 68-69 K6
Charmes 34 E3
Charny 34 B4
Charolais 32 D2
Charolais, monts du 32 D2
Charolles 32 D2
Charquemont 34 E4
Charters Towers 142-143 E3 E4
Chartres 24 C4
Chartrettes 25A D4 E4
Chasseneuil-sur-Bonnieure 28 D2
Chasseral 66-67 C1
Chassezac 32 D4
Chastang, barrage de 28 E2
Château-Arnoux 30 E1
Châteaubourg 26 E2
Châteaubriant 26 E3
Château-Chalon 32 E2
Château-Chinon 24 E5
Château-d'Oex 66-67 C2
Château-d'Olonne 26 E4
Château-du-Loir 24 B5
Châteaudun 24 C4
Château-Gontier 26 F3
Château-Landon 24 D4
Château-la-Vallière 24 B5
Châteaulin 26 B2
Châteaumeillant 32 B2
Châteauneuf-de-Randon 32 C4
Châteauneuf-du-Faou 26 C2
Châteauneuf-du-Pape 31A D2 E2
Châteauneuf-du-Rhône 33A C4 D4
Châteauneuf-en-Thymerais 24 C4
Châteauneuf-les-Bains 32 B2 C2
Châteauneuf-sur-Charente 28 C2
Châteauneuf-sur-Loire 24 D5
Châteauponsac 28 E1
Château-Porcien 34 C2
Châteaurenard 30 D2
Château-Renault 24 B5
Châteauroux 24 C6
Château-Salins 34 E3
Château-Thierry 24 E3
Châteaux, pointe des 36 C1
Châtel 32 F3
Châtelaillon-Plage 28 B1 C1
Châtelard 32 F3
Châtel-Censoir 34 B4
Châteldon 32 C2 C3
Châtelguyon 32 B3 C3
Châtellerault 24 B6
Châtelus-Malvaleix 28 E1 F1
Châtenay-Malabry 23A C3
Châtenois 34 D3
Chatham (Canada) 125 E4
Chatham (R.-U.) 56-57 G6
Chatham, îles 142-143 I6
Châtillon 23A C3
Châtillonnais 34 C4
Châtillon-sur-Chalaronne 32 D2 E2
Châtillon-sur-Indre 24 C6
Châtillon-sur-Loire 24 D5
Châtillon-sur-Marne 34 B3
Châtillon-sur-Seine 34 C4
Chatou 23A B2
Chattahoochee 126-127 J5
Chatt al Arab 94 E3 E4
Chattanooga 126-127 I4
Chatti, wadi 116-117A E2
Chaudes-Aigues 32 B4
Chauffailles 32 D2
Chaumergy 32 E2
Chaumont (montagne) 32 F2 F1
Chaumont (ville) 34 C3 D3
Chaumont-en-Vexin 24 C3
Chaunoy 25A D4 E4
Chauny 24 E3
Chausey, îles 26 E2
Chauvigny 28 D1
Chavaniac 33A B3
Chavenay 23A A2
Chaves 72-73 B2
Chavigny, lac 125 C2
Chaville 23A B3
Chazelles-sur-Lyon 32 D3
Cheb 62 E3
Chébéli 110-111 H4
Chech, erg 110-111 C2
Chechaouèn 117B C1
Chécy 24 D5
Cheduba 98-99 A2
Chef-Boutonne 28 C1
Cheiron 30 F2
Cheju (île) 106A A3
Cheju (ville) 106A A3
Chek Lap Kok, aéroport de 101D
Chelagski, cap 80-81 S2
Chelekhov, baie de 80-81 Q3
Chelenikho 84F B2
Chelia, djebel 117C C2
Cheliff 117C B1
Chelles 24 D4
Chelmsford 56-57 G6
Chelsea 58C B2 B3
Cheltenham 56-57 E6
Chemillé 26 F3
Chemnitz (district) 63
Chemnitz (ville) 62 E3
Chenevières-sur-Marne 23A D3
Chengde 102-103 J3
Chengdu 102-103 G5
Chennai 96 E7
Chenonceaux 24 C5
Chenôve 34 C4
Cheny 34 B4
Chépénéhe 37A C2
Cher (département) 24 D5
Cher (rivière) 24 D6
Cherbourg 26 E1
Cherchell 117C B1
Chergui, chott ech 117C A2 B2
Cherrapunji 96 G4
Chertsey 58C A3
Chesapeake 130B
Chesapeake, baie de 126-127 K4 L4
Cheshunt 58C B1 C1
Chester 56-57 E5
Chesterfield 56-57 F5
Chesterfield, îles 142-143 F3 G3
Chesterfield Inlet (baie) 120-121 K3
Chesterfield Inlet (localité) 122-123 I3
Chetumal 126-127 I8
Chevalier, îlet 37 B1
Cheval-qui-Rue, col du 122-123 G4
Cheverny 24 C5
Chevigny-Saint-Sauveur 34 D4
Cheviot Hills 56-57 E4
Cheviré 27A D3
Chevreau, île 36 C1
Chevreuse 24 C4
Cheyenne (rivière) 126-127 F3
Cheyenne (ville) 126-127 F3
Chhapra 96 E4 F4
Chi 98-99 C2
Chiai 106D A2
Chiana, canal 64-65 H6
Chiang Mai 98-99 B2 C2
Chiang Rai 98-99 B2
Chiani 74-75 D3
Chianti, monts du 74-75 C3
Chiavari 64-65 F5
Chiavenna 74-75 B1
Chiba 108 E3
Chibam 94 E6
Chibougamau 125 D4
Chicago 126-127 I3
Chichagof, île 122-123 E4
Chichén Itzá 126-127 I7
Chiclayo 135 C3
Chico (fleuve) 134 D7
Chico (ville) 131A C2
Chicoutimi = Saguenay, ville de 125 D4
Chidley, cap 122-123 L3
Chiem, lac 62 E5
Chienti 74-75 D3
Chiers 34 D2
Chiese 74-75 C2
Chieti 74-75 E3
Chifeng 102-103 J3
Chigwell 58C C1
Chihuahua 126-127 E6
Chili 135 C6
Chili, bassin du 144-145 M12
Chili, dorsale du 140-141 L29 M30
Chilka 80-81 M4
Chillán 135 C6
Chilly-Mazarin 23A C3
Chiloé 134 C7
Chilpancingo 126-127 G8
Chiltern Hills 56-57 F6
Chilung 106D B1
Chilwa, lac 110-111 G6
Chimay 60 C4
Chimborazo 134 C3
Chimbote 135 B3 C3
Chin, collines de 98-99 A1
Chinde 112-113 G6
Chindwin 102-103 F6
Chine 88-89 K6 M6
Chine du Nord, plateau de 102-103 I4
Chine du Sud, plateau de 102-103 H6 I7
Chine méridionale, bassin de 140-141 G14
Chine méridionale, mer de 86-87 N9 N8
Chine orientale, mer de 102-103 K5 L6
Chingford 58C C1
Chinguetti 112-113 B2
Chinju 106A A2 B2
Chinko 110-111 F4
Chinois, bouclier 150C
Chinon 24 B5
Chioggia 74-75 D2
Chipata 112-113 G6
Chipperfield 58C A1
Chipping Ongar 58C D1
Chipstead 58C B4
Chiraz 94 F4
Chiriquí, lagune de 132 C5
Chiroubles 32 D2
Chirripó 132 C5
Chisasibi 125 B3 C3
Chişinău 76-77 J2
Chislehurst 58C C3
Chisny, piton 37 E1
Chisone 64-65 D4 D5
Chiswick 58C B2 B3
Chitose 108 E2
Chitral 92 C2
Chittagong 96 G5
Chittoor 96 D7
Chivasso 64-65 D4
Chivilcoy 135 D6
Choa Chu Kang 101C A1
Choiseul 142-143 F2
Choisy-le-Roi 23A C3
Cholet 26 F3
Choluteca 132 B4
Chomutov 62 E3
Chonan 108 B3
Chon Buri 98-99 C3
Chongjin 108 B2 C2
Chongju 106A A2 B2
Chongqing 102-103 H6
Chonju 106A A2
Chonos, archipel des 134 C7
Chooz 34 C1
Chooz, centrale nucléaire de 34 C1
Chorrillos 135 C4
Chorwon 108 B3
Chorzów 80 C3
Choshi 109A D2 E2
Chou (rivière) 80-81 I5
Chou (ville) 80-81 I5
Christchurch 142-143 H6
Christian IX, terre 122-123 O3
Christianshåb 122-123 M3 N3
Christmas (Océan Indien) 140-141 J13
Christmas (Océan Pacifique) 140-141 H23
Christmas, crête de 140-141 G21 H22
Chüanchow 102-103 J7
Chubút (fleuve) 134 D7
Chubút (province) 139A
Chugoku, péninsule de 108 C4 C3
Chula Vista 130A
Chumphon 98-99 B3 C3
Chunchon 106A A2 B2
Chungju 108 B3
Chungli 106D A1 B1
Chuo 109C
Chuquicamata 135 D5
Churchill (fleuve, Labrador) 125 F3
Churchill (fleuve, Manitoba) 122-123 H4 I4
Churchill (ville) 122-123 I4
Churchill, chutes 125 F3
Churchill, pic 122-123 F4
Churfirsten 66-67 E1
Churu 96 C4
Chuuk 140-141 H18
Chyganak 102-103 A2

Chymkent 80-81 H5 I5
Chypre (État) 88-89 E6 F6
Chypre (île) 86-87 E6 F6
Ciboure 28 B4
Cićarija 64-65 K4
Ciego de Ávila (province) 133A
Ciego de Ávila (ville) 132 D2
Ciel, temple du 105F
Ciénaga 132 D4 E4
Cienfuegos (province) 133A
Cienfuegos (ville) 132 C2
Cieza 72-73 E3
Cigüela 72-73 D3
Cilacap 98-99 D7
Cilaos 37 E1
Cilaos, cirque de 37 E1
Çıldır, lac 90 K3
Cilicie 90 F5 G5
Cimarron 126-127 G4
Cime de la Bonette, col 30 F1 G1
Cimone, mont 74-75 C2
Cinca 72-73 F1
Cincinnati 126-127 J4
Cinto, monte 30 H6
Circle 122-123 D3
Cirebon 98-99 D7
Cirey-sur-Vezouze 34 E3
Cisa, col de la 74-75 C2
Cisse 24 B5
Cité universitaire 138D
Citron 36 D1
Citrus Heights 130A
Città di Castello 64-65 I6
City 58B
City Island 130C D1 D2
Ciudad Bolívar 135 D2
Ciudad Camargo 126-127 E6 F6
Ciudad del Carmen 126-127 H8
Ciudad del Este 135 E5
Ciudad Guayana 135 D2 E2
Ciudad Juárez 126-127 E5
Ciudad Madero 126-127 G7
Ciudad Obregón 126-127 E6
Ciudad Real 72-73 D3
Ciudad Rodrigo 72-73 B2
Ciudad Victoria 126-127 G7
Civaux 27A F4
Civitavecchia 74-75 C3
Civray 28 D1
Cizre 90 K5
Clabecq 60 C4
Clacton-on-Sea 56-57 G6
Claie 26 D3
Clain 28 D1
Clair 59 B1
Clair, lac 131A B2
Claire, lac 122-123 G4
Clairvaux 34 C3
Clairvaux-les-Lacs 32 E2
Claise 24 B6
Clamart 23A B3 C3
Clamecy 34 B4
Clapham 58C B3
Clapier, mont 30 G1
Claremorris 56-57 B5
Clarencia 135 C8 D8
Clarion, zone fracturée de 140-141 G25 G26
Claye-Souilly 23A D2
Claymore 59 B2
Clear 56-57 B6
Clear, cap 56-57 B6
Clelles 32 E4
Clément 36 D1
Clementi 101C A2
Clerkenwell 58B
Clermont (Australie) 142-143 E4
Clermont (France) 24 D3
Clermont-en-Argonne 34 D2
Clermont-Ferrand 32 C3
Clermont-l'Hérault 30 C2
Clervaux 60 E4
Cleveland 126-127 J3
Cleveland Hills 56-57 F4
Clew, baie de 56-57 A5 B5
Clichy 23A C2
Clichy-sous-Bois 23A D2
Cliffside Park 130C B2 C2
Clifton 130C B1
Clipper 59 C3
Clipperton 140-141 H28
Clipperton, zone fracturée de 140-141 H25 G27
Clisson 26 E3
Clogher, cap 56-57 C5 D5
Cloncurry 142-143 E4
Clonmel 56-57 C5
Cloverdale 131A B2
Clovis 126-127 F5
Cloyes-sur-le-Loir 24 C5
Cluj-Napoca 76-77 G2
Cluny 32 D2
Cluses 32 F2
Clusone 66-67 F3
Clyde (champ pétrolier) 59 C2
Clyde (fleuve) 56-57 E4 D4
Clyde, firth of 56-57 D4
Clydebank 56-57 D4
Clyde River 122-123 L2
Clydeside 57C
Coachella Canal 131A F5
Coalinga 131A C3
Coats (île) 122-123 J3
Coats (rivière) 125 D2
Coats, terre de 169B
Coatzacoalcos 126-127 H8
Cobalt 122-123 J5 K5
Cobán 132 A3
Cobar 142-143 E5
Cobh 56-57 B6
Cobham 58C A4
Cobija 135 D4
Coblence (district) 63
Coblence (ville) 62 B3
Coburg 62 D3
Coca, pizzo di 64-65 F3 G3
Cochabamba 135 D4
Cochem 62 B3
Cochin 96 D8
Cochons, île aux 37F A2
Cochrane 122-123 J5 K5
Coco 132 C4
Coco, canal 98-99 A3
Coco, îles 98-99 A3
Cocoa Beach 126-127 J6 K6
Cocos, crête des 140-141 H29 H30
Cocos, île 132 B5
Cocos, îles 140-141 J12
Cocos, plaque de 150B
Cocotá 138C
Cod 59 C2
Cod, cap 126-127 M3
Coega 119F
Coeur d'Alene 126-127 C2 D2
Coevorden 60 E2
Coëvrons 24 A4
Coffee, mont 116-117A C4
Coff's Harbour 142-143 F5
Coghinas 74-75 B4
Cognac 28 C2
Cogne 64-65 D4
Cogolin 30 F2
Coiba 132 C5
Coignières 23A A3
Coimbatore 96 D7
Coimbra 72-73 A2
Coin 72-73 C4
Coire 66-67 E2
Coiron 32 D4
Cokioco 36 D1
Colchester 56-57 G6
Col de Tende, tunnel du 30 G1
Coleraine 56-57 C4
Colibris, pointe des 36 C1
Colima 126-127 F8
Colima, nevado de 126-127 F8
Coll 56-57 C3
Collalto 64-65 I3
College 122-123 C3 D3
College Point 130C C2
Collégien 23A D2
Collie 142-143 B5
Collier, baie 142-143 C3
Collioure 30 C3
Collombey 66-67 B2
Collonges 32 E2
Colmar 34 F3
Colmars 30 F1
Cologne (district) 63
Cologne (ville) 62 B3
Colombes 23A B2 C2
Colombey-les-Deux-Églises 34 C3 D3
Colombie 135 C2 D2
Colombie-Britannique 122-123 F4
Colombo 96 D8
Colomiers 28 E4
Colón 132 D5
Colonia 135 E6
Colonne, cap 74-75 F5
Colonsay 56-57 C3
Colorado (État) 126-127 E4 F4
Colorado (fleuve, Argentine) 134 D6
Colorado (fleuve, Arizona) 126-127 E4 D5
Colorado (fleuve, Texas) 126-127 G5
Colorado, aqueduc du 131A E4 F5
Colorado, plateau du 126-127 D4
Colorado Springs 126-127 F4
Columbia (fleuve) 126-127 A2
Columbia (ville) 126-127 J5
Columbia, cap 120-121 L1 N1
Columbia, mont 122-123 G4
Columbia, plateau de la 126-127 C2
Columbus (Géorgie) 126-127 J5
Columbus (Ohio) 126-127 J3 J4
Colusa 131A B2
Colville 122-123 C3
Colwyn Bay 56-57 E5
Comacchio 74-75 D2
Comacchio, lagunes de 74-75 C2 D2
Combloux 32 F3
Combourg 26 E2
Combraille 32 B2
Combs-la-Ville 24 D4
Côme 74-75 B2
Côme, lac de 74-75 B1
Comité, baie du 122-123 J3
Commandeur, îles du 80-81 R4
Commentry 32 B2
Commercy 34 D3
Comminges 28 D5 D4
Communisme, pic 96 C2
Comodoro Rivadavia 135 D7
Comoé 110-111 C4
Comores (État) 112-113 H6
Comores (îles) 110-111 H6
Comorin, cap 96 D8
Compiègne 24 D3
Comps-sur-Artuby 30 F2
Comtal, causse 2 E4
Comtat Venaissin 30 D1 E1
Comté 36 D1
Conakry 110-111 B4
Concarneau 26 C3
Concepción (Chili) 135 C6
Concepción (Paraguay) 135 D5 E5
Conception, pointe 126-127 B5
Conches-en-Ouche 24 B4
Conchos 126-127 E6
Concord (Californie) 131A B3 C3
Concord (New Hampshire) 126-127 L3
Concordia 135 D6 E6
Condat 32 B3
Condé-en-Brie 24 E3
Condé-sur-l'Escaut 24 E2
Condé-sur-Noireau 26 F2
Condé-sur-Vire 26 E1
Condom 28 D4
Condrieu 32 D3
Condroz 60 C4 D4
Conegliano 64-65 I4
Coney Island 130C B4 C4
Conflans-en-Jarnisy 34 D2
Conflans-Sainte-Honorine 23A B1
Conflent 30 B3
Confolens 28 D1
Confolentais 28 D2 D1
Congo (État) 112-113 E5
Congo (fleuve) 110-111 F4 E5
Congo, bassin du 110-111 E4 F5
Congo, République Démocratique du 112-113 F4 F5
Congonhas, aéroport de 138D
Coni 74-75 A2
Conn, lough 56-57 B4
Connacht 56-57 B5
Connecticut (État) 126-127 L3
Connecticut (fleuve) 126-127 L3
Connemara 56-57 B5
Connerré 24 B4
Conques 32 B4
Conscrits, mont des 125 D4
Con Son 98-99 D4
Constance 62 C5
Constance, lac de 64-65 F2
Constanța 76-77 J3
Constantine 117C C1
Constitución 135 C6
Contes 30 G2
Contis-Plage 28 B3
Contres 24 C5
Contrexéville 34 D3 E3
Coo 60 D4
Cook, détroit de 142-143 H6
Cook, glacier 37E A2
Cook, îles 140-141 J22 J23
Cook, mount 142-143 H6
Cook, récif de 37A A1 B1
Cook Inlet 120-121 E4 E3
Cooktown 142-143 E3
Coolgardie 142-143 B5 C5
Coombe Park 58C B3 C3
Cooper Creek 142-143 D4
Coosa 126-127 I5
Copacabana 138C
Copán 132 B4
Copenhague 54-55 D5 E5
Copiapó 135 C5 D5
Copparo 64-65 H5 I5
Coppermine 122-123 G3
Coquimbo 135 C5 C6
Corabia 76-77 H4
Corail, bassin de 140-141 J17 J18
Corail, mer de 140-141 J18
Coral Harbour 122-123 J3
Corantyne 134 E2
Corato 74-75 F4
Corbeil-Essonnes 24 D4
Corbie 24 D3
Corbières 30 B3 B2
Corbigny 34 B4
Corbones 72-73 C4
Corby 56-57 F5
Corcovado, golfe de 134 C7
Cordemais 27A D3
Cordes 30 A1 B1
Cordillère centrale 134 C2
Cordillère occidentale 134 C2
Cordillère orientale 134 C2
Córdoba (province) 139A
Córdoba (ville) 135 D6
Córdoba, sierra de 134 D6
Cordoue 72-73 C4
Corée 86-87 O6
Corée, baie de 102-103 K4
Corée, détroit de 102-103 L5
Corée du Nord 88-89 O5 O6
Corée du Sud 88-89 O6
Corfou (île) 76-77 E6
Corfou (ville) 76-77 E6
Corigliano 74-75 F5
Corinthe 76-77 G7
Corinthe, golfe de 76-77 G6
Corinto 132 B4
Corisco, baie 110-111 D4
Cork 56-57 B6
Cork Harbour 56-57 B6 C6
Çorlu 90 C3 D3
Cormeilles-en-Parisis 23A B1
Cormontibo 36 D1
Cormontreuil 34 B2 C2
Cormorant 59 C1
Corner Brook 125 G4
Cornimont 34 E4
Corno Bianco 66-67 C3
Cornouaille 26 B2 C2
Cornouailles 56-57 D6
Cornwall 125 C4 D4
Cornwallis 122-123 I2
Coro 135 D1
Coromandel 96 E7 E6
Coropuna 134 C4
Corps 32 E4
Corpus Christi 126-127 G6
Corral 135 C6
Corrèze (département) 28 E2 F2
Corrèze (rivière) 28 E2
Corrientes (province) 139A
Corrientes (ville) 135 D5 E5
Corrientes, cap (Argentine) 134 E6
Corrientes, cap (Colombie) 132 D5
Corrientes, cap (Mexique) 126-127 E7
Corse, cap 30 I5
Corse-du-Sud 30 H7 I7
Corte 30 I6
Cortina d'Ampezzo 74-75 C1 D1
Cortona 74-75 D3
Corubal 110-111 B3
Çoruh 90 K3
Çorum 90 G3
Corumbá 135 E4
Coryton 59 C4
Cosenza 74-75 E5 F5
Cosne-Cours-sur-Loire 34 B4
Cosne-d'Allier 32 B3
Cosson 24 C5
Costa Rica 132 B4 C5
Cotabato 98-99 G4 H4
Côte-d'Armor 26 C2 D2
Côte d'Ivoire 112-113 C4
Côte-d'Or 34 C4 D4
Cotentin 26 E1
Côtier, aqueduc 131A C4
Côtier, canal 62 B2
Côtière, chaîne (Canada) 120-121 H4 I6
Côtiere, chaîne (É.-U.) 126-127 B3 C4
Cotonou 112-113 D4
Cotswold Hills 56-57 E6 F6
Cottbus 62 E3 F3
Cottica, mont
Cottiennes, alpes 64-65 C5 D5
Coubre, pointe de la 28 B2
Coucouron 32 C4 D4
Coudekerque-Branche 24 D1
Couëron 26 E3
Couesnon 26 E2
Couhé 28 D1
Coulommes 25A E4
Coulommiers 24 E4
Coulon 30 E2
Coulonge 125 C4
Coulonges-sur-l'Autize 28 C1
Coulounieix-Chamiers 28 D2
Coulsdon 58C B4
Council Bluffs 126-127 G3 H3
Courbevoie 23A B2
Courcelles-Fremoy 35A C3
Courchevel 32 F3
Courcibo 36 D1
Courcouronne 23A C4
Courdimanche 23A A1
Courmayeur 64-65 C4
Cournon-d'Auvergne 32 C3
Couronnement, golfe du 122-123 G3 H3
Courpière 32 C3
Coursegoules 30 F2
Courseulles-sur-Mer 26 F1
Cours-la-Ville 32 D2
Courtenay 24 D4 E4
Courthézon 30 D1 E1
Courtrai 60 B4
Couserans 28 D5 E5
Coutainville 26 E1
Coutances 26 E1
Coutras 28 C2
Couture, lac 125 C1
Couvin 60 C4
Couzeix 28 E2
Coveñas 132 D5
Coventry 56-57 F5
Covilhã 72-73 B2
Covington 126-127 I4 J4
Cowan, lac 142-143 C5
Cowes 56-57 F6
Cox's Bazar 96 G5
Coye-la-Forêt 24 D3
Cozumel 126-127 I7
Cracovie 80 D3
Craiova 76-77 G3
Cran-Gevrier 32 E3 F3
Crans 66-67 C2
Cransac 32 B4
Craon 26 F3
Craonne 24 E3
Craponne-sur-Arzon 32 C3
Cratère, lac 37I B1
Crati 74-75 F5
Crau 30 D2
Crawley 56-57 F6
Crécy-en-Ponthieu 24 C2
Crécy-sur-Serre 24 E3
Cree, lac 122-123 H4
Créhange 34 E2
Creil 24 D3
Crema 64-65 F4
Crémieu 32 E3
Crémieu, plateau de 32 E3
Crémone 74-75 B2 C2
Crépy-en-Valois 24 D3
Cres 76-77 C3
Crescent City 131A A1 B1
Crest 32 E4
Crète 76-77 H8
Créteil 24 D4
Creus, cap de 30 C3
Creuse (département) 28 E1 F1
Creuse (rivière) 24 B6
Creutzwald 34 E2
Crèvecoeur-le-Grand 24 D3
Crewe 56-57 E5
Creys-Malville 33A D3
Criel-Plage 24 C2
Crikvenica 64-65 K4
Crimée 78 F4
Crimée, monts de 78 F5 G5
Criș blanc 76-77 F2 G2
Criș noir 76-77 F2 G2
Criș rapide 76-77 G2
Crna Gora 76-77 E4
Crna Reka 76-77 F5
Croatie 42-43 F4
Croato-Musulmane, Fédération 76-77 D3 E4
Croisette, cap 30 E2
Croisilles 24 D2
Croissy-Beaubourg 23A D2
Croissy-sur-Seine 23A B2
Croix Haute, col de la 32 E4
Cro-Magnon 28 E3
Cromarty 56-57 D3 E3
Cromer 56-57 G5
Crookes Point 130C B4
Cros-de-Cagnes 31A G3
Cross Fell 56-57 E4
Cross River 118 C4
Crotone 74-75 F5
Crouy 24 E3
Croydon 58C B3
Crozet, bassin de 140-141 L8 M9
Crozet, îles 140-141 M8
Crozet, seuil de 140-141 M7
Crozon 26 B2
Crozon, presqu'île de 26 B2
Cruas 33A C4
Cruden Bay 56-57 F3
Cruz, cap 132 D3
Cruzeiro do Sul 135 C3
Ctesiphon 94 D3 E3
Cuando 110-111 F6
Cuanza 110-111 E5
Cuba 132 C2
Cubango 110-111 E6
Cucq 24 C2
Cúcuta 135 C2
Cuddalore 96 D7
Cuddapah 96 D7
Cuenca (Équateur) 135 C3
Cuenca (Espagne) 72-73 D2 E2
Cuenca, serranía de 72-73 D2 E3
Cuernavaca 126-127 F8 G8
Cuers 30 E2 F2
Cuevas 72-73 E4
Cuffley 58C B1
Cugnaux 28 E4
Cuiabá 135 E4
Cuijk 60 D3
Cuima 112-113 E6
Culemborg 60 D3
Culgoa 142-143 E4
Culiacán 126-127 E7
Culion 98-99 F3
Cullera 72-73 E3 F3
Culoz 32 E3
Cumaná 135 D1
Cumberland 126-127 I4
Cumberland, baie de 122-123 L3
Cumberland, péninsule de 122-123 L3
Cumbre, col de la 134 D6
Cumbrian, monts 56-57 E4
Cunene 110-111 E6
Cunlhat 32 C3
Cunnamulla 142-143 E4
Cunningham Park 130C D2
Cupar 56-57 E3
Curaçao 132 F4
Curbans 31A E2
Cure 24 E5
Curitiba 135 F5
Curlew 59 C2
Cusset 32 C2
Cuttack 96 1 F5
Cuxac-d'Aude 30 B1
Cuxhaven 62 C2
Cuyo, îles 98-99 G3
Cuyuni 134 E2
Cuzco 135 C4
Cwmbran 56-57 E6
Cyclades 76-77 H7
Cyrénaïque 68-69 I5
Cyrene 68-69 I5
Cythère 76-77 G7
Częstochowa 80 C3 D3

D

Daba Shan 102-103 H5 I5
Dabbagh, djebel 92 B8
Dabie Shan 102-103 I5 I6
Dabrazabat 94 C7
Dacca 96 F5 G5
Dachau 62 D4
Dachauer Moos 64-65 H1
Dachhowuz 80-81 G5
Dachstein 64-65 J2
Dadou 30 B2
Dadra et Nagar Haveli 96 C6
Dadu 92 B4
Dadu He 102-103 G5
Daet 98-99 G3
Dagenham 58C D2
Daghestan 85A
Dagupan 98-99 G2
Dahab 92 A7
Dahana 94 D4 E4
Dahar 117D B2
Dahenqin Dao 101A B3
Dahlak, îles 110-111 H3
Dahlem 60 E4
Dahouët 27A C2
Dahra (Algérie) 68-69 E4
Dahra (Lybie) 68-69 H6
Dahuk 90 K5
Daio, cap 109A C2
Daito, îles 102-103 M6
Dajian Shan 102-103 G6
Dakar 112-113 B3
Dakhla 68-69 J6
Dakhla, oasis de 68-69 J6
Dakota du Nord 126-127 F2 G2
Dakota du Sud 126-127 F2 G2
Dalälv 54-55 F3
Dalaman 76-77 I7
Dalandzadgad 102-103 G3
Dalarna 54-55 E3
Da Lat 98-99 D3
Dalby 142-143 F4
Dali 102-103 G6
Dalian 102-103 K4
Dallas 126-127 G5
Dalmatie 76-77 C3 D4
Dalnaïa 108 E1
Dalneretchensk 80-81 O5
Daloa 112-113 C4
Daly 142-143 D3
Daly Waters 142-143 D3
Daman 96 C5
Daman et Diu 96 B5 C5
Damanhur 68-69 J5 K5
Damar 98-99 H7
Damaraland 110-111 E7
Damas 94 C3
Damavand 94 F2
Dâmbovița 76-77 H3
Damiette 68-69 K5
Dammaam 94 F4
Dammartin-en-Goële 23A D1
Damma Stock 66-67 D2
Damodar 96 F5
Damour 92 B2
Dampier 142-143 B4
Dampier, détroit de 98-99 I6
Dampier, pays de 142-143 C3
Dampierre 23A A3
Dan 59 D3
Danakil, dépression 110-111 H3
Da Nang 98-99 D2
Danbury 130B
Dancong 102-103 K3
Danemark 42-43 E3 F3
Danemark, détroit du 144-145 C17 C18
Dangrek, monts 98-99 C3
Danjoutin 34 E4
Dannemarie 34 F4
Dannemora 54-55 F3
Danshui 101A C2
Danson Park 58C C3
Danube 40-41 F4 G4
Danville 126-127 J4 K4
Daocheng 102-103 F6 G6
Dapeng Wan 101A C2
Da Qaidam 102-103 F4
Dara 92 C3
Darbhanga 96 F4
Dardanelles 90 B3 C3
Dareen 58C D3
Dar-es-Salaam 112-113 G5 H5
Darfo 66-67 F3
Darfur 110-111 F3
Darién 132 D5
Darién, golfe de 132 D5
Darién, serranía del 132 D5
Darjeeling 96 F4
Darkhan 102-103 H2
Darling 142-143 E5
Darling, monts 142-143 B4 B5
Darlington 56-57 E4 F4
Darmstadt (district) 63
Darmstadt (ville) 62 C4
Darnétal 24 C3
Dart 56-57 E6
Dartford 58C D3
Dartmoor 56-57 D6 E6
Dartmouth (Canada) 122-123 L5
Dartmouth (R.-U.) 56-57 E6
Daru 142-143 E2
Darwin 142-143 D3
Darwin, cordillère 134 C8 D8
Das 95 F4
Dascian, mont 110-111 G3
Datong 102-103 I3
Datu, baie de 98-99 E5
Datu, cap 98-99 D5
Daugava 40-41 G3
Daugavpils 54-55 H5
Dauphin 122-123 I4
Dauphiné 32 E4
Davargere 96 D7
Davao 98-99 H4
Davao, golfe de 98-99 H4
Davenport 126-127 H3 I3
David 132 C5
Davis, détroit de 120-121 N2 O3
Davos 66-67 E2
Dawasir 94 D5
Dawei 98-99 B3
Dawka 94 F6
Dawna, monts 98-99 B2
Dawson 122-123 E3
Dawson Creek 122-123 F4 G4
Dax 28 C4
Dayton 126-127 J4
Daytona Beach 126-127 J5 K6
Dease, détroit de 122-123 H3
Dease Lake 122-123 F4
Death Valley 126-127 C4
Death Valley, parc national 131A E3
Deauville 24 A3 B3
De Bilt 60 D2
Debrecen 76-77 F2 G2
Debre Markos 112-113 G3
Debre Tabor 112-113 G3 H3
Decatur 126-127 I4
Decazeville 32 B4
Deccan, plateau du 96 D6 D7
Deception 125 D1
Décines-Charpieu 32 D3 E3
Decize 24 E6
Dee (Écosse) 56-57 E3
Dee (Pays de Galles) 56-57 E5
De Grey 142-143 C4
Dehra Dun 96 D3
Dehui 108 B2
Deinze 60 B3
Deir ez Zor 94 D2
Dej 76-77 G2
Delano 131A D4
Delano, pic 126-127 D4
Delaware (État) 126-127 K4 L4
Delaware (fleuve) 126-127 K3 L3
Delémont 66-67 C1
Delft 60 C2
Delfzijl 60 E1 F1
Delgado, cap 110-111 H6
Delhi (territoire) 96 D4
Delhi (ville) 96 D4
Delice 90 G4
Délices 36 D1
Déline 122-123 F3
Delle 34 E4
Delmenhorst 62 C2
De Long, détroit de 80-81 S2
Delos 76-77 H7
Delphes 76-77 G6
Del Rio 126-127 F6
Delta 118 C4
Delta Mendota Canal 131A C3
Demanda, sierra de la 72-73 D1
Démer 60 C3
Dempo 98-99 C6
Demta 98-99 K6
Dena, kuh-i 94 F3
Denain 24 E2
Denali 120-121 E3
Denbigh 56-57 E5
Den Burg 60 C1
Dendre 60 B4
Dêngqên 102-103 F5
Den Haag 60 C2
Denham 58C A2
Dénia 72-73 F3
Denison Dam 126-127 G5
Denizli 90 D5
Den Oever 60 D2
Denpasar 98-99 E7 F7
D'Entrecasteaux, îles 142-143 E2 F2
D'Entrecasteaux, récifs 142-143 F3 G3
Denver 126-127 E4 F4
Depoutatski 80-81 P3
Deptford 58C C3
Der, lac du 34 C3
Dera Ghazi Khan 92 B4 C4
Dera Ismail Khan 92 B3 C3
Derbent 94 E1
Derby (Australie) 142-143 C3
Derby (R.-U.) 56-57 F5
Derg, lough 56-57 B5
Derna 68-69 I5
Derwent 56-57 F4
Derweze 94 G1
Désappointement, îles du 37N B2 C2
Désappointement, lac du 142-143 C4
Descartes 24 B6
Deseado (fleuve) 134 D7
Deseado (ville) 135 D7
Désert 32 E4
Désertines 32 B2
Deshaies 36 C1
Des Moines 126-127 G3 H3
Desna 40-41 H3
Despeñaperros, desfiladero de 72-73 D3
Dessau (district) 63
Dessau (ville) 62 E3
Dessié 112-113 G3 H3
Dessoubre 34 E4
Desventuradas 134 B5 C5
Desvres 24 C2
Detmold (district) 63
Detmold (ville) 62 C3
Detroit 126-127 J3
Deux-Sèvres 28 C1
Deva 76-77 G3
Deventer 60 E2
Devès 32 C3 C4
Déville-lès-Rivières 24 B3 C3
Déville-lès-Rouen 24 B3 C3
Dévoluy 32 E4
Devon 122-123 J2
Devonport 142-143 E6
Dewas 96 D5
Deyhuk 94 G3
Dezful 94 E3
Dezhou 102-103 J4
Dhahraan 94 E4 F4
Dhaka 96 F5 G5
Dhamar 94 D7 E7
Dhanbad 96 F5
Dhaulagiri 96 E4
Dheune 32 D2
Dhofar 94 F6
Dhule 96 C5
Diable, île du 36 D1
Diadema 138D
Diamant, pointe du 37 B1
Diamant, rocher du 37 B1
Diamantina (fleuve) 142-143 E4
Diamantina (localité) 135 F4
Diamantina, chapada 134 F4 G3
Dibrugarh 96 G4
Didao 108 C1
Die 32 E4
Diège 32 B3
Diego Garcia 140-141 I9 I10
Diekirch 60 E5
Diélette 26 E1
Dien Bien Phu 98-99 C1
Dieppe 24 C3
Dieren 60 D2 E2
Diest 60 D3
Dietikon 66-67 D1
Dieulefit 32 E4
Dieulouard 34 D3 E3
Dieuze 34 E3
Diffa 112-113 E3
Differdange 60 D5 E5
Digne 30 F1
Digoin 32 C2
Digul 98-99 J7
Dijon 34 C4
Dikson 80-81 J2
Dili 98-99 H7
Dilla 112-113 G4
Dimbokro 116-117A C4
Dimitile 37 E1
Dimitrovgrad 76-77 H4 I4
Dimlington 59 B3 C3
Dimona 92 A4 B4
Dinagat 98-99 H3
Dinan 26 D2
Dinant 60 C4 D4
Dinara 76-77 D3
Dinard 26 D2
Dinariques, alpes 76-77 C3 D4
Dindigul 96 D7
Dinggyê 102-103 D6
Dingle 56-57 A5
Dingle, baie de 56-57 A5
Dingwall 56-57 D3
Dingxi 102-103 G4 H4
Diois 32 E4
Diourbel 116-117A B3
Dipolog 98-99 G4
Dirédaoua 112-113 H4
Dirranbandi 142-143 E4
Disentis 66-67 D2
Disgrazia 64-65 F3
Disko 122-123 M3
Disko, baie de 122-123 M3
Dispur 96 G4
District Fédéral 135 F4
Distrito Federal 139A
Dithmarschen 62 C1 C2
Diu 96 C5
Dive 24 B6
Diveria 66-67 D2
Dives 24 A4
Dives, mont de la 37H B2
Dives-sur-Mer 24 A3 B3
Divisões, serra das 134 E4 F4
Divonne-les-Bains 32 F2
Divriği 90 H4 I4
Dix, lac des 66-67 C2
Dixence 66-67 C2
Dixième degré, passage du 98-99 A4 A3
Dixmude 60 A3 B3
Diyarbakır 90 I5 J5
Djado, plateau de 110-111 E2
Djakovica 76-77 F4
Djalo 116-117A F2
Djalo, oasis de 110-111 E2
Djanet 112-113 D2
Djaret 68-69 E6
Djebel, bahr el 110-111 G4
Djebel Ali 94 G5
Djebel Dhanna 94 F5
Djedda 94 C5
Djeffara 117D B2
Djerba 117D B2
Djérem 116-117A E4
Djerid, chott el 117D A2 B2
Djerissa 116-117A D1 E1
Djiarabub 68-69 I6
Djibouti (État) 112-113 H3
Djibouti (ville) 112-113 H3
Djimma 112-113 G4
Djouba 110-111 H4
Djoué 116-117A E5
Djougdjour, monts 80-81 O4 P4
Djourab 116-117A E3
Djubail 94 E4 F4
Dniestr 68-69 J2
Dnipro 40-41 H4
Dniprodzerjynsk 78 F4
Dnipropetrovsk 78 G4
Dnistrovsky, lyman 76-77 K2 K3
Dnjapro 54-55 I5
Doba 112-113 E4
Dobbiaco 74-75 D1
Dobo 98-99 I7
Doboj 76-77 E3
Dobrič 76-77 I4
Dobrogea 76-77 J3
Dobroudja 76-77 J3
Doce 134 F4
Docklands 58C C2
Dodécanèse 76-77 I7
Dodge City 126-127 G4
Dodici, cima 64-65 H4
Dodoma 112-113 G5
Doesburg 60 E2
Doetinchem 60 E3
Dogo 108 C3
Dogs, isle of 58C C2
Doha 94 F4
Doire baltée 74-75 A2
Doire ripaire 74-75 A2
Dokkum 60 D1
Dolbeau-Mistassini 125 D4
Dol-de-Bretagne 26 E2
Dole 32 E1
Dolent, mont 32 F3 G3
Dollard 60 F1
Dolomites 74-75 C1 D1
Dom 66-67 C2
Domat 66-67 E2
Dombås 54-55 D3

Dombasle-sur-Meurthe 34 E3
Dombes 32 D2 E2
Dom Bosco 138E
Dôme, puy de 32 B3
Domérat 32 B2
Domfront 26 F2
Dominicaine, République 132 G3
Dominique 132 G3
Domleschg 66-67 E2
Domme 28 E3
Domodossola 74-75 A1 B1
Domont 23A C1
Dompierre-sur-Besbre 32 C2
Don (France) 26 E3
Don (R.-U.) 56-57 E3
Don (Russie) 40-41 H3
Donaueschingen 62 C5
Donauwörth 62 D4
Don Benito 72-73 C3
Doncaster 56-57 F5
Donchery 34 C2
Dondo 112-113 E5
Dondra, cap 96 E8
Donegal 56-57 B4 C4
Donegal, baie de 56-57 B4
Donets 40-41 H4
Donets, plateau du 40-41 H4
Donetsk 78 G4
Dongara 142-143 B4
Donges 26 D3
Dongfang 102-103 H8
Donggala 98-99 F6
Dongguan 101A B1
Dong Hoi 98-99 D2
Dong Jiang 101A B1
Dongjingcheng 108 B2 C2
Dongola 112-113 G3
Dongting, lac 102-103 I6
Donner, col 126-127 B4
Donon 34 F3
Donville-les-Bains 26 E2
Donzère 32 D4
Dorada, costa 73D
Dorchester 56-57 E6
Dordogne (département) 28 D2
Dordogne (rivière) 2 D4
Dordrecht 60 C3
Dore 32 C3
Dore, monts 32 B3
Dorking 58C A4
Dormans 34 B2
Dornbirn 64-65 F2
Dornoch Firth 56-57 E3 E2
Doron 32 F3
Dorsale 117D B2 B1
Dortmund 62 B3
Dos d'Ane 37 E1
Dosso 116-117A D3
Douai 24 D2 E2
Douala 112-113 D4 E4
Douara 116-117A D1 E1
Douarnenez 26 B2
Douarnenez, baie de 26 B2
Douaumont 34 D2
Doubaï 94 F4 G4
Double 28 C2 D2
Doubs (département) 34 E4
Doubs (rivière) 64-65 C2
Doubs, saut du 34 E4
Douchanbe 96 B2
Douchy-les-Mines 24 E2
Doudeville 24 B3
Doudinka 80-81 J3
Doué-la-Fontaine 24 A5
Douglas 56-57 D3
Doukkala 116-117A C1
Doullens 24 D2
Doumen 101A A3
Dounreay 56-57 D2 E2
Dourbie 30 C1
Dourdan 24 D4
Douro 72-73 B2
Douve 26 E2
Douville 36 C1
Douvres 56-57 G6
Douvres, détroit de 56-57 G5 H5
Doux 32 D3
Douze 28 C4
Dover 126-127 K4 L4
Dovrefjell 54-55 D3
Downpatrick 56-57 D4
Downs du Nord 56-57 G6
Downs du Sud 56-57 F6 G6
Dozois, réservoir 125 C4
Drâa 117A C2
Draâ, hammada du 110-111 C2
Drac 32 F4
Drachten 60 D1 E1
Drăgăşani 76-77 H3
Draguignan 30 F2
Drake, détroit de 140-141 N32
Drakensberg 110-111 F8 G7
Dráma 76-77 H5
Drammen 54-55 D4
Drance 66-67 C2
Drancy 23A C2
Drangajökull 54A b1
Dranse 32 F2
Drave 76-77 B2 E3
Draveil 23A C3 C4
Dravinja 64-65 L3
Dreiherrnspitze 64-65 I2
Drenthe 60 E2
Dresde (district) 63
Dresde (ville) 62 E3
Dreux 24 C4
Driftwood 122-123 F4
Drin 76-77 F4
Drina 76-77 E3
Drin blanc 76-77 F4
Drin noir 76-77 F5
Drobeta-Turnu Severin 76-77 G3
Drôme (département) 32 E4
Drôme (rivière) 32 E4
Dronne 28 D2
Dronten 60 D2
Dropt 28 D3
Droujba 102-103 C2
Droujina 80-81 P3
Drumheller 122-123 G4
Drummondville 125 D4
Druz, djebel ed 94 C3
Druzie 92 C3
Drvar 76-77 D3
Dry Creek Dam 131A B2
Duarte, pico 132 E3
Dubawnt, lac 122-123 H3
Dubbo 142-143 E5
Dübendorf 66-67 D1
Dublin 56-57 C5
Dubrovnik 76-77 D4 E4
Dubuque 126-127 H3 I3
Duc de Gloucester, îles du 37N B3
Ducie 140-141 K26
Duclair 24 B3
Ducos 37 B1
Dudley 56-57 E5
Duero 72-73 D2
Duesmois 34 C4
Dufourspitze 66-67 C3
Dugi Otok 76-77 C4
Dugny 23A C1
Du Gué 125 D2
Duisbourg 62 B3
Duiveland 60 B3 C3
Dukhan 94 F4
Duluth 126-127 H2
Dulwich 58C B3 C3
Duma 92 C3
Dumai 98-99 C5
Dumaran 98-99 F3 G3
Dumat al Djandal 94 C4
Dumbarton 56-57 D4
Dumfries 56-57 E4
Dumont 130C B1 C1
Dunaújváros 76-77 E2
Dunbar (champ pétrolier) 59 C1
Dunbar (ville) 56-57 E3
Duncan, passage de 98-99 A3
Duncansby, cap 56-57 E2
Dundalk 56-57 C4
Dundalk, baie de 56-57 C5 D5
Dundas 122-123 L2
Dundas, lac 142-143 C5
Dundee 56-57 E3
Dundee Lake 130C B1
Dund-Us 102-103 E2
Dunedin 142-143 H6
Dunfermline 56-57 E3
Dungarvan 56-57 C5
Dungeness 56-57 G6
Dungunab 94 C5
Dunhua 102-103 L3
Dunières 32 D3
Dunkerque 24 D1
Dún Laoghaire 56-57 C5 D5
Dun-le-Palestel 28 E1
Dunlin 59 C1
Dunois 24 C4
Dunoon 56-57 D4
Dun-sur-Auron 24 D6
Dun-sur-Meuse 34 D2
Duolun 102-103 J3
Duomula 102-103 C5
Duqm 94 G6
Duque de Caxias 138C
Durango (É.-U.) 126-127 E4
Durango (Mexique) 126-127 E7 F7
Duras, côtes de 29A E3
Durban 112-113 G8
Düren 60 E4
Durg-Bilainagar 96 E5
Durham (É.-U.) 126-127 K4
Durham (R.-U.) 56-57 F4
Durmitor 76-77 E4
Durrës 76-77 E5
Durtal 24 A5
Dushan 102-103 H6
Düsseldorf (district) 63
Düsseldorf (ville) 62 B3
Duzer 36 C1
Dvina occidentale 54-55 H4
Dvina septentrionale 80-81 F3
Dyle 60 C4
Dynamo, stade 84F B2
Dzaoudzi 37J B2
Dzerjinski 84F D3
Dzerjinski, parc 84F C1
Dzoungarie 102-103 D2
Dzvina 78 E3
Děčín 62 F3

E

E.O.L., réservoir 125 C3
Ealing 58C A2
Easington 59 C3?
East Barnet 58C B1
Eastbourne 56-57 G6
Eastchester Bay 130C D1 D2
Eastend 58C C2
East Ham 58C C2
East Kilbride 56-57 D4
East London 112-113 F8 G8
Eastmain 125 D3
Eastman 125 C3
East New York 130C C3
East Park Dam 131A B2
East River 130C C2 D2
East Side Division 131A C3
East Sussex 58A
Eaubonne 23A C1
Eau Claire 126-127 H2 H3
Eau Claire, lac à l' 125 D2
Eauripik, crête d' 140-141 I17 H17
Eaux-Bonnes 28 C5
Eaux-Chaudes 28 C5
Eauze 28 D4
Ebbw Vale 56-57 E6
Eberswalde 62 E2 F2
Ebetsu 108 E2
Ebi Nur 102-103 C3
Eboli 74-75 E4
Ebre 72-73 D1 F2
Ébreuil 32 C2
Ebubu 118F
Ech Cheliff 117C B1
Échenoz-la-Méline 34 E4
Échirolles 32 E3
Echo Bay 120-121 I3
Echternach 60 E5
Écija 72-73 C4
Écommoy 24 B5
Écosse 56-57 D3 E3
Écosse, hautes terres d' 56-57 D3 E3
Écouché 24 A4
Écouen 23A C1
Écrins, barre des 32 F4
Écrins, massif des 32 F4
Edd 94 D7
Ed Damer 112-113 G3
Ede 60 D2
Edéa 116-117A E4
Eden 56-57 E4
Edenbridge 58A
Eder 62 C3
Edessa 76-77 G5
Edfou 68-69 K7
Edgware 58C B2
Edimbourg 56-57 E4
Edirne 90 C3
Edjeleh 112-113 D2
Edmonton (Canada) 122-123 G4
Edmonton (R.-U.) 58C C1 C2
Edmundston 125 E4
Edo (État) 118 C4
Edo (fleuve) 109C
Edolo 66-67 F2
Édouard, lac 110-111 F5 G5
Edremit 90 C4
Edremit, golfe d' 76-77 I6
Edwards, plateau d' 126-127 F5 G6
Eeklo 60 B3
Efate 142-143 G3
Eforie Nord 76-77 J4
Égates, îles 74-75 C6 D6
Egedesminde 122-123 M3
Egée, mer 68-69 I3 J3
Eger 76-77 F2
Egersund 54-55 C4
Égine 76-77 G7
Égine, golfe d' 76-77 G7
Égletons 28 F2
Egmont, mont 142-143 H5
Eğridir, lac 90 E4
Eguzon, barrage d' 28 E1
Egvekino 80-81 S3 T3
Égypte 112-113 F2 G2
Ehrwald 64-65 G2
Eibar 72-73 D1
Eider (champ pétrolier) 59 C1
Eider (fleuve) 62 C1
Eidsvoll 54-55 D3
Eifel 62 B3
Eiger 66-67 C2
Eigg 56-57 C3
Eil 112-113 H4
Eilat 92 A6
Eilat, golfe d' 92 A7 A6
Eindhoven 60 D3
Einsiedeln 66-67 D1
Eisack 74-75 C1
Eisden 60 D4
Eisenach 62 D3
Eisenerz 64-65 K2
Eisenerz, alpes d' 64-65 K2
Eisenhut 64-65 J3 K3
Eisenhüttenstadt 62 F2
Ekenäs 54-55 G3 G4
Ekibastouz 80-81 I4
Ekiny 36 D1
Ekofisk 59 C2
El Alamein 68-69 J5
Élancourt 23A A3
El Arish 68-69 K5
El Ayoun 112-113 B2
Elâzığ 90 I4
El Banco 132 E5
Elbasan 76-77 F5
El Bayadh 117C A2 B2
Elbe 40-41 E3
Elbe, île d' 74-75 C3
Elbe-Havel, canal 62 D2 E2
El Beida 68-69 I5
El Bekaa 92 B2 C1
El Belka 92 B4 C4
Elbe-Lübeck, canal 62 D2
Elbert, mont 126-127 E4
Elbeuf 24 B3
Elbistan 90 H4
Elbląg 54-55 F5
El Bluff 132 C4
El Borma 117C D3
Elbourz 94 F2
Elbrous 80-81 E5
Elbsandstein, monts 62 E3 F3
Elche 72-73 E3
Elda 72-73 E3
Elde 62 D2
Eldfisk 59 C2
El Djelfa 117C B2
El Djouf 110-111 C2
Eldoret 112-113 G4
El Eglab 110-111 C2
Elektrostal 78 G2
Elephant and Castle Station 58B
El Escorial 72-73 C2
Eleuthera 132 D1 E1
El Fahs 117D B1
El Fasher 112-113 F3
El Fayoum 68-69 J6 K6
El Gallao 132 G5
El Geneina 112-113 F3
El Ghor 92 B3
Elgin 56-57 E3
El Golea 117C B3
Elgon 110-111 G4
El Halil 92 B4
El Hermel 92 C1
Élisabethville 23A A1
Elista 85A
Elizabeth 130B
Elizabeth, cap 80-81 P4
El Jadida 117B B1
El Jem 117D B2
El Kala 117C D1
El Kantara 117D B2
El Karak 92 B4
El Kharga 68-69 K6
Elko 126-127 C3
El Kuntilla 92 A5
Ellé 26 C2
Ellesmere 122-123 J2 L1
El Lisan 92 B4
Ellis Island 130C B3
Ellsworth, terre d' 169B
Elm 66-67 E2
El Minya 68-69 K6
Elmira 130B
Elmont 130C D3
El Monte 130A
Elne 30 B3 C3
El Nido 98-99 F3
El Obeid 112-113 F3 G3
Elorn 26 B2
El Oued 117C C2
Elounq, djebel 116-117A D1
Éloyes 34 E3
El Paso 126-127 E5
El Pedroso 72-73 C4
El Puerto de Santa Maria 72-73 B4
El Quseima 92 A5
El Salvador 132 A4 B4
Elst 60 D3
Elster noire 62 E3
Elstree 58C A1 B1
Eltham 58C C3
El Thamad 92 A6
El Tigre 132 G5
Eluru 96 E6
Elvas 72-73 B3
El Vendrell 72-73 F2
Elx 72-73 E3
Ely 56-57 G5
Elz 64-65 D1
Emajõgi 54-55 H4
Emamrud 94 G2
Emba 80-81 G5
Embi 80-81 G5
Embrun 32 F4
Embrunais 32 F4
Emden 62 B2
Émerainville 23A D3
Emerald (champ pétrolier) 59 C1
Emerald (ville) 142-143 E4
Émeraude, côte d' 27A C2 D2
Emerson 122-123 I5
Émilie-Romagne 74-75 C2 D2
Emine, cap 76-77 I4 J4
Émirats Arabes Unis 88-89 H7
Emme 66-67 C2
Emmeloord 60 D2
Emmen 60 E2 F2
Emmental 66-67 C2
Emmerich 60 E3
Empereur, crête de l' 140-141 C19 E19
Empoli 74-75 C3
Ems (fleuve) 62 B2
Ems (ville) 66-67 E2
Ems, canal de l' 60 E1
Ems-Jade, canal 62 B2
Enarotali 98-99 J6
Encarnación 135 E5
Encontrados 132 E5
Ende 98-99 G7
Enderbury 140-141 H21 H22
Enderby, terre d' 140-141 O7 P8
Enewetak 140-141 G18 G19
Enez 76-77 I5
Enfer, pointe d' 37 B1
Enfer, portes d' 110-111 F5
Enfield 58C B1 C1
Engaño, cap 98-99 G2
En Gedi 92 B4
Engelberg 66-67 D2
Engenho Novo 138C
Enggano 98-99 C7
Enghien-les-Bains 23A C1
Englewood 130C B1 C1
English River 126-127 H1
Enguiales 33A A4
Enid 126-127 G4
Enid, mont 142-143 B4
Enkhuizen 60 D2
Enna 74-75 E6
En Nahud 112-113 F3
Ennedi 110-111 F3
Ennery 23A B1
Ennis 56-57 B5
Enniskillen 56-57 B4 C4
Enns 64-65 J2 K1
Enontekiö 54-55 G1
Enschede 60 E2
Ensenada 126-127 C5
Enshi 102-103 H5
Ensisheim 34 F4
Entebbe 112-113 G4 G5
Entraygues-sur-Truyère 32 B4
Entre-Deux 37 E1
Entre-Deux-Mers 28 C3
Entrée, l'île d' 125A
Entre Rios (province) 139A
Entre Rios (région) 134 E6 E5
Entrevaux 30 F2
Enugu (État) 118 C4
Enugu (ville) 112-113 D4
Éoliennes, îles 74-75 E5
Epe 60 D2
Épernay 34 B2
Épernon 24 C4
Ephèse 90 C5
Epi 142-143 G3
Épinac 32 D2
Épinal 34 E3
Épinay-sur-Orge 23A C4
Épinay-sur-Seine 23A C1 C2
Épire 76-77 F6
Epoids 27A C4 D4
Épône 23A A1
Eppeville 24 D3 E3
Epping 58C C1
Epping Forest 58C C1
Epsom 58C B4
Epte 24 C3
Équateur 144-145 I9 I38
Équateur (État) 135 B3 C3
Éragny 23A B1
Erdenet 102-103 G2?
Erdinger Moos 64-65 D1
Erdre 26 E3
Ereğli (Mer Noire) 90 E3
Ereğli (Monts Taurus) 90 G5
Erenhot 102-103 I3
Eresma 72-73 C2
Erevan 94 D1
Erfoud 117B C2
Erfurt 62 D3
Ergel 102-103 H3
Erguig 116-117A E3
Ergune He 80-81 M4 N4
Er Hai 102-103 G6
Erichsen, terre d' 120-121 Q1 R1
Erie 126-127 J3 K3
Érié, canal 126-127 K3
Érié, lac 126-127 J3
Erigavo 94 E7
Erimanthos 76-77 F7 G7
Erimo, cap 108 E2
Erith 58C D3
Erjas 72-73 B3
Erlach 66-67 C1
Erlangen 62 D4
Ermelo 60 D2
Ermenonville 24 D3
Ermont 23A C1
Ermoupolis 76-77 H7
Erne 56-57 C3
Erne, lower lough 56-57 C4
Erne, upper lough 56-57 C3
Ernée 26 F2
Erode 96 D7
Eromanga 142-143 G3
Erquy 26 D2
Er Rachidia 117B C2
Errigal 56-57 B4
Erris, cap 56-57 A4
Er Roseires 112-113 G3
Erstein 34 F3
Ertai 102-103 E2
Ertis (rivière) 80-81 I4
Ertis (ville) 80-81 I4
Erve 24 A4
Érythrée 112-113 G3
Erzin 102-103 F1
Erzincan 90 I4
Erzurum 90 J4
Esbjerg 54-55 D5
Esbo 54-55 H3
Esca 28 C5
Escanaba 126-127 I2
Escandorgue 30 C2
Escaro 31A B4
Escaut 60 B4 B3
Escaut occidental 60 B3
Escaut oriental 60 B3 C3
Esch-sur-Alzette 60 D5 E5
Esclaves, côte des 110-111 D4
Esclaves, grand lac des 122-123 G3
Esclaves, petit lac des 122-123 G4
Esclaves, rivière des 122-123 G3 G4
Esera 28 D5
Esere 28 D5
Esher 58C A3
Esil 80-81 H4
Esino 74-75 D3
Eskilstuna 54-55 F4
Eskişehir 90 E4
Eslamchahr 94 E2 F2
Esmeraldas 135 B2 C2
Esneux 60 D4
Espagne 42-43 D5
Espalion 32 B4
Espaly 32 C3
Espelette 28 B4
Esperance 142-143 C5
Espéraza 30 B3
Espichel, cap 72-73 A3
Espinhaço, serra do 134 F4
Espinouse 30 B2
Espirito Santo 135 F5 F4
Espiritu Santo 142-143 G3
Espoo 54-55 H3
Esquimaux, baie des 125 G3
Essaouira 117B B2
Essen (Allemagne) 62 B3
Essen (Belgique) 60 C3
Essequibo 134 E2
Essex 58A
Esslingen 62 C4
Essonne (département) 24 D4
Essonne (rivière) 24 D4
Essoyes 34 C3
Est, canal de l' 34 E4 E3
Est, île de l' 37F B2
Est, mer de l' 102-103 M4 N4
Est, rivière de l' (Chine) 101A C1
Est, rivière de l' (Réunion) 37 E1
Estaca de Bares, punta da 72-73 B1
Estados, isla de los 134 D8 E8
Estagel 30 B3
Estaing 32 B4
Estats, pic d' 28 E5
Este 64-65 H4
Este, punta del 134 E6
Estella 28 A5 B5
Estepona 72-73 C4
Esterel 30 F2
Esternay 34 B3
Estéron 30 F2
Estevan 122-123 H5
Estonie 42-43 G3
Estoril 72-73 A3
Estrées-Saint-Denis 24 D3
Estrela 72-73 B2
Estrela, serra da 72-73 B2
Estrémadure (Espagne) 72-73 B3 C3
Estrémadure (Portugal) 72-73 A3
Estremoz 72-73 B3
Esztergom 76-77 E2
Etah 122-123 K2 L2
Étain 34 D2
Étampes 24 D4
Étang-des-Caps 125A
Étaples 24 C2
État-Libre 119A
États, île des 134 D8 E8
États-Unis 120-121 I6 L6
Etawah 96 D4
Etchmiadzin 90 K3 L3
Été, palais d' 105F
Étel 26 C3
Éthiopie 112-113 G4 H4
Éthiopien, massif 110-111 G3
Etiolles 23A C4 D4
Étival-Clairefontaine 34 E3
Etna 74-75 E6
Étoile 2 F5
Eton 56-57 F6
Etosha Pan 110-111 E6
Étrépagny 24 C3
Étretat 24 B3
Etsch 74-75 C1 C2
Ettelbruck 60 D5 E5
Etten-Leur 60 C3
Ettrick 59 B2
Eu 24 C2
Eubée 76-77 H6
Eubée, golfe d' 76-77 G6
Eucla 142-143 C5
Euganéens, monts 64-65 H4
Eugene 126-127 B3
Eugenia, cap 126-127 C6
Eugénie-les-Bains 28 C4
Eupen 60 E4
Euphrate 86-87 F6 G6
Euphrate occidentale 90 I4
Euphrate orientale 90 I4 J4
Eurasiatique, plaque 150B
Eure (département) 24 B3 C3
Eure (rivière) 24 C3 C4
Eure-et-Loir 24 C4
Eureka (Canada) 122-123 J2
Eureka (É.-U.) 131A A1 B1
Europa, picos de 72-73 C1
Europe 144-145 D22 E23
Europe, pointe d' 72-73 C4
Europe occidentale, bassin de l' 144-145 D19 D20
Eurotas 76-77 G7
Euskadi 72-73 D1
Euskirchen 62 B3
Euston Station 58B
Eustratios 76-77 H6
Evans, détroit d' 122-123 J3
Evans, lac 125 C3
Evanston 126-127 I3
Evansville 126-127 I4
Évaux-les-Bains 32 B2
Évenkie 85A
Everest 59 C2
Everest, mont 96 F4
Everett 126-127 B2
Everglades, parc national des 126-127 J6
Évian-les-Bains 32 F2
Évisa 30 H6
Evolène 66-67 C2
Évora 72-73 B3
Evre 26 E3
Évreux 24 C3
Évron 26 F2
Evros 76-77 I5
Évry 24 D4
Évry, ville nouvelle d' 23A C4
Ewell 58C B3
Exe 56-57 E6
Exeter 56-57 E6
Exmoor 56-57 E6
Exmouth 56-57 E6
Exmouth, golfe 142-143 B4
Eyasi, lac 110-111 G5
Eyguières 30 D2 E2
Eygurande 32 B3
Eymet 28 D3
Eymoutiers 28 E2
Eyre (fleuve) 28 C3
Eyre (rivière) 142-143 D5
Eyre, lac 142-143 D4
Eyre Creek 142-143 D4
Eyre Highway 142-143 C5
Eyrieux 32 D4
Ézy-sur-Eure 24 C4

F

Faaa 37C A2
Faaone 37C B2
Fabrègues 30 C2
Fabriano 64-65 I6
Fada 116-117A F3
Faddeïev 80-81 P2 Q2
Faenza 74-75 C2 D2
Fagersta 54-55 E4
Fagne 60 C4
Faido 66-67 D2
Faim, steppe de la 80-81 H5 I5
Fair, cap 56-57 C4
Fair, île 56-57 F2
Fairbanks 120-121 F3
Fairfield 130A
Fair Lawn 130C B1
Faisalabad 92 C3
Faizabad (Afghanistan) 96 C2
Faizabad (Inde) 96 E4
Fajou, îlet à 36 C1
Fakarava 37N B2
Fakfak 98-99 I6
Falaise 24 A4
Falam 98-99 A1
Falck 34 E2
Falémé 116-117A B3
Falkensee 63B
Falkirk 56-57 D3 E3
Falkland, îles 135 D8 E8
Fall River 130B
Falluja 90 K7 L7
Falmouth 56-57 D6
Falster 54-55 E5
Falterona, mont 74-75 C3
Falun 54-55 E3
Famagusta 90 G6
Fameck 34 D2 E2
Famenne 60 C4 D4
Fanay 29A F2
Fangataufa 37N B3 C3
Fangliao 106D A2
Fango 30 H6
Fano 74-75 D3
Fao 95 E4
Farafangana 112-113 H7 I7
Farafra 68-69 J6
Farafra, oasis de 68-69 J6
Farah (rivière) 80-81 H6
Farah (ville) 80-81 H6
Faranah 116-117A B3 C4
Farassan, îles 94 D6
Fare 37M B1
Fareham 56-57 F6
Farewell, cap 142-143 H6
Farghona 80-81 I5
Fargo 126-127 G2
Faribault, lac 125 D2
Faridabad 96 D4
Farnborough 58C C3
Faro (Canada) 122-123 E3
Faro (Portugal) 72-73 A4
Fårön 54-55 F4
Farquhar, îles 110-111 I6
Farrukhabad 96 D4 E4
Fars 94 F4
Farsund 54-55 C4
Fartak, ras 94 F6
Farvel, cap 122-123 N4
Fatima (Canada) 125A
Fátima (Portugal) 72-73 A3
Fatu Hiva 37N C2
Faucigny 32 F2
Faucille, col de la 32 F2
Faulquemont 34 E2
Fauske 54-55 E2 F2
Fave 34 E3 F3
Favignana 74-75 D6
Fawley 59 B4
Faxa, baie 54A b2
Faya-Largeau 112-113 E3
Fayaoué 37A C2
Fayence 30 F2
Fayetteville 126-127 K4
Fédrik 112-113 B2
Fear, cap 126-127 K5
Feather 131A C2
Fécamp 24 B3
Fedjaj, chott el 117D B2
Fehmarn 62 D1
Fehmarn Belt 62 D1
Feillens 32 D2
Feira de Santana 135 F4 G4
Feldberg 62 B5
Feldkirch 64-65 F2
Felixstowe 56-57 G6
Felletin 28 F2
Feltre 74-75 C1
Femund, lac 54-55 D3
Fener 90 I3
Fengcheng 102-103 J6
Fengshan 106D A2
Fengtai 105F
Fengyuan 106D A1 B1
Fen He 102-103 I4
Fenouillet 30 B3
Feodosia 78 G5
Fer, portes de 76-77 G3
Fère-Champenoise 34 B3 C3
Fère-en-Tardenois 24 E3
Ferghana 86-87 J5
Feriana 117D B2
Ferkéssédougou 116-117A C4
Fermo 64-65 J6
Fermont 125 E3
Fern, col 64-65 G2
Ferney-Voltaire 32 F2
Féroé, îles 42-43 D2
Ferrare 74-75 C2
Ferrat, cap 30 G2
Ferré, cap 37 B1
Ferrette 34 F4
Ferrières-en-Brie 23A D2
Fès 117B C1
Fessenheim 35A F3
Fethiye 90 D5
Feu, terre de 134 D8
Feuilles, rivière aux 125 D2
Feuquières-en-Vimeu 24 C2
Feurs 32 D3
Feyzin 33A C3
Fezzan 68-69 G6 H6
Fhada, beinn 56-57 D3
Fianarantsoa 112-113 H7 I7
Fichtelgebirge 62 D3
Fidenza 64-65 F5 G5
Fidji 140-141 J20
Fidji, bassin méridional des 140-141 K20
Fidji, bassin septentrional des 140-141 J19 J20
Fier (rivière) 32 E3
Fier (ville) 76-77 E5
Fiesch 66-67 D2
Figari 30 I7
Figeac 28 E3 F3
Figueira da Foz 72-73 A2
Figueres 72-73 G1
Figuig 117B D1
Filabres, sierra de los 72-73 D4
Filadelfia 135 D5 E5
Filicudi 74-75 E5
Filimazilovo 84F B2
Filingué 116-117A D3
Filipstad 54-55 E4
Finale Ligure 64-65 E5
Finchley 58C B2
Findel 60 E5
Finike 90 D5 E5
Finistère 26 B2 C2
Finisterre, cap 72-73 A1
Finke 142-143 D4
Finlande 42-43 G2
Finlande, golfe de 54-55 G4 I3
Finlay 122-123 F4
Finnmark 54-55 G1 I1
Finschhafen 142-143 E2
Finsteraarhorn 66-67 D2
Finsterwalde 62 E3 F3
Fiora 74-75 C3
Firenze 74-75 C3
Firminy 32 D3
Firozabad 96 D4
Fisher, détroit de 122-123 J3
Fishguard 56-57 D5
Fismes 34 B2
Fitchburg 130B
Fitri, lac 116-117A E3
Fitzroy 142-143 C3
Fitzroy Crossing 142-143 C3
Fium Orbo 30 I6
Flagstaff 126-127 D4
Flaine 32 F2
Flamanville 26 E1
Flamborough, cap 56-57 F4 G4
Fläming 62 E2 E3
Flandre 60 C3
Flandre, plaine de 2 D1 E1
Flandre occidentale 60 A4 B4
Flandre orientale 60 B4
Flandres 24 C2 D2
Flandre zélandaise 60 B3
Flannan, îles 56-57 B2 C2
Flatbush 130C C3
Flathead Lake 126-127 D2
Fleetwood 56-57 E5
Flekkefjord 54-55 C4
Flensburg 62 C1
Flers 26 F2
Flessingue 60 B3
Fleurance 28 D4
Fleurie 32 D2
Fleurie, côte 27A E1 F1
Fleurier 66-67 B2
Fleury-sur-Loire 35A A4 B4
Flevoland 60 D2
Flevoland Est 60A
Flevoland Sud 60A
Flims 66-67 E2
Flinders (île) 142-143 E6
Flinders (rivière) 142-143 E3
Flinders, monts 142-143 D5
Flin Flon 122-123 H4
Flins-sur-Seine 23A A1
Flint (île) 140-141 J23 J24
Flint (rivière) 126-127 J5
Flint (ville) 126-127 J3
Flixecourt 24 C2 D2
Floing 34 C2 D2
Floirac 28 C3
Florac 32 C4
Floral Park 130C D2 D3
Florange 34 E2
Florence 74-75 C3
Florencia 135 C2
Florensac 30 C2
Florenville 60 D5
Flores (île) 98-99 G7
Flores (ville) 132 B3
Flores, mer de 98-99 F7
Florianópolis 135 F5
Floride (État) 126-127 J6
Floride (péninsule) 120-121 L7
Floride, détroit de 132 C1 D1
Floride, keys de 126-127 J7
Flórina 76-77 F5
Florø 54-55 C3
Flotta 59 B2
Flüela, col de la 66-67 E2
Flüelen 66-67 D2
Flumendosa 74-75 B5
Flumet 32 F3
Flums 66-67 E1
Flushing 130C C2 D2
Flushing Bay 130C C2
Flushing Meadow Park 130C C2
Fluvia 30 B3
Fly 142-143 E2
Foch, île 37E A1 A2
Focşani 76-77 I3
Foggia 74-75 E4
Foglia 74-75 D3
Fogo 110-111 A3
Föhr 62 C1
Fóia 72-73 A4
Foinaven 59 A2

Foix 28 E5
Folda 54-55 E2
Foldafjord 54-55 D2
Folgefonni 54-55 C4 C3
Folgoët 26 B2
Foligno 74-75 D3
Folkestone 56-57 G6
Folschviller 34 E2
Folsom 131A C2
Fond du Lac 126-127 I3
Fond-Saint-Denis 37 B1
Fonseca, baie de 132 B4
Fontaine 32 E3
Fontainebleau 24 D4
Fontaine-Française 34 D4
Fontaine-lès-Dijon 34 D4
Fonte Boa 135 D3
Fontenay-aux-Roses 23A B3 C3
Fontenay-le-Comte 26 F4
Fontenay-le-Fleury 23A B2 B3
Fontenay-sous-Bois 23A C2
Fontenay-Trésigny 24 D4 E4
Fontoy 34 D2
Font-Romeu-Odeillo 30 A3 B3
Font-Sante 31A F3
Fontvieille 30 D2
Forbach 34 E2
Forcados 118B
Forcalquier 30 E2
Forclax, col de la 66-67 C2
Forel, mont 122-123 O3
Foreland du Nord 56-57 G6
Foreland du Sud 56-57 G6
Forest Park 130C C3
Forestville 125 D4 E4
Forêt d'Orient, lac de la 34 C3
Forez, monts du 32 C3
Forez, plaine du 32 D3
Forfar 56-57 E3
Forges-les-Eaux 24 C3
Forli 74-75 C2 D2
Formentera 72-73 F3
Formosa (province) 139A
Formosa (ville) 135 D5 E5
Formose 106D B2
Formose, détroit de 102-103 J7
Forrest 142-143 C5
Forsayth 142-143 E3
Forsmark 54-55 F3
Forssa 54-55 G3
Forst 62 F3
Fort Albany 125 B3
Fortaleza 135 G3
Fort Augustus 56-57 D3
Fort Bragg 131A A2 B2
Fort Canning 101C B2
Fort Chimo 125 E2
Fort-de-France 37 B1
Fort-de-France, baie de 37 B1
Fort Dodge 126-127 G3 H3
Fortescue 142-143 B4
Fort George 125 B3 C3
Fort Good Hope 122-123 F3
Forth, firth of 56-57 E3
Forties 59 C2
Fort Knox 126-127 I4
Fort Lauderdale 126-127 J6 K6
Fort Lee 130C C1
Fort Liard 122-123 F3
Fort-Mahon-Plage 24 C2
Fort McMurray 122-123 G4
Fort McPherson 122-123 E3
Fort Myers 126-127 J6
Fort Nelson (rivière) 122-123 F4
Fort Nelson (ville) 122-123 F4 G4
Fortore 74-75 E4
Fort Peck, réservoir de 126-127 E2 F2
Fort Providence 122-123 F3 G3
Fort Resolution 122-123 G3 H3
Fort Rupert 125 C3
Fort Saint John 122-123 F4 G4
Fort Simpson 122-123 F3
Fort Smith (Canada) 122-123 G3 H3
Fort Smith (État) 126-127 H4
Fortune Bay 125 G4
Fort Vermilion 122-123 G4
Fort Wayne 126-127 I3
Fort William 56-57 D3
Fort Worth 126-127 G5
Fort Yukon 122-123 D3
Foscagno, col de 66-67 F2
Foshan 102-103 I7
Fossano 74-75 A2
Fos-sur-Mer 30 D2
Fouesnant 26 B3 C3
Fougères 26 E2
Fougères, plaine des 37 E1
Fougerolles 34 E4
Foul, baie 68-69 L7
Four, chenal du 26 B2
Fouras 28 B2
Fourchambault 24 D5 E5
Fourchue, île 36 C1
Fourmies 24 F2
Fournaise, piton de la 37 E1
Fouta Djalon 110-111 B3
Fouzon 24 C5
Foveaux, détroit de 142-143 G6
Fowey 56-57 D6
Foxe, bassin de 122-123 K3
Foxe, détroit de 122-123 J3 K3
Foxe, péninsule de 122-123 K3
Foyle 56-57 C3
Foyle, lough 56-57 C3
Fraisse 29A F1
Fraize 34 E3 F3
Franc Alleu 32 B3
France 42-43 E4
Francfort 62 C3
Francfort-sur-Oder 62 F2
Franches Montagnes 66-67 B1 C1
Francistown 112-113 F7
François-Joseph, fjord de 120-121 R2 S2
François-Joseph, terre 80-81 F2 H2
Franconie, forêt de 62 D3
Franconie centrale 63-C
Franconville 23A B1
Frankfort 126-127 J4
Fränkische Saale 62 D3
Franklin 130C A2 B2
Franklin, détroit de 122-123 I2
Franklin, monts 122-123 F3
Frantsa-Iosifa, Zemlia 80-81 F2 H2
Frascati 74-75 D4
Fraser (fleuve, Colombie-Britannique) 122-123 F4
Fraser (fleuve, Labrador) 125 F2
Fraser (île) 142-143 F4
Fraser, plateau du 122-123 F4
Fraserburgh 56-57 F3
Fraserdale 125 B4
Frasne 32 F2
Frauenfeld 66-67 D1 E1
Fray Bentos 135 E6
Fredericia 54-55 D5
Fredericton 125 E4
Frédéric VI, côte de 122-123 N3
Frédéric VIII, terre de 120-121 Q2 R2
Frederikshåb 122-123 M3 N3
Frederikshavn 54-55 D4
Freeport (Bahamas) 132 D1
Freeport (É.-U.) 126-127 G6 H6
Freetown 112-113 B4
Fregene 74-75 C4 D4
Fréhel, cap 26 D2
Freiberg 62 E3
Freising 62 D4
Freistadt 64-65 K1
Fréjus 30 F2
Fréjus, col de 64-65 C4
Fréjus, tunnel du 32 F3
Fremantle 142-143 B5
Fremont 131A C3
Frère Ruys, cap du 120-121 S2
Fresnay-sur-Sarthe 24 A4
Fresnes 23A C3
Fresnillo 126-127 F7
Fresno 126-127 C4
Fresnoy-le-Grand 24 E3
Frévent 24 D2
Freyming-Merlebach 34 E2
Fria, cap 110-111 E6
Friant 131A D3
Friant Dam 131A D3
Friant-Kern Canal 131A D3 D4
Fribourg (district) 63
Fribourg (ville) 66-67 C2
Fribourg-en-Brisgau 62 B4 C4
Friedrichshafen 62 C5 D5
Friedrichshain 63G
Frigg 59 C2
Frimley and Camberley 58A
Frio, cap 134 F5
Frioul-Vénétie-Julienne 74-75 D1 D2
Frise 60 D1 E1
Frise du Nord 62 C1
Frise occidentale 60 C2 D2
Frise orientale 62 B2
Frisonnes, îles 60 D1
Friville-Escarbotin 24 C2
Frobisher 59 C3
Frobisher, baie de 122-123 L3
Froges 32 E3 F3
Frohnau 63G
Frome 56-57 E6
Frome, lac 142-143 E5
Froncles 34 D3
Front, chaîne 126-127 E4 E3
Frontignan 30 C2
Frontonais 29A F4
Frosinone 74-75 D4
Frouard 34 E3
Frøy 59 C2
Frøya 54-55 D3
Fruges 24 D2
Fruška gora 76-77 E3
Frutigen 66-67 C2
Fuchu 109C
Fuego, tierra del 134 D8
Fuengirola 72-73 C4
Fuerte, río 126-127 E6
Fuerteventura 112-113 B2
Fujaïrah 94 G4
Fuji (fleuve) 109A D2
Fuji (mont) 108 D3
Fuji (ville) 108 D3
Fujian 102-103 J6
Fujisawa 109A D2
Fukuchiyama 109A C2
Fukui 108 D3
Fukuoka 108 B4 C4
Fukushima 108 E3
Fukuyama 108 C4
Fulda (rivière) 62 C3
Fulda (ville) 62 C3
Fulham 58C B3
Fullerton 130A
Fulmar 59 C2
Fumay 34 C2
Funabashi 109C
Funchal 112-113 B1
Fundy, baie de 122-123 L5
Furka, col de la 66-67 D2
Furneaux, îles 142-143 E5 E6
Furnes 60 A3
Fürstenfeld 64-65 L2 M2
Fürstenwalde 62 F2
Fürth 62 D4
Fury et Hecla, détroit 122-123 J3
Fushun 102-103 K3
Füssen 64-65 G2
Futa, col de la 74-75 C2
Futuna 37L A2
Fuveau 31A E3
Fuxian 102-103 H4
Fuxin 102-103 K3
Fuyu 102-103 K2 L2
Fuzhou 102-103 J6 K6
Fyn 54-55 D5
Fyne, loch 56-57 D3

G

Gabarret 28 C4
Gabès 117D B2
Gabès, golfe de 117D B2
Gabon 112-113 E5
Gaborone 112-113 F7
Gabrovo 76-77 H4
Gacé 24 B4
Gadag 96 D6
Gádor, sierra de 72-73 D4
Gadsden 126-127 I5 J5
Gaète 74-75 D4
Gaète, golfe de 74-75 D4
Gafsa 117D B2
Gagaouzie 76-77 J3 J2
Gagny 23A D2
Gail 64-65 J3
Gaillac 30 A1
Gaillon 24 C3
Gainesville 126-127 J6
Gairdner, lac 142-143 D5
Galana 110-111 G5
Galashiels 56-57 E4
Galați 76-77 I3 J3
Galatie 90 F4
Galcaio 112-113 H4
Galdhøpiggen 54-55 D3
Galeão, aéroport de 138C
Galela 98-99 H5
Galets, pointe des 37 E1
Galets, rivière des 37 E1
Galibier, col du 32 F3
Galice 72-73 A1 B1
Galicie 68-69 I2 J2
Galilée 92 B3
Galion, baie du 37 B1
Galle 96 E8
Gállego 72-73 E1
Galleon 59 C3
Galles, pays de 56-57 D2
Gallinas, pointe 134 C1
Gallipoli (Italie) 74-75 F4
Gallipoli (Turquie) 90 C3
Gällivare 54-55 G2
Gallup 126-127 E4
Galtee, monts 56-57 B5 C5
Galtür 64-65 G3
Galveston 126-127 H6
Galveston, baie de 126-127 G6 H6
Galway 56-57 B5
Galway, baie de 56-57 B5
Gama 138E
Gamaches 24 C3
Gambela 112-113 G4
Gambie (État) 112-113 B3
Gambie (fleuve) 110-111 B3
Gambier, îles 37N C3
Gambsheim 34 F3 G3
Gamlakarleby 54-55 G3 H3
Gan 28 C4
Găncă 94 E1
Gand 60 B3
Gander 122-123 M5
Gandhinagar 96 C5
Gandia 72-73 E3 F3
Ganganagar 96 C4
Gange 96 E4 F5
Ganges 30 C2
Gangtok 96 F4
Gannat 32 C2
Gannet 59 C2
Gannett, pic 126-127 D3 E3
Gansu 102-103 G4
Ganzê 102-103 G5
Ganzhou 102-103 J6
Gao 112-113 D3
Gaoxiong 106D A2
Gaoyou Hu 102-103 J5 K5
Gap 32 F4
Gapeau 30 E2
Gapençais 32 F4
Garabit, viaduc de 32 C4
Garabogaz 80-81 G5
Gara Djebilet 116-117A C2
Garches 23A B2
Gard (département) 30 D1
Gard (rivière) 30 D2
Gard, pont du 30 D2
Gardanne 30 E2
Garde, cap de 74-75 A6 B6
Garde, lac de 74-75 C2
Garden Grove 131A E5
Gardez 96 B3
Gardo 94 E8
Gardon 30 C1
Gardone Riviera 74-75 C2
Gare-Tigre 36 D1
Garfield 130C B1
Gargano, mont 74-75 E4 F4
Gargenville 23A A1
Garges-lès-Gonesse 24 D4
Gariep, barrage 119D
Garigliano 74-75 D4
Garmisch-Partenkirchen 62 D5
Garonne 2 D5 C4
Garoua 112-113 E4
Garqu Yan 102-103 E5
Garrigues 2 E5 F5
Gartempe 28 D1
Gary 126-127 I3
Garyarsa 102-103 C5
Gascogne 28 C4
Gascogne, côteaux de 29A E4 F4
Gascogne, golfe de 40-41 D4
Gascoyne 142-143 B4
Gaspé 125 F4
Gaspésie, péninsule de 125 E4 F4
Gassi Touil 116-117A D1
Gata, cap de 72-73 D4 E4
Gata, sierra de 72-73 B2
Gateshead 56-57 E4 F4
Gâtinais 24 D4
Gâtine 24 B5
Gâtine, hauteurs de 26 F3 F4
Gatineau (rivière) 125 C4
Gatineau (ville) 125 C4
Gatow 63G
Gattchina 78 E2
Gauchy 24 E3
Gauja 54-55 H4
Gaustatop 54-55 D4
Gauteng 119A
Gavarnie 28 C5
Gavarnie, cirque de 28 D5
Gävle 54-55 F3
Gawler, monts 142-143 D5
Gaya 96 F5
Gaza 92 A4
Gaza, bande de 92 A4
Gazaland 110-111 G7
Gazelle, récifs de la 37A B2 C2
Gaziantep 90 H5 I5
Gbanga 116-117A C4
Gdańsk 80 C3
Gdańsk, baie de 54-55 F5
Gdynia 80 C3
Gebe 98-99 H6
Gebze 90 D3
Gedaref 112-113 G3
Gedinne 60 C5 D5
Gediz 90 D4
Gedser 54-55 D5
Geelong 142-143 E5
Geilo 54-55 C3 D3
Geispolsheim 34 F3
Gejiu 102-103 G7
Gela (fleuve) 74-75 E6
Gela (ville) 74-75 E6
Gela, golfe de 74-75 E6
Geldermalsen 60 D3
Geldrop 60 D3
Geleen 60 D4
Gelibolu 90 C3
Gelidonya, cap 90 E5
Gélize 28 D3
Gelsenkirchen 62 B3
Gembloux 60 C4
Gemena 116-117A E4 F4
Gemlik 76-77 J5
General Santos 98-99 G4 H4
Gênes 74-75 B2
Gênes, golfe de 74-75 B2 B3
Genève 66-67 B2
Genevois 32 E2 F2
Genil 72-73 D4 C4
Génissiat 32 E2
Genk 60 D4
Genlis 34 D4
Gennargentu, monts du 74-75 B4
Gennevilliers 23A C2
Génolhac 30 C1
Genova 74-75 B2
Gentioux, plateau de 28 F2
Géographes, baie des 142-143 B5
George (fleuve) 125 E2
George (ville) 119F
Georgetown 135 D2 E2
George Town (Iles Cayman) 132 C3
George Town (Malaysia) 98-99 B4 C4
Géorgie (Caucase) 88-89 G5
Géorgie (É.-U.) 126-127 J5
Géorgie, détroit de 132-133 F4 F5
Géorgie du Sud (île) 134 G8
Géorgie du Sud (territoire) 135 G8
Géorgienne, baie 122-123 J5
Georgina 142-143 D4
Ger, plateau de 28 C3
Gera 62 E3
Geraldton 142-143 B4
Gérardmer 34 E3
Gerbier de Jonc, mont 32 D4
Gerlos 64-65 I2
Gerlos, col de 64-65 I2
Gernika 72-73 D1
Gérone 72-73 G2
Gers (département) 28 D4
Gers (rivière) 28 D4 D3
Gerstheim 34 F3
Gervans 33A C3 D3
Gerzat 32 C3
Geser 98-99 I6
Gesse 28 D4
Gévaudan 32 C4
Gevrey-Chambertin 34 D4
Gex 32 E2 F2
Gex, pays de 33A D2 E2
Geylang 101C B2
Geysir 54A b2
Gezira 110-111 G3
Ghadames 112-113 D1 F1
Ghaghara 96 E4
Ghaida 94 F6
Ghana 112-113 C4 D4
Ghardaïa 117C B2 C2
Gharsa, chott el 117D A2
Ghat 68-69 G6
Ghates occidentales 96 C6 D7
Ghates orientales 96 D7 E6
Ghavar 95 E5 F5
Ghazal, bahr el (Soudan) 110-111 F4 G4
Ghazal, bahr el (Tchad) 110-111 E3
Ghazni 96 B3
Ghijiga 80-81 R3
Ghisonaccia 30 I7
Ghisoni 30 I6
Gia Dinh 98-99 D3
Giamama 112-113 H4
Giannutri 74-75 C3
Gibraltar 72-73 C4
Gibraltar, détroit de 68-69 C3
Gibson, désert de 142-143 C4
Gien 24 D5
Giens 30 F2
Giens, presqu'île de 30 F2
Gier 32 D3
Giessen (district) 63
Giessen (ville) 62 C3
Gif 23A B3
Gifu 108 D3
Gigean 30 C2
Giglio 74-75 C3
Gignac 30 C2
Gigondas 31A D2 E2
Gijón 72-73 C1
Gila 126-127 D5
Gila, désert de 126-127 D5
Gilbert 142-143 E3
Gilbert, îles 140-141 H20
Gilgit 92 C2
Gillette 126-127 E3
Gilmont, mont 34 C3 D3
Gimone 28 D4
Gimont 28 D4
Ginir 112-113 H4
Gino, piz di 66-67 E2
Gioumri 94 D1
Giovi, col de 74-75 B2
Gippsland 142-143 E5
Giresun 90 I3
Girga 68-69 K6
Girolata 30 H6
Giromagny 34 E4
Gironde (département) 28 C3
Gironde (estuaire) 28 C2
Girou 28 E4
Gisborne 142-143 H5
Gisors 24 C3
Gisy-les-Nobles 35A B2
Giudicarie 64-65 G4 G3
Giurgiu 76-77 H4
Givet 34 C1
Givors 32 D3
Givry 32 D2
Giza 68-69 K5
Gjirokastër 76-77 E5 F5
Gjoa Haven 122-123 I3
Gjøvik 54-55 D3
Glace Bay 125 G4
Glacial Arctique, océan 144-145 A16 A32
Glacier, parc national de 126-127 D2
Gladstone 142-143 F4
Glan 34 F2
Glaris, alpes de 66-67 D2 E2
Glärnisch 66-67 D1 E1
Glarus 66-67 E1
Glasgow 56-57 D4 E4
Glatt 66-67 D1
Glénan, îles de 26 B3 C3
Glen Canyon 126-127 D4
Glendale 126-127 C5
Glenmore 56-57 D3
Glenn Falls 130B
Glen Ridge 130C A2
Glen Rock 130C B1
Gletsch 66-67 D2
Glogn 66-67 E2
Glomel 26 C2
Glomma 54-55 D3
Glossa, cap 76-77 E5
Gloucester 56-57 E6
Gmunden 64-65 J2 K2
Goa 96 C6
Goat Fell 56-57 D4
Goba 112-113 G4
Gobi 102-103 G3 H3
Gobo 109A B3 C3
Godavari 96 D6 E6
Godhavn 122-123 M3
Godthåb 122-123 M3
Godwin Austen 96 D2
Goéland, lac au 125 C4
Goëlle 24 D3
Goeree 60 B3 C3
Goes 60 B3
Goiânia 135 E4 F4
Goiás 135 E4 F4
Gökçeada 90 B3
Gökçedağ 76-77 J6
Gökova, golfe de 76-77 I7 J7
Göksu (Cappadoce) 90 G5
Göksu (Cilicie) 90 F5
Golan 92 B3 B2
Gold Coast 142-143 F4
Golden Gate 126-127 C4
Golders Green 58C B2
Goldsworthy 142-143 B4 C4
Golfech 29A E3
Golfo Aranci 74-75 B4
Goljam Perelik 76-77 H5
Golmud 102-103 E4 F4
Golo 30 I6
Golpayegan 94 F3
Goma 112-113 F5
Gomati 96 E4
Gomel 78 F3
Goms 66-67 D2
Gonabad 94 G3
Gonaïves 132 E3
Gonbad-e Kavus 94 G2
Gondar 112-113 G3
Gondia 96 E5
Gondrecourt-le-Château 34 D3
Gondwana 151 A2
Gonesse 23A C1
Gonfreville-l'Orcher 24 B3
Gongga Shan 102-103 G6
Gongzhuling 108 A2
Goole 56-57 F5
Goose Bay 125 F3
Göppingen 62 C4 D4
Goqên 102-103 F6
Gorakhpur 96 E4
Goražde 76-77 E4
Gorcy 34 D2
Gordes 30 E2
Gordion 90 E4 F4
Gore 112-113 G4
Göreme 90 G4
Gorgan 94 F2 G2
Gorgona 74-75 B3
Gori 94 D1
Gorinchem 60 C3 D3
Gorizia 74-75 D2
Gorjanci 64-65 L4
Gorkha 96 E4 F4
Gorki, parc 84F B2 C2
Görlitz 62 F3
Gorm 59 D3
Gorno-Altaïsk 80-81 J4 K4
Gornozavodsk 108 E1
Gorny-Badakhchan 85A
Goroka 142-143 E2
Gorong 98-99 I6
Gorontalo 98-99 G5
Gorron 26 F2
Gorzów Wielkopolski 62 F2
Göschenen 66-67 D2
Gosford, mont 125 D4 E4
Gosier 36 C1
Goslar 62 D3
Gospić 76-77 C3
Gossau 66-67 E1
Göta 54-55 E4
Götaland 54-55 E4
Göteborg 54-55 D4
Gotha 62 D3
Gotland 54-55 F4
Goto, îles 108 B4
Göttingen 62 C3 D3
Gouchgy 80-81 H6
Gouda 60 C3
Gouet 26 D2
Gough 146-147 N19
Gouin, réservoir 125 D4
Goukovo 78 G4 H4
Goulburn 142-143 E5 F5
Gourara 110-111 D2
Gourbeyre 36 C1
Gourdon 28 E3
Gourette 28 C5
Gourin 26 C2
Gournay-en-Bray 24 C3
Gournay-sur-Marne 23A D2
Goussainville 24 D3
Gouvernes 23A D2
Gouverneur, île du 138C
Gouville-sur-Mer 26 E1
Gove 142-143 D3
Governador Valadares 135 F4
Gowanus Bay 130C B3
Goyave 36 C1
Goyaves 36 C1
Gozo 68-69 G4
Grächen 66-67 C2
Gracias a Dios, cap 132 C3
Grado 74-75 D2
Grafton 142-143 F4
Graham 122-123 E4
Graham Bell 80-81 H1 I1
Graines, côte des 110-11 B4 C4
Graissesac 31A C3
Gramat 28 E3
Gramat, causse de 28 E3
Grampian, monts 56-57 D3 E3
Granada 132 B4
Gran Canaria 112-113 B2
Gran Chaco 134 D5 E4
Grand, lac 125 E4
Grand, lac 125 G4
Grand Abounami 0
Grand Amami 108 B5
Grand Bahama 132 D1
Grand Ballon 34 F4
Grand Barachois 37G A2
Grand-Bassam 112-113 C4
Grand Bassin 126-127 C4
Grand Bassin artésien 142-143 E4
Grand Belt 54-55 D5
Grand Bénard 37 E1
Grand Béréby 116-117A C4
Grand-Bourg 36 C1
Grand Brûlé 37 E1
Grandcamp 27A E1
Grand Canal 102-103 J4 J5
Grand Canyon, parc national du 126-127 D4
Grand Colombier 32 E3
Grand Coulee Dam 126-127 C2
Grand Cul-de-Sac Marin 36 C1
Grand Désert de sable 142-143 C4
Grand Désert de Victoria 142-143 C4 D4
Grande, Bahía 134 D8
Grande, cuchilla 134 E6
Grande, rio (Brésil) 134 E5 F5
Grande, rio (É.-U./Mexique) 126-127 E5 F5
Grande, rio (Mexique) 126-127 E7 F7
Grande, rio (Nicaragua) 132 C4
Grande Abaco 132 D1
Grande-Anse 36 C1
Grande-Anse 37 B1
Grande Baie australienne 142-143 C5 D5
Grande Barrière, récif de la 142-143 E3 F4
Grande-Bretagne 40-41 D3 E3
Grande Brière 26 D3
Grande Case 36 C1
Grande Casse 32 F3
Grande Chartreuse 32 E3
Grande-Entrée 125A
Grande Exuma, île 132 D2
Grande-Ile 125 B3 C3
Grande Inagua 132 E2
Grande Lande 28 C3 C4
Grande Miquelon 37G A1
Grande Nicobar 98-99 A4
Grande Prairie 122-123 G4
Grande-Ravine 37 E1
Grand Erg occidental 117C A3 B3
Grand Erg oriental 117C C3 D3
Grandes, salinas 134 D5
Grandes Antilles 132 D3 F3
Grande-Sauldre 24 D5
Grandes Plaines 120-121 J5 K6
Grandes Rousses 32 F3
Grandes Rousses 32 F3
Grande-Synthe 24 D1
Grande Syrte, golfe de la 68-69 H5
Grand Étang 37 E1
Grande-Terre 36 C1
Grande Vigie, pointe de la 36 C1
Grand Falls 125 G4 H4
Grand Forks 126-127 G2
Grand-Fort-Philippe 24C01 D1
Grand Hers 28 E4
Grand Ilet 36 C1
Grand-Ilet 37 E1
Grand-Inini 36 D1
Grand Island 126-127 G3
Grand Junction 126-127 E4
Grand Karoo 110-111 F8
Grand Khingan 102-103 J2 K1
Grand Lac salé 126-127 D3
Grand-Lieu, lac de 26 E3
Grand Londres 58A
Grand Maison 33A D3
Grand Morin 24 E4
Grand Özen 40-41 I3 I4
Grand Paradis 74-75 A2
Grand Passage 98-99 A4 B4
Grandpuits 25A D4 E4
Grand Rapids (Canada) 122-123 I4
Grand Rapids (É.-U.) 126-127 I3 J3
Grand Récif Sud 37A C3
Grand Rhône 30 D2
Grand' Rivière 37 B1
Grand Saint-Bernard, col du 64-65 D4
Grand-Sans-Toucher 36 C1
Grand-Santi 36 D1
Grandson 66-67 B2
Grand Union Canal 58C A2 B2
Grandville 35A C2
Grand Zab 90 K5
Grangemouth 56-57 E3
Grängesberg 54-55 E3
Granges-sur-Vologne 34 E3
Granite, pic 126-127 D2 E2
Granite Rose, côte de 27A B2 C2
Granma 133A
Gran Sasso d'Italia 74-75 D3
Grant, terre de 122-123 J1 K1
Grantham 56-57 F5
Granvillars 34 F4
Granville 26 E2
Granvilliers 24 C3
Gras, plateau des 32 D4
Grasse 30 F2
Graulhet 30 B2
Grave 60 D3
Grave, pointe de 28 B2
Gravelines 24 D2
Gravellona-Toce 66-67 D3
Gravesend 56-57 F6 G6
Gravesend Bay 130C B3 B4
Gravone 30 H7 H6
Gray 34 D4
Grays Thurrock 58C D2
Graz 64-65 L2
Great Falls 126-127 D2 E2
Great Fish river 110-111 E7
Great Kill 130C B4
Great Kills 130C A4 B4
Great Neck 130C D2
Great Northern Highway 142-143 B4 C4
Great Yarmouth 56-57 G5 H5
Grèce 42-43 G5
Gréco-turque, plaque 150B
Gredos, sierra de 72-73 C2
Greeley 126-127 F3
Green Bay 126-127 I3
Greenock 56-57 D3 D4
Green Park 58B
Green River 126-127 E4 E3
Greensboro 126-127 K4
Greenville (É.-U., Caroline du Sud) 126-127 J5
Greenville (É.-U., Mississippi) 126-127 H5 I5
Greenville (Libéria) 112-113 B4 C4
Greenwich 58C C3
Grées, alpes 64-65 C4 D4
Greifen, lac de 66-67 D1
Greifswald 62 E1
Greifswald, baie de 62 E1
Greiz 62 D3 E3
Grenade (État) 132 G4
Grenade (ville, Espagne) 72-73 D4
Grenade (ville, France) 28 E4
Grenade-sur-l'Adour 28 C4
Grenadines 132 G4
Grenchen 66-67 C1
Grenoble 32 E3
Gréoux-les-Bains 30 E2
Gretna Green 56-57 E4
Grevená 76-77 F5
Grey, monts 142-143 E4
Grigny 23A C4
Grijalva 126-127 H8
Grimaud 30 F2
Grimsby 56-57 F5 G5
Grimsel, col du 66-67 D2
Grimsey 54A c1
Grimsstadhir 54A c2 d2
Grindelwald 66-67 D2
Grintavec 64-65 K3
Grise Fiord 122-123 J2 K2
Gris Nez, cap 24 C2
Groenland (île) 120-121 N1 R3
Groenland (territoire) 120-121 P2 P3
Groenland, bassin du 140-141 A2 A3
Groenland, mer du 144-145 B19 B21
Groenland du Nord 120-121 P1 Q2
Groenland occidental 120-121 O2 P2
Groenland oriental 120-121 Q2
Groix 27A B3
Groix, île de 26 C3
Gronau 62 B2
Grong 54-55 E2
Groningue (province) 60 E1 F1
Groningue (ville) 60 E1
Groote Eylandt 142-143 D3
Grootfontein 112-113 E6
Gros-Cap 125A
Gros Morne 122-123 M4
Gros-Morne 37 B1
Grosne 32 D2
Grosse-Ile 125A
Grossenbrode 62 D1
Grosse Pointe 36 C1
Grosser Arber 62 E4
Grosser Peilstein 64-65 L1
Grosser Pyhrgas 64-65 K2
Grosses Walsertal 66-67 E1
Grosseto 74-75 C3
Grossglockner 64-65 I2
Gross-Venediger 64-65 I2
Grouin, pointe du 26 E2
Groulx, monts 125 E3
Grozny 80-81 F5
Grudziądz 80 C3
Gruissan-Plage 30 C2
Gruyère 66-67 C2
Gruyère, lac de la 66-67 B2 C2
Gruyères 66-67 C2
Gryphon 59 C2
Gstaad 66-67 C2
Guadalajara (Espagne) 126-127 E7 F7
Guadalajara (Mexique) 72-73 D2
Guadalcanal 142-143 F2
Guadalete 72-73 C4
Guadalimar 72-73 D3
Guadalmena 72-73 D3
Guadalope 72-73 E2
Guadalquivir 72-73 C4
Guadalquivir, marismas del 72-73 B4
Guadalupe (île) 126-127 C6
Guadalupe (ville) 138C
Guadalupe, sierra de 72-73 C3
Guadarrama, sierra de 72-73 C2 D2
Guadeloupe 132 G3
Guadiana 72-73 C3 B4
Guadiato 72-73 C3
Guadix 72-73 D4
Guaianazes 138D
Guainia 134 D2
Guaira, chutes de 134 E5
Guajará, chutes de 134 D4
Guajará-Mirim 135 D4
Guajira 132 E4
Guam 140-141 G17
Guanabara, baie de 138C
Guanajuato 126-127 F7 G7
Guanare (rivière) 132 F5
Guanare (ville) 132 F5
Guangdong 102-103 I7 J7
Guangnan 102-103 H7
Guangxi 102-103 H7 I7
Guangyuan 102-103 H5
Guangzhou 102-103 I7
Guantánamo (province) 133A
Guantánamo (ville) 132 D2 E2
Guanxian 102-103 G5
Guaporé 134 D4
Guara, sierra de 72-73 E1 F1
Guarapiranga, réservoir du 138D
Guarda 72-73 B2
Guardafui, cap 110-111 I3
Guárico 132 F5
Guarulhos 138D

Guasave 126-127 E6
Guatemala (État) 132 A3 B3
Guatemala (ville) 132 A4
Guatemala, bassin du 140-141 G29
Guaviare 134 C2 D2
Guayaquil 135 C2
Guayaquil, golfe de 134 B3
Guaymas 126-127 D6 E6
Gubbio 74-75 D3
Gubin 62 F3
Güdar, sierra de 72-73 E2
Gudbrandsdal 54-55 D3
Gudrun 59 C2
Guebwiller 34 F4
Gueldre 60 D2 E2
Guelma 117C C1
Guer 26 D3
Guérande 26 D3
Guercif 117B D1
Guéret 28 E1
Guernesey 56-57 E7
Guernica = Gernika 72-73 D1
Guéthary 29A C4
Gueugnon 32 C2 D2
Guia de Pacobaíba 138C
Guide 102-103 G4
Guidel 26 C3
Guiers 32 E3
Guil 32 F4
Guildford 56-57 F6
Guilin 102-103 I6
Guillaume, terre de 120-121 R2
Guillaume-Delisle, lac 125 C2 D2
Guillaumes 30 F1
Guillestre 32 F4
Guilvinec 26 B3
Guimarães 72-73 A2
Guimaras 98-99 G3
Guimiliau 26 B2 C2
Guinée 112-113 B3 C3
Guinée, bassin de 144-145 I20 J20
Guinée, golfe de 110-111 C4 D4
Guinée-Bissau 112-113 B3
Guinée équatoriale 112-113 D4
Guines 24 C2
Guingamp 26 C2
Guipavas 26 B2
Guir, hammada du 117B C2 D2
Guisanbourg 36 D1
Guiscard 24 D3 E3
Guise 24 E3
Guîtres 28 C2
Guiyang 102-103 H6
Guizhou 102-103 H6
Gujan-Mestras 28 B3
Gujarat 96 C5
Gujranwala 92 C3
Gulbarga 96 D6
Gulf Intracoastal Waterway 126-127 G6 I5
Gulian 102-103 K1
Gullfaks 59 C1
Güllük, golfe de 76-77 I7
Gulu 112-113 G4
Gümüşhane 90 I3
Guna (mont) 110-111 G3
Guna (ville) 96 D5
Gunnbjørn Fjeld 122-123 P3
Guntur 96 E6
Gunungsitoli 98-99 B5
Günz 64-65 G1
Guridam 132 G5
Gurk 64-65 K3
Gurktal, alpes de 64-65 J3 K3
Gurupi 134 F3
Gustavia 36 C1
Güstrow 62 D2 E2
Gütersloh 62 C3
Gutland 60 D5 E5
Guwahati 96 G4
Guyana 135 D2 E2
Guyanas, bassin des 144-145 H15 I16
Guyane française 135 E2
Guyanes, bouclier des 150C
Guyanes, massif des 134 D2 E2
Guyenne 28 C3
Guyuan 102-103 H4
Gwalior 96 D4
Gweru 112-113 F6 G6
Gy 34 D4
Gyangzê 102-103 D6
Gyda 59 C2
Gyda, péninsule de 80-81 I3 J2
Gympie 142-143 F4
Györ 76-77 D2
Gythion 76-77 G7
Gyzyletrek 94 F2
Gyzylarbat 94 G2

H

Haamstede 60 B3
Haapiti 37C A2
Haapsalu 54-55 G4 H4
Haarlem 60 C2
Haarlem, lac de 60A
Habban 94 E7
Habsheim 34 F4
Hachijo 108 D4 E4
Hachinohe 108 E2
Hachioji 108 D3
Hackensack 130C B1
Hadejia 110-111 D3 E3
Hadera 92 A3
Haderslev 62 C1
Hadibo 94 F7
Hadramaout 94 E7 F6
Haeju 108 B3
Hafnarfjördhur 54A b2 b3
Hafun 112-113 I3
Hafun, ras 110-111 I3
Hagen 62 B3
Hagerstown 130B
Hagetmau 28 C4
Hagondange 34 E2
Hague, cap de la 26 E1
Haguenau 34 F3
Haidian 105F
Haifa 92 A3
Haikou 102-103 I8
Hail 94 D4
Hailar 102-103 J2 K2
Hailin 108 B2
Hailuoto 54-55 H2
Hainan (île) 102-103 I8
Hainan (province) 102-103 H8 I8
Hainan, détroit de 102-103 I7
Hainaut (province) 60 B4
Hainaut (région) 24 E2
Haines 122-123 E4
Haiphong 98-99 D1
Haïti (État) 132 E3
Haïti (île) 120-121 M8
Haiya 94 C6
Haizhou, baie de 102-103 J4 K4
Hakkâri 90 K5 L5
Hakodate 108 D2 E2
Hal 60 C4
Halaib 94 C5
Halberstadt 62 D3
Halden 54-55 D4 E4
Haldensleben 62 D2
Halifax (Canada) 122-123 L5
Halifax (R.-U.) 56-57 F5
Halikarnassos 90 C5
Hall, terre de 122-123 M1
Halla 108 B4
Hall Beach 122-123 J3 K3
Halle (district) 63
Halle (ville) 62 D3
Hallein 64-65 J2
Halley 169B
Hallingdal 54-55 D3
Halls Creek 142-143 C3
Hallstatt 64-65 J2
Halluin 24 E2
Halmahera 98-99 H6
Halmahera, mer de 98-99 H6
Halmstad 54-55 C4 D4
Halouze 27A E2
Halwil, lac de 66-67 D1
Ham 24 E3
Hama 94 C2
Hamada 109A A2 B2
Hamadan 94 E3
Hamamatsu 108 D4
Hamaoka 109A C2 D2
Hamar 54-55 D3
Hamata, djebel 68-69 K7 L7
Hambourg (État) 62 C2
Hambourg (ville) 62 D2
Hämeenlinna 54-55 G3 H3
Hameln 62 C2
Hamersley, monts 142-143 B4
Hamhung 108 B3
Hami 102-103 E3
Hamilton (Canada) 122-123 J5 K5
Hamilton (Nouvelle-Zélande) 142-143 H5
Hamilton (R.-U.) 56-57 D4 E4
Hamilton, anse de 125 G3
Hamina 54-55 H3
Hamm 62 B3 C3
Hammamet 117D B1
Hammamet, golfe de 117D B1
Hammam Lif 117D B1
Hammar, lac d' 94 E3
Hammerfest 54-55 G1 H1
Hammersmith 58C B2
Hampshire 58A
Hampstead 58C B2
Hampstead Heath 58C B2
Hampton 130B
Hampton Court Park 58C A3
Han 102-103 I4
Hanamaki 108 E3
Hanau 62 C3
Handa 109A C2
Handan 102-103 I4
Haneda 109A D2
Hanford 131A D3
Hangö 54-55 G4
Hangzhou 102-103 J5 K5
Hangzhou, baie de 102-103 K5
Hanish, îles 94 D7
Hanjiang 102-103 J6 K6
Hanko 54-55 G4
Hann, mont 142-143 C3
Hannah, baie 125 B3 C3
Hannibal 126-127 H4
Hannovre 62 C2 D2
Hanö, baie de 54-55 E5
Hanoi 98-99 D1
Hanover 134 C8
Hanovre 63-C
Hanstholm 54-55 C4 D4
Han-sur-Lesse 60 D4
Hanzhong 102-103 H5
Hao 37N B2
Haora 96 F5
Haouz 116-117A C1
Haparanda 54-55 G2
Happy Camp 131A B1
Haptcheranga 102-103 I2
Haradh 94 E5
Harald 59 D2
Harappa 92 C3
Harare 112-113 G6
Harbin 102-103 L2
Hårby 62 C1 D1
Hardangerfjord 54-55 C4 C3
Hardangervidda 54-55 C3
Hardelot-Plage 24 C2
Hardenberg 60 E2
Harderwijk 60 D2
Harding 59 C2
Hardt 34 F2
Harer 112-113 H4
Harfleur 24 B3
Hargeisa 112-113 H4
Harghita, monts 76-77 H2
Hari 98-99 C6
Haridwar 96 D3
Harima, mer de 109A B2
Harirud 80-81 H6
Harlem 130C C2
Harlem River 130C C2 C1
Harlingen (É.-U.) 126-127 G6
Harlingen (Pays-Bas) 60 D1
Harlow 56-57 G6
Harnes 24 D2
Harney, bassin de 126-127 B3 C3
Harney, pic 126-127 F3
Härnösand 54-55 F3
Harricana 125 C3
Harrington harbour 125 G3
Harris 56-57 C3
Harris, détroit de 56-57 C3
Harrisburg 126-127 K3
Harrison, cap 125 G3
Harrogate 56-57 F4
Harrow 58C A2
Harry S. Truman, lac 126-127 H4
Harsprånget 55D
Harstad 54-55 F1
Hart Fell 56-57 E4
Hartford 126-127 L3
Hartland, pointe 56-57 D6
Hartlepool 56-57 F4
Hartley 58C D3
Haruku 98-99 H6
Har Us Nur 102-103 E2
Harwich 56-57 G6
Haryana 96 D4
Harz 62 D3
Har Zin 92 A5
Haskovo 76-77 H5
Haslital 66-67 D2
Hasparren 28 B4
Hasselt 60 D4
Hassi Messaoud 117C C3
Hassi R'Mel 117C B2
Hastings (Nouvelle-Zélande) 142-143 H5
Hastings (R.-U.) 56-57 G6
Hatfield 58A
Ha Tien 98-99 C3
Ha Tinh 98-99 D2
Hattem 60 E2
Hatteras, cap 126-127 K4 L4
Hattiesburg 126-127 I5
Hattusas 90 G4
Hat Yai 98-99 B4 C4
Haugesund 54-55 C4
Hauki, lac 54-55 H3 I3
Haumt Souk 117D B2
Hauraki, golfe de 142-143 H5
Hauran 92 B2 C3
Hausruck 64-65 J1
Haut Atlas 117B B2 C2
Haut-Berry 25A D5
Haut-Bugey 32 E2
Haut-Canada 123A
Haute-Autriche 64-65 J1 K1
Haute-Bavière 63-C
Haute-Corse 30 H6 I6
Haute Engadine 66-67 E2 F2
Hautefort 28 E2
Haute-Franconie 63-C
Haute-Garonne 28 E4 D4
Haute-Loire 32 C3 C4
Haute-Marne 34 D3
Hauterives 33A D3
Hautes-Alpes 32 F4
Haute-Saône 34 D4 E4
Haute-Saône, plateau de la 34 D4 E4
Haute-Savoie 32 F2 F3
Hautes-Pyrénées 28 D4 D5
Hautes Tatras 68-69 I2
Hautes Tauern 64-65 I2 J3
Haute-Vienne 28 E1 E2
Hauteville-Lompnes 32 E2 E3
Haut-Folin 24 E6 F6
Haut-Maine 24 B4 B5
Hautmont 24 E2
Haut-Palatinat 63-C
Haut-Quercy 28 E3
Haut-Rhin 34 F4
Hauts-de-Seine 23A B2 C2
Hauts Plateaux 68-69 D5
Haut-Veld 110-111 F7
Havant 56-57 F6
Havasu, lac 131A F4
Havel 62 E2
Havel, canal de la 63G
Haverhill 58A
Havre-Aubert 125A
Havre-aux-Maisons 125A
Havre-Saint-Pierre 125 F3
Hawaii (État) 140-141 G22 G23
Hawaii (île) 140-141 G23
Hawaii, crête d' 140-141 F21 F22
Hawalli 94 E4
Hawick 56-57 E4
Hawke 125 G3
Hawke, baie 142-143 H5
Hawra 94 E7
Hawthorne 130C A1
Hay (localité) 142-143 E5
Hay (rivière) 142-143 D4
Hayange 34 D2
Haybes 34 C1
Hayes (fleuve) 122-123 I4
Hayes (ville, Londres-Ouest) 58C A2
Hayes (ville, Londres-Sud-Est) 58C C3
Hayes, presqu'île de 122-123 L2
Hay River 122-123 G3
Hayward 130A
Hazaran, kuh-e 94 G4
Hazebrouck 24 D2
Hazelton 122-123 F4
Heard 140-141 N9 N10
Hearst 122-123 J5
Heather 59 C1
Heathrow 58C A3
Hebei 102-103 I4 J4
Hebi 102-103 I4
Hebrides 56-57 C3 C2
Hebron (Canada) 125 F2
Hébron (Palestine) 92 B4
Hecate, détroit d' 122-123 E4 F4
Hechuan 102-103 H5
Hedjaz 94 C4 C5
Heerenveen 60 D2 E2
Heerhugowaard 60 C2
Heerlen 60 D4 E4
Hefei 102-103 J5
Heide 62 C1
Heidelberg 62 C4
Heidenheim 62 D4
Heihe 102-103 L1
Heilbronn 62 C4
Heiligenblut 64-65 I2
Heilongjiang 102-103 L2
Heimaey 54A b3 c3
Heimdal 59 C2
Hekla 54A c2
Helagsfjället 54-55 E3
Helena 126-127 D2
Héligoland 62 B1
Héligoland, baie d' 62 C2 C1
Hell-Bourg 37 E1
Hellevoetsluis 60 B3 C3
Hellin 72-73 E3
Helme 62 D3
Helmond 60 D3
Helmsdale 56-57 E2
Helsingborg 54-55 E4
Helsingfors 54-55 H3 H4
Helsingør 54-55 D4 E4
Helsinki 54-55 H3
Hemlo 122-123 J4
Henan 102-103 I5
Henares 72-73 D2
Hendaye 28 B4
Hengchun 106D A3
Hengelo 60 E2
Hengyang 102-103 I6
Hénin-Beaumont 24 D2 E2
Hennebont 26 C3
Hennigsdorf 63B
Henriette-Marie, cap 125 B2
Henzada = Hinthada 98-99 A2 B2
Héraklion 76-77 H8
Herat 80-81 H6
Hérault (département) 30 C2
Hérault (fleuve) 30 C2
Herberton 142-143 E3
Herblay 23A B1
Herdhubreidh 54A c2 d2
Hereford 56-57 E5
Hérens, val d' 66-67 C2
Herentals 60 C3 D3
Herford 62 C2
Héricourt 34 E4
Herisau 66-67 E1
Hermillon 33A E3
Hermon 92 B2
Hermosillo 126-127 D6 E6
Herning 54-55 D4
Hérouville-Saint-Clair 26 F1
Herrera del Duque 72-73 C3
Herrlisheim 34 F3 G3
Herserange 34 D2
Hertfordshire 58A
's-Hertogenbosch 60 D3
Hervey, baie 142-143 F4
Herzliya 92 A3
Hesbaye 60 C4 D4
Hesdin 24 D2
Hesse 62 C3
Hetch Hetchy, aqueduc 131A C3
Hettange-Grande 34 E2
Heute, côte de l' 32 E2
Hève, cap de la 24 A3 B3
Hewett 59 C3
Heyrieux 32 D3 E3
Heysham 56-57 E4 E5
Hibbing 126-127 H2
Hidaka, monts 108 E2
Hidalgo del Parral 126-127 E6
Hienghène 37A B2
Hierro 112-113 B2
Higashi-Osaka 109B
Highlands du Sud 56-57 D4 E4
High Wycombe 58A
Hiiumaa 54-55 G4
Hijana, lac 92 C2
Hildesheim 62 C2 D2
Hillegom 60 C2
Hillingdon 58C A2
Hillside 130C A3
Hillswick 56-57 F1
Hilmend 80-81 H6
Hilversum 60 D2
Himachal Pradesh 96 D3
Himalaya 96 D3 F4
Himeji 108 C3 C4
Hindu Kuch 96 B3 C2
Hınıs 90 J4
Hinkley Point 57D
Hinnøya 54-55 E1 F1
Hinthada 98-99 A2 B2
Hinton 122-123 G4
Hirakata 109B
Hirosaki 108 D2 E2
Hiroshima 108 C4
Hirson 24 E3 F3
Hirtshals 54-55 D4
Hisar 96 D4
Hisma 94 C4
Hit 42-43 I5
Hitachi 108 E3
Hitiaa 37C B2
Hitra 54-55 D3
Hiva Oa 37N C1
Hjälmar, lac 54-55 E4 F4
Hkakabo Razi 102-103 F6
Hoangho 102-103 G4 J4
Hobart 142-143 E6
Hoboken 130C B2
Hochalmspitze 64-65 J2
Hochfeiler 64-65 H3
Hochfelden 34 F3
Hochgolling 64-65 J2 K2
Hô Chi Minh-ville 98-99 D3
Hochkönig 64-65 J2
Hochschwab 64-65 L2
Hochvogel 66-67 F1
Hodeïda 94 D7
Hódmezövásárhely 76-77 F2
Hodna, chott el 117C C2
Hoedic, île d' 26 D3
Hoek van Holland 60 B3 C3
Hoeryong 108 B2
Hof 62 D3
Höfdhakaupstadhur 54A b2
Höfn 54A d2
Hofsjökull 54A c2
Hofu 108 C4
Hoggar, massif du 110-111 D2
Hohenems 66-67 E1
Hoher Riffler 66-67 F1
Hohhot 102-103 I3
Hohneck 34 F3
Hoi An 98-99 D2
Hokitika 142-143 G6 H6
Hokkaido 108 E2
Holguín (province) 133A
Holguín (ville) 132 D2
Hollande méridionale 60 C3
Hollande septentrionale 60 C2 D2
Hollande septentrionale, canal de 60 C2
Holland Tunnel 130C B2
Holman 122-123 G2
Holon 92 A3 A4
Holsteinsborg 122-123 M3
Holyhead 56-57 D5
Holzminden 62 C3
Homalin 102-103 F7
Hombori, monts 110-111 C3
Hombourg-Haut 34 E2
Homécourt 34 D2
Homel 78 F3
Homra, hammada el 110-111 E2
Homs 94 C3
Hondo 132 B3
Honduras 132 B4
Honduras, golfe du 132 B3
Hønefoss 54-55 D3
Honfleur 24 B3
Hon Gai 98-99 D1
Hongjiang 102-103 H6 I6
Hongkong (province) 102-103 I7 J7
Hongkong (ville) 102-103 I7 J7
Hongkong, île de 101A C3
Hongkou 105E
Hongliuyuan 102-103 F3
Hongqiao, aéroport de 105E
Hongrie 42-43 F4 G4
Hongroise, grande plaine 40-41 F4 G4
Honguedo, détroit d' 125 E4 F4
Honiara 142-143 F2
Honolulu 140-141 F22 F23
Honshu 108 D3 E3
Hood, mont 126-127 B2
Hoogeveen 60 E2
Hoogezand 60 E1
Hooghly 96 F5
Hoorn 60 D2
Hoover Dam 126-127 D4
Hopedale 125 F2 G2
Hopes Advance, cap 125 E1
Horb 34 G3
Horgen 66-67 D1
Horlivka 78 G4
Horn 54A b1
Horn, cap 134 D8
Horn, îles de 37L A2
Hornavan 54-55 F2
Hornchurch 58C D2
Hornsey 58C B2
Horsens 54-55 D5
Horsley 58C A4
Horten 54-55 D4
Hortobágy 76-77 F2
Hoshiarpur 96 D3
Hossegor 28 B4
Hostens 28 C3
Hostun 33A D3
Hotaka 108 D3
Hotan 102-103 C4
Hotan He 102-103 C4
Hot Springs 126-127 H5
Houaïlou 37A B2 C2
Houat, île d' 26 D3
Houayxay 98-99 C1
Houdain 24 D2
Houdan 24 C4
Houffalize 60 D4
Houilles 23A B2
Houlme, bocage 27A E2
Hounslow 58C A3
Hourtin, étang d' 2 C4
Hourtin-Carcans, lac d' 28 B2
Hourtin-Plage 28 B2
Houston 126-127 G6
Houtman, récifs de 142-143 B4
Hove 56-57 F6
Howe, cap 142-143 F5
Howe, île 37E A1
Howland 140-141 H21
Hoy 56-57 E3
Høyanger 54-55 C3
Hoyerswerda 62 E3 F3
Hpa-an 98-99 B2
Hrazdan 90 L3
Hrodna 78 D3
Hron 76-77 E1
Hsinchu 106D A1
Hsintien 106D B1
Hsinying 106D A2
Hsueh Shan 106D A1 B1
Huacho 135 C4
Huadian 102-103 L3
Hua Hin 98-99 B3 C3
Huahiné, îles 37M B1
Huahiné Iti 37M B1
Huahiné Nui 37M B1
Huai'an 102-103 J5 K5
Huai He 102-103 J5
Huainan 102-103 J5
Hualien 106D B2
Huallaga 134 C3
Huambo 112-113 E6
Huancayo 135 C4
Huang He 102-103 G4 J4
Huangpu 101A A1
Huangpu Jiang 105E
Huangshi 102-103 J5
Huaraz 135 C3
Huascarán 134 C3
Hubei 102-103 I5
Hubli 96 C6 D6
Huddersfield 56-57 F5
Hudiksvall 54-55 F3
Hudson 126-127 L3
Hudson, baie d' 122-123 J4
Hudson, détroit d' 122-123 K3 L3
Hue 98-99 D2
Huebra 72-73 B2
Huelgoat 26 C2
Huelva 72-73 B4
Huércal 72-73 D4 E4
Huesca 72-73 E1
Hughenden 142-143 E4
Huichon 108 B2
Huila 134 C2
Huinan 108 B2
Huisne 24 B4
Huitième degré, passage du 96 C8
Huize 102-103 G6
Huizhou 102-103 I7 J7
Hulin 108 C1
Hulst 60 B3 C3
Hulun Nur 102-103 J2
Huma 102-103 L1
Humaitá 135 D3
Humber 56-57 F5
Humberside 57C
Humboldt 126-127 C3
Humboldt, glacier de 122-123 L2 M2
Húna, baie 54A b1 b2
Hunan 102-103 I6
Hunchun 108 C2
Hunedoara 76-77 G3
Huningue 34 F4
Hunjiang 108 B3
Hunsrück 62 B4
Hunte 62 C2
Hunter 142-143 E5 F5
Hunterston 57D
Huntington 126-127 J4
Huntington Beach 131A D5
Huntsville (Canada) 125 C4
Huntsville (É.-U.) 126-127 I5
Huon, golfe 142-143 E2
Hurepoix 24 D4
Huron, lac 126-127 J2 J3
Hürth 60 E4
Húsavík 54A c1
Huskvarna 54-55 E4
Husnes 55E
Husum 62 C1
Hutchinson 126-127 G4
Hutte Sauvage, lac de la 125 E2 F2
Hutton 59 C1
Huy 60 D4
Huzhou 102-103 J5 K5
Hvannadalshnúkur 54A c2
Hvar 76-77 D4
Hvitá (Islande-Ouest) 54A b02 c02
Hvitá (Islande-Sud-Ouest) 54A b02
Hwange 112-113 F6
Hyde 59 C3
Hyde Park 58C B2
Hyderabad (Inde) 96 D6
Hyderabad (Pakistan) 92 B4
Hydra 76-77 G7
Hyères 30 F2
Hyères, îles d' 30 F3
Hyesan 108 B2
Hyvernéresse 29A F2 G2

I

Iablonovy, monts 80-81 M4
Iakoutie 85A
Iakoutsk 80-81 N3 O3
Ialomița 76-77 I3
Iamal, péninsule 80-81 I3
Iamalo-Nentsie 85A
Iaman taou 80-81 G4
Iamarovka 102-103 I1
Iambourg 80-81 I3 J3
Iana 80-81 O3
Iana, baie de la 80-81 O2
Ianski 80-81 O3
Iaroslavl (province) 85A
Iaroslavl (ville) 78 G2
Iar Sale 80-81 H3 I3
Iasenevo 84F B3
Iași 76-77 I2
Ibadan 112-113 D4
Ibagué 135 C2
Iban, monts 98-99 E5 F5
Ibaneta, col d' 28 B4 B5
Ibar 76-77 F4
Ibb 94 D7
Ibérique, péninsule 40-41 D4 D5
Ibériques, monts 72-73 D1 E2
Iberville, lac d' 125 D2
Iberville, mont d' 125 F2
Ibirapuera 138D
Ibiza (île) 72-73 F3
Ibiza (ville) 72-73 F3
Ibo 112-113 H7
Ibri 94 G5
Içá 134 C3 D3
Ica 135 C4
Ichalkaranji 96 C6 D6
Ichihara 109C
Ichikawa 109C
Ichim (rivière) 80-81 H4 I4
Ichim (ville) 80-81 H4 I4
Ida, monts 76-77 H8
Idaho 126-127 C3 D3
Idaho Falls 126-127 D3
Idar-Oberstein 62 B4
Idjil, kedia d' 116-117A B2
Idjil, sebkha d' 116-117A B2
Idlib 90 H6
Idrija 64-65 K3
Idro, Lac d' 64-65 G4
Ieïsk 78 G4
Iekaterinbourg (province) 85A
Iekaterinbourg (ville) 80-81 G4 H4
Ielets 78 G3
Iénisseï 80-81 J3
Iénisseïsk 80-81 K4
Iesi 74-75 D3
Ievpatoria 78 F4
Ife 116-117A D4
Iffezheim 35A G2
Igarka 80-81 J3
Iglesias 74-75 B5
Igli 112-113 C1
Igloolik 122-123 J3
Igny 23A B3
Igor 59 D3
Igoumenítsa 76-77 F6
Iguaçu 134 E5
Iguaçu, chutes de l' 134 E5
Igualada 72-73 F2
Iguidi, erg 110-111 C2
Iijoki 54-55 H2
Iisalmi 54-55 H3 I3
Ijevsk 80-81 G4
IJmuiden 60 C2
IJssel 60 D2
IJssel, lac d' 60 D2
Ikaría 76-77 H7 I7
Ikata 109A B3
Ilagan 98-99 G2
Ilam 94 E3
Ilan 106D B1
Ilanz 66-67 E2
Ilebo 112-113 F5
Ile de France 2 E2
Ile de France, côte de l' 34 B3
Ile-du-Prince-Édouard 122-123 L5
Iles de la Mer de Corail, territoire des 142-143 F3
Ilesha 116-117A D4
Iles Lau, ride des 140-141 K21
Iles Salomon 140-141 I19
Iles Sandwich du Sud, fosse des 144-145 O18
Ilford 58C C2
Ilhéus 135 G4
Ili 80-81 I5
Iligan 98-99 G4
Ilizi 68-69 F6
Ill (Allemagne) 66-67 E1
Ill (France) 2 G2
Illampu 134 D4
Ille 26 E2
Ille et Rance, canal d' 26 E2
Ille-et-Vilaine 26 E2 E3
Iller 62 D4
Ille-sur-Têt 30 B3
Illiers-Combray 24 C4
Illinois (État) 126-127 H3 I3
Illinois (rivière) 126-127 H3
Illitchivsk 78 F4
Illkirch-Graffenstaden 34 F3
Illzach 34 F4
Ilmen, lac 78 F2
Ilo 135 C4
Iloilo 98-99 G3
Ilorin 112-113 D4
Ilulissat 122-123 M3 N3
Ilz 62 E4
Imabari 108 C4
Imandra, lac 54-55 I2 J2
Imatra 54-55 I3
Imbros 90 B3
Imini 116-117A C1
Immenstadt 62 C5 D5
Immingham 56-57 F5 G5
Imo 118 C4
Imola 74-75 C2
Imperatriz 135 F3
Imperia 74-75 B2
Imperial 131A F5
Imperial Dam 126-127 D5
Imperial d'Aragón, canal 72-73 E2
Impériale, vallée 126-127 C5
Imphal 96 G4 G5
Imphy 24 E6
In Aménas 117C D3
Inanwatan 98-99 I6
Inari 54-55 H1
Inari, lac 54-55 H1
Inca 72-73 G3
Inchon 106A A2
Incudine, monte 30 I7
Indalsälv 54-55 F3
Inde 88-89 J7 K7
Indefatigable 59 C3
Indiana 126-127 I3
Indianapolis 126-127 I4 J4
Indien, bassin central 140-141 I10 J11
Indien, bouclier 150C
Indien, océan 140-141 K9 M11
Indien-Antarctique, bassin 140-141 N12 N16
Indien-Atlantique, crête 140-141 N4 N5
Indien-Atlantique-Antarctique, bassin 140-141 N4 O8
Indigirka 80-81 P3
Indio 131A E5
Indjolé 116-117A D4 E4
Indo-australienne, plaque 150B
Indochine 88-89 M8
Indonésie 88-89 M10 P10
Indore 96 C5 D5
Indre (département) 24 C5
Indre (localité) 26 E3
Indre (rivière) 24 C5
Indre-et-Loire 24 B5
Indrois 24 C5
Indus 96 D3 B5
İnebolu 90 F2 G2
İnegöl 90 D3
Infiernillo, presa del 126-127 F8
Ingersheim 34 F3
Inglewood 130A
Ingoda 80-81 M4
Ingolstadt 62 D4
Ingouchie 85A
Ingraj Bazar 96 F4
Ingré 24 C5
Ingwiller 34 F3
Inhambane 112-113 G7
Inini 36 D1
Inírida 134 D2
Inkoo 55D
Inn 64-65 G3 J1
Innertkirchen 66-67 D2
Innsbruck 64-65 H2
Innviertel 64-65 J1
Inongo 112-113 E5
In Salah 112-113 D2
Intérieure, mer 108 C4
Interlaken 66-67 C2
Inthanon 98-99 B2
Inubo, cap 109A D2 E2
Inukjuak 125 C2
Inuvik 122-123 E3
Inveraray 56-57 D3
Invercargill 142-143 G6 H6
Inverness 56-57 D3 E3
Inzell 64-65 I2
Inzinzac-Lochrist 26 C3
Ioánnina 76-77 F6
Iochkar-Ola 85A
Iona 56-57 C3
Ionienne, mer 68-69 H4
Ioniennes, îles 76-77 E6 F7
Ios 76-77 H7
Ioudino 84F A3
Iougo-Zapad 84F B3
Ioujno-Sakhalinsk 80-81 P5
Ioukaghirs, plateau des 80-81 Q3
Ioultin 80-81 T3
Iowa 126-127 G3 H3
Ipanema 138C
Ipel' 76-77 E1
Ipoh 98-99 C5
Ipswich (Australie) 142-143 F4
Ipswich (R.-U.) 56-57 G5
Iqaluit 122-123 L3
Iquique 135 C5
Iquitos 135 C3
Iracoubo 36 D1
Iracoubo 36 D1
Irajá 138C
Irak 88-89 G6
Iran 88-89 H6
Iranienne, plaque 150B
Irapuato 126-127 F7
Irati 28 B5
Irazú 132 C4
Irbid 92 B3
Irbit 80-81 H4
Irharhar 110-111 D2
Iri 108 B3
Iringa 112-113 G5
Iriomote 138-139 K7
Irkout 80-81 L4
Irkoutsk (province) 85A
Irkoutsk (ville) 80-81 L4
Irlande (État) 42-43 D3
Irlande (île) 40-41 D3
Irlande, mer d' 56-57 D4 E4
Irlande du Nord 56-57 C4
Iro, cap 109A D2
Iron Knob 142-143 D5
Irrawaddy 102-103 F7 E8
Irtych 80-81 I4
Irtychsk 80-81 I4
Irún 72-73 E1
Irvine (É.-U.) 130A
Irvine (R.-U.) 56-57 D4
Irvington 130C A2
Isabela 98-99 G4
Isabella, lac 131A D4
Ísafjardhardjúp 54A a1 b1
Ísafjördhur 54A a1 b1
Isar 62 E4
Isarco 74-75 C1
Isbergues 24 D2
Ischia 74-75 D4
Ise 108 D4

Ise, baie d' 108 D4
Isel 64-65 I3
Iselle 66-67 D2
Iseo 74-75 C2
Iseo, lac d' 74-75 C2
Iseran, col de l' 32 G3
Isère (département) 32 E3
Isère (rivière) 32 E3 F3
Isère, pointe 36 D1
Isernia 74-75 E4
Ishinomaki 108 E3
Isigny-sur-Mer 26 E1
Isiro 112-113 F4
Iskăr 76-77 G4
İskenderun 90 H5
İskenderun, golfe d' 90 G5 H5
Isla de la Juventud 133A
Islamabad 92 C3
Islande (État) 42-43 B2 C2
Islande (île) 40-41 B2 C2
Islay 56-57 C4
Isle 28 E2
Isle of Grain 59 C4
Islington 58C B2
Ismaïlia 68-69 K5
Isna 68-69 K6
Isola 30 G1
Isola 2000 30 G1
Isonzo 64-65 J4
Ispahan 94 F3
Isparta 90 E5
Israël 88-89 F6
Isset 80-81 H4
Issoire 32 C3
Issoudun 24 D6
Is-sur-Tille 34 C4 D4
Issy-les-Moulineaux 23A C2
İstanbul 90 D3
Istres 30 D2
Istrie 76-77 B3 C3
Itaipu, barrage d' 135 E5
Itaituba 135 E3
Italie 42-43 F4
Itambé 134 F4
Itanagar 96 G4
Itatiaya 134 F5
Ithaque 76-77 F6
Iton 24 B4
Itouroup 80-81 P5
Ittoqqortoormiit 120-121 R2 S2
Itzehoe 62 C2
Iumt 102-103 F3
Ivalo 54-55 H1
Ivalojoki 54-55 H1
Ivano-Frankivsk 78 D4
Ivanovo (province) 85A
Ivanovo (ville) 78 H2
Ivdel 80-81 H3
Ivittuut 122-123 N3
Ivoire, côte de l' 112-113 C4
Ivrée 74-75 A2 B2
Ivry-la-Bataille 24 C4
Ivry-sur-Seine 23A C2 C3
Ivujivik 125 C1
Iwaki 108 E3
Iwakuni 109A B2
Iwate 108 E3
Iwembere, steppe 110-111 G5
Iwuy 24 E2
Izmaïlovo 84F C2
Izmaïlovo, parc d' 84F C2
Izmajil 76-77 J3
İzmir 90 C4
İzmir, golfe d' 76-77 I6
İzmit 90 D3 E3
İzmit, golfe d' 76-77 J5
Iznalloz 72-73 D4
İznik 90 D3
İznik, lac 90 D3
Izoard, col de l' 32 F4
Izu, îles 108 D4
Izu, péninsule d' 109A D2
Izumi 109B

J

Jabalón 72-73 D3
Jabalpur 96 E5
Jaca 72-73 E1
Jacarepaguá 138C
Jacarepaguá, lagune de 138C
Jáchymov 62 E3
Jackson (Mississippi) 126-127 H5 I5
Jackson (Tennessee) 126-127 I4
Jackson Heights 130C C2
Jacksonville 126-127 J5
Jacmel 132 E3
Jacobabad 92 B4
Jacques-Cartier, détroit de 125 F3 F4
Jacques-Cartier, mont 125 E4 F4
Jade, côte de 27A C3
Jade, golfe de la 62 C2
Jaén 72-73 D4
Jaffna 96 E8
Jahra 94 E4
Jahrom 94 F4
Jailolo 98-99 H5
Jaipur 96 C4 D4
Jaïyk 80-81 G5
Jajce 76-77 D3
Jakarta 98-99 D7
Jakobshavn 122-123 M3 N3
Jakobstad 54-55 G3
Jalalabad 96 C3
Jalandhar 96 D3
Jalan Kayu 101C B1
Jalapa 126-127 G8
Jalgaon 96 D5
Jalna 96 D6
Jalón 72-73 E2
Jaluit 140-141 H19
Jamaica 130C D3
Jamaica Bay 130C C3 D3
Jamaïque 132 D3
Jambi 98-99 C6
Jambol 76-77 I4
Jambyl 80-81 I5
James 126-127 G2
James, baie 122-123 J4 K4
Jammer, baie 54-55 D4
Jammu 96 C3 D3
Jammu-et-Cachemire 96 C3 D3
Jamnagar 96 B5 C5
Jamshedpur 96 E5 F5
Jämtland 54-55 E3
Jangakazaly 80-81 H5
Jangaözen 94 K7
Jan Mayen 40-41 D1
Jantra 76-77 H4
Januária 135 F4
Janville 24 C4
Janzé 26 E3
Japon 88-89 Q6
Japon, bassin du 140-141 D16
Japon, fosse du 140-141 E17
Japon, mer du 102-103 M3 N4
Japurá 134 D3
Jarama 72-73 D2
Jardines de la Reina 132 D2
Jard-sur-Mer 26 E4
Jargeau 24 D5
Jari 134 E2 E3
Jarma 102-103 C2
Jarnac 28 C2
Jarny 34 D2
Jarosh 92 B3
Jarvis 140-141 I22
Jask 94 G4
Jasper 122-123 G4
Játiva 72-73 E3
Jaunay-Clan 24 B6
Jaune, mer 102-103 K4
Jaunpas 66-67 C2
Jaunpur 96 E4
Jaur 30 B2
Java 98-99 D7
Java, fosse de 140-141 I13 J14
Java, mer de 98-99 D6 E7
Javalambre 72-73 E2
Jayapura 98-99 J6 K6
Jayawijaya, monts 98-99 J6 K6
Jaz Murrian, lac de 94 G4
Jdrijca 64-65 J3 K3
Jebba 116-117A D4
Jefferson, mont 126-127 B3
Jefferson City 126-127 H4
Jelanie, cap 80-81 H2 I2
Jelat Musa 92 C1
Jelgava 54-55 G4 H4
Jemaja 98-99 D5
Jember 98-99 E7
Jena 62 D3
Jendouba 117D B1
Jenin 92 B3
Jequitinhonha 134 F4 G4
Jerada 117B D1
Jerez de la Frontera 72-73 B4 C4
Jerez de los Caballeros 72-73 B3
Jéricho 92 B4
Jersey 56-57 E7
Jersey City 126-127 L3
Jérusalem 92 A4 B4
Jervis, baie 142-143 F5
Jesenice 64-65 J3 K3
Jessore 96 F5 G5
Jezkazghan 80-81 H5 I5
Jezzine 92 B2
Jhang Sadar 92 C3
Jhansi 96 D4
Jhelum 92 C3
Jiali 102-103 E5
Jialing Jiang 102-103 H5
Jiamusi 102-103 M2
Jianchuan 102-103 G6
Jiangmen 102-103 I7
Jiangsu 102-103 J5 K5
Jiangwan 105E
Jiangxi 102-103 I6 J6
Jiaohe 108 B2
Jiaotong, université de 105E
Jiaoxian 102-103 K4
Jiaozuo 102-103 I4
Jiaxing 102-103 K5
Jigansk 80-81 N3
Jigawa 118 C4
Jijel 68-69 F4
Jijiga 94 D8
Jilin (État) 102-103 L3
Jilin (province) 102-103 L3
Jiloca 72-73 E2
Jinan 102-103 J4
Jingdezhen 102-103 J6
Jining (Nei Monggol) 102-103 I3
Jining (Shandong) 102-103 J4
Jinja 112-113 G4
Jinsha Jiang 102-103 F5
Jinshi 102-103 I6
Jinxianqiao 105F
Jinzhou 102-103 K3
Jiouzino 84F B3
Jiparaná 134 D3
Ji-Paraná 135 D4
Jiu 76-77 G3
Jiuquan 102-103 F3 F4
Jiutai 102-103 L3
Jixi 102-103 M2
Jizera 62 F3
Jizreel, plaine de 92 B3
João Pessoa 135 G3
Jobourg, nez de 26 D1 E1
Jodhpur 96 C4
Joensuu 54-55 I3
Joetsu 108 D3
Joeuf 34 E2
Johannesburg 112-113 F7
John F. Kennedy International Airport 130C D3
Johnson City 126-127 J4
Johnston 140-141 G22
Johor Baharu 98-99 C5 D5
Joigny 34 B3 B4
Joinville (Brésil) 135 E5 F5
Joinville (France) 34 D3
Joinville-le-Pont 23A C2 D3
Jokkmokk 54-55 F2
Jökulsá 54A c2
Joliet 126-127 I3
Joliette 125 D4
Jolo (île) 98-99 G4
Jolo (ville) 98-99 G4
Jones, détroit de 122-123 J2
Jönköping 54-55 E4
Jonte 30 C1
Jonzac 28 C2
Joplin 126-127 H4
Jordanie 88-89 F6
Jorf Lasfar 117 C1 116
Jorhat 96 G4
Jos 112-113 D3
Jos, plateau de 110-111 D3
Joseph, lac 125 E3 F3
Joseph Bonaparte, golfe 142-143 C3
Josselin 26 D3
Jostedalsbre 54-55 C3
Jotunheimen 54-55 C3 D3
Joué-lès-Tours 24 B5
Jougne 32 F2
Jounieh 92 B1
Jourdain 92 B3
Joure 60 D2
Joux, lac de 66-67 B2
Joux, vallée de 66-67 B2
Jouy-en-Josas 23A B3
Jouy-le-Moutiers 23A A1 B1
Juan, golfe 30 G2
Juan de Fuca, détroit de 120-121 H5
Juan Fernández, îles 134 B6 D6
Juazeiro 135 F3 G3
Juazeiro do Norte 135 F3 G3
Juba 112-113 G4
Jubaïl 92 B1
Júcar 72-73 E3
Judée 92 B4
Judenburg 64-65 K2
Juidongshan 102-103 J7
Juine 24 D4
Juist 62 B2
Juiz de Fora 135 F5
Jujuy 139A
Juliana, canal 60 D4 D3
Julianehåb 122-123 N3
Juliénas 32 D2
Juliennes, alpes 64-65 J3 K3
Juliers, col du 66-67 E2
Jullouville 26 E2
Junagadh 96 B5 C5
Jundiaí 135 F5
Juneau 120-121 G4
Jungar Qi 102-103 H4 I4
Jungfrau 66-67 C2
Junglei, canal 110-111 G4
Junin 135 D6
Jura (département) 32 E2
Jura (île) 56-57 C4 D3
Jura (montagne) 64-65 C3 D2
Jura, détroit de 56-57 D4 D3
Jura, monts du 32 E2
Jura, plateaux du 2 F3 G3
Jurançon 28 C4
Jura souabe 62 C4 D4
Jūrmala 54-55 G4
Jurong 101C A2
Juruá 134 D3
Juruena 134 E3
Jussac 32 B4
Jussey 34 D4
Jussy 24 E3
Juventud 132 C2
Juvisy-sur-Orge 23A C3
Juziers 23A A1
Jylland 54-55 D5 D4
Jytomyr 78 E3
Jyväskylä 54-55 H3

K

K. XVIII, crête 140-141 L12
Kaala-Gomen 37A A2 B2
Kabalega, chutes 110-111 G4
Kabalo 112-113 F5
Kabardino-Balkarie 85A
Kabompo 110-111 F6
Kaboul (rivière) 96 B3 C3
Kaboul (ville) 96 B3
Kabwe 112-113 F6
Kachan 94 F3
Kachovka, réservoir de 78 F4 G4
Kaçkar 90 J3
Kadan 98-99 B3
Kaduna (État) 118 C4
Kaduna (rivière) 110-111 D4 D3
Kaduna (ville) 112-113 D3
Kaédi 112-113 B3
Kaemchahr 94 F2
Kaesong 108 B3
Kafue 110-111 F6
Kagera 110-111 F5 G5
Kagoshima 108 B4 C4
Kahayan 98-99 E6
Kahouanne, îlet à 36 C1
Kahramanmaraş 90 H5 I5
Kai, îles 98-99 I7
Kaieteur, chute 132 H5
Kaifeng 102-103 I5 J5
Kaimana 98-99 I6
Kainji, lac 110-111 D3
Kaipokok, baie 125 G2
Kairouan 117D B2
Kaiserslautern 62 B4
Kaiserstuhl 64-65 D1
Kai Tak, aéroport 101D
Kaiyuan 102-103 K3
Kajaani 54-55 H2 I2
Kakinada 96 E6
Kako 109A B2
Kakogawa 109A B2
Kalabaka 76-77 F6 G6
Kaladan 102-103 E7
Kalahari 110-111 F7
Kalahari, parc national du 119A
Kalámai 76-77 F7 G7
Kalamazoo 126-127 I3
Kalana 116-117A C3
Kalasin 98-99 C2
Kalat (Afghanistan) 96 B3
Kalat (Pakistan) 92 B4
Kalemie 112-113 F5
Kalevala 54-55 I2
Kálfafell 54A c2 d2
Kaliakra, cap 76-77 J4
Kalimantan 98-99 E5 F5
Kaliningrad (province) 85A
Kaliningrad (ville) 54-55 G5
Kalixälv 54-55 G2
Kall, lac 54-55 E3
Kalla, lac 54-55 H3 I3
Kalmar 54-55 E4 F4
Kalmar, détroit de 54-55 F4
Kalmoukie 85A
Kalomo 112-113 F6
Kalouga (province) 85A
Kalouga (ville) 78 G3
Kalyan 96 C6
Kalymnos 76-77 I7
Kama 40-41 J3
Kamakura 109C
Kamar, baie 94 F6
Kamaran 94 D8
Kambalda 142-143 B5 C5
Kamčija 76-77 I4
Kamenjak, cap 64-65 J5
Kamenskoïe 80-81 R3
Kamensk-Ouralski 80-81 H4
Kamichli 94 D2
Kamina 112-113 F5
Kamioka 109A C1
Kamloops 122-123 F4 G4
Kampala 112-113 G4
Kampar 98-99 C5
Kampen 60 D2 E2
Kampot 98-99 C3
Kamrau, golfe de 98-99 I6
Kamtchatka (péninsule) 80-81 Q4
Kamtchatka (province) 85A
Kananga 112-113 F5
Kanazawa 108 D3
Kanchenjunga 96 F4
Kanchipuram 96 D7 E7
Kandadji 116-117A D3
Kandahar 80-81 H6
Kandalakcha 54-55 J2
Kandalakcha, golfe de 54-55 J2 J3
Kander 66-67 C2
Kandersteg 66-67 C2
Kandi 116-117A D3
Kandla 96 B5 C5
Kandy 96 E8
Kane, bassin de 120-121 M2 N2
Kanem 110-111 E3
Kangan 94 F4
Kangaroo 142-143 D5
Kangean, îles 98-99 F7
Kangerlussuaq 122-123 M3 N3
Kanggye 108 B2
Kangiqsualujjuaq 125 E2
Kangiqsujuaq 125 D1 E1
Kangirsuk 125 D1 E1
Kangnung 106A B2
Kangrinboqê Feng 102-103 C5
Kangto 102-103 E6
Kangtung 98-99 B1
Kanine, péninsule de 80-81 F3
Kankan 112-113 C3
Kano (État) 118 C4
Kano (ville) 112-113 D3
Kanpur 96 E4
Kansai, aéroport de 109B
Kansas (État) 126-127 F4 G4
Kansas (rivière) 126-127 G4
Kansas City 126-127 H4
Kansk 80-81 K4
Kanto, plaine du 109A D1
Kaohsiung 106D A2
Kaokoveld 110-111 E6 E7
Kaolack 112-113 B3
Kapchaghaï 102-103 B3
Kapela, monts 76-77 C3
Kapfenberg 64-65 L2
Kapos 76-77 E2
Kaposvár 76-77 E2
Kapotnia 84F C3
Kaprun 64-65 I2
Kapuas 98-99 E6
Kapuas Hulu, monts 98-99 E5
Kara, détroit de 80-81 G3 G2
Kara, mer de 80-81 H2
Kara-Balta 102-103 A3
Karabük 90 F3
Karachi 92 B4
Karaghandy 80-81 I5
Karaginsk 80-81 R4
Karaj 94 F2
Karakalpakie 85A
Karakaya, lac 90 H4 I4
Karakelong 98-99 H5
Karakol 102-103 B3
Karakoram 96 D2 D3
Karakoram, col de 96 D2
Karakorum 102-103 G2
Kara-Koum 80-81 G5 H5
Kara-Koum, canal du 80-81 H6
Karaman 90 F5
Karamay 102-103 C2
Karas, monts 110-111 E7
Karasjok 54-55 H1
Karasu 90 J4
Karatal 102-103 B2
Karataou 80-81 H5
Karatchaévo-Tchérkessk 85A
Karatchaïevsk 90 J2
Karawanken 64-65 J3 K3
Karbala 94 D3
Karchy 80-81 H6
Karditsa 76-77 F6
Kărdžali 76-77 H5
Kareima 112-113 G3
Karema 112-113 G5
Kariba, lac 110-111 F6
Karima 116-117A F5
Karimata, détroit de 98-99 D6
Karimata, îles 98-99 D6
Karimnagar 96 D6
Karlobag 64-65 L5
Karlovac 76-77 C3 D3
Karlovy Vary 62 E3
Karlshamn 54-55 E4
Karlskoga 54-55 E4
Karlskrona 54-55 E4 F4
Karlsruhe (district) 63
Karlsruhe (ville) 62 C4
Karlstad 54-55 E4
Karmøy 54-55 C4
Karnak 68-69 K6
Karnali 96 E4
Karnataka 96 C7 D7
Kärnten 64-65 K3
Kárpathos 76-77 I8
Kars (rivière) 90 K3
Kars (ville) 90 K3
Karsakpaï 80-81 H5
Karst, plateau du 64-65 K4
Kårstø 59 D2
Kartaly 80-81 G4 H4
Karun 94 E3
Karungi 54-55 H2
Karwaw, ras 94 G6
Karwendel 64-65 H2
Kasai 110-111 F5 E5
Kasama 112-113 F5 G5
Kasbah, ras al 92 A7
Kasba Tadla 117B C1
Kasese 112-113 F4 G4
Kashi 102-103 B4
Kashima 109A D2 D1
Kashiwa 109C
Kasiruta 98-99 H6
Kaskinen 54-55 G3
Kaskö 54-55 G3
Kasongo 112-113 F5
Kásos 76-77 I8
Kassala 112-113 G3
Kassandra 76-77 G5 G6
Kassandra, golfe de 76-77 G5 H6
Kassel (district) 63
Kassel (ville) 62 C3
Kasserine 117D B2
Kastamonu 90 F3 G3
Kastoria 76-77 F5
Kasur 92 C3
Kataba 112-113 F6
Katahdin, mont 126-127 M2
Kataka 96 F5
Katanga 110-111 F5
Katchall 98-99 A4
Katchouga 80-81 L4
Katerini 76-77 G5
Katha 102-103 F7
Katherine 142-143 D3
Kathiavar 96 B5 C5
Kathmandou 96 F4
Katiola 116-117A C4
Katorus 112-113 F7 G8
Katoun 80-81 J4
Katowice 80 C3
Katrine, loch 56-57 D3
Katschberg, tunnel de 64-65 J2
Katsina (État) 118 C4
Katsina (ville) 112-113 D3
Kattara, dépression de 68-69 J6 J5
Kattegat 54-55 D4 E4
Kattina, lac 92 C1
Katwijk 60 C2
Kauai 140-141 F22 F23
Kaufbeuren 62 D5
Kaunas 54-55 G5
Kautokeino 54-55 G1 H1
Kavajë 76-77 E5
Kavála 76-77 H5
Kavalerovo 108 C2 D2
Kavaratti 96 C7
Kavieng 142-143 F2
Kaw 36 D1
Kawagoe 109A D2
Kawaguchi 109C
Kawasaki 108 D3 E3
Kawm Umbu 68-69 K7
Kaya 112-113 C3
Kayan 98-99 F5
Kayes 112-113 B3
Kayseri 90 G4
Kaysersberg 34 F3
Kazakhstan 88-89 H5 J5
Kazan 80-81 F4 G4
Kazanlăk 76-77 H4
Kazatchie 80-81 O2 P2
Kazbek 90 L2
Kaz Dağı 76-77 I6
Kazerun 94 F4
Kéa 76-77 H7
Kearny 130C A2 B2
Keban, lac 90 I4
Kebbi 118 C4
Kebili 117D B2
Kebnekaise 54-55 F2
Kecskemét 76-77 E2 F2
Kediri 98-99 E7
Keetmanshoop 112-113 E7
Keflavík 54A b3
Kehl 62 B4
Keitele, lac 54-55 H3
Keith 56-57 E3
Kelang 98-99 C5
Kelasa, détroit de 98-99 D6
Kelibia 117D B1
Kelloselkä 54-55 H2 I2
Kelowna 122-123 G4 G5
Keluang 98-99 C5
Kemano 122-123 F4
Kembs 34 F4
Kemerovo (province) 85A
Kemerovo (ville) 80-81 J4
Kemi 54-55 H2
Kemi, lac 54-55 H2
Kemijärvi 54-55 H2
Kemijoki 54-55 H2
Kempten 62 C5 D5
Kenadza 117C A3
Kendal 56-57 E4
Kéniéba 116-117A B3
Kenitra 117B C1
Kenmare 56-57 B6
Kenmare River 56-57 A6 B6
Kennet 56-57 F6
Kenora 122-123 I5
Kenosha 126-127 I3
Kensington 58C B2
Kent 58A
Kentucky (État) 126-127 I4
Kentucky (rivière) 126-127 J4
Kenya (État) 112-113 G4
Kenya (mont) 110-111 G4
Kerala 96 D7
Kerempe, cap 90 F2
Keren 112-113 G3
Kerguelen, crête des 140-141 N10 N11
Kerguelen, îles 140-141 M10
Kerinci 98-99 C6
Kerkenah, îles 117D B2
Kerkrade 60 E4
Kermadec, dorsale des 140-141 L20 K21
Kermadec, fosse des 140-141 L21 K21
Kerman 94 G3
Kerman, désert de 94 G4
Kermanchah 94 E3
Kerri 131A D4
Kerulen 102-103 I2
Kerry, cap 56-57 A5 B5
Kertch 78 G4
Kertch, détroit de 40-41 H4
Kesagami, lac 125 B3
Kesch, piz 66-67 E2
Keswick 56-57 E4
Keswick Dam 131A B1
Keszthely 76-77 D2
Ket 80-81 J4
Ketapang 98-99 D6 E6
Ketchikan 122-123 E4 F4
Kettering 56-57 F5
Keweenaw, pointe 126-127 I2
Kew Gardens 58C A3 B3
Keys 94 F4
Key West 126-127 J7
Khabarovsk 80-81 O5
Khabarovsk, territoire de 85A
Khachuri 90 K2 L2
Khaïber, col de 96 C3
Khakassie 85A
Khalkis 76-77 G6
Khamis Muchaït 94 D6
Khammam 96 E6
Khammouan 98-99 C2 D2
Khanaqin 42-43 I5
Khandwa 96 D5
Khandyga 80-81 O3
Khanewal 92 C3
Khangaï, monts 102-103 F2 G2
Khanka, lac 80-81 O5
Khanpur 92 C4
Khanty-Mansiisk 80-81 H3
Khantys-Mansie 85A
Khan Yinus 92 A4
Kharagpur 96 F5
Kharg 94 E4 F4
Kharga, oasis de 68-69 K6
Kharkiv 78 G3
Kharkov 78 G4
Khartoum 112-113 G3
Khashm el Girba 94 C7
Khasi, monts 102-103 D2 F2
Khatanga (fleuve) 80-81 L2
Khatanga (localité) 80-81 L2
Khatanga, baie de 80-81 M2
Khatgal 102-103 G1
Khemis Miliana 117C B1
Khenchela 117C C2 D2
Kherson 78 F4
Kheta 80-81 K2 L2
Khiargas Nur 102-103 E2
Khibiny 54-55 J2
Khimki 84F B1
Khimki-Khovrino 84F B1
Khios (île) 76-77 H6
Khios (ville) 76-77 J6
Khirr 94 D3
Khiva 80-81 G5 H5
Khmelnytsky 78 E4
Kholm 96 B2
Kholmsk 80-81 O5 P5
Khomeinychahr 94 F3
Khon Kaen 98-99 C2
Khopor 80-81 F5 F4
Khorasan 94 G2 G3
Khorat, plateau de 98-99 C2
Khorramabad 94 E3
Khorramchahr 94 E3 F3
Khorugh 96 C2
Khouribga 117B C1
Khövsgöl Nur 102-103 G1
Khulna 96 F5 G5
Khüren Tovon 102-103 F3
Khuriya Muriya, îles 94 G6
Khurmah 94 D5
Khuzestan 94 E3 F3
Khvoy 94 D2 E2
Kiakhta 80-81 L4
Kianta, lac 54-55 H2 I2
Kibi 116-117A C4
Kičevo 76-77 F5
Kidderminster 56-57 E5
Kiel 62 D1
Kiel, canal de 62 C2 C1
Kielce 80 C3 D3
Kieta 142-143 F2
Kiev 78 F3
Kiffa 116-117A B3
Kifissos 76-77 G6
Kigali 112-113 G5
Kigoma 112-113 F5 G5
Kii, détroit de 108 C4 D4
Kii, péninsule de 109A C3 C2
Kikai 108 C5
Kikinda 76-77 F3
Kikori 142-143 E2
Kikwit 112-113 E5 F5
Kilbrannan, détroit de 56-57 D4
Kilchu 108 B2
Kildin 54-55 J1
Kiliia 76-77 J3
Kilimandjaro 110-111 G5
Kilis 90 H5
Kilkenny 56-57 C5
Kilkis 76-77 G5
Killarney 56-57 B5
Killingholme 59 B3
Killiniq 125 F1
Killybegs 56-57 B4
Kilmarnock 56-57 D4 E4
Kilo 112-113 F4 G4
Kilwa 112-113 G5 H5
Kimberley (Afrique du Sud) 112-113 F7
Kimberley (Canada) 122-123 G5
Kimberley, plateau de 142-143 C3
Kimchaek 108 B2 C2
Kimchon 106A A2 B2
Kimito 54-55 G3
Kimitsu 109C
Kimmirut 122-123 L3
Kinabalu 98-99 F4
Kindia 116-117A B3
Kindu 112-113 F5
Kinechma 78 H2
King 142-143 E5
King, détroit de 142-143 C3
King George's Reservoir 58C C1
Kingman 140-141 H22 H23
Kings 131A C3 D3
Kings, pics 126-127 D3
Kings Canyon, parc national 131A D3
King's Cross Station 58B
King's Lynn 56-57 G5
Kingston (Canada) 122-123 K5
Kingston (Jamaïque) 132 D3
Kingston Southeast 142-143 D5
Kingston upon Hull 56-57 F5 G5
Kingston upon Thames 58C A3 B3
Kingstown 132 G4
Kinguele 116-117A E4
Kinlochleven 56-57 D3
Kinnaird, cap 56-57 E3
Kinneret, lac de 92 B3
Kinshasa 112-113 E5
Kintyre 56-57 D4
Kinu 109A D1
Kinzig 34 F3
Kiousiour 80-81 N2
Kirchberg in Tirol 64-65 I2
Kirensk 80-81 L4 M4
Kirghizistan 88-89 J5
Kiribati 140-141 I21 I22
Kirikhan 90 H5
Kırıkkale 90 F4 G4
Kiritimati 140-141 H23
Kirkcaldy 56-57 E3
Kirkenes 54-55 I1
Kirkland Lake 122-123 J5
Kırklareli 90 C3
Kirkpatrick, mont 169B
Kirkuk 94 D2
Kirkwall 56-57 E3
Kirmir 90 F3
Kirovohrad 78 F4
Kirovsk 80-81 E3
Kırşehir 90 G4
Kirthar, monts 92 B4
Kiruna 54-55 G2
Kiryu 109A D1
Kisalföld 76-77 D2
Kisangani 112-113 F4
Kisar 98-99 H7
Kisarazu 109A D2
Kishiwada 109B
Kishn 94 F6
Kishon 92 B3
Kiskunhalas 76-77 E2
Kislovodsk 90 K2
Kismayou 112-113 H5
Kiso 109A C2
Kisumu 112-113 G5
Kita-Kyushu 108 B4 C4
Kitale 112-113 G4
Kitami 108 E2
Kitchener 122-123 J5
Kitimat 122-123 E4 F4
Kittiwake 59 B2 C2
Kitwe-Nkana 112-113 F6
Kitzbühel 64-65 I2
Kivu, lac 110-111 F5 G5
Kızılırmak 90 H4 G3
Kızıltepe 90 J5
Kjustendil 76-77 G4
Kladno 62 E3 F3
Klagenfurt 64-65 K3
Klaipėda 54-55 G5
Klamath 131A B1
Klamath Falls 126-127 B3
Klarälv 54-55 E3
Klausen, col de 66-67 D2
Klazienaveen 60 E2 F2
Kleines Walsertal 66-67 F1
Klettgau 66-67 D1
Kleve 60 E3
Kliazma 78 G2 H2
Klin 78 G2
Klinovec 62 E3
Klintsy 78 F3
Klioutchev, volcan 80-81 Q4 R4
Klosters 66-67 E2
Klostertal 66-67 E1
Kloten 66-67 D1
Klotz, lac 125 D1
Kluane, lac 122-123 E3
Knin 76-77 C3 D3
Knittelfeld 64-65 K2
Knokke 60 B3
Knossos 76-77 H8
Knoxville 126-127 J4
Knud Rasmussen, terre de 122-123 N1 M2
Kobdo 102-103 E2
Kobe 108 C4 D4
Kočani 76-77 G5
Kočevje 64-65 K4
Kochi 108 C4
Kodiak 120-121 E4
Kodok 112-113 G4
Köflach 64-65 L2
Kofu 108 D3
Kogaluc 125 C2
Kogaluk 125 F2
Køge, baie de 120-121 Q3
Kogi 118 C4
Kohat 92 C3
Koh-i-Baba 80-81 H6
Kohima 96 G4
Kohtla-Järve 54-55 H4
Kökchetaou 80-81 H4
Kokemäki 54-55 G3
Kokenau 98-99 J6
Kokkola 54-55 G3 H3
Koksoak 125 E2
Kola 54-55 J1
Kola, baie de 54-55 J1
Kola, péninsule de 80-81 E3
Kolaka 98-99 G6
Kolar 96 D7
Kolgouïev 80-81 F3
Kolhapur 96 C6
Kolkasrags 54-55 G4
Kolkata 96 F5
Kollam 96 D8
Kollsnes 59 D1
Köln 62 B3
Kołobrzeg 54-55 E5
Kolomenskoïé 84F C3
Kolomna 78 G3
Kolpa 64-65 L4
Kolpachevo 80-81 I4 J4
Kolpino 78 F2
Kolwezi 112-113 F5 F6
Kolyma 80-81 Q3
Kolyma, monts de la 80-81 Q3 R3
Komaduga 116-117 E3
Komárno 76-77 E2
Komatsu 109A C1
Komi 85A
Komi-Permiakie 85A
Komló 76-77 E2
Komodo 98-99 F7
Komotiní 76-77 H5
Kompasberge 110-111 F8
Kompong Cham 98-99 D3
Kompong Chhnang 98-99 C3 D3
Kompong Som 98-99 C3
Komsomolets 80-81 K1 M1
Komsomolsk 80-81 O4 P4
Koné 37A B2
Kong 98-99 D2
Kongolo 112-113 F5
Kongsberg 54-55 D4
Kongsvinger 54-55 E3
Kongur Shan 102-103 B4
König, lac 64-65 J2
Köniz 66-67 C2
Konkouré 116-117A B3
Konocha 80-81 F3
Konotip 78 F3
Kon Tum 98-99 D3
Konya 90 F5
Konz 60 E5
Kootenay 126-127 C1 C2
Kootenay, lac 122-123 G5
Kopaonik 76-77 F4
Köpenick 63G
Koper 64-65 J4
Kopet Dag 94 G2
Ko Phangan 98-99 C4
Koralpe 64-65 K3 L3
Korana 64-65 L4
Korçë 76-77 F5
Korčula 76-77 D4
Kordofan 110-111 F3 G3
Korf 80-81 R3
Korhogo 112-113 C4
Koriakie 85A
Koriatski, monts 80-81 R3 S3
Koriyama 108 E3
Koroc 125 E2 F2
Korokoro 118F
Koronadal 98-99 G4
Koróni 76-77 F7
Koror 98-99 I4 J4
Körös 76-77 F2
Korosten 78 E3

Korsakov 80-81 P5
Korsør 54-55 D5
Kos 76-77 I7
Ko Samui 98-99 C4
Kosciusko, mont 142-143 E5 F5
Koshigaya 109C
Košice 78 D4
Kosino 84F D2
Kosovo 76-77 F4
Kosovo Polje 76-77 F4
Kosovska Mitrovica 76-77 F4
Kossou 116-117A C4
Kostanaï 80-81 H4
Kosti 112-113 G3
Kostomukcha 54-55 I2
Kostroma (province) 85A
Kostroma (ville) 78 H2
Kostrzyn 62 F2
Koszalin 54-55 F5
Kota 96 D4
Kota Baharu 98-99 C4
Kotabaru 98-99 F6
Kotabumi 98-99 C6 D6
Kota Kinabalu 98-99 E4 F4
Kotamobagu 98-99 G5 H5
Kotelny 80-81 O2 P2
Kotka 54-55 H3
Kotlas 80-81 F3
Kotor 76-77 E4
Kotor, baie de 76-77 E4
Kotouï 80-81 L3
Kotte 96 D8 E8
Kotto 110-111 F4
Kotzebue, baie de 120-121 D3
Kouban 80-81 F5
Koudougou 114-115A C3
Koudymkar 85A
Koufra, oasis de 68-69 I7
Kouito, lac 54-55 I2
Koukdjuak 122-123 K3
Koulikoro 112-113 C3
Koulob 96 B2
Koulounda, steppe 80-81 I4 J4
Koulsari 80-81 G5
Kouma 80-81 F5
Koumac 37A A2 B2
Kounachir 80-81 P5
Kounghirot 80-81 G5
Kountsevo 84F B2
Koupéla 114-115A D3
Koura 80-81 F5 F6
Kourgan (province) 85A
Kourgan (ville) 80-81 H4
Kourghonteppa 96 B2
Kouriles 80-81 P5 Q5
Kouriles, détroit des 80-81 Q4
Kouriles, fosse des 140-141 D17 D18
Kourou (fleuve) 36 D1
Kourou (localité) 36 D1
Kouroussa 112-113 B3 C3
Koursk (province) 85A
Koursk (ville) 78 G3
Kourski Zalev 54-55 G5
Koussi, emi 110-111 E3
Koutaïsi 94 D1
Kouvola 54-55 H3
Kovd, lac 54-55 I2
Kovel 78 D3
Kovic 125 C1
Kovic, baie 125 C1
Kovrov 78 H2
Koweït (État) 88-89 G7
Koweït (ville) 94 E4
Kowloon 101A B3 C3
Koyukuk 120-121 E3
Kozan 90 G5 H5
Kozáni 76-77 F5
Kozhikode 96 C7 D7
Kozioukhovo 84F D2
Kpeme 116-117A D4
Kpong 116-117A D4
Kra, isthme de 98-99 B3 B4
Kragerø 54-55 D4
Kragujevac 76-77 F3
Kraka 59 D3
Kraków 80 D4
Kraljevo 76-77 F4
Kramatorsk 78 G4
Kramfors 54-55 F3
Kranj 64-65 K3
Kranji 101C A1
Krasnodar 80-81 E5 F5
Krasnodar, territoire de 85A
Krasnogorsk 84F A1
Krasnoïarsk 80-81 K4
Krasnoïarsk, territoire de 85A
Kratie 98-99 D3
Krefeld 62 B3
Krementchuk 78 F4
Krems 64-65 L1
Kresta, baie 80-81 T3
Kreuzberg 63G
Kreuzlingen 66-67 E1
Kribi 112-113 E4
Kriens 66-67 D1
Krishna 96 D6
Kristiania 54-55 C3
Kristiansand 54-55 D4
Kristianstad 54-55 E5
Kristiansund 54-55 C3
Kristiinankaupunki 54-55 F3 G3
Kristinestad 54-55 G3
Krivoï Rog 78 F4
Krk 76-77 C3
Krka 64-65 L4
Krommenie 60 C2
Kronchtadt 78 E1
Krong Koh Kong 98-99 C3
Kronstadt 78 E1
Krško 64-65 L4
Kruger, parc national 119A
Krui 98-99 C7
Krujë 76-77 E5 F5
Kruševac 76-77 F4
Krylatskoïé 84F B2
Kryvy Rih 78 F4
Ksar Chellala 72-73 F5 G5
Ksar el Bouchar 72-73 G5
Kuala Lumpur 98-99 C5
Kuala Terengganu 98-99 C4
Kuantan 98-99 C5
Kubena, lac 78 G2 H2
Kuchenspitze 66-67 F1
Kuching 98-99 E5
Kudat 98-99 F4
Kudus 98-99 E7
Kufstein 64-65 I2
Kugaaruk 122-123 J3
Kugluktuk 122-123 G3
Kuhrud, monts 94 F3 G4
Kuito 112-113 E6
Kukawa 112-113 E3
Kukës 76-77 F4
Kukon 80-81 I5
Kuku Nur 102-103 F4
Kula Kangri 96 G4
Kulmbach 62 D3
Kum 106A A2
Kumagaya 108 D3
Kumamoto 108 C4
Kumanovo 76-77 F4 G4
Kumasi 112-113 C4
Kumba 112-113 D4
Kumbakonam 96 D7 E7
Kume 138-139 L6
Kumzar 94 G4
Kunduz 96 B2
Kungsbacka 54-55 E4
Kunlun, monts 102-103 D4 F4
Kunming 102-103 G6
Kunming, lac 105F
Kunsan 106A A2
Kununurra 142-143 C3 D3
Kuopio 54-55 H3
Kupa 76-77 C3
Kupang 98-99 G8
Kuqa 102-103 C3
Kuraiba 92 B7
Kurashiki 108 C4
Kurdistan 94 D2
Kurdistan, monts du 40-41 I5
Kure 108 C4
Kuressaare 54-55 G4
Kurmuk 94 B7
Kurnool 96 D6
Kurume 108 C4
Kuş, lac 90 C3
Kuşadası 76-77 I7
Kushiro 108 E2
Kushui 102-103 E3
Kuskokwim 120-121 D3 E3
Küsnacht 66-67 D1
Kütahya 90 D4
Kutch, golfe de 96 B5 C5
Kuujjuaq 125 E2
Kuujjuarapik 125 C2
Kvaløya 54-55 F1
Kvarner 76-77 C3
Kvarnerić 64-65 K5
Kwa (rivière) 110-111 E5
Kwa (ville) 118B
Kwajalein 140-141 G19 H19
Kwangju 106A A2
Kwango 110-111 E5
Kwara 118 C4
Kwazulu-Natal 119A
Kwilu 110-111 E5
Kwoka 98-99 I6
Kyaikkami 98-99 B2
Kyaikto 98-99 B2
Kyaukme 98-99 B1
Kyaukpyu 98-99 A2
Kyïv 78 F3
Kyle of Lochalsh 56-57 D3
Kyll 34 E2
Kyllini 76-77 G6
Kyoga, lac 112-113 G4
Kyongju 108 B3
Kyongsong 108 B2 C2
Kyoto 108 D3 D4
Kyparissia 76-77 F7
Kyparissía, golfe de 76-77 F7
Kyrénia 90 G6
Kythnos 76-77 H7
Kyushu 108 C4
Kyzyl 80-81 K4
Kyzyl-Koum 80-81 H5
Kyzylorda 80-81 H5
K2, mont 96 D2

L

La Alcarria 72-73 D2
La Baie 37G A2
La Barthe-de-Neste 28 D4
La Bassée 24 D2
Labastide-Murat 28 E3
Labastide-Rouairoux 30 B2
La Bathie-Roselend 33A E3
La Baule-Escoublac 26 D3
Labe 40-41 F3
Labé 112-113 B3
La Berra 66-67 C2
L' Aber-Wrac'h 27A A2
Labouheyre 28 C3
La Bourboule 32 B3
Labourd 28 B4
Labrador 125 F3 G3
Labrador, bassin du 144-145 D15 D16
Labrador, mer du 120-121 O4 P4
Labrador City 125 E3
Labrède 28 C3
La Bresse 34 E3
La Brévine 66-67 B2
La Brigue 30 G1
Labruguière 30 B2
Labuan 98-99 E4 F4
Labytnangi 80-81 H3
Lac-Allard 125 F3
La Campiña 72-73 C4
Lacanau, étang de 28 B3
Lacanau-Océan 28 B2
La Canée 76-77 H8
La Canourgue 32 C4
La Capelle 24 E3
Lacapelle-Marival 28 E3
La Carolina 72-73 D3
Lacaune 30 B2
Lacaune, montagne de 30 B2
Lacaune, monts de 2 E5
Lac de Cratère, parc national du 126-127 B3
La Ceiba 132 B3
La Celle-Saint-Cloud 23A B2
La Chaise-Dieu 32 C3
La Chapelle-de-Guinchay 32 D2
La Chapelle-en-Vercors 32 E4
La Chapelle-Saint-Luc 34 B3
La Chapelle-sur-Erdre 26 E3
La Charité-sur-Loire 24 E5
La Châtaigneraie 26 F4
La Châtre 28 F1
La Chaux-de-Fonds 66-67 B1
Lachen 66-67 D1
Lachlan 142-143 E5
La Ciotat 30 E2
La Clayette 32 D2
La Clusaz 32 F3
La Cluse-et-Mijoux 32 F2
La Commanderie 27A E4
Laconie, golfe de 76-77 G7
La Corogne 72-73 A1
La Côte-Saint-André 32 E3
La Cotinière 29A C2
La Courneuve 23A C2
La Couronne (mont) 36 C1
La Couronne (ville) 28 C2 D2
La Courtine 32 B3
Lacq 28 C4
La Crau 30 F2
Lacroix-Saint-Ouen 24 D3
La Crosse 126-127 H3
Ladakh 96 D2 D3
La Désirade 36 C1
Ladoga, lac 80-81 E3
Lae 142-143 E2
Læsø 54-55 D4
La Fère 24 E3
La Ferté-Bernard 24 B4
La Ferté-Gaucher 24 E4
La Ferté-Macé 26 F2
La Ferté-Milon 24 E3
La Ferté-Saint-Aubin 24 C5 D5
La Ferté-sous-Jouarre 24 E4
La Flèche 24 A5 B5
La Flotte 29A C1
Lafnitz 64-65 M2
La Foa 37A B2
La Fontaine 37 E1
La Galite 68-69 F4
Lagan 54-55 E4
Lagar 54A d2
La Garde 30 F2
La Garenne-Colombes 23A B2 C2
Lagast, plateau du 30 B1 B2
Lågen 54-55 D3
Lägern 66-67 D1
Laghouat 117C B2
Lagnieu 32 E3
Lagny-sur-Marne 24 D4
Lagos (État) 118 C4
Lagos (ville, Nigéria) 112-113 D4
Lagos (ville, Portugal) 72-73 A4
Lagouira 116-117A B2
La Goulette 74-75 C6
La Grand-Combe 30 D1
La Grand-Croix 32 D3
La Grande Casse 2 G4
La Grande Chartreuse 32 E3
La Grande-Motte 30 C2 D2
La Grande Rivière 125 C3
La Grande-3, réservoir 125 C3 D3
La Grande-4, réservoir 125 D3
La Gran Sabana 132 G5
La Grave 32 F3
La Guaira 132 F4
La Guardia 130C C2
La Guerche-de-Bretagne 26 E3
La Guerche-sur-l'Aubois 24 D6
Laguiole 32 B4
Laguna Dam 131A F5
Lagunillas 132 E4 E5
Lahad Datu 98-99 F4
Lahad-Datu, baie de 98-99 F5
Lahat 98-99 C6
La Havane (province) 133A
La Havane (ville) 132 C2
La Haye 60 C2
La Haye-du-Puits 26 E1
Lahcen 116-117A C1
Lahn 62 C3
Lahore 92 C3
Lahr 62 B4 C4
Lahti 54-55 H3
L' Aigle 24 B4
L' Aiguillon, anse de 26 E4
L' Aiguillon-sur-Mer 26 E4
Laiwui 98-99 H6
Lajes 135 E5 F5
Lake Charles 126-127 H5
Lake District 56-57 E4
Lakeland 126-127 J6
Lake River 125 B3
Laksefjord 54-55 H1
Lakshadweep 96 C7
L' Albufera 72-73 E3
La Línea 72-73 C4
Lalitpur 96 D5
La Loubière 29A G3
La Loupe 24 C4
La Louvière 60 C4
Lalouvesc 32 D3
L' Alpe-d'Huez 32 F3
La Machine 24 E6
La Maiella 74-75 E3
La Malbaie 125 D4 E4
La Marsa 117D B1
Lamastre 32 D3 D4
La Maxe 35A E1
Lamballe 26 D2
Lambaréné 112-113 E5
Lambersart 24 D2
Lambesc 30 E2
Lambeth 58B
Lambeth Bridge 58B
Lambro 64-65 F4
La Mecque 94 C5 D5
La Mède 31A E3
La Mée-sur-Seine 24 D4
Lamego 72-73 B2
La Meije 32 F3 F4
Lamentin 36 C1
Lamèque 125 F4
La Meta 74-75 D4 E4
Lamezia Terme 74-75 F5
Lamía 76-77 G6
Lammermuir Hills 56-57 E4
Lamon, baie de 98-99 G3
Lamone 64-65 H5
La Mongie 29A E5
La Montagne 37 E1
La Montana 134 C3 D4
La Motte 30 E1 F1
Lamotte-Beuvron 24 D5
Lampang 98-99 B2
Lamu 112-113 H5
La Mure 32 E4
Lanaken 60 D4
La Napoule-Plage 30 F2 G2
Lanark 56-57 D4 E4
Lanbi 98-99 B3
Lancashire 57C
Lancaster (É.-U.) 130B
Lancaster (R.-U.) 56-57 E4
Lancaster, détroit de 122-123 J2 K2
Lancieux 27A C2
Lan Dao 101A B3
Landau 62 B4 C4
Landeck 64-65 G2
Landerneau 26 B2
Landes (département) 28 C3
Landes (région) 2 C5 C4
Landivisiau 26 B2
Landquart 66-67 E2
Landrecies 24 E2
Land's End 56-57 C6 D6
Landshut 62 D4 E4
Landwasser 66-67 E2
La Neblina 134 D2
La Neuveville 66-67 B1 C1
Langanes 54A d1
Langeac 32 C3
Langeais 24 B5
Langeland 62 D1
Langenthal 66-67 C1
Langeoog 62 B2
Langevin, pointe de 37 E1
Langjökull 54A b2 c2
Langkawi 98-99 B4
Langlade 37G A2
Langlade, isthme de 37G A2
Langnau 66-67 C2
Langogne 32 C4
Langon 28 C3
Langøya 54-55 E1
Langreo 72-73 C1
Langres 34 D4
Langres, plateau de 34 C4 D4
Langsa 98-99 B5
Languedoc 30 B2 C2
Länkäran 94 E2 F2
Lannemezan 28 D4
Lannemezan, plateau de 28 D4
Lannilis 26 B2
Lannion 26 C2
La Nouvelle-Orléans 126-127 H6 I6
Lans, montagne de 32 E4
Lansing 126-127 I3 J3
Lanslebourg-Mont-Cenis 32 F3 G3
Lanslevillard 32 G3
Lanterne 34 E4
Lantosque 30 G2
Lanvaux, landes de 26 D3
Lanxi 102-103 J6
Lan Yu 106D B2
Lanzarote 112-113 B2
Lanzhou 102-103 G4
Laoag 98-99 F2 G2
Lao Cai 98-99 C1
Laoheishan 108 B2 C2
Laon 24 E3
Laonnois 24 E3
La Oroya 135 C4
Laos 88-89 M8
Lapalisse 32 C2
La Pallice 28 B1
La Palma 112-113 B2
La Pampa 139A
La Panne 60 A3
La Paz (Bolivie) 135 D4
La Paz (Mexique) 126-127 D7
La Pérouse, détroit de 80-81 P5
La Plagne 32 F3
La Plaine 26 F4
La Plaine-des-Cafres 37 E1
La Plaine-des-Palmistes 37 E1
La Plata 135 E6
La Pocatière 125 D4 E4
Laponie 54-55 F1 I1
La Porte-aux-Moines 27A C2
La Possession 37 E1
Laptev, détroit de 80-81 O2 P2
Laptev, mer des 80-81 N2
Laquedives, îles 96 C7
L' Aquila 74-75 D3
Lar 94 F4
Larache 117B C1
Laramie, monts 126-127 E3
La Rance 27A D2
L' Arbresle 32 D3
Larche, col de 30 F1 G1
Larchmont 130C D1
Laredo 126-127 G6
La Réole 28 C3 D3
Larestan 94 G4
Largentière 32 D4
L' Argentière-la-Bessée 32 F4
La Rhune 28 B4
La Rioja (province, Argentine) 139A
La Rioja (région, Espagne) 72-73 D1
La Rioja (ville) 135 D5
Lárissa 76-77 G6
La Rivière 37 E1
La Rivière-des-Pluies 37 E1
Larkana 92 B4
Larmont 32 F2
Larmor-Plage 26 C3
Larnaca 90 F6 G6
La Roche-Bernard 26 D3
La Roche Écrit 37 E1
La Rochefoucauld 28 D2
La Rochelle 28 B1 C1
La Roche-sur-Foron 32 F2
La Roche-sur-Yon 26 E4
La Rochette 32 F3
La Romana 132 F3
La Ronge 122-123 H4
La Roque-d'Anthéron 30 E2
Laroque-d'Olmes 28 E4 E5
La Roque-Gageac 28 E3
Laroque-Timbaut 28 D3
Larrau 28 C5
Laruns 28 C5
Larvik 54-55 D4
Larzac, causse de 30 C2
La Sainte-Baume 2 F5
La Saline 37 E1
La Saussaz 33A E3
Lascaux, grotte de 28 E2
Las Cruces 126-127 E5
La Serena (région) 72-73 C3
La Serena (ville) 135 C5
La Seu d'Urgell 72-73 F1
La Seyne-sur-Mer 30 E2 F2
Lashio 98-99 B1
La Sila 74-75 F5
La Skhirra 117D B2
Laško 64-65 L3
La Souterraine 28 E1
Las Palmas 112-113 B2
La Spezia 74-75 B2
Lassen, mont 126-127 B3
Lastovo 76-77 D4
Las Tunas (province) 133A
Las Tunas (ville) 132 D2
La Suze-sur-Sarthe 24 B5
Las Vegas 126-127 C4 D4
La Teste 28 B3
Lathan 24 B5
Latina 74-75 D4
Latisana 64-65 J4
Latium 74-75 D3
La Tour-d'Aigues 30 E2
La Tour-d'Auvergne 32 B3
La Tour-du-Pin 32 E3
La Tourette Park 130C A4 B4
La Toussuire 32 F3
La Tranche-sur-Mer 26 E4
La Tremblade 28 B2
La Trimouille 28 E1
La Trinité 37 B1
La Trinité-sur-Mer 26 C3 D3
Lattaquié 94 C2
La Tuque 125 D4
La Turballe 26 D3
Laudun 30 D1
Laufen 66-67 C1
Laufenburg 66-67 D1
Launceston 142-143 E6
La Unión (El Salvador) 132 B4
La Unión (Espagne) 72-73 E4
Laura 142-143 E3
Lauragais 28 E4
Lauragais, seuil du 2 D5 E5
Laurasie 151 A2
Laurentides, parc des 126-127 L2
Laurion 76-77 H7
Lausanne 66-67 B2
Laut (Kalimantan) 98-99 D5
Laut (Natuna) 98-99 F6
Lautaret, col du 32 F3
Lauter 34 F2
Lauterbourg 34 F3 G3
Lauterbrunnen 66-67 C2
Lauwers, lac de 60 E1
Lauzerte 28 E3
Laval (Canada) 125 D4
Laval (France) 26 F2
La Valette 68-69 G4
Lavan 94 F4
La Vanoise 32 F3
Lavant 64-65 K3
Lavardac 28 D3
Lavaur 28 E4
La Vega 132 E3 F3
Lavelanet 28 E5
Laveno-Mombello 66-67 D3
La Vera 72-73 C3 C2
La Vérendrye, parc 126-127 K2
La Verpillière 32 E3
La Verrière 23A A3
Laverton 142-143 C4
Lavezzi, île de 30 I7
Lavongai 142-143 E2
La Voulte-sur-Rhône 32 D4
La Wantzenau 34 F3 G3
Lawas 98-99 F5
Lawdar 94 E7
Lawers, ben 56-57 D3
Lawit 98-99 E5
Lawrence 130B
Lawton 126-127 G5
Lawz, djebel al 94 C4
Laxou 34 E3
Laye 26 E4
Layon 26 F3
Lázaro Cárdenas 126-127 F8
Lazo 108 C2
Leatherhead 58C A4 B4
Le Beausset 30 E2
Le Bernardan 29A F1
Le Blanc 28 E1
Le Blanc-Mesnil 23A C2
Le Blayais 29A D2
Le Boulou 30 B3
Le Bourg-d'Oisans 32 E3
Le Bouscat 28 C3
Lebrija 72-73 B4 C4
Le Brûlé 37 E1
Le Bruse 31A E3
Le Bugue 28 D3
Le Bure 29A G4
Le Caire 68-69 K6
Le Cannet 30 F2
Le Cap 112-113 E8
Le Carbet 37 B1
Le Cateau-Cambrésis 24 E2
Lecce 74-75 G4
Lecco 74-75 B2
Lecco, lac de 66-67 E3
Le Cellier 31A C2
Lech (rivière) 62 D5
Lech (ville) 64-65 G2
Le Chambon-sur-Lignon 32 D3
Le Chardon 27A D3
Le Chasseron 66-67 B2
Le Chastang 29A G2
Le Château-d'Oléron 28 B2
Le Châtelet 32 B2
Le Chesnay 23A B2
Le Cheylard 32 D4
Lechfeld 62 D4
Le Conquet 26 B2
Le Coq 60 B3
Le Coteau 32 D2 D3
Le Coudray-Montceaux 23A C4 D4
Le Creusot 32 D2
Le Croisic 26 D3
Le Cros 31A C2
Le Crotoy 24 C2
Lectoure 28 D4
Le Diamant 37 B1
Le Donjon 32 C2
Le Dorat 28 E1
Leduc 122-123 G4
Leeds 56-57 F5
Leer 62 B2
Leeuwarden 60 D1
Leeuwin, cap 142-143 B5
Le Faou 26 B2
Le Faouët 26 C2
Lefkosia 90 F6
Le François 37 B1
Le Fret 27A A2
Legaspi 98-99 G3
Legé 26 E4
Legnago 64-65 H4
Le Grand-Pressigny 24 B6
Le Grand-Quevilly 24 B3
Le Grau-du-Roi 30 D2
Le Gros Morne 37 E1
Léguer 26 C2
Leh 96 D3
Le Havre 24 A3 B3
Le Hay-les-Roses 23A C3
Le Helder 60 C2
Le Hohwald 34 F3
Leibnitz 64-65 L3
Leicester 56-57 F5
Leichhardt 142-143 D3
Leikanger 54-55 C3
Leine 62 C2
Leinster 56-57 C5
Leinster, mont 56-57 C5
Leipzig (district) 63
Leipzig (ville) 62 E3
Leiria 72-73 A3
Leith 56-57 E4
Leitha 76-77 C2 C1
Leizhou 102-103 H7 I7
Le Jorat 66-67 B2
Lek 60 C3
Le Kef 117D B1
Le Kremlin-Bicêtre 23A C3
Leksand 54-55 E3
Le Lamentin 37 B1
Le Lavandou 30 F2
Leli Shan 102-103 C5
Le Locle 66-67 B1
Le Lorrain 37 B1
Le Luc 30 F2
Le Lude 24 B5
Lelystad 60 D2
Le Maire, détroit de 134 D8
Leman 59 C3
Léman, lac 66-67 B2
Le Mans 24 B4 B5
Le Marin 37 B1
Le Markstein 35A E3 F3
Le Mas-d'Agenais 28 D3
Le Mas-d'Azil 28 E4
Le May-sur-Evre 26 F3
Lemberg (localité) 34 F2
Lemberg (mont) 64-65 E1
Lemboulas 28 E3
Lemdiyya 72-73 G4
Le Merlerault 24 B4
Le Mesnil-le-Roi 23A B2
Lemmer 60 D2
Lemnos 76-77 H6
Le Moléson 66-67 B2
Le Monêtier-les-Bains 32 F4
Le Mont-Dore 32 B3
Le Mont-Saint-Michel 26 E2
Le Morne Rouge 37 B1
Le Morne Vert 37 B1
Le Moyne, lac 125 E2
Le Murge 74-75 F4
Le Muy 30 F2
Lena 80-81 L4 N3
Lencloître 24 B6
Le Neubourg 24 B3
Lengeh 94 F4 G4
Lénine, monts 84F B2
Lénine, pic 96 C2
Lénine, stade 84F B2
Lenino 84F C3
Leninsk-Kouznetski 80-81 J4 K4
Leninskoïe 102-103 M2
Lenk 66-67 C2
Le Nouvion-en-Thiérache 24 E2 E3
Lens 24 D2
Lensk 80-81 M3
Lenzburg 66-67 D1
Lenzerheide 66-67 E2
Leoben 64-65 L2
Léognan 28 C3
León (Espagne) 72-73 C1
Léon (France) 28 B4
León (Mexique) 126-127 F7
León (Nicaragua) 132 B4
Léon, étang de 28 B4
Léon, pays de 26 B2 C2
Leonora 142-143 C4
Le Palais 26 C3
Le Palais-sur-Vienne 28 E2
Le Passage 28 D3
Le Péage-de-Roussillon 33A C3 D3
Le Pecq 23A B2
Le Pellerin 26 E3
Le Perray-en-Yvelines 23A A3
Le Perreux-sur-Marne 23A C2 D2
Le Petit-Quevilly 24 B3
Le Pin-au-Haras 24 B4
Lepini, monts 74-75 D4
Le Piton 37 E1
Le Plessis-Chenet 23A C4
Le Plessis-Robinson 23A B3
Le Plessis-Trévise 23A D3
Le Pont-de-Beauvoisin 32 E3
Le Pont-de-Claix 32 E3
Le Port 37 E1
Le Portel 24 C2
Le Port-Marly 23A B2
Le Pouget 29A g04
Le Pouldu 26 C3
Le Pouliguen 26D0
Le Pouzin 32 D4
Le Prêcheur 37 B1
Le Pré-Saint-Gervais 23A C2
Lepsi 102-103 B2
Leptis Magna 68-69 G5
Le Puy 32 C3
Le Quesnoy 24 E2
Le Raincy 23A D2
Lérida 72-73 F2
Lérins, îles de 30 G2
Lerma 72-73 D2
Le Robert 37 B1
Léros 76-77 I7
Le Roy, lac 125 C2 D2
Lerwick 56-57 F1
Les Abrets 32 E3
Le Saint-Esprit 37 B1
Les Andelys 24 C3
Les Angles 30 B3
Les Anses-d'Arlets 37 B1
Les Arcs (Savoie) 32 F3
Les Arcs (Var) 30 F2
Le Sauze 31A F2
Les Avaloirs 24 A4
Les Avenières 32 E3
Les Avirons 37 E1
Les Baux 31A D3
Les Bois Noirs 32 C2 C3
Les Borres 31A F3
Lesbos 76-77 H6
Lescar 28 C4
L' Escarpière 27A D3 E3
Les Cayes 132 E3
Les Clayes-sous-Bois 23A A2
Lesconil 27A A3
Les Contamines-Montjoie 32 F3
Les Deux-Alpes 32 F3 F4
Les Diablerets (localité) 66-67 C2
Les Diablerets (mont) 66-67 C2
Les Dormeuses 125 B2 C2
Les Essarts-le-Roi 23A A3
Les Eyzies-de-Tayac 28 E3
Les Fens 56-57 F5 G5
Les Gets 32 F2
Les Hautes-Rivières 34 C2 D2
Les Herbiers 26 E4
Les Hôpitaux-Neufs 32 F2
Lesima, mont 64-65 F5
Lesina, lac de 74-75 E4
Les Jalerys 35A B4
Les Jumelles 125 B3 C3
Leskovac 76-77 F4
Leslie 125A
Les Lilas 23A C2
Les Malines 31A C3
Les Mangles 36 C1
Les Martres-de-Veyre 32 C3
Les Ménuires 32 F3
Les Moûtiers 27A C3 D3
Les Mureaux 24 C3 C4
Lesneven 26 B2
Lesosibirsk 80-81 J4 K4
Lesotho 112-113 F7
Lesparre-Médoc 28 C2
Les Pierres Plantées 31A C2 D2
Les Planches-en-Montagne 32 E2
Les Plans 2 G5
Les Plans de Canjuers 30 F2
Les Ponts-de-Cé 26 F3
Les Ponts-de-Martel 66-67 B1
Les Riceys 34 C4
Les Rousses 32 F2
Les Sables-d'Olonne 26 E4
Les Saintes 36 C1
Lessay 26 E1
Lessay, lande de 26 E1
Lesse 60 D4
Lessini, monts 64-65 G4 H4
Les Sorinières 26 E3
Lestelle-Bétharram 28 C4
Les Trois-Ilets 37 B1
Les Ulis 24 D4
Les Vans 32 D4
Le Tampon 37 E1
L' Étang-du-Nord 125A
L' Étang-Salé 37 E1
Letchworth 58A
Le Teich 28 B3 C3
Le Teil 32 D4
Lethbridge 122-123 G5
Le Theil 24 B4
Le Thillot 34 E4
Leti, îles 98-99 H7
Leticia 135 C3
Le Tofane 64-65 H3 I3
Le Touquet-Paris-Plage 24 C2
Le Trait 24 B3
Le Tréport 24 C2
Le Truel 29A G3
Letterkenny 56-57 B4 C4
Lettonie 42-43 G3
Leucade (île) 76-77 F6
Leucade (ville) 76-77 F6
Leucate 30 C3
Leucate, étang de 30 C3
Leuk 66-67 C2
Leuka 76-77 G8
Leukerbad 66-67 C2
Leuser 98-99 B5
Leuze 60 B4
Levádia 76-77 G6
Levallois-Perret 23A C2
Levanger 54-55 D3 E3
Levant, île du 30 F2
Levant, riviera du 74-75 B2 B3
Levanzo 74-75 D5
Le Vauclin 37 B1
Le Vaudreuil 24 C3
Leventina, val 66-67 D2
Le Verdon 29A C2
Le Verdon-sur-Mer 28 B2
Leverkusen 62 B3
Le Vésinet 23A B2
Lévezou 30 B1
Levie 30 I7
Levier 32 F2
Le Vigan 30 C2
Lévis 125 D4
Levroux 24 C6
Lewis 56-57 C2
Lewis, monts 126-127 D2
Lewisham 58C C3
Lewiston (Idaho) 126-127 C2
Lewiston (Maine) 130B
Lewiston Dam 131A B1
Lexington 126-127 J4
Leyde 60 C2
Leysin 66-67 C2
Leyte 98-99 G3 H3
Leyte, golfe de 98-99 H3
Leyton 58C C2
Lez 30 C2
Lézarde (Guadeloupe) 36 C1
Lézarde (Martinique) 37 B1
Lézardrieux 26 C2
Lezay 28 C1 D1
Lèze 28 E4
Lézignan-Corbières 30 B2
Lezoux 32 C3
Lhasa 102-103 D6
Lhokseumawe 98-99 B4
L'Hospitalet 72-73 F2 G2
Liakhov 80-81 P2
Liamone 30 H6
Liancourt 24 D3
Liane 24 C2
Liangbingtai 108 B2
Liangshui He 105F
Lianozovo 84F B1
Lianyungang 102-103 J5 K5
Liaocheng 102-103 I4 J4
Liaodong 102-103 K4
Liaodong, golfe de 102-103 K3
Liao He 102-103 K3
Liaoning 102-103 K3
Liaoyuan 102-103 L3
Liard 122-123 F4 F3
Liban (État) 88-89 F6
Liban (montagne) 92 B2 C1
Liberec 62 F3
Liberia 112-113 B4 C4
Libourne 28 C3
Libramont 60 D5
Libreville 112-113 D4 E4
Libye 112-113 E2 F2
Libye, désert de 110-111 F2
Libye, plateau de 68-69 J5
Licata 74-75 D6
Lichinga 112-113 G6
Licques 24 C2
Lidköping 54-55 E4
Lido 64-65 I4
Lido di Iesolo 74-75 D2
Liechtenstein 42-43 E4 F4
Liège (province) 60 D4
Liège (ville) 60 D4
Lieksa 54-55 I3
Lienz 64-65 I3
Liepāja 54-55 G4

Lierre 60 C3
Liestal 66-67 C1
Lieusaint 23A D4
Lieuvin 24 B3
Liévin 24 D2
Liffey 56-57 C5
Liffol-le-Grand 34 D3
Lifou 37A C2
Lignano 64-65 I4 J4
Ligne de changement de date 140-141 C20 L21
Lignol 27A B2
Lignon du Sud 32 D3
Ligny-en-Barrois 34 D3
Ligures, alpes 64-65 D6 E5
Ligurie 74-75 B2
Ligurienne, mer 74-75 B3
Likasi 112-113 F6
L'Ile-Rousse 30 H6
L'Ile-Saint-Denis 23A C2
Lille 24 E2
Lillebonne 24 B3
Lillehammer 54-55 D3
Lillers 24 D2
Lilongwe 112-113 G6
Lim 76-77 E4
Lima (É.-U.) 126-127 J3
Lima (Pérou) 135 C4
Lima, îles 101A C3
Limagne 32 C3 C2
Limagne de Brioude 32 C3
Limargue 2 D4 E4
Limassol 90 F6
Limbara, monts de 74-75 B4
Limbourg (province, Belgique) 60 D3
Limbourg (province, Pays-Bas) 60 D3 E3
Limbourg (ville) 62 C3
Limeil-Brévannes 23A C3
Limerick 56-57 B5
Limia 72-73 A2
Limmat 66-67 D1
Limoges 28 E2
Limogne, causse de 28 E3
Limogne-en-Quercy 28 E3
Limours 23A B4
Limousin 28 D2 E2
Limousin, monts du 28 E2
Limoux 30 B2
Limpopo 110-111 F7 G7
Limpsfield 58C C4
Linard, piz 66-67 D2 F2
Linares 72-73 D3
Linas 23A C4
Linas, mont 74-75 B5
Lincoln (É.-U.) 126-127 G3
Lincoln (R.-U.) 56-57 F5
Lincoln, mer de 120-121 N1 O1
Lincoln Heath 56-57 F5
Lincoln Park 130C A1
Lincolnshire Wolds 56-57 F5
Lincoln Tunnel 130C B2
Lindau 62 C5
Linden (É.-U.) 130C A3
Linden (Guyana) 132 H5
Linden Airport 130C A3
Lindenberg 66-67 D1
Lindesnes 54-55 C4
Lindi 112-113 G5
Lindos 76-77 J7
Line, îles 140-141 H22 I23
Lingayen, golfe de 98-99 F2 G2
Lingen 62 B2
Lingga 98-99 C6
Lingga, îles 98-99 D6
Linh, Ngoc 98-99 D2 D3
Linhai 102-103 K6
Linhe 102-103 H3
Linjiang 108 B2
Linköping 54-55 E4 F4
Linkou 108 B1 C1
Linn, mont 131A B2
Linnhe, loch 56-57 D3
Linotte, détroit de la 142-143 B4
Linqing 102-103 J4
Linth 66-67 E2
Linth, canal de la 66-67 D1 E1
Linthal 66-67 E2
Linxi 102-103 J3
Linxia 102-103 G4
Linyi 102-103 J4
Linz 64-65 K1
Lion, golfe du 30 C2 D2
Lioubertsy 84F D2
Lioublino 84F C3
Lipa 98-99 G3
Lipari 74-75 E5
Lipari, îles 74-75 E5
Lipetsk (province) 85A
Lipetsk (ville) 78 G3
Lippe 62 C3
Lippstadt 62 C3
Liquiça 98-99 G7 H7
Liro 66-67 E2
Lisala 112-113 F4
Lisbonne 72-73 A3
Liscia 74-75 B4
Lisieux 24BO3
L'Isle-Adam 24 D3
L'Isle-en-Dodon 28 D4
L'Isle-Jourdain (Gers) 28 D4 E4
L'Isle-Jourdain (Vienne) 28 D1
L'Isle-sur-la-Sorgue 30 E2
L'Isle-sur-le-Doubs 34 E4
Lismore 142-143 F4
Lison, source du 32 E2 F2
Lisse 60 C2
Lisses 23A C4
Listrac-Médoc 28 C2
Litang 102-103 H7
Litani 92 B2
Litoměřice 62 F3
Litovko 102-103 N2
Little Falls 130C A1
Little Ferry 130C B1
Little Neck Bay 130C D2
Little Rock 126-127 H5
Lituanie 42-43 G3
Liuzhou 102-103 H7 I7
Livarot 24 B3
Livenza 74-75 D2
Liverpool 56-57 E5
Liverpool, baie de (Canada) 122-123 F2
Liverpool, baie de (R.-U.) 56-57 E5
Liverpool, monts 142-143 E5 F5
Livigno 66-67 F2
Livigno, lac de 66-67 F2
Livingstone 112-113 F6
Livno 76-77 D4
Livourne 74-75 C3
Livradois 32 C3
Livron-sur-Drôme 32 D4
Livry 35A B4
Livry-Gargan 23A D2
Lixi 102-103 I6
Lizard, pointe 56-57 D7
Lizy-sur-Ourq 24 E3
Ljubelj, col de 64-65 K3
Ljubljana 64-65 K3
Ljungan 54-55 F3
Ljungby 54-55 E4
Ljusdal 54-55 F3
Ljusnan 54-55 E3
Llanelli 56-57 D6
Llanes 72-73 C1
Llano Estacado 126-127 F5
Llanos 134 C2 D2
Llerena 72-73 B3
Lleyn 56-57 D5
Llivia 28 E5
Llobregat 72-73 F1 F2
Lloret de Mar 72-73 G2
Llullaillaco 134 D5
Lobatse 112-113 F7
Lobaye 116-117A E4
Lobito 112-113 E6
Locarno 66-67 D2
Loch 26 D3
Lochem 60 E2
Loches 24 B5
Locmariaquer 26 D3
Locminé 26 D3
Locronan 26 B2
Loctudy 26 B3
Lod 92 A4 B4
Lodève 30 C2
Lodi (É.-U., Californie) 131A C2
Lodi (É.-U., New York) 130C B1
Lodi (Italie) 74-75 B2
Łódź 78 C3
Loess, plateau de 102-103 H4 I4
Lofoten 54-55 E2 E1
Lofoten, bassin de 140-141 A3 B4
Logan, Mount 122-123 D3
Logis Neuf 33A C4 D4
Lognes 23A D2
Logone 110-111 E3 E4
Logroño 72-73 D1
Loi-kaw 98-99 B2
Loing 24 D5
Loir 24 C4 B5
Loir, vaux du 24 B5
Loire (département) 32 C3 D3
Loire (fleuve) 2 E3 C3
Loire-Atlantique 26 E3
Loire-sur-Rhône 33A C3
Loiret (département) 24 D5
Loiret (rivière) 24 C5 D5
Loir-et-Cher 24 C5
Loisach 64-65 H2
Loja (Équateur) 135 B3 C3
Loja (Espagne) 72-73 C4
Lokeren 60 B3
Lokka Réservoir 54-55 H2 I2
Lokoja 112-113 D4
Lolland 54-55 D5
Lom 76-77 G4
Loma, monts 110-111 B4
Loma, point 126-127 C5
Lomagne 28 D4 E4
Lomami 110-111 F5
Lombardie 74-75 B2 C2
Lomblen 98-99 G7
Lombok 98-99 F7
Lombok, détroit de 98-99 F7
Lombre-l'Ainesse 33A A2
Lomé 112-113 D4
Lomié 112-113 E4
Lomme 24 D2
Lommel 60 D3
Lomond 59 C2
Lomond, loch 56-57 D3
Lomonosov 78 E2
Lomonossov, université 84F B2
Lomont 34 E4
Łomza 80 D3
London (Canada) 122-123 J5
London (R.-U.) 56-57 F6
London, university of 58B
London Bridge 58B
London Bridge Station 58B
London City Airport 58C C2
London Colney 58C B1
Londonderry 56-57 C4
London Docks 58B
Londres 56-57 F6
Londres, aéroport de 58C A3
Londrina 135 E5
Lone Pine 131A D3 E3
Long, îlet 37 B1
Long Beach (Californie) 126-127 C5
Long Beach (New York) 130C D4
Long Branch 130B
Longford 56-57 C5
Longgang 101A C2
Longhua 105E
Long Island (Bahamas) 132 E2
Long Island (É.-U.) 126-127 L3
Long Island City 130C C2
Long Island Sound 130C D2 D1
Longjiang 102-103 K2
Longjumeau 23A C3
Longnawan 98-99 E5 F5
Long Range, monts 125 G4 G3
Longreach 142-143 E4
Longs, pic 126-127 E3
Longueil-Annel 24 d03
Longué-Jumelles 24 A5 B5
Longueuil 125 D4
Longuyon 34 D2
Longvic 34 D4
Longwy 34 D3
Longxi 102-103 G4 H4
Long Xuyen 98-99 D3
Longyearbyen 80-81 B2 C2
Lons-le-Saunier 32 E2
Lønsstua 54-55 E2 F2
Lookout, cap 126-127 K5
Loop, cap 56-57 A5 B5
Loos 24 D2
Lopatka, cap 80-81 Q4
Lop Buri 98-99 B3 C3
Lopez, cap 110-111 D5
Lop Nur 102-103 E3
Lora 142-143 D4
Lorain 126-127 J3
Lorca 72-73 E3
Lord Howe 142-143 F5
Lord Howe, crête de 140-141 K19 L19
Loreto 74-75 D3
Lorgues 30 F2
Lorient 26 C3
Loriol-sur-Drôme 32 D4
Lorn, firth of 56-57 C3 D3
Lörrach 62 B5
Lorrain, plateau 34 E3
Lorrain, rivière du 37 B1
Lorraine 34 E3
Lorraine, plaine 2 F2 F3
Lorraine belge 60 D5
Lorze 66-67 D1
Los 116-117A B4
Los Alamos 126-127 E4
Los Angeles (Chili) 135 C6
Los Angeles (É.-U.) 126-127 B5 C5
Los Angeles, aqueduc de 131A D4 D3
Lošinj 76-77 C3
Los Mochis 126-127 E6
Los Monegros 72-73 E2 F2
Los Roques 132 F4
Lot (département) 28 E3
Lot (rivière) 28 D3 E3
Lota 135 C6
Lot-et-Garonne 28 D3
Lötschental 66-67 C2
Lotzheim 34 F4
Loubomo 112-113 E5
Loudéac 26 D2
Loudun 24 B5
Loué (localité) 24 A5
Loue (rivière) 32 E1
Loue, source de la 32 F1 F2
Louga (fleuve) 54-55 I4
Louga (ville) 54-55 I4
Loughton 58C C1
Louhans 32 D2
Louhansk 78 G4 H4
Louisiade, archipel 142-143 F3
Louisiane 126-127 H5 I5
Louisville 126-127 I4
Louisville, dorsale de 140-141 L21 L22
Louis-XIV, pointe 125 B3 C3
Loukino 84F A3
Loup 30 G2
Loups Marins, lacs des 125 D2
Lourdes 28 C4 D4
Loutsk 78 E3
Louvain 60 C4
Louvain-la-Neuve 60 C4
Louveciennes 23A B2
Louviers 24 C3
Louvigné-du-Désert 26 E2
Louvres 23A D1
Lovat 54-55 I4
Loveč 76-77 H4
Loviisa 54-55 H3
Lovisa 54-55 H3
Lowell 130B
Lower Bay 130C B4
Lower Hutt 142-143 H6
Lowestoft 56-57 G5 H5
Lowlands 57C
Loyauté, îles 37A C2
Loyauté, région 37A C2
Lozari 30 I6
Lozère 32 C4
Lozère, mont 32 C4
Luachimo 112-113 F5
Lualaba 110-111 F5
Luanda 112-113 E5
Luang, lac 98-99 C4
Luang Prabang 98-99 C2
Luangwa 110-111 G6
Luapula 110-111 F6
Luarca 72-73 B1
Lubang, îles 98-99 F3 G3
Lubango 112-113 E6
Lubbock 126-127 F5
Lübeck 62 D2
Lübeck, baie de 62 D1
Lubéron 30 E2
Lublin 80 D3
Lubuklinggau 98-99 C6
Lubumbashi 112-113 F6
Lucats 29A C3 D3
Lucé 24 C4
Luce, baie de 56-57 D4
Lucena (Espagne) 72-73 C4
Lucena (Philippines) 98-99 G3
Luc-en-Diois 32 E4
Lucerne 66-67 D1
Lucie 35A C4
Luckenwalde 62 E2
Lucknow 96 D4 E4
Luçon (île) 98-99 F2
Luçon (ville) 26 E4
Luçon, détroit de 98-99 G1 G2
Lucques 74-75 C3
Luc-sur-Mer 26 F1
Lüda 102-103 K4
Lüdenscheid 62 B3 C3
Lüderitz 112-113 E7
Lüderitz, baie de 110-111 E7
Ludhiana 96 C3 D3
Ludogorie 76-77 I4
Ludvika 54-55 E3
Ludwigsburg 62 C4
Ludwigshafen 62 B4 C4
Ludwigslust 62 D2
Luebo 112-113 F5
Luena 112-113 F6
Luen Wo 101D
Lufeng 102-103 J7
Lufira 110-111 F5
Lugano 66-67 D2
Lugano, lac de 64-65 E4
Lugenda 110-111 G6
Lugnaquillia 56-57 C5
Lugny 32 D2
Lugo 72-73 B1
Lugoj 76-77 G3
Luhaia 94 D6
Luino 66-67 D3
Lukavac 76-77 E3
Lukenje 110-111 E5
Lukmanier, col de 66-67 D2
Lukuga 110-111 F5
Luleå 54-55 G2
Luleälv 54-55 G2
Lulita 59 D2
Lulua 110-111 F5
Lumbres 24 D2
Lunas 30 C2
Lund 54-55 E5
Lundy 56-57 D6
Lune, temple de la 105F
Lunebourg (district) 63
Lunebourg (ville) 62 C2 D2
Lunebourg, lande de 62 C2 D2
Lunel 30 D2
Lunéville 34 E3
Lungern 66-67 D2
Luo 102-103 H4
Luoyang 102-103 I5
Luqu 102-103 G5
Lurcy-Lévis 32 B2
Lure 34 E4
Lure, montagne de 30 E1
Lusaka 112-113 F6
Lusambo 112-113 F5
Lushnjë 76-77 E5 F5
Lusignan 28 D1
Lussac-les-Châteaux 28 D1
Lustenau 66-67 E1
Lut, désert de 94 G3
Lu Tao 106D B2
Luton 56-57 F6
Lütschine 66-67 C2
Luvua 110-111 F5
Luwuk 98-99 G6
Luxembourg (État) 42-43 E4
Luxembourg (province) 60 D5
Luxembourg (ville) 60 E5
Luxeuil-les-Bains 34 E4
Luxor 68-69 K6
Luy de Béarn 28 C4
Luy de France 28 C4
Luz, costa de la 73D
Luzenac 29A F5
Luzhou 102-103 H6
Luz-Saint-Sauveur 28 D5
Luzy 32 C2
Lviv 78 D4
Lvov 78 D4
Lycaonie 90 F4 F5
Lycie 90 D5 E5
Lycksele 54-55 F2
Lydie 90 C4 D4
Lyell, mont 126-127 C4
Lyme, baie de 56-57 E6
Lynbrook 130C D3
Lynchburg 126-127 K4
Lyndhurst 130C B2
Lyngen 54-55 G1
Lynn Lake 122-123 H4 I4
Lyon 32 D3
Lyonnais, monts du 32 D3
Lys 28 B4
Lysefjord 54-55 C4
Lysekil 54-55 D4
Lysytchansk 78 G4
Lytkarino 84F D3

M

Maan 92 B5
Maanselkä 54-55 H2 I2
Maasbracht 60 D3 E3
Maastricht 60 D4
Maasvlakte 60A
Mably 32 C2 D2
Mabruk 116-117A E2
Macao 102-103 I7
Macapá 135 E2
Macaronésie 110-111 A2 B1
Macassar 98-99 F7
Macassar, détroit de 98-99 F6
Macclesfield 56-57 E5 F5
Macdonald, lac 142-143 C4
MacDonnell, monts 142-143 D4
Macdui, ben 56-57 E3
Macédoine 42-43 G4
Maceió 135 G3
Macerata 74-75 D3
Machakos 112-113 G5
Machala 135 C3
Machecoul 26 E4
Machida 109C
Machilipatnam 96 E6
Machu Picchu 135 C4
Mackay 142-143 E4 F4
Mackay, lac 142-143 C4
Mackenzie 122-123 F3
Mackenzie, autoroute du 122-123 G4
Mackenzie, baie de 122-123 D2 E3
Mackenzie, monts 122-123 E3 F3
Mackenzie-King 122-123 G2 H2
Macleod, lac 142-143 B4
Macon (É.-U.) 126-127 J5
Mâcon (France) 32 D2
Mâconnais, monts du 32 D2
Macouba 37 B1
Macquarie, crête de 144-145 P37 O37
Macquarie, îles 140-141 N18
Macquarie, port 142-143 E6
Macugnaga 66-67 C3
Madaba 92 B4
Madagascar (État) 112-113 H6
Madagascar (île) 110-111 H7 H6
Madagascar, bassin de 140-141 K8
Madagascar, plateau de 140-141 L7
Madang 142-143 E2
Maddalena 74-75 B4
Madeira 134 D3
Mädelegabel 66-67 F1
Madeleine, îles de la 125 F4
Madeleine, monts de la 32 C2 C3
Madera 131A C3 D3
Madère 112-113 B1
Madère, archipel de 112-113 B1
Madhya Pradesh 96 D5 E5
Madinat al Chaab 94 D7
Madison 126-127 H3 I3
Madiun 98-99 E7
Madon 34 E3
Madonie 74-75 D6 E6
Madraka, ras 94 G6
Madras 96 1 E7
Madre, laguna 126-127 G6
Madre, sierra 98-99 G2
Madre de Dios 134 D4
Madre méridionale, sierra 126-127 F8 G8
Madre occidentale, sierra 126-127 E5 F7
Madre orientale, sierra 126-127 F6 G7
Madrid (région) 72-73 D2
Madrid (ville) 72-73 C2 D2
Madura 98-99 E7
Madura, détroit de 98-99 E7
Madurai 96 D8
Madurerira 138C
Maebashi 108 D3
Maestra, sierra 132 D2
Maewo 142-143 G3
Mafate, cirque de 37 E1
Mafia 110-111 G5 H5
Mafra 72-73 A3
Magadan (province) 85A
Magadan (ville) 80-81 Q4
Magallan, détroit de 134 C8 D8
Magdagatchi 80-81 N4
Magdalena 134 C2
Magdalena, baie 126-127 D7
Magdebourg (district) 63
Magdebourg (ville) 62 D2 E2
Magelang 98-99 D7 E7
Magenta 34 B2
Magerøya 54-55 H1
Maggia 66-67 D2
Maggia, val 66-67 D2
Maggiorasca 64-65 F5
Maghnia 117C A2
Mágina 72-73 D4
Magnac-sur-Touvre 28 D2
Magnitogorsk 80-81 G4
Magnus 59 C1
Magny-en-Vexin 24 C3
Magny-les-Hameaux 23A A3 B3
Magpie 125 F3
Magwe 98-99 A1 B1
Mahabad 94 E2
Mahajanga 112-113 H6
Mahalla al Kubra 68-69 K5
Mahanadi 96 E5
Maharashtra 96 D6
Mahbès 116-117A B2 C2
Mahbubnagar 96 D6
Mahd adh Dhahab 94 D5
Mahdia 117D B2
Mahiliou 78 F3
Mahina 37C B1
Mahra 94 F6
Mahrès 117D B2
Maïa 80-81 O3 O4
Maïao 37M B2
Maïche 34 E4
Maidi 94 D6
Maïdo, piton 37 E1
Maidstone 56-57 G6
Maiduguri 112-113 E3
Maigualida, sierra 132 F5
Maïkop 85A
Mailly-le-Camp 34 C3
Maimana 80-81 H6
Mai Munene, chutes 110-111 E5 F5
Main 62 D3 D4
Main-Danube, canal 62 D4
Mai Ndombe, lac 110-111 E5 F5
Maine (État) 126-127 M2
Maine (localité) 35A C3
Maine (région) 26 F2
Maine (rivière) 26 F3
Maine, collines du 24 A4
Maine, golfe du 120-121 N5
Maine-et-Loire 26 F3
Mainland (Orcades) 56-57 E3
Mainland (Shetland) 56-57 E1 F1
Maintenon 24 C4
Maio 110-111 A3
Maior, puig 72-73 G3
Maipures 132 F5
Maira 64-65 D5
Maisons-Alfort 23A C3
Maisons-Laffitte 23A B1
Mait 94 E7
Maitland 142-143 F5
Maíz, îles 132 C4
Maizuru 108 D3
Majene 98-99 F6
Majeur, lac 64-65 E3
Majorque 72-73 G3
Makale 98-99 F6
Makarikari Pan 110-111 F7
Makarska 76-77 D4
Makhatchkala 80-81 F5 G5
Makiïvka 78 G4
Makkovik 125 G2
Makla, djebel al 92 B7
Makó 76-77 F2
Makola 116-117A E5
Maktar 117D B2
Makteïr 110-111 E2
Maku 90 L4
Makung 106D A2
Makurdi 112-113 D4 E4
Malabar 96 C7 D3
Malabo 112-113 D4
Malacca (péninsule) 98-99 B4 C5
Malacca (ville) 98-99 C5
Malacca, détroit de 98-99 B4 C5
Maladzetchna 54-55 H5
Málaga 72-73 C4
Malaita 142-143 G2
Malakal 112-113 G4
Malakhovka 84F D3
Malakoff 23A C2 C3
Malange 112-113 E5
Mälar, lac 54-55 F4
Malaspina, glacier 122-123 D4
Malatya 90 H4 I4
Malaucène 30 E1
Malaunay 24 C3
Malawi 112-113 G6
Malawi, lac 110-111 G6
Malaybalay 98-99 H4
Malayer 94 E3
Malaysia 88-89 M9 N9
Malazgirt 90 K4
Malbork 54-55 F5
Malden (île) 140-141 I23
Malden (ville) 58C B3
Mal di Ventre 74-75 A4 B4
Maldives 88-89 J9
Malé 88-89 J9
Malebo, pool 110-111 E5
Malée, cap 76-77 G7
Malegaon 96 C5 D5
Malekula 142-143 G3
Malemort-sur-Corrèze 28 E2
Malesherbes 24 D4
Malestroit 26 D3
Mali 112-113 C3 D3
Malin, cap 56-57 C4
Malinau 98-99 F5
Malindi 112-113 H5
Malines 60 C3
Malino 98-99 G5
Malinvern, mont 30 G1
Mali Rajinac 64-65 L5
Mallaig 56-57 D3
Mallawi 68-69 K6
Mallnitz 64-65 J3
Mallorca 72-73 G3
Mallow 56-57 B5
Malmanoury 36 D1
Malmberget 54-55 G2
Malmédy 60 E4
Malmö 54-55 E5
Maloja, col de 66-67 E2
Malpelo 135 B2
Malte 42-43 F5
Malte, détroit de 76-77 C6
Maluku 98-99 H6
Malvinas, îles 135 D8 E8
Mamaia 76-77 J3
Mamberamo 98-99 J6
Mamelodi 112-113 F7 G8
Mamers 24 B4
Mamison, col 90 K2
Mamoré 134 D4
Mamou 112-113 B3
Mamoudzou 37J B2
Mamuju 98-99 F6
Man 116-117A C4
Man, île de 56-57 D4
Mana (fleuve) 36 D1
Mana (localité) 36 D1
Manacor 72-73 G3
Manado 98-99 G5
Managua 132 B4
Managua, lac 132 B4 C4
Manakara 112-113 H7 I7
Manamah 94 F4
Manantali 116-117A B3 C3
Manas 102-103 D3
Manas Hu 102-103 D2
Manaus 135 D3 E3
Manbij 94 H5
Manceau, bocage 26 F2
Manche 40-41 D4 D3
Manche (département) 26 E1 E2
Manche (détroit) 26 C1
Manchester (É.-U.) 126-127 L3 M3
Manchester (R.-U.) 56-57 E5 F5
Mand 94 F4
Mandala 98-99 K6
Mandalay 98-99 B1
Mandar, golfe de 98-99 F6
Mandchourie 102-103 K2 M2
Manduria 74-75 F4
Manfalut 94 B4
Manfredonia 74-75 E4 F4
Manfredonia, golfe de 74-75 F4
Mangalia 76-77 J4
Mangalore 96 C7
Mangareva 37N C3
Mangeni, plateau 116-117A E2
Mangerton 56-57 B6
Manghychlak 40-41 J4
Mangkalihat, cap 98-99 F5
Mangnai 102-103 E4
Mango 116-117A D3
Mangochi 112-113 G6
Mangoky 110-111 H7
Mangole 98-99 H6
Mangueni, hammada 110-111 E2
Manhattan 130C B2 C2
Manhattan Beach 130C C4
Manica 112-113 G6
Manicouagan 125 E3 E4
Manicouagan, réservoir 125 E3
Manihiki 140-141 I22 J22
Maniitsoq 122-123 M3
Manille 98-99 F3 G3
Manille, détroit de 98-99 F3 G3
Manipur 96 G5
Manisa 90 C4
Manitoba 122-123 I4
Manitoba, lac 122-123 H4 I4
Manitoulin, île 122-123 J5
Manizales 135 C2
Manna 98-99 C6
Mannar 96 D8 E8
Mannar, golfe de 96 D8
Mannheim 62 C4
Mannu 74-75 B5
Mannu, riu 74-75 B4
Manokwari 98-99 I6
Manono 112-113 F5
Manosque 30 E2
Manouane, lac 125 D3
Manresa 72-73 F2 G2
Mansel 122-123 J3 K3
Mansfield 56-57 F5
Mansourah 68-69 K5
Manta 135 C2
Mantes-la-Jolie 24 C4
Mantiqueira, serra da 134 F5
Mantoue 74-75 C2
Mantova 74-75 C2
Manuae 37N A2
Manukau 142-143 H5
Manus 142-143 E2
Manytch occidental 40-41 I4
Manytch oriental 40-41 I4
Manzanares (rivière) 72-73 D2
Manzanares (ville) 72-73 D3
Manzaneda, cabeza de 72-73 B1
Manzanillo (Cuba) 132 D2
Manzanillo (Mexique) 126-127 E8 F8
Manzhouli 102-103 J2
Maoke, monts 98-99 J6
Maoming 102-103 I7
Mapimí, bolsón de 126-127 E6 F6
Maplewood 130C A2
Maputo 112-113 G7
Maputo, baie de 110-111 G7
Maqna 92 A7
Mar, serra do 134 E5 F5
Maraa 37C A2
Marabá 135 E3 F3
Maracaibo 135 C1 D1
Maracaibo, lagune de 134 C1 D2
Marada 68-69 H6 I6
Maradi 112-113 D3
Maragheh 94 E2
Marajó 134 E3 F3
Marampa 116-117A B4
Marand 94 E2
Maranhão 135 F3
Marañón 134 C3
Marans 28 C1
Marathon 76-77 G6 H6
Marbat 94 F6 G6
Marbella 72-73 C4
Marble Bar 142-143 B4 C4
Marburg 62 C3
Marche 28 E1
Marche, monts de la 28 E2 E1
Marche-en-Famenne 60 D4
Marches 74-75 D3
Marcigny 32 D2
Marcillat-en-Combraille 32 B2
Marck 24 C2 D2
Marckolsheim 34 F3
Marcoussis 23A B4
Marcq-en-Baroeul 24 D2 E2
Mardan 92 C3
Mar del Plata 135 E6
Mardin 90 J5
Maré 37A C2
Marecchia 64-65 I6
Maree, loch 56-57 D3
Mareil-Marly 23A B2
Maremme 74-75 C3
Marennes 28 B2 C2
Marettimo 74-75 C6 D6
Mareuil 28 D2
Margarita 134 D1
Margate 56-57 G6
Margaux 28 C2
Margeride, monts de la 32 C4
Margnac 29A F2
Marguellil 117D B2
Marguerittes 30 D2
Mari 85A
Maria, îles 37N A3
Marianao 132 C2
Mariana-Plage 30 I6
Mariannes 140-141 G17
Mariannes, bassin oriental des 140-141 G17 G18
Mariannes, fosse des 140-141 G17
Mariannes du Nord 140-141 G18
Mariánské Lázně 62 E4
Maria van Diemen, cap 142-143 G5 H5
Mariazell 64-65 L2
Marib 94 E6
Maribor 64-65 L3
Marica 76-77 H4
Marie-Byrd, terre 140-141 P24 P27
Marie-Galante 36 C1
Mariehamn 54-55 G3
Mariestad 54-55 E4
Marignane 30 E2
Marignier 32 F2
Marigny-sur-Yonne 35A B3
Marigot (Guadeloupe) 36 C1
Marigot (Martinique) 37 B1
Marigot (Saint-Martin) 36 C1
Marijampolė 54-55 G5
Marin, cul-de-sac du 37 B1
Marinduque 98-99 G3
Maringá 135 E5
Marino 84F C3
Marins, île aux 37G A2
Marioupil 78 G4
Maripasoula 36 D1
Maritime, province 85A
Maritimes, alpes 64-65 C5 D5
Marjayoun 92 B2
Markaköl 102-103 D2
Markerwaard 60A
Markha 80-81 M3
Markham 59 C3
Markovo 80-81 R3 S3
Marle 24 E3
Marly-le-Roi 23A B2
Marmande 28 D3
Marmara 76-77 I5 J5
Marmara, mer de 90 C3 D3
Marmaris 90 D5
Marmolada 74-75 C1
Marmorique 68-69 I5 J5
Marmoutier 34 F3
Marnaz 32 F2
Marne (département) 34 C2 C3
Marne (rivière) 24 E4
Marne à la Saône, canal de la 34 D4
Marne au Rhin, canal de la 34 D3 F3
Marne-la-Vallée 24 D4
Maroa 132 F6
Maroc 112-113 C1
Marokau 37N B2
Marolles-en-Brie 23A D3
Marolles-en-Hurepoix 23A C4
Maromme 24 B3
Maromokotro 110-111 H6 I6
Maroni 134 E2
Maronne 32 B3
Maroua 112-113 E3
Marouini 36 D1
Marquenterre 25A C2
Marquette 126-127 I2
Marquion 24 E2
Marquise 24 C2
Marquises, îles 37N B1 C2
Marra, djebel 110-111 F3
Marrakech 117B C2
Marree 142-143 D4
Marroqui, pointe 72-73 C5
Marsa al Alam 68-69 K6 L6
Marsa el-Brega 68-69 H5 I5
Marsala 74-75 D6
Marseillan 30 C2
Marseille 30 E2
Marshall, îles 140-141 G19 G20
Marsouins, rivière des 37 E1
Marta 74-75 C3
Martaban = Moktama 98-99 B2
Martaban, golfe de 98-99 B2
Martapura 98-99 E6 F6
Martel, causse de 28 E3
Martelange 60 D5
Martello, piz 66-67 E2
Martigné-Ferchaud 26 E3
Martigny 66-67 C2
Martigues 30 E2
Martin-de-Viviès 37H B1
Martinique 132 G4 H4
Martinique, canal de la 37 B1
Martre, lac la 122-123 F3 G3
Martres-Tolosane 28 D4
Marutea 37N B2
Marv Dacht 94 F4
Marvejols 32 C4

Mary 80-81 H6
Mary, puy 32 B3
Maryborough 142-143 F4?
Maryland 126-127 K4
Maryport 56-57 E4
Mary's Harbour 125 G3 H3
Marysville 131A C2
Masai, steppe 110-111 G5
Masan 106A B2
Masbate 98-99 G3
Mascara 117C B2
Mascareignes 140-141 K7 J8
Mascareignes, crête des 140-141 J8
Mascareignes, fosse des 140-141 I8 I9
Mascate 94 G5
Masdjed Soleyman 94 E3 F3
Maseru 112-113 F7
Masevaux 34 E4 F4
Masira 94 G5
Masira, golfe de 94 G6
Mask, lough 56-57 B5
Masnières 24 E2
Mason City 126-127 H3
Massa 74-75 C2
Massachusetts 126-127 L3
Massada 92 B4
Massaoua 112-113 G3 H3
Massat 28 E5
Massenya 112-113 E3
Massiac 32 C3
Massy 23A C3
Mastabah 94 C5
Masuku 112-113 E5
Masvingo 112-113 G6 G7
Mât, rivière du 37 E1
Matabele, hauteurs 110-111 F6 G6
Matachel 72-73 B3
Matadi 112-113 E5
Matagalpa 132 B4 C4
Matagami 125 C4
Mataiea 37C B2
Matala 112-113 E6
Matamoros 126-127 G6
Matane 125 E4
Matanzas (province) 133A
Matanzas (ville) 132 C2
Mataram 98-99 F7
Mataró 72-73 G2
Mata-Utu 37K A2
Matera 74-75 F4
Matese 74-75 E4
Mateur 117D B1
Matha 28 C2
Mathura 96 D4
Mato Grosso (État) 135 E4
Mato Grosso (ville) 135 E4
Mato Grosso, plateau du 134 E4
Mato Grosso do Sul 135 E5
Matosinhos 72-73 A2
Matotchkin, détroit 80-81 F2 G2
Matouba 36 C1
Matoury 36 D1
Mátra 76-77 E2 F2
Matrah 94 G5
Matrouh 68-69 J5
Matsubara 109B
Matsudo 109C
Matsue 108 C3
Matsumoto 108 D3
Matsusaka 109A C2
Matsuyama 108 C4
Mattagami 126-127 J2
Matterhorn 64-65 D4
Mattertal 66-67 C2
Maturín 135 D2
Matveïevskoïé 84F B2
Mauá 138D
Maubeuge 24 E2 F2
Maubourguet 28 C4
Mauges 26 E3
Mauguio 30 D2
Maulde 28 E2
Mauldre 23A A2
Maule 23A A2
Mauléon 26 F4
Mauléon-Barousse 28 D5
Mauléon-Licharre 28 C4
Maumere 98-99 G7
Maun 112-113 F6
Maupiti 37M A1
Maurecourt 23A A1 B1
Maureen 59 C2
Maurepas 23A A3
Maures 30 F2
Mauriac 32 B3
Maurice (État) 112-113 I6
Maurice (île) 110-111 I6
Maurienne 32 F3
Mauritanie 112-113 B3 C3
Mauron 26 D2
Maurs 32 B4
Mauzé-sur-le-Mignon 28 C1
Mawlamyine 98-99 B2
Mawson 169B
Maxonchamp 35A E3
Maya, monts 132 B3
Mayaguana 132 E2
Mayagüez 132 F3
Mayarí 132 D2 E2
Mayen 62 B3
Mayence 62 C4
Mayenne (département) 26 F2
Mayenne (rivière) 26 F3
Mayenne (ville) 26 F2
Mayfair 58B
Mayo 122-123 E3
Mayon 98-99 G3
Mayotte 112-113 H6
Mayrhofen 64-65 H2
Mayumba 116-117A D5 E5
Mazamet 30 B2
Mazara del Vallo 74-75 D6
Mazar-i-Charif 96 B2
Mazaruni 132 H5
Mazatlán 126-127 E7
Mažeikiai 54-55 G4
Mazerin 37 E1
Mazières-en-Gâtine 28 C1
Mazyr 78 E3
Mbabane 112-113 F1 G1
Mbakaou 116-117A E4
Mbala 112-113 G5
Mbandaka 112-113 E4 F4
Mbanza-Ngungu 112-113 E5
Mbeya 112-113 G5
Mbinda 112-113 E5
Mbini 116-117ADe E4
Mbuji-Mayi 112-113 F5
McAllen 126-127 G6
McClintock, détroit de 122-123 H2
McClure, détroit de 122-123 F2 G2
McDame 122-123 F4
McKinley, mont 120-121 E3
McMurdo 169B
Mdantsane 112-113 F8 G8
Mead, lac 126-127 D4
Mealy, monts de 125 G3
Méandre 90 D5
Meaux 24 D4
Meched 94 G2 H2
Mechtcherskyi 84F A3 B3
Mecklembourg, baie du 62 D1 E1
Mecklembourg-Poméranie 62 E2
Mecsek, monts 76-77 E2
Médan (France) 23A A1
Medan (Indonésie) 98-99 B5
Médéa 117C B1
Medel, piz 66-67 D2
Medellín 135 C2
Medenine 117D B2
Medford 126-127 B3
Mediaş 76-77 H2
Medicine Hat 122-123 G5 H5
Medinaceli 72-73 D2
Medina del Campo 72-73 C2
Médine 94 C5 D5
Médio-Atlantique, dorsale 144-145 H16 E18
Méditerranée, mer 144-145 F21 F23
Médoc 28 B2 C2
Medvedkovo 84F C1
Medvednica 64-65 L4 M4
Meekatharra 142-143 B4
Mégare 76-77 G6
Megève 32 F3
Meghalaya 96 G4
Mehadia 76-77 G3
Méhétia 37N B2
Mehun-sur-Yèvre 24 D5
Meighen 122-123 H1 J1
Meiktila 98-99 B1
Meilen 66-67 D1
Meiling, col de 102-103 I6
Meiningen 62 D3
Meiringen 66-67 D2
Meiron 92 B2
Meissen 62 E3
Meizhou 102-103 J7
Méjean, causse 30 C1
Mekele 112-113 G3 H3
Meknès 117B C1
Mékong 86-87 M8
Mékong, delta du 98-99 D4
Melaka 98-99 C5
Mélanésie 140-141 H17 J20
Melbourne 142-143 E5
Mélèzes, rivière aux 125 D2
Melfi 74-75 E4
Melilla 72-73 D5
Melitopil 78 F4 G4
Melk 64-65 L1
Mella 64-65 G4
Melle 28 C1
Melo 135 E6
Melrhir, chott 117C C2
Melun 24 D4
Melun-Sénart 24 D4
Melun-Sénart, ville nouvelle de 23A D4
Melville (Australie) 142-143 D3
Melville (Canada) 122-123 G2 H2
Melville, baie de 122-123 L2
Melville, cap 142-143 E3
Melville, détroit de 122-123 G2 H2
Melville, lac 125 F3 G3
Melville, péninsule 122-123 J3
Memmingen 62 D4
Mempawah 98-99 D5
Memphis (É.-U.) 126-127 H4 I4
Memphis (Égypte) 68-69 K6
Menaggio 66-67 E2
Menai, détroit de 56-57 D5
Menam 98-99 B2
Mende 32 C4
Menderes 90 C5 D5
Mendip Hills 56-57 E6
Mendocino, cap 126-127 A3 B3
Mendocino, zone fracturée de 140-141 E23 D25
Mendota 131A C3
Mendoza (province) 139A
Mendoza (ville) 135 D6
Mendrisio 66-67 D3
Mené, landes du 26 D2
Ménez-Hom 26 B2
Menggala 98-99 D6
Mengzi 102-103 G7
Ménigoute 28 C1
Menihek, lacs 125 E3
Menin 60 A4 B4
Mennecy 23A C4
Menongue 112-113 E6
Menor, mar 72-73 E4
Mens 32 E4
Mentawai, détroit de 98-99 B6 C6
Mentawai, îles 98-99 B6
Menton 30 G2
Menucourt 23A A1
Menzel-Bourguiba 117D B1
Menzies 142-143 C4
Meppel 60 E2
Meppen 62 B2
Mer 24 C5
Mera 66-67 E2
Meran 74-75 C1
Merano 74-75 C1
Merauke 98-99 J7 K7
Merca 112-113 H4
Merced (rivière) 126-127 C4 D4
Merced (ville) 131A C3
Mercoeur 28 E3 F3
Merdrignac 26 D2
Mergui = Myeik 98-99 B3
Mergui, archipel 98-99 B3
Méribel-les-Allues 32 F3
Meriç 76-77 I5
Mérida (Espagne) 72-73 B3
Mérida (Mexique) 126-127 I7
Mérida (Venezuela) 135 C2 D2
Mérida, cordillère de 134 C2 D2
Meridian 126-127 I5
Mérignac 28 C3
Merlimau 101C A2
Meroë 112-113 G3
Merouane, chott 117D A2
Merowe 112-113 G3
Merrick 56-57 D4
Merseburg 62 D3
Merseyside 57C
Mersin 90 G5
Mers-les-Bains 24 C2
Merthyr Tydfil 56-57 E6
Mértola 72-73 B4
Merton 58C B3
Mertzwiller 34 F3
Méru (localité) 24 D3
Meru (mont) 110-111 G5
Merveilles, vallée des 30 G1
Mervent 26 F4
Merville 24 D2
Méry-sur-Oise 23A B1
Mesabi, chaîne 126-127 H2
Mesgouez, lac 125 C3 D3
Meskala 116-117A B1 C1
Mesocco 66-67 E2
Mesolcina, val 66-67 E2
Mésopotamie 96 D2 D3
Messeix 33A A3
Messéni, golfe de 76-77 F7 G7
Messine 74-75 E5
Messine, détroit de 74-75 E5 E6
Mesta 76-77 G5
Mestghanem 117C A1 B1
Mestre 74-75 C2 D2
Meta 134 D2
Métabief 32 F2
Metallifères, collines 74-75 C3
Métallifères, monts 62 E3
Metangula 112-113 G6
Metauro 74-75 D3
Météore, cratère du 80-81 L3
Metković 76-77 D4 E4
Metlaoui 117D B2
Métsovon 76-77 F6
Metulla 92 B2
Metz 34 E2
Meu 26 D2
Meudon 23A B3
Meulaboh 98-99 B5
Meulan 24 C3
Meung-sur-Loire 24 C5
Meursault 32 D2
Meurthe 34 E3
Meurthe-et-Moselle 34 D3 E3
Meuse (département) 34 D2
Meuse (fleuve) 40-41 E4
Meuse, hauts de 34 D2 D3
Mexicali 126-127 C5
México 126-127 F8 G8
Meximieux 32 E3
Mexique 120-121 J7
Mexique, bassin du 140-141 F29 F30
Mexique, golfe du 120-121 K7 L7
Mexique, plateau du 120-121 J7
Meyrin 66-67 B2
Meyrueis 30 C1
Meyzieu 32 D3 E3
Mezen 80-81 F3
Mézenc, mont 32 D4
Mézidon-Canon 24 A3
Mézières-en-Brenne 24 C6
Mézilhac 32 D4
Mezzola, lac de 66-67 E2
Mia 68-69 E6 E5
Miami 126-127 J6
Mianeh 94 E2
Mianyang 102-103 G5
Miaoli 106D A1 B1
Mibladen 116-117A C1
Michigan 126-127 I2 J3
Michigan, lac 126-127 I3
Michipicoten 122-123 J5
Micronésie (État) 140-141 H17 H18
Micronésie (région) 140-141 G17 H19
Middelburg 60 B3
Middelharnis 60 B3 C3
Middenmeer 60 D2
Middlesbrough 56-57 F4
Midelt 117B C1
Midi, canal du 28 E4
Midi, dents du 66-67 B2
Midi de Bigorre, pic du 28 D5
Midi d'Ossau, pic du 28 C5
Midland 126-127 F5
Midland Beach 130C B4
Midlands 56-57 E5 F5
Midou 28 C4
Midouze 28 C4
Midway, îles 140-141 F20 F21
Midyat 90 J5
Miélan 28 D4
Mieres 72-73 B1 C1
Migennes 34 B4
Mihama 109A C2
Mihara 109A B2
Mijoux 35A D4
Mikindani 112-113 G6 H6
Mikkeli 54-55 H3 I3
Mikura 108 D4 E4
Milan 74-75 B2
Milano 74-75 B2
Milâs 76-77 I7
Mildura 142-143 E5
Mile 102-103 G7
Miles City 126-127 E2 F2
Milet 90 C5
Milford Haven 56-57 D6
Milhaud 30 D2
Miliana 117C B1
Milk River 126-127 E2
Millars 72-73 E2
Millas 30 B3
Millau 30 B1 C1
Millerovo 78 G4 H4
Millevaches, plateau de 28 E2 F2
Millstatt 64-65 J3
Milo 76-77 H7
Milton Keynes 56-57 F5
Milwaukee 126-127 I3
Mimizan 28 B3
Mimizan-Plage 28 B3
Mina 72-73 F5
Minab 94 G4
Minahasa 98-99 G5 H5
Minami-Tori 140-141 F18
Minas 135 E6
Minas Gerais 135 F4
Minatitlán 126-127 G8 H8
Mincio 74-75 C2
Mindanao 98-99 G4 H4
Mindanao, mer de 98-99 G4
Mindel 64-65 G1
Mindelo 112-113 A3
Minden 62 C2
Mindoro 98-99 G3
Mindoro, détroit de 98-99 F3 G3
Minéraux, chaîne des 126-127 I2
Minervois 30 B2
Minfeng 102-103 C4
Mingan 125 F3
Mingaora 92 C3
Mingiöie 64-65 D5
Minho (fleuve) 72-73 A1
Minho (région) 72-73 A2
Minicoy 96 C8
Minigwal, lac 142-143 C4
Min Jiang (Fujian) 102-103 J6 K6
Min Jiang (Sichuan) 102-103 G6 G5
Minna 118A
Minneapolis 126-127 G3 H3
Minnesota (État) 126-127 G2 H2
Minnesota (rivière) 126-127 G2 G3
Miño 72-73 A1
Minorque 70-71 E3 F3
Minot 126-127 F2
Minsk 78 E3
Minto, lac 125 D2
Minxian 102-103 G5
Miombo, savane 157
Miquelon (île) 37G A2
Miquelon (localité) 37G A1
Mira 72-73 A4
Mirabellon, baie de 76-77 H8 I8
Miramar 135 E6
Miramas 30 D2
Mirambeau 28 C2
Miramichi, baie 125 F4
Miramont-de-Guyenne 28 D3
Miranda de Ebro 72-73 D1
Mirande 28 D4
Mirat 96 D4
Miravalles 72-73 B1
Mirebeau 24 B6
Mirecourt 34 D3 E3
Mirepoix 28 E4
Miri 98-99 E5
Miribel 32 D3
Mirim, laguna 134 E6
Mirny (localité) 80-81 M3
Mirny (station d'observation) 169B
Mirpur Khas 92 B4
Mirzapur 96 E4 E5
Mischabel 66-67 C2
Mishan 102-103 M2
Misiones 139A
Miskolc 76-77 F1
Misolongi 76-77 F6
Misool 98-99 H6
Misourata 68-69 H5
Mississippi (État) 126-127 I5
Mississippi (fleuve) 126-127 H3 H5
Missoula 126-127 D2
Missouri (État) 126-127 H4
Missouri (rivière) 126-127 D3 G3
Missouri, coteau du 126-127 F2 G2
Mistassini 125 D3 D4
Mistassini, lac 125 D3
Misti 134 C4
Mitaraca 36 D1
Mitcham 58C B3
Mitchell 142-143 E3
Mitchell, mont 126-127 J4
Mitchourinsk 78 G3 H3
Mitidja, plaine de la 72-73 G4
Mitino 84F A1
Mito 108 E3
Mitry-Mory 23A D1
Mittelland 66-67 C2 C1
Mittelland, canal 62 C2
Mittweida 62 E3
Mitú 135 C2
Mitumba, monts 110-111 F5
Miyake 108 D4 E4
Miyako (île) 138-139 L7
Miyako (ville) 108 E3
Miyanojo 108 C4
Miyazaki 108 C4
Miyoshi 108 C4
Mizen, cap 56-57 A6 B6
Mizoram 96 G5
Mizpe Ramon 92 A5
Mizusawa 108 E3
Mizushima 109A B2
Mjøsa 54-55 D3
Mladá Boleslav 62 F3
Mlanje 110-111 G6
Mljet 76-77 D4
Mmabatho 119A
Moa 98-99 H7
Moanda 116-117A E5
Moba 112-113 F5
Mobayi 112-113 F4
Mobile 126-127 I5
Moco, mont 110-111 E6
Modane 32 F3
Modène 74-75 C2
Modesto 131A C3
Modica 74-75 E6
Mödling 64-65 M1
Moerdijk 60 C3
Mogadiscio 112-113 H4
Mogok 98-99 B1
Mohács 76-77 E3
Mohammadia 117C B2
Mohammed, ras 68-69 K6 L6
Mohammedia 117B C1
Mohendjo-Daro 92 B4
Möhne 62 C3
Mohyliv-Podilsky 78 E4
Mo i Rana 54-55 E2
Moirans 32 E3
Moirans-en-Montagne 32 E2
Moisie 125 E3
Moissac 28 E3
Moissy-Cramayel 23A D4
Moïta 30 I6
Moïyn-Kum 80-81 H5 I5
Mojave 131A D4 E4
Mojave, désert 126-127 C4
Moka 94 D7
Mokelumne 131A C2
Moknine 117D B2
Mokpo 106A A2
Moktama 98-99 B2
Mol 60 D3
Molatón 72-73 E3
Moldau 62 F4
Moldavie (État) 42-43 G4
Moldavie (région) 76-77 I2
Molde 54-55 C3
Moldoveanu 76-77 H3
Mole 58C A4
Molepolole 112-113 F7
Molesey 58C A3
Molfetta 74-75 F4
Molise 74-75 E4
Möll 64-65 J3
Mollendo 135 C4
Mölndal 54-55 D4
Mologa 78 G2
Molokai, zone fracturée de 140-141 F24 F25
Molopo 112-113 F7
Molsheim 34 F3
Moluques 98-99 H6 I7
Moluques, mer des 98-99 G5 H5
Mombasa 112-113 G5 H5
Mombetsu 108 E2
Møn 54-55 E5
Mona 132 F3
Mona, canal de 132 F3
Monaco (État) 30 G2
Monaco (ville) 30 G2
Monarque, col du 126-127 E4
Monastir 117D B2
Monbazillac 28 D3
Moncayo, sierra del 72-73 D2 E2
Mönch 66-67 C2 D2
Mönchengladbach 62 B3
Monclova 126-127 F6
Moncontour 26 D2
Moncton 125 F4
Mond, lac 64-65 J2
Mondego 72-73 A2
Mondego, cap 72-73 A2
Mondeville 24 A3
Mondoñedo 72-73 B1
Mondoubleau 24 B5 C5
Mondovì 30 G1
Monéteau 34 B4
Monfalcone 74-75 D2
Monferrato 74-75 A2 B2
Monflanquin 28 D3
Monforte de Lemos 72-73 B1
Mongalla 112-113 G4
Mongo 112-113 E3
Mongolie 88-89 L5 N5
Mongolie intérieure 102-103 I3 K3
Mongstad 54-55 B3 C3
Monistrol-d'Allier 32 C4
Monistrol-sur-Loire 32 D3
Mono, lac 131A D3
Monopoli 74-75 F4
Monpazier 28 D3
Monroe 126-127 H5
Monrovia 112-113 B4
Mons 60 B4 C4
Monschau 60 E4
Monségur 28 C3 D3
Monsempron-Libos 28 D3
Monsieur 37 B1
Mont, baie du 56-57 D6 D7
Montafon 66-67 E1
Montagnac 30 C2
Montaigu 26 E4
Montaigu-de-Quercy 28 D3 E3
Montalbán 72-73 E2
Montalivet-les-Bains 28 B2
Montana (État) 126-127 D2 E2
Montana (ville) 76-77 G4
Montana-Vermala 66-67 C2
Montargis 24 D5
Montastruc-la-Conseillère 28 E4
Montataire 24 D3
Montauban 28 E3
Montbard 34 C4
Montbazon 24 B5
Montbéliard 34 E4
Montbenoît 32 F2
Mont-Blanc, massif du 2 G4
Montbrison 32 C3 D3
Montceau-les-Mines 32 D2
Montcenis 32 D2
Mont-Cenis, col du 32 G3
Mont-Cenis, massif du 32 F3 G3
Montchanin 32 D2
Montchegorsk 54-55 J2
Montclair 130C A2
Mont Clapier 2 G4
Montcuq 28 E3
Mont-de-Marsan 28 C4
Montdidier 24 D3
Mont-Dore 37A C3
Montebello, îles 142-143 B4
Montebourg 26 E1
Montecatini Terme 64-65 G6
Montech 28 E4
Montecristo 74-75 C3
Montego Bay 132 D3
Montélimar 32 D4
Montemuro 72-73 B2
Monténégro 76-77 E4
Montepulciano 64-65 H6
Montereau-faut-Yonne 24 D4 E4
Monterey 126-127 C4
Montería 135 C2
Monterrey 126-127 F6 G6
Monte Sant'Angelo 74-75 F4
Montes Claros 135 F4
Montesson 23A B2
Montevideo 135 E6
Monteynard 33A D4
Montézic 29A G3
Montfaucon 34 D2
Montfermeil 23A D2
Montfort 26 D2
Montfort-l'Amaury 24 C4
Montgenèvre, col de 32 F4
Montgeron 23A C3
Montgomery 126-127 I5
Montguyon 28 C2
Monthermé 34 C2
Monthey 66-67 B2
Montiel, campo de 72-73 D3
Montier-en-Der 34 C3
Montignac 28 E2
Montigny-le-Brettonneux 23A A3 B3
Montigny-lès-Metz 34 E2
Montivilliers 24 B3
Mont-Laurier 125 C4
Montlhéry 24 D4
Montlieu-la-Garde 28 C2
Mont-Louis 30 B3
Montlouis-sur-Loire 24 B5
Montluçon 32 B2
Montluel 32 E3
Montmagny 125 D4 E4
Montmédy 34 D2
Montmélian 32 E3 F3
Montmirail 34 B3
Montmoreau, collines de 29A D2 E2
Montmoreau-Saint-Cybard 28 C2 D2
Montmorency 24 D3
Montmorillon 28 D1
Montmorot 32 E2
Montoir-de-Bretagne 26 D3
Montoire-sur-le-Loir 24 B5
Montois 34 B3
Montoro 72-73 C3
Montpelier 126-127 L3
Montpellier 30 C2
Montpezat-sous-Bauzon 32 D4
Montpon-Ménestérol 28 D3
Montréal (Canada) 125 D4
Montréal (France) 28 D4
Montréal-la-Cluse 32 E2
Montredon 29A G4
Montréjeau 28 D4
Montrésor 24 C5
Montreuil (Maine-et-Loire) 26 F3
Montreuil (Pas-de-Calais) 24 C2
Montreuil (Seine-St-Denis) 23A C2
Montreuil-Bellay 24 A5
Montreux 66-67 B2 C2
Montrichard 24 C5
Montroc 29A G4
Montrond-les-Bains 32 D3
Montrose (champ pétrolier) 59 C2
Montrose (ville) 56-57 E3
Montrouge 23A C3
Monts 24 B5
Mont-Saint-Aignan 24 C3
Mont-Saint-Martin 34 D2
Mont-Saint-Michel, baie du 26 E2
Mont-Saint-Michel de Braspart 26 B2 C2
Montsalvy 32 B4
Montsec, serra de 72-73 F1 F2
Montségur 28 E5
Montseny, serra de 72-73 G2
Montserrat (île) 132 G3
Montserrat (mont) 72-73 F2
Montsinéry 36 D1
Montsoult 23A C1
Montulat 29A F1
Montville 24 C3
Monviso 74-75 A2
Monywa 98-99 A1 B1
Monza 74-75 B2
Moonie 142-143 E4
Moore, lac 142-143 B5
Mooréa 37C A2
Moor Park 58C A1
Moose 125 B3
Moose Jaw 122-123 H4
Moosonee 122-123 J4
Mopti 112-113 C3
Mora (Espagne) 72-73 D3
Mora (Suède) 54-55 E3
Moradabad 96 D4 E4
Morava 76-77 F3
Moravie 68-69 H2
Morawhanna 132 H5
Moray Firth 56-57 E3 E2
Morbier 32 F2
Morbihan 26 D3
Morbihan, golfe du (France) 26 D3
Morbihan, golfe du (Réunion) 37E A2 B2
Morcenx 28 C3
Morcles, dent de 66-67 C2
Mordelles 26 E2
Morden 58C B3
Mordovie 85A
More, ben 56-57 D3
More Assynt, ben 56-57 D2
Morecambe, baie de 56-57 E4
Moree (Australie) 142-143 E4 F4
Morée (France) 24 C5
Morelia 126-127 F8
Morena, sierra 72-73 B3 D3
Moreno Valley 130A
Moresby 122-123 E4 F4
Morestel 32 E3
Moret-sur-Loing 24 D4
Moreuil 24 D3
Morez 32 F2
Morges 66-67 B2
Morhange 34 E3
Moriani-Plage 30 I6
Moriguchi 109B
Morioka 108 E3
Morlagne 34 E3
Morlaix 26 C2
Mormant 24 D4
Morne-à-l'Eau 36 C1
Morne des Esses 37 B1
Moro, golfe de 98-99 G4
Morobe 142-143 E2
Morogoro 112-113 G5
Morondava 112-113 H7
Morón de la Frontera 72-73 C4
Moroni 112-113 H6
Morosaglia 30 I6
Morotai 98-99 H5
Morsang-sur-Seine 23A D4
Mort, vallée de la 131A E3
Mortagne-au-Perche 24 B4
Mortagne-sur-Sèvre 26 F3 F4
Mortain 26 F2
Morte, mer 92 B4
Morteau 32 F1
Mortes, rio das 134 E4
Mortrée 24 A4 B4
Morumbi 138D
Morvan 32 C1 D1
Morzine 32 F2
Moscou (province) 85A
Moscou (ville) 78 G2
Moselle (département) 34 E3
Moselle (rivière) 62 B3
Moselle, côtes de 34 D2 D3
Moshi 112-113 G5
Mosjøen 54-55 E2
Moskva (rivière) 84F A2 C3
Moskva (ville) 78 G2
Mosquito, baie 125 C1
Mosquitos, côte des 120-121 L8
Mosquitos, golfe des 132 C4 C5
Moss 54-55 D4
Mossel Bay 119F
Mossoul 94 D2
Most 62 E3
Mostar 76-77 D4
Móstoles 72-73 C2 D2
Motagua 132 B3
Motala 54-55 E4
Motherwell 56-57 E4
Mothes 29A D3
Motril 72-73 D4
Mottarone 66-67 D3
Mottingham 58C C3
Moudon 66-67 B2
Mougins 30 F2 G2
Mouhoun 116-117 C3
Mouila 116-117A E5
Moujezerski 54-55 J3
Moule 36 C1
Moulins 32 C2
Moulmein 98-99 B2
Moulouya 117B D1
Mounana 116-117A E5
Moundou 112-113 E4
Mount Gambier 142-143 D5 E5
Mount Hagen 142-143 E2
Mount Isa 142-143 D4
Mount Lofty Ranges 142-143 D5 E5
Mount Magnet 142-143 B4
Mount Morgan 142-143 E4 F4
Mount Vernon 130C C1 D1
Moura (Australie) 142-143 E4 F4
Moura (Portugal) 72-73 B3
Mourenx 28 C4
Mourgap 80-81 H6
Mourghob 96 C2
Mourmansk (province) 85A
Mourmansk (ville) 80-81 E3
Mourmelon-le-Grand 34 C2
Mourne, monts du 56-57 C4 D4
Mourom 78 H2
Mourouyin, forêt 37 E1
Mourzouk 68-69 G6
Mourzouk, edeyen 68-69 G6
Mouscron 60 B4
Moussa, jebel 72-73 C5
Moustiers-Sainte-Marie 30 F2
Moustique 36 C1
Mouthe 32 F2
Moutier 66-67 C1
Moûtiers 32 F3
Mouton-Rothschild 28 C2
Mouy 24 D3
Mouydir 68-69 E7 E6
Mouzay 34 D2
Mouzon 34 C2 D2
Moyen Atlas 117B C1 D1
Moyenmoutier 34 E3 F3
Moyeuvre-Grande 34 D2 E2
Mozambique (État) 112-113 G7 G6
Mozambique (ville) 112-113 H6
Mozambique, canal de 110-111 G7 H6
Mozambique, plateau de 140-141 L6
Mpanda 112-113 G5
M'Patou 116-117A F4
Mpumalanga 119A
Msaken 117D B2
Mtwara 112-113 H6
Mua 37K A2
Muar 98-99 C5
Muaratewe 98-99 E6 F6
Mubrak, djebel 92 B5
Muchinga, monts 110-111 G6 G5
Mudan 108 B2
Mudanjiang 102-103 L3
Mudjib 92 B4
Muğla 90 D5
Mühldorf 62 E4
Mühlhausen 62 D3
Mühlviertel 64-65 J1 K1
Mukah 98-99 E5
Mukalla 94 E7
Mula 72-73 E3
Mulhacén 72-73 D4
Mülheim 60 E3
Mulhouse 34 F4
Mull 56-57 C3 D3
Muller, monts 98-99 E5
Mullingar 56-57 C5
Multan 92 C3
Multien 24 D4 E3
Mumbai 96 C6
Mun 98-99 C2
Muna 98-99 G6
München 62 E4
Muncie 126-127 I3
Münden 62 C3
Mungbere 112-113 F4 G4
Munger 96 F4
Mungo 59 C2
Munich 62 D4
Münster (district) 63
Munster (région) 56-57 B5 C5
Münster (ville, Allemagne) 62 B2 B3
Munster (ville, France) 34 F3
Münsterland 62 B3 C3
Muntok 98-99 D6
Muonio 54-55 G2 H2
Muonioälv 54-55 G2
Muota 66-67 D2
Mur 64-65 K2 L3
Mura 76-77 D2
Murat (rivière) 90 J4 K4
Murat (ville) 32 B3
Murat Daği 76-77 J6
Murato 30 I6
Murchison (champ pétrolier) 59 C1
Murchison (rivière) 142-143 B4
Murcie (région) 72-73 E4
Murcie (ville) 72-73 E4
Mur-de-Bretagne 26 D2
Murdoch 59 C3
Mureş 76-77 F2
Muret 28 E4
Murg (rivière) 34 G3
Murg (ville) 66-67 D1
Muroran 108 E2
Muros e Noia, ria de 72-73 A1
Muroto, cap 108 C4
Murray 142-143 E5
Murray, lac 98-99 K6

Murray, zone fracturée de 140-141 E24 E25
Murrumbidgee 142-143 E5
Murten 66-67 C2
Murten, lac de 66-67 C2
Murud 98-99 E5 F5
Mururoa 37N C3
Murwara 96 E5
Mürz 64-65 L2
Mürzzuschlag 64-65 L2
Muş 90 J4
Musala 76-77 G4
Musan 108 B2
Muscadet 27A D3
Musgrave, monts 142-143 D4
Musi 98-99 C6
Musiciens, monts des 140-141 E22 F23
Muskegon 126-127 I3 J3
Muskogee 126-127 G4
Musoma 112-113 G5
Musquaro, lac 125 F3
Mussidan 28 D2
Müstair 66-67 F2
Mustér 66-67 D2
Mutare 112-113 G6
Mutsu, baie de 108 E2
Muttenz 66-67 C1
Mutzig 34 F3
Muzaffarnagar 96 D4
Muzaffarpur 96 E4 F4
Muzat 102-103 D3
Muzillac 26 D3
Muztag (Karakoram) 102-103 C4
Muztag (Kunlun Shan) 102-103 D4
Mwanza 112-113 G5
Mwaya 112-113 G5
Mweelrea 56-57 B5
Mweru, lac 110-111 F5 G5
Myanmar 88-89 L7
Myaungmya 98-99 A2
Mycènes 76-77 G7
Myeik 98-99 B3
Myingyan 98-99 B1
Myitkyina 102-103 F6
Mykolaïv 78 F4
Mykonos 76-77 H7
Mymensingh 102-103 E6 E7
Myra 90 D5 E5
Myrdal 54-55 C3
Mýrdalsjökull 54A c2
Mysie 90 C4 D4
Mysore 96 D7
Mythen 66-67 D1
My Tho 98-99 D3
Mytichtchi 84F C1
Mytilène 76-77 J6
Mývatn 54A c2
Mzab 116-117A D1
Mělník 62 F3

N

Naab 62 E4 D4
Naas 56-57 C5
Nabatiya 92 B2
Naberejnye Tchelny 80-81 G4
Nabeul 117D B1
Nabire 98-99 J6
Nabq 92 A7
Nacala 112-113 H7
Nacre, côte de 27A E1
Nadiad 96 C5
Nador 117B D1
Nadym 80-81 H3 I3
Näfels 66-67 E1
Nafoura 68-69 I6
Naga 98-99 G3
Nagahama 109A C2
Nagaland 96 G4 H4
Nagano 108 D3
Nagaoka 108 D3
Nagaon 96 G4
Nagappattinam 96 D7 E7
Nagasaki 108 B4
Nagaur 96 C4
Nagercoil 96 D8
Nagorny-Karabakh 85A
Nagoya 108 D3
Nagpur 96 D5
Nagqu 102-103 E5
Nagykanizsa 76-77 D2
Naha 108 B5
Nahariya 92 A2 B2
Nahe 62 B4
Nahuel Huapi, lac 134 C7 D7
Nain 125 F2
Nairobi 112-113 G5
Najafabad 94 F3
Najin 108 C2
Najran 94 D6
Nakamura 109A B3
Nakanbe 116-117 C3
Nakano 108 B5 C5
Nakatatsu 109A C2
Nakatsugawa 109A C2
Nakhabino 84F A1
Nakhitchevan (République) 85A
Nakhitchevan (ville) 94 E2
Nakhodka 80-81 O5
Nakhon Ratchasima 98-99 C2 C3
Nakhon Sawan 98-99 B2 C2
Nakhon Si Thammarat 98-99 B4 C4
Nakina 122-123 J4
Naktong 106A B2
Nakuru 112-113 G5
Nalón 72-73 B1
Naltchik 90 K2
Namaland 110-111 E7
Namangan 80-81 I5
Nam Co 102-103 E5
Nam Dinh 98-99 D1
Namemba, monts 116-117A E4
Namib 110-111 E6 E7
Namibe 112-113 E6
Namibie 112-113 E7
Namjagbarwa Feng 102-103 F6
Namlea 98-99 H6
Nam-Ngum, réservoir de 98-99 C2
Nampo 108 A3 B3
Nampula 112-113 G6
Namsos 54-55 D2
Namur (province) 60 C4
Namur (ville) 60 C4
Nan 98-99 C2
Nanaimo 122-123 F5
Nançay 24 D5
Nanchang 102-103 J6
Nanchong 102-103 H5
Nancy 34 E3
Nanda Devi 96 D3 E3
Nanded 96 D6
Nanga Parbat 92 C2
Nangbeto 116-117A D4
Nangis 24 E4
Nanisivik 122-123 J2
Nanjing 102-103 J5
Nanning 102-103 H7
Nanortalik 122-123 N4
Nanping 102-103 J6
Nanpu, pont de 105E
Nansen, détroit de 122-123 I1 J1
Nan Shan 102-103 F4 G4
Nanshui 102-103 H5
Nant 30 C1
Nantais, lac 125 D1
Nanterre 24 D4
Nantes 26 E3
Nantes à Brest, canal de 26 D3 E3
Nanteuil-le-Haudouin 24 D3
Nantong 102-103 K5
Nantou (Chine) 101A B2
Nantou (Taiwan) 106D A2
Nantua 32 E2
Nantucket 126-127 M3
Nanyang 102-103 I5
Nanyuan 105F
Nanyuki 112-113 G4
Naococane, lac 125 D3
Napa 130A
Napan Jiang 102-103 H6 H7
Napf 66-67 C2 D2
Napier 142-143 H5
Naples 74-75 E4
Naples, golfe de 74-75 D4 E4
Naplouse 92 B3
Napo 134 C3
Napoléon, route 32 E4
Napoli 74-75 E4
Naqb-Ishtar 92 B6
Naqurah 92 B2
Nara 108 D4
Narathiwat 98-99 C4
Narayanganj 96 F5 G5
Narbonne 30 C2
Nares, détroit de 120-121 N1
Narian Mar 80-81 G3
Narita 109A D2
Narmada 96 D5
Narodnaïa 80-81 G3 H3
Narrogin 142-143 B5
Narssaq 122-123 N3
Narva (fleuve) 54-55 H4
Narva (ville) 54-55 I4
Narvik 54-55 F1
Narym 80-81 J4
Naryn 80-81 I5
Nashua 130B
Nashville 126-127 I4
Näsi, lac 54-55 G3
Nasik 96 C6
Naskaupi 125 F3
Nassau 132 D2
Nasser, lac 110-111 F2
Nässjö 54-55 E4
Nastapoka 125 C2
Nastapoka, îles 125 C2
Natal (Brésil) 135 G3
Natal (Indonésie) 98-99 B5
Natal, bassin du 140-141 K6 K7
Natashquan (fleuve) 125 F3
Natashquan (localité) 125 F3
Natron, lac 110-111 G5
Natuna, îles 98-99 D5
Natuna Besar 98-99 D5
Nau, cap de la 72-73 F3
Naucelle 30 B1
Naumburg 62 D3 E3
Nauplie 76-77 G7
Nauplie, golfe de 76-77 G7
Nauru 140-141 I19
Navarin 76-77 F7
Navarin, cap 80-81 S3 T3
Navarre 72-73 D1 E1
Navia (fleuve) 72-73 B1
Navia (ville) 72-73 B1
Navisence 66-67 C2
Navsari 96 C5
Nawabshah 92 B4
Náxos 76-77 H7
Nay-Bourdettes 28 C4
Nayoro 108 E2
Nazareth 92 B3
Nazca, crête de 140-141 K30 J29
Nazca, plaque de 150B
Naze 108 B5
Nazilli 90 D4 D5
Nazinon 116-117 C3
Nazran 90 L2
Ndalatando 112-113 E5
Ndjamena 112-113 E3
Ndola 112-113 F6
Neagh, lough 56-57 C4
Neath 56-57 D6 E6
Neauphle-le-Château 23A A2
Nebbio 30 I6
Nebitdag 80-81 G6
Nebo 92 B4
Nebraska 126-127 F3 G3
Nebrodi, monts 74-75 E6 E5
Neckar 62 C4
Necochea 135 E6
Nedjed 94 D5 E5
Needles 131A F4
Nee Soon 101C B1
Nefoud, désert du 94 C4 D4
Negele 112-113 G4
Negombo 96 D8
Negotin 76-77 G3
Negrais, cap 98-99 A2
Nègrepelisse 28 E3
Negro, río (Argentine) 134 D6 D7
Negro, rio (Brésil) 134 D3
Negro, río (Uruguay) 134 E6
Negros 98-99 G4
Néguev 92 A5
Neige, crêt de la 32 E2
Neiges, piton des 37 E1
Neijiang 102-103 H6
Nei Mongol 102-103 J3 K3
Neisse 62 F3
Neiva 135 C2
Nekemte 94 C8
Nellore 96 E7
Nelson (champ pétrolier) 59 C2
Nelson (fleuve) 122-123 I4
Nelson (ville, Canada) 126-127 C2
Nelson (ville, Nouvelle-Zélande) 142-143 H6
Nelspruit 119A
Néma 112-113 C3
Nemek, daria 40-41 I5 J5
Nemours 24 D4
Nemtchinovka 84F A2
Nemunas 40-41 G3
Nemuro 108 E2 F2
Nendo 142-143 G3
Nene 56-57 G5
Nen Jiang 102-103 K2
Nenjiang 102-103 L2
Nentsie 85A
Népal 88-89 K7
Nephin 56-57 B5
Nera 74-75 D3
Nérac 28 D3
Neretva 76-77 D4
Nerioungri 80-81 N4
Néris-les-Bains 32 B2
Nerja 72-73 D4
Néronde 32 D3
Nersac 28 C2 D2
Nertchinsk 80-81 M4
Nerva 72-73 B4
Nervi 64-65 F5
Nesebăr 76-77 I4 J4
Neskaupstadhur 54A d2
Nesle 24 D3
Nesque 30 E1
Ness, loch 56-57 D3
Nestos 76-77 H5
Netanya 92 A3
Neto 74-75 F5
Nettilling, lac 122-123 K3 L3
Neubourg 2 D2
Neubourg, plaine du 24 C3
Neubrandenburg 62 E2
Neuchâtel 66-67 B1 C1
Neuchâtel, lac de 66-67 B2
Neuenhagen 63G
Neuf-Brisach 34 F3
Neufchâteau (Belgique) 60 D5
Neufchâteau (France) 34 D3
Neufchâtel-en-Bray 24 C3
Neufchâtel-Hardelot 24 C2
Neuhaus am Rheinfall 66-67 D1
Neuilly-Plaisance 23A D2
Neuilly-sur-Marne 23A D2
Neuilly-sur-Seine 23A C2
Neukölln 63G
Neum 76-77 D4
Neumünster 62 D1
Neunkirchen (Allemagne) 62 B4
Neunkirchen (Autriche) 64-65 M2
Neuquén (province) 139A
Neuquén (ville) 135 C6 D6
Neuruppin 62 E2
Neusiedl, lac de 76-77 D2
Neuss 62 B3
Neussargues-Moissac 32 B3
Neustrelitz 62 E2
Neu-Ulm 64-65 G1
Neuves-Maisons 34 E3
Neuvième degré, passage du 96 C8
Neuville-aux-Bois 24 D4
Neuville-de-Poitou 24 B6
Neuville-lès-Dieppe 24 C3
Neuville-sur-Oise 23A B1
Neuville-sur-Saône 32 D3
Neuvy-Saint-Sépulchre 28 E1
Neuwied 62 B3
Néva 54-55 I4
Nevada 126-127 C4 D4
Nevada, sierra (É.-U.) 126-127 B3 C4
Nevada, sierra (Espagne) 72-73 D4
Nevada de Santa Marta, sierra 134 C1 C2
Nevel 54-55 I4
Nevelsk 108 E1
Nevers 2 E3
Neves 138C
Nevinnomyssk 68-69 M3
Nevis 132 G3
Nevis, ben 56-57 D3
Nevşehir 90 G4
New Amsterdam 135 E2
Newark 126-127 K3 L3
Newark Airport 130C A3
Newark Bay 130C B3
New Bedford 126-127 L3 M3
New Brighton 130C B3
New Brunswick 130B
Newburgh 130B
Newcastle 142-143 F5
Newcastle upon Tyne 56-57 E4 F4
Newcastle Waters 142-143 D3
New Delhi 96 D4
New Dorp 130C B4
New Glasgow 125 F4
New Hampshire 126-127 L3
New Haven 126-127 L3
Newhaven 56-57 G6
New Hyde Park 130C D2
New Jersey 126-127 K4 L4
New Kowloon 101D
New London 130B
Newman 142-143 B4 C4
New Milford 130C B1
New Plymouth 142-143 H5
Newport (Pays de Galles) 56-57 E6
Newport (Wight) 56-57 F6
Newport News 126-127 K4 L4
New Richmond 125 E4 F4
New Rochelle 130C D1
Newry 56-57 C4
Newtown 56-57 E5
New Utrecht 130C B3
New York (État) 126-127 K3 L3
New York (ville) 126-127 L3
Neyagawa 109B
Neychabur 94 G2
Neyriz 94 F4 G4
Nez de Boeuf 37 E1
Ngami, lac 110-111 F7
Ngaoundéré 112-113 E4
Ngoko 110-111 E4
Nguigmi 112-113 E3
Ngulu 98-99 J4
Nguru 112-113 E3
Nha Trang 98-99 D3 E3
Nhulunbuy 142-143 D3
Niagara 126-127 J3 K3
Niah 98-99 E5
Niamey 112-113 D3
Nias 98-99 B5
Niaux, grotte de 28 E5
Nicaragua 132 B4 C4
Nicaragua, lac 132 C4
Nice 30 G2
Nichicun, lac 125 D3
Nicobar, îles 98-99 A4
Nicoya, golfe de 132 B5 C5
Nid à l'Aigle, cap du 37G A1
Nied 34 E2
Niederbronn-les-Bains 34 F3
Nienburg 62 C2
Nieppe 24 D2
Niers 60 E3
Niesen 66-67 C2
Nieuport 60 A3
Nieuwegein 60 C2 D2
Nièvre (département) 32 C1
Nièvre (rivière) 32 C1
Niğde 90 G5
Niger (État) 112-113 D3 E3
Niger (État, Nigéria) 118 C4
Niger (fleuve) 110-111 C3 D4
Niger, delta du 110-111 D4
Nigéria 112-113 D4 E4
Niigata 108 D3
Niihama 108 C4
Nijkerk 60 D2
Nijnejangarsk 80-81 L4 M4
Nijneoudinsk 80-81 K4
Nijnevartovsk 80-81 I3 J3
Nijni Novgorod (province) 85A
Nijni Novgorod (ville) 80-81 F4
Nijni Taghil 80-81 H4
Nijverdal 60 E2
Nijyn 78 F3
Nikko 108 D3
Nikolaïevsk 80-81 O4 P4
Nikolskoïé 84F D2
Nikopol (Bulgarie) 76-77 H4
Nikopol (Ukraine) 78 F4
Nikoulino 84F B3
Niksar 90 H3
Nikšić 76-77 E4
Nil 110-111 F2
Nil blanc 110-111 G3
Nil bleu 110-111 G3
Nilgiri, monts 96 D7
Nilópolis 138C
Nimba, mont 110-111 C4
Nimba, monts 116-117 C4
Nimègue 60 D3 E3
Nîmes 30 D2
Nimule 112-113 G4
Nineveh 94 D2
Ningbo 102-103 K6
Ningshan 102-103 H5
Ningxia 102-103 H4
Ninh Binh 98-99 C1 D1
Ninian 59 C1
Ninove 60 B4
Niobrara 126-127 F3
Niolo 30 H6 I6
Niomen 78 D3 E3
Niomo 30 I6
Nioro 112-113 C3
Niort 28 C1
Nipigon, lac 122-123 J5
Nipissing, lac 122-123 K5
Nippur 94 E3
Niš 76-77 F4 G4
Nisab 94 E7
Nišava 76-77 G4
Nishinomiya 109B
Nissan-lez-Enserune 30 C2
Niterói 135 F5
Nith 56-57 E4
Nitra (rivière) 76-77 E1
Nitra (ville) 76-77 E1
Niue 140-141 J22
Niut 98-99 D5
Nive 28 B4
Nivelles 60 C4
Nivernais 24 E5 E6
Nivernais, canal du 24 E5
Nizamabad 96 D6
Njazidja 110-111 H6
Nkayi 116-117A E5
Nkhotakota 112-113 G6
Nkongsamba 112-113 E4
Noaillac 29A G4
Nobeoka 108 C4
Noce 64-65 G3
Noeux-les-Mines 24 D2
Nogales 126-127 D5
Nogaro 28 D4
Nogatino 84F C3
Nogent 34 D3
Nogent-le-Roi 24 C4
Nogent-le-Rotrou 24 B4
Nogent-sur-Marne 23A C2 D2
Nogent-sur-Oise 24 D3
Nogent-sur-Seine 34 B3
Noguera 72-73 E1
Nogueras Pallaresa 28 E5
Nohain 24 E5
Noir, causse 30 C1
Noire, forêt 62 B5 C4
Noire, mer 144-145 E24
Noire, montagne (Bretagne) 26 C2
Noire, montagne (Languedoc) 30 B2
Noirétable 32 C3
Noirmoutier, île de 26 D4
Noirmoutier-en-l'Ile 26 D3
Noisiel 23A D2
Noisy-le-Grand 23A D2
Noisy-le-Roi 23A A2 B2
Noisy-le-Sec 23A C2 D2
Nojima, cap 108 D4 E4
Nola 116-117A E4
Nome 120-121 D3
Nomexy 34 E3
Nong'an 108 A2 B2
Nong Khai 98-99 C2
Nonni 102-103 K2
Nonnweiler 60 E5
Nontron 28 D2
Nonza 30 I6
Noordwijk 60 C2
Norbury 58C B3
Nord 24 D2
Nord, canal du (France) 24 D3 D2
Nord, canal du (R.-U.) 56-57 C4 D4
Nord, cap (Islande) 54A b01
Nord, cap (Norvège) 54-55 H1
Nord, digue du 60 D2 D1
Nord, île du 142-143 H5
Nord, mer du 40-41 E3
Nord, port du 84F B1
Nord, province du 119A
Nord, région 37A B2
Nord, terre du 80-81 K1 L2
Norden 62 B2
Nordenham 62 C2
Nordenskjöld, archipel de 80-81 J2 K2
Norderney 62 B2
Norderstedt 62 D2
Nord-Est, polder du 60 D2
Nord-Est, terre du 80-81 D1 E1
Nordfjord 54-55 C3
Nordhausen 62 D3
Nordhorn 62 B2
Nordkinn 54-55 H1 I1
Nördlingen 62 D4
Nord-Ouest 119A
Nord-Ouest, territoires du 122-123 G3 H3
Nordvik 80-81 M2
Nore 56-57 C5
Norfolk (île) 142-143 G4
Norfolk (ville) 126-127 K4
Norfolk, crête de 140-141 K19 L19
Norilsk 80-81 J3 K3
Normand, bocage 2 C2
Normandie 24 A3 C3
Normandie, collines de 26 E2 F2
Normanton 142-143 E3
Norman Wells 122-123 E3 F3
Norris, réservoir 126-127 J4
Norrköping 54-55 F4
Norrland 54-55 F2
Norrtälje 54-55 F4
Norseman 142-143 C5
Northam 142-143 B5
Northampton 56-57 F5
Northamptonshire 58A
North Arlington 130C B2
North Battleford 122-123 H4
North Bay, aqueduc 131A B2 C2
North Bergen 130C B2
Northfleet 58C D3
Northolt 58C A2
North Platte (rivière) 126-127 F3
North Platte (ville) 126-127 F3 G3
North Point 101D
Northumberland, détroit de 125 F4
North Weald Bassett 58C D1
Northwood 58C A2
Norton, baie de 120-121 D3
Norton Point 130C B4
Nort-sur-Erdre 26 E3
Norvège 42-43 E2 F2
Norvégien, bassin 144-145 C20 C21
Norwegia, cap 140-141 P1
Norwich 56-57 G5
Noshiro 108 D2
Nosob 110-111 E7
Nota 54-55 I2 I1
Notakwanon 125 F2
Noto (Italie) 74-75 E6
Noto (Japon) 108 D3
Notodden 54-55 D4
Notre-Dame, baie de 125 G4 H4
Notre-Dame, monts 125 D4 E4
Notre-Dame-de-Bondeville 24 B3 C3
Notre-Dame-de-Gravenchon 24 B3
Notre-Dame-de-Monts 26 D4
Nottaway 125 C3
Nottingham 56-57 F5
Nouâdhibou 112-113 A2 B2
Nouâdhibou, ras 110-111 A2 B2
Nouakchott 112-113 B3
Noukous 80-81 G5 H5
Noumbisi 116-117A C3
Nouméa 37A C3
Nouveau-Brunswick 122-123 L5
Nouveau-Comptoir 125 C3
Nouveau-Mexique 126-127 E5 F5
Nouveau-Québec 125 C3 E3
Nouveau-Québec, cratère du 125 D1
Nouveaux Territoires 101A B3 C3
Nouvelle-Amsterdam 140-141 L10 L11
Nouvelle-Bretagne 142-143 E2 F2
Nouvelle-Bretagne, fosse de 162-163 E2 F2
Nouvelle-Calédonie (île) 142-143 G4
Nouvelle-Calédonie (territoire) 140-141 K19
Nouvelle-Calédonie, bassin de 140-141 K19 L19
Nouvelle-Écosse 122-123 L5
Nouvelle-Espagne 123A
Nouvelle-Galles-du-Sud 142-143 E5
Nouvelle-Géorgie 142-143 F2
Nouvelle-Guinée 140-141 I16
Nouvelle-Irlande 142-143 F2
Nouvelle Providence, île de la 132 D1
Nouvelles-Hébrides 142-143 G3 H3
Nouvelles-Hébrides, fosse des 140-141 K19 K20
Nouvelle-Sibérie 80-81 Q2
Nouvelle-Sibérie, îles de 80-81 O2 Q2
Nouvelle-Zélande 140-141 M19
Nouvelle-Zélande, alpes de 142-143 G6 H6
Nouvelle-Zemble 80-81 G2 H2
Nouvion 24 C2
Nouvion-sur-Meuse 34 C2
Nouzonville 34 C2
Nova Goa 96 C6
Novaïa Zemlia 80-81 G2 H2
Nova Iguaçu 135 F5
Novare 74-75 B2
Nova Sofala 112-113 G7
Novate Mezzola 66-67 E2
Novena, col de 66-67 D2
Nové Zámky 76-77 E2
Novgorod (province) 85A
Novgorod (ville) 78 F2
Novigrad 64-65 J4
Novi Ligure 74-75 B2
Novi Pazar 76-77 F4
Novi Sad 76-77 E3 F3
Novokouznetsk 80-81 J4
Novo Mesto 64-65 L4
Novomoskovsk 78 G3 H3
Novorossiisk 80-81 E5
Novosibirsk (province) 85A
Novosibirsk (ville) 80-81 J4 J4
Novotcherkassk 78 G4
Novy Ourengoï 80-81 I3
Novy Port 80-81 I3
Noyers 34 B4
Noyon 24 D3
Nozay 26 E3
Nozeroy 32 F2
Nsanje 112-113 G6
Nubie 112-113 F2 G2
Nubie, désert de 110-111 G2
Nueltin, lac 122-123 I3
Nueva Gerona 133A
Nueva Rosita 126-127 F6
Nuevitas 132 D2
Nuits, côte de 35A D3
Nuits-Saint-Georges 34 D4
Nuku Hiva 37N C1
Nules 72-73 E3
Nullarbor, plaine 142-143 C5 D5
Numazu 108 D3 D4
Numfoor 98-99 I6 J6
Nunavik 125 C2 E2
Nunavut 122-123 I3 J3
Nunivak 120-121 D3
Nunspeet 60 D2
Nuoro 74-75 B4
Nuremberg 62 D4
Nurmes 54-55 I3
Nürnberg 62 D4
Nusa Tenggara 98-99 F7 G7
Nusaybin 90 J5
Nutley 130C A2
Nuuk 122-123 M3
Nuupéré, pointe 37C A2
Nuwaiba 92 A7
Nyala 112-113 F3
Nyda 80-81 I3
Nyeri 110-111 G4
Nyinahin 116-117A C4
Nyiregyháza 76-77 F2 G2
Nykøbing 62 D1 E1
Nyköping 54-55 F4
Nynäshamn 54-55 F4
Nyngan 142-143 E5
Nyon 66-67 B2
Nyons 32 E4
Nzérékoré 116-117A C4
Nzeto 112-113 E5

O

Oahu 140-141 F23
Oakland 126-127 C4
Oak Ridge 126-127 I4 J4
Oamaru 142-143 H6
Oaxaca 126-127 G8
Ob 80-81 J4 H3
Ob, estuaire de l' 80-81 I3
Obama 109A C2
Oban 56-57 D3
Obbia 112-113 H4 I4
Obchtchi syrt 40-41 I3
Oberalp, col de l' 66-67 D2
Oberammergau 62 D5
Obergurgl 64-65 H3
Oberhausen 62 B3
Oberland 66-67 C2
Obernai 34 F3
Oberstdorf 62 D5
Obi 98-99 H6
Obi, détroit d' 98-99 H6
Óbidos 135 E3
Obihiro 108 E2
Obitsu 109C
Objat 28 E2
Oblatchnaïa 108 C2 D2
Obock 112-113 H3
Obohia 118F
Obuasi 116-117A C4
Ocaña 72-73 D2 D3
Occidental, désert 68-69 J6
Océan Indien central, crête de l' 140-141 I9 L10
Océan Indien méridional, crête de l' 140-141 M13 N16
Océan Indien occidental, crête de l' 140-141 L7 K9
Oceanside 131A E5
Och 102-103 A3
Ochil Hills 56-57 E3
Octeville 26 E1
Oda 116-117A C4
Oda, djebel 110-111 G2
Ódádhahraun 54A c2
Odda 54-55 C3
Ödemiş 76-77 I6
Odense 54-55 D5
Odenwald 62 C4
Oder 62 F2
Oder Haf 62 F1
Oder-Havel, canal 62 E2
Oder-Spree, canal 62 F2
Odessa (É.-U.) 126-127 F5
Odessa (Ukraine) 78 F4
Odet 26 B2 C2
Odiel 72-73 B4
Odienné 116-117A C4
Odintsovo 84F A3
Odra 62 F2
Oecussi 98-99 G7
Oeil 32 B2
Oesling 60 D5 E5
Ofanto 74-75 E4
Ofen, col d' 66-67 F2
O Ferrol 72-73 A1
Offenbach 62 C3
Offenburg 62 B4 C4
Ofotfjord 54-55 F1
Ogaden 110-111 H4
Ogbomosho 112-113 D4
Ogden 126-127 D3
Ogilvie, monts 122-123 E3
Öglio 74-75 C2
Ognon 34 D4
Ogooué 110-111 E5
Ogosta 76-77 G4
Ogulin 64-65 L4
Ogun 118 C4
Ohanet 117C D3
Ohio (État) 126-127 J3
Ohio (rivière) 126-127 J4 I4
Ohře 62 E3
Ohrid 76-77 F5
Ohrid, lac 76-77 F5
Oiapoque 134 E2
Oignies 24 E2
Oignon 2 F3
Oikiluoto 55D
Oïmiakon 80-81 O3 P3
Oisans 32 E4
Oise (département) 24 D3
Oise (rivière) 24 E3 D3
Oissel 24 C3
Oita 108 C4
Oituz, col 76-77 I2
Ojos del Salado 134 D5
Oka (Sibérie) 80-81 L4
Oka (Volga) 78 G3
Okaba 98-99 J7 K7
Okak 125 F2
Okara 92 C3
Okavango 110-111 E6 F6
Okavango, marais de l' 110-111 F6
Okaya 109A D1
Okayama 108 C4
Okazaki 108 D4
Okeechobee, lac 126-127 J6
Oker 62 D2
Okha 80-81 P4
Okhotsk 80-81 P4
Okhotsk, bassin d' 140-141 C17 C18
Okhotsk, mer d' 80-81 O5
Oki, îles 108 C3
Okinawa (île) 108 B5
Okinawa (ville) 108 B5
Okinawa, îles 108 B5
Okino-Erabu 108 B5
Oklahoma 126-127 G5
Oklahoma City 126-127 G4
Oktiabr 80-81 G5
Okushiri 108 D2
Ólafsfjördhur 54A c1 c2
Öland 54-55 F4
Olargues 30 B2
Olavarría 135 D6
Olbia 74-75 B4
Oldbury 57D
Oldenburg 62 B2 C2
Oldenzaal 60 E2 F2
Oldham 56-57 E5 F5
Old Harry 125A
Oleniok (fleuve) 80-81 M3 N2
Oleniok (localité) 80-81 M3
Oleniok, baie de l' 80-81 M2 N2
Oléron, île d' 28 B2
Oletta 30 I6
Olga 108 D2
Ölgi 102-103 E2
Olhão 72-73 B4
Olifants (Limpopo) 110-111 F7 G7
Olifants (Orange) 110-111 F7 G7
Olinda 135 G3
Oliokma 80-81 N4
Oliokminsk 80-81 M3 N3
Olioutorski, cap 80-81 S4
Olivenza 72-73 B3
Olivet 24 C5
Olmeto 30 H7 I7
Olongapo 98-99 F3 G3
Olonne-sur-Mer 26 E4
Olonzac 30 B2
Oloron, gave d' 28 C4
Oloron-Sainte-Marie 28 C4
Olot 72-73 G1
Oloviannaïa 102-103 J2
Olsztyn 80 D3
Olt 76-77 H3
Olten 66-67 C1
Oltu (rivière) 90 J3 K3
Oltu (ville) 90 K3
Oluan, cap 102-103 K7
Olympe 76-77 G5
Olympia 126-127 B2
Olympic, parc national 126-127 B2
Olympie 76-77 F7
Olympus 90 F6
Olympus, monts 126-127 B2
Om 80-81 J4
Omachi 109A C1
Omae, cap 109A D2
Omagh 56-57 C4
Omaha 126-127 G3
Omaha Beach 26 E1 F1
Oman 88-89 H8 H7
Oman, golfe d' 88-89 H7 I7
Oman, mer d' 140-141 G9
Ombai, détroit d' 98-99 H7
Ombrie 74-75 D3
Ombrone 74-75 C3
Omdourman 112-113 F3 G3
Omegna 66-67 D3
Omessa 30 I6
Omiya 109C
Ommen 60 E2
Omo 110-111 G4
Omolon 80-81 R3
Omsk (province) 85A
Omsk (ville) 80-81 I4
Omuta 108 C4
Ondo 118 C4
Öndörkhaan 102-103 H2 I2
Ondres 28 B4
Onega 80-81 E3
Onega, lac 80-81 E3
Onești 76-77 I2
Onitsha 112-113 D4
Onne 118F
Onon 80-81 M4
Onslow 142-143 B4
Ontario (province) 122-123 I4 J4
Ontario (ville) 131A E4
Ontario, lac 126-127 K3
Ontong Java, îles 142-143 F2 G2
Onzain 24 C5
Oodnadatta 142-143 D4
Oosterhout 60 C3 D3
Opale, côte d' 25A C2
Opatija 76-77 B3 C3
Opinaca 125 C3
Opiscotiche, lac 125 E3
Opobo 118F
Opole 68-69 H1
Or, côte d' 2 F3
Or, côte de l' 110-111 C4 D4
Or, plage d' 76-77 I4 J4
Oradea 76-77 F2 G2
Oradour-sur-Glane 28 E2
Oraison 30 E2 F2
Oral 80-81 G4
Oran 117C A2
Orange 142-143 E5
Orange (fleuve) 110-111 F8 E7
Orange (ville, É.-U., Californie) 130A
Orange (ville, É.-U., Pennsylvanie) 130C A2
Orange (ville, France) 30 D1
Orange, cap d' 134 E2 E3

Orange City 126-127 G3 H3
Oranienburg 62 E2
Orb 30 C2
Orbe (localité) 66-67 B2
Orbe (rivière) 66-67 F1
Orbec 24 B3
Orbey 34 F3
Orbieu 30 B2
Órbigo 72-73 C1
Orcades, îles 56-57 E2 F2
Orcades du Sud, îles 140-141 O34
Orchies 24 E2
Orcières 32 F4
Orco 64-65 D4
Ord 142-143 C3
Ord, mont 142-143 C3
Ordos 102-103 H4
Ord River 142-143 C3 D3
Ordu 90 H3 I3
Örebro 54-55 E4
Oregon 126-127 B3 C3
Orekhovo-Borisovo 84F C3
Orekhovo-Zouïevo 78 G2
Orel (province) 85A
Orel (ville) 78 G3
Orenbourg (province) 85A
Orenbourg (ville) 80-81 G4
Orénoque 134 D2
Öresund = Sund 54-55 E5
Organabo 36 D1
Orgaz 72-73 C3 D3
Orge 24 D4
Orgelet 32 E2
Orgeval 23A A2
Orhy, pic d' 28 B5
Origny-Sainte-Benoîte 24 E3
Orillia 125 B5 C5
Oriola 72-73 E3
Orissa 96 E6
Oristano 74-75 B5
Oristano, golfe d' 74-75 B5
Orizaba (mont) 126-127 G8
Orizaba (ville) 126-127 G8
Orjen 76-77 E4
Orkhon 102-103 G2
Orkney, îles 56-57 E2 F2
Orlando 126-127 J6
Orléanais 24 C5 D5
Orleans (É.-U.) 131A B1
Orléans (France) 24 C5
Orly 23A C3
Orly, aéroport d' 23A C3
Ormoc 98-99 G3
Ormuz, détroit d' 94 G4
Ornain 34 D3
Ornans 34 E4
Orne (département) 24 B4
Orne (fleuve, Basse-Normandie) 26 F2
Orne (rivière, Lorraine) 34 D2
Orne, bagnoles de l' 26 F2
Örnsköldsvik 54-55 F3
Oro, monte d' 30 H6 I6
Orocué 132 E6
Orohena 37C B2
Oron (rivière) 32 E3
Oron (ville) 92 A5
Orontes 90 H6
Orosei, golfe d' 74-75 B4
Oroville 131A C2
Oroville Dam 131A C2
Orpington 58C C3
Orry-la-Ville 24 D3
Orsay 23A B3
Orsières 66-67 C2
Orsk 80-81 G4 H4
Orşova 76-77 G3
Orta, lac d' 64-65 E4
Ortegal, cap 72-73 A1 B1
Orthez 28 C4
Orthrys, monts 76-77 G6
Ortigueira 72-73 A1 B1
Ortisei 64-65 H3
Ortler 64-65 G3
Ortler, alpes de l' 64-65 G3
Ortles 64-65 G3
Oruro 135 D4
Orvieto 74-75 C3 D3
Orxois 24 E3
Osage 126-127 H4
Osaka 108 D4
Osaka, aéroport de 109B
Osaka, baie d' 109B
Osãm 76-77 H4
Osasco 138D
Oscar 36 D1
Oseberg 59 C1
Oshawa 122-123 K5
Oshima 108 D4
Oshima, péninsule d' 108 D2 E2
Oshkosh 126-127 I3
Oshogbo 112-113 D4
Osijek 76-77 E3
Oskarshamn 54-55 F4
Öskemen 80-81 J5
Oslo 54-55 D4
Oslofjord 54-55 D4
Osmaniye 90 H5
Osnabrück 62 B2 C2
Osny 23A B1
Osorno 135 C7
Oss 60 D3
Ossa, mont 142-143 E6
Ossa, serra de 72-73 B3
Ossau, vallée d' 28 C5 C4
Osse 28 D4
Ossétie du Nord 85A
Ossétie du Sud 85A
Ossokmanuane, lac 125 E3 F3
Ossola, val d' 66-67 D2
Ossun 28 C4
Ostankino 84F C1
Ostende 60 A3
Østerdal 54-55 D3
Österdalälv 54-55 E3 F3
Osterley Park 58C A2
Östersund 54-55 E3
Ostie 74-75 D4
Ostrava 78 C4
Ostrov (région) 76-77 D2
Ostrov (ville) 54-55 I4
Ostuni 74-75 F4
Osumi, détroit d' 108 C4
Osumi, îles 108 B4 C4
Osun 118 C4
Osuna 72-73 C4
Ota 109A B2
Otanmäki 54-55 H2
Otaru 108 E2
Otava 62 E4
Otavi 112-113 E6 E7
Otchakovo 84F B2
Otelnuk, lac 125 E2
Otford 58C D4
Othe, pays d' 34 B3
Othis 23A D1
Oti 116-117 D3
Otish, monts 125 D3 E3
Otra 54-55 C4
Otradnoïé 84F B1 C1
Otrante 74-75 G4
Otrante, détroit d' 76-77 E5 E6
Ötscher 64-65 L2
Otsu 108 D3 D4
Ottawa 125 C4
Ottawa, îles 125 B2
Ottmarsheim 35A F3
Ottumwa 126-127 H3
Otway, cap 142-143 E5
Ötztal 64-65 G2
Ötztal, alpes de l' 64-65 G2 G3
Ou, monts 108 E3
Ouachita 126-127 H5
Ouadda 112-113 F4
Ouaddaï 110-111 E3 F3
Ouagadougou 112-113 C3
Ouanary 36 D1
Ouanne 24 E5
Ouaqui (localité) 36 D1
Ouaqui (rivière) 36 D1
Ouarsenis, djebel 72-73 F5
Ouarsenis, massif de l' 72-73 F5 G5
Ouarzazate 117B C2
Oubangui 110-111 E4
Ouche 34 C4
Ouche, pays d' 24 B4
Oudmourtie 85A
Oudon 26 F3
Oudtshoorn 112-113 F8
Ouégoa 37A B2
Ouelen 80-81 U3
Ouen 37A C3
Ouergha 117B C1
Ouessant, île d' 26 A2
Ouesso 112-113 E4
Ouest, cap 142-143 G6
Ouest, pointe de l' 37G A2
Ouest, port de l' 84F B2
Ouezzane 117B C1
Oufa 80-81 G4
Ouganda 112-113 G4
Ouistreham 24 A3
Oujda 117B D1
Oujhorod 78 D4
Oukhta 80-81 G3
Oukyr 102-103 H2
Oulad Naïl, monts des 117C B2 C2
Oulan-Bator 102-103 H2
Oulan-Oude 80-81 L4 M4
Ouliastaï 102-103 F2
Oullins 32 D3
Oulu 54-55 H2
Oulu, lac 54-55 H2
Oulujoki 54-55 H2
Oumb, lac 54-55 J2
Oumba 54-55 J2
Oumbarka 116-117A F1
Oum er Rbia 117B C1
Ounasjoki 54-55 H2
Our 34 E2
Oural 144-145 D26
Ouralsk 80-81 G4
Ource 34 C4
Ourcq, canal de l' 23A D1
Ourengoï 80-81 I3 J3
Ourense 72-73 B1
Ourgal 80-81 O4
Ourghantch 80-81 H5
Ouroup 80-81 P5
Ourq 24 E3
Ours, grand lac de l' 122-123 F3 G3
Ours, île des 80-81 C2
Ours, îles des 80-81 R2
Ourthe 60 D4
Ouse 56-57 F4 F5
Ousovo 84F A2
Oussouri 102-103 M2
Oussouriisk 80-81 O5
Oust (localité) 28 E5
Oust (rivière) 26 D3
Oust-Ilimsk 80-81 L4
Oust-Kamtchatsk 80-81 R4
Oust-Koksa 102-103 D1
Oust-Kout 80-81 L4
Oust-Maïa 80-81 O3
Oust-Nera 80-81 P3
Oust-Oleniok 80-81 N2
Oust-Orda-Bouriatie 85A
Oust-Ourt, plateau d' 80-81 G5
Oust-Port 80-81 J2 J3
Oust-Tsilma 80-81 F3 G3
Outaouais 125 C4
Outardes, rivière aux 125 E3
Outardes Quatre, réservoir 125 E3
Outchour 80-81 O4
Outokumpu 54-55 I3
Outreau 24 C2
Ouvéa 37A C2
Ouvèze 30 E1
Ouzbékistan 88-89 I6
Ovamboland 110-111 E6
Ovar 72-73 A2
Overflakkee 60 C3
Overijssel 60 E2
Oviedo 72-73 C1
Ovoot 102-103 I2
Owase 109A C2
Owendo 116-117A E4
Owens 131A D3
Owens, lac 131A E3
Owensboro 126-127 I4
Owen Stanley, chaîne 142-143 E2
Owerri 112-113 D4
Oxelösund 54-55 F4
Oxford 56-57 F6
Oxfordshire 58A
Oxhey 58C A1
Oxnard 126-127 C5
Oxted 58C C4
Oyama 109A D1
Oyo 118 C4
Oyonnax 32 E2
Ozamis 98-99 G4
Ozark,lac des 126-127 H4
Ozark, monts 126-127 H4
Ozoir-la-Ferrière 24 D4
Ozurgeti 90 K3

P

Paamiut 122-123 M3
Pabna 96 F5
Pacaraima, serra 134 D2
Pacasmayo 135 B3 C3
Pachuca 126-127 G7
Pacifique, océan 140-141 E19 L29
Pacifique, plaque 150B
Pacifique-Antarctique, bassin 140-141 O25 N29
Pacifique austral, bassin du 140-141 L23 M24
Pacifique central, bassin du 140-141 G21 H21
Pacifique central, crête du 140-141 F18 F21
Pacifique méridional, seuil du 140-141 O22 N24
Pacifique nord-occidental, bassin 140-141 E18 E19
Pacifique nord-oriental, bassin du 140-141 D23 G24
Pacifique oriental, dorsale du 140-141 N27 J27
Pacy-sur-Eure 24 C3
Padang 98-99 B6 C6
Padangpanjang 98-99 B6 C6
Padangsidempuan 98-99 B5 C5
Paddington 58C B2
Paderborn 62 C3
Padirac, gouffre de 28 E3
Padoue 74-75 C2
Padova 74-75 C2
Paducah 126-127 I4
Paéa 37C A2
Pag 76-77 C3
Pagadian 98-99 G4
Pagai, îles 98-99 C6
Pagny-sur-Moselle 34 D3
Pago Pago 140-141 J21 J22
Pahang 98-99 C5
Päijänne, lac 54-55 H3
Paimboeuf 26 D3 E3
Paimpol 26 C2 D2
Paimpont 26 D2
Paisley 56-57 D4
Païta (Nouvelle-Calédonie) 37A C3
Paita (Pérou) 135 B3
Paix, rivière de la 122-123 G4
Pajares, puerto de 72-73 C1
Pakanbaru 98-99 C5
Pakistan 88-89 I7
Pakokku 98-99 A1 B1
Paks 76-77 E2
Pakse 98-99 D2
Pakxan 98-99 C2
Palagruža, îles 76-77 D4
Palaiseau 24 D4
Palangkaraya 98-99 E6
Palau 140-141 H16
Palau, fosse des 98-99 I4
Palau, îles 98-99 I4
Palau-Kyushu, crête de 140-141 G16 F16
Palavas-les-Flots 30 C2
Palawan 98-99 F4
Paldiski 54-55 G4
Pale 76-77 E4
Palembang 98-99 C6 D6
Palencia 72-73 C2
Palenque 126-127 H8
Palerme 74-75 D5
Pali 96 C4
Palisades Interstate Park 130C C1
Palisades Park 130C B1 C1
Palk, détroit de 96 D8 D7
Pallakkad 96 D7
Pallastunturi 54-55 H1
Palma 72-73 G3
Palmas 135 F4
Palmas, cap 110-11 C4
Palmerston North 142-143 H6
Palmi 74-75 E5 F5
Palmiers, côte des 110-111 D4
Palmira 132 D6
Palmyra (île) 140-141 H22 H23
Palmyra (ruine) 94 C3
Palo Alto 131A B3
Palomar Mountain 131A E5
Palopo 98-99 G6
Palos, cap de 72-73 E3
Palos de la Frontera 72-73 B4
Palu 98-99 F6
Paluel 24 B3
Pama 114-115A C3 D3
Pamiers 28 E4
Pamir 96 C2
Pamlico, baie de 126-127 K4
Pampas 134 D6
Pampelune 72-73 E1
Pamukkale 90 D4 D5
Panaji 96 C6
Panamá (État) 132 C5 D5
Panamá (ville) 132 D5
Panamá, bassin de 140-141 H30
Panamá, canal de 132 C5
Panamá, golfe de 132 D5
Panamá, isthme de 120-121 L9 M9
Panama City 126-127 I5 J5
Panarea 74-75 E5
Panaro 74-75 C2
Panay 98-99 G3
Pančevo 76-77 F3
Panchiao 106D B1
Panevėžys 54-55 H5
Pangaea 151 A1
Pangani (rivière) 110-111 G5
Pangani (ville) 112-113 G5
Pangkalanbuun 98-99 E6
Pangkalpinang 98-99 D6
Pangnirtung 122-123 L3
Pangutaran, îles 98-99 F4 G4
Panié, mont 37A B2
Panissières 32 D3
Panj 96 B2
Pankow 63G
Pannonienne, plaine 76-77 E2 F2
Pantar 98-99 G7
Pantelleria 74-75 D6
Pantin 23A C2
Pánuco 126-127 G7
Panxian 102-103 G6 H6
Panyu 101A A2
Paopao 37C A1
Papara 37C A2
Papeete 37C A2
Papenburg 62 B2
Papenoo (fleuve) 37C B2
Papenoo (localité) 37C B1 B2
Papetoai 37C A1
Paphos 90 F6
Papouasie-Nouvelle-Guinée 142-143 E2
Papuasie, golfe de 142-143 E2
Pâques, île de 140-141 K28
Pará (État) 135 E3
Pará (fleuve) 134 F3
Para, seuil du 144-145 I16 I17
Paraćin 76-77 F4
Paradise 125 G3
Paraguaná 132 E4 F4
Paraguay (État) 135 D5 E5
Paraguay (rivière) 134 E4 E5
Paraíba (État) 135 G3
Paraíba (fleuve) 134 F5
Parakou 112-113 D4
Paramaribo 135 E2
Paramouchir 80-81 Q4
Paramus 130C B1
Paraná (État) 135 E5
Paraná (fleuve) 134 E5 D6
Paraná (ville) 135 D6 E6
Paranaguá 135 F5
Paranaíba 134 E4 F4
Paranapanema 134 E5 F5
Paranoá, lac 138E
Paray-le-Monial 32 D2
Parbhani 96 D6
Parchim 62 D2
Parent, lac 125 C4
Parentis-en-Born 28 B3
Parepare 98-99 F6
Pargny-sur-Saulx 34 C3
Paria, golfe de 132 G4
Parima, serra 134 D2
Paris 24 D4
Paris, port de 23A B1 C2
Park, chaîne 126-127 E4 E3
Parker Dam 126-127 D5
Parkersburg 126-127 J4
Parma 64-65 G5
Parme 74-75 C2
Parnaíba (fleuve) 134 F3
Parnaíba (ville) 135 F3 G3
Parnasse 76-77 G6
Parnon 76-77 G7
Pärnu 54-55 H4
Paroo 142-143 E4
Páros 76-77 H7
Parpaillon 32 F4
Parrett 56-57 E6
Parry, îles 120-121 I2
Parseierspitze 64-65 G2
Partenen 64-65 F3 G3
Parthenay 28 C1
Partizansk 108 C2
Paru 134 E3
Pasadena 126-127 C5
Pas-de-Calais 24 D2
Pas-en-Artois 24 D2
Pasir Panjang 101C A2
Pasir Ris 101C B1
Pašman 64-65 L6
Paso Robles 131A C4
Passaic 130C B1
Passau 62 E4
Passero, cap 74-75 E6
Pasto 135 C2
Pasubio 64-65 H4
Pasvik 54-55 I1
Patagonie 134 C8 D7
Patan 96 F4
Paternò 74-75 E6
Paterson 130B
Pathankot 96 D3
Pathein 98-99 A2
Patiala 96 D3
Patience 36 D1
Patkai, monts 102-103 E7 E6
Pátmos 76-77 I7
Patna 96 E4 F4
Patom, plateau de 80-81 M4
Patos, lagoa dos 134 E6
Patras 76-77 F6 G6
Patras, golfe de 76-77 F6
Patreksfjord 54A a2
Pattani 98-99 C4
Pattaya 98-99 C3
Patuca 132 B3 C3
Pau 28 C4
Pau, gave de 28 C4 C5
Pauillac 28 C2
Paulhaguet 32 C3
Paul Isnard 36 D1
Paulistana 135 F3
Paulo Afonso, chute 134 G3
Pavchino 84F A1
Pavie 74-75 B2
Pavilly 24 B3
Pavlodar 80-81 I4
Paxi 76-77 E6 F6
Payakumbuh 98-99 C6
Paya Lebar 101C B2
Paya Lebar, aéroport de 101C B2
Payerne 66-67 B2
Payne, lac 125 D2
Paysandú 135 E6
Pays-Bas (État) 42-43 E3
Pays-Bas (région) 28 C2
Pazardžik 76-77 H4
Paz de Río 132 E5
Pazin 64-65 J4 K4
Paznauntal 66-67 F1
Peace River 122-123 G4
Peary, terre de 120-121 P1 R1
Peć 76-77 F4
Pechelbronn 35A F2
Pecos 126-127 F5
Pécs 76-77 E2
Pédaguès 28 E4
Peebles 56-57 E4
Peel (région) 60 D3
Peel (rivière) 122-123 E3
Peel, détroit de 122-123 I2
Peene 62 E2
Pégasus, baie 142-143 H6
Pegnitz 62 D4
Pegu 98-99 B2
Peine 62 D2
Peïpous, lac des 40-41 G3
Pekalongan 98-99 D7 E7
Pekhorka 84F D3
Pekhra-Pokrovskoïé 84F D1
Pékin 102-103 J4
Pékin, université de 105F
Pélagie, îles 76-77 B8
Pélagos 76-77 H6
Pelat, mont 30 F1
Peledouï 80-81 M4
Pelée, montagne 37 B1
Peleng 98-99 G6
Pelham Bay 130C D1
Pelham Bay Park 130C D1
Pelješac 76-77 D4
Pellice 32 G4
Pelly 122-123 E3
Pelly Bay = Kugaaruk 122-123 J3
Pelly, monts 122-123 E3
Peloritani 74-75 E6 E5
Peloro, cap 74-75 E5
Pelotas 135 E6
Pelvoux 32 F4
Pematangsiantar 98-99 B5
Pemba (île) 110-111 G5 H5
Pemba (ville) 112-113 H7
Pembroke (Canada) 125 C4
Pembroke (R.-U.) 56-57 D6
Peñalara, pico de 72-73 C2 D2
Peñas, golfe de 134 C7
Penge 58C C3
Penghu 106D A2
Penha 138C
Penharens 27A C3
Peniche 72-73 A3
Peninsula 138E
Penjina, baie de 80-81 R3
Penly 25A C3
Penmarch, pointe de 26 B3
Pennine, chaîne 56-57 E4 F5
Pennsylvanie 126-127 K3
Penong 142-143 D5
Penrhyn 140-141 I22 I23
Penrith 56-57 E4
Pensacola 126-127 I5
Pentecôte 142-143 G3
Penthièvre 26 D2
Penticton 122-123 G5
Pentland, détroit de 56-57 E3
Pentland Hills 56-57 E4
Penyagolosa 72-73 E2
Penza (province) 85A
Penza (ville) 80-81 F4
Penzance 56-57 D6
Peoria 126-127 I3
Pepel 116-117A B4
Perabumulih 98-99 C6 D6
Perche, collines du 24 B4
Perdido, monte 72-73 F1
Peredelkino 84F A3
Pereira 132 D6
Pergame 90 C4
Pergamon 90 C4
Peri 90 J4
Péribonka 125 D4
Péribonka, lac 125 D3
Périers 26 E1
Périgord 28 D3
Périgord blanc 28 D2
Périgord noir 28 D3
Périgueux 28 D2
Perijá, sierra de 132 E5 E4
Perim 94 D7
Perkam, cap 98-99 J6
Perles, îles des 132 D5
Perles, rivière des 101A B2
Perm (province) 85A
Perm (ville) 80-81 G4
Pernambouc 135 G3
Pernambouc = Recife 135 G3
Pernes-les-Fontaines 30 E2
Pernik 76-77 G4
Péronne 24 D3
Pérou 135 C3 C4
Pérou, bassin du 140-141 J29 J30
Pérou-Chili, fosse du 140-141 J30 J31
Pérouges 32 E3
Pérouse 74-75 D3
Perovo 84F C2
Perpignan 30 B3 C3
Perros-Guirec 26 C2
Persépolis 94 F3
Persique, golfe 94 E4 F4
Perth (Australie) 142-143 B5
Perth (R.-U.) 56-57 E3
Perth Amboy 130C A4
Perthois 34 C3
Perthuis, col du 30 B3
Pertuis 30 E2
Pesaro 74-75 D3
Pescadores, îles 106D A2
Pescara (fleuve) 74-75 D3 E3
Pescara (ville) 74-75 E3
Peschiera 74-75 C2
Peshawar 92 C3
Pesmes 34 D4
Pessac 28 C3
Pessens 29A G3
Petah Tiqva 92 A3 B3
Pétali, golfe de 76-77 H7
Petchenga 80-81 E3
Petchora (fleuve) 80-81 G3
Petchora (ville) 80-81 G3
Peterborough (Australie) 142-143 D5 E5
Peterborough (R.-U.) 56-57 F5
Peterhead 56-57 F3
Petermanns, monts 120-121 Q2 R2
Petersburg 122-123 E4
Petit Barachois 37G A2
Petit Belt 62 C1
Petit-Bourg 36 C1
Petit-Canal 36 C1
Petit Caucase 90 M3 N3
Petit Colorado 126-127 D5 E5
Petit Cul-de-Sac Marin 36 C1
Petite Andaman 98-99 A3
Petite Creuse 28 E1 F1
Petite-Ile 37 E1
Petite Lande 28 C3 D3
Petite Miquelon 37G A2
Petite Nicobar 98-99 A4 B4
Petites Antilles 132 F4 G3
Petite-Sauldre 24 D5
Petites îles de la Sonde 98-99 F8 G8
Petites Landes 2 C4 D4
Petites Pyrénées 28 E4
Petite Terre, îles de la 36 C1
Petit Iénisseï 102-103 F1
Petit Mécatina, rivière du 125 F3 G3
Petit Minch 56-57 C3
Petit Missouri 126-127 F2
Petit Morin 24 E4
Petit Özen 40-41 I4
Petit Rhône 30 D2
Petit Saint-Bernard, col du 64-65 C4 D4
Petit Zab 90 K6 L6
Petra 92 B5
Petropavl 80-81 H4 I4
Petropavlovsk-Kamtchatski 80-81 Q4 R4
Petrópolis 135 F5
Petroşani 76-77 G3
Petrovsko-Razoumoskoïé 84F B1
Petrozavodsk 80-81 D3 E3
Peureulak 98-99 B5
Pevek 80-81 S3
Peyrehorade 28 B4 C4
Peyresourde, col de 28 D5
Peyrolles-en-Provence 30 E2
Pézenas 30 C2
Pfaffenhoffen 34 F3
Pfäffikon 66-67 D1?
Pforzheim 62 C4
Phaéton, port 37C B2
Phalsbourg 34 F3
Phan Thiet 98-99 D3
Phetchaburi 98-99 B3
Philadelphie 126-127 K4 L4
Philae 94 B5
Philippeville 60 C4
Philippines 88-89 O8 O9
Philippines, bassin des 140-141 G15 G16
Philippines, fosse des 140-141 G15 H15
Philippines, mer des 140-141 G15 G16
Philippines, plaque des 150B
Philipsburg 37 C1
Phitsanulok 98-99 C2
Phnom Penh 98-99 C3
Phoenix 126-127 D5
Phoenix, îles 140-141 H21
Phongsali 98-99 C1
Phon Hong 98-99 C2
Phonsavan 98-99 C2
Phrygie 90 D4 E4
Phuket (île) 98-99 B4
Phuket (ville) 98-99 B4
Phu Quoc 98-99 C3
Pia 30 B3
Piana 30 H6
Pianosa 74-75 C3
Piasina 80-81 K2
Piatigorsk 94 D1
Piatra-Neamţ 76-77 H2 I2
Piauí 135 F3
Piave 74-75 D1 D2
Piazza, cima de' 66-67 F2
Picard, plateau 2 D1 D2
Picardie 24 D3
Piccadilly Circus 58B
Picquigny 24 D3
Pidurutalagala 96 E8
Piedade 138C
Piedicroce 30 I6
Piedmont 120-121 L6 M5
Piedras Negras 126-127 F6
Pielis, lac 54-55 I3
Piemente 135 B3 C3
Piémont 74-75 A2 B2
Piennes 34 D2
Pierre 126-127 F3 G3
Pierre-Bénite 33A C3 D3
Pierre-Buffière 28 E2
Pierre-de-Bresse 32 E2
Pierrefeu-du-Var 30 F2
Pierrefitte-sur-Seine 23A C1
Pierrelatte 32 D4
Pierrelaye 23A B1
Pierre le Grand, baie de 80-81 O5
Pierre-Pertuis-Pontaubert 35A B3
Pietarsaari 54-55 G3
Pietermaritzburg 112-113 G7
Pietersburg 112-113 F7 G7
Pietrosu Calimanlor 76-77 H2
Pietrosu Rodnei 76-77 H2
Pigeon 36 C1
Pignan 30 C2
Pignerol 32 G4
Pikes, pic 126-127 E4 F4
Pilat 66-67 D2
Pilat, dune du 28 B3
Pilat, mont 32 D3
Pilbara 142-143 B4
Pilcomayo 134 D5
Pilgyn 80-81 S3
Pilibhit 96 D4 E4
Pilote 37 B1
Pina flat, lac 131A E3
Pinaki 37N C2
Pinang (île) 98-99 B4 C4
Pinang (ville) 98-99 B4 C4
Pinar del Río (province) 133A
Pinar del Río (ville) 132 B2 C2
Pinarello 30 I7
Pinatubo 98-99 F2 G2
Pinde, monts du 76-77 F5 F6
Pine Bluff 126-127 H5
Pine Creek 142-143 D3
Pine Point 122-123 G3
Pinerolo 74-75 A2
Pineuilh 28 D3
Pingliang 102-103 H4
Pingouins, îles des 37F A2
Pingtung 106D A2
Pingxiang (Guangxi) 102-103 H7
Pingxiang (Jiangxi) 102-103 I6
Pingyao 102-103 I4
Pinhel 72-73 B2
Pini 98-99 B5
Piniós 76-77 G6
Pinnart 57D
Pinner 58C A2
Pins, île des 37A C3
Pinsk 78 E3
Pinzgau 64-65 I2
Pioda di Crana 66-67 D2
Piombino 74-75 C3
Piombino, détroit de 74-75 C3
Piper 59 C2
Pipmuacan, réservoir 125 D4
Pipriac 26 D3 E3
Pique 28 D5
Pirae 37C A2
Piran 64-65 J4
Pirée 76-77 G7
Pirin 76-77 G5
Pirmasens 62 B4
Pirna 62 E3 F3
Piru 98-99 H6
Pisco 135 C4
Pise 74-75 C3
Písek 62 F4
Pishan 102-103 B4
Pisidie 90 E5 F5
Pissos 28 C3
Pistoie 74-75 C3
Pisuerga 72-73 C2
Pit 131A C1
Pitcairn (île) 140-141 K26
Pitcairn (territoire) 140-141 K26
Piteå 54-55 F2
Piteälv 54-55 F2
Piteşti 76-77 H3
Pithiviers 24 D4
Pitkiaranta 54-55 I3 J3
Piton-Sainte-Rose 37 E1
Pitres 24 C3
Pittsburgh 126-127 K3
Pittsfield 130B
Piura 135 B3 C3
Pizol 66-67 E2
Plabennec 26 B2
Placerville 131A C2
Plaine 34 E3 F3
Plaisance 74-75 B2
Plaisance, baie de 122-123 M5
Plaisir 23A A3
Plancher-les-Mines 34 E4
Plan Delta 60A
Planèze 32 B4 C3
Plantaurel 2 D5
Plantaurel, montagne du 28 E4 E5
Plasencia 72-73 B2
Plata, río de la 134 E6
Platani 74-75 D6
Plateau 118 C4
Platte River 126-127 F3 G3
Plauen 62 E3
Play Ku 98-99 D3
Pleaux 32 B3
Pléneuf-Val-André 26 D2
Plenty, baie 142-143 H5
Plessis-le-Roi 23A D4
Plestin-les-Grèves 26 C2
Plétipi, lac 125 D3
Pleumeur-Bodou 26 C2
Pleven 76-77 H4
Pleyben 26 C2
Plitvice 64-65 L5
Ploče 76-77 D4
Ploemeur 26 C3
Ploërmel 26 D3
Ploieşti 76-77 I3
Plouay 26 C3
Ploudalmézeau 26 B2
Plouescat 26 B2
Plougastel-Daoulas 26 B2
Plouha 26 C2 D2
Plouhinec 26 B3
Ploumanach 26 C2
Plovdiv 76-77 H4
Pluie, lac à la 126-127 H2
Pluies, rivière des 37 E1
Pluvigner 26 C3
Plymouth 56-57 D6 E6
Plynlimon 56-57 D5 E5
Plzeň 62 E4
Pô 74-75 A2 C2
Pô, collines du 74-75 A2 B2
Pobeda 80-81 P3
Pobedy, pic 102-103 C3
Pocatello 126-127 D3
Podensac 28 C3
Podgorica 76-77 E4
Podkamennaïa Toungouska 80-81 J3
Podolie 78 E4
Podolsk 78 G2
Pogradec 76-77 F5
Pogranitchny 108 C2
Pohang 106A B2
Pohnpei 140-141 H18
Pohorje 64-65 L3
Poindimie 37A B2
Poinsett, cap 140-141 O14
Pointe-à-Pitre 36 C1
Pointe-aux-Loups 125A
Pointe-Noire (Canada) 125 E3
Pointe-Noire (Congo) 112-113 D5 R5
Pointe-Noire (Guadeloupe) 36 C1
Poissy 24 C4 D4
Poitevin, marais 26 E4 F4
Poitiers 28 D1
Poitou 28 D1
Poitou, seuil du 2 D3
Poix-de-Picardie 24 C3
Pokhara 96 E4
Pok Liu 101D
Pokrovsk 80-81 N3
Pokrovsko-Strechnevo 84F B1
Polatlı 90 F4
Polatsk 78 E2
Pôle Nord magnétique 120-121 J2
Polésie 78 E3 F3
Pôle Sud 169B
Pôle Sud magnétique 140-141 O16 O17
Poliarny 54-55 J1
Policastro, golfe de 74-75 E5
Poligny 32 E2
Pollino, mont 74-75 F5
Pologne 42-43 F3 G3
Poltava 78 F4
Polynésie 140-141 G21 K24
Polynésie française 140-141 J24 J25
Poméranie, golfe de 62 F1
Pomerol 28 C3
Pommard 32 D1
Pomona 131A E4 E5
Pompey 34 D3 E3
Ponce 132 F3
Poncheville, lac 125 C3
Pondichéry (territoire) 96 D7
Pondichéry (ville) 96 D7 E7
Pond Inlet 122-123 K2
Ponent, riviera du 74-75 A3 B2
Ponérihouen 37A B2
Ponferrada 72-73 B1
Pongau 64-65 J2
Pongola Poort, barrage 119D
Pons 28 C2
Pontacq 28 C4
Ponta Grossa 135 E5
Pont-à-Mousson 34 E3
Ponta Porã 135 E5
Pontarlier 32 F2
Pontaubault 26 E2
Pont-Audemer 24 B3
Pontault-Combault 23A D3
Pont-Aven 26 C3
Pontcharra 32 F3
Pontchartrain 23A A3
Pontchâteau 26 D3
Pont-d'Ain 32 E2
Pont-de-l'Arche 24 C3
Pont-de-Roide 34 E4
Pont-de-Salars 30 B1
Pont-de-Vaux 32 D2 E2
Pontebba 74-75 D1
Ponte-Leccia 30 I6

Pontevedra 72-73 A1
Pontevedra, ria de 72-73 A1
Pont-Hébert 26 E1
Ponthierry 24 D4
Ponthieu 24 C2
Pontiac 126-127 J3
Pontianak 98-99 D5 D6
Pontines, îles 74-75 D4
Pontique, chaîne 90 E3 J3
Pontivy 26 D2
Pont-l'Abbé 26 B3
Pont-l'Évêque 24 B3
Ponto-Caspienne, dépression 40-41 I4
Pontoise 24 D3
Pontorson 26 E2
Pontrémoli 64-65 F5 G5
Pontresina 66-67 E2 F2
Pont-Sainte-Marie 34 C3
Pont-Sainte-Maxence 24 D3
Pont-Saint-Esprit 30 D1
Pont-Saint-Vincent 34 D3 E3
Pont-sur-Yonne 34 B3
Pool 58C C3
Poole 56-57 E6
Poopó, lac 134 D4
Popayán 135 C2
Poplar 58C C2
Popocatépetl 126-127 G8
Popondetta 142-143 E2
Porbandar 96 B5
Porcheville 25A C4
Porcien 34 C2
Porcupine 132-133 D3
Pordenone 74-75 D1 D2
Poreč 76-77 B3
Pori 54-55 G3
Porjus 54-55 F2
Porkkala 54-55 H4
Pornic 26 D3
Pornichet 26 D3
Poronaïsk 80-81 P5
Porquerolles, île de 30 F3
Porrentruy 66-67 C1
Porsangerfjord 54-55 H1
Porsuk 90 E4
Port, col de 28 E5
Portadown 56-57 C4
Portage la Prairie 122-123 I5
Portalegre 72-73 B3
Port Arthur 126-127 H6
Port Augusta 142-143 D5 E5
Port-au-Prince 132 E3
Port aux Basques 122-123 M5
Port-aux-Français 37E B2
Port-Barcarès 30 C3
Port Blair 98-99 A3
Port-Bou 30 B3
Port-Camargue 31A D3
Port-Cartier 125 E4
Port-Couronne 27A F1
Port Cros, île de 30 F3
Port-Curieuse 37E A2
Port-de-Bouc 30 D2
Port d'Envalira 28 E5
Port-de-Paix 132 E3
Port Elizabeth 112-113 F8
Port-en-Bessin-Huppain 26 F1
Porte Rouge, col de la 76-77 H3
Portes-lès-Valence 32 D4 E4
Portet d'Aspet, col du 28 D5
Portete, baie de 132 E4
Port-Gentil 112-113 D5
Port-Giraud 27A C3
Port-Harcourt 112-113 D4
Port Hedland 142-143 B3 B4
Port Huron 126-127 J3
Portillon, col du 28 D5
Portimão 72-73 A4
Port-Jérome 27A F1
Port Joinville 26 D4
Port Kembla 142-143 F5
Portland (île) 56-57 E6
Portland (ville, Australie) 142-143 D5 E5
Portland (ville, É.-U., Maine) 126-127 L3 M3
Portland (ville, É.-U., Oregon) 126-127 B2
Portland, bec de 56-57 E6
Port-la-Nouvelle 30 C2
Port-Leucate 30 C3
Port Lincoln 142-143 D5
Port-Louis (France) 26 C3
Port-Louis (Guadeloupe) 36 C1
Port Louis (Maurice) 112-113 I7
Port-Louis-du-Rhône 30 D2
Port Macquarie 142-143 F5
Port-Manech 27A B3
Port-Menier 125 F4
Port Moresby 142-143 E2
Port-Navalo 26 D3
Port Nolloth 112-113 E7
Port Nouveau-Québec 125 E2 F2
Porto (France) 30 H6
Porto (Portugal) 72-73 A2
Porto, golfe de 30 H6
Porto Alegre 135 E6 F6
Porto Amboim 112-113 E6
Porto de Moz 135 E3
Porto Empedocle 74-75 D6
Porto Esperança 135 E4
Portoferraio 74-75 B3 C3
Port of Spain 132 G4
Portomaggiore 64-65 H5
Porto Nacional 135 F4
Porto-Novo 112-113 D4
Porto Pollo 30 H7
Porto Rico 132 F3
Porto Rico, fosse du 144-145 H14
Porto Santo 112-113 B1
Porto Torres 74-75 B4
Porto-Vecchio 30 I7
Porto Velho 135 D3
Portoviejo 135 C2
Portpatrick 56-57 D4
Port-Phillip, baie 142-143 E5
Port Pirie 142-143 D5
Portree 56-57 C3
Port Richmond 130C B3
Portrush 56-57 C4
Port-Saïd 68-69 K5
Portsmouth (É.-U., New Hampshire) 130B
Portsmouth (É.-U., Virginie) 130B
Portsmouth (R.-U.) 56-57 F6
Port-Soudan 112-113 G3
Port-sur-Saône 34 E4
Port Talbot 56-57 D6 E6
Portugal 42-43 D4
Portugalete 72-73 E1
Port-Vendres 30 C3
Port-Vila 142-143 G3
Port Washington 130C D2
Porvoo 54-55 H3
Posadas 135 E5
Poset 108 C2
Poso 98-99 G6
Poso, lac 98-99 G6
Possession, île de la 37F A2
Poste-de-la-Baleine 125 C2
Postojna 64-65 K4
Potenza (fleuve) 74-75 D3
Potenza (ville) 74-75 E4
Poti 94 D1
Potigny 24 A4
Potomac 126-127 K4
Potosí 135 D4
Potsdam 62 E2
Potters Bar 58C B1
Pouancé 26 E3
Poubara 116-117A E5
Pouchkin 78 E2 F2
Pouébo 37A B2
Pouez 27A E2
Poughkeepsie 130B
Pouilles 74-75 F4
Pouilly 35A A3 B3
Pouilly-en-Auxois 34 C4
Pouilly-sous-Charlieu 32 D2
Poum 37A A2 B2
Pour 80-81 I3
Pourtalet, col du 28 C5
Pourville-sur-Mer 24 B3
Poussan 30 C2
Poutilkovo 84F B1
Poutorana, monts 80-81 J3 K3
Pouzauges 26 F4
Povungnituk (fleuve) 125 C1 D1
Povungnituk (localité) 125 C1
Powell, lac 126-127 D4 E4
Poya 37A B2
Poyang, lac 102-103 J6
Požarevac 76-77 F3
Poza Rica 126-127 G7
Poznań 78 C3
Pozzuoli 74-75 E4
Pradelles 32 C4
Prades 30 B3
Pragnères 29A D5 E5
Prague 62 F3
Praha 62 F4
Prahecq 28 C1
Praia 112-113 A3
Prairie 120-121 J5 J6
Pralognan-la-Vanoise 32 F3 G3
Pra-Loup 30 F1
Pramaggiore, mont 64-65 I3
Prata, costa de 73C
Prato 74-75 C3
Prats-de-Mollo-la-Preste 30 B3
Pratteln 66-67 C1
Prättigau 66-67 E2
Pravia 72-73 B1
Prayssac 28 E3
Préalpes 2 F4 G5
Précy-sur-Oise 24 D3
Predil, col du 74-75 D1
Prégolia 54-55 G5
Preparis 98-99 A3
Preparis, passage nord de 98-99 A2 B3
Preparis, passage sud de 98-99 A3 B3
Presanella 64-65 G3 H3
Prescott 126-127 D5
Presolana, piz della 66-67 F3
Prespa, lac 76-77 F5
Preston (Australie) 142-143 B4
Preston (R.-U.) 56-57 E5
Prestwick 56-57 D4
Pretoria 112-113 F7
Préveza 76-77 F6
Pribilof, îles 120-121 C4 E4
Příbram 62 E4 F4
Prieta, peña 72-73 C1
Prijedor 76-77 D3
Prilep 76-77 F5
Primel-Trégastel 26 C2
Prince Albert 122-123 H4
Prince-Albert, baie du 122-123 G2
Prince-Alfred, cap 122-123 E2 F2
Prince-Charles, île du 122-123 K3
Prince-de-Galles, cap du 120-121 D3
Prince-de-Galles, détroit du 122-123 F2 G2
Prince-de-Galles, île du (É.-U.) 122-123 E4
Prince-du-Galles, île du (Canada) 122-123 H2 I2
Prince George 122-123 F4
Prince-Patrick, île du 122-123 F2 G2
Prince-Régent, inlet du 122-123 I2 J2
Prince Rupert 122-123 E4 F4
Princesse Marguerite, canal 60 D2 D1
Principe 112-113 D4
Prioziorsk 54-55 I3
Priština 76-77 F4
Privas 32 D4
Prizren 76-77 F4
Probolinggo 98-99 E7
Procida 74-75 D4
Proddatur 96 D7
Progreso 126-127 I7
Prokopievsk 80-81 J4
Propriano 30 H7 I7
Prospect Park 130C B3 C3
Prout 68-69 J2
Provence 30 E2
Providence 126-127 L3 M3
Providencia 132 C4
Providenia 80-81 T3
Provins 24 E4
Provo 126-127 D3
Prudhoe, baie de 122-123 D2
Prudhoe Bay 120-121 F2
Prüm 60 E4
Prunelli-di-Fiumorbo 30 I6
Prypiat 78 E3
Prypiats 40-41 G3
Prypiats, marais du 40-41 G3
Przemyśl 80 D4
Psará 76-77 H6
Pskov (province) 85A
Pskov (ville) 78 E2
Pskov, lac de 54-55 I4
Pucallpa 135 C3
Pudong 105E
Pudong, aéroport de 105E
Puebla 126-127 G8
Pueblo 126-127 F4
Puente Genil 72-73 C4
Puerto Aisén 135 C7
Puerto Armuelles 132 C5
Puerto Ayacucho 135 D2
Puerto Barrios 132 B3
Puerto Cabello 135 D1
Puerto Cabezas 132 C4
Puerto Carreño 132 F5
Puerto Cortés 132 B3
Puerto la Cruz 132 F4 G4
Puerto Limón 132 C4
Puertollano 72-73 C3 D3
Puerto Madryn 135 D7
Puerto Maldonado 135 C4 D4
Puerto Montt 135 C7
Puerto Peñasco 126-127 D5
Puerto Plata 132 E2 E3
Puerto Princesa 98-99 F4 G4
Puerto Sandino 132 B4
Puerto Suárez 135 D4 E4
Pueu 37C B2
Puffin 59 C2
Puget, baie 126-127 B2
Puget-Théniers 30 F2
Pui 101D
Puigcerdà 72-73 F1
Puisaye 34 B4
Puiseaux 24 D4
Puiseux 23A A1
Puisserguier 30 B2
Pukapuka 37N C2
Pukchong 108 B2
Pukhon 106A A2
Pula 76-77 B3
Pulau-Pulau 98-99 J7
Pulog 98-99 G2
Puna 96 C6
Punaauia 37C A2
Punakha 96 F4 G4
Puncak Jaya 98-99 J6
Punggol 101C B1
Punia 116-117A F5
Punjab (État) 96 C3 D3
Punjab (région) 86-87 J6
Puno 135 C4
Punta Arenas 135 C8
Puntarenas 132 B4 C4
Punto Fijo 132 E4
Puqi 102-103 I6
Puri 96 F6
Purley 58C B4
Purmerend 60 C2 D2
Purnia 96 F4
Pursat 98-99 C3
Purús 134 D3
Purwakarta 98-99 D7
Purwokerto 98-99 D7
Pusan 106A B2
Pusteria 64-65 H3 I3
Pustertal 64-65 I3
Putah Dam 131A C2
Putai 106D A2
Putao 102-103 F6
Puteaux 23A B2
Puting, cap 98-99 E6
Putney 58C B3
Puttelange-aux-Lacs 34 E2
Puttgarden 62 D1
Putumayo 134 C2 C3
Putuo 105E
Puy, chaînes des 2 E4 E3
Puy-de-Dôme 32 C3
Puy-Guillaume 32 C3
Puymorens, col du 28 E5
Puys, chaîne des 32 B3 C3
Pya, lac 54-55 I2 J2
Pyapon 98-99 B2
Pye 98-99 B2
Pyhäjoki 54-55 H2
Pyinmana 98-99 B2
Pylos 76-77 F7
Pyongsong 108 B3
Pyongyang 108 A3 B3
Pyrénées 72-73 E1 F1
Pyrénées-Atlantiques 28 B4 C4
Pyrénées-Orientales 30 B3
Pyrgos 76-77 F7

Q

Qaanaaq 122-123 L2
Qaidam 102-103 E4 F4
Qalat Bisha 94 D6
Qalqilya 92 A3 B3
Qamdo 102-103 F5
Qaqortoq 122-123 N3
Qarqaaluk, mont 125 F2
Qarqan He 102-103 D4
Qasigiannguit 122-123 M3 N3
Qatar 88-89 H7
Qazvin 94 E2
Qechm 94 G4
Qena 68-69 K6
Qeqertarsuaq 122-123 M3
Qiemo 102-103 D4
Qikiqtarjuaq 122-123 L3
Qilian Shan 102-103 F4
Qingdao 102-103 K4
Qinghai 102-103 E5
Qinghai, lac 102-103 F4
Qing He 105F
Qinghe 105F
Qinghua, université 105F
Qingtang 102-103 I7
Qinhuangdao 102-103 J4 K4
Qinling Shan 102-103 H5
Qiqian 102-103 K5
Qiqihar 102-103 K2 L2
Qiryat Gat 92 A4
Qiryat Shemona 92 B2
Qitai 102-103 D3
Qizan 94 D6
Qom 94 F3
Qomcheh 94 F3
Quang Ngai 98-99 D2
Qu'Appelle 122-123 H4
Quarré-les-Tombes 34 B4
Quatre Cantons, lac des 66-67 D1 D2
Québec (province) 122-123 K4 L4
Québec (ville) 125 D4
Queen Mary Reservoir 58C A3
Queens 130C C2 D2
Queensland 142-143 E4
Queenstown (Afrique du Sud) 142-143 E6
Queenstown (Singapour) 101C B2
Quelimane 112-113 G6
Quemoy 102-103 J7
Quend-Plage-les-Pins 24 C2
Quercy 2 D4 E4
Querétaro 126-127 F7 G7
Quérigut 28 E5 F5
Querqueville 26 E1
Quesnel 122-123 F4
Quessoy 27A C2
Questembert 26 D3
Quetigny 34 D4
Quetta 92 E3
Quetzaltenango 132 A4
Quezon City 98-99 G3
Quibala 112-113 E6
Quibdó 132 D5
Quiberon 26 C3
Quiberon, baie de 26 C3 D3
Quiberon, presqu'île de 26 C3
Quiévy 24 E2
Quillan 30 B3
Quilpie 142-143 E4
Quimper 26 B3
Quimperlé 26 C3
Quincy-sous-Sénart 23A D4
Quingey 34 D4 E4
Quintin 26 C2 D2
Quissac 30 C2
Quito 135 B2 C3
Quixadá 135 G3
Quneitra 92 B2 C2
Qus 68-69 K6
Quseir 68-69 K6
Quy Nhon 98-99 D3 E3

R

Raahe 54-55 G2 H2
Rab 64-65 K5
Rába 76-77 D2
Rabastens 28 E4
Rabat 117B C1
Rabaul 142-143 F2
Rabigh 94 C5
Race, cap 122-123 M5
Rach Gia 98-99 C4 D4
Racine 126-127 I3
Radium Hill 142-143 E5
Radlett 58C A1 B1
Radnor Forest 56-57 E5
Radom 80 D3
Radstädter Tauern 64-65 J2
Rae 122-123 G3
Rae, détroit de 122-123 I3
Rafah 92 A4
Rafha 94 D4
Rafsanjan 94 G3
Raguse 74-75 E6
Rahba 92 C1
Rahimyar Khan 92 C4
Rahway 130C A3
Raiatéa 37M B1
Raichur 96 D6
Rainham 58C D2
Rainier, mont 126-127 B2
Raipur 96 E5
Raismes 24 E2
Raivavae 37N B3
Rajahmundry 96 E6
Rajang 98-99 E5
Rajapalaiyam 96 D8
Rajasthan 96 C4
Rajkot 96 C5
Rajshahi 96 F5
Rakaposhi 92 C2
Rakata 98-99 C7
Rakvere 54-55 H4
Raleigh 126-127 K4
Ralik, îles 140-141 H19
Ramadi 94 D3
Ram Allah 92 B4
Ramat Gan 92 A3
Ramatuelle 30 F2
Rambervillers 34 E3
Rambouillet 24 C4
Ramla 92 A4 B4
Ramlu 94 D7
Râmnicu Vâlcea 76-77 H3
Ramon 92 A5
Ramri 98-99 A2
Ramsgate 56-57 G6
Ramtha 92 B3 C3
Ramu 142-143 E2
Ramville, îlet 37 B1
Ranafjord 54-55 E2
Ranai 98-99 D5
Rancagua 135 C6
Rance 26 D2
Ranchi 96 E5 F5
Rancho Cucamonga 130A
Randers 54-55 D4
Rang-du-Fliers 24 C2
Rangiroa 37N B2
Rangoon 98-99 B2
Rangpur 96 F4 G4
Rankin Inlet 122-123 I3 J3
Rankweil 66-67 E1
Ransiki 98-99 I6
Rantauprapat 98-99 B5 C5
Rantigny 24 D3
Raoui, erg er 117C A3
Raoul-Blanchard, mont 125 D4
Rapa 37N B3
Rapallo 74-75 B2
Rapid City 126-127 F3
Rapperswil 66-67 D1
Rapti 96 E4
Raritan 130C A4
Raritan Bay 130C A4
Rarotonga 140-141 K22 K23
Ras al Khaima 94 F4 G4
Rasgado 138E
Ras Lanouf 68-69 H5
Rastatt 62 C4
Rásttigáisá 54-55 H1
Ratak, îles 140-141 H20
Ratchaburi 98-99 B3
Rathenow 62 E2
Rathlin 56-57 C4
Rätikon 64-65 F2
Ratisbonne 62 D4 E4
Ratlam 96 C5 D5
Ratnagiri 96 C6
Raufarhöfn 54A c1 d1
Rauma (fleuve) 54-55 C3 D3
Rauma (ville) 54-55 G3
Ravenne 74-75 D2
Ravensburg 62 C5
Ravenspurn 59 C3
Ravi 96 C3
Ravine-des-Cabris 37 E1
Rawalpindi 92 C3
Rawson 135 D7
Rax 64-65 L2
Rayong 98-99 C3
Raz, pointe du 26 B3 B2
Razgrad 76-77 I4
Ré, île de 28 B1
Reading (É.-U.) 126-127 K3
Reading (R.-U.) 56-57 F6
Réalmont 30 B2
Réao 37N C2
Réau 23A D4
Rebiana, erg de 68-69 H7 I7
Rebun 108 E1
Recht 94 E2
Recife 135 G3
Recklinghausen 60 E3 F3
Red Bluff 131A B1 C1
Red Bluff Dam 131A B1
Redcar 56-57 F4
Red Deer (rivière) 122-123 G4
Red Deer (ville) 122-123 G4
Redding 131A B1
Redditch 56-57 E5 F5
Redeyef 117D B2
Redhill 58C B4
Red Lake 122-123 I4
Redon 26 D3
Red River 126-127 G5 H5
Ree, lough 56-57 C5
Regen 62 E4
Regensburg 62 D4 E4
Regent's Park 58C B2
Reggâne 112-113 D2
Reggio d'Émilie 74-75 C2
Reggio di Calabria 74-75 E5
Regina (Canada) 122-123 H4
Regina (Guyane française) 36 D1
Regnitz 62 D4
Rehovot 92 A4
Reichenau 66-67 E2
Reichshoffen 34 F3
Reichstatt-Vendenheim 35A F2 G2
Reigate 56-57 F6
Reims 34 C2
Reims, montagne de 34 C2
Reine-Charlotte, archipel de la 122-123 E4
Reine-Charlotte, détroit de la 122-123 E4 F4
Reine-Élizabeth, îles de la 122-123 I1 J2
Reine Maud, chaîne de la 169B
Reine-Maud, golfe de la 122-123 H3
Reine Maud, terre de la 140-141 P3 P6
Reinosa 72-73 C1
Relizane 117C B2
Remich 60 E5
Rémiré 36 D1
Remiremont 34 E4
Remparts, rivière des 37 E1
Remscheid 62 B3
Renage 32 E3
Renaix 60 B4
Renazé 26 E3
Rencontre, baie de la 142-143 D5
Rendsburg 62 C1 D1
Renens 66-67 B2
Rengat 98-99 C6
Renmin, parc 105E
Rennell 142-143 G3
Rennes 26 E2
Rennes, bassin de 26 E2
Rennes-les-Bains 30 B3
Reno (fleuve) 74-75 C2
Reno (ville) 126-127 C4
Renoso, monte 30 I6
Reoutov 84F D2
Replonges 32 D2 E2
Republican River 126-127 F4 G3
Repulse Bay 122-123 J3
Requena 72-73 E3
Requin, baie du 142-143 B4
Réquista 30 B1
Reschen, col de 64-65 G2 G3
Resistencia 135 D5 E5
Reşiţa 76-77 F3 G3
Resolute 122-123 I2
Résolution, île 122-123 L3
Rethel 34 C2
Rethymnon 76-77 H8
Retiers 26 E3
Retz, pays de 26 D3
Réunion (département) 112-113 I7
Réunion (île) 112-113 I7
Reus 72-73 F2
Reuss 66-67 D2 D1
Reutlingen 62 C4
Reutte 64-65 G2
Revel 28 E4 F4
Revermont 32 E2
Revigny-sur-Ornain 34 C3 D3
Revillagigedo, îles 120-121 I8
Revin 34 C2
Revivim 92 A4
Révolution d'Octobre, île de la 80-81 L2 M2
Rewa 96 E5
Reykjanes 54A b3
Reykjanes, dorsale de 144-145 D17 C18
Reykjavik 54A b2
Reynosa 126-127 G6
Reyssouze 32 E2
Rezé 26 E3
Rēzekne 54-55 H4 I4
Rharb 117B C1
Rheine 62 B2
Rheinfelden 66-67 C1
Rheinwaldhorn 66-67 E2
Rhénanie du Nord-Westphalie 62 B3 C3
Rhénanie-Hesse-Palatinat 63-C
Rhénanie-Palatinat 62 B3 B4
Rhétiques, alpes 64-65 F3 G3
Rhin 40-41 E4 E3
Rhin antérieur 66-67 E2
Rhinau 34 F3
Rhin de Vals 66-67 E2
Rhin inférieur, plaine du 40-41 E3
Rhin postérieur 66-67 E2
Rhir, cap 117B B2
Rho 64-65 F4
Rhode Island 126-127 L3
Rhodes (île) 76-77 I7 J7
Rhodes (ville) 76-77 J7
Rhodope, monts 76-77 G5 H5
Rhondda 56-57 E6
Rhône (département) 32 D3
Rhône (fleuve) 40-41 E4
Rhône à Sète, canal du 30 D2
Rhourde Nouss 116-117A D2
Rhue 32 B3
Rhum 56-57 C3
Rhuys, presqu'île de 26 D3
Riajsk 78 G3 H3
Rians 30 E2
Riau, archipel 98-99 C5
Riazan (province) 85A
Riazan (ville) 78 G3
Ribadavia 72-73 A1
Ribadeo 72-73 B1
Ribatejo 72-73 A3
Ribeauvillé 34 F3
Ribécourt-Dreslincourt 24 D3
Ribeirão Preto 135 F5
Ribérac 28 D2
Riberalta 135 D4
Ribes 30 B3
Riccione 64-65 I5
Richards Bay 112-113 G7
Richardson, monts 122-123 E3
Richelieu 24 B5
Richemont 35A D1 E1
Richland 126-127 B2 C2
Richmond (É.-U., New York) 130C A4 B4
Richmond (É.-U., Virginie) 126-127 K4
Richmond (R.-U.) 58C A3 B3
Richmond Park 58C B3
Rickmansworth 58C A1
Ridgewood 130C C3
Riec-sur-Belon 26 C3
Ried 64-65 J1
Riedisheim 34 F4
Riehen 66-67 C1
Rienza 64-65 I3
Riesa 62 E3
Rietfontein 112-113 F6
Rieti 74-75 D3
Rieumes 28 E4
Riez 30 F2
Rif 117B C1
Rifstangi 54A C1
Rīga 54-55 H4
Rīga, golfe de 54-55 G4 H4
Rigi 66-67 D1
Rigolet 125 G3
Riihimäki 54-55 G3 H3
Rijeka 76-77 C3
Rijeka, golfe de 64-65 K4
Rijssen 60 E2
Rila 76-77 G4
Rillieux-la-Pape 32 D3
Rimatara 37N A3
Rimini 74-75 D2
Rimouski 125 E4
Ringe 62 D1
Ringhals 55D
Rinjani 98-99 F7
Rinxent 24 C2
Rio Branco 135 C3 D3
Rio Cuarto 135 D6
Rio de Janeiro (province) 135 F5 G5
Rio de Janeiro (ville) 135 F5 G5
Rio Gallegos 135 D8
Rio Grande 135 E6 F6
Rio Grande, réservoir du 138D
Rio Grande, seuil du 144-145 M16 M18
Rio Grande do Norte 135 G3
Rio Grande do Sul 135 E5 E6
Riohacha 132 E4
Riom 32 C3
Riom-ès-Montagnes 32 B3
Río Negro 139A
Rio Negro, pantanal do 134 E4
Rioz 34 E4
Ripoll 72-73 F1 G1
Riscle 28 C4
Rishiri 108 E1
Rishon le Zion 92 A4
Risle 24 B3
Risør 54-55 D4
Ris-Orangis 23A C4
Risoux 32 F2
Risoux, mont 66-67 B2
Riss 64-65 G1
Riva 74-75 C2
Rive-de-Gier 32 D3
Rive occidentale du Jourdain 92 B3
Rivera 135 E6
Riverina 142-143 E5
Rivers 118 C4
Riverside 126-127 C5
Rivers Island 130C C2
Rives 32 E3
Rivesaltes 30 B3
Riviera 66-67 E2
Rivière-du-Loup 125 E4
Rivière-Pilote 37 B1
Rivière-Salée 37 B1
Rivne 78 E3
Riyad 94 E5
Rize 90 J3
Rizzanèse 30 I7
Rjev 78 F2
Rjukan 55E
Roanne 32 C2 D2
Roanne, plaine de 32 C2 D3
Roanoke (fleuve) 126-127 K4
Roanoke (ville) 126-127 J4 K4
Roar 59 D3
Robert, havre du 37 B1
Robert-Bourassa, réservoir 125 C3
Roberval 125 D4
Robinson Crusoé, île 134 D6
Robson, mont 122-123 G4
Roca, cap 72-73 A3
Rocamadour 28 E3
Rocha 135 E6
Rochdale 56-57 E5
Rochechouart 28 D2
Rochefort (Belgique) 60 D4
Rochefort (France) 28 B2 C2
Rochefort-Montagne 32 B3
Roche-la-Molière 32 D3
Roches, rivière des 37 E1
Rochester (É.-U.) 126-127 K3
Rochester (R.-U.) 58A
Rocheuses, montagnes 120-121 G3 J6
Rockall 40-41 C3
Rockaway Beach 130C C4 D4
Rockford 126-127 I3
Rockhampton 142-143 F4
Rockport 126-127 G6
Rock Springs 126-127 E3
Rocroi 34 C2
Rødbyhavn 62 D1
Roden 60 E1
Rodez 30 B1
Rodrigues 140-141 J9
Roebourne 142-143 B4
Roebuck, baie 142-143 C3
Roermond 60 D3
Roe's Welcome, détroit de 122-123 J3
Rogliano 30 I6
Rognon 34 D3
Rohan 26 D2
Rohan, plateau de 26 D2
Rohrbach-lès-Bitche 34 F2
Roi-George, îles du 125 C2
Roi-Guillaume, île du 122-123 I3
Roisel 24 E3
Roissy (Seine-et-Marne) 23A D3
Roissy (Seine-Saint-Denis) 23A D1
Roissy-en-France 23A D1
Rokko, île 109B
Røldal 54-55 C4
Rolf 59 D3
Rolle 66-67 B2
Roma (Australie) 142-143 E4
Roma (Italie) 74-75 D4
Romaine 125 F3
Romainville 23A C2
Roman 76-77 I2
Romanche 32 F3
Romang 98-99 H7
Romanshorn 66-67 E1
Romans-sur-Isère 32 D3 E3
Rombas 34 E2
Rome (É.-U.) 126-127 I5 J5
Rome (Italie) 74-75 D4
Romford 58C D2
Romilly-sur-Andelle 24 C3
Romilly-sur-Seine 34 B3
Rommani 117B C1
Rømø 62 C1
Romont 66-67 B2
Romorantin-Lanthenay 24 C5
Romsdal 54-55 C3 D3
Ron, cap 98-99 D2
Roncesvalles 72-73 E1
Ronchamp 34 E4
Roncq 24 E2
Ronda 72-73 C4
Ronda, serranía de 72-73 C4
Rondônia 135 D4
Rondonópolis 135 E4
Rønne 54-55 E5
Ronne, shelf de 169B
Ronneby 54-55 E4 F4
Ronquières 60 B4 C4
Ronui 37C B2
Roosendaal 60 C3
Roosevelt 140-141 P22
Roper 142-143 D3
Roquebillière 30 G1
Roquebrune-Cap-Martin 30 G2
Roquebrune-sur-Argens 30 F2
Roquefort 28 C3
Roquefort-sur-Soulzon 30 B2 C2
Roquemaure 30 D1
Roquencourt 23A B2
Roquetas de Mar 72-73 D4
Roquevaire 30 E2
Roraima (État) 135 D2
Roraima (mont) 134 D2
Røros 54-55 D3
Rorschach 66-67 E1
Rosa, cap 74-75 B6
Rosans 32 E4
Rosario 135 D6 E6
Roscoff 26 B2 C2
Rose, mont 64-65 D4 E4
Rose, pointe de la 37 B1
Roseau 132 G3
Roselend, barrage de 32 F3
Rosengarten 64-65 H3
Rosenheim 62 D5 E5
Rosental 64-65 K3
Roses, golfe de 72-73 G1
Rosette 68-69 K5
Rosheim 34 F3
Rosières-en-Santerre 24 D3
Rosignano Marittimo 64-65 G6
Rosmalen 60 D3
Rosny-sous-Bois 23A D2
Rosporden 26 C3
Røss, lac 54-55 E2
Ross, mer de 140-141 P20 P21
Ross, mont 37E A2
Ross, shelf de 169B
Rossano 74-75 F5
Rosslare 56-57 C5
Rosso 116-117A B3
Rosso, capo 30 H6
Rostock 62 D1 E1
Rostov 85A
Rostov-na-Donu 78 G4
Rostrenen 26 C2
Roswell 126-127 F5
Rothaargebirge 62 C3
Rothenburg 62 C4 D4
Rothéneuf 26 D2 E2
Rother 56-57 G6
Rotherham 56-57 F5
Roti 98-99 G8
Rotondo, monte 30 H6 I6
Rott 64-65 I1
Rotterdam 60 C3
Roubaix 24 E2
Roub-al-Khali 94 E5 G5
Roubion 32 D4
Roublevo 84F A2
Roubtsovsk 80-81 J4
Roudny 80-81 H4
Rouen 24 C3
Rouergue 30 A1 B1
Rouffach 34 F4
Rougé 27A D3
Rouge, bassin 102-103 G6 H5
Rouge, mer 140-141 F6 G7
Rouge, rivière 126-127 G2
Rough 59 C3
Roulers 60 B4
Roumanie 42-43 G4
Roumazières-Loubert 28 D2
Roumois 24 B3
Round, mont 142-143 F5
Roura 36 D1

Rourkela 96 E5
Roussillon (localité) 32 D3
Roussillon (région) 30 B3
Roustavi 94 E1
Routhiers 36 C1
Rouyn-Noranda 125 C4
Rovaniemi 54-55 H2
Rovereto 74-75 C2
Rovigo 74-75 C2
Rovinj 64-65 J4
Roxas 98-99 G3
Roxburgh 142-143 G6
Roxby Downs 142-143 D5
Roya 30 G2
Royale, île 122-123 J5
Royal Leamington Spa 56-57 F5
Royal Mint 58B
Royan 28 B2
Royat 32 C3
Royaume-Uni 42-43 D3
Roye 24 D3
Ruapehu 142-143 H5
Ruby, monts 126-127 C4 C3
Rüdesheim 62 B3
Rudnaïa Pristan 80-81 O5
Rue 24 C2
Rueil-Malmaison 23A B2
Ruelle 28 D2
Ruffec 28 D1
Rufiji 110-111 G5
Rugby 56-57 F5
Rügen 62 E1
Rugles 24 B4
Rui'an 102-103 K6
Ruislip 58C A2
Ruislip Reservoir 58C A2
Ruiz 134 C2
Rukwa, lac 110-111 G5
Rumilly 32 E3 F3
Rum Jungle 142-143 C3 D3
Rungis, marché de 23A C3
Ruoqiang 102-103 D4
Rupat 98-99 C5
Rupert 125 C3
Rupert, réservoir de 125B
Rupert, terre de 123A
Rupt-sur-Moselle 34 E4
Rurutu 37N A3
Ruse 76-77 H4 I4
Russell 142-143 H5
Rüsselsheim 34 G2
Russian 131A B2
Russie 146-147 C28 C29
Russie occidentale, hauteurs de 40-41 G3 H3
Russie septentrionale, hauteurs de 40-41 I3 J2
Ruteng 98-99 F7 G7
Ruthénie 68-69 I2
Rutherford 130C B2
Rüti 66-67 D1
Ruvuma 110-111 G6 H6
Ruwais 94 F5
Ruwenzori 110-111 F4 G4
Rwanda 112-113 F5 G5
Rybatchi 80-81 E3
Rybinsk 78 G2
Rybinsk, réservoir de 78 G2
Ryugasaki 109C
Ryu Kyu, fosse des 140-141 F15 F16
Ryu Kyu, îles 108 B5 C5
Rzeszów 68-69 I1

S

Saalach 64-65 I2
Saalbach 64-65 I2
Saale 62 D3
Saales 34 F3
Saalfeld 62 D3
Saane 66-67 C2
Saanen 66-67 C2
Saaremaa 54-55 G4
Saas Fee 66-67 C2 D2
Saastal 66-67 C2
Saba 132 G3
Šabac 76-77 E3
Sabadell 72-73 F2 G2
Sabah (région) 98-99 F4
Sabah (ville) 116-117A E2
Sabang 98-99 B4
Sabaudia 74-75 D4
Sabine 126-127 H5
Sabins, monts 74-75 D3
Sable 122-123 M5
Sable, cap (Canada) 122-123 L5
Sable, cap (É.-U.) 126-127 J6
Sables-d'Or-les-Pins 26 D2
Sablé-sur-Sarthe 24 A5
Sabor 72-73 B2
Sabya 94 D6
Sabzevar 94 G2
Sachs Harbour 122-123 F2
Saclay 23A B3
Sacramento (fleuve) 126-127 B3
Sacramento (ville) 126-127 B4 D4
Sacramento, monts 126-127 E5 F5
Sacramento Valley 131A B1 C2
Sada 94 D6
Sado (fleuve) 72-73 A4
Sado (île) 108 D3
Sado, détroit de 108 D3
Safi 117B B1
Safiental 66-67 E2
Saga (Chine) 102-103 D6
Saga (Japon) 108 B4 C4
Sagaing 98-99 A1 B1
Sagami, baie de 108 D4 E4
Sagamihara 109A D2
Saganoseki 109A A3 B3
Sagar 96 D5
Saginaw 126-127 J3
Saginaw, baie 126-127 J3
Saglek, baie 125 F2
Sagone 30 H6
Sagone, golfe de 30 H6
Sagres 72-73 A4
Saguenay 125 D4 E4
Saguenay, ville de 125 D4
Sagunt 72-73 E3
Sahagún 72-73 C1
Sahara 110-111 C2 F2
Saharanpur 96 D4
Sahara occidental 112-113 B2
Sahel 110-111 C3 F3
Sahiwal 92 C3
Sahul, plate-forme 98-99 J7
Saïan occidental 80-81 J4 K4
Saïan oriental 80-81 K4 L4
Saïansk, barrage de 80-81 K4
Saïda (Algérie) 117C B2
Saïda (Liban) 92 B2
Saidpur 96 F4
Saignes 32 B3
Saihut 94 F6
Saimaa, canal 54-55 I3
Saimaa, lac 54-55 I3
Sains-du-Nord 24 F2
Saint-Affrique 30 B2
Saint-Affrique, causse de 30 B2
Saint-Agrève 32 D3
Saint-Aignan 24 C5
Saint-Alban (Canada) 125 G4
Saint-Alban (France) 33A C3
Saint Albans (É.-U.) 130C D3
Saint Albans (R.-U.) 56-57 F6 G6
Saint-Amand-les-Eaux 24 E2
Saint-Amand-Montrond 24 D6
Saint-Amant-de-Boixe 28 C2 D2
Saint-Ambroix 30 D1
Saint-Amé 34 E3
Saint-Amour 32 E2
Saint-André 37 E1
Saint André, cap 110-111 H6
Saint-André, plaine 27A g02
Saint-André-de-Cubzac 28 C2 C3
Saint-André-de-l'Eure 24 C4
Saint-André-de-Sangonis 30 C2
Saint-André-de-Valborgne 30 C1
Saint-André-les-Alpes 30 F2
Saint-André-les-Vergers 34 B3 C3
Saint Andrews 56-57 E3
Saint-Apollinaire 34 D4
Saint-Arnoult 23A A4
Saint-Arnoult-en-Yvelines 24 C4
Saint-Astier 28 D2
Saint-Auban 30 F2
Saint-Augustin (fleuve) 125 G3
Saint-Augustin (localité) 125 G3
Saint-Aulaye 28 D2
Saint-Avold 34 E2
Saint-Barthélemy 36 C1
Saint-Béat 28 D5
Saint-Benoît (France) 28 D1
Saint-Benoît (Réunion) 37 E1
Saint-Benoît-du-Sault 28 E1
Saint-Bernardino, col du 66-67 E2
Saint-Bertrand-de-Comminges 28 D4
Saint-Bonnet-le-Château 32 C3 D3
Saint-Brévin-les-Pins 26 D3
Saint-Brieuc 26 D2
Saint-Brieuc, baie de 26 D2
Saint-Calais 24 B5
Saint-Cast-le-Guildo 26 D2
Saint-Céré 28 E3
Saint-Cernin 32 B3
Saint-Chamas 31A D3 E3
Saint-Chamond 32 D3
Saint-Chély-d'Apcher 32 C4
Saint-Chéron 23A B4
Saint-Chinian 30 B2
Saint-Cirq-Lapopie 28 E3
Saint-Claude (France) 32 E2
Saint-Claude (Guadeloupe) 36 C1
Saint Cloud (É.-U.) 126-127 H2
Saint-Cloud (France) 23A B2
Saint Croix 132 F3 G3
Saint-Cyprien 30 B3 C3
Saint-Cyprien-Plage 30 C3
Saint-Cyr-l'École 23A B3
Saint-Cyr-sur-Loire 24 B5
Saint David, pointe 56-57 D6
Saint-Denis (fleuve) 37 E1
Saint-Denis (ville, France) 23A C2
Saint-Denis (ville, Réunion) 37 E1
Saint-Dié 34 E3
Saint-Dizier 34 C3
Saint-Domingue 132 E3 F3
Sainte-Adresse 24 A3 B3
Sainte-Anne (Guadeloupe) 36 C1
Sainte-Anne (Martinique) 37 B1
Sainte-Anne (Réunion) 37 E1
Sainte-Anne, lac 125 E3
Sainte-Anne-d'Auray 26 D3
Sainte-Anne-des-Monts 125 E4
Sainte-Baume 30 E2
Sainte-Catherine, mont 68-69 K6
Sainte Catherine, pointe 56-57 F6
Sainte-Croix 66-67 B2
Sainte-Croix, barrage de 30 F2
Sainte-Énimie 32 C4
Sainte-Euphémie, golfe de 74-75 E5 F5
Sainte-Foy-la-Grande 28 D3
Sainte-Foy-lès-Lyon 32 D3
Sainte-Geneviève-des-Bois 23A C4
Saint-Égrève 32 E3
Sainte-Hélène 146-147 K19 K20
Sainte-Hélène, baie de 110-111 E8
Saint-Élie 36 D1
Sainte-Livrade-sur-Lot 28 D3
Saint-Éloy-les-Mines 32 B2
Sainte-Luce 37 B1
Sainte-Lucie 132 G4 H4
Sainte-Lucie, canal de 37 B1
Sainte-Marguerite 125 E3
Sainte-Marie (Guadeloupe) 36 C1
Sainte-Marie (Martinique) 37 B1
Sainte-Marie (Réunion) 37 E1
Sainte Marie, cap 110-111 H7
Sainte-Marie-aux-Mines 34 F3
Sainte-Maure-de-Touraine 24 B5
Sainte-Maxime 30 F2
Sainte-Menehould 34 C2
Sainte-Mère-Église 26 E1
Saint-Émilion 28 C3
Sainte-Odile 34 F3
Sainte-Rose (Guadeloupe) 36 C1
Sainte-Rose (Réunion) 37 E1
Saintes 28 C2
Sainte-Savine 34 B3
Sainte-Sigolène 32 D3
Saintes-Maries 30 D2
Saint-Estèphe 28 C2
Saint-Estève 31A E3
Sainte-Suzanne 37 E1
Saint-Étienne (fleuve) 37 E1
Saint-Étienne (ville) 32 D3
Saint-Étienne-de-Baïgorry 28 B4
Saint-Étienne-de-Tinée 30 F1
Saint-Étienne-du-Rouvray 24 C3
Saint-Étienne-en-Dévoluy 32 E4
Saint-Eustache 132 G3
Sainte-Victoire 30 E2
Saint Fergus 56-57 F3
Saint-Firmin-des-Bois 25A D4
Saint-Florent 30 I6
Saint-Florent, golfe de 30 I6
Saint-Florentin 34 B3 B4
Saint-Florent-sur-Cher 24 D6
Saint-Flour 32 C3
Saint Francis River 126-127 H4 I4
Saint-François (Guadeloupe) 36 C1
Saint-François (Réunion) 37 E1
Saint-Gall 66-67 E1
Saint-Galmier 32 D3
Saint-Gaudens 28 D4
Saint-Gaultier 28 E1
Saint-Genest-Lerpt 32 D3
Saint-Gengoux-le-National 32 D2
Saint-Geniez-d'Olt 32 B4 C4
Saint George 130C B3
Saint George, canal 56-57 C5 D4
Saint-Georges (Canada) 125 D4 E4
Saint George's (Grenade) 132 G4 H4
Saint-Georges (Guyane française) 36 D1
Saint-Georges, baie 125 F4 G4
Saint-Georges-de-Didonne 28 C2
Saint-Germain-des-Fossés 32 C2
Saint-Germain-du-Puy 24 D5
Saint-Germain-en-Laye 24 C4 D4
Saint-Germain-Lembron 32 C3
Saint-Germain-lès-Corbeil 23A D4
Saint-Gervais-d'Auvergne 32 B2
Saint-Gervais-les-Bains 32 F3
Saint-Gildas, pointe de 26 D3
Saint-Gildas-des-Bois 26 D3 E3
Saint-Gilles 30 D2
Saint-Gilles-Croix-de-Vie 26 D4 E4
Saint-Gilles-les-Bains 37 E1
Saint-Gingolph 32 F2
Saint-Girons 28 E5
Saint-Girons-Plage 28 B4
Saint-Gobain 24 E3
Saint-Gothard 66-67 D2
Saint-Gratien 23A C1
Saint-Guénolé 26 B3
Saint Helens 56-57 E5
Saint Helens, mont 126-127 B2
Saint Helier 56-57 E7 F7
Saint-Hilaire 30 B2
Saint-Hilaire-de-Riez 26 E4
Saint-Hilaire-du-Harcouët 26 E2 F2
Saint-Hippolyte-du-Fort 30 C2
Saint-Hubert 60 D4
Saint-Imier 66-67 B1
Saint Ives 56-57 D6
Saint-Jacques de Compostelle 72-73 A1
Saint-Jacut-de-la-Mer 27A C2
Saint James's Park 58B
Saint-Jean 36 D1
Saint-Jean, lac 125 D4
Saint-Jean, rivière 126-127 L2 M2
Saint-Jean-Cap-Ferrat 31A G3
Saint-Jean-d'Angély 28 C2
Saint-Jean-de-Bournay 32 E3
Saint-Jean-de-Braye 24 D5
Saint-Jean-de-Luz 28 B4
Saint-Jean-de-Maurienne 32 F3
Saint-Jean-de-Monts 26 D4
Saint-Jean-de-Ruelle 24 C5 D5
Saint-Jean-du-Gard 30 C1
Saint-Jean-en-Royans 32 E4
Saint-Jean-Pied-de-Port 28 B4
Saint John 125 E4 F4
Saint John's (Antigua) 132 G3
Saint John's (Canada) 122-123 M5
Saint Joseph (É.-U.) 126-127 H4
Saint-Joseph (Martinique) 37 B1
Saint-Joseph (Réunion) 37 E1
Saint-Juéry 30 B2
Saint-Julien-du-Sault 34 B3
Saint-Julien-en-Born 28 B3
Saint-Julien-en-Genevois 32 F2
Saint-Julien-les-Villas 34 C3
Saint-Junien 28 D2
Saint-Just-en-Chaussée 24 D3
Saint-Just-Saint-Rambert 32 D3
Saint Kilda 56-57 B3
Saint-Kitts 132 G3
Saint-Kitts-et-Nevis 132 G3
Saint-Lary 28 D5
Saint-Laurent 120-121 N5
Saint-Laurent, golfe du 125 F4
Saint-Laurent, île 120-121 C3
Saint-Laurent-de-la-Salanque 30 C3
Saint-Laurent-des-Eaux 25A C5
Saint-Laurent du Maroni 36 D1
Saint-Laurent-du-Pont 32 E3
Saint-Laurent-du-Var 30 G2
Saint-Laurent-en-Grandvaux 32 E2
Saint-Laurent-et-Benon 28 B2 C2
Saint-Laurent-Nouan 24 C5
Saint-Laurent-sur-Sèvre 26 E4 F4
Saint-Léger-des-Vignes 24 E6
Saint-Léger-lès-Domart 24 D2
Saint-Léonard-de-Noblat 28 E2
Saint-Leu 37 E1
Saint-Leu-la-Forêt 23A B1 C1
Saint-Lô 26 E1
Saint Louis (É.-U.) 126-127 H4 I4
Saint-Louis (France) 34 F4
Saint-Louis (Guadeloupe) 36 C1
Saint-Louis (Réunion) 37 E1
Saint-Louis (Sénégal) 112-113 B3
Saint-Loup-sur-Semouse 34 E4
Saint-Lubin-des-Joncherets 24 C4
Saint-Lunaire 26 D2
Saint-Lys 28 E4
Saint-Macaire-en-Mauges 26 E3
Saint-Maixent-l'École 28 C1
Saint-Malo 26 D2
Saint-Malo, baie de 2 B2
Saint-Malo, golfe de 26 D2
Saint-Mandé 23A C2
Saint-Marcel 32 D2 E2
Saint-Marcel, mont 36 D1
Saint-Marcellin 32 E3
Saint-Marin (État) 42-43 F4
Saint-Marin (ville) 74-75 D3
Saint-Mars-la-Jaille 26 E3
Saint-Martin 37 C1
Saint-Martin, cap 37 B1
Saint-Martin-de-Bossenay 35A B2
Saint-Martin-de-Londres 30 C2
Saint-Martin-de-Ré 26 E4
Saint-Martin-d'Hères 32 E3
Saint-Martin-Vésubie 30 G1
Saint-Mathieu, pointe 26 B2
Saint-Matthias, îles 142-143 E2 F2
Saint-Maur-des-Fossés 23A C3 D3
Saint-Maurice (localité, France) 33A C3
Saint-Maurice (localité, Suisse) 66-67 C2
Saint-Maurice (rivière) 125 D4
Saint-Maurice-l'Exil 32 D3
Saint-Maximin-la-Sainte-Baume 30 E2 F2
Saint-Médard-en-Jalles 28 C3
Saint-Méen-le-Grand 26 D2
Saint-Memmie 34 C3
Saint-Michel 24 F3
Saint-Michel-Chef-Chef 26 D3
Saint-Michel-de-Maurienne 32 F3
Saint-Michel-en-Grève 26 C2
Saint-Michel-sur-Orge 23A C4
Saint-Mihiel 34 D3
Saint-Nazaire 26 D3
Saint-Nectaire 32 C3
Saint-Nicolas 60 B3 C3
Saint-Nicolas-d'Aliermont 24 C3
Saint-Nom-la-Bretèche 23A A2
Saint-Omer 24 D2
Saintonge 28 C2
Saint-Ouen (Seine-Saint-Denis) 23A C2
Saint-Ouen (Somme) 24 D2
Saint-Ouen-l'Aumône 23A B1
Saint-Pair-sur-Mer 26 E2
Saint-Palais-sur-Mer 28 B2
Saint Pancras Station 58B
Saint-Pantaléon 28 E2
Saint-Pardoux-Isaac 28 D3
Saint-Pardoux-la-Rivière 28 D2
Saint-Paul (fleuve, Canada) 125 G3
Saint Paul (fleuve, Libéria) 110-111 B4 C4
Saint-Paul (île) 140-141 L10
Saint Paul (ville, É.-U.) 126-127 H2
Saint-Paul (ville, Réunion) 37 E1
Saint-Paul, baie de 37 E1
Saint-Paul-de-Fenouillet 30 B3
Saint-Paul-de-Vence 30 F2 G2
Saint-Paulien 32 C3
Saint-Paul-lès-Dax 28 B4
Saint Paul's Cathedral 58B
Saint-Paul-Trois-Châteaux 32 D4
Saint-Pé-de-Bigorre 28 C4
Saint-Péray 32 D4
Saint-Pétersbourg (province) 85A
Saint-Pétersbourg (ville) 78 F1
Saint Petersburg 126-127 J6
Saint-Philippe 37 E1
Saint-Pierre (île) 37G A2
Saint-Pierre (ville, Guernesey) 56-57 E7
Saint-Pierre (ville, Martinique) 37 B1
Saint-Pierre (ville, Réunion) 37 E1
Saint-Pierre (ville, St-Pierre et Miquelon) 37G A2
Saint-Pierre-d'Albigny 32 F3
Saint-Pierre-d'Oléron 26 E5
Saint-Pierre-du-Cantal 29A G2
Saint-Pierre-Église 26 E1
Saint-Pierre-et-Miquelon 120-121 O5
Saint-Pierre-le-Moûtier 32 C2
Saint-Pierre-Montlimart 26 F3
Saint-Pierre-sur-Dives 24 A4 B4
Saint-Point, lac de 32 F2
Saint-Pol-de-Léon 26 B2 C2
Saint-Pol-sur-Mer 24 D2
Saint-Pol-sur-Ternoise 24 D2
Saint-Pons (localité) 30 B2
Saint-Pons (montagne) 30 B2
Saint-Pourçain-sur-Sioule 32 C2
Saint-Priest 32 D3 E3
Saint-Privat 28 F2
Saint-Quay-Portrieux 26 D2
Saint-Quentin 24 E3
Saint-Quentin-en-Yvelines 24 C4
Saint-Quentin-en-Yvelines, ville nouvelle 23A A3 B3
Saint-Rambert-d'Albon 32 D3
Saint-Rambert-en-Bugey 32 E3
Saint-Raphaël 30 F2
Saint-Rémy 32 D2
Saint-Rémy-de-Provence 30 D2
Saint-Rémy-les-Chevreuse 23A B3
Saint-Rémy-sur-Avre 24 C4
Saint-Renan 26 B2
Saint-Romain-de-Colbosc 24 B3
Saint-Romain-le-Puy 32 C3 D3
Saint-Rome-de-Tarn 29A G3 H3
Saintry-sur-Seine 23A D4
Saint-Saëns 24 C3
Saint-Saturnin-d'Apt 30 E2
Saint-Savin 28 D1
Saint-Sébastien 72-73 E1
Saint-Seine-l'Abbaye 34 C4
Saint-Servan-sur-Mer 26 E2
Saint-Sever 28 C4
Saint-Sulpice 28 E4
Saint-Sulpice-les-Feuilles 28 E1
Saint-Symphorien 28 C3
Saint-Thégonnec 26 C2
Saint Thomas 132 G3
Saint-Trojan-les-Bains 28 B2
Saint-Trond 60 D4
Saint-Tropez 30 F2
Saint-Urcize 32 B4
Saint-Vaast-la-Hougue 26 E1
Saint-Valéry-en-Caux 24 B3
Saint-Valéry-sur-Somme 24 C2
Saint-Vallier (Drôme) 32 D3
Saint-Vallier (Saône-et-Loire) 32 D2
Saint-Venant 24 D2
Saint-Véran 32 F4
Saint-Vincent 132 G4
Saint-Vincent, baie de 37A B3 C3
Saint-Vincent, golfe de 142-143 D5
Saint-Vith 60 E4
Saint-Yorre 32 C2
Saint-Yrieix-la-Perche 28 E2
Saison 28 C4
Saiun 94 E6
Sajama 134 D4
Sajó 76-77 F1
Sakai 108 D4
Sakaide 109A B2
Sakakah 94 D4
Sakakawea, lac 126-127 F2
Sakami 125 D3
Sakami, lac 125 C3
Sakarya 90 E4 E3
Sakata 108 D3
Sakha 85A
Sakhaline (île) 80-81 P4 P5
Sakhaline (province) 85A
Sakishima, îles 138-139 K7 L7
Sal 110-111 A3
Sala 54-55 F4
Salado (fleuve) 134 E6
Salado (rivière, Colorado) 134 D6
Salado (rivière, Paraná) 134 D5
Salalah 94 F6
Salamanque 72-73 B2 C2
Salamat, bahr 110-111 E3 F3
Salamine 76-77 G7
Salarevo 84F B3
Salat 28 E4
Salau 28 E5
Salawati 98-99 I6
Sala-y-Gómez 140-141 K27 K28
Sala-y-Gómez, dorsale de 140-141 K28 K29
Salazie 37 E1
Salazie, cirque de 37 E1
Salbris 24 D5
Saldanha Bay 112-113 E8
Sale (Australie) 142-143 E5
Salé (Maroc) 117B C1
Salé, grand désert 94 F3 G3
Salée 36 C1
Salekhard 80-81 H3 I3
Salem (É.-U.) 126-127 B3
Salem (Inde) 96 D7
Salentina 74-75 F4 G4
Salerne 74-75 E4
Salerne, golfe de 74-75 E4
Salernes 30 F2
Salers 32 B3
Salève 32 F2
Salgótarján 76-77 E1
Salies-de-Béarn 28 C4
Salies-du-Salat 28 D4
Salihli 90 C4 D4
Salina (île) 74-75 E5
Salina (ville) 126-127 G4
Salina Cruz 126-127 G8
Salinas (fleuve) 131A C3
Salinas (ville) 131A C3
Salindres 30 D1
Salines, étang des 37 B1
Salins-d'Hyères 31A F3
Salins-les-Bains 32 E2
Salisbury 56-57 E6 F6
Salisbury, plaine de 56-57 E6 F6
Sallanches 32 F3
Salland 60 E2
Salloum 68-69 J5
Salluit 125 C1 D1
Salmon River 126-127 C2 D2
Salo 54-55 G3
Salomon, cap 37 B1
Salomon, îles 142-143 F2 G2
Salomon, mer des 140-141 I17 I18
Salon 34 D4
Salon-de-Provence 30 E2
Salor 72-73 B3
Salou 72-73 F2
Salouen 102-103 F5 F8
Salpausselkä 54-55 H3 I3
Salses 30 B3
Salsette 96 C6
Salsignel 31A B3
Salso 74-75 D6 E6
Salsomaggiore 64-65 F5
Salta (province) 139A
Salta (ville) 135 D5
Saltillo 126-127 F6
Salt Lake City 126-127 D3
Salto (rivière) 74-75 D3
Salto (ville) 135 E6
Salton, lac 126-127 C5
Saltykovka 84F D2
Saluces 74-75 A2
Salut, îles du 36 D1
Salvador 135 G4
Salyan 96 E4
Salza 64-65 L2
Salzach 64-65 I1
Salzbourg (État) 64-65 I2 J2
Salzbourg (ville) 64-65 J2
Salzkammergut 64-65 J2
Salzwedel 62 D2
Samalut 94 B4
Samangan 96 B2
Samar 98-99 H3
Samar, mer de 98-99 G3
Samara (province) 85A
Samara (ville) 80-81 F4 G4
Samara, réservoir de 40-41 I3 J3
Samarai 142-143 F3
Samarie 92 B3
Samarinda 98-99 F6
Samarkand 80-81 H6
Samarra 94 D3
Samatan 28 D4
Sambalpur 96 E5 F5
Sambas 98-99 D5
Samchok 106A B2
Samchonpo 108 B4
Samedan 66-67 E2
Samer 24 C2
Samnaungruppe 66-67 F2 F1
Samoa (État) 140-141 J21
Samoa (territoire) 140-141 J21 J22
Samoëns 32 F2
Sámos (île) 76-77 I7
Sámos (ville) 76-77 I7
Samothrace 76-77 H5
Sampit 98-99 E6
Samsun 90 H3
San 116-117A C3
Sana 76-77 D3
Sanaa 94 D6
Sanaga 110-111 E4
San Agustin, cap 98-99 H4
San Ambrosio 134 C5
Sanana 98-99 H6
Sanandaj 94 E2
San Andrés 132 C4
San Angelo 126-127 F5
San Antonio (Chili) 135 C6
San Antonio (É.-U.) 126-127 G6
San Antonio, cap (Argentine) 134 E6
San Antonio, cap (Cuba) 132 B2 C2
San Antonio Oeste 135 C7 D7
Sanary-sur-Mer 30 E2
San Benedetto del Tronto 74-75 D3 E3
San Bernardino (É.-U.) 126-127 C5
San Bernardino (Suisse) 66-67 E2
San Bernardino, chaîne de 126-127 C5
San Carlos (Philippines, Luçon) 98-99 F2 G2
San Carlos (Philippines, Negros) 98-99 G3
San Carlos (Venezuela) 132 F5
San Carlos de Bariloche 135 C7 D7
Sancerre 24 D5
Sancerrois 24 D5
Sancerrois, collines du 24 D5
Sancoins 24 D6
San Cristobal (île) 142-143 G3
San Cristóbal (Rép. Dominicaine) 132 E3
San Cristóbal (ville, Venezuela) 135 C2 D2
Sancti Spíritus (province) 133A
Sancti Spíritus (ville) 132 D2
Sancy, puy de 32 B3
Sandakan 98-99 F4
Sandarban 96 F5
San Diego 126-127 C5
San Diego, aqueduc de 131A E5
Sandnes 54-55 C4
San Donà di Piave 64-65 I4
Sandstone 142-143 B4 C4
Sandvika 54-55 D4
Sandviken 54-55 E3 F3
Sandwich, baie 125 G3
Sandwich du Sud, îles 146-147 O18 O19
Sandy, cap 142-143 F4?
Sandžak 76-77 E4 F4
San Félix 134 B5 C5
San Fernando (É.-U.) 131A D4
San Fernando (Espagne) 72-73 B4 C4
San Fernando (Philippines, Baguio) 98-99 G2
San Fernando (Philippines, Manille) 98-99 G2 G3
San Fernando de Apure 132 F5
San Francisco 126-127 B4
San Francisco, baie de 131A B3
San Francisco, monts 126-127 D4 E4
Sanga 110-111 E4
Sangar 80-81 N3 O3
Sangatte 24 C2
Sangihe 98-99 G5 H5
Sangihe, îles 98-99 H5
San Gimignano 64-65 G6 H6
Sangli 96 C6 D6
Sangre de Cristo, monts 126-127 E4 F4
Sangro 74-75 E3
San Joaquin 126-127 B4
San Joaquin Valley 131A C3 D4
San Jorge, golfe de 134 D7
San José (Costa Rica) 132 C5
San Jose (É.-U.) 126-127 B4
San José (Guatemala) 132 A4
San José del Guaviare 132 E6
San Juan (province) 139A
San Juan (ville, Argentine) 135 D6
San Juan (ville, Pérou) 135 C4
San Juan (ville, Porto Rico) 132 F3
San Juan, monts 126-127 E4
San Juan, río 132 C4
San Juan del Norte 132 C4
San Juan del Sur 132 B4
San Juan River 126-127 E4
Sankt Anton 64-65 G2
Sankt Johann im Pongau 64-65 I2 J2
Sankt Johann in Tirol 64-65 I2
Sankt Moritz 66-67 E2
Sankt Pölten 64-65 L1
Sankt Ulrich 64-65 H3
Sankuru 110-111 F5
San Lázaro, cap 126-127 D7
Şanlıurfa 90 I5
San Lorenzo (Équateur) 135 B2 C2
San Lorenzo (Honduras) 132 B4
Sanlúcar de Barrameda 72-73 B4
San Lucas, cap 126-127 D7
San Luis 139A
San Luis Obispo 131A C4
San Luis Potosí 126-127 F7 G7
San Martino di Castrozza 64-65 H3 I3
San Mateo 131A B3
San Matías, golfe de 134 D7
San Michele Mondovì 64-65 D5
San Miguel (rivière) 134 D4
San Miguel (ville) 132 B4
San Miguel de Tucumán 135 D5
San Nicolás 135 D6
Sannin, djebel 92 B1
Sannois 23A B1
San Pablo 98-99 G3
San Pedro 112-113 C4
San Pedro, sierra de 72-73 B3
San Pedro Sula 132 B3
San Pietro 74-75 B5
San Rafael (Argentine) 135 D6
San Rafael (É.-U.) 131A B3
San Remo 74-75 A3
San Salvador (île) 132 E2
San Salvador (ville) 132 B4
San Salvador de Jujuy 135 D5
San Severo 74-75 E4
Sanski Most 76-77 D3
Santa Ana (É.-U.) 126-127 C5
Santa Ana (El Salvador) 132 A4 B4
Santa Barbara (mont) 72-73 D4
Santa Barbara (ville) 126-127 B5 C5
Santa Barbara, canal 126-127 B5 C5
Santa Barbara, îles 131A C5 D5
Santa Catarina 135 E5 F5
Santa Clara (Cuba) 132 D2
Santa Clara (É.-U.) 131A C3
Santa Clarita 130A
Santa Cruz (province) 139A
Santa Cruz (ville, Argentine) 135 D8
Santa Cruz (ville, Bolivie) 135 D4
Santa Cruz (ville, É.-U.) 131A B3
Santa Cruz (ville, Espagne) 112-113 B2
Santa Cruz, îles 142-143 G3
Santa Fe (province) 139A
Santa Fe (ville, Argentine) 135 D6
Santa Fe (ville, É.-U.) 126-127 E4
Santa Inés 134 C8
Santa Isabel 142-143 F2 G2
Santa Maria (Brésil) 135 E5
Santa Maria (É.-U.) 131A C4
Santa Maria di Leuca, cap 74-75 G5
Santa-Maria-Siché 30 H7
Santa Marta 135 C1
Santa Monica 131A D4 D5
Santander 72-73 C1 D1
Santanilla 132 C3
Sant'Antioco 74-75 B5
Santarém (Brésil) 135 E3
Santarém (Portugal) 72-73 A3
Santa Rosa (Argentine) 135 D6
Santa Rosa (É.-U.) 126-127 B4
Santa Rosalia 126-127 D6

Santa Ynez 131A C4
Santee 126-127 J5 K5
Santerno 74-75 C2
Santerre 24 D3
Sant Feliu de Guíxols 72-73 G2
Santiago (Chili) 135 C6 D6
Santiago (Rép. Dominicaine) 132 E3 F3
Santiago de Cuba (province) 133A
Santiago de Cuba (ville) 132 D2 D3
Santiago del Estero (province) 139A
Santiago del Estero (ville) 135 D5
Säntis 66-67 E1
Santo André 138D
Santo Antão 110-111 A3
Santonia 36 D1
Santorin 76-77 H7
Santos 135 F5
Santos Dumont, aéroport 138C
San Valentín 134 C7
Sanvignes-les-Mines 32 D2
Sanzao Dao 101A A3
São Bernardo do Campo 138D
São Caetano do Sul 138D
São Felix do Xingu 135 E3 F3
São Francisco 134 F3 G3
São Francisco do Sul 135 F5
São Gonçalo 138C
São João de Meriti 138C
São José dos Campos 135 F5
São Lourenço, pantanal de 134 E4
São Luís 135 F3
São Marcos, baie 134 F3
São Miguel Paulista 138D
Saône 2 F3
Saône-et-Loire 32 D2 E2
São Nicolau 110-111 A3
São Paulo (État) 135 E5 F5
São Paulo (ville) 135 F5
São Roque, cap 134 G3
São Tiago 110-111 A3
São Tomé (île) 112-113 D5
São Tomé (ville) 112-113 D4
São Tomé et Principe 112-113 D4
Saoura 117C A3
São Vicente 110-111 A3
São Vicente, cap 72-73 A4
Saparua 98-99 H6
Sape, détroit de 98-99 F7
Sapele 118B
Sapporo 108 E2
Sar 30 B2
Šar, monts 76-77 F4
Saraburi 98-99 C3
Saragosse 72-73 E2
Sarajevo 76-77 E4
Sarangani, détroit de 98-99 G5 H4
Saransk 85A
Sarasota 126-127 J6
Saratov (province) 85A
Saratov (ville) 80-81 F4
Saravan 98-99 D2
Sarawak 98-99 E5
Sarca 74-75 C2
Sarcelle, passe de la 37A C3
Sarcelles 23A C1
Sardaigne 74-75 B4
Sardona, piz 66-67 E2
Sarektjåkko 54-55 F2
Sargans 66-67 E1
Sargodha 92 C3
Sarh 112-113 E4
Sarhro 117B C2
Sari 94 F2
Sarıkamış 90 K3
Sarine 66-67 C2
Sarir 68-69 I6
Sariwon 108 B3
Sarlat-la-Canéda 28 E3
Sarmi 98-99 J6
Sarmiento 135 C7 D7
Sarnen 66-67 D2
Sarnen, lac de 66-67 D2
Sarnia 122-123 J5
Saros, golfe de 76-77 H5 I5
Sarpsborg 54-55 D4 E4
Sarralbe 34 E3
Sarrans 33A A4
Sarre (État) 62 B4
Sarre (rivière) 34 E2
Sarrebourg 34 E3
Sarrebruck 62 B4
Sarreguemines 34 F2
Sarrelouis 62 B4
Sarre-Union 34 F3
Sartène 30 H7
Sarthe (département) 24 B4
Sarthe (rivière) 24 B4 A5
Sartrouville 23A B2
Saryjaz 102-103 B3
Saryözek 102-103 B3
Sary-Tach 102-103 A4
Sarzeau 26 D3
Sasebo 108 B4
Saskatchewan (province) 122-123 H4
Saskatchewan (rivière) 122-123 H4
Saskatchewan Nord 122-123 G4 H4
Saskatchewan Sud 122-123 G4 H4
Saskatoon 122-123 H4
Saskylakh 80-81 M2
Sasolburg 119F
Sassandra (fleuve) 116-117A C4
Sassandra (ville) 112-113 C4
Sassari 74-75 B4
Sassnitz 62 E1 F1
Sata, cap 108 C4
Satara 96 C6
Satna 96 E5
Satpura, monts 96 D5 E5
Satu Mare 76-77 G2
Saualpe 64-65 K3
Sauda 92 C1
Saudhárkrókur 54A c2
Sauerland 62 B3 C3
Saugues 32 C4
Saujon 28CO2
Saul 36 D1
Sauldre 24 C5
Saule, mont 34 D4
Saulieu 34 C4
Sault 30 E1
Sault, pays de 30 A3 B3
Sault-lès-Rethel 34 C2
Sault-Sainte-Marie 122-123 J5
Saulx 34 D3
Saumarez récif 142-143 F4
Saumlaki 98-99 I7
Saumur 24 A5
Saunois 34 E3
Saurimo 112-113 F5
Sauternes 28 C3
Sauveterre 31A D2
Sauveterre, causse de 32 C4
Sauveterre-de-Béarn 28 C4
Savannah (fleuve) 126-127 J5
Savannah (ville) 126-127 J5 K5
Savannakhet 98-99 C2 D2
Save (fleuve) 110-111 G6
Save (rivière, France) 28 D4
Save (rivière, Péninsule des Balkans) 76-77 E3
Savè (ville) 116-117A D4
Savenay 26 E3
Saverne 34 F3
Saverne, col de 34 F3
Savigny-le-Temple 23A D4
Savigny-sur-Orge 23A C3
Savio 74-75 D3
Savognin 66-67 E2
Savoie 32 F3
Savoie, combe de 32 F3
Savone 74-75 B2
Savonlinna 54-55 H3 I3
Sawahlunto 98-99 C6
Sawatch, monts 126-127 E3 E4
Sawda, djebel 94 D6
Sawknah 112-113 E2
Sawqirah 94 G6
Sawqirah, baie de 94 G6
Sawu 98-99 G8
Sawu, mer de 98-99 G7
Saxe 62 E3 F3
Saxe-Anhalt 62 C3 D3
Say 112-113 D3
Sazan 76-77 E5
Scaër 26 C2
Scafell, pic 56-57 E4
Scandinave, massif 40-41 E3 G2
Scanie 54-55 E5
Scapa Flow 56-57 E3
Scarborough 56-57 F4 G4
Sceaux 23A C3
Schaeffersheim 35A F2 G2
Schaerbeek 60 C4
Schafberg 64-65 J2
Schaffhausen 66-67 D1
Schagen 60 C2
Scheer 34 F3
Schefferville 122-123 L4
Scheibenhard 35A F1 G1
Schengen 60 E5
Schesaplana 64-65 F2
Schiedam 60 C3
Schiehallion 59 B1
Schiermonnikoog 60 D1 E1
Schiltigheim 34 F3
Schio 74-75 C2
Schiphol 60 C2
Schirmeck 34 F3
Schlei 62 D1
Schleswig 62 C1 D1
Schleswig-Holstein 62 C1 D1
Schlieren 66-67 D1
Schlucht, col de la 34 E3 F3
Schmidt, cap 80-81 T3
Schneeberg 64-65 L2
Schoelcher 37 B1
Schöneberg 63G
Schönefeld 63G
Schöneiche 63G
Schoonebeek 60 E2 F2
Schouwen 60 B3
Schreckhorn 66-67 D2
Schruns 64-65 F2 G2
Schüpfheim 66-67 D2
Schwäbisch Gmünd 62 C4 D4
Schwäbisch Hall 62 C4 D4
Schwaner, monts 98-99 E6
Schwarzenburg 66-67 C2
Schwarze Pumpe 63-E
Schwedt 62 E2 F2
Schweinfurt 62 D3
Schwerin 62 D2
Schwyz 66-67 D1
Sciacca 74-75 D6
Scilly, îles 56-57 C7
Scionzier 32 F2
Scoresby, détroit de 122-123 P2
Scoresby, terre de 122-123 P2
Scorff 26 C2 C3
Scott (champ pétrolier) 59 B2
Scott (île) 140-141 O21
Scottsbluff 126-127 F3
Scranton 126-127 K3
Scrivia 64-65 E5 E4
Scunthorpe 56-57 F5
Scuol 66-67 F2
Seal 122-123 I4
Seattle 126-127 B2
Sebastián-Vizcaíno, baie 126-127 C6 D6
Sébastopol 78 F5
Sebha 68-69 G6
Sebou 117B C1
Secaucus 130C B2
Secchia 74-75 C2
Seclin 24 E2
Secunda 119F
Sedan 34 C2 D2
Sede Boqer 92 A5
Sedom 92 B4
Sée 26 E2
Seefeld 64-65 H2
Seeland 66-67 C1
Sées 24 B4
Seez 66-67 E2 E1
Sefru 117B C1
Seg, lac 80-81 E3
Ségala 30 B1
Ségala du Quercy 28 E3 F3
Ségou 112-113 C3
Segóvia 72-73 C2 D2
Segre (fleuve) 72-73 F1
Segré (localité) 26 F3
Segura 72-73 D3 E3
Segura, sierra de 72-73 D4 D3
Seiche 26 E3
Seignosse 28 B4
Seiland 54-55 G1
Seille (Jura) 32 E2
Seille (Moselle) 34 E3
Sein, île de 26 B2
Seinäjoki 54-55 G3
Seine 2 F3 D2
Seine, baie de 24 A3 B3
Seine-et-Marne 24 D4 E4
Seine-Maritime 24 B3 C3
Seine-Port 23A D4
Seine-Saint-Denis 23A C1 D2
Seki 109A C2
Sekondi-Takoradi 112-113 C4
Selaru 98-99 I7
Selatan, cap 98-99 E6 F6
Selayar 98-99 G7
Selby 56-57 F5
Sele 74-75 E4
Selemdja 80-81 N4 O4
Selenga 80-81 L5
Sélestat 34 F3
Seliger, lac 78 F2
Selkirk, monts 122-123 G4
Sellafield 56-57 E4
Selles-sur-Cher 24 C5
Selongey 34 D4
Seltz 34 G3
Sélune 26 E2 F2
Selva 74-75 C1
Selwyn, monts (Australie) 142-143 D4 E4
Selwyn, monts (Canada) 122-123 E3 F3
Seman 76-77 F5
Semarang 98-99 E7
Semau 98-99 G8
Sembawang 101C B1
Séméac 28 D4
Semeï 80-81 I4
Semeru 98-99 E7
Semipalatinsk 80-81 I5 J5
Semnan 94 F2
Semnon 26 E3
Semouse 34 E4
Sempach 66-67 D1
Sempach, lac de 66-67 D1
Semporna 98-99 F5
Semur-en-Auxois 34 C4
Sena 112-113 G6
Senaki 90 J2 K2
Sendai 108 E3
Sénégal (État) 112-113 B3
Sénégal (fleuve) 110-111 B3
Sênggê 102-103 C5
Senigallia 74-75 D3
Senj 64-65 K5
Senja 54-55 F1
Senlis 24 D3
Sennar 112-113 G3
Sennecey-le-Grand 32 D2 E2
Senneterre 125 C4
Sénonais 34 B3
Senonches 24 C4
Senones 34 E3
Sens 34 B3
Senta 76-77 E3 F3
Sentosa 101C B2
Séoul 106A A2
Séoune 28 E3
Sepik 142-143 E2
Septaine 2 E3
Sept-Iles 125 E3
Sept Iles, baie des 125 F2
Sequoia, parc national 126-127 C4
Seraing 60 D4
Seram 98-99 H6 I6
Seram, mer de 98-99 H6 I6
Séran 32 E3
Serang 98-99 D7
Serangoon 101C B2
Séranne 30 C2
Serbe-Bosniaque, République 76-77 D3 E4
Serbie 76-77 F4
Serchio 74-75 C2
Sercq 56-57 E7
Serein 34 B4
Seremban 98-99 C5
Serengeti, steppe 110-111 G5
Serfaus 64-65 G2
Serghiëv Posad 78 G2 H2
Serghiny 80-81 H3
Sergipe 135 G4
Seriana, val 66-67 E3 E2
Sérifos 76-77 H7
Sérignan 30 C2
Serio 74-75 B2
Sermaize-les-Bains 34 C3
Sermata 98-99 H7
Serowe 112-113 F7
Serpa 72-73 B4
Serpiente, boca de 132 J6 M6
Serpoukhov 78 G3
Serra-di-Scopamène 30 H7 I7
Sérrai 76-77 G5
Serrat, cap 74-75 B6
Serre 24 F3
Serre-Chevalier 32 F4
Serre-Ponçon 31A E2 F2
Serre-Ponçon, barrage de 32 F4
Serres 32 E4
Sertão 134 F4 G3
Serui 98-99 J6
Servian 30 C2
Sesayap 98-99 F5
Sesia 74-75 B2
Sestriere 64-65 C5 D5
Sestri Levante 64-65 F5
Sète 30 C2
Sete Quedas, chutes de 134 E5
Setesdal 54-55 C4
Seto 109A C2
Settat 117B C1
Setúbal 72-73 A3
Setúbal, baie de 72-73 A3
Seudre 28 C2
Seugne 28 C2
Seulles 26 F1
Seurre 34 D4
Sevan, lac 90 L3
Sevenoaks 58C D4
Séverac-le-Château 30 B1 C1
Severn (Canada) 122-123 I4 J4
Severn (R.-U.) 56-57 E5
Severnaïa Zemlia 80-81 K1 L2
Severnside 57C
Sevier, lac 126-127 D4
Séville 72-73 B4
Sevran 23A D1 D2
Sèvre 2 C3
Sèvre nantaise 26 E3 E4
Sèvre niortaise 26 F4
Sèvres 23A B2
Sevron 32 E2
Seward (localité) 120-121 F3
Seward (péninsule) 120-121 D3
Seychelles (État) 112-113 I5
Seychelles (îles) 110-111 I5
Seydhisfjördhur 54A d2
Seyhan 90 G5
Seyssel 32 E3
Seysses 28 E4
Sézanne 34 B3
Sfákion 76-77 H8
Sfântu Gheorghe (Carpates) 76-77 H3
Sfântu Gheorghe (Mer Noire) 76-77 J3 K3
Sfax 117D B2
Shaanxi 102-103 H4 I4
Shaba = Katanga 110-111 F5
Shache 102-103 B4
Shah Alam 98-99 C5
Shahjahanpur 96 D4 E4
Shaib al Banat, djebel 68-69 K6
Shaikh Uthman 94 E7
Shandong (péninsule) 102-103 K4
Shandong (province) 102-103 J4
Shanghai (province) 102-103 J5
Shanghai (ville) 102-103 J5
Shangqiu 102-103 J5
Shangrao 102-103 J6
Shangxian 102-103 H5 I5
Shangzhi 108 B1
Shannon (fleuve) 56-57 C5
Shannon (ville) 56-57 B5
Shantou 102-103 J7
Shanxi 102-103 I4
Shaoguan 102-103 I6 I7
Shaoxing 102-103 K6
Shaoyang 102-103 I6
Shaqra 94 E4
Sharon, plaine de 92 A3
Shashi 102-103 I5
Shasta, lac 126-127 B3
Shasta, mont 126-127 B3
Shasta Dam 131A B1
Sha Tin 101D
Shawinigan 125 D4
Shawnee 126-127 G4
Sheboygan 126-127 I3
Sheerness 56-57 G6
Shéféla 92 A4
Sheffield 56-57 F5
Shekou 101A B3
Shell Haven 59 B4 C4
Shendi 94 B6
Shenyang 102-103 K3
Shenzhen 101A B2 C2
Sherbro 110-111 B4
Sherbrooke 125 D4
Sheridan 126-127 E3
Sherridon 122-123 H4 I4
Shetland, îles 56-57 E1 F1
Shetland du Sud, îles 140-141 O32
Shidao 102-103 K4
Shijiazhuang 102-103 I4 J4
Shikarpur 92 B4
Shikoku 108 C4
Shiliguri 96 F4
Shillong 96 G4
Shilong 101A B1
Shimbiris 94 E7
Shimizu 109A D2
Shimoga 96 D7
Shimonoseki 108 B4 C4
Shin, loch 56-57 D2
Shinano 109A D1
Shingu 109A C3
Shin Yodo 109B
Shiono, cap 108 D4
Shirakami, cap 108 D2 E2
Shire 110-111 G6
Shiretoko, cap 108 E2 F2
Shiriya, cap 108 E2
Shirmeck 34 F3
Shivpuri 96 D4
Shizuoka 108 D4
Shkodra 76-77 E4
Shkodra, lac de 76-77 E4
Shodo, île 109A B2
Shoreditch 58B
Shreveport 126-127 G5 H5
Shrewsbury 56-57 E5
Shuajingsi 102-103 G5
Shuangcheng 102-103 L2
Shuangyashan 102-103 M2
Shunde 101A A2
Shuqra 94 E7
Shwebo 98-99 B1
Sialkot 92 C3
Siau 98-99 H5
Šiauliai 54-55 G5
Šibenik 76-77 C4
Sibérie 80-81 J3 M3
Sibérie centrale, plateau de 80-81 K2 M3
Sibérien, bouclier 150C
Sibérie occidentale, plaine de 80-81 H3 J4
Sibérie orientale, mer de 80-81 P2 T2
Siberut 98-99 B6
Sibiu 76-77 H3
Sibolga 98-99 B5
Sibu 98-99 E5
Sibut 116-117A E4
Sibuyan 98-99 G3
Sibuyan, mer de 98-99 G3
Sichuan 102-103 G5
Sicile 74-75 D6 E6
Sicile, détroit de 68-69 G3
Sidcup 58C C3
Side 90 E5
Sideros, cap 76-77 I8
Sidi bel Abbès 117C A2
Sidlaw Hills 56-57 E3
Sidobre, plateau du 30 B2
Sidon 92 B2
Sieg 62 B3
Siegen 62 B3
Siem Reap 98-99 C3 D3
Sienne (fleuve) 26 E2
Sienne (ville) 74-75 C3
Sierck-les-Bains 34 E2
Sierra Leone 112-113 B4
Sierre 66-67 C2
Sieve 74-75 C3
Sífnos 76-77 H7
Sigave 37L A2
Sigean 30 B2
Sighetu Marmaţiei 76-77 G2 H2
Sighişoara 76-77 H2
Siglap 101C B2
Sigli 98-99 B4
Siglufjördhur 54A c1
Sigmaringen 62 C4
Sigoulès 28 D3
Sigtuna 54-55 F4
Sigüenza 72-73 D2
Siguer, port de 28 E5
Sihl 66-67 D1
Sihl, lac de 66-67 D1
Siirt 90 K5
Sikar 96 D4
Sikasso 112-113 C3
Sikhote Alin 80-81 O5
Sikkim 96 F4
Sil 72-73 B1
Silchar 96 G4 G5
Silésie 68-69 H1
Silifke 90 G5
Siling Co 102-103 D5
Silistra 76-77 I3
Siljan, lac 54-55 E3
Silleiro, cap 72-73 A1
Sillé-le-Guillaume 24 A4
Silloth 56-57 E4
Sils im Engadin 66-67 E2
Silvan 90 J4
Silvaplana 66-67 E2
Silvassa 96 C5
Silver City 126-127 E5
Silvermines, monts 56-57 B5 C5
Silvretta 64-65 F3 G3
Simandou 116-117A C4
Simao 102-103 G7
Simav 90 D4
Simbirsk (province) 85A
Simbirsk (ville) 80-81 F4
Simcoe, lac 125 C5
Simeto 74-75 E6
Simeulue 98-99 A5 B5
Simferopol 78 F5
Simi 76-77 I7
Simi Valley 130A
Simla 96 D3
Simplon, col du 66-67 D2
Simpson, désert de 142-143 D4
Simsonbaai 37 C1
Sinaï (mont) 94 B4
Sinaï (péninsule) 68-69 K6
Sinaia 76-77 H3
Sinaloa 126-127 E6
Sincelejo 132 D5
Sinceny 24 E3
Sinchang 108 B2
Sinclair, baie 56-57 E2
Sind 86-87 I7
Sindelfingen 62 C4
Sines 72-73 A4
Singa 94 B7
Singapour (État) 98-99 C5 D5
Singapour (ville) 98-99 C5
Singapour, détroit de 98-99 C5
Singaraja 98-99 F7
Singen 62 C5
Singkang 98-99 G6
Singkawang 98-99 D5
Singkep 98-99 C6 D6
Singkil 98-99 B5
Sinkiang Uyghurie 102-103 C4 D4
Sin-le-Noble 24 E2
Sinnamary (fleuve) 36 D1
Sinnamary (ville) 36 D1
Sinop 90 G2
Sintang 98-99 E5
Sintra 72-73 A3
Sinuiju 102-103 K3 L3
Sió 76-77 E2
Sion 66-67 C2
Sioua 68-69 J6
Sioule 32 C2
Sioua, oasis di 68-69 J6
Sioux City 126-127 G3
Sioux Falls 126-127 G3
Siping 102-103 K3
Šipka, col 76-77 H4
Sipura 98-99 B6
Siquijor 98-99 G4
Sira 54-55 C4
Sirajganj 96 F5 G5
Siret 76-77 I2
Siri 39 D2
Sirikit, réservoir de 98-99 B2 C2
Sirino, monte 74-75 E4 F4
Sirjan 94 G4
Şırnak 90 K5
Siron 28 C3
Sirri 95 F4
Sisak 76-77 D3
Sisal 126-127 H7
Sisten 112-113 F7
Sisimiut 122-123 M3
Sissonne 24 E3
Sisteron 30 E1 F1
Sitges 72-73 F2 G2
Sithonia 76-77 G5 G6
Sitka 122-123 E4
Sittard 60 D3
Sitter 66-67 E1
Sittoung 98-99 B2
Sittwe 102-103 E7
Sivas 90 H4
Six-Fours-les-Plages 30 E2
Sizewell 57D
Sizun 26 C2
Sjælland 54-55 D5
Skærbæk 62 C1
Skagafjord 54A c1 c2
Skagerrak 54-55 C4 D4
Skagway 120-121 G4
Skåne 54-55 E5
Skeena 122-123 F4
Skegness 56-57 G5
Skellefteå 54-55 G2
Skellefteälv 54-55 F2
Skhodnia 84F A1
Skien 54-55 D4
Skikda 117C C1
Skirne 59 C2
Skálfandafljót 54A c2
Skiold 59 D3
Skópelos 76-77 G6 H6
Skopje 76-77 F4 F5
Skövde 54-55 E4
Skovorodino 80-81 N4
Skye 56-57 C3
Skyros 76-77 H6
Slagen 59 E2
Slaney 56-57 C5
Slantsy 54-55 I4
Slatina 76-77 H3
Slavonie 76-77 D3 E3
Slavonski Brod 76-77 D3 E3
Slea, cap 56-57 A5
Sleat, détroit de 56-57 C3 D3
Sleipner 59 C2
Sliedrecht 60 C3
Slieve Bloom, monts 56-57 C5
Sligo 56-57 B4
Sligo, baie de 56-57 B4
Sliven 76-77 I4
Slochteren 60 E1 F1
Slovaquie 42-43 F4 G4
Slovenie 42-43 F4
Sluis 60 B3
Slunj 64-65 L4
Słupia 54-55 F5
Slyne, cap 56-57 A5
Småland 54-55 E4
Smallwood, réservoir 125 E3 F3
Smara 116-117A B2
Smederevo 76-77 F3
Smith 125 C1
Smith, détroit de 132-133 K2
Smoky Hill River 126-127 F4 G4
Smoky Mountains, parc national des 126-127 J4
Smøla 54-55 C3
Smolensk (province) 85A
Smolensk (ville) 78 F3
Smolikas 76-77 F5
Snæfell (Islande) 54A d02
Snaefell (Man) 56-57 D3
Snake River 126-127 C3 C2
Sneek 60 D1
Snežnik 64-65 K4
Snøhetta 54-55 D3
Snorre 59 C1
Snowdon 56-57 D5 E5
Sobat 110-111 G4
Sobral 135 G3
Soča 76-77 B2
Sochaux 35A E3 F3
Société, archipel de la 37N A2 B2
Socotra 94 F7
Soc Trang 98-99 D4
Soda, djebel es 68-69 G6 H6
Soda, lac 131A E4 F4
Sodankylä 54-55 H2
Söderhamn 54-55 F3
Söderköping 54-55 F4
Södertälje 54-55 F4
Soest (Allemagne) 62 C3
Soest (Pays-Bas) 60 D2
Sofala, baie de 110-111 G7
Sofia 76-77 G4
Sognefjord 54-55 C3
Sohag 68-69 K6
Soho 58B
Soignies 60 B4 C4
Soissonnais 2 E2
Soissons 24 E3
Soisy-sous-Montmorency 23A C1
Soisy-sur-Seine 23A C4
Sokcho 108 B3
Söke 76-77 I7
Sokhoumi 94 C1 D1
Sokodé 116-117A D4
Sokol 78 H2
Sokolniki, parc 84F C1
Sokoto (État) 118 C4
Sokoto (rivière) 110-111 D3
Sokoto (ville) 112-113 D3
Sol, costa del 72-73 C4 D4
Solapur 96 D6
Sölden 64-65 G3
Sole, autostrada del 64-65 H6
Soleil, plage du 76-77 I4 J4
Soleil, temple du 105F
Soleiman, monts 92 B4 B3
Solent, The 56-57 F6
Solenzara 30 I7
Solesmes 24 E2
Soleure 66-67 C1
Solihull 56-57 E5 F5
Solimões 134 D3
Solingen 62 B3
Sollefteå 54-55 F3
Sóller 72-73 G3
Solliès-Pont 30 F2
Solntsevo 84F B3
Sologne 24 C5 D5
Sologne bourbonnaise 32 C2
Solovievsk 102-103 J1
Solutré-Pouilly 32 D2
Solway Firth 56-57 D4 E4
Soma 76-77 I6
Somali, bassin 140-141 H8
Somali, massif 110-111 H4
Somali, presqu'île 110-111 H3 H4
Somalie 112-113 H4
Sombor 76-77 E3
Somerset 122-123 I2
Someş 76-77 G2
Somme (département) 24 D3
Somme (fleuve) 24 F4 D3
Somme, baie de la 24 C2
Sommières 30 D2
Somosierra 72-73 D2
Somport, col du 72-73 E2
Son 96 E5
Sondalo 64-65 G3
Sonde, détroit de la 98-99 D7
Sonde, plate-forme de la 98-99 D5
Sondershausen 62 D3
Søndre Strømfjord 122-123 M3 N3
Sondrio 74-75 B1 C1
Sông Da 102-103 G7
Sông Hong 102-103 G7
Songhua Jiang 102-103 L2 M2
Songkhla 98-99 C4
Song Loulou 116-117A E4
Songnam 106A A2
Songnim 108 B3
Sonora (fleuve) 126-127 D6 D5
Sonora (ville) 131A C3
Sonsorol, îles 98-99 I4
Sophia Antipolis 31A F3
Sophie 36 D1
Sopron 76-77 D2
Sor, ribeira de 72-73 A3
Sora 74-75 D4
Sorbas 72-73 D4
Sorel 125 D4
Sorgues (localité) 30 D1
Sorgues (rivière) 30 B2 C2
Soria 72-73 D2
Sorol 98-99 K4
Sorong 98-99 I6
Sørøya 54-55 G1
Sorraia 72-73 A3
Sorrento 74-75 E4
Sorsele 54-55 F2
Sorsogon 98-99 G3 H3
Sortavala 54-55 I3
Soscumica-Matagami, réservoir 125B
Sosnowiec 80 C3 D3
Sospel 30 G2
Sosva 80-81 H3
Sotchi 80-81 E5
Sotra 54-55 C3
Sotteville-lès-Rouen 24 C3
Sottomarina 64-65 I4
Souabe (district) 63
Souabe (région) 62 D5 D4
Souakin 94 C6
Soubré 116-117A C4
Soudan (État) 112-113 F3 G3
Soudan (région) 110-111 C3 F3
Soudron 35A C2
Souf 116-117A D1
Soufflenheim 34 F3
Soufrière 36 C1
Souillac 28 E3
Souk Ahras 117C D1
Souk el Arba du Rharb 117B B1 C1
Soukhona 80-81 F3
Soulac-sur-Mer 28 B2
Soule 28 C4
Soultz-Haut-Rhin 34 F4
Soultz-sous-Forêts 34 F3
Soummam 117C B1 C1
Soumon-Barbery 27A E2
Soumy 78 F3
Souna 54-55 J3
Soungari 102-103 M2
Sountar 80-81 M3 N3
Suoajarvi 54-55 I3 J3
Souppes-sur-Loing 24 D4
Sour (Liban) 92 B2
Sour (Oman) 94 G5
Soura 80-81 F4
Sourdeval 26 E2 F2
Sourgout 80-81 I3
Souris 126-127 F2
Sourou 114-115A C3
Sous (fleuve) 117B B2
Sous (région) 117B B2
Sousceyrac 28 E3 F3
Sousouman 80-81 P3 Q3
Sousse 117D B2
Soustons 28 B4
Soustons, étang de 28 B4
Southall 58C A2
Southampton (île) 122-123 J3
Southampton (ville) 56-57 F6
South Beach 130C B3 B4
South Bend 126-127 I3
Southend-on-Sea 56-57 G6
Southgate 58C B1
South Ockendon 58C D2
South Platte 126-127 F3
Southport 56-57 E5
South Shields 56-57 F4
Southwark 58B
Sovietsk 54-55 G5
Sovietskaïa Gavan 80-81 O5 P5
Soweto 112-113 F7
Soyaux 28 D2
Spa 60 D4
Spandau 63G
Spanish Town 132 D3
Sparouine 36 D1
Sparte 76-77 G7
Spartel, cap 72-73 B5 C5
Spartivento, cap 74-75 F6
Spátha, cap 76-77 G8
Spencer, cap 142-143 D5
Spencer, golfe 142-143 D5
Spessart 62 C4 C3
Spey 56-57 E3
Spijkenisse 60 C3
Spire (rivière) 34 G2
Spire (ville) 62 C4
Spithead 56-57 F6
Spittal 64-65 J3
Spitzberg 80-81 D2 E2
Spitzberg occidental 80-81 C2
Split 76-77 D4
Splügen 66-67 E2
Splügen, col du 66-67 E2
Spokane 126-127 C2
Spöl 66-67 E2 F2
Spoleto 74-75 D3
Sporades du Nord 76-77 G6 H6
Sporades du Sud 76-77 I7
Spratly, îles de 98-99 E4 F4
Spree 62 F3
Springfield (Illinois) 126-127 I4
Springfield (Massachusetts) 126-127 L3
Springfield (Missouri) 126-127 H4
Springfield (Ohio) 126-127 J3 J4
Spurn, cap 56-57 G5
Squillace, golfe de 74-75 F5
Srbija 76-77 F4
Srbrenica 76-77 E3
Srednekolymsk 80-81 Q3 R3
Sretensk 80-81 M4 N4
Srikakulam 96 E6 F6
Sri Lanka (État) 88-89 K9
Sri Lanka (île) 102-103 K9
Srinagar 96 C3 D3
Stad, cap 54-55 C3
Stade 62 C2
Stadskanaal 60 E1 F1
Staffa 56-57 C3
Stafford 56-57 E5
Staines 58C A3
Stains 23A C1
Stakhanov 78 G4
Stamford 130B
Stanley (Falkland) 134 E8
Stanley (Hongkong) 101D
Stanlow 57D
Stanmore 58C A1 A2
Stanovoï, monts 80-81 N4 O4
Stans 66-67 D2
Stansted 58A
Staraïa Roussa 78 F2
Stara Planina 76-77 G4 H4
Stara Zagora 76-77 H4
Starbuck 140-141 I23
Stargard 62 F2
Starnberg, lac de 62 D5
Start, pointe 56-57 E6
Stary Oskol 78 G3
State College 130B
Staten Island 130C A3 B4
Statfjord 59 C1

Stavanger 54-55 C4
Stavoren 60 D2
Stavropol 80-81 F5
Stavropol, territoire de 85A
Steenstrup, glacier de 122-123 M2
Steenvoorde 24 D2
Steffisburg 66-67 C2
Steglitz 63G
Steiermark 64-65 L2
Steigerwald 62 D4
Stein am Rhein 66-67 D1
Steinkjer 54-55 D2
Stella, mont 74-75 E4
Stella, piz 66-67 E2
Stelvio, col du 64-65 G3
Stenay 34 D2
Stendal 62 D2
Stéphanie, lac 110-111 G4
Sterkfontein 119D
Sterzing 64-65 H3
Stettin 78 B3
Stevenage 56-57 F6 G6
Stewart (île) 142-143 G6
Stewart (rivière) 122-123 E3
Steyr (rivière) 64-65 K2
Steyr (ville) 64-65 K2
Stif 117C C1
Stikine 120-121 G4
Štip 76-77 G5
Stiring-Wendel 34 E2 F2
Stirling 56-57 D3 E3
Štirovnik 76-77 E4
Stockerau 64-65 M1
Stockholm 54-55 F4
Stockhorn 66-67 C2
Stockport 56-57 E5 F5
Stockton 126-127 C4
Stockton-on-Tees 56-57 F4
Stoeng Treng 98-99 D3
Stoke Newington 58C B2 C2
Stoke-on-Trent 56-57 E5
Stonehaven 56-57 E3 F3
Stonehenge 56-57 E6 F6
Stony Gorge Dam 131A B2
Stor, lac 54-55 E3
Storavan 54-55 F2
Støren 54-55 D3
Storfjord 54-55 C3
Storlien 54-55 E3
Stornoway 56-57 C2 D2
Storuman (lac) 54-55 F2
Storuman (localité) 54-55 E2 F2
Stour (Dorset) 56-57 E6
Stour (Suffolk) 56-57 G6 G5
Strabane 56-57 C4
Strakonice 62 E4 F4
Stralsund 62 E1
Stranraer 56-57 D4
Strasbourg 34 F3
Stratford 58C C2
Stratford-upon-Avon 56-57 E5 F5
Straubing 62 E4
Streatham 58C B3
Stresa 74-75 B2
Strogino 84F B1
Stromboli 74-75 E5
Struma 76-77 G5
Strumica 76-77 G5
Strymon, golfe du 76-77 G5 H5
Stuart Highway 142-143 D3 D4
Stuhleck 64-65 L2
Stura (Coni) 74-75 A2
Stura (Turin) 64-65 D4
Stura Lanzo 32 G3
Sture 59 D1
Sturt, désert de 142-143 E4
Sturt Creek 142-143 C3
Stuttgart (district) 63
Stuttgart (ville) 62 C4
Stykkishólmur 54A a2 b2
Styrie 64-65 L2
Suao 106D B1
Subotica 76-77 E2
Suceava 76-77 H2 I2
Suchet, mont 32 F2
Suck 56-57 B5
Sucre 135 D4
Sucy-en-Brie 23A D3
Sud, île du 142-143 G6
Sud, port du 84F C2
Sud, région 37A C3
Sudbury 122-123 J5 K5
Sudd 110-111 F4 G4
Sud des Indiens, lac 122-123 I4
Sud-Est, cap du 142-143 E5
Sudètes 40-41 F3
Sudirman, monts 98-99 J6
Suède 42-43 F2
Suez 68-69 K6
Suez, canal de 68-69 K5
Suez, golfe de 68-69 K6
Suffolk 58A
Sugana, val 64-65 H3
Suğla, lac 90 F5
Suhar 94 G5
Suhl 62 D3
Suhre 66-67 D1
Suihua 102-103 L2
Suippes (localité) 34 C2
Suippes (rivière) 34 C2
Suir 56-57 C5
Suisse 42-43 E4
Suisse normande 26 F2
Suita 109B
Suiyang 108 C2
Suizhou 102-103 I5
Sukabumi 98-99 D7
Sukhbaatar 102-103 G1 H1
Sukhothai 98-99 B2
Sukkertoppen 122-123 M3
Sukkur 92 B4
Sukumakanga 116-117A F5
Sula, îles 98-99 H6
Sulawesi 98-99 F6 G6
Sulawesi, mer de 98-99 G5
Sulina 76-77 J3 K3
Sulitjelma (localité) 54-55 E2
Sulitjelma (mont) 54-55 F2
Sullom Voe 56-57 F1
Sully-sur-Loire 24 D5
Sulmona 74-75 D3 E3
Sultan 116-117A E1
Sulu, archipel de 98-99 F5 G4
Sulu, mer de 98-99 F4 G4
Sumatra 98-99 B5 C5
Sumba 98-99 F8
Sumba, détroit de 98-99 F7 G7
Sumbawa 98-99 F7
Sumbe 112-113 E6
Šumen 76-77 I4
Sumisu 108 D4 E4
Summerside 125 F4
Sumzom 102-103 F6
Sunbury 58C A3
Sunchon 108 B4
Sund 54-55 E5
Sunderland 56-57 F4
Sundgau 34 F4
Sundsvall 54-55 F3
Sungaipenuh 98-99 C6
Sunndalsøra 55E
Sunnyvale 130A
Sunyana 116-117A C4
Suo, mer de 109A A3
Super-Besse 33A A3
Super Dévoluy 32 E4 F4
Supérieur, lac 126-127 I2
Superior 126-127 H2
Super-Lioran 33A A3
Supiori 98-99 J6
Surabaya 98-99 E7
Surakarta 98-99 E7
Suran 32 E2
Surat 96 C5
Surat Thani 98-99 B4 C4
Surbiton 58C A3 B3
Surendranagar 96 C5
Suresnes 23A B2
Surgères 28 C1
Surigao 98-99 G4 H4
Surin 98-99 C2 C3
Surinam (État) 135 E2
Surinam (fleuve) 134 E2
Surrey 58A
Sursee 66-67 D1
Surselva 66-67 D2 E2
Surt 68-69 H5
Suruga, baie de 108 D4
Susa 74-75 A2
Susanville 131A C1
Susquehanna 126-127 K3
Susten, col de 66-67 D2
Susurluk 76-77 J6
Sutlej 96 D3 C3
Sutton 58C B4
Suva 140-141 J20
Suwałki 80 D3
Suwanose 108 B5 C5
Suwarrow 140-141 J22 J23
Suwon 106A A2
Suze 66-67 C1
Suzhou 102-103 K5
Suzu, cap 108 D3
Svalbard 80-81 C2 E2
Svappavaara 54-55 F2 G2
Svartisen 54-55 E2
Svealand 54-55 E4
Svend 59 D2
Svendborg 62 D1
Sverdrup, canal 122-123 I1 I2
Sverdrup, îles 122-123 H2 J2
Svetlaïa 102-103 N2
Svir 40-41 H2
Svištov 76-77 H4
Svobodny 80-81 N4 O4
Svolvær 54-55 E1
Swakopmund 112-113 E7
Swale 56-57 F4
Swan 142-143 B5
Swanley 58C D3
Swansea 56-57 D6
Swartberge 110-111 F8
Swaziland 112-113 G7
Swift Current 122-123 H4
Swilly, lough 56-57 C4
Swindon 56-57 F6
Świnoujście 62 F2
Syd Arne 59 D2
Sydenham 58C C3
Sydney (Australie) 142-143 F5
Sydney (Canada) 122-123 L5 M5
Syktyvkar 80-81 G3
Sylhet 96 G5
Sylt 62 C1
Syracuse (É.-U.) 126-127 K3 L3
Syracuse (Italie) 74-75 E6
Syr-Daria 80-81 H5
Syrie 88-89 F6
Syrie, désert de 94 C3 D3
Syros 76-77 H7
Szamos 76-77 G2
Szczecin 78 B3
Szeged 76-77 E2 F2
Székesfehérvár 76-77 E2
Szentes 76-77 F2
Szolnok 76-77 F2
Szombathely 76-77 D2

T

Taabo 116-117A C4
Tabarka 117D B1
Tabatinga 135 D3
Tablas 98-99 G3
Table, baie de la 110-111 E8
Table, pointe de la 37 E1
Tabor (mont) 92 B3
Tábor (ville) 62 F4
Tabora 112-113 G5
Tabriz 94 E2
Tabuaeran 140-141 H23
Tabuk 94 C4
Tabulaire, montagne 36 D1
Tacheng 102-103 C2
Tachikawa 109C
Tachkent 80-81 H5
Tacloban 98-99 G3 H3
Tacna 135 C4 D4
Tacoma 126-127 B2
Tademaït, plateau du 110-111 D2
Tadine 37A C2
Tadjemout 68-69 E6
Tadjikistan 88-89 I5 J5
Tadjoura 94 D7
Tadjoura, baie de 110-111 H3
Tadworth 58C B4
Taegu 106A B2
Taejon 106A A2
Tafassasset 110-111 D3 D2
Tafila 92 B5
Taganrog 78 G4
Tagant 110-111 B3
Tage 72-73 C3 A3
Tagliamento 74-75 D1
Taguke 102-103 C5
Tagum 98-99 H4
Tahaa 37M B1
Tahan 98-99 C5
Taharuu 37C B2
Tahat 68-69 F7
Tahiti 37C B2
Tahoua 112-113 D3
Tahta 94 B4
Tahu 106F
Tahuna 98-99 G5 H5
Tai 101D
Taiarapu, presqu'île de 37C B2
Taïba 116-117A B3
Taïba, réservoir 125B
Taïchet 80-81 K4 L4
Taichung 106D A1 B1
Taima 94 C4
Taïmyr 85A
Taïmyr, lac de 80-81 L2
Taïmyr, péninsule de 80-81 J2 L2
Tain 56-57 D3
Tainan 106D A2
Tain-l'Hermitage 32 D3
Taipeh 106D B1
Taipei 106D B1
Taiping (Chine) 101A B2
Taiping (Malaysia) 98-99 B5 C5
Tai Po 101D
Taitao 134 C7
Taitung 106D B2
Taivalkoski 54-55 H2 I2
Taiwan 88-89 O7
Tai Wau Tsun 101D
Taiyuan 102-103 I4
Taizhou 102-103 J5 K5
Taizz 94 D7
Tajo 72-73 C3
Tajumulco 132 A3
Tajuña 72-73 D2
Tak 98-99 B2
Takaishi 109B
Takamatsu 108 C4
Takaoka 108 D3
Takarazuka 109B
Takaroa 37N B2
Takasaki 109A D1
Takatsuki 108 C3 D4
Takayama 109A C1
Takengon 98-99 B5
Takeo 98-99 C3
Takhiatach 94 G1
Taklamakan 102-103 B4 C4
Talant 34 C4
Talara 135 B3
Talasea 142-143 E2 F2
Talaud, îles 98-99 H5
Talavera de la Reina 72-73 C2 C3
Talca 135 C6
Talcahuano 135 C6
Taldykorghan 80-81 I5
Taliabu 98-99 G6 H6
Tall Afar 90 K5
Tallahassee 126-127 J5
Tall al Amarna 68-69 K6
Tallinn 54-55 H4
Talmont 28 C2
Talmont-Saint-Hilaire 26 E4
Taloyoak 122-123 I3
Taltal 135 C5
Tama 109C
Tamaguelt 116-117A D3
Tamale 112-113 C4 D4
Taman 78 G4
Tamanrasset (ville) 112-113 D2
Tamanrasset (wadi) 110-111 D3 D2
Tamar 56-57 D6
Tamarugal, pampa del 134 D4 D5
Tambacounda 116-117A B3
Tambao 112-113 C3
Tambelan, îles 98-99 D5
Tambora 98-99 F7
Tambov 85A
Tambre 72-73 A1
Tâmega 72-73 B2
Tamerza 117D A2
Tamga 108 C1
Tamgak 110-111 E2 E3
Tamiahua, laguna de 126-127 G7
Tamil Nadu 96 D7
Tamina 66-67 E2
Tamiš 76-77 F3
Tamise 56-57 F6 G6
Tammisaari 54-55 G3
Tampa 126-127 J6
Tampa, baie de 126-127 J6
Tampere 54-55 G3 H3
Tampico 126-127 G7
Tamsagbulag 102-103 J2
Tamworth 142-143 E5 F5
Tana (fleuve, Kenya) 110-111 G5
Tana (fleuve, Laponie) 54-55 H1
Tana (île) 142-143 G3
Tana, lac 110-111 G3
Tanabe 108 D4
Tanafjord 54-55 I1
Tanagro 74-75 E4
Tanahmerah 98-99 J7 K7
Tanah Toraja 98-99 F6
Tanami, désert 142-143 C3 D4
Tanana (localité) 122-123 C3
Tanana (rivière) 120-121 F3
Tananarive 112-113 H6
Tanaro 74-75 B2
Tanarque 2 F4
Tancarville, pont de 24 B3
Tanchon 108 B2
Tandil 135 D6 E6
Tanega 108 C4
Tanezrouft 110-111 C2 D2
Tanga 112-113 G5 H5
Tanganyika, lac 110-111 G5
Tanger 117B C1
Tanggula, monts 102-103 D5 F5
Tangshan 102-103 J4
Tanimbar, îles 98-99 I7
Tanintharyi 98-99 B3 C3
Tanjungbalai 98-99 B5 C5
Tanjungpandan 98-99 D6
Tanjungpinang 98-99 C5 D5
Tanjungredep 98-99 F5
Tanjungselor 98-99 F5
Tannou Ola 80-81 K4
Tanpok 36 D1
Tanshui Ho 106D B1
Tanta 68-69 K5
Tan Tan 117B B2
Tanûra, ras 94 F4
Tanzanie 112-113 G5
Tao He 102-103 G5
Taolagnaro 112-113 H7
Taormina 74-75 E6
Taoudenni 112-113 C2
Taoyuan 106D A1 B1
Tapajós 134 E3
Tapaktuan 98-99 B5
Tapanlieh 106F
Tapanuli 98-99 B5
Tapti 96 C5
Taquara 138C
Tara (rivière) 76-77 E4
Tara (ville) 80-81 I4
Taraba 118 C4
Tarakan 98-99 F5
Taranto 74-75 F4
Tarare 32 D3
Tarascon 30 D2
Tarascon-sur-Ariège 28 E5
Tarasp 66-67 F2
Taravao 37C B2
Taravao, isthme de 37C B2
Taravo 30 I7
Tarawa 140-141 H20
Tarazona 72-73 E2
Tarbagataï 80-81 I5 J5
Tarbes 28 D4
Tarcoola 142-143 D5
Tardenois 24 E3
Tardes 32 B2
Tardoire 28 D2
Tardoki-Iani 102-103 N2
Tarentaise 32 F3
Tarente 74-75 F4
Tarente, golfe de 74-75 F5
Tarfaya 117B A3
Târgoviște (Bulgarie) 76-77 I4
Târgoviște (Roumanie) 76-77 H3
Târgu Jiu 76-77 G3
Târgu Mureș 76-77 H2
Tarifa 72-73 C4
Tarija 135 D5
Tariku 98-99 J6
Tarim He 102-103 C3
Taritatu 98-99 J6
Tarkwa 116-117A C4
Tarlac 98-99 F2 G2
Tarn (département) 30 B2
Tarn (rivière) 2 E4 D5
Tarn, gorges du 30 C1
Tarn-et-Garonne 28 D3 E3
Tarnak 80-81 H6
Tarnon 30 C1
Tarnos 28 B4
Tarnów 68-69 I1
Taro 74-75 C2
Tarouadji 116-117A D3 E3
Taroudannt 117B B2 C2
Tarquinia 74-75 C3
Tarragone 72-73 F2
Tarsus 90 G5
Tartan 59 B2
Tartaro 64-65 G4
Tartas 28 C4
Tartous 94 G6
Tartu 54-55 H4
Tarvisio 74-75 D1
Tasiilaq 122-123 O3
Tasikmalaya 98-99 D7
Tasman, mer de 140-141 L18 L19
Tasman, pays de 142-143 C3
Tasmanie 142-143 E6
Tasmanie, bassin de 140-141 M18
Tasmanie, plateau de 140-141 M17 M18
Tassialouc, lac 125 D2
Tata 117B C2
Tatabánya 76-77 D2 E2
Tatarovo 84F B2
Tatars, détroit des 80-81 P4 P5
Tatarsk 80-81 I4
Tatarstan 85A
Tatsfield 58C C4
Tatvan 90 K4
Tauber 62 C4
Taunggyi 98-99 B1
Taunton 56-57 E6
Taunus 62 C3
Taupo, lac 142-143 H5
Tauranga 142-143 H5
Taurion 28 E2
Taurus, monts 90 E5 J4
Tautavel 30 B3
Taute 26 E1
Tautira 37C B2
Tavannes 66-67 C1
Tavaux 32 E1
Tavda 80-81 H4
Tavel 31A D2
Tavernes 30 F2
Taverny 23A B1
Tavignano 30 I6
Tavira 72-73 B4
Tavoliere 74-75 E4
Tavoy = Dawei 98-99 B3
Tavşanlı 76-77 J6
Taw 56-57 E6
Tawau 98-99 F5
Tawitawi 98-99 F4 G4
Taxco 126-127 F8 G8
Tay 56-57 E3
Tay, Firth of 56-57 E3
Taygète 76-77 G7
Taz (fleuve) 80-81 J3
Taz (péninsule) 80-81 I3
Taz, estuaire du 80-81 I3
Taza 117B C1 D1
Tazovskoïe 80-81 I3 J3
Tbilissi 94 D1
Tchad 112-113 E3 F3
Tchad, bassin du 110-111 E3
Tchad, lac 110-111 E3
Tchadan 102-103 E1
Tchaïek 102-103 A3 B3
Tchaoun, baie de la 80-81 R2 R3
Tchara 80-81 M4 N4
Tchärjew 80-81 H6
Tcheboksary 85A
Tcheliabinsk (province) 85A
Tcheliabinsk (ville) 80-81 H4
Tchéliouskine, cap 80-81 L2 M2
Tchèque, République 42-43 F4
Tcheremkhovo 80-81 K4 L4
Tchérémouchki 84F B3 C3
Tcherepovets 78 G2
Tcherkasy 78 F4
Tcherkessk 85A
Tcherkisovo 84F C1
Tcherniakhovsk 54-55 G5
Tchernihiv 78 F3
Tchernivtsi 78 E4
Tchertanovo 84F B3 C3
Tchétchénie 85A
Tchibanga 116-117A E5
Tchimbele 116-117A E4
Tchita (province) 85A
Tchita (ville) 80-81 M4
Tchoibalsan 102-103 I2
Tchoke, monts 110-111 G3
Tchokurdakh 80-81 P2
Tchornobyl 78 E3 F3
Tchorski 80-81 Q3 R3
Tchorski, monts 80-81 P3
Tchoudes, lac des 40-41 G3
Tchoukotka 85A
Tchouktches 80-81 T3
Tchouktches, mer des 140-141 A21 B21
Tchoulkovo 80-81 J3 K3
Tchoulman 80-81 N4
Tchoulym 80-81 J4 K4
Tchouna 80-81 K4
Tchouvachie 85A
Tczew 54-55 F5
Téahupoo 37C B2
Teaneck 130C B1
Tébessa 68-69 F4
Tebingtinggi 98-99 B5 C5
Tecate 130A
Tech 30 B3
Teddington 58C A3
Tees 56-57 F4
Teesport 59 B3
Teesside 57C
Tefé 135 D3
Tegal 98-99 D7
Tegel 63G
Tegern, lac 64-65 H2
Tegucigalpa 132 B4
Tehachapi Mountains 131A D4
Tehama Colusa Canal 131A B2
Téhéran 94 F2
Tehuantepec 126-127 G8
Tehuantepec, golfe de 126-127 G8 H8
Tehuantepec, isthme de 126-127 G8 H8
Teide, pico del 110-111 B2
Teifi 56-57 D5
Tejo 72-73 A3
Tekirdağ 90 C3
Tekong 101C C1
Tekstilchtchiki 84F C2
Tel Ashdod 92 A4
Tel Aviv 92 A3
Telemark 54-55 D4
Teleno 72-73 B1
Teles Pires, rio 134 E3
Telford 56-57 E5
Tellien, atlas 117B B2 D1
Telok Intan 98-99 C5
Teltow 63G
Teltow, canal de 63G
Tema 112-113 D4
Temagami, lac 125 B4 C4
Tembagapura 98-99 J6
Teme 56-57 E5
Temirtaou 80-81 I4
Témiscouata, lac 125 E4
Tempelhof 63G
Temple 126-127 G5
Temuco 135 C6
Tenafly 130C C1
Ténare, cap 76-77 G7
Tenaserim = Tanintharyi 98-99 B3 C3
Tendaho 94 D7
Tende 30 G1
Tende, col de 64-65 D5
Tendre, mont 66-67 B2
Ténéré 110-111 E2 E3
Tenerife 112-113 B2
Ténès 72-73 F4
Tenggarong 98-99 F6
Tengiz, lac 80-81 H4
Ténibre, mont 30 F1 G1
Tenke 112-113 F5 F6
Tenna 64-65 J6
Tennant Creek 142-143 D3
Tennessee (État) 126-127 I4
Tennessee (rivière) 126-127 I4 I5
Tenryu 109A C2
Tensift 117B B2
Teófilo Otoni 135 F4 G4
Tepic 126-127 E7 F7
Teplice 62 E3
Teplyï Stan 84F B3
Ter 72-73 G2
Teraï 157
Teramo 74-75 D3
Ter Apel 60 E2 F2
Terek 80-81 F5
Teresina 135 F3
Tergnier 24 E3
Tergüün Bogd 102-103 G3
Terim 94 E6
Termini Imerese 74-75 D5
Terminos, laguna de 126-127 H8
Termiz 80-81 H6
Termoli 74-75 E3
Termonde 60 C3
Tern 59 C1
Ternate 98-99 H5
Terneï 108 D1 D2
Terneuzen 60 B3 C3
Terni 74-75 D3
Ternin 32 D1
Ternois 24 D2
Ternopil 78 E4
Terracina 74-75 D4
Terrassa 72-73 F2 G2
Terrasson-la-Villedieu 28 E2
Terre, temple de la 105F
Terre-de-bas 36 C1
Terre-de-haut 36 C1
Terre Haute 126-127 I4
Terre-Neuve 122-123 M5
Terre-Neuve-et-Labrador 122-123 L4
Terre plaine 34 B4 C4
Terres chaudes 28 C2 D2
Terres froides 32 E3
Territoire-du-Nord 142-143 D3 D4
Terschelling 60 D1
Teruel 72-73 E2
Teseney 94 C6
Tessin 64-65 E3 E4
Tessin, alpes du 64-65 E3
Test 56-57 F6
Têt 30 B3
Tete 112-113 G6
Tête d'Oiseau 98-99 I6
Tête Jaune, col de 122-123 G4
Teterboro Airport 130C B1
Téthys 151 A1
Tétiaroa 37M C2
Tetica 72-73 D4
Teton, mont 126-127 D3 E3
Tétouan 117B C1
Tetovo 76-77 F5
Teulada, cap 74-75 B5
Teutoburger Wald 62 B2 C3
Texarkana 126-127 G5 H5
Texas 126-127 F5 G5
Texel 60 C1
Tezpur 96 G4
Thabana-Ntlenyana 110-111 F7 G7
Thaïlande 88-89 L8 M8
Thaïlande, golfe de 98-99 C3
Thai Nguyen 98-99 D1
Thamarit 94 F6 G6
Thamesside 57C
Thamud 94 F6
Thandwe 98-99 A2
Thanh Hoa 98-99 D2
Thanjavur 96 D7
Thann 34 F4
Thaon-les-Vosges 34 E3
Thar, désert de 96 C4
Tharsis 72-73 B4
Tharthar, lac 90 K7
Thássos 76-77 H5
Thatta 92 B5
Thau, étang de 30 C2
Thèbes (Égypte) 68-69 K6
Thèbes (Grèce) 76-77 G6
Theddlethorpe 59 C3
Theiss 76-77 F2
Thelle 24 C3 D3
Thelon 122-123 I3
The Narrows 130C B3
Théols 24 C6
The Pas 122-123 H4 I4
Théra 76-77 H7
Thérain 24 C3
The Raunt 130C C3
Thessalie 76-77 F6 G6
Thessalonique 76-77 G5
Thessalonique, golfe de 76-77 G5 G6
Thetford Mines 125 D4
The Wash 56-57 G5
The Weald 56-57 F6 G6
Theydon Bois 58C C1 D1
Thiais 23A C3
Thiene 64-65 H4
Thiérache 24 E3
Thiers 32 C3
Thiès 112-113 B3
Thimerais 2 D2
Thimphu 96 F4 G4
Thio 37A C2
Thionville 34 E2
Thiruvananthapuram 96 C8 D8
Thiviers 28 D2
Thizy 32 D2
Thjórsá 54A c2
Thoiry 23A A2
Tholen 60 C3
Thompson (rivière) 122-123 F4
Thompson (ville) 122-123 I4
Thomson (rivière) 142-143 E4
Thomson (ville) 101C B1
Thon Buri 98-99 B3 C3
Thônes 32 F3
Thong Hoe 101C A1
Thonon-les-Bains 32 F2
Thoré 30 B2
Thornwood Common 58C C1
Thorshavn 42-43 D2
Thouaré-sur-Loire 26 E3
Thouars 24 A6
Thouet 24 A6
Thoune 66-67 C2
Thoune, lac de 66-67 C2
Thourotte 24 D3
Thousand Oaks 130A
Thrace 76-77 H5 I5
Three Kings, îles 142-143 H5
Thuin 60 C4
Thuir 30 B3
Thule 122-123 L2
Thule Air Base 122-123 L2
Thunder Bay 122-123 I5 J5
Thur 66-67 E1 D1
Thuringe 62 D3
Thuringe, forêt de 62 D3
Thurn, col de 64-65 I2
Thursday 142-143 E3
Thurso (fleuve) 56-57 E2
Thurso (ville) 56-57 E2
Thurston 140-141 P28 P29
Thusis 66-67 E2
Thymerais 24 B4 C4
Tianjin (province) 102-103 J4
Tianjin (ville) 102-103 J4
Tianjun 102-103 F4
Tianmen 102-103 I5
Tian Shan 80-81 I5 J5
Tianzhu 102-103 G4
Tiarei 37C B2
Tibati 116-117A E4
Tibériade 92 B3
Tibériade, lac de 92 B3
Tibesti 110-111 E2
Tibesti, serir 110-111 E2
Tibet 102-103 C5 D5
Tibre 74-75 D3
Tiburón 126-127 D6
Tidikelt 110-111 D2
Tidiquin, mont 117B C1 D1
Tidjikja 112-113 B3
Tidore 98-99 H5
Tiefencastel 66-67 E2
Tiel 60 D3
Tieli 102-103 L2
Tieling 102-103 K3
Tierra del Fuego 139A
Tiétar 72-73 C2
Tietê 134 E5
Tigéry 23A D4
Tighina 76-77 J2
Tignes 32 F3
Tigre (Mésopotamie) 94 D2
Tigre (Pérou) 134 C3
Tiguentourine 116-117A D2
Tihama 110-111 H2 H3
Tihert 117C B2
Tijuana 126-127 C5
Tijuca 138C
Tijuca, lagune de 138C
Tijuca, parc national de 138C
Tikhvin 78 F2
Tikopia 142-143 H3
Tikrit 90 K6 L6
Tiksi 80-81 N2 O2
Tilburg 60 D3
Tilimsen 117C A2
Tillabéry 116-117A D3
Tille 34 D4
Tilos 76-77 I7
Timan, hauteurs de 40-41 I2 J2
Timaru 142-143 H6
Timia 116-117A D3
Timimoun 112-113 D2
Timimoun, sebkha de 117C A3 B3
Timiș 76-77 F3
Timișoara 76-77 F3
Timmins 122-123 J5
Timna 92 A6
Timok 76-77 G4
Timor 98-99 H7
Timor, mer de 140-141 J15
Timor oriental 98-99 H7
Tinaca, pointe 98-99 G4 H4
Tinchebray 26 F2
Tindouf 112-113 C2
Tindouf, sebkha de 68-69 C6 D6
Tinée 30 G1
Tineo 72-73 B1
Tin Fouye 116-117A D2
Tingo María 135 C3
Tinos 76-77 H7
Tinqueux 34 B2
Tinrhert, hammada du 110-111 D2
Tintamarre, île 36 C1
Tinto 72-73 B4
Tioman 98-99 C5
Tioumen (province) 85A
Tioumen (ville) 80-81 H4
Tipperary 56-57 B5
Tiran 92 A8
Tiran, détroit de 92 A8 A7
Tirana 76-77 E5 F5
Tiranë 76-77 E5 F5
Tirano 66-67 F2
Tiraspol 76-77 J2 K2
Tiree 56-57 C3
Tirlemont 60 C4 D4
Tirso 74-75 B4
Tiruchchirappalli 96 D7
Tirunelveli 96 D8
Tisisat, chutes 94 C7
Tisza 76-77 F2
Titicaca, lac 134 D4
Titlis 66-67 D2
Titule 116-117A F4
Tivoli 74-75 D3 D4
Tizi Ouzou 117C B1 C1
Tiznit 117B B2
Tkvartcheli 90 J2 K2
Tlaxcala 126-127 G8
Toamasina 112-113 H6 I6
Toa Payoh 101C B2
Toba, lac 98-99 B5
Tobago 132 G4
Tobelo 98-99 H5
Tobermory 56-57 C3
Toblach 74-75 D1
Tobol 80-81 H4
Tobolsk 80-81 H4 I4
Tobrouk 68-69 I5
Tocantins (État) 135 F4
Tocantins (rivière) 134 F3 E3
Toce 74-75 B1
Tochkent 80-81 I5
Tocopilla 135 C5
Tödi 66-67 D2
Toggenburg 66-67 E1
Togian, îles 98-99 G6
Togliatti 80-81 F4 G4
Togo 112-113 D4
Togo, monts 110-111 D4 D3
Tohivéa 37C A2
Tokaj 76-77 F1
Tokar 94 C6
Tokat 90 H3
Tokelau 140-141 I21 I22
Tokorozawa 109C
Tokushima 108 C4
Tokuyama 109A A3 B2
Tokyo 108 D3 E3
Tokyo, baie de 109A D2
Tokyo-Disneyland 109C
Tola 102-103 G2
Tolède 72-73 C3
Tolède, monts de 72-73 C3 D3
Toledo 126-127 J3
Toliara 112-113 H7
Tolitoli 98-99 G5
Tolmezzo 74-75 D1
Tolo, golfe de 98-99 G6
Tolosa 28 A4
Tolstoï, cap 80-81 Q4
Toluca 126-127 F8 G8
Tom 80-81 J4
Tomakomai 108 E2
Tomar 72-73 A3
Tombigbee 126-127 I5
Tombouctou 112-113 C3
Tombua 112-113 E6
Tomelloso 72-73 D3
Tomilino 84F D3
Tomini 98-99 F5 G5
Tomini, golfe de 98-99 G6
Tommot 80-81 N4
Tomo 132 F5
Tom Price 142-143 B4
Tomsk (province) 85A
Tomsk (ville) 80-81 J4
Tomtabacken 54-55 E4
Tonale, col de 64-65 G3
Tonate 36 D1
Tondabayashi 109B
Tønder 62 C1
Tone 109A D2
Tonga 140-141 J21
Tonga, fosse des 140-141 K21 J21
Tonga, ride des 140-141 K21 J21
Tongatapu 140-141 K21
Tonghua 102-103 L3
Tongren 102-103 H6 I6
Tongres 60 D4
Tongzi 102-103 H6
Tonk 96 D4
Tonkin, golfe du 98-99 D1 D2
Tonle Sap 98-99 C3
Tonnay-Charente 28 C2
Tonnégrande 36 D1
Tonneins 28 D3
Tonnerre 34 B4
Tonnerrois 34 B4 C4
Tønsberg 54-55 D4
Toowoomba 142-143 E4 F4
Top, lac 54-55 I2
Topeka 126-127 G4
Tor 59 C2
Torawitan, cap 98-99 G5 H5
Torbat-e Heydariyeh 94 G2 H2
Torbay 56-57 E6
Torcy (Saône-et-Loire) 32 D2
Torcy (Seine-et-Marne) 23A D2
Tordesillas 72-73 C2
Torgau 62 E3

Torghaï 80-81 H5
Torhout 60 A3 B3
Toride 109C
Torino 74-75 A2
Tormes 72-73 B2 C2
Torne, lac 54-55 G1
Torneälv 54-55 G2
Tornesspoint 57D
Torngat, monts 125 F2
Tornio 54-55 H2
Tornionjoki = Torneälv 54-55 G2
Toronto 122-123 J5 K5
Torrance 130A
Torre Cerredo 72-73 C1
Torrecilla 72-73 C4
Torrelavega 72-73 C1 D1
Torremolinos 72-73 C4
Torrens, lac 142-143 D5
Torreón 126-127 F6
Torres, détroit de 142-143 E2 E3
Torrevella 72-73 E4
Tortola 132 G3
Tortoli 74-75 B5
Tortona 64-65 E5 F5
Tortosa 72-73 F2
Tortosa, cap de 72-73 F2
Tortue 132 E2
Tortuga 134 D1
Toruń 80 C3
Tory 56-57 B4
Tosa, baie de 108 C4
Toscan, archipel 74-75 C3
Toscane 74-75 C3
Töss 66-67 D1
Totowa 130C A1
Tottenham 58C B2 C2
Tottenville 130C A4
Tottori 108 C3
Touapse 90 I1
Touat 110-111 D2
Toubkal, jebel 117B C2
Toucy 34 B4
Touggourt 117C C2
Touho 37A B2
Toul 34 T3
Toula (province) 85A
Toula (ville) 78 G3
Touliu 106D A2
Touloma 54-55 J1
Toulon 30 E2
Touloun 80-81 L4
Toulouse 28 E4
Toummo 112-113 E2
Tounassine, hammada 68-69 C6 D6
Toungoo 98-99 B2
Toungouska inférieure 80-81 J3 K3
Toungouska pierreuse 80-81 K3
Touques 24 B4
Toura (rivière) 40-41 K3
Toura (ville) 80-81 L3
Touraine 24 B5
Touraine, gâtine de 2 D3
Touran, dépression du 86-87 H5 I5
Tourcoing 24 E2
Tourmalet, col du 28 D5
Tournai 60 B4
Tournan-en-Brie 24 D4
Tournefeuille 28 E4
Tournon 32 D3
Tournus 32 D2 E2
Touroukhansk 80-81 J3 K3
Tourrette-Levans 30 G2
Tours 24 B5
Toury 24 C4
Tous les Saints, baie de 134 F4 G4
Touva 85A
Tower 58B
Tower Bridge 58B
Townsville 142-143 E3
Towuti, lac 98-99 G6
Toyama 108 D3
Toyama, baie de 108 D3
Toyohashi 108 D4
Toyonaka 109B
Toyota 108 D3
Tozeur 117D B2
Trabzon 90 I3 J3
Tracy 131A C3
Trafalgar, cap 72-73 B4
Trail 122-123 G5
Traisen 64-65 L1
Tralee 56-57 B5
Tralee, baie de 56-57 A5 B5
Trang 98-99 B4
Trani 74-75 F4
Transamazonienne, route 135 D3 E3
Transcanadienne, autoroute 122-123 G4 J5
Transylvanie 76-77 G2 H2
Transylvanie, alpes de 76-77 G3 H3
Trapani 74-75 D5
Trappes 24 C4 D4
Trasimène, lac 74-75 D3
Trás-os-Montes 72-73 B2
Traun 64-65 J1
Traun, lac 64-65 J2
Traunstein 62 E5
Travemünde 62 D2
Travers, val de 66-67 B2
Travnik 76-77 D3
Trawsfynydd 57D
Trbovlje 64-65 K3 L3
Trebas 29A G3 G4
Trebbia 74-75 B2
Trèbes 30 B2
Trébeurden 26 C2
Trebinje 76-77 E4
Trégastel-Plage 26 C2
Trégorrois 26 C2
Tréguier 26 C2
Treignac 28 E2
Trélazé 24 A5
Trelleborg 54-55 E5
Tremadoc, baie de 56-57 D5
Tremblant, mont 125 D4
Tremblay-lès-Gonesse 23A D1
Tremblet 37 E1
Tremiti, îles 74-75 E3
Trent (gisement de gaz naturel) 59 C3
Trent (rivière) 56-57 E5 F5
Trente 74-75 C1
Trentin-Haut-Adige 74-75 C1 D1
Trenton 126-127 L3
Trent Park 58C B1
Tresa 66-67 D2 D3
Tres Arroyos 135 D6
Tres Forcas, cap 72-73 C5
Tre Signori, piz de 66-67 E2
Três Lagoas 135 E4 E5
Tres Marias 126-127 E7
Tres Puntas, cap 134 D7
Trets 30 E2
Trévaresse 30 E2
Trêves (district) 63
Trèves (localité, Fr.) 30 C1
Trêves (ville) 62 B4
Trévise 74-75 D2
Trévoux 32 D3
Tricastin 32 D4
Tricastin-Pierrelatte 33A C4 D4
Triel-sur-Seine 23A A1 B1
Trieste 74-75 D2
Trieste, golfe de 64-65 J4
Trie-sur-Baïse 28 D4
Trieux 26 C2
Trièves 32 E4
Triglav 64-65 J3 K3
Trignac 26 D3
Trikkala 76-77 F6 G6
Trikora 98-99 J6
Trincomalee 96 E8
Trinidad (île) 132 G4
Trinidad (ville, Bolivie) 135 D4
Trinidad (ville, Cuba) 132 C2
Trinidad et Tobago 132 G4 H4
Trinité, baie de la 122-123 M5
Trinity (Californie) 131A B1
Trinity (Texas) 126-127 G5
Trinity Dam 131A B1
Tripoli (Liban) 92 B1
Tripoli (Libye) 68-69 G5
Tripolis 76-77 G7
Tripolitaine 68-69 G5
Tripura 96 G5
Trisanna 66-67 F1
Tristan da Cunha 146-147 M19
Trivandrum 96 1 D8
Trnava 76-77 D1
Trobriand, îles 142-143 E2 F2
Troglav 76-77 D4
Troie 90 C4
Trois-Bassins 37 E1
Trois Pagodes, col des 98-99 B2
Trois Pointes, cap des 110-111 C4
Trois-Rivières (Canada) 125 D4
Trois-Rivières (Guadeloupe) 36 C1
Troitse-Lykovo 84F B2
Troll 59 C1 D1
Trollhättan 54-55 E4
Trombetas 134 E3 E2
Tromsø 54-55 F1
Tronador 134 C7
Trøndelag 54-55 D2 E2
Trondheim 54-55 D3
Trondheimsfjord 54-55 D3
Tronto 74-75 D3
Tronville-en-Barrois 34 D3
Troon 56-57 D4
Trosly-Breuil 24 D3 E3
Trostan 56-57 C4 D4
Trouville-sur-Mer 24 B3
Troyes 34 B3 C3
Trujillo (Espagne) 72-73 B3 C3
Trujillo (Honduras) 132 B3
Trujillo (Pérou) 135 B3 C3
Trujillo (Venezuela) 132 E5 F5
Trun 24 B4
Truro (Canada) 125 F4
Truro (R.-U.) 56-57 D6
Truyère 2 E4
Trym 59 D2
Trysilelva = Klarälv 54-55 E3
Tsetserleg 102-103 G2
Tshuapa 110-111 F4 F5
Tsiigehtchic 122-123 E3 F3
Tsimliansk, réservoir de 40-41 I4
Tsing 101D
Tsingoni 37J A2 B2
Tskhinvali 94 D1 E1
Tsu 108 D4
Tsuen Wan 101A C3
Tsugaru, détroit de 108 E2
Tsumeb 112-113 E6
Tsuruga 109A C2
Tsuruoka 108 D3
Tsushima 108 B4
Tsushima, détroit de 108 B4 C4
Tsuyama 109A B2
Tua 72-73 B2
Tual 98-99 I7
Tuamotu, archipel des 37N B2 C2
Tuamotu, ride des 140-141 J24 K25
Tuas 101C A2
Tübingen (district) 63
Tübingen (ville) 62 C4
Tubuaï 37N A3 B3
Tubuaï, îles 37N A3 B3
Tuchan 30 B3
Tucson 126-127 D5
Tucumán 139A
Tucupita 132 G5
Tudela 72-73 E1
Tudmur 94 I6
Tudor, lac 125 E2
Tuen Mun 101D
Tufuone 37K A1
Tui 72-73 A1
Tukangbesi, îles 98-99 G7
Tukarak 125 C2
Tuktoyaktuk 122-123 E3 F3
Tulare 131A D3
Tulare, lac 131A D4
Tulcea 76-77 J3
Tulida 122-123 F3
Tulkarm 92 B3
Tulle 28 E2
Tullins 32 E3
Tulln 64-65 L1 M1
Tulsa 126-127 G4
Tuluá 132 D6
Tulum 126-127 I7 I8
Tumaco 135 B2 C2
Tuman 108 B2
Tumba, lac 110-111 E5 F5
Tumbler Ridge 122-123 F4 G4
Tumen 102-103 M3
Tumkur 96 D7
Tumucumaque, serra de 134 E2
Tunceli 90 I4
Tundža 76-77 I4
Tung Chung 101D
Tunis 117D B1
Tunis, golfe de 117D B1
Tunisie 112-113 D1 E1
Tunja 132 E5
Tunungayualok 125 F2 G2
Tuokusidawan Ling 102-103 D4
Tupungato 134 D6
Turabah 94 D5
Turbo 132 D5
Turckheim 34 F3
Turda 76-77 G2
Turgutlu 90 C4 D4
Turhal 90 H3
Turia 72-73 E3
Turimiquire 132 G4
Turin 74-75 A2
Turkana, lac 110-111 G4
Türkistan 80-81 H5
Türkmenbachy 80-81 G5
Turkménistan 88-89 H6 I6
Turks et Caicos, îles 132 E2
Turku 54-55 G3
Turlock 131A C3
Turneffe 132 B3
Turnhout 60 C3
Turnu Măgurele 76-77 H4
Turpan 102-103 D3
Turpan, dépression de 102-103 D3 E3
Turquie 88-89 F6
Turriers 30 F1
Tuscaloosa 126-127 I5
Tussock, steppe à 157
Tuticorin 96 D8
Tutong 98-99 E5
Tuttlingen 62 C5
Tuvalu 140-141 I20
Tuwaiq, djebel 94 E5
Tuxpan 126-127 G7
Tuxtla Gutiérrez 126-127 H8
Tuy Hoa 98-99 D3 E3
Tuz, lac 90 F4
Tuzla 76-77 E3
Tver (province) 85A
Tver (ville) 78 G2
Tweed 56-57 E4
Twelve Pins 56-57 B5
Twente 60 E2
Twente, canal de la 60 E2
Twickenham 58C A3
Twin Falls 126-127 D3
Tym 80-81 J3
Tymbakion 76-77 H8
Tynda 80-81 N4
Tyne 56-57 E4
Tynemouth 56-57 F4
Tyneside 57C
Tyr 92 B2
Tyra 59 D3
Tyrifjord 54-55 D3
Tyrol 64-65 H2 I3
Tyrrhénienne, mer 68-69 G3 G4
Tysa 76-77 G1

U

Ua Pou 37N C1
Uaupés 135 D2
Ubar 94 F6
Ubaye 30 F1
Ube 108 C4
Úbeda 72-73 D3
Uberaba 135 E4 F4
Uberlândia 135 E4 F4
Ubin 101C C1
Ubiña, peña 72-73 B1
Ubon Ratchathani 98-99 C2
Ubundu 112-113 F5
Ucayali 134 C3
Uccle 60 C4
Uchiura, baie d' 108 E2
Učka 64-65 K4
Uckange 34 E2
Udaipur 96 C5
Uddevalla 54-55 D4
Uden 60 D3
Udi 116-117A D4
Udine 74-75 D1
Udon Thani 98-99 C2
Üechtland 66-67 B2 C2
Uecker 62 E2
Ueda 108 D3
Uele 110-111 F4
Uelzen 62 D2
Ugalla 110-111 G5
Ugarit 94 G6
Ugine 32 F3
Ugljan 64-65 L5
Uig 56-57 C3
Uige 112-113 E5
Uinta, monts 126-127 D3 E3
Uist Sud, île 56-57 C3
Uithoorn 60 C2
Uits Nord, île 56-57 C3
Ujjain 96 D5
Ujung Kulon 98-99 C7 D7
Ujung Pandang = Macassar 98-99 F7
Ukiah 131A B2
Ukmergė 54-55 H5
Ukraine 42-43 G4 H4
Ula 59 C2
Ulaangom 102-103 E2
Ulaan-Uul 102-103 I3
Ulchin 108 B3
Ulcinj 76-77 E5
Ulhasnagar 96 C6
Ulithi 98-99 K4
Ulla 72-73 A1
Ullapool 56-57 D3
Ullung 108 C3
Ulm 62 C4
Ulsan 106A B2
Ulster 56-57 C3
Ulúa 132 B3
Ulubat, lac 76-77 J5
Ulu Bedok 101C B2
Uludağ 76-77 J5
Ulundi 119A
Ulungur 102-103 D2
Ulungur Hu 102-103 D2
Umeå 54-55 G3
Umeälv 54-55 F2
Umm al Qaiwain 94 G4
Umm Lajj 94 C5
Umm Said 94 F5
Umran 94 D6
Una 76-77 D3
Unaizah 94 D4
Ungava, baie d' 125 E2
Ungava, péninsule d' 125 C1 D1
Unimak 120-121 D4
Union 130C A3
Union City 130C B2
Unst 56-57 F1
Unstrut 62 D3
Upernavik 122-123 M2
Upper Bay 130C B3
Upsala 54-55 F4
Ur 94 E3
Urakawa 108 E2
Uranium City 122-123 H4
Urawa 109A D2
Urbino 74-75 D3
Urbión 72-73 D1
Urdos 28 C5
Ure 56-57 F4
Urgell, planes d' 72-73 F2
Urghada 68-69 K6
Uri-Rot Stock 66-67 D2
Urmia 94 D2
Urmia, lac d' 94 D2 E2
Uruapan 126-127 F8
Uruguaiana 135 E5 E6
Uruguay (État) 135 E6
Uruguay (fleuve) 134 E5
Ürümqi 102-103 D3
Uşak 90 D4
Usedom 62 E1 F2
Ushuaia 135 D8
Usk 56-57 E6
Üsküdar 90 D3
Ussat-les-Bains 28 E5
Ussel 32 B3
Ustaritz 28 B4
Uster 66-67 D1
Ústí 62 F3
Ustica 74-75 D5
Usumacinta 126-127 H8
Utah 126-127 D4
Utah, lac 126-127 D3
Utah Beach 26 E1
Uthai Thani 98-99 C2
Utica 126-127 K3 L3
Utiel 72-73 E3
Utrecht (province) 60 D2
Utrecht (ville) 60 C2 D2
Utrera 72-73 C4
Utsjoki 54-55 H1
Utsunomiya 108 D3
Uttar Pradesh 96 D4 E4
Utuloa 37K A2
Uturoa 37M B1
Uummannaq 122-123 M2 N2
Uummannaq, fjord d' 122-123 M2
Uusikaupunki 54-55 G3
Uvéa 37K A2
Uvs Nur 102-103 E1
Uwajima 108 C4
Uweinat, djebel 110-111 F2
Uxbridge 58C A2
Uxmal 126-127 I7
Uyuni 135 D5
Uyuni, salar de 134 D5
Uzégeois 30 D2
Uzerche 28 E2
Uzès 30 D1
Užice 76-77 E4 F4

V

Vaal 110-111 F7
Vaal, barrage de 119D
Vaasa 54-55 G3
Vác 76-77 E2
Vaccarès, étang de 30 D2
Vadodara 96 C5
Vadsø 54-55 I1
Vaduz 66-67 E1
Vagan 64-65 L5
Vagney 34 E4
Váh 76-77 D1
Vaïaau 37M B1
Vaïgatch 80-81 H2
Vaihiria, lac 37C B2
Vair 34 D3
Vaires-sur-Marne 23A D2
Vaison-la-Romaine 30 D1 E1
Vaïtapé 37M A1 B1
Vaïtoaré 37M B1
Vakhch 96 C2
Valachie 76-77 G3 I3
Valais, alpes du 64-65 D4 D3
Valberg 30 F1
Valdahon 34 E4
Valdaï 78 F2
Valdaï, plateau du 78 F2
Val d'Aoste 74-75 A2 B2
Valdemar 59 D3
Val-de-Marne 23A C3 D3
Valdepeñas 72-73 D3
Valdés 134 D7
Valdez 120-121 F3
Val-d'Isère 32 G3
Valdivia 135 C6
Valdoie 34 E4
Val-d'Oise 24 C3 D3
Val-d'Or 125 C4
Valdres 54-55 D3
Valençay 24 C5
Valence (région) 72-73 E3
Valence (ville, Espagne) 72-73 E3
Valence (ville, France, Drôme) 32 D4 E4
Valence (ville, France, Tarn-et-Garonne) 28 D3
Valence, golfe de 72-73 F3
Valence-en-Brie 25A D4 E4
Valence-sur-Baïse 28 D4
Valencia 135 D1 D2
Valenciennes 24 E2
Valensole, plateau de 30 F2
Valentia 56-57 A6
Valentigney 34 E4
Valentinois 32 D4 E4
Valera 132 E5
Valga 54-55 H4
Valhall 59 C2
Valinco, golfe de 30 H7
Valira 28 E5
Valjevo 76-77 E3
Valkenswaard 60 D3
Valladolid (Espagne) 72-73 C2
Valladolid (Mexique) 126-127 I7
Vallage 34 D3
Vallauris 30 G2
Valle de la Pascua 132 F5
Valledupar 132 E4
Vallejo 131A B2
Valleraugue 30 C1
Vallespir 30 B3
Valleyfield 125 D4
Valley Stream 130C D3
Vallgrund 54-55 G3
Valloire 32 F3
Vallorcine 32 F2 G2
Vallouise 32 F4
Valmiera 54-55 H4
Valmijoux 32 E2 F2
Valmont 24 B3
Valmorel 32 F3
Valmy 34 C2
Valognes 26 E1
Valois 24 D3
Valparaíso 135 C6
Valras-Plage 30 C2
Valréas 32 D4
Valromey 32 E3 E2
Vals 66-67 E2
Vals, cap 98-99 J7
Valserine 32 E2
Vals-les-Bains 32 D4
Valteline 64-65 F3 G3
Val-Thorens 32 F3
Valtournanche 66-67 C3
Van 90 K4
Van, lac de 90 K4
Vanadzor 94 D1 E1
Vanavara 80-81 L3
Van Cortlandt Park 130C C1
Vancouver 122-123 F5
Vancouver, île de 122-123 F4 F5
Vanderkloof, barrage 119D
Van Diemen, golfe de 142-143 D3
Vandoeuvre-lès-Nancy 34 E3
Väner, lac 54-55 E4
Vänersborg 54-55 E4
Vanimo 98-99 K6
Vanino 80-81 O5 P5
Vanne 24 E4
Vannes 26 D3
Vannetais 27A C3
Vanoise, massif de la 2 G4
Van Rees, monts 98-99 J6
Vanuatu 140-141 J19
Vanves 23A C2
Vao 37A C3
Var (département) 30 F2
Var (fleuve) 30 F1
Vara 64-65 F5
Varallo 66-67 D3
Varanasi 96 E4
Varanger 54-55 I1
Varangerfjord 54-55 I1
Varangéville 34 E3
Varano, lac de 74-75 E4 F4
Varaždin 76-77 D2
Varazze 64-65 E5
Varberg 54-55 E4
Vardar 76-77 G5
Vardø 54-55 I1
Varengeville-sur-Mer 24 B3
Varenne 26 F2
Varennes-en-Argonne 34 D2
Varennes-sur-Allier 32 C2
Varennes-Vauzelles 24 E5
Varèse 74-75 B2
Varese, lac de 66-67 D3
Varkaus 54-55 H3 I3
Värmeln, lac 54-55 E4
Varna 76-77 I4 J4
Värnamo 54-55 E4
Vars 32 F4
Vars, col de 32 F4
Varsovie 80 D3
Vasa 54-55 G3
Vaslui 76-77 I2 J2
Vassivière, barrage de 28 E2
Västerås 54-55 E4 F4
Västerdalälv 54-55 E3
Västervik 54-55 F4
Vasto 74-75 E3
Vatan 24 C5
Vatnajökull 54A c2 d2
Vatneyri 54A a2
Vätter, lac 54-55 E4
Vauclin, pointe du 37 B1
Vaucluse 30 D1 E1
Vaucluse, monts de 30 E2
Vaucouleurs 34 D3
Vaucresson 23A B2
Vaupés 134 D2
Vauréal 23A A1 B1
Vaussègre-Grandry 35A B3 B4
Vauvert 30 D2
Växjö 54-55 E4
Vecht 60 E2
Veendam 60 E1 F1
Veenendaal 60 D2
Vega 54-55 D2
Veghel 60 D3
Velay 32 C3
Velden 64-65 K3
Veldhoven 60 D3
Velebit, monts 76-77 C3
Velebitski, canal 64-65 K5 L5
Veles 76-77 F5
Veleta 72-73 D4
Vélez-Málaga 72-73 C4 D4
Velikaïa 54-55 I4
Velikaïa Kema 108 C1
Velikie Louki 78 F2
Veliko Tărnovo 76-77 H4 I4
Velino, monte 74-75 D3
Vélizy-Villacoublay 23A B3
Velletri 74-75 D4
Vellore 96 D7
Veluwe 60 D2
Venaco 30 I6
Venarey-les-Laumes 34 C4
Venasque, port de 28 D5
Vence 30 G2
Vendée (département) 26 E4
Vendée (fleuve) 28 B1
Vendéen, bocage 26 E4
Vendéenne, plaine 2 C3
Vendelais 26 E2 F2
Vendôme 24 C5
Vénéon 32 F4
Vénétie 74-75 C2 D2
Venezia 74-75 D2
Venezuela 135 C2 D2
Venezuela, cordillère du 132 F5
Venezuela, golfe du 134 C1
Venise 74-75 D2
Venise, golfe de 64-65 I4 J4
Vénissieux 32 D3
Venlo 60 E3
Venosta 64-65 G3
Venray 60 D3
Vent, canal du 132 E3 E2
Vent, îles au (Caraïbes) 132 G3 H4
Vent, îles du (Polynésie) 37N A2 B2
Vent, îles sous le (Caraïbes) 132 F4 G4
Vent, îles sous le (Polynésie) 37N A2
Venta 54-55 G4
Ventoux, mont 30 E1
Ventspils 54-55 G4
Ventura 131A D4
Venus, pointe 37C A1 B1
Venzolasca 30 I6
Vera 72-73 E4
Veracruz 126-127 G8
Veraval 96 B5 C5
Verbania 74-75 B2
Verberie 24 D3
Verbier 66-67 C2
Vercelli 74-75 B2
Vercors 32 E4 E3
Verde, costa (Espagne) 73D
Verde, costa (Portugal) 73C
Verden 62 C2
Verdon 30 E2 F2
Verdon, gorges du 30 F2
Verdun (Canada) 126-127 L2
Verdun (France) 34 D2
Verdun-sur-Garonne 28 E4
Verfeil 28 E4
Vergèze 30 D2
Vergt 28 D3
Verkhnekolymsk 80-81 Q3
Verkhoïansk 80-81 O3
Verkhoïansk, monts de 80-81 N3 O3
Vermandois 24 E3
Vermeille, côte 31A C4
Vermenton 34 B4
Vermont 126-127 L3
Vernet-les-Bains 30 B3
Verneuil-sur-Avre 24 B4
Vernier 66-67 B2
Vernon 24 C3
Vernou 36 C1
Vernouillet 23A A1
Verny 34 E3
Véroia 76-77 G5
Verona 130C A2
Vérone 74-75 C2
Verrazano Bridge 130C B3
Verrières-le-Buisson 23A B3 C3
Versailles 24 D4
Vert, cap 110-111 B3
Verte, île 37G A2
Vertou 26 E3
Verts, monts 126-127 L3
Vertus 34 B3
Verviers 60 D4 E4
Vervins 24 E3 F3
Verwall Gruppe 66-67 F1
Verzasca 66-67 D2
Verzy 34 C2
Vescovato 30 I6
Vesle 34 C2
Veslefrikk 59 C1
Vesniaki 84F C2 D2
Vesoul 34 E4
Vesterålen 54-55 E1
Vestfjord 54-55 E2
Vestmannaeyjar 54A b3
Vésubie 30 G2
Vésuve 74-75 E4
Veszprém 76-77 D2 E2
Vetlanda 54-55 E4
Vettore, mont 74-75 D3
Veulettes-sur-Mer 24 B3
Vevey 66-67 B2
Vex 66-67 C2
Vexin 2 D2
Vexin français 24 C3
Vexin normand 24 C3
Veyle 32 D2
Veynes 32 E4
Vézelay 34 B4
Vézère 28 E2
Vezouze 34 E3
Vezzani 30 I6
Viadène, plateau de la 32 B4
Via Mala 66-67 E2
Viana do Castelo 72-73 A2
Vianden 60 E5
Viar 72-73 B3
Viareggio 74-75 B3 C3
Vias 30 C2
Viatka (province) 85A
Viatka (rivière) 80-81 F4 G4
Viatka (ville) 78 J4
Viaur 30 B1
Viazma 78 F2 G2
Vibo Valentia 74-75 F5
Vic 72-73 G2
Vic-Bilh 29A D4
Vic-en-Bigorre 28 D4
Vicence 74-75 C2
Vic-Fezensac 28 D4
Vichada 132 E6
Vichy 32 C2
Vicksburg 126-127 H5
Vic-le-Comte 32 C3
Vico, lac de 74-75 D3
Vic-sur-Cère 32 B4
Vic-sur-Seille 34 E3
Victor Harbor 142-143 D5 E5
Victoria (État) 142-143 E5
Victoria (fleuve) 142-143 D3
Victoria (île) 122-123 G2 H2
Victoria (ville, Canada) 122-123 F5
Victoria (ville, É.-U.) 126-127 G6
Victoria (ville, Hongkong) 101A C3
Victoria (ville, Seychelles) 112-113 I5
Victoria, chutes 110-111 F6
Victoria, détroit de 122-123 H3 I2
Victoria, lac 110-111 G5
Victoria, mont 142-143 E2
Victoria, terre 140-141 P18 P19
Victoria Park 58C C2
Victoria Station 58B
Vidauban 30 F2
Vidin 76-77 G3
Vidourle 30 D2
Vie (Calvados) 24 B4
Vie (Vendée) 26 E4
Viedma 135 D7
Vieillevigne 26 E4
Vielsalm 60 D4 E4
Vienne (département) 24 B6
Vienne (État) 64-65 M1
Vienne (rivière) 2 D3
Vienne (ville, Autriche) 64-65 M1
Vienne (ville, France) 32 D3
Vientiane 98-99 C2
Vierges, îles (États-Unis) 132 F3 G3
Vierges, îles (Royaume-Uni) 132 F3 G3
Vierzon 24 D5
Viêt-Nam 88-89 M8 N8
Vieux-Boucau-les-Bains 28 B4
Vieux-Bourg 36 C1
Vieux-Condé 24 E2
Vieux-Fort 36 C1
Vieux-Fort, pointe du 36 C1
Vieux-Habitants 36 C1
Vieux-Habitants, rivière des 36 C1
Vif 32 E3
Vigan 98-99 F2 G2
Vigdis 59 C1
Vigeois 28 E2
Vigevano 74-75 B2
Vigezzo, val 66-67 D2
Vignemale 72-73 E1 F1
Vigneux-sur-Seine 23A C3
Vignoble 32 E2
Vigo 72-73 A1
Vigo, ria de 72-73 A1
Vigy 34 E2
Vihiers 26 F3
Vihren 76-77 G5
Vijayawada 96 E6
Viking 59 C3
Vikna 54-55 D2
Vila Augusta 138D
Vilagarcía de Arousa 72-73 A1
Vilaine 26 E3
Vilán, cap 72-73 A1
Vila Nova de Gaia 72-73 A2
Vilanova i la Geltrú 72-73 F2 G2
Vila-Real (Espagne) 72-73 E3
Vila Real (Portugal) 72-73 B2
Vilhelmina 54-55 F2
Vilhena 135 D4
Viliouï 80-81 M3 N3
Viliouïsk 80-81 N3
Vilkitski, détroit de 80-81 K2 L2
Villach 64-65 J3
Villa Clara 133A
Village-Guillaume 36 D1
Villahermosa 126-127 H8
Villaines-la-Juhel 24 A4
Villalba 72-73 B1
Villard-de-Lans 32 E3
Villarodin 33A E3 F3
Villarrica 135 E5
Villars-les-Dombes 32 E2 E3
Villars-sur-Ollon 66-67 C2
Villavicencio 132 E6
Villaviciosa 72-73 C1
Villé 34 F3
Villebois-Lavalette 28 D2
Villecresnes 23A D3
Ville-d'Avray 23A B2
Ville de Paris 23A C2
Villedieu-les-Poêles 26 E2
Villefort 32 C4
Villefranche 30 G2
Villefranche-de-Conflent 30 B3
Villefranche-de-Lauragais 28 E4
Villefranche-de-Rouergue 30 A1 B1
Villefranche-du-Périgord 28 E3
Villefranche-sur-Saône 32 D2
Villejuif 23A C3
Villemer 25A D4
Villemoisson-sur-Orge 23A C4
Villemomble 23A D2
Villemur-sur-Tarn 28 E4
Villena 72-73 E3
Villenave 28 C3
Villenes-sur-Seine 23A A2
Villeneuve-d'Ascq 24 E2
Villeneuve-la-Garenne 23A C2
Villeneuve-le-Roi 23A C3
Villeneuve-lès-Avignon 30 D1 D2
Villeneuve-Saint-Georges 23A C3 D3
Villeneuve-sur-Allier 32 C2
Villeneuve-sur-Lot 28 D3
Villeneuve-sur-Yonne 34 B3
Villeparisis 23A D2
Villeperdue 25A D4 E4
Villepinte, parc des Expositions de 23A D1
Villers 23A D4
Villers-Bocage (Calvados) 26 F1
Villers-Bocage (Somme) 24 D3
Villers-Bretonneux 24 D3
Villers-Cotterêts 24 E3
Villersexel 34 E4
Villers-le-Lac 32 F1
Villers-lès-Nancy 34 D3 E3
Villers-Outréaux 24 E2
Villers-Semeuse 34 C2
Villerupt 34 D2
Villeurbanne 32 D3 E3
Villeveyrac 31A C3
Villiers-le-Bel 23A C1
Villiers-Saint-Georges 24 E4
Villiers-sur-Marne 23A D2
Villiers-sur-Orge 23A C4
Villingen 62 C4
Vilnius 54-55 H5
Vimeu 24 C2
Vimoutiers 24 B4
Vimy 24 D2
Viña del Mar 135 C6
Vinaròs 72-73 F2
Vinay 32 E3
Vinça 30 B3
Vincendo 37 E1
Vincennes 23A C2
Vincennes, bois de 23A C2
Vincey 34 E3
Vindhya, monts 96 C5 D5
Vineland 130B
Vinh 98-99 D2
Vinnytsia 78 E4
Vinon-sur-Verdon 30 E2
Vinson 140-141 P29 P30
Vintimille 74-75 A3
Vintschgau 64-65 G3
Vipiteno 64-65 H3
Viranşehir 90 I5
Vire (fleuve) 26 E1 E2
Vire (localité) 26 F2
Vireux-Wallerand 34 C1
Virginia Beach 126-127 K4 L4
Virginie 126-127 K4
Virginie occidentale 126-127 J4
Viriat 32 E2
Virieu-le-Grand 32 E3
Viroflay 23A B3
Virton 60 D5

Virunga 110-111 F5 G5
Viry-Châtillon 23A C4
Vis 76-77 D4
Visalia 131A D3
Visayan, îles 98-99 G3
Visayan, mer de 98-99 G3
Visby 54-55 F4
Višegrad 76-77 E4
Viseu 72-73 B2
Vishakhapatnam 96 E6 F6
Viso, mont 32 G4
Visp 66-67 C2
Vispa 66-67 C2
Vistule 80 D3 C3
Visund 59 C1
Viterbe 74-75 C3 D3
Vitim, plateau du 80-81 M4
Vitória (Brésil) 135 F5 G5
Vitoria (Espagne) 72-73 D1
Vitória da Conquista 135 F4
Vitré 26 E2
Vitrolles 30 E2
Vitry-en-Artois 24 D2
Vitry-le-François 34 C3
Vitry-sur-Seine 23A C3
Vitsebsk 78 F2
Vittel 34 D3
Vittoria 74-75 E6
Vittorio Veneto 74-75 D1 D2
Vivarais, monts du 32 D3
Viveiro 72-73 B1
Viviers 32 D4
Vivonne 28 D1
Vizcaíno, désert de 126-127 D6
Vizianagaram 96 E6 F6
Vizille 32 E3
Vizzavona 30 I6
Vjosës 76-77 F5
Vlaardingen 60 C3
Vladikavkaz 90 L2
Vladimir (province) 85A
Vladimir (ville) 78 H2
Vladivostok 80-81 O5
Vlieland 60 C1
Vlorë 76-77 E5
Vltava 62 F4
Vnoukovo 84F A3
Vôge 34 E4
Vogelgrun 35A F2
Vogelsberg 62 C3
Voghera 74-75 B2
Voh 37A B2
Void-Vacon 34 D3
Voiron 32 E3
Vojens 62 C1
Vojvodine 76-77 E3 F3
Volcano, îles 140-141 F17
Volendam 60 D2
Volga 80-81 E4 F5
Volga, canal de la 78 G2
Volga, plateau de la 40-41 I3 I4
Volgograd (province) 85A
Volgograd (ville) 80-81 F5
Volgograd, réservoir de 40-41 I3 I4
Volhynie 78 D3 E3
Volkhov (rivière) 78 F2
Volkhov (ville) 78 F2
Vologda (province) 85A
Vologda (rivière) 78 G2
Vologda (ville) 78 G2
Vologne 34 E3
Volonne 30 F1
Vólos 76-77 G6
Volta, lac 116-117A C4
Volta blanche 110-111 C3
Volta noire 110-111 C3 C4
Volta Redonda 135 F5
Volterra 74-75 C3
Volturno 74-75 D4 E4
Volvestre 29A F4
Volvic 32 B3 C3
Vonne 28 C1
Vopnafjord 54A d2
Vorarlberg 64-65 F2 G2
Vorcha 78 F3
Vorkouta 80-81 H3
Voronej (province) 85A
Voronej (ville) 78 G3
Võrts, lac 54-55 H4
Vosges (département) 34 D3 E3
Vosges (montagne) 34 F4 F3
Voss 54-55 C3
Vostok 169B
Vouga 72-73 A2
Vouglans, barrage de 32 E2
Vouvray 24 B5
Vouziers 34 C2
Voves 24 C4
Vraca 76-77 G4
Vranje 76-77 F4 G4
Vrbas 76-77 D3
Vrigne-aux-Bois 34 C2
Vršac 76-77 F3
Vryburg 112-113 F7
Vue-des-Alpes 66-67 B1
Vught 60 D3
Vukovar 76-77 E3
Vulcano 74-75 E5
Vulture, mont 74-75 E4
Vung Tau 98-99 D3
Vuoksa 54-55 I3
Vyborg 54-55 I3
Vychni-Volotchek 78 F2 G2
Vyg, lac 80-81 E3
Vykhino 84F C2
Vytchegda 80-81 G3

W

Waal 60 D3
Waalwijk 60 D3
Wabash 126-127 I4
Wachau 64-65 L1
Waco 126-127 G5
Wadden, îles des 40-41 E3
Wadden, mer des 60 D1
Wadden de la Frise septentrionale, îles des 54-55 D5
Wadden orientales, îles des 62 B2
Waddington, mont 122-123 F4
Wädenswil 66-67 D1
Wadi Halfa 112-113 F2 G2
Wad Medani 112-113 G3
Wafangdian 102-103 K4
Wageningen 60 D3
Wager, baie 122-123 J3
Wagga Wagga 142-143 E5
Waha Defa 116-117A F2
Wahai 98-99 H6 I6
Waidhofen 64-65 K2 L2
Waigeo 98-99 I5
Waikabubak 98-99 F7
Waingapu 98-99 G7
Wakasa, baie de 108 D3
Wakayama 108 D4
Wake 140-141 G19
Wakhan 96 C2
Wakkanai 108 E1
Wałbrzych 68-69 H1
Walcheren 60 B3
Walcourt 60 C4
Wald 66-67 D1
Waldviertel 64-65 L1
Walen, lac de 66-67 E1
Walgett 142-143 E5
Wallaroo 142-143 D5
Wallasey 56-57 E5
Walla Walla 126-127 C2
Wallington 58C B3
Wallis et Futuna 140-141 J20 J21
Wallonie 60 C4
Walogisi 116-117A B4 C4
Walsall 56-57 F5
Waltham Abbey 58C C1
Walthamstow 58C C2
Walton 58C A3
Walton on the Hill 58C B4
Walvis, crête de 144-145 M21 L21
Walvis Bay 112-113 E7
Wamena 98-99 J6
Wanapi 36 D1
Wandsworth 58C B3
Wanganui 142-143 H5
Wangqing 108 B2 C2
Wanstead 58C C2
Wanxian 102-103 H5
Warangal 96 D6 E6
Warburton 142-143 D4
Wardha 96 D5
Waregem 60 B4
Waren 98-99 J6
Warendorf 62 B2 C3
Wargla 117C C3
Warlingham 58C C4
Warlington 56-57 E5
Warnemünde 62 D1 E1
Warnow 62 D2
Warrego 142-143 E4
Warri 118B
Warrnambool 142-143 E5
Warszawa 80 D3
Warta 40-41 F3
Warwick 142-143 F4
Warwickshire 58A
Wasatch, chaîne des 126-127 D3
Washington (État) 126-127 B2 C2
Washington (ville, É.-U.) 126-127 K4
Washington (ville, R.-U.) 56-57 E4 F4
Washington Bridge 130C C1
Wasior 98-99 I6 J6
Waskaganish 125 C3
Wasselonne 34 F3
Wassen 66-67 D2
Wassy 34 C3
Watampone 98-99 G6
Waterbury 130B
Waterford 56-57 C5
Waterloo (Belgique) 60 C4
Waterloo (É.-U.) 126-127 H3
Waterloo Bridge 58B
Waterloo Station 58B
Waterways 122-123 G4 H4
Watford 58C A1
Watson Lake 122-123 F3
Watsonville 131A B3 C3
Watten 24 D2
Wattrelos 24 E2
Wattwil 66-67 E1
Watubela, îles 98-99 I6
Wau (Papouasie-Nlle-Guinée) 142-143 E2
Wau (Soudan) 112-113 F4
Wave Hill 142-143 D3
Wavre 60 C4
Wavrin 24 D2
Wayne 130C A1
Waziers 24 E2
Wé 37A C2
Wear 56-57 F4
Weda 98-99 H5
Weddell, mer de 140-141 P33 P35
Weed 131A B1
Weert 60 D3
Weesp 60 C2 D2
Weggis 66-67 D1
Weiden 62 E4
Weifang 102-103 J4 K4
Wei He 102-103 H5
Weimar 62 D3
Weinfelden 66-67 E1
Weipa 142-143 E3
Weissenstein 66-67 C1
Weisse Spitze 64-65 I3
Weisshorn 66-67 C2
Weissmies 66-67 D2
Welkom 112-113 F7
Welland 56-57 F5
Welland, canal 126-127 J3 K3
Wellesley, îles 142-143 D3 E3
Welling 58C C3 D3
Wellington (île) 134 C7
Wellington (ville) 142-143 H6
Wels 64-65 K1
Welwyn Garden City 58A
Wembley 58C A2 B2
Wemindji 125 C3
Wentworth 142-143 E5
Wenzhou 102-103 K6
Wernigerode 62 D3
Werra 62 D3
Wertach 62 D4
Wesel 62 B3
Weser 62 C3 C2
Weser-Ems 63-C
Wessel, cap 98-99 J8
Wessel, îles 142-143 D3
Westerham 58C C4
Westerwald 62 B3 C3
West Ham 58C C2
West Kingsdown 58C D4
Westminster 58B
Westminster Abbey 58B
Westminster Bridge 58B
West New York 130C B2
Weston-super-Mare 56-57 E6
West Orange 130C A2
West Palm Beach 126-127 J6 K6
Westport (Irlande) 56-57 B5
Westport (Nouvelle-Zélande) 142-143 G6 H6
West Sole 59 C3
West Sussex 58A
West-Terschelling 60 C1 D1
Wetar 98-99 H7
Wetar, détroit de 98-99 H7
Wetterstein, monts 64-65 G2 H2
Wettingen 66-67 D1
Wetzikon 66-67 D1
Wetzlar 62 C3
Wewak 142-143 E2
Wexford 56-57 C5
Wey 56-57 F6
Weybridge 58C A3
Weymouth 56-57 E6
Whale Cove 122-123 I3 J3
Whangarei 142-143 H5
Wharton, bassin de 140-141 J12 J13
Wheeling 126-127 J3 K4
Whitby 56-57 F4
Whitehaven 56-57 D4 E4
Whitehorse 122-123 E3
Whitehorse Hills 56-57 F6
White River 126-127 H4 H5
Whitestone 130C C2 D2
Whitney, mont 126-127 C4
Whyalla 142-143 D5
Wichita 126-127 G4
Wichita Falls 126-127 F5 G5
Wick 56-57 E2
Wicklow 56-57 C5 D5
Wicklow, monts 56-57 C5
Wien 64-65 M1
Wiener Neustadt 64-65 M2
Wienerwald 64-65 L1 M1
Wieringermeer 60A
Wiesbaden 62 B3 C3
Wigan 56-57 E5
Wigger 66-67 C1
Wight 56-57 F6
Wilczek 80-81 H1
Wildhaus 66-67 E1
Wildhorn 66-67 C2
Wildspitze 64-65 G3
Wildstrubel 66-67 C2
Wilhelm, mont 142-143 E2
Wilhelmshaven 62 B2 C2
Wilkes, terre de 140-141 P13 P15
Willamette 126-127 B3 B2
Willebroek 60 C3
Willebroek, canal de 60 C3 C4
Willemstad 132 F4
Willesden 58C B2
Williamsburg 130C C3
Williamsport 130B
Willisau 66-67 C1 D1
Willows 131A B2 C2
Wilmington (Caroline du Nord) 126-127 K5
Wilmington (Delaware) 126-127 K4
Wiltz 60 D5
Wiluna 142-143 C4
Wimbledon 58C B3
Wimbledon Park 58C B3
Wimereux 24 C2
Wimmera 142-143 E5
Winchester 56-57 F6
Windermere 56-57 E4
Windhoek 112-113 E7
Wind River, chaîne 126-127 D3 E3
Windsor (Canada) 122-123 J5
Windsor (R.-U.) 56-57 F6
Winisk (fleuve) 122-123 J4
Winisk (localité) 122-123 J4
Winnipeg (rivière) 122-123 I4
Winnipeg (ville) 122-123 I5
Winnipeg, lac 122-123 I5
Winnipegosis, lac 122-123 H4
Winona 126-127 H3
Winschoten 60 E1 F1
Winston-Salem 126-127 J4
Winterberg 62 C3
Winterswijk 60 E3
Winterthur 66-67 D1
Winton 142-143 E4
Wintzenheim 34 F3
Wipptal 64-65 H2
Wisconsin (État) 126-127 H2 I2
Wisconsin (rivière) 126-127 H3 I3
Wisła 80 C3
Wismar 62 D2
Wissant 24 C2
Wissembourg 34 F2
Witry-lès-Reims 34 C2
Wittelsheim 34 F4
Wittenberg 62 E3
Wittenberge 62 D2 E2
Wittenheim 34 F4
Wittlich 60 E4
Wizernes 24 D2
Woerden 60 C2
Woëvre 34 D2
Woippy 34 E2
Woking 56-57 F6
Woldingham 58C C4
Wolfenbüttel 62 D2
Wolfgang, lac 64-65 J2
Wolfsburg 62 D2
Wolin 62 F2
Wolkenstein 74-75 C1 D1
Wollaston, lac 122-123 H4
Wollaston, péninsule de 122-123 G3
Wollongong 142-143 F5
Wolverhampton 56-57 E5
Wonju 106A A2 B2
Wonsan 108 B3
Woodbridge 130C A4
Woodford 58C C2
Wood Green 58C B2
Woodham 58C A4
Wood Haven 130C C3
Woodland 131A B2 C2
Woodlands 101C A1 B1
Woodlark 142-143 F2
Woodmere 130C D3
Woolwich 58C C2
Worcester (Afrique du Sud) 112-113 E8 F8
Worcester (É.-U.) 130B
Worcester (R.-U.) 56-57 E5
Workington 56-57 E4
Wormhout 24 D2
Wormley 58C C1
Worms 62 C4
Wörther, lac 64-65 K3
Worthing 56-57 F6
Wowoni 98-99 G6
Wrangel 80-81 T2
Wrangell 122-123 E4
Wrangell, monts 122-123 D3
Wrath, cap 56-57 D2
Wrexham 56-57 E5
Wrigley 122-123 F3
Wrocław 78 C3
Wrotham 58C D4
Wudu 102-103 G5
Wuhai 102-103 H4
Wuhan 102-103 I5 J5
Wuhu 102-103 J5
Wujiaochang 105E
Wuppertal 62 B3
Würm 64-65 H1
Würzbourg 62 C4 D4
Wushan 102-103 H5
Wutongqiao 102-103 G6
Wuwei 102-103 G4
Wuxi 102-103 J5 K5
Wuzhi Shan 102-103 H8 I8
Wuzhou 102-103 I7
Wye 56-57 E6
Wylfa 57D
Wyndham 142-143 C3
Wyoming 126-127 E3
Wyvis, ben 56-57 D3

X

Xaidulla 102-103 B4
Xaignabouri 98-99 C2
Xainza 102-103 D5
Xam Nua 98-99 C1
Xánthi 76-77 H5
Xàtiva 72-73 E3
Xay 98-99 C1
Xertigny 34 E3
Xiamen 102-103 J7
Xi'an 102-103 H5
Xiang 102-103 I6
Xiangfan 102-103 I5
Xiangtan 102-103 I6
Xiaolan 101A A2
Xiapu 102-103 K6
Xichang 102-103 G6
Xigazê 102-103 D6
Xi Jiang 102-103 I7
Ximiao 102-103 G3
Xingtai 102-103 I4 J4
Xingu 134 E3
Xining 102-103 G4
Xinjiang Uygur 102-103 C3 D3
Xintang 101A B1
Xinxiang 102-103 I4
Xinyang 102-103 I5 J5
Xizang 102-103 C5 D5
Xuchang 102-103 I5 J5
Xuhui 105E
Xuyong 102-103 H6
Xuzhou 102-103 J5

Y

Yabrin 94 E5
Yacyretá, barrage de 135 E5
Yagradagzê Shan 102-103 E4 F4
Yainville 27A F1
Yaku 108 C4
Yala 98-99 C4
Yalong Jiang 102-103 G5 G6
Yalova 90 D3
Yalta 78 F5
Yalu Jiang 102-103 L3
Yamaguchi 108 C4
Yamato 109C
Yamdena 98-99 I7
Yamoussoukro 112-113 C4
Yampi Sound 142-143 C3
Yamuna 96 D4 E4
Yamzho Yumco 102-103 D6
Yanahara 109A B2
Yanbu al Bahr 94 C5
Yanchi 102-103 H4
Yangjiang 102-103 I7
Yangon 98-99 B2
Yangpu 105E
Yangpu, pont de 105E
Yangquan 102-103 I4
Yangzijiang 102-103 G6 I5
Yanji 102-103 L3
Yanjinghong 102-103 G7
Yankee Stadium 130C C2
Yanqi 102-103 D3
Yantai 102-103 K4
Yanzhou 102-103 J4
Yao 109B
Yao, aéroport de 109B
Yaoundé 112-113 E4
Yaouza 84F C2
Yap 140-141 H16
Yap, fosse de 98-99 J4
Yapen 98-99 J6
Yapen, détroit de 98-99 J6
Yaqui 126-127 E6
Yare 56-57 G5
Yarkand 102-103 B4
Yarkant He 102-103 B4
Yarmouk 92 C3
Yaroupi 36 D1
Yaté 37A C3
Yathkyed, lac 122-123 I3
Yatsushiro 108 C4
Yavari 134 C3
Yaví, cerro 132 F5
Ya Xian 102-103 H8
Yazd 94 F3
Yazoo 126-127 H5
Ybbs 64-65 K1
Ye 98-99 B2
Yecla 72-73 E3
Yell 56-57 F1
Yellowknife 122-123 G3
Yellowstone, parc national 126-127 D3 E3
Yellowstone River 126-127 E2
Yémen 88-89 G8
Yeovil 56-57 E6
Yerres (localité) 23A D3
Yerres (rivière) 24 D4
Yeşilırmak 90 G3
Yeu, île d' 26 D4
Yeu, pont d' 26 D4
Yi'an 102-103 L2
Yibin 102-103 G6
Yichang 102-103 I5
Yichun 102-103 L2
Yiewsley 58C A2
Yıldız, monts 76-77 I4 J5
Yiliang 102-103 G7
Yinchuan 102-103 G4 H4
Yingkou 102-103 K3
Yining 102-103 C3
Yitulihe 102-103 K1
Yli-Kitka, lac 54-55 I2
Yme 59 D2
Yobe 118 C4
Yodo 109B
Yogyakarta 98-99 D7 E7
Yokadouma 116-117A E4
Yokkaichi 108 D3 D4
Yokohama 108 D3
Yokosuka 108 D3 E3
Yola 112-113 E4
Yon 26 E4
Yonago 108 C3
Yonezawa 108 D3 E3
Yongding 102-103 J7
Yonkers 130B
Yonne (département) 34 B4
Yonne (rivière) 34 B3
York (É.-U.) 126-127 K4
York (R.-U.) 56-57 F5
York, cap (Australie) 142-143 E3
York, cap (Groenland) 122-123 K2 L2
York, détroit d' 142-143 C3
Yorke 142-143 D5
Yorkshire 57C
Yorkshire Moors 56-57 F4
Yorkshire Wolds 56-57 F4 F5
Yorkton 122-123 H4
Yoro 109C
Yosemite, parc national 126-127 C4
Yoshino 109A B2
Yos Sudarso 98-99 J7
Yosu 106A A2
Yotvata 92 A6 B6
Yougoslavie 42-43 F4 G4
Youngstown 126-127 J3 K3
Youssoufia 117B B1 C1
Yozgat 90 G4
Yport 24 B3
Ypres 60 A4
Yreka 131A B1
Yssingeaux 32 D3
Ystad 54-55 E5
Ysyk-Köl 80-81 I5
Yuan Jiang 102-103 I6
Yuanling 102-103 H6 I6
Yuba 131A C2
Yuba City 131A C2
Yubari 108 E2
Yucatán 126-127 H8 I7
Yucatán, détroit du 132 B2
Yuen Long 101D
Yukon 120-121 E3
Yukon, territoire du 122-123 E3
Yuli 106D B2
Yulin (Guangxi) 102-103 I7
Yulin (Shaanxi) 102-103 H4
Yuma 126-127 D5
Yumen 102-103 F4
Yuncheng 102-103 I4
Yungas 134 D4
Yunnan 102-103 F7 G7
Yunxian 102-103 I5
Yu Shan 106D A2
Yutian 102-103 C4
Yutz 34 E2
Yuyuantan, parc 105F
Yvelines 24 C4 D4
Yverdon-les-Bains 66-67 B2
Yvetot 24 B3
Yvette 24 C4
Yzeure 32 C2

Z

Zaandam 60 C2 D2
Zabid 94 D7
Zacatecas 126-127 F7
Zadar 76-77 C3
Zadetkyi 98-99 B3
Zafra 72-73 B3
Zagazig 94 B3
Zagharta 92 B1 C1
Zagora 117B C2
Zagreb 76-77 D3
Zagros, monts 94 F3
Zahedan 88-89 I7
Zahle 92 B2 C2
Zaïre (État) = Congo, République Démocratique du 112-113 F4 F5
Zaïre (fleuve) = Congo 110-111 F4 F5
Zaïsan 102-103 C2
Zaïsan, lac 80-81 J5
Zaječar 76-77 F4 G4
Zakamensk 102-103 G1
Zakhu 90 K5
Zala 76-77 D2
Zalaegerszeg 76-77 D2
Zalău 76-77 G2
Zaltbommel 60 D3
Zamakh 94 E6
Zamantı 90 G4 G5
Zambèze 110-111 F6 G6
Zambie 112-113 F6 G6
Zamboanga 98-99 G4
Zamora 72-73 C2
Záncara 72-73 D3
Zandvoort 60 C2
Zante (île) 76-77 F7
Zante (ville) 76-77 F7
Zanzibar (île) 110-111 G5 H5
Zanzibar (ville) 112-113 G5 H5
Zaporijia 78 F4
Zarafchon 80-81 H5 H6
Zarka (rivière) 92 B3 C3
Zarka (ville) 92 C3
Żary 62 F3
Zarzaïtine 68-69 F6
Zarzis 117D B2
Žatec 62 E3
Zaventem 60 C4
Zeebrugge 60 B3
Zefat 92 B3
Zeïa 80-81 N4
Zeil, mont 142-143 D4
Zeila 112-113 H3
Zeist 60 D2
Zélande 60 B3
Zelenograd 78 G2
Zella 68-69 H6
Zell am See 64-65 I2
Zell am Ziller 64-65 H2
Zelten 112-113 E2
Zelzate 60 B3
Zembra 74-75 C6
Zemplén, monts 76-77 F2
Zenica 76-77 D3 E3
Žepa 76-77 E3
Zepernick 63G
Zermatt 66-67 C2
Zernez 66-67 F2
Zevenaar 60 E3
Zêzere 72-73 B2
Zhangjiakou 102-103 I3 J3
Zhangmutou 101A C2
Zhangye 102-103 G4
Zhanjiang 102-103 I7
Zhaotong 102-103 G6
Zhaxigang 102-103 B5 C5
Zhejiang 102-103 J6 K6
Zhengzhou 102-103 I4 I5
Zhob 92 B3
Zhongba 102-103 C5 C6
Zhongdian 102-103 F6 G6
Zhongning 102-103 H4
Zhongzhan 101A A2 B2
Zhoucun 102-103 J4
Zhoushan, îles 102-103 K5 K6
Zhuhai 101A B3
Zhushan 102-103 I5
Zhuzhou 102-103 I6
Zicavo 30 H7
Ziéleznodorojnyi 84F D2
Zierikzee 60 B3
Zigong 102-103 G6
Ziguinchor 112-113 B3
Zillertal 64-65 H2
Zillertal, alpes de 64-65 H3 H2
Zimbabwe (État) 112-113 F6 G6
Zimbabwe (ruine) 112-113 G7
Zinder 112-113 D3
Zingst 62 E1
Zinken 64-65 K2
Zirbitzkogel 64-65 K2
Zittau 62 F3
Zlatooust 80-81 G4
Zoetermeer 60 C2
Zofingen 66-67 C1
Zomba 112-113 G6
Zongo 116-117A E5
Zonguldak 90 E3
Zonza 30 I7
Zouérate 116-117A B2
Zoug 66-67 D1
Zoug, lac de 66-67 D1
Zrenjanin 76-77 F3
Zugdidi 90 J2 K2
Zugspitze 64-65 G2 H2
Zújar 72-73 C3
Zumbo 112-113 G6
Zunyi 102-103 H6
Zuoz 66-67 E2
Zürich 66-67 D1
Zürich, lac de 66-67 D1
Zutphen 60 E2
Zuwara 68-69 G5
Zvornik 76-77 E3
Zweibrücken 62 B4
Zweisimmen 66-67 C2
Zwickau 62 E3
Zwiesel 62 E4
Zwijndrecht 60 C3
Zwolle 60 F2
Zyrian 102-103 C2
Zyrianka 80-81 Q3

1e Cataracte 68-69 K7
2e Cataracte 110-111 F2 G2
3e Cataracte 110-111 G4
4e Cataracte 110-111 G4
5e Cataracte 110-111 G4
6e Cataracte 110-111 G4
80 miles, plage des 142-143 B3 C3

N° projet 10122806 - février 2005
Imprimé en Espagne par Gráficas Estella

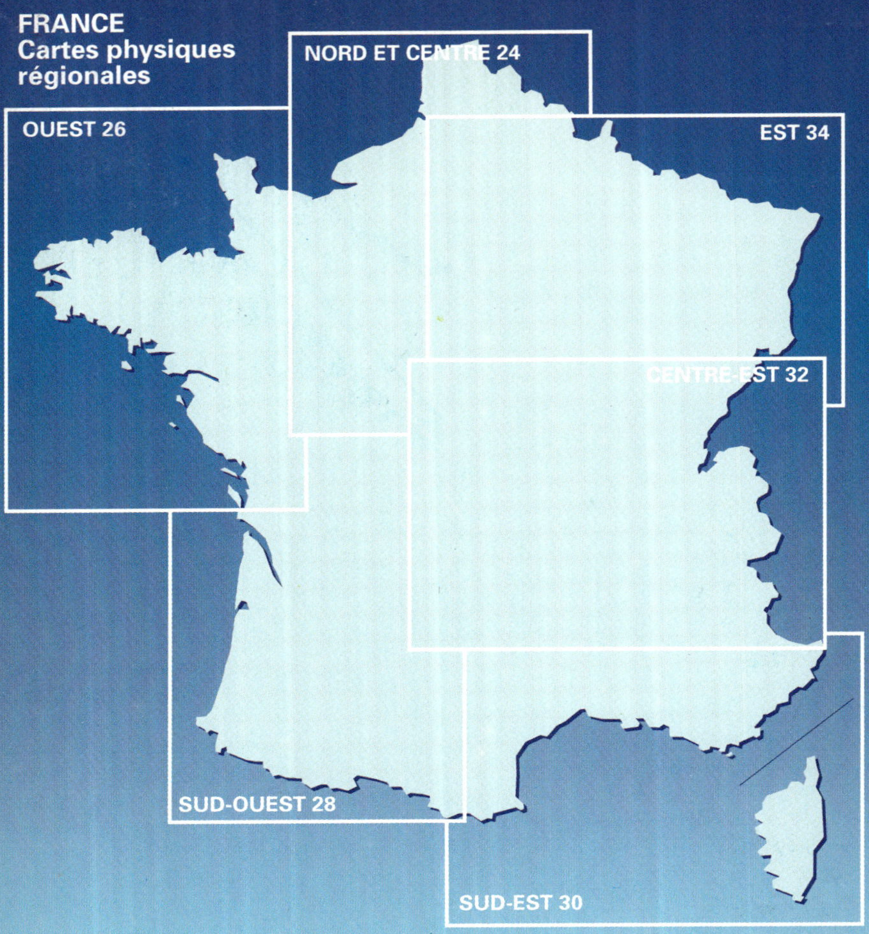
FRANCE
Cartes physiques régionales
NORD ET CENTRE 24
OUEST 26
EST 34
CENTRE-EST 32
SUD-OUEST 28
SUD-EST 30

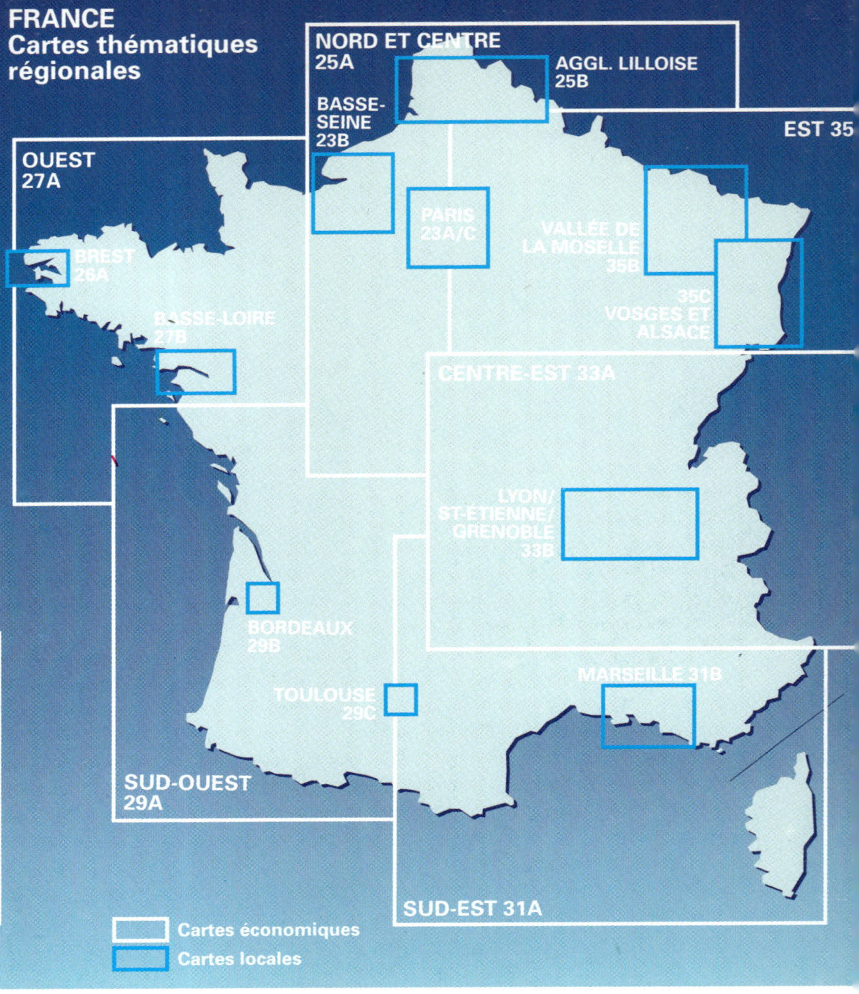
FRANCE
Cartes thématiques régionales
NORD ET CENTRE 25A
AGGL. LILLOISE 25B
BASSE-SEINE 23B
EST 35
OUEST 27A
BREST 26A
PARIS 23A/C
VALLÉE DE LA MOSELLE 35B
35C VOSGES ET ALSACE
BASSE-LOIRE 27B
CENTRE-EST 33A
LYON/ ST-ÉTIENNE/ GRENOBLE 33B
BORDEAUX 29B
TOULOUSE 29C
MARSEILLE 31B
SUD-OUEST 29A
SUD-EST 31A
Cartes économiques
Cartes locales

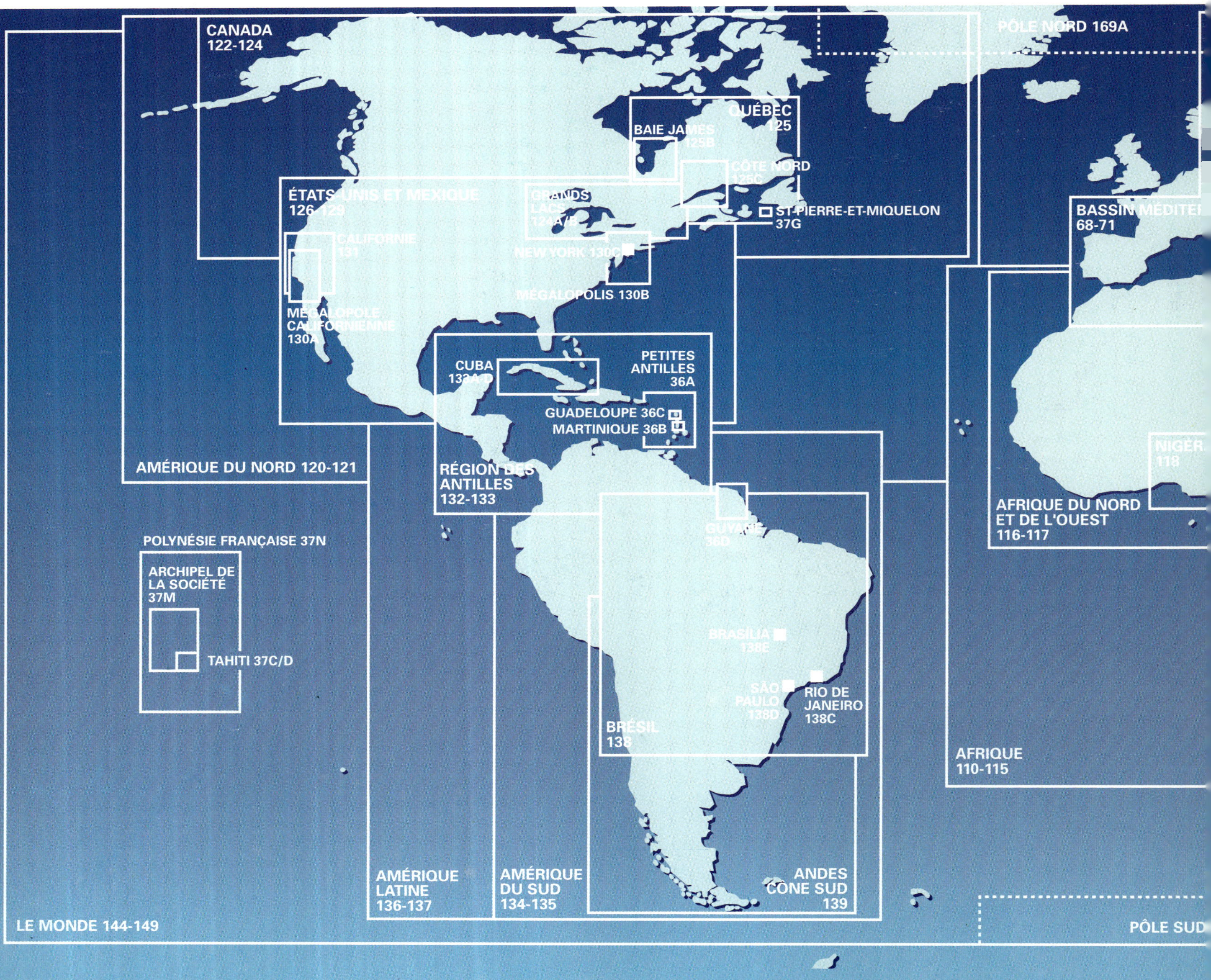
CANADA 122-124
PÔLE NORD 169A
QUÉBEC 125
BAIE JAMES 125B
CÔTE NORD 125C
ÉTATS-UNIS ET MEXIQUE 126-129
GRANDS LACS 124A/B
ST-PIERRE-ET-MIQUELON 37G
BASSIN MÉDITEI
68-71
CALIFORNIE 131
NEW YORK 130C
MÉGALOPOLE CALIFORNIENNE 130A
MÉGALOPOLIS 130B
CUBA 132A/B
PETITES ANTILLES 36A
GUADELOUPE 36C
MARTINIQUE 36B
NIGER 118
AMÉRIQUE DU NORD 120-121
RÉGION DES ANTILLES 132-133
AFRIQUE DU NORD ET DE L'OUEST 116-117
POLYNÉSIE FRANÇAISE 37N
ARCHIPEL DE LA SOCIÉTÉ 37M
TAHITI 37C/D
GUYANE 36D
BRASILIA 138E
SÃO PAULO 138D
RIO DE JANEIRO 138C
BRÉSIL 138
AFRIQUE 110-115
AMÉRIQUE LATINE 136-137
AMÉRIQUE DU SUD 134-135
ANDES CÔNE SUD 139
LE MONDE 144-149
PÔLE SUD